U0816727

21 世纪高等院校教材

有机化学

主　编　贺敏强

副主编　赵　红　韦正友　黄勤安

科学出版社

北　京

内 容 简 介

本书根据医药类相关专业培养目标及教学基本要求，结合有机化学当前发展的动态和趋势编写而成。本书根据教学时数，精选教学内容，使学生易于理解并掌握与医药类专业有关的有机化学基本理论和基础知识。全书共15章，按官能团体系编排，内容包括烃类、烃的衍生物、天然有机化合物和波谱学基本知识。本书系统阐述各类有机化合物结构、性质和合成方法，在保证知识体系系统性的前提下，将各种典型的反应历程、诱导效应、共轭效应等电子理论及各种类型的立体异构现象分散在各章节中论述，有效分散了难点，并通过介绍和探讨一些与医药学有关的有机化学前沿热点问题，拓宽学生视野，培养学生科学的思维能力、分析解决问题的能力和创新能力。

本书可作为高等院校药学（少学时）、医学类各专业及生物、环境等相关专业的本科生教材，也可供相关院校及医药工作者参考。

图书在版编目(CIP)数据

有机化学/贺敏强主编. —北京：科学出版社，2010.2
21世纪高等院校教材
ISBN 978-7-03-026417-6

Ⅰ.①有…　Ⅱ.①贺…　Ⅲ.①有机化学-高等学校-教育　Ⅳ.①O62

中国版本图书馆CIP数据核字(2010)第009787号

责任编辑：陈雅娴　杨向萍／责任校对：钟　洋
责任印制：赵　博／封面设计：耕者设计工作室

科学出版社出版
北京东黄城根北街16号
邮政编码：100717
http://www.sciencep.com

北京中科印刷有限公司印刷
科学出版社发行　各地新华书店经销
*
2010年2月第　一　版　开本：720×1000　1/16
2025年7月第十六次印刷　印张：25 1/4
字数：509 000

定价：49.00元
（如有印装质量问题，我社负责调换）

《有机化学》编委会

主　编　贺敏强

副主编　赵　红　韦正友　黄勤安

编　委（按姓氏拼音排序）

谷晓霞　李敏智　刘明星　毛红胜

沈永淼　卫建琮　吴运军

前　言

21 世纪是生命科学的时代，有机化学与医药学之间不断地交叉与渗透，体现了有机化学对医药学研究的重要性，也对有机化学教学改革提出了新的要求和挑战。有机化学作为高等院校医药类专业一门必修基础理论课，如何在课时不断压缩而要求却不降低的情况下使学生掌握必备的有机化学知识，从而为后续的医药类课程奠定扎实的理论基础是目前教学改革的关键。本书主要针对药学专业（少学时）和医学类各专业编写，同时适用于生物、环境等相关专业。

全书共 15 章，主要包括烃类、烃的衍生物、天然有机化合物和波谱学基本知识等内容，其中波谱学基本知识设专章介绍。根据医药学等专业的教学基本要求，本书突出基本理论、基础知识和基本技能；力求内容简明扼要，理论联系实际，充分体现有机化学与医药学等相关学科的交叉与渗透；将各种典型的反应历程、诱导效应、共轭效应等电子理论及各种类型的立体异构现象分散到有关章节，紧密结合各类反应和有机现象进行讨论；为方便学生学习，每章均有学习要求和本章小结，部分章节结合知识内容编写了阅读材料，有助于拓宽学生知识面，培养学生科学的思维能力、分析解决问题的能力和创新能力。各院校可根据培养目标和要求对内容进行适当删减，部分较深入的内容可供学有余力的学生自学提高。

本书由江苏大学贺敏强担任主编，广东药学院赵红、蚌埠医学院韦正友和皖南医学院黄勤安担任副主编。参加编写的有江苏大学贺敏强（第 1、5 章）、李敏智（第 7、10 章），蚌埠医学院韦正友（第 2、15 章）、刘明星（第 4 章），山西医科大学卫建琮（第 3 章）、毛红胜（第 9 章），广东药学院赵红（第 6、12 章），皖南医学院吴运军（第 8 章）、谷晓霞（第 13 章）、黄勤安（第 14 章），绍兴文理学院沈永淼（第 11 章）。贺敏强和赵红负责全书的统稿。蚌埠医学院陶兆林、唐玲、王梅、石婷婷等参与本书的部分编写工作，在此表示感谢。

限于编者水平，书中难免有错误和不妥之处，敬请读者在使用过程中予以指正。

编　者

2009 年 12 月

目　录

第1章　绪　　论

学习要求

1. 了解有机化学的发展概况及有机化合物和有机化学等概念的含义。
2. 掌握有机化合物的结构特征及共价键的断裂方式与有机反应类型。
3. 掌握有机化合物的分类及研究有机化合物的一般步骤与方法。

1.1　有机化合物与有机化学

有机化合物与人类有密切的关系，人们的衣、食、住、行几乎都离不开它。人类应用有机化合物的历史可以追溯到非常久远的年代。早在夏禹时代人们就会酿酒、制醋，埃及人在公元前2500年已经学会使用茜素、石蕊等天然染料染色。在生产实践中，人类不但掌握了获取有机化合物纯品的条件，而且在前人和自己实践的基础上总结出一套制备纯有机化合物的方法，从而相继得到许多有机化合物纯品，如从尿中分离出尿素、从类脂物质中分离出胆固醇、从植物中分离出生物碱等。由于当时有机化合物的来源只限于动、植物有机体，因此，人们还无法从本质上了解有机化合物，认为“有机”即有生机之意。当时盛行的“生命力”学说就认为从动、植物体中得到的物质是在“生命力”影响下产生的，它不受一般物理与化学定律的支配和制约，只能在生物体内产生，而不能从无机物或用人工方法合成。这种“生命力”学说的观点直到19世纪初还统治着整个化学界，它将有机物和无机物看成截然不同的两类化合物，使有机化合物本质神秘化，严重阻碍了人类对有机化合物的研究发展。

1828年，德国年轻化学家维勒(F. Wöhler，1800～1882)蒸发氰酸铵水溶液时意外得到了尿素：

$$NH_4OCN \xrightarrow{\triangle} H_2N\text{—}\overset{\overset{\displaystyle O}{\|}}{C}\text{—}NH_2$$

氰酸铵是一种无机化合物，而尿素来源于哺乳动物，是通过人或动物的尿液获得的，属有机化合物。这是人类历史上第一次在实验室中由无机化合物为原料制备得到有机化合物，而不必依赖神秘的“生命力”。维勒的这一发现是对“生命力”学说的首次冲击，具有十分重大的意义。随后，化学家在实验室内成功地合成了许多有机化合物。1840年，德国有机化学家柯尔伯(A. W. H. Kolber，1818～1884)合成了乙酸；1850年，法国化学家贝特洛(M. Berthelot，1827～1907)合成了油脂类物质等。这些事实不但彻底冲垮了唯心的“生命力”学说的统治，而且开创了有机合成的新时代。此后，化学家不断合成出新的有机化合物。成千上万种合成药物、合成染料和新型材料起初以煤焦油为原料合成，后来主要以石油为原料合成，人们不但可以合成与天然有机化合物完全相同的有机化合物，而且可以制备出不能由生物体得到的、比天然有机化合物用途更广的新的有机化合物。

随着生产实践和科学研究的不断发展，一方面，人们认识到有机化合物与无机化合物之间并没有绝对的界限，它们都遵循共同的物理和化学变化规律，有机化合物的含义有了本质的变化；另一方面，随着分析技术的进步，人们发现有机化合物有一个共同的特点，即都含有碳元素。1848 年，德国化学家葛梅林(L. Gmelin，1788～1853)和凯库勒(F. A. Kekulé，1829～1896)把有机化合物定义为碳的化合物，但一氧化碳、二氧化碳、碳酸盐及金属氰化物等含碳的化合物，由于它们组成和性质与无机物相似，仍属于无机化学研究的范畴。进一步研究发现，有机化合物除含碳元素外，绝大多数都含有氢元素，不少有机化合物还含有氧、氮、硫、磷、卤素等。从化学结构上看，有机化合物可以看作碳氢化合物，以及从碳氢化合物衍生而得到的化合物。因此，1874 年德国化学家肖莱马(C. Schorlemmer，1834～1892)把有机化合物定义为“碳氢化合物及其衍生物”。目前，“有机化合物”这一名词虽沿用至今，但它的含义已被完全更新了。

有机化学是化学的一个分支，其研究对象是有机化合物，因此，有机化学是研究碳氢化合物及其衍生物的组成、结构、性质及其变化规律的一门学科。

有机化学真正成为一门独立的、系统的学科是在有机化学结构理论建立以后，有机合成的不断发展推动了有机结构理论的更新与完善。结构理论明确了有机化合物结构与性质的依存关系，不仅解释了许多现象，而且预言了一些新事物，在有机化学的发展中起指导作用。量子力学的应用使人们对原子和分子结构的认识更加深化。近代波谱技术的发展使鉴定有机化合物结构的工作进展迅速。实验手段的改善和反应历程的阐明等都极大地促进了有机化学的蓬勃发展。

有机化学的研究内容非常广泛，主要体现在四个方面：一是对天然有机化合物的研究，包括测定结构、研究结构与性质之间的关系及开发其应用途径；二是有机化合物的合成，包括对天然有机化合物的合成和新化合物的合成，以及相关合成方法和实验技术的研究；三是有机化学反应历程的研究，这不但可以帮助人们正确认识、理解有机化学反应，了解有机化合物的结构与性能之间的关系，还能够有效控制有机反应的发生与进行，提高合成效率；四是有机化合物的检测，包括化学方法、现代物理实验方法，如紫外光谱、红外光谱、核磁共振谱、质谱、色谱及色谱联用等。

21 世纪是生命科学的时代，人们已经能够从分子水平探索生命现象的本质。以被称为“龙头”的人类基因组的研究为例，它的解密使人类对遗传、变异、生长、发展、衰老、死亡等生命现象获得认识上的飞跃。当然，基因组的解密只是解决遗传信息库的问题，而每个生命活动都是由基因表达产物——蛋白质的特定群体执行的。“后基因组”的研究必然落到“蛋白质组”的研究上，而这一切均需要有机化学的密切配合。

有机化学与医学、药学等关系十分密切，医学研究的对象是人体的生命过程，人体是以生命物质为基础构成的。组成人体的物质除水和一些无机盐外，绝大部分都是有机化合物，如糖、脂肪、蛋白质和核酸等。这些有机化合物在体内进行一系列复杂的有机化学变化，以维持体内新陈代谢作用的平衡，这些变化同样遵循有机化学反应规律。因此，只有掌握有机化学的基础知识及结构与性质的关系，才能正确认识蛋白质、核酸和酶等生命物质的结构与功能，为探索生命的奥秘奠定基础。在研究生命现象的领域里，有机化学不仅提供了研究理论，还提供了研究技术和方法，如药物对人类健康的贡献，利用药物治疗疾病是人类文明的重要标志之一。目前临床应用的药物95%以上是有机化合物，药物在体内的作用过程就是有机小分子与生物大分子结合、转化的过程。药物的制备、吸收、转化、代谢，以及药物的结构与药效、毒性的关系等均离不开有机化学，因此，有机化学的发展为现代医学、药学等学科的诞生和发展打下了坚实的基础。

1.2 有机化合物的结构与特征

有机化合物中主要的化学键是共价键，碳原子以共价键与其他原子相结合是有机化合物共同的结构特征。因而，掌握共价键是研究有机化合物结构和性质的关键。

有机化合物是含碳的化合物，碳原子($C,1s^2 2s^2 2p^2$)位于周期表中ⅣA族的首位，其原子核对最外层四个价电子有一定的控制能力。当碳原子与其他原子形成化合物时，它不易获得或失去价电子，而总是与其他元素原子通过共享电子获得稳定的电子构型，即以共价键与其他原子连接。对共价键的描述，目前最常用的有价键理论和分子轨道理论。

1.2.1 共价键的本质

1. 价键理论

价键理论认为共价键是通过原子之间的原子轨道重叠或电子云交盖的方式形成的。两个原子如果都有未成对电子，并且自旋方向相反，就能配对形成共价键。原子轨道的重叠使成键两原子核之间电子云密度增大，增加了成键两原子核的吸引力，有效降低了体系能量。原子轨道重叠程度越大，形成的共价键越牢固。

共价键的饱和性。根据价键理论，成键的电子只定域于成键的两个原子之间。原子的未成对电子一旦配对成键，就不能再与其他未成对电子配对，也就是说，原子有几个未成对电子，就只能形成几个共价键，这就是共价键的饱和性。一般情况下，原子的未成对电子数就是它的化合价数或价键数。

共价键的方向性。成键时，两个电子的原子轨道（或电子云）重叠时遵守最大重叠原理。为使原子轨道重叠最大，只有在原子轨道的一定方向，即电子云密度最大方向（键轴方向），才能得到最大重叠而形成稳定的分子。例如，1s 原子轨道和 $2p_x$ 原子轨道只有在 x 轴方向，即 $2p_x$ 原子轨道中电子云密度最大的方向处重叠，才可形成稳定的共价键，如图 1.1 所示。

*x*轴方向成键　　　　非*x*轴方向，重叠较小，不能成键

图 1.1　1s 和 $2p_x$ 原子轨道的重叠情况

现代价键理论包括轨道杂化概念，相关内容将在后续章节中介绍。

2. 分子轨道理论

价键理论强调电子配对，从定域的观点出发，把成键的电子对局限于两个成键原子之间。分子轨道理论则从分子的整体出发考虑问题，该理论认为共价键的形成是成键原子的原子轨道相互接近、相互作用而重新组合成整体分子轨道的结果。原子轨道在组合成分子轨道时，必须满足以下三条原则才能有效组合成分子轨道：①对称性匹配原则，只有对称性匹配的原子轨道才能组合成分子轨道；②能量近似原则，只有能量相近的原子轨道才能有效组合成分子轨道，而且能量越相近越好；③轨道最大重叠原则，原子轨道相互重叠的程度越大，形成的共价键越稳定。分子轨道是电子在整个分子中运动的状态函数，用波函数（Ψ）来描述。这样的分子轨道可以通过原子轨道的近似处理获得，其中最常用的方法是把分子轨道看成原子轨道的线性组合，即原子轨道线性组合法（linear combination of atomic orbitals，LCAO）。任何数目的原子轨道可以组合成同样数目的分子轨道。例如，两个原子轨道可以线性组合成两个分子轨道，其中一个分子轨道是由两个位相相同的原子轨道相互叠加而形成，其能量比原来两个原子轨道的能量都低，称成键轨道；另一个分子轨道是由两个位相不同的原子轨道相互作用而形成，由于位相不同，波函数的符号相反，相互作用的结果使两个原子核之间的电子云密度减少，所以能量比原来两个原子轨道的能量高，电子从原子轨道进入该轨道时需补充能量，称反键轨道，如图 1.2 所示。

与原子轨道一样，分子轨道中电子可根据能量最低原理、泡利(Pauli)不相容原理和洪德(Hund)规则排列。虽然分子轨道理论的离域对共价键的描述更为确切，但由于价键理论的定域描述比较直观，易于理解，因此在有机化学中使用较多。

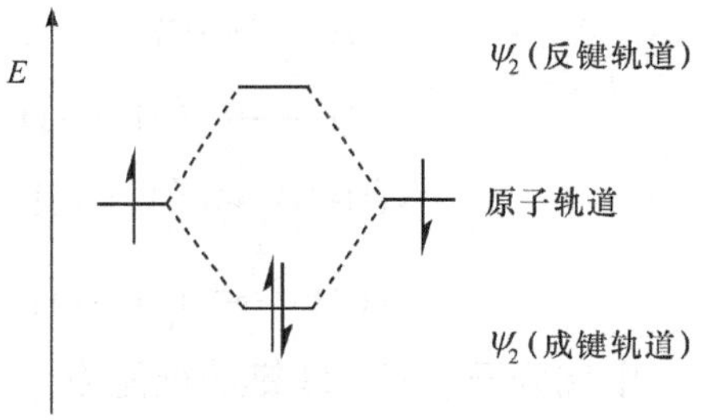

图 1.2　氢分子轨道能级图

1.2.2　共价键的属性

1. 键长

形成共价键的两个原子核之间的距离称为键长。键长反映共价键的长度，在不同分子中相同的共价键会受到分子中其他部分的影响而稍有差异。

一些常见共价键的键长如表 1.1 所示。

表 1.1　常见共价键的键长

共价键	键长/nm	共价键	键长/nm
C—C	0.154	C—Cl	0.177
C—H	0.109	C—Br	0.191
C—N	0.147	C—I	0.214
C—O	0.143	C═C	0.134
C—F	0.141	C≡C	0.120

2. 键角

分子中某原子与另外两个原子形成两个共价键之间的夹角称为键角。键角反映分子的空间结构。因受分子中原子或基团的相互影响，在不同的化合物分子中，相同原子形成的键角略有不同。例如，甲烷分子中∠HCH 为 109.5°，而在丙烷中∠HCH 则为 106°。

3. 键能

形成共价键的过程中体系释放的能量，或共价键断裂过程中体系吸收的能量称为键能。键能反映共价键的强度，一般键能越大则键越牢固。

气态双原子分子键能就是键的解离能，而多原子分子的键能与键的解离能并不完全一致。解离能是指断裂分子中某一共价键所需的能量，而键能则指多原子分子中同类型共价键的解离能的平均值。例如，甲烷分子中四个 C—H 键的解离能(D)是不相同的。

$$CH_4 \longrightarrow \cdot CH_3 + \cdot H \qquad D=435.1\ kJ\cdot mol^{-1}$$

$$\cdot CH_3 \longrightarrow \cdot \dot{C}H_2 + \cdot H \qquad D=439.3\ kJ\cdot mol^{-1}$$

$$\cdot \dot{C}H_2 \longrightarrow \cdot \dot{\underset{\cdot}{C}}H + \cdot H \qquad D=447.7\ kJ\cdot mol^{-1}$$

$$\cdot \dot{\underset{\cdot}{C}}H \longrightarrow \cdot \dot{\underset{\cdot}{C}} \cdot + \cdot H \qquad D=338.9\ kJ\cdot mol^{-1}$$

甲烷分子中 C—H 键的键能为

$$(435.1+439.3+447.7+338.9)kJ\cdot mol^{-1}/4=415.3\ kJ\cdot mol^{-1}$$

一些常见共价键的键能如表 1.2 所示。

表 1.2　常见共价键的键能

共价键	键能/(kJ · mol^{-1})	共价键	键能/(kJ · mol^{-1})
C—C	347	C—Cl	339
C—H	414	C—Br	285
C—N	305	C—I	218
C—O	360	C═C	611
C—F	485	C≡C	837

4. 键的极性与极化

电负性相同的原子(同种原子)形成的共价键称非极性共价键。同种原子电负性相同,对电子的吸引力也相同,使形成的共价键正电荷中心与负电荷中心重合,键无偶极,没有极性。电负性不同的原子(不同种原子)形成的共价键称极性共价键。由于电负性较大的原子对共享电子有较大的吸引力,因而带部分负电荷(δ^-),而电负性较小的原子则带部分正电荷(δ^+),两原子之间电子对的分布不平均,使正电荷中心与负电荷中心不重合,因而形成偶极,具有极性。键的极性大小常用偶极矩(也称键矩)衡量。偶极矩(μ)的定义为

$$\mu=q\times d$$

式中,q 为正电荷中心或负电荷中心的电荷值;d 为正、负电荷中心之间的距离。偶极矩的单位为 C · m(库仑 · 米)。一些常见共价键的偶极矩如表 1.3 所示。

表 1.3　常见共价键的偶极矩

共价键	偶极矩/(10^{-30} C · m)	共价键	偶极矩/(10^{-30} C · m)
C—H	1.33	C—O	2.47
N—H	4.37	C—Cl	4.87
O—H	5.04	C—Br	4.60
S—H	2.27	C—I	3.97
C—N	0.73	C═O	7.67

偶极矩有方向性，用┼→表示。箭头所指方向为从正电荷到负电荷的方向。例如：

$$\overset{\delta^-}{C}—\overset{\delta^+}{H}$$
$$\longleftarrow\!\!\!+$$

偶极矩越大，表示键的极性越大。对于双原子分子，分子中键的极性就是分子的极性，而对于多原子分子，分子的极性是分子中各个键偶极矩的矢量和。分子的偶极矩除与共价键的偶极矩有关外，还与该分子的空间排布有关。例如，四氯化碳分子是由四个 C—Cl 极性键组成，但由于该分子结构对称，整个分子正电荷中心与负电荷中心重合，偶极矩为零，是非极性分子；而一氯甲烷分子由一个 C—Cl 键和三个 C—H 键组成，分子中正电荷中心与负电荷中心不重合，具有偶极，是极性分子。

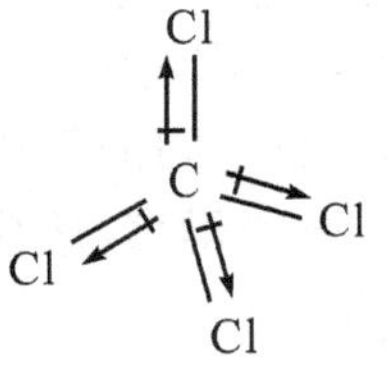

四氯化碳 $\mu=0$

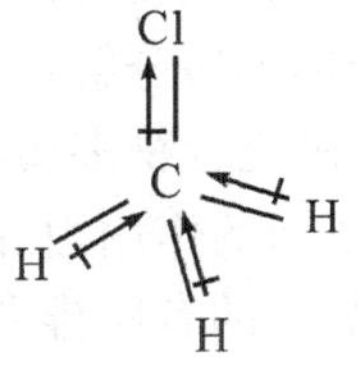

一氯甲烷 $\mu=6.20\times10^{-30}$ C·m

在无外界因素影响下共价键体现出来的极性称为静态极性，而在外界电场影响下共价键体现出来的极性则称为动态极性（也称键的极化）。如何理解共价键的动态极性呢？当分子处于外界电场（如溶剂、试剂、极性容器等）时，由于电场的影响，分子（极性或非极性）中共价键的电子云重新分布，从而引起共价键的极化。外界电场消失，键的极化也随之消失。共价键极化的难易程度通常用极化度衡量。一般而言，原子核对最外层电子吸引越强，电子受到的束缚力越大，键的极化越困难，极化度越小；反之，则键的极化越容易，极化度越大。例如，C—X 键的极性顺序为 C—F＞C—Cl＞C—Br＞C—I，而 C—X 键的极化度大小顺序为 C—I＞C—Br＞C—Cl＞C—F。共价键的动态极性在决定分子化学反应活性中将起主导作用。例如，不同类型卤代烃亲核取代反应活性为 R—I＞R—Br＞R—Cl。

1.2.3　有机化合物的特征

有机化合物的特征主要体现在以下几个方面：

1. 数目庞大且结构复杂

有机化合物组成元素不多，但它的数目却非常多，目前估计有超过两千万种有机化合物，而无机物总数则不到一百万种，其原因就在于组成有机化合物的主体元素——碳原子结构的特殊性。碳原子以共价键方式与另一原子相结合，既可以形成长链，也可以成环；原子间既可以单键结合，也可以重键结合，而且同分异构现象普遍，分子结构复杂。

2. 易燃

有机化合物是碳氢化合物及其衍生物，因此绝大多数有机化合物可以燃烧。碳氢化合物可以完全燃烧，生成二氧化碳和水，若含其他元素，则还有这些元素的氧化物。而大多数无机物不能燃烧，实验室中常用灼烧试验初步区分有机化合物和无机化合物。

3. 熔点低

有机化合物的熔点较低，很少超过 400 ℃，且热稳定性差。而无机化合物的熔点却高得多，受热不易分解，如氯化钠的熔点达 808 ℃。这是由于有机化合物多属分子晶体，而无机化合物多属离子晶体或原子晶体。分子间的作用力（范德华力）比离子间和原子间的作用力（静电引力或化学键力）要弱得多，熔化时只需较低的能量就可破坏晶体的有序排列，因此有机化合物熔点较低。

4. 难溶于水

有机化合物一般为非极性或极性较弱的化合物，而水的极性较强，根据“相似相溶”规律，一般有机化合物不溶或难溶于水，易溶于极性弱的有机溶剂。某些有机化合物由于分子内含有较强的极性基团，则可以溶于水，如乙醇。而大多数无机化合物以离子键相结合，其易溶于水，难溶于有机溶剂。

5. 反应速率慢且副反应多

有机反应一般为分子间的反应，反应速率取决于分子间的有效碰撞，因此反应速率较慢。另外，由于有机化合物结构的复杂性，在反应时有多个反应部位，因此常伴有一些副反应，产率较低。为加速反应，往往需要加催化剂。而无机化合物的反应一般为离子反应，反应速率快。

1.3 共价键的断裂和有机反应类型

化学反应的本质是旧键的断裂和新键的生成。有机化合物发生化学反应时，共价键的断裂主要有均裂和异裂两种方式。

均裂：成键电子平均分给两个成键原子或原子团。例如：

$$C\vdots X \longrightarrow C\cdot + X\cdot$$

共价键均裂产生的带有单电子的原子或原子团称为自由基(或称游离基)。

异裂:成键的一对电子完全为成键双方的一方所占有。例如:

$$C⋮:X \longrightarrow C^+ + X^-$$

$$C:⋮X \longrightarrow C^- + X^+$$

共价键异裂产生的带正电荷的碳原子称为碳正离子,带负电荷的碳原子称为碳负离子。

共价键的断裂方式主要取决于反应物的结构和反应条件。若成键两原子的电负性相等或相差很小,在光照(紫外光)、高温、催化剂(如过氧化物)、气相反应、非极性溶剂等条件下,易发生均裂。若成键两原子电负性相差较大,在酸、碱或极性物质的作用下,易发生异裂。

共价键断裂生成的自由基、碳正离子和碳负离子等不稳定,非常活泼。它们只是暂时生成,随即参与反应,通常把这些反应中生成的微粒称为反应活性中间体,能够测定和证明它们的存在。

根据有机反应中生成活性中间体的不同,将有机反应分为自由基反应(游离基反应)和离子型反应。其中均裂产生自由基的反应称为自由基反应,而异裂产生碳正离子或碳负离子的反应称为离子型反应。离子型反应又可分为亲电反应和亲核反应。其中由缺电子体(碳正离子)进攻引起的反应称为亲电反应,缺电子体又称亲电试剂;而由富电子体(碳负离子)进攻引起的反应称为亲核反应,富电子体又称亲核试剂。

1.4　有机化学中的酸碱理论

酸和碱均为重要的化学物质,19世纪末,奥斯瓦尔德(W. Ostwald,1853～1932)和阿伦尼乌斯(S. A. Arrhenius,1859～1927)根据电离学说提出酸碱定义,凡能生成氢离子或氢氧根离子的物质称为酸或碱。该酸碱定义存在很大的局限性:一方面,该定义只局限于水溶液,如乙醇钠的乙醇溶液中只有 $C_2H_5O^-$ 而没有 OH^-;另一方面,在任何溶液中都不存在游离的氢离子,如氢离子在水溶液中是 H_3O^+,在醇溶液中是 ROH_2^+。并且该酸碱定义对碱的定义含糊不清。例如,氨分子组成中没有氢氧根离子,其在水溶液中显碱性是因为与水作用间接生成氢氧根离子所致。目前,在有机化学中应用最广泛的是布朗斯台德(J. N. Brönsted)酸碱理论和路易斯(G. N. Lewis)酸碱理论。酸碱理论是有机化学的一个重要概念。对物质酸碱性概念的系统理解是有机化学的重要基础内容之一。现在简要介绍这两种酸碱理论及其在有机化学中的应用。

1.4.1 布朗斯台德酸碱理论

布朗斯台德酸碱理论认为，凡能释放质子的分子或离子是酸，凡能与质子结合的分子或离子是碱。酸释放质子后的剩余部分是碱，称为该酸的共轭碱；碱接受质子后成为酸，称为该碱的共轭酸。酸及其共轭碱或碱及其共轭酸统称为共轭酸碱对，简称共轭酸碱。例如：

$$CH_3COOH \rightleftharpoons CH_3COO^- + H^+$$

$$ROH \rightleftharpoons RO^- + H^+$$

CH_3COOH、ROH 是酸，而 CH_3COO^-、RO^- 则是碱，CH_3COOH、ROH 分别是 CH_3COO^-、RO^- 的共轭酸，而 CH_3COO^-、RO^- 分别是 CH_3COOH、ROH 的共轭碱。

任何酸碱反应都是两个共轭酸碱对之间的质子传递过程。而且酸碱的概念是相对的，某一分子或离子在这一反应中是酸，而在另一反应中可能是碱。例如：

$$\underset{酸}{CH_3COOH} + \underset{碱}{H_2O} \rightleftharpoons \underset{共轭碱}{CH_3COO^-} + \underset{共轭酸}{H_3^+O}$$

$$\underset{碱}{CH_3COO^-} + \underset{酸}{H_2O} \rightleftharpoons \underset{共轭酸}{CH_3COOH} + \underset{共轭碱}{OH^-}$$

共轭酸碱的相对强度存在一定的关系，一般，酸的酸性越强则其共轭碱的碱性越弱。水溶液中，酸的 $K_a^\ominus$ 与其共轭碱的 $K_b^\ominus$ 之间存在对应关系：

$$pK_a^\ominus + pK_b^\ominus = 14$$

1.4.2 路易斯酸碱理论

路易斯酸碱理论认为，凡能接受外来电子对的分子、基团或离子是酸，也称电子对接受体；凡能给予电子对的分子、基团或离子是碱，也称电子对给予体。根据路易斯酸碱理论，酸碱中和的实质是酸从碱分子中接受一对电子形成配位键，从而得到酸碱配位化合物，简称酸碱配合物。

$$\underset{酸}{A} + \underset{碱}{:B} \rightleftharpoons \underset{酸碱配合物}{A:B}$$

路易斯酸与布朗斯台德酸的概念不同。例如，按布朗斯台德定义，HCl、H_2SO_4 等都是酸，能给出质子，但按路易斯定义，它们本身不能称为酸，它们给出的质子才是酸。又如，有些化合物按布朗斯台德定义不是酸，但按路易斯定义却是酸，如有机化学中的常见试剂氟化硼、格利雅(Grignard)试剂等。

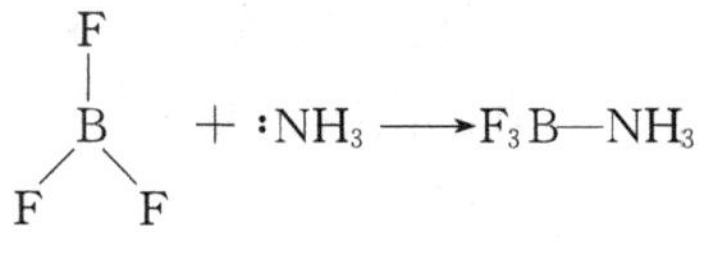

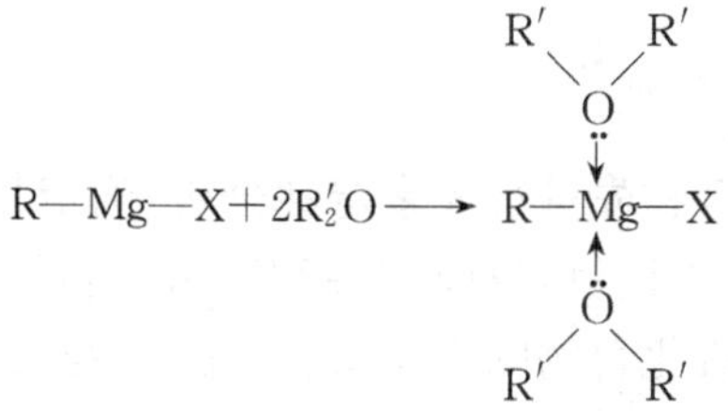

路易斯碱与布朗斯台德碱类似,布朗斯台德碱能获得质子是因为它有对未成键电子能给予质子。

由于路易斯酸能接受外来电子对,因此具有亲电性,它们在有机反应时都有亲近另一分子的负电荷中心的倾向,从有机反应的角度出发,将其称为亲电试剂。反之,路易斯碱能给出电子对,因此具有亲核性,它们在有机反应时都有亲近另一分子正电荷中心的倾向,从有机反应的角度出发,将其称为亲核试剂。这对理解有机化学反应十分重要。

有机化学中常见的路易斯酸(亲电试剂)包括:①质子酸,如 H^+、HCl、H_2SO_4、RSO_3H 等;②具有可接受电子对的空轨道的分子,如 BF_3、$AlCl_3$、$FeCl_3$ 等;③正离子,如 Na^+、Ag^+、R^+、RCO^+ 等;④分子中的极性基团,如 C=O、—CN 等。

有机化学中常见的路易斯碱(亲核试剂)包括:①具有未共用电子对的化合物,如 NH_3、RNH_2、ROH、H_2O 等;②负离子,如 X^-、OH^-、RO^-、R^-、SH^- 等;③具有 π 电子的不饱和烃,如 CR_2=CR_2、Ar—H 等。

1.5 研究有机化合物的一般步骤

研究天然存在或人工合成的有机化合物一般需经过下列步骤。

1. 分离提纯

天然存在或人工合成的有机化合物并非都以纯净状态存在,但研究任何有机化合物的结构与性质都需要纯品,因此首先应将其分离提纯以达到应有的纯度。目前分离提纯有机化合物的方法很多,可针对被提纯物的性状采取不同的方法。例如,固体有机化合物可采用重结晶、升华等方法;液体有机化合物可采用常压或减压蒸馏、分馏等方法。此外,近代发展起来的色谱法也有广泛的应用。

2. 纯度检验

纯净的有机化合物具有固定的物理常数(如熔点、沸点、折光率、密度等),通过测定有机化合物的物理常数即可检验其纯度。例如,纯的固体有机化合物具有固定熔点,且熔程很小,如果不纯,则熔点下降,熔程变长。

3. 实验式与分子式的确定

对提纯后的有机化合物先进行元素定性分析，确定其组成元素，再进行元素定量分析，确定各种元素所占比例，目前定性和定量分析可以在元素分析仪中进行。通过计算即可得出该有机化合物的实验式。实验式是表示化合物分子中各元素原子相对数目的最简单式子，并不表示分子的真实原子个数。通过进一步测定其相对分子质量，从而确定分子式。相对分子质量的测定方法很多，如蒸气密度法、凝固点降低法等，现在采用质谱法测定则更为迅速和准确。

例如，某有机物中含有 C、H、O，其质量分数分别为 C 52.20%、H 13.00%，实验测得其相对分子质量为 46，确定该有机化合物的分子式。

氧的质量分数用差量法得到，即

$$O\% = 100\% - 52.20\% - 13.00\% = 34.80\%$$

各元素的质量分数除以相应的相对原子质量，得出各元素原子数目的比例。

$$C = \frac{52.20}{12} = 4.35 \qquad 4.35/2.18 \approx 2$$

$$H = \frac{13.00}{1} = 13.00 \qquad 13.00/2.18 \approx 6$$

$$O = \frac{34.80}{16} = 2.18 \qquad 2.18/2.18 \approx 1$$

则该有机化合物的实验式为 C_2H_6O。

因其相对分子质量为 46，该有机化合物的分子式为

$$(C_2H_6O)_n = 46$$

$$(12\times2+1\times6+16)n = 46 \qquad n=1$$

即该有机化合物的分子式为 C_2H_6O。

4. 结构式的确定

对有机化合物而言，仅确定它的分子式是远远不够的，这是因为有机化合物中普遍存在同分异构现象。具体确定一个有机化合物的结构是一件相当艰巨而意义重大的工作。确定结构的方法有化学方法和物理方法。20 世纪 50 年代以前，人们只能用化学方法确定有机化合物的结构，即通过各种化学反应确定分子中可能存在的基团，这是一项十分繁琐的工作。近年来，应用现代物理方法，如紫外光谱(UV)、红外光谱(IR)、核磁共振谱(NMR)、质谱(MS)、X 射线衍射等，能快速、准确地确定有机化合物的结构。事实上，无论是物理方法还是化学方法都有一定的局限性，因此在实际工作中，常需要物理方法和化学方法结合运用，以便更有效地确定有机化合物的结构。

1.6 有机化合物的分类

有机化合物的数目众多，为进行系统地研究，对有机化合物进行分类是非常必要的。通常采用的分类方法有两种，一种是以有机化合物的结构特征为基础即按碳架分类，另一种则是以它的性质特征为基础即按官能团分类。

1.6.1 按碳架分类

按碳原子连接方式不同，有机化合物可以分为三大类：

1. 开链化合物

这类化合物中碳原子之间相互连接成链状，两端张开不成环，故称开链化合物。又因为开链化合物最初从脂肪中获得，所以又称脂肪族化合物。例如：

$CH_3-CH_2-CH_2-CH_3$　　$CH_3-CH_2-CH=CH_2$　　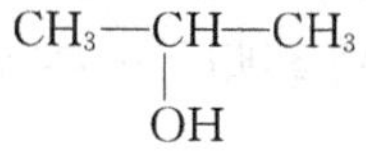

丁烷　　1-丁烯　　2-丙醇

2. 碳环化合物

碳环化合物中含有由碳原子组成的环状结构。根据碳环结构的不同，它们又可以分为两类。

(1) 脂环族化合物。这类化合物可看作开链化合物连接闭合而成碳环，其性质和脂肪族化合物相似，故称脂环族化合物。例如：

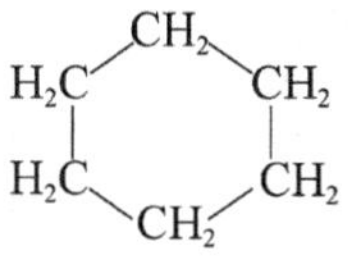 简写 　　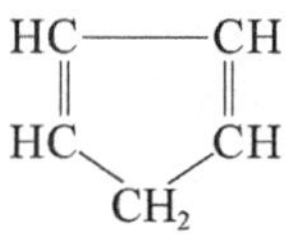 简写 

环己烷　　环戊二烯

(2) 芳香族化合物。这类化合物大多含有苯环或稠合苯环，其性质与脂肪族化合物不同，因最早发现的几个化合物都带有香味，故称芳香族化合物。例如：

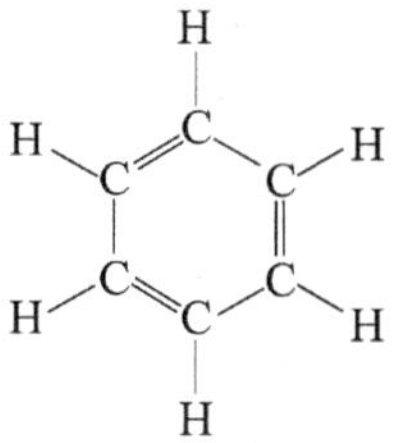 简写 　　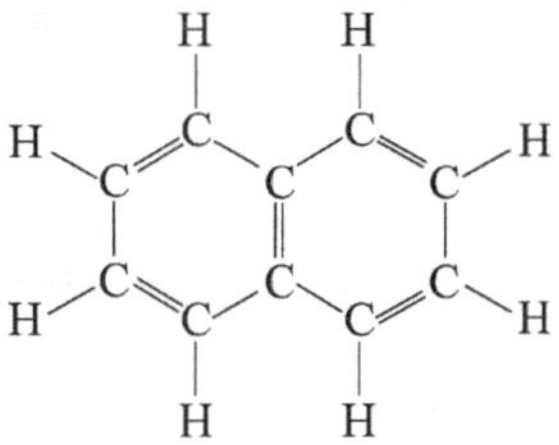 简写 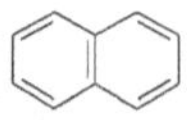

苯　　萘

3. 杂环化合物

杂环化合物中成环原子除碳原子外还有其他杂原子，如 O、S、N 等。例如：

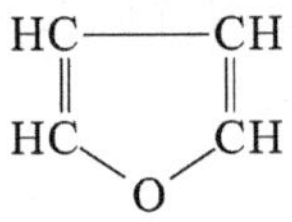

简写

呋喃

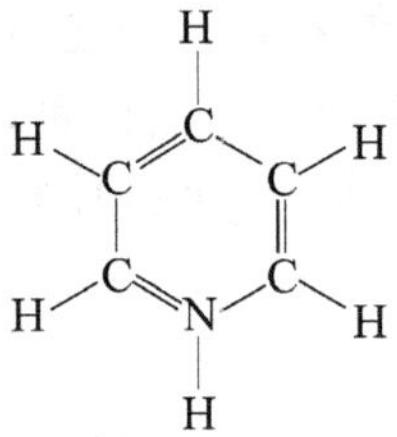

简写

吡啶

1.6.2 按官能团分类

官能团是指分子中比较活泼，容易发生反应的原子或原子团。官能团对化合物的性质起决定性的作用。一般来说，含有相同官能团的化合物具有相似的性质，将其归于一类研究比较方便。表 1.4 是一些常见官能团及对应化合物的类别。

表 1.4 常见有机化合物的类别与官能团

化合物类别	官能团	名 称
烯	C═C	双键
炔	C≡C	叁键
卤代烃	—X(X=F、Cl、Br、I)	卤原子
醇	—OH	羟基
酚	—OH	羟基
醚	C—O—C	醚键
醛	—CHO	醛基
酮	C═O	羰基
羧酸	—COOH	羧基
胺	$—NH_2$	氨基
硫醇	—SH	巯基
硫酚	—SH	巯基
腈	—CN	氰基
磺酸	$—SO_3H$	磺酸基
硝基化合物	$—NO_2$	硝基
亚硝基化合物	—NO	亚硝基

按官能团分类时需注意碳架结构对官能团性质的影响。例如，乙醇和苯酚虽然都含有羟基，但因羟基所连基团不同，基团对羟基的影响不同，两类物质体现的性质也不相同。因此，含羟基的有机化合物可归为醇类或酚类。

本书主要按官能团体系分别介绍各类有机化合物的结构、性质和合成方法。

本章小结

1. 以共价键相结合是有机化合物基本的、共同的结构特征。共价键的键长、键角、键能、极性等属性对于探讨有机化合物的结构和性质十分重要。

2. 有机化合物的特征：数目庞大且结构复杂、易燃烧、熔点低、难溶于水、反应速率慢且副反应多等。

3. 共价键的断裂分均裂和异裂两种。均裂产生的带有单电子的原子或原子团称为自由基(或称游离基)，异裂产生的带正电荷或负电荷的碳原子称为碳正离子或碳负离子。均裂产生自由基的反应称为自由基反应，异裂产生碳正离子或碳负离子的反应称为离子型反应。离子型反应分为亲电反应和亲核反应。

4. 布朗斯台德酸碱理论：凡能释放质子的分子或离子是酸，凡能与质子结合的分子或离子是碱。

路易斯酸碱理论：凡能接受外来电子对的分子、基团或离子是酸(电子对接受体)；凡能给予电子对的分子、基团或离子是碱(电子对给予体)。

5. 研究有机化合物的步骤一般包括分离提纯、纯度检验、实验式与分子式的确定和结构式的确定。

习　　题

1. 什么是有机化学？有机化合物有哪些特性？
2. 如何理解布朗斯台德酸碱和路易斯酸碱的概念？
3. 判断下列化合物有无极性。
   (1) CF_4　(2) $(CH_3)_3N$　(3) CF_2Cl_2　(4) CH_3CH_2OH
4. 下列分子或离子哪些是路易斯酸？哪些是路易斯碱？
   H^+，OH^-，X^-，R^+，HOH，RO^-，$AlCl_3$，ROR，ROH，$SnCl_2$，$^+NO_2$
5. 下列化合物分子有无偶极矩？如有，以箭头指明方向。
   (1) CH_3Cl　(2) CH_3CH_2OH　(3) CH_4　(4) CH_3—O—CH_3　(5) CH_3CN
6. 某有机化合物 6.51 mg，燃烧后得 20.47 mg CO_2 和 8.34 mg H_2O，其相对分子质量为 84，求该有机化合物的分子式。

(江苏大学　贺敏强)

第2章 链 烃

学习要求

1. 掌握烷烃的结构特点、构象异构及系统命名法，烯烃和炔烃的结构特点、系统命名法及加成反应，次序规则、顺反异构、诱导效应及共轭效应。

2. 熟悉烷烃的自由基反应，烯烃和炔烃的氧化反应、制备方法，金属炔化物的生成、共轭二烯烃的亲电加成特点。

3. 了解烷烃的来源和用途，二烯烃的分类和命名。

仅由碳、氢两种元素组成的有机化合物称为碳氢化合物，简称烃(hydrocarbon)。烃是最简单的有机化合物，可看作其他各类有机化合物的母体，其他各类有机化合物则视为烃的衍生物。

分子中碳原子连接成链状的烃称为链烃。链烃可分为烷烃(alkane)、烯烃(alkene)和炔烃(alkyne)。其中烷烃为饱和烃(saturated hydrocarbon)，烯烃和炔烃为不饱和烃(unsaturated hydrocarbon)。

2.1 烷 烃

烷烃是分子中所有碳原子间彼此都以单键(C—C)相连，碳的其余价键与氢原子相连的烃类。烷烃分子中 H 与 C 的原子数比值达到最高值，H 已经饱和，故又称为饱和烃。

2.1.1 烷烃的通式、同系列与同系物

烷烃分子的通式为 C_nH_{2n+2}，其中 n 代表分子中的碳原子数。例如，甲烷的分子式为 CH_4，乙烷、丙烷和丁烷的分子式分别为 C_2H_6、C_3H_8、C_4H_{10}。相邻的两种烷烃分子组成相差一个 CH_2 原子团。像这样结构相似，在组成上相差一个或几个“CH_2”的一系列化合物称为同系列(homologous series)。同系列中各化合物互称为同系物(homolog)。CH_2 称为同系列的系差。同系物的结构相似，性质相近。

2.1.2 烷烃的分子结构

1. 烷烃中碳原子的杂化

烷烃中饱和碳原子通过 sp^3 杂化形成 4 个完全相同的 sp^3 杂化轨道(图 2.1)，

每一个 sp^3 杂化轨道都含有 1/4 s 成分和 3/4 p 成分。sp^3 杂化轨道有方向性，图形为一头大，一头小，4 个 sp^3 杂化轨道呈正四面体分布，如图 2.2 所示。

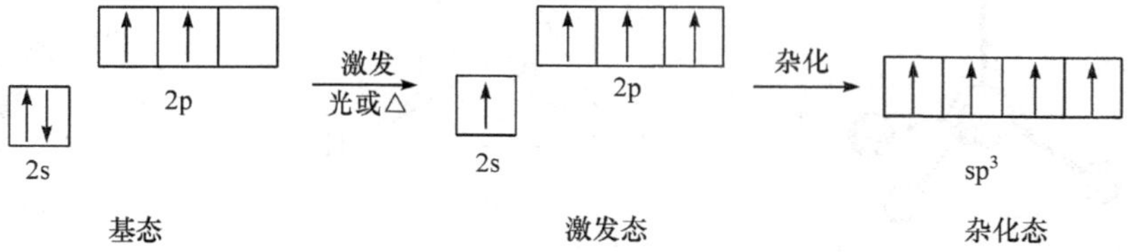

图 2.1 饱和碳原子的 sp^3 杂化过程

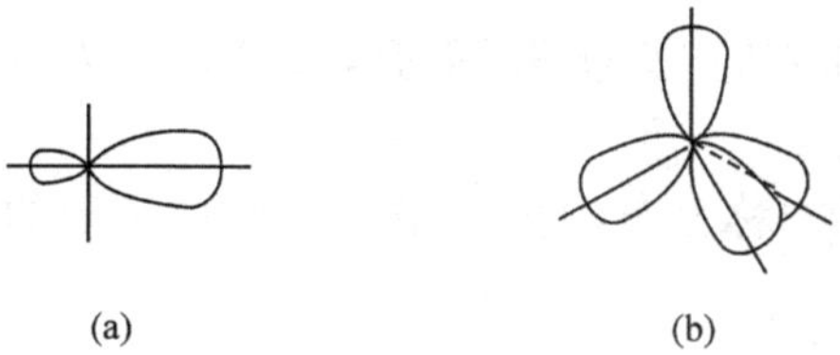

图 2.2 sp^3 杂化轨道(a)及其空间分布(b)

烷烃分子形成时，碳原子的 sp^3 杂化轨道沿着对称轴的方向分别与另一个碳原子的 sp^3 轨道或氢原子的 1s 轨道相互重叠形成 σ 键[图 2.3(a)]，具有四面体结构(除甲烷、新戊烷等对称分子外，一般不是正四面体)。

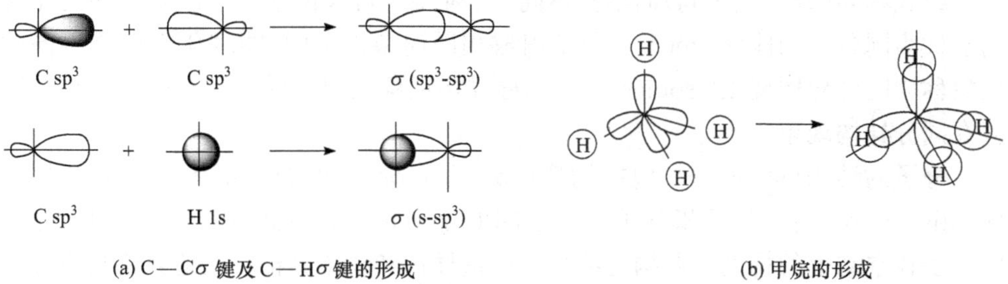

图 2.3 σ 键及甲烷的形成

在形成甲烷分子时，4 个氢原子的 s 轨道分别沿着碳原子的 sp^3 杂化轨道的对称轴靠近，当它们之间的吸引力与斥力达到平衡时，形成 4 个等同的碳氢 σ 键，呈正四面体结构[图 2.3(b)]。

实验证明甲烷分子是正四面体形的(图 2.4)。4 个氢原子占据正四面体的 4 个顶点，碳原子核处于正四面体的中心，4 个碳氢键的键长完全相等，所有键角均为 109.5°。甲烷分子中的碳原子为 sp^3 杂化，分别与氢形成 σ 键，4 个杂化轨道完全一样，故呈正四面体(图 2.5)。

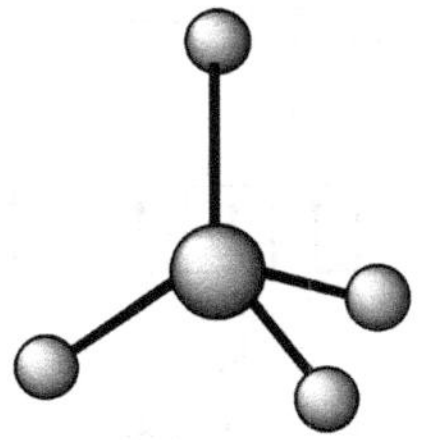

图 2.4　甲烷的球棍模型

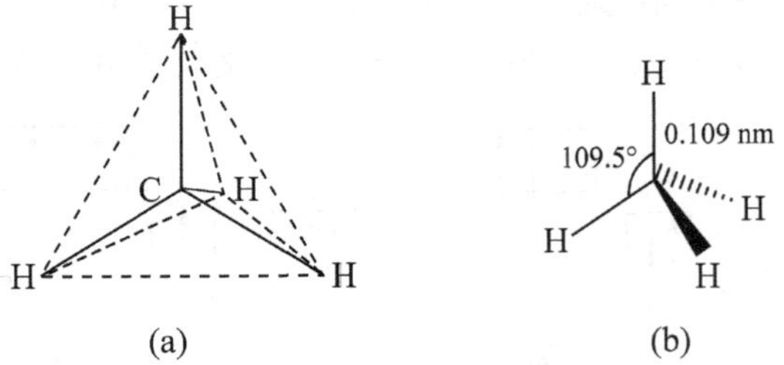

图 2.5　甲烷的立体结构

σ 键具有如下特点：

(1) 电子云沿键轴方向“头碰头”重叠，重叠程度大，不容易断裂，一般比较稳定。

(2) 电子云沿键轴对称分布，键的旋转不影响电子云的重叠，故 σ 键可以绕其对称轴“自由”旋转。

2. 烷烃的同分异构现象

许多有机化合物分子虽然组成相同但结构不同，因而其物理化学性质不同。例如，(正)戊烷 $CH_3CH_2CH_2CH_2CH_3$ 和新戊烷 $C(CH_3)_4$ 分子组成相同，分子式都为 C_5H_{12}，但两者结构不同，沸点差异很大，前者为 36 ℃，后者为 9 ℃。像这种分子组成相同(分子式相同)而结构不同(结构式不同)，物理化学性质不同的化合物互称为同分异构体(isomer)。分子组成相同而结构不同，物理化学性质不同的现象称为同分异构现象(isomerism)，简称异构现象或同分异构。有机化合物普遍存在同分异构现象。

分子的结构(structure)包括构造(constitution)、构象(conformation)和构型(configuration)等。构造指分子中原子间的排列顺序和方式，构象和构型指分子中原子在空间上的排列。异构现象分为构造异构和立体异构。构造异构是指分子中原子间的排列顺序和方式不同而形成不同化合物的现象，只涉及分子中各原子在平面上构造的不同；立体异构包括构象异构和构型异构(详见 2.2.1)，涉及分子中原子在空间上的排列不同。

烷烃的同分异构现象有碳链异构和构象异构两类。碳链异构是因碳原子的连接顺序不同(碳链的构造不同)而产生的同分异构，属于构造异构。甲烷、乙烷和丙烷没有构造异构体，从丁烷开始有构造异构体。随着碳原子数目的增多，异构体的数目也增多。例如，丁烷有两种异构体：正丁烷和异丁烷；戊烷有三种异构体：正戊烷、异戊烷和新戊烷。

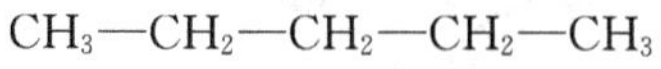

正戊烷

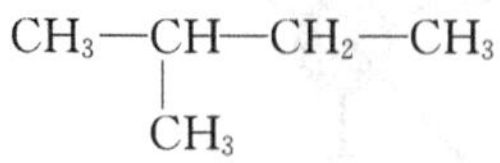

异戊烷

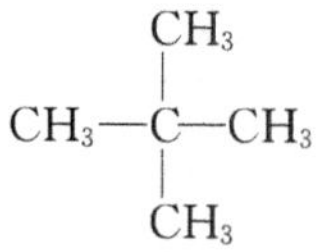

新戊烷

根据烷烃分子中碳原子所处的环境不同,饱和碳原子可以分为四类:只直接与一个 C 连接的碳原子称为伯碳原子(也称为一级碳原子,表示为 1 ℃);只直接与两个 C 连接的碳原子称为仲碳原子(也称为二级碳原子,表示为 2 ℃);只直接与三个 C 连接的碳原子称为叔碳原子(也称为三级碳原子,表示为 3 ℃);直接与四个 C 连接的碳原子称为季碳原子(也称为四级碳原子,表示为 4 ℃)。相应地,碳原子上所连接的氢原子称为伯氢原子(1°H)、仲氢原子(2°H)和叔氢原子(3°H)。例如:

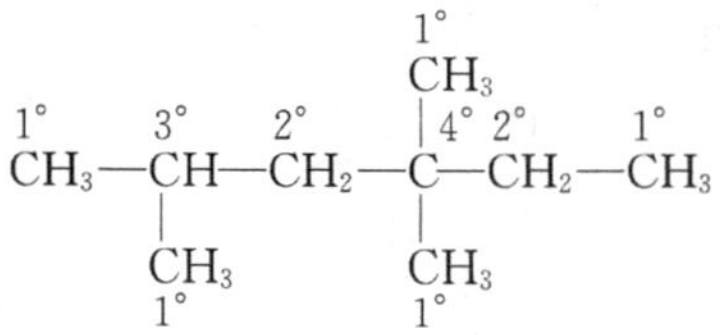

不同类型的氢原子,其反应性能有一定的差别,如卤代反应活性大小为

$$3°\text{H}>2°\text{H}>1°\text{H}$$

3. 烷烃的构象异构

烷烃分子中仅包括 C—C σ 键和 C—H σ 键。因为 σ 键可以自由旋转,所以对于两个及两个以上 C 的烷烃,在构造不变的情况下,C—C σ 键的旋转会产生不同的分子形象(原子或基团在空间的相对位置不同)。这种由于绕单键旋转而产生的分子中的原子或基团在空间的不同排列方式,称为构象。每一种空间排布形象就是一种构象。同一分子的不同构象之间互称为构象异构体(conformer)。由于绕单键旋转而产生的分子中原子或基团在空间有不同排列方式的现象,称为构象异构,属于立体异构。

1) 乙烷的构象异构

在乙烷分子中,使两个甲基围绕 C—C σ 键键轴做相对旋转,则两个甲基中的 H 在空间的相对位置逐渐改变,产生无数个构象。乙烷有两种典型构象:交叉式和重叠式(图 2.6)。

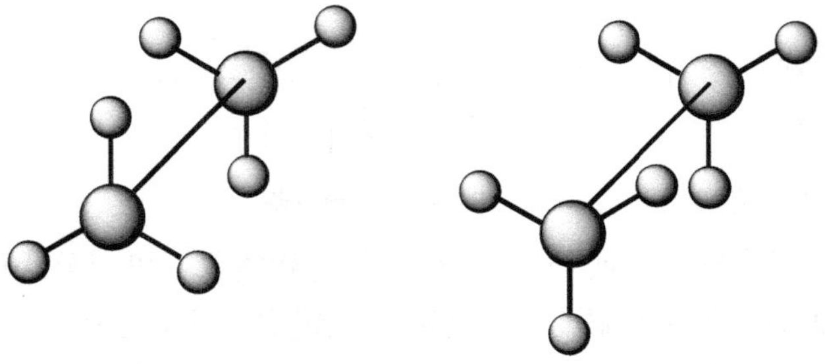

(a) 交叉式构象　　(b) 重叠式构象

图 2.6　乙烷构象的球棍模型

构象可以用透视式(锯架式)或纽曼(Newman)投影式表示。

交叉式构象

重叠式构象

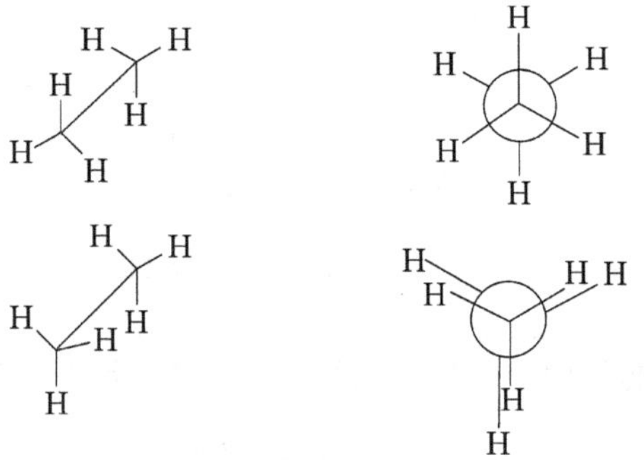

透视式　　纽曼投影式

透视式是从侧面观察分子,能直接反映 C、H 在空间的排列。透视式中的直线代表 σ 键,其交点代表 C。纽曼投影式则是从 C—C σ 键延长线上观察分子,两个 C 在投影式中处于重叠位置,C—C σ 键不画出,离观察者较近的 C 及 σ 键的表示方法同透视式,离观察者较远的 C 则用圆圈代表,圆圈上短线代表离观察者较远 C 上的 σ 键。重叠式构象中前后两个氢处于重叠位置,距离最近,相互作用最强,因此热力学能最高,稳定性最差。而交叉式构象中氢距离最远,相互作用弱,体系最稳定。重叠式沿 C—C σ 键键轴相对旋转 60°可以转化为交叉式。重叠式和交叉式之间还有无数个构象。重叠式仅比交叉式的能垒(扭转能)高 12.5 $kJ \cdot mol^{-1}$,构象间的能量差较小,相互较易转化,室温下不能分离。交叉式含量占优势,称为优势构象。温度升高时,其他能量较高的构象比例增加。

2) 丁烷的构象

丁烷可以看作乙烷分子中的两个碳原子各有一个氢原子被甲基取代后的产物,当绕 C_2—C_3 σ 键旋转时,可以产生无数个构象,每旋转 60°可以得到一种有代表性的构象,旋转 360°共得到六个有代表性的构象,如图 2.7 所示。但 f 与 b 相同,e 与 c 相同,因此实际上有代表性的构象为 a、b、c、d 四种,它们分别称为完全重

叠式、邻位交叉式、部分重叠式、对位交叉式(正丁烷的其他构象介于四种典型构象之间),其稳定性次序为

对位交叉式(d)>邻位交叉式(b)>部分重叠式(c)>完全重叠式(a)

相对能垒: 0 kJ · mol^{-1} 3.3 kJ · mol^{-1} 14.6 kJ · mol^{-1} 21.9 kJ · mol^{-1}

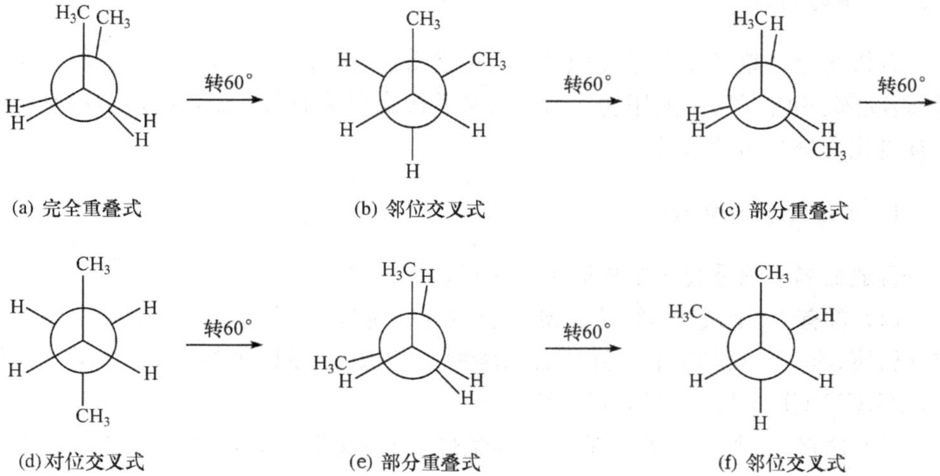

图 2.7 丁烷的典型构象

室温下,各构象间的能量差较小,能相互转化,不能分离。对位交叉式约占 70%,邻位交叉式约占 30%,其他两种极少。对位交叉式因较大体积的非键合原子或原子团之间的斥力最小,故最稳定,为优势构象。类似地,绕 $C_1—C_2$ 及 $C_3—C_4$ σ键旋转,也会产生无数个构象。

其他烷烃与乙烷和正丁烷类似,都是由无数个构象组成,构象之间可相互转化,不可分离,处于一种动态的平衡状态,并存在优势构象。在烷烃中,C 均以 sp^3 杂化轨道成键,价键呈四面体形分布,且由于 σ 键可以自由旋转,因此烷烃的结构并非一成不变,而是运动的,一般以锯齿形(优势构象)存在,并且在平衡位置不断振动,如丁烷分子。

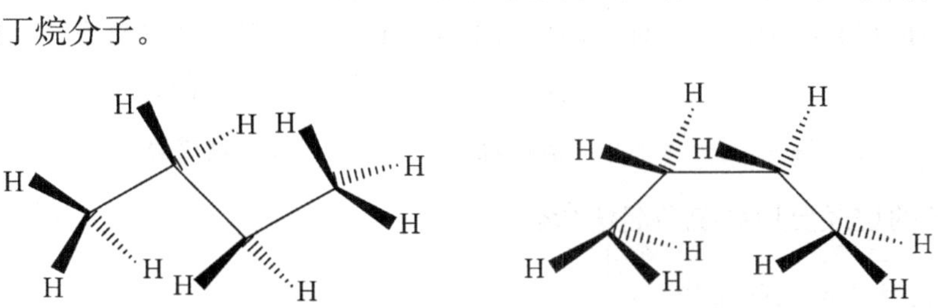

蛋白质、酶、核酸等生物大分子与小分子不同,受到的各种作用力(如许多分子内或分子间氢键)比较大,具有独特而相对稳定的构象。分子的构象不仅影响化合物的物理化学性质,还对生物大分子的结构和性能产生影响,使之表现出特殊的功

能和活性。许多药物分子的构象与药物生物活性密切相关,药物受体往往只与某一构象(称为药效构象)结合,药物的非药效构象很难与药物受体结合,通常表现为低效或无效。

2.1.3　烷烃的命名

有机化合物数目庞大,除根据来源、用途等采用"俗名"(如酒精、枸橼酸、血红素、胆固醇、吗啡)外,一般用普通命名法和系统命名法命名。烷烃的命名原则是各类有机化合物命名的基础。

1. 烷烃的普通命名法

普通命名法只适合于结构简单的烷烃,其要点如下:

(1) 含有 10 个或 10 个以下碳原子的直链烷烃,用天干顺序"甲、乙、丙、丁、戊、己、庚、辛、壬、癸"10 个字分别表示碳原子的数目,后面加烷字,称正某烷。例如,$CH_3CH_2CH_2CH_3$ 命名为正丁烷。

(2) 含有 10 个以上碳原子的直链烷烃,用中文数字表示碳原子的数目。例如,$CH_3(CH_2)_{10}CH_3$ 命名为正十二烷。

(3) 对于含有支链的烷烃,则必须在某烷前面加上一个汉字区别。仅链端第二位碳原子上连有一个甲基,称为异某烷;仅在链端第二位碳原子上连有两个甲基,称为新某烷。例如:

$CH_3(CH_2)_nCH_3$

正某烷

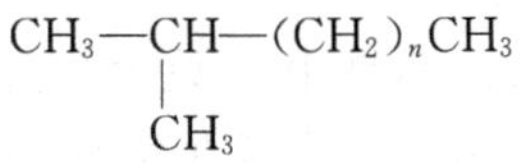

异某烷

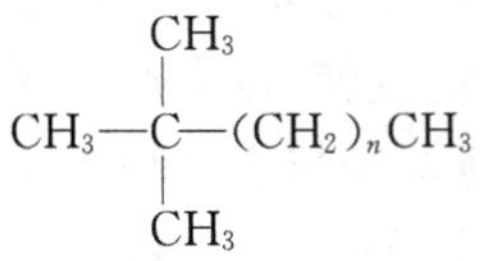

新某烷

$CH_3(CH_2)_9CH_3$

正十一烷

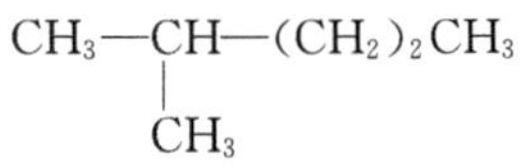

异己烷

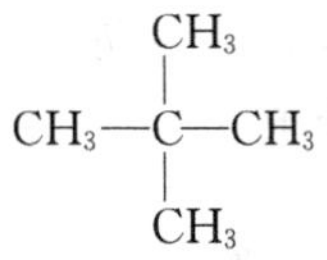

新戊烷

复杂的烷烃要用系统命名法命名。

2. 烷烃的系统命名法

系统命名法的关键是确定主链和取代基的位次。取代基(substituting group)是分子失去原子或原子团后的剩余部分,烷基(alkyl group)是烷烃失去一个氢原子后的剩余部分,以 R—表示。

烷基的名称由相应的烷烃命名。常见烷基的结构及名称如下：

$CH_3—$	$CH_3CH_2—$	$CH_3CH_2CH_2—$	$CH_3(CH_2)_2CH_2—$
甲基(Me)	乙基(Et)	(正)丙基(*n*-Pr)	(正)丁基(*n*-Bu)

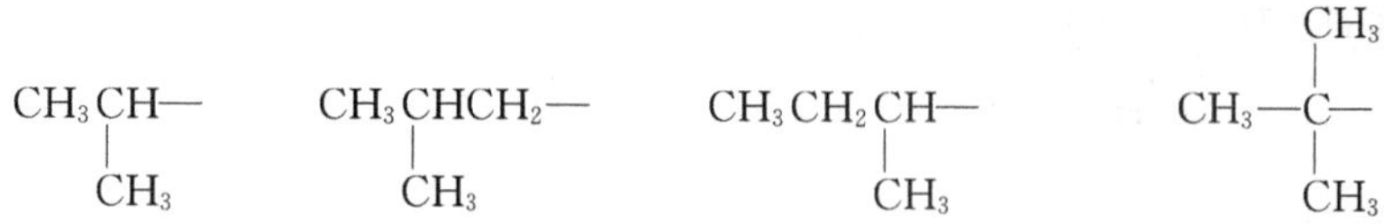

异丙基(*iso*-Pr)　异丁基(*iso*-Bu)　仲丁基(*sec*-Bu)　叔丁基(*tert*-Bu)

在系统命名法中，对于无支链的烷烃命名与普通命名法类似，但常不写“正”字。对于结构复杂的烷烃，则按以下步骤命名：

(1) 选择连续的最长碳链为主链，按主链所含碳原子的数目称为“某烷”(与无支链烷烃的普通命名法类似)，再将支链作为取代基。若有等长碳链，应选择含取代基多的碳链为主链。

(2) 从距取代基近的一端开始，依次用阿拉伯数字 1、2、3、4、…对主链编号(作为取代基的位次)。主链编号有多种选择时，应使其他取代基位次尽可能小。将取代基的位次与名称写在主链名称前面，位次和名称之间用短横线(半字线“-”，读作“位”)连接。

(3) 若连有不同的取代基，在遵守以上规则的前提下，则根据“次序规则”(sequence rule)排列取代基先后次序，按照由“小”到“大”的顺序将每个基团的位次和名称加在主链名称之前，“较优”基团列在后面(主链编号有多种选择时，“较优”基团位次编大号)。

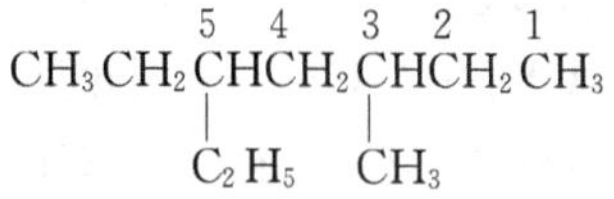

3-甲基-5-乙基庚烷

注意：若主链上连有多个相同的支链时，相同取代基合并，并在取代基名前用中文数字表示支链的数目，再在前面用阿拉伯数字表示各个支链的位次；阿拉伯数字之间用逗号隔开，阿拉伯数字与汉字之间用半字线隔开；如果支链上还有取代基时，则必须从与主链相连接的碳原子开始，给支链上的碳原子编号，支链的全名放在括号中(也可以用带撇的数字标明支链中碳原子的位次)。例如：

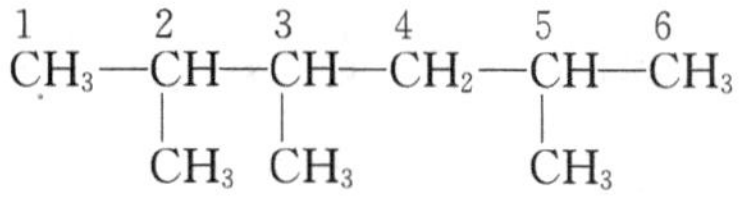

2,3,5-三甲基己烷

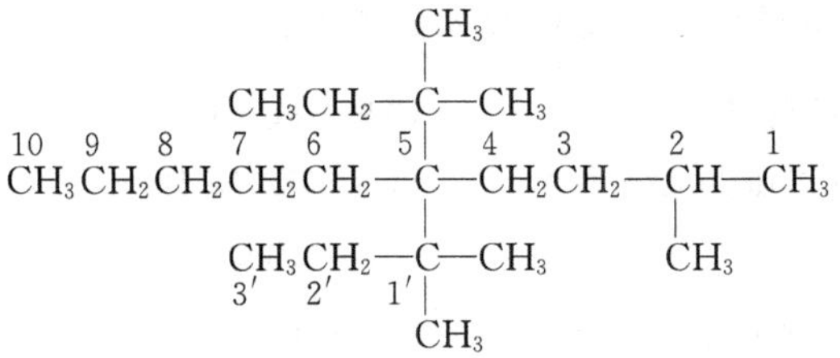

2-甲基-5,5-二(1,1-二甲基丙基)癸烷

或 2-甲基-5,5-二-1′,1′-二甲基丙基癸烷

3. 次序规则

各种取代基按先后次序排列的规则称为次序规则。其要点如下：

(1) 比较与主链碳原子直接相连的原子(基团的第一个原子,即取代基游离价所在的原子)的原子序数,按大的在前、小的在后排列。原子序数大者为优先基团("较大"基团,"较优"基团)。例如,原子序数 O>C,因此—OH>—CH_3。同位素中,质量数大者优先,如—D>—H。

通常有如下顺序：

原子序数　　I>Br>Cl>S>P>F>O>N>C>D>H

优先次序　　—Br>—OH>—NH_2>—CH_3>—H

(2) 如果基团(与主链碳原子直接相连的)的第一个原子相同时,则比较与该原子直接相连的周围原子(先比较各组中原子序数最大的原子);若还是相同,则依次比较基团链中第二、第三、…… 顺序原子的原子序数,直到比较出优先顺序为止,如 CH_3CH_2—>CH_3—。

因第一顺序原子均为 C,故必须比较与 C 直接相连的周围原子中的原子序数最大的原子。CH_3—中第一个原子连接情况是 C(H、H、H),CH_3CH_2—中第一个原子相连情况是 C(C、H、H),所以 CH_3CH_2—>CH_3—。同理：

$(CH_3)_3C$—>$CH_3CH_2CH(CH_3)$—>$(CH_3)_2CHCH_2$—>$CH_3CH_2CH_2CH_2$—

比较—CH_2F 与—$C(OCH_3)_2CH_3$时,因第一个原子 C 相同,要比较与该原子直接相连的周围原子中原子序数最大的原子,分别是 F 和 O,因为 F>O,所以—CH_2F>—$C(OCH_3)_2CH_3$。

(3) 当取代基为不饱和基团时,则把双键、叁键原子看作重复连接两个、三个相同原子。例如：

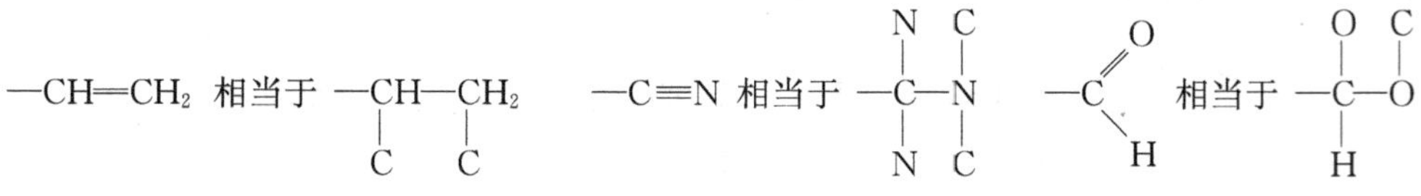

2.1.4 烷烃的性质

1. 烷烃的物理性质

$C_1 \sim C_4$ 的烷烃为气态，$C_5 \sim C_{16}$ 的烷烃为液态，C_{17} 以上的烷烃为固态。因分子间作用力随相对分子质量增大而增大，故随着碳原子数的递增，沸点依次升高。原子数相同时，支链越多，沸点越低。这是因为沸点的高低与分子间引力——范德华引力(包括静电引力、诱导力和色散力)有关。烃的碳原子数目越多，分子间的力越大。支链增多时，分子间的距离增大，分子间的力减弱，因而沸点降低。碳原子数目增加，熔点升高。分子结构越对称，熔点越高，偶数碳链具有较高的对称性，偶数碳原子的烷烃比相邻奇数碳原子的烷烃熔点高。烷烃的密度都小于 $1\times10^3\ kg \cdot m^{-3}$，随着相对分子质量的增加而增加，最后接近于 $0.8\times10^3\ kg \cdot m^{-3}$(20 ℃)。烷烃不溶于水，溶于某些有机溶剂，尤其是烃类中。一些直链烷烃的物理常数见表 2.1。

表 2.1 直链烷烃的物理常数

名称	熔点/℃	沸点/℃	密度/(10^3 kg · m^{-3})
甲烷	−182.5	−161.4	0.4240
乙烷	−182.7	−83.6	0.5462
丙烷	−187.1	−42.2	0.5824
丁烷	−138.3	−0.5	0.5788
戊烷	−129.7	36.1	0.6263
己烷	−95.3	68.7	0.6594
庚烷	−90.6	98.4	0.6837
辛烷	−56.8	125.6	0.7028
壬烷	−53.7	150.7	0.7179
癸烷	−29.7	174.0	0.7299
十一烷	−25.6	195.8	0.7403
十二烷	−9.6	216.2	0.7483
十三烷	−6.5	234.0	0.7568
十四烷	5.5	252.5	0.7636
十五烷	10.0	270.5	0.7688
十六烷	18.1	286.5	0.7733
十七烷	22.0	303	0.7767
十八烷	28.0	317	0.7768
十九烷	32.0	330	0.7776

2. 烷烃的化学性质

烷烃在空气中完全燃烧时，生成二氧化碳和水，并放出大量的热，故烷烃主要用作燃料。

$$CH_4+2O_2 \longrightarrow CO_2+2H_2O+890\ kJ\cdot mol^{-1}$$

$$C_nH_{2n+2}+\frac{3n+1}{2}O_2 \longrightarrow nCO_2+(n+1)H_2O+\text{热量}$$

烷烃分子只含 C—Cσ 键和 C—Hσ 键，故一般比较稳定。在常温下，烷烃与强酸、强碱、强氧化剂、强还原剂等都不易反应，因此烷烃在有机反应中常用作溶剂。但 σ 键在光、热和催化剂的影响下也可发生键的均裂，产生自由基中间体，发生自由基反应。自由基卤代反应是烷烃的典型反应。

1) 卤代反应

分子中的原子或原子团被其他原子或原子团取代的反应称为取代反应，被卤原子取代的反应称为卤代反应。

$$RH+X_2 \xrightarrow[\triangle]{h\nu} RX+HX$$

例如

$$CH_4+Cl_2 \xrightarrow{h\nu} CH_3Cl+HCl$$

反应活性：$F_2 \gg Cl_2 > Br_2 \gg I_2$（$F_2$ 活性很高，可发生爆炸性反应，I_2 几乎不发生反应）。

2) 反应历程

化学反应经历的途径或过程称为反应历程，又称为反应机理。

实验证明，甲烷的氯代反应为自由基历程。一旦有自由基生成，反应就能连续地进行下去，这样周而复始，反复不断地进行反应，故又称为(自由基)链锁反应。

自由基链锁反应是经过链引发、链传递(增长)、链终止三个阶段完成的。下面以甲烷在光照下的氯代反应为例说明。

(1) 链引发：即吸收能量，开始产生游离基的过程。

$$Cl_2 \xrightarrow{\text{光照}} Cl\cdot+Cl\cdot$$

(2) 链增长：即反应连续进行的阶段，其特点是循环反应，形成取代产物和新自由基。

$$CH_4+Cl\cdot \longrightarrow CH_3\cdot+HCl \qquad CH_3\cdot+Cl_2 \longrightarrow CH_3Cl+Cl\cdot$$

氯代最终产物除 CH_3Cl 外，还有 CH_2Cl_2、$CHCl_3$、CCl_4 等，故经历此过程得到的是混合物。

$$CH_3Cl+Cl\cdot \longrightarrow \cdot CH_2Cl+HCl \qquad \cdot CH_2Cl+Cl_2 \longrightarrow CH_2Cl_2+Cl\cdot$$

$$CH_2Cl_2+Cl\cdot \longrightarrow \cdot CHCl_2+HCl \qquad \cdot CHCl_2+Cl_2 \longrightarrow CHCl_3+Cl\cdot$$

$$CHCl_3 + Cl\cdot \longrightarrow \cdot CCl_3 + HCl \qquad \cdot CCl_3 + Cl_2 \longrightarrow CCl_4 + Cl\cdot$$

(3) 链终止：即自由基相互结合，使反应终止。

$$CH_3\cdot + Cl\cdot \longrightarrow CH_3Cl$$

$$Cl\cdot + Cl\cdot \longrightarrow Cl_2$$

$$CH_3\cdot + CH_3\cdot \longrightarrow CH_3CH_3$$

加入某些胺类及酚类可以抑制或消除自由基，使反应终止。

在生理状况下，机体一方面不断产生自由基(特别是含氧自由基)，一方面又不断清除自由基，使自由基处于产生与清除平衡状态。一旦失去平衡，过多的自由基就会对机体造成损害，引起多种疾病，并可诱发癌症和导致衰老。自由基清除剂(如维生素 E、2-巯基乙胺等)可淬灭含氧自由基，故也称抗氧剂。食品等往往因存放过程中产生过多的自由基而腐败，也可以用抗氧剂(如酚类)加以保护。

3) 其他烷烃的卤代

当含有不同类型氢的烷烃卤代时，所得产物的比例与概率因素(H 原子数目)、各类 H 的活泼性及 X_2 的活泼性有关。各级氢相对反应活性之比等于卤代产率除以氢原子数目的商之比。丙烷分子中有六个伯氢和两个仲氢，氯自由基与伯氢相遇的机会为仲氢的三倍，但一氯产物中 2-氯丙烷(55%)反而比 1-氯丙烷(45%)多，说明仲氢比伯氢活性大得多，更容易被取代。伯氢与仲氢的相对活性为

$$\frac{\text{伯氢}}{\text{仲氢}} = \frac{45/6}{55/2} = 1 : 3.7$$

一般，氢的卤代反应活性大小为 3°H>2°H>1°H，活性较低的 X_2 卤代时选择活性高的氢反应。各级氢的活性与链传递阶段生成的各级自由基的稳定性有关。一般来讲，自由基越稳定，越容易生成，其反应速率越大。由于大多数自由基只在反应的瞬间存在，寿命很短，因此稳定性是相对的。

自由基的稳定性大小一般为

$$R\cdot \text{的稳定性} \qquad 3°R\cdot > 2°R\cdot > 1°R\cdot > CH_3\cdot$$

例如：

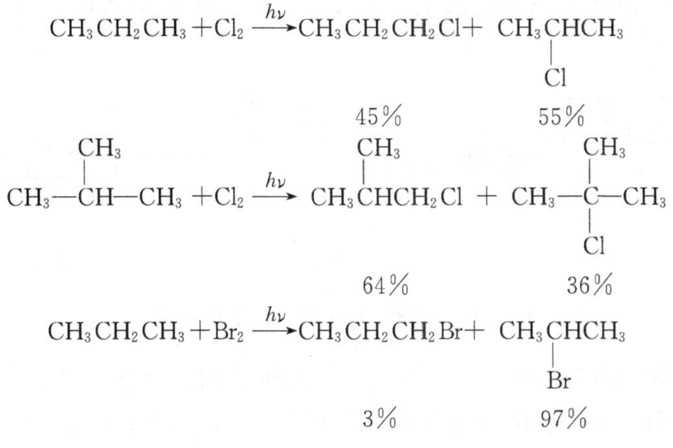

2.1.5　烷烃的来源与用途

烷烃的主要工业来源是天然气和石油。天然气主要成分为甲烷，有的含有少量的乙烷和丙烷。石油为复杂的混合物，其主要成分为烷烃和环烷烃。煤或 CO 在高温、高压和催化剂存在下加氢也可以制备烷烃、烯烃等烃类。常用的液态、固态烷烃如下：

(1) 石油醚。石油醚为低级烷烃(C_5～C_8)的混合物，分为沸点范围在 30～60 ℃、60～90 ℃、90～120 ℃三类，为无色具有汽油臭的透明液体，极易燃烧，是常用的有机溶剂。

(2) 液体石蜡。液体石蜡主要为 C_{18}～C_{24}的液体烷烃混合物，呈透明状液体，不溶于水和乙醇，能溶于醚和氯仿。精制的液体石蜡常用作肠道润滑的缓泻剂。

(3) 凡士林。凡士林主要为 C_{18}～C_{34}的半固态烷烃混合物。在实验室里可以用于磨口玻璃器件的润滑和密封。在医药上常用作软膏基质。

(4) 石蜡。石蜡主要为 C_{25}～C_{34}的固体烷烃混合物。在医疗上可以用作蜡疗，也可以与蜂蜡等熔合，用于调节软膏的硬度。

2.2　烯　　烃

比同数碳原子的饱和烃(烷烃)的氢原子数目少的链烃为“不饱和烃”，分为烯烃和炔烃两类。分子结构中含有碳碳双键的不饱和烃称为烯烃。单烯烃的分子通式为 C_nH_{2n}。碳碳双键为烯烃的官能团。

2.2.1　烯烃的结构

1. 烯烃中碳原子的杂化

烯烃分子中饱和碳原子的杂化与烷烃的相同。组成双键的两个碳原子为 sp^2 杂化(图 2.8)。

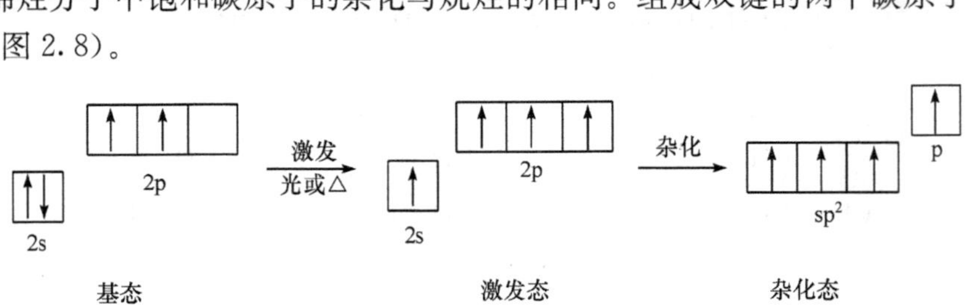

图 2.8　双键碳原子的 sp^2 杂化过程

两个 sp^2 杂化的碳原子各用一个 sp^2 杂化轨道相互重叠形成碳碳 σ 键，每个碳原子上剩余的两个 sp^2 杂化轨道分别与其他原子结合形成 σ 键，五个 σ 键在同一个平面上。而每个碳原子上未杂化的 p 轨道相互平行重叠，形成 π 键。因此双键由一个 σ 键和一个 π 键组成(图 2.9)。

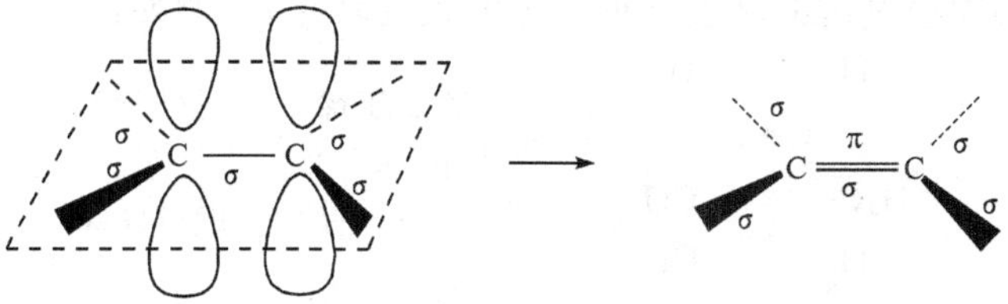

图 2.9　烯烃的 σ 键与 π 键

π 键具有如下特点：

(1) 未杂化的 p 轨道“肩并肩”重叠，重叠程度小，不牢固，易极化，易发生反应。

(2) π 电子云沿键轴上下分布，键的旋转会影响电子云的重叠，故 π 键不能围绕键轴自由旋转。

现代物理方法证明：最简单的烯烃——乙烯分子的所有原子在同一平面上，其结构如下：

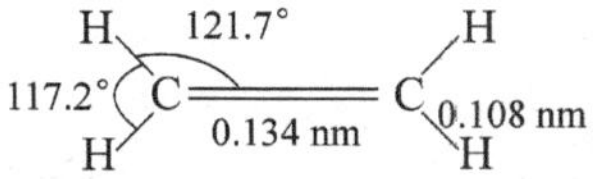

乙烯的球棍模型如图 2.10 所示。

2. 烯烃的同分异构

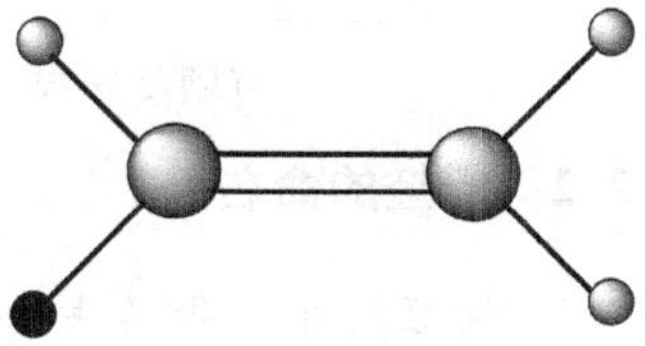

图 2.10　乙烯的球棍模型图

烯烃的同分异构现象比烷烃复杂，除碳链异构外，还有由于双键位置不同而引起的位置异构和双键两侧的基团在空间的位置不同而引起的顺反异构。以四个碳的烯烃为例，示意如下：

$CH_3—CH═CH—CH_3$　　$CH_3—CH_2—CH═CH_2$　　$CH_3—C(CH_3)═CH_2$

2-丁烯　　1-丁烯　　2-甲基丙烯

(2-丁烯与1-丁烯：位置异构；1-丁烯与2-甲基丙烯：碳链异构)

位置异构　　碳链异构

构造异构

3. 烯烃的顺反异构

由于双键不能自由旋转，而双键碳上连接的四个原子或原子团处于同一平面，当双键的每个碳原子各连接两个不同的原子或原子团时，产生顺反异构体(cis-trans isomer)。这种构造相同，由于双键的两个碳原子上所连基团在空间的位置不同，而引起构型不同的现象称为顺反异构现象（cis-trans isomerism，又称几何异构）。顺反异构属于构型异构，顺反异构体的物理性质不同，故分离它们并不很难（顺反异构体必须通过键的断裂和形成才能相互转化）。例如：

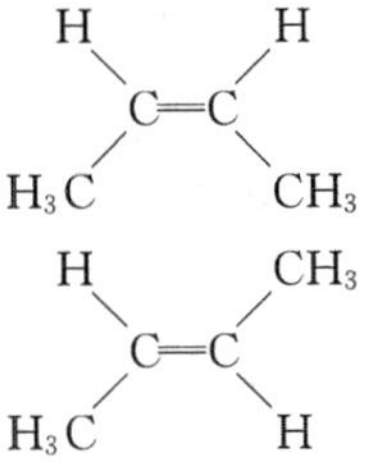

顺-2-丁烯 b.p. 3.7 ℃
反-2-丁烯 b.p. 0.88 ℃
} 顺反异构

顺反异构体不仅物理性质不同，涉及空间结构等的化学性质也不同。例如，顺丁烯二酸很容易分子内脱水，而反丁烯二酸则较难。顺反异构体在生理活性或药理作用上往往表现出较大的差异。例如，反式已烯酚生理活性大，而顺式异构体则很低；有降血脂作用的亚油酸和花生四烯酸是顺式构型；维生素 A 分子中的四个双键全部是反式构型。

顺反异构产生条件：①结构中存在限制旋转的因素（π 键或环）；②每个双键碳原子上分别连有不同的基团。

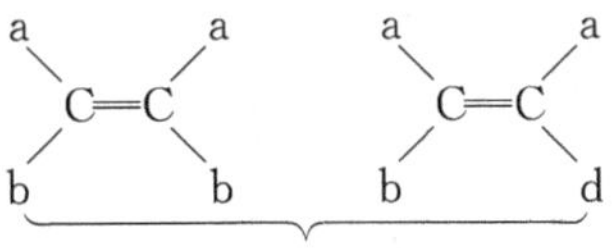

有顺反异构

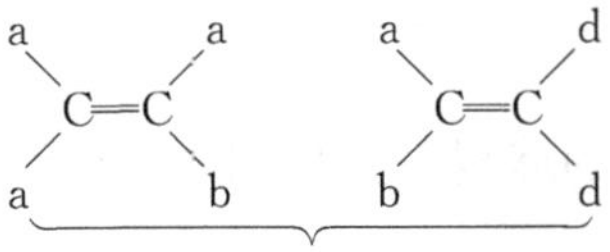

无顺反异构

2.2.2　烯烃的命名

1. 烯烃的系统命名法

烯烃的系统命名法要点如下：

(1) 选择含有双键的最长碳链作为主链，依主链中所含碳原子数目命名为“某烯”。主链超过十个碳原子时，在“烯”字前加“碳”字。

(2) 从靠近双键的一端开始编号，以双键两个碳原子中编号较小的数字表示双键位次。若双键居于主链中央，编号时应从距取代基近的一端开始。

(3) 将取代基位次、数目、名称及双键位次依次写在某烯之前，并以短线（半字线）隔开。其余与烷烃系统命名法相同。

烯烃分子中去掉一个氢原子的剩余基团称为烯基。常见的烯基（游离价编号为 1 位）有

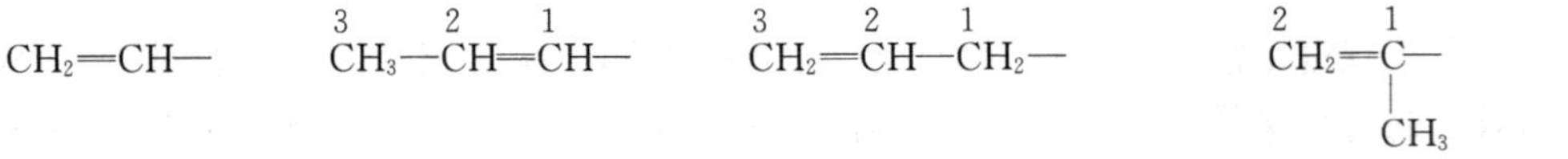

乙烯基　　丙烯基(1-丙烯基)　　烯丙基(2-丙烯基)　　异丙烯基(1-甲基乙烯基)

总之，烯烃命名“以官能团(C═C)为主”：主链含双键；双键编号尽量小；标明双键位置。例如：

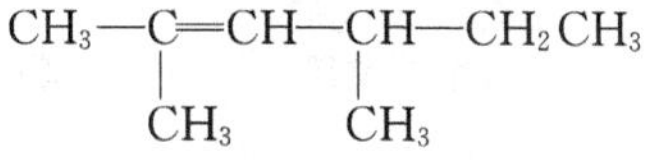

2,4-二甲基-2-己烯

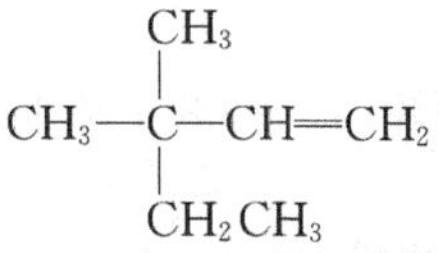

3,3-二甲基-1-戊烯

2. 顺反异构体的命名

简单烯烃的顺反异构体可用词头“顺”(*cis*)、“反”(*trans*)表示构型，但对于比较复杂的烯烃，国际纯粹与应用化学联合会(IUPAC)命名法以(*Z*)、(*E*)为词头表示(德语 Zusammen，意为“在一起”，指同侧；Entgegen，意为“相反”，指异侧)。

1) 顺/反命名法

相同基团在双键的同一侧称为顺式，相同基团在双键的异侧称为反式。在系统名称前加“顺”或“反”字。例如：

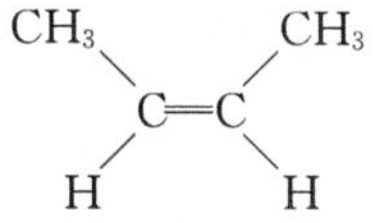

顺-2-丁烯

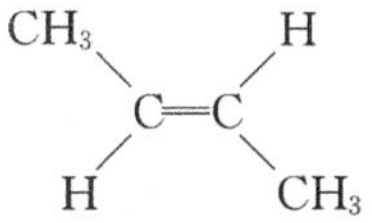

反-2-丁烯

顺/反命名法无法对双键碳原子上没有相同基团的顺反异构体命名，需用 *Z*/*E* 命名法命名。

2) *Z*/*E* 命名法

按次序规则比较每个双键碳原子上所连两个基团的优先次序。若一个碳原子上较优基团与另一个碳原子上较优基团处于双键的同一侧，称为 *Z* 型；若两个较优基团处于双键的异侧，则称为 *E* 型。即若 a>d、b>e，则

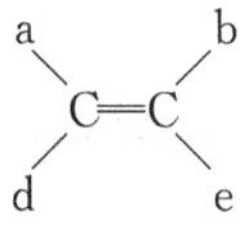

*Z*型

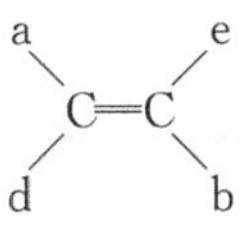

*E*型

Z/*E* 命名法可以命名所有顺反异构体。将 *Z* 或 *E* 加括号放在烯烃名称之前(有多个双键时在 *Z* 或 *E* 前写上位次编号；主链编号有多种选择时，*Z* 型或顺式双键取较小编号)，同时用半字线与烯烃名称相连。*Z* 型、*E* 型与顺式、反式并不一定对应。例如：

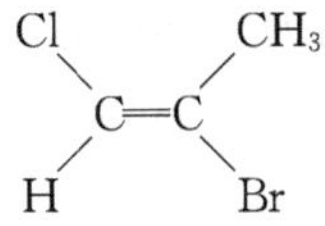

(*E*)-1-氯-2-溴丙烯

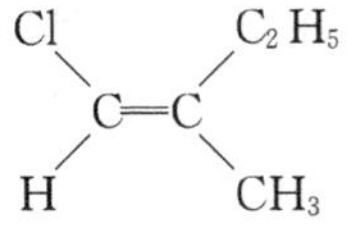

(*Z*)-2-甲基-1-氯-1-丁烯

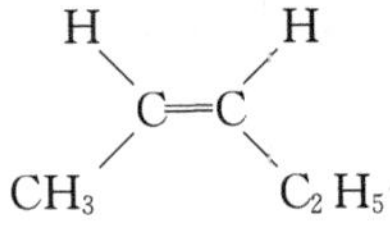

(*Z*)-2-戊烯
顺-2-戊烯

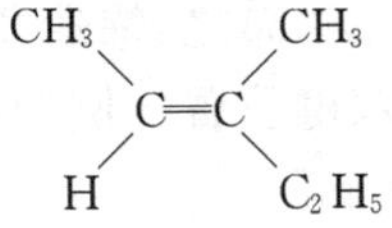

(*E*)-3-甲基-2-戊烯
顺-3-甲基-2-戊烯

2.2.3　烯烃的性质

1. 烯烃的物理性质

烯烃物理性质变化趋势与烷烃类似，但规律性较差。烯烃由于存在 π 键，易极化，故分子间色散力比烷烃略大，沸点比烷烃略高，常温下乙烯、丙烯、丁烯为气态，从戊烯开始为液态，高级烯烃为固态。烯烃不溶于水，溶于某些有机溶剂。部分烯烃的物理常数见表 2.2。

表 2.2　部分烯烃的物理常数

名　称	熔点/℃	沸点/℃	密度/(10^3 kg · m^{-3})
乙烯	−169.5	−103.7	0.6100
丙烯	−185.2	−47.7	0.6104
2-甲基-1-丙烯	−140.8	−6.9	0.6266
1-丁烯	−185.3	−6.4	0.6255
顺-2-丁烯	−139.3	3.5	0.6213
反-2-丁烯	−105.5	0.9	0.6042
2-甲基-1-丁烯	−137.6	31.2	0.650
3-甲基-1-丁烯	−168.5	20.1	0.6340
1-戊烯	−166.2	30.1	0.641
1-己烯	−139	63.5	0.673
1-庚烯	−119	93.6	0.697
1-十八碳烯	17.5	179	0.791

2. 烯烃的化学性质

烯烃与烷烃所不同的是分子中含有 π 键。π 键电子云分布于键轴上下，受原子核的束缚力弱，易受反应试剂的进攻，使 π 键破裂，形成两个 σ 键，发生典型的加成反应。

1) 加成反应

加成反应是烯烃的典型反应。在反应中 π 键断开，双键上的两个碳原子和其他原子或基团结合，形成两个较强的 σ 键，这类反应称为加成反应(addition reaction)。

$$\gt C{=}C\lt \; + \; X{-}Y \longrightarrow \gt\underset{X}{\underset{|}{C}}{-}\underset{Y}{\underset{|}{C}}\lt$$

(1) 催化加氢。在催化剂(如铂、钯、镍等)存在下,烯烃与氢发生加成反应,生成相应烷烃。这是因为催化剂可以降低加氢反应的活化能,使反应容易进行。

$$R{-}CH{=}CH_2 + H_2 \xrightarrow{\text{催化剂}} R{-}CH_2CH_3$$

烯烃催化加氢反应是定量进行的,可以通过测量氢气体积的办法确定烯烃中双键的数目。

氢化反应是放热反应,1 mol 不饱和化合物氢化时放出的热量称为氢化热。可以通过测定不同烯烃的氢化热比较烯烃的相对稳定性。氢化热越小的烯烃越稳定。例如,顺-2-丁烯和反-2-丁烯氢化反应的产物都是丁烷,反式比顺式少放出 4.2 $kJ \cdot mol^{-1}$的热量,意味着反式的热力学能比顺式少 4.2 $kJ \cdot mol^{-1}$,因此反-2-丁烯更稳定。

含有碳碳双键(C═C)的有机化合物通常可以催化加氢,在工业上和研究工作中都具有重要意义,如油脂氢化制硬化油、人造奶油等。为除去粗汽油中的少量烯烃杂质,可进行催化氢化反应,将少量烯烃还原为烷烃,从而提高油品的质量。

(2) 亲电加成。烯烃双键的形状及其电子云分布特点使烯烃容易给出电子,因而易受到带正电荷或部分正电荷的缺电子试剂(称为亲电试剂)的进攻而发生加成反应。这种由亲电试剂的进攻而引起的加成反应称为亲电加成反应。常用的亲电试剂主要有卤素(Br_2、Cl_2)、卤化氢、硫酸等。

(i) 与卤素加成。单烯烃很容易与卤素发生加成反应,生成邻二卤化物。例如,将烯烃气体通入溴的四氯化碳溶液后,溴的红棕色马上消失,表明发生了加成反应。在实验室中,常利用这个反应检验烯烃的存在。

$$CH_3{-}CH{=}CH_2 + Br_2 \xrightarrow{CCl_4} CH_3{-}\underset{Br}{\underset{|}{CH}}{-}\underset{Br}{\underset{|}{CH_2}}$$

相同的烯烃和不同的卤素进行加成时,卤素的活性顺序为氟>氯>溴>碘。氟与烯烃的反应太剧烈,往往使碳链断裂;碘与烯烃难于发生加成反应,因此一般烯烃与卤素的加成实际上是指加溴或加氯。

下面以乙烯和溴的加成反应为例,说明烯烃和卤素加成的反应历程。

当把干燥的乙烯通入溴的无水四氯化碳溶液中,不易发生反应。但若加入一点水(极性分子)时,就容易发生反应,溴水的颜色褪去。这说明溴与乙烯的加成反应受极性物质影响,实际上就是乙烯双键受极性物质的影响,使 π 电子云发生极化。同样,Br_2 在接近双键时,在 π 电子的影响下也会发生极化:$\overset{\delta^-}{Br}{-}\overset{\delta^+}{Br}$。

极化的乙烯和溴又是怎样进行反应的呢?实验证明,乙烯和溴在氯化钠的水溶液中进行加成时,除生成 1,2-二溴乙烷外,还生成 1-氯-2-溴乙烷和 2-溴乙醇,但没有 1,2-二氯乙烷。

$$CH_2{=}CH_2 + Br_2 \xrightarrow{NaCl, H_2O} Br{-}CH_2{-}CH_2{-}Br + Br{-}CH_2{-}CH_2{-}Cl + Br{-}CH_2{-}CH_2{-}OH$$

第一步,被极化的溴分子中带部分正电荷的溴原子($Br^{\delta+}$)向乙烯中的 π 键进攻,形成环状溴鎓离子中间体,由于 π 键的断裂和溴分子中 σ 键的断裂都需要一定的能量,因此反应速率较小,是决定加成反应速率的一步。

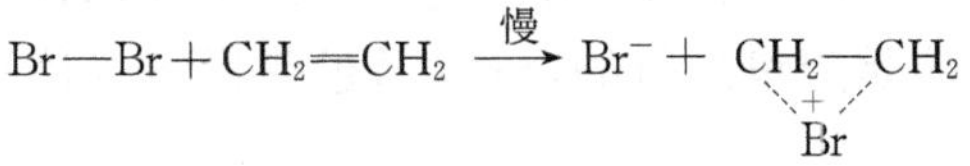

溴鎓离子

第二步,溴负离子或氯负离子、水分子进攻溴鎓离子生成产物,这一步反应是离子之间的反应,反应速率较大。

这种加成反应实质是亲电试剂 Br^+ 对富电子 π 键的进攻,所以称为亲电加成反应。由于加成是由溴分子发生异裂后生成的离子进行的,故这类加成反应又称为离子型亲电加成反应。

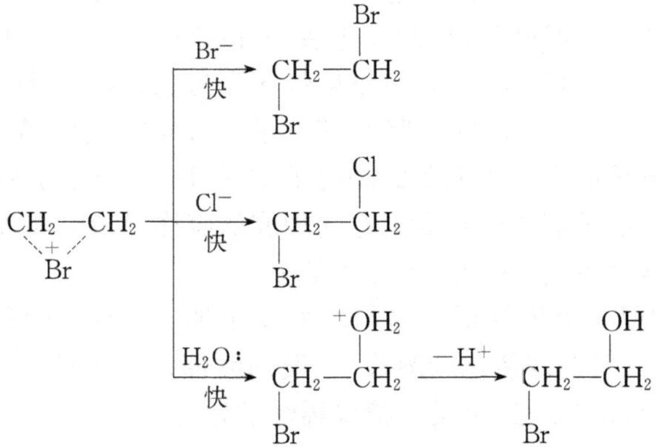

(ii) 与卤化氢加成。HX 气体或浓 HX 溶液能与烯烃进行加成反应,生成相应的卤代烷。

$$CH_2{=}CH_2 + HX \longrightarrow CH_3{-}CH_2{-}X$$

不同卤化氢与相同的烯烃加成时,反应活性顺序为 HI>HBr>HCl,氟化氢一般不与烯烃加成。

烯烃与卤化氢的加成反应历程和烯烃与卤素的加成相似,也是分两步进行的离子型亲电加成反应。不同的是第一步由亲电试剂 H^+ 进攻 π 键,且不生成卤鎓离子,而是生成碳正离子中间体,然后 X^- 进攻碳正离子生成产物。

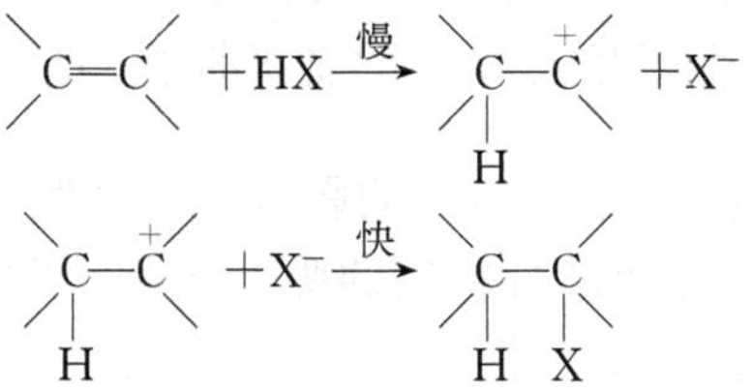

当乙烯与卤化氢加成时，卤原子或氢原子不论加到哪个碳原子上，产物都相同，因为乙烯是对称分子。但丙烯与卤化氢加成时，情况就不同了，有可能生成两种加成产物：

$$CH_3-CH{=}CH_2 + H-X \longrightarrow \begin{cases} CH_3-\underset{\underset{X}{|}}{CH}-CH_3 & \text{2-卤丙烷} \\ CH_3-CH_2-\underset{\underset{X}{|}}{CH_2} & \text{1-卤丙烷} \end{cases}$$

实验证明，丙烯与卤化氢加成时，主要产物是 2-卤丙烷，即不对称烯烃与卤化氢加成时，氢原子主要加到含氢较多的双键碳原子上（试剂带正电荷的部分主要加到含氢较多的双键碳原子上），这一规律称为马尔科夫尼科夫（Markovnikov）规则，简称马氏规则。

马氏规则可用烯烃的亲电加成反应历程及诱导效应解释（详见 2.2.4）。

(iii) 与硫酸加成。烯烃与冷的浓硫酸混合，反应生成硫酸氢酯，硫酸氢酯水解生成相应的醇。例如：

$$CH_2{=}CH_2 + H-OSO_3H \longrightarrow \underset{\text{硫酸氢乙酯}}{CH_3CH_2OSO_3H} \xrightarrow[\triangle]{H_2O} \underset{\text{乙醇}}{CH_3CH_2OH} + H_2SO_4$$

不对称烯烃与硫酸的加成反应遵守马氏规则。例如：

$$CH_3-CH{=}CH_2 + H-OSO_3H \longrightarrow \underset{\text{硫酸氢异丙酯}}{CH_3\underset{\underset{OSO_3H}{|}}{CH}CH_3} \xrightarrow[\triangle]{H_2O} \underset{\text{异丙醇}}{CH_3\underset{\underset{OH}{|}}{CH}CH_3} + H_2SO_4$$

这是工业制备醇的方法之一。由于硫酸氢酯能溶于浓硫酸，因此可用来提纯某些化合物。例如，烷烃一般不与浓硫酸反应，也不溶于硫酸，用冷的浓硫酸洗涤烷烃和烯烃的混合物，可以除去烷烃中的烯烃。

(iv) 与水加成。在酸（常用硫酸或磷酸）催化下，烯烃与水直接加成生成醇。不对称烯烃与水的加成反应也遵从马氏规则。例如：

$$CH_2{=}CH_2 + H-OH \xrightarrow[\triangle]{H^+} \underset{\text{乙醇}}{CH_3-CH_2-OH}$$

$$CH_3-CH{=}CH_2 + H-OH \xrightarrow[\triangle]{H^+} \underset{\text{2-丙醇}}{CH_3-\underset{\underset{OH}{|}}{CH}-CH_3}$$

2) 氧化反应

(1) 用 $KMnO_4$ 或 OsO_4 氧化。

(i) 用稀的碱性 $KMnO_4$ 氧化，可将烯烃氧化成邻二醇。反应中 $KMnO_4$ 褪色，且有 MnO_2 沉淀生成，故此反应可用来鉴定不饱和烃。此反应生成的产物为顺-1,2-二醇，可看成特殊的顺式加成反应。也可以用 OsO_4 代替 $KMnO_4$ 进行反应。

$$3R\text{—}CH\text{=}CH_2 + 2KMnO_4 + 4H_2O \xrightarrow[\text{或中性}]{\text{碱性}} 3R\text{—}\underset{\displaystyle OH}{\underset{|}{CH}}\text{—}\underset{\displaystyle OH}{\underset{|}{CH_2}} + 2MnO_2\downarrow + 2KOH$$

(ii) 用酸性 $KMnO_4$ 氧化。在酸性条件下氧化，反应进行更快，得到碳链断裂的氧化产物(低级酮或羧酸；双键 C 不连 H 时生成酮，连一个 H 时生成羧酸，连两个 H 时生成二氧化碳和水)。

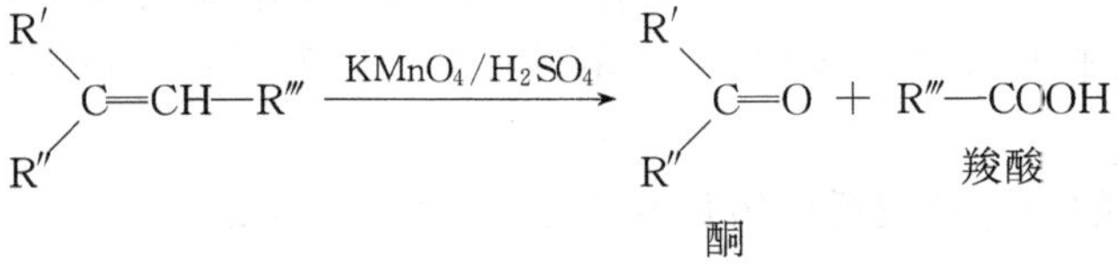

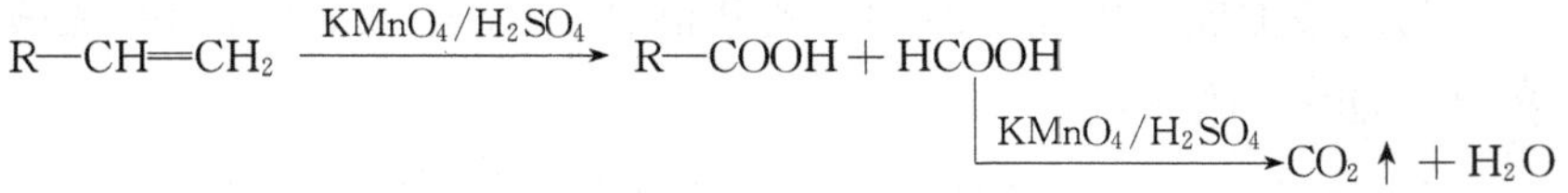

上述氧化反应的用途：①鉴别烯烃；②制备一定结构的有机酸和酮；③根据氧化产物推测原烯烃的结构。

(2) 臭氧化反应。将含有臭氧(6%～8%)的氧气通入液态烯烃或烯烃的四氯化碳溶液中，臭氧迅速且定量地与烯烃作用，生成臭氧化物，称为臭氧化反应。

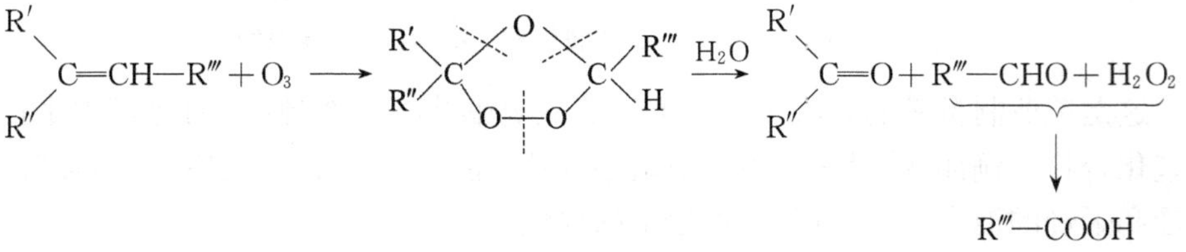

为防止生成的过氧化物继续氧化产物，通常臭氧化物的水解在加入还原剂(如 Zn/H_2O)或催化氢化条件下进行。例如：

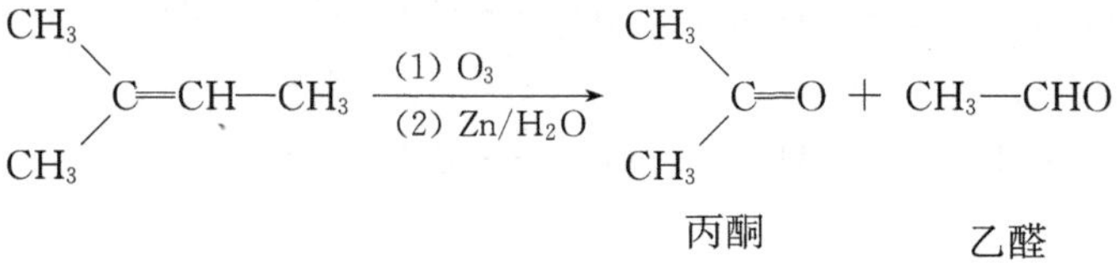

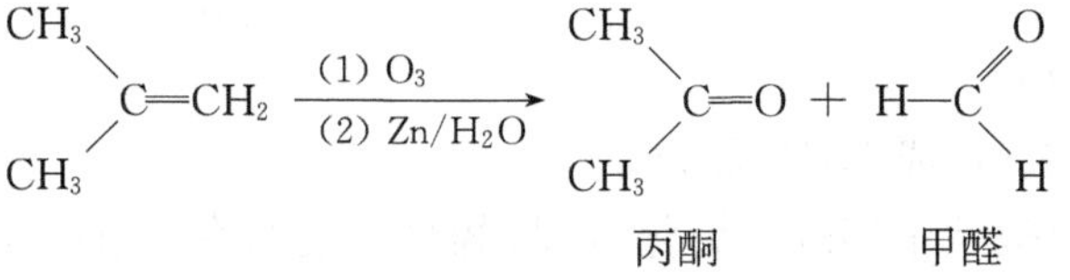

双键 C 不连 H 时生成酮，双键 C 连 H 时生成醛，故可通过臭氧化物还原水解产物来推测原烯烃的结构。例如：

臭氧化还原水解产物	原烯烃的结构
CH_3COCH_3　$OHCCH_2CHO$　$HCHO$	$(CH_3)_2C{=}CHCH_2CH{=}CH_2$
$CH_3COCH_2CH(CH_3)CH_2CHO$	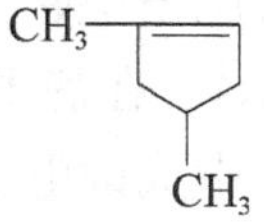

3) α-氢原子的卤代反应

与官能团直接相连的碳原子称为 α-碳原子，α-碳原子所连的氢原子称为 α-氢原子。双键是烯烃的官能团，与双键碳原子直接相连的碳原子上的氢原子(α-H)，因受双键的影响，表现一定的活泼性，可以发生取代反应和氧化反应。烯烃与卤素在室温下可发生双键的亲电加成反应，但在高温(500～600 ℃)时，则主要发生 α-氢原子被卤原子取代的反应。例如，丙烯与氯气混合，在常温下发生加成反应，生成 1,2-二氯丙烷。而在 500 ℃的高温下，主要是烯丙碳上的氢原子被取代，生成 3-氯丙烯。

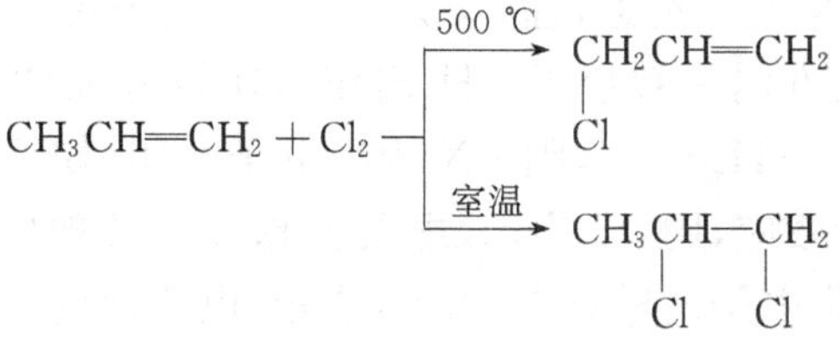

这是工业生产 3-氯丙烯的方法，主要用于制备甘油、环氧氯丙烷和树脂等。

与烷烃的卤代反应相似，烯烃的 α-氢原子卤代反应也是受光、高温、过氧化物(如过氧化苯甲酸)引发，进行自由基型取代反应。

如果用 *N*-溴代丁二酰亚胺(*N*-bromo succinimide，NBS)为溴化剂，在光或过氧化物作用下，则 α-溴代可以在较低温度下进行。实验室中烯烃的 α-氢原子的溴代反应，用 NBS 试剂可很方便地进行，产率较高，可用于制备 α-溴代烯烃。例如：

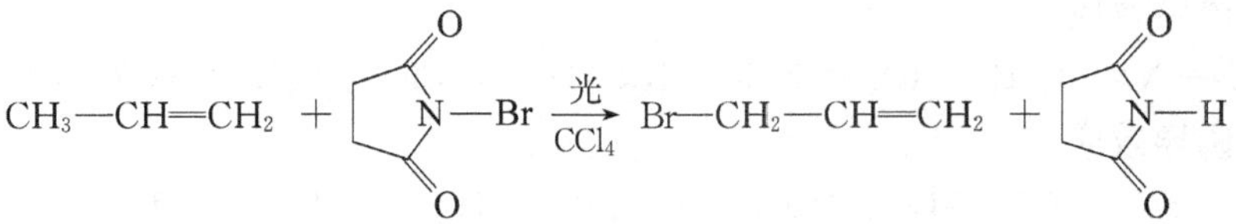

2.2.4　诱导效应

元素的原子在分子中吸引电子的能力称为元素的电负性。与之类似，由原子组成的原子团作为整体也有吸引电子能力相对大小的问题。有机化学中，常用基团的电负性描述基团在分子中吸引电子的能力，其大小顺序可以由基团中各元素的电负性等因素综合比较推断。在多原子分子中，当两个直接相连的原子电负性不同时，由于电负性较大的原子吸引电子的能力较强，两个原子间的共用电子对偏向电负性较大的原子，使之带有部分负电荷（用 δ^- 表示），另一原子则带有部分正电荷（用 δ^+ 表示）。在静电引力作用下通过静电诱导，这种影响能沿着分子链诱导传递，使分子中成键电子云向某一方向偏移。例如，在氯丙烷分子中由于氯的电负性比碳大，因此 C—Cl 键的共用电子对向氯原子偏移，使氯原子带部分负电荷（δ^-），碳原子带部分正电荷（δ^+）。在静电引力作用下，相邻 C—C 键本来对称共用的电子对也向氯原子方向偏移，使得 C_2 上也带有很少的正电荷，同样依次影响的结果使 C_3 上也多少带有部分正电荷。式中箭头所指的方向是电子偏移的方向。

$$\overset{\delta\delta\delta^+}{CH_3}\longrightarrow\overset{\delta\delta^+}{CH_2}\longrightarrow\overset{\delta^+}{CH_2}\longrightarrow\overset{\delta^-}{Cl}$$

这种由于分子中电负性不同的原子或基团的影响，整个分子中成键的电子云沿分子链（共价键）向一个方向偏移，分子发生极化的现象，称为诱导效应（inductive effect，I 效应）。它是一种通过静电诱导传递的电子效应。

I 效应的大小及方向一般以 C—H 键作为比较标准（"→"表示电子偏移方向）。若电负性—X>—H>—Y，则—X 为吸电子基团（如不饱和基团、卤素及羟基），具有吸电子诱导效应，用－I 表示，电负性越大，－I 效应越强；—Y 为供电子基团（如烷基），具有供电子诱导效应，用＋I 表示，电负性越小，＋I 效应越强。

$$-\overset{|}{\underset{|}{C}}\overset{\delta^+\ \ \delta^-}{\rightarrow X}\qquad -\overset{|}{\underset{|}{C}}-H\qquad -\overset{|}{\underset{|}{C}}\overset{\delta^-\ \ \delta^+}{\leftarrow Y}$$

诱导效应是一种静电诱导作用，其影响随距离的增大而迅速减弱或消失（一般传递三个 σ 键）。诱导效应具有加和性，当几个基团或原子同时对某一键产生诱导效应时，方向相同，效应相加；而方向相反，效应相减。此外，诱导效应沿单键传递时，只涉及电子云密度分布的改变，共用电子对并不完全转移到另一原子上。

常见原子或基团的诱导效应强弱次序如下：

吸电子诱导效应

$$-NO_2>-X>-OH(-OR)>-NH_2(-NR_2)>-C\equiv CR>-C_6H_5>-CR=CHR'>-H$$

供电子诱导效应

$$(CH_3)_3C->(CH_3)_2CH->CH_3CH_2->CH_3->-H$$

根据诱导效应可以解释马氏规则。例如，当丙烯与 HBr 加成时，丙烯分子中的甲基是一个供电子基，甲基表现出向双键供电子。与普通 σ 电子不同，π 电子具有很大的流动性，供电子基甲基使双键上的 π 电子云受静电排斥发生极化，且极化的方向与甲基供电子方向一致(一般用弯箭头"↶"表示 π 电子的流动方向)。这样,含氢原子较少的双键碳原子 π 电子云密度相对较低(用 δ^+ 表示),含氢原子较多的双键碳原子 π 电子云密度则相对较高(用 δ^- 表示)。加成时,进攻试剂 HBr 分子中带正电荷的 H 先加到 π 电子云密度较高的(含氢较多的)双键碳原子上,然后,Br 才加到另一个双键碳上,产物符合马氏规则。

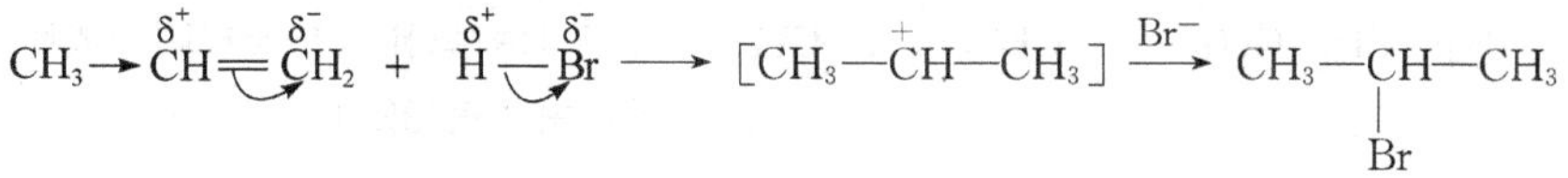

烯烃双键的碳原子大多数与供电子基相连,产物符合马氏规则。值得注意的是,若双键碳原子连接的是吸电子基如三氟甲基(CF_3—)等时,则双键上的 π 电子云极化的方向也与吸电子基(如 CF_3—等)的吸电子方向一致,结果得到反马氏规则的加成产物。

马氏规则也可以由亲电加成反应过程中生成的活性中间体碳正离子的稳定性解释。例如,丙烯和 HBr 加成,第一步反应生成的碳正离子中间体有两种可能:

$$CH_3—CH{=}CH_2 + HBr \xrightarrow{-Br^-} \begin{cases} CH_3—\overset{+}{C}H—CH_3 & \text{Ⅰ} \\ CH_3—CH_2—\overset{+}{C}H_2 & \text{Ⅱ} \end{cases}$$

根据物理学规律,一个带电体系的稳定性取决于所带电荷的分散程度,电荷越分散,体系越稳定。丙烯分子中的甲基是一个供电子基,表现出供电子诱导效应,甲基的成键电子云向缺电子的碳正离子方向偏移,使碳正离子的正电荷减少一部分,因而使其正电荷得到分散,体系趋于稳定。因此,带正电荷的碳上连接的烷基越多,供电子诱导效应越大,碳正离子的稳定性越高。

一般烷基碳正离子的稳定性次序为叔碳正离子>仲碳正离子>伯碳正离子>甲基正离子,即 $3°C^+>2°C^+>1°C^+>CH_3^+$。例如,$(CH_3)_3C^+>(CH_3)_2CH^+>CH_3CH_2^+>CH_3^+$。同理,诱导效应也导致烷基自由基的稳定性次序一般为叔碳自由基>仲碳自由基>伯碳自由基>甲基自由基,即 $3°C\cdot>2°C\cdot>1°C\cdot>CH_3\cdot$。

根据碳正离子的稳定性次序,碳正离子Ⅰ比Ⅱ稳定,因此碳正离子Ⅰ为该加成反应的主要中间体。Ⅰ一旦生成,很快与 Br^- 结合,生成 2-溴丙烷,符合马氏规则。

但在过氧化物存在下,HBr 与不对称烯烃的加成是自由基加成反应历程(HCl 和 HI 的加成反应方式不受影响),符合反马氏规则。例如,在过氧化物存在下,丙烯与溴化氢加成反应的主要产物是 1-溴丙烷,而不是 2-溴丙烷。

$$HBr + CH_2{=}CH—CH_3 \xrightarrow{\text{过氧化物}} \underset{\displaystyle Br}{\underset{|}{C}H_2}—CH_2—CH_3$$

由于过氧化物的存在而引起烯烃加成取向改变的现象,称为过氧化物效应。

该反应的历程是自由基加成反应，不是离子型亲电加成反应。过氧化物（R—O—O—R）受热时 O—O 键易断裂生成自由基，引发自由基加成反应：

$$\text{R—O—O—R} \xrightarrow{\text{加热}} \text{2R—O}\cdot$$

$$\text{R—O}\cdot + \text{HBr} \longrightarrow \text{Br}\cdot + \text{R—OH}$$

$$\text{Br}\cdot + \text{CH}_2\text{=CH—CH}_3 \longrightarrow \underset{\text{Br}}{\underset{|}{\text{CH}_2}}\text{—}\dot{\text{C}}\text{H—CH}_3$$ 二级自由基（比按马氏规则加成所得的一级自由基更稳定）

$$\underset{\text{Br}}{\underset{|}{\text{CH}_2}}\text{—}\dot{\text{C}}\text{H—CH}_3 + \text{HBr} \longrightarrow \underset{\text{Br}}{\underset{|}{\text{CH}_2}}\text{—CH}_2\text{—CH}_3 + \text{Br}\cdot$$

2.2.5 烯烃的制备

1. 烯烃的工业来源和制法

低级烯烃是化学工业的重要原料，过去主要从石油炼制过程中产生并分离而得。随着石油化工的迅速发展，现在低级烯烃主要是通过石油的各种馏分裂解和原油直接裂解获得。

2. 烯烃的实验室制法

（1）炔烃的部分氢化。在林德拉（Lindlar）催化剂催化下，炔烃可以顺式氢化为烯烃（详见 2.3.3）。

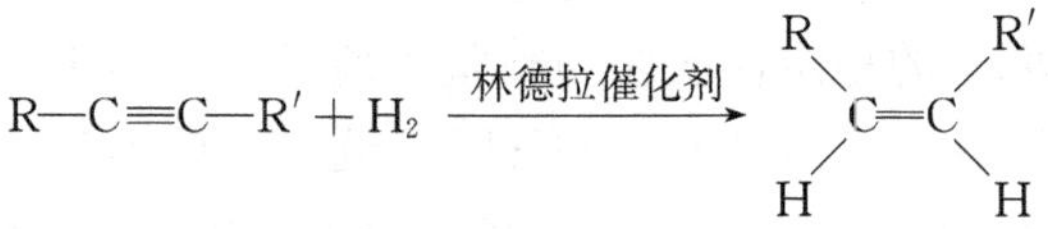

（2）卤代烷脱卤化氢（详见第 6 章）。

$$\text{CH}_3\text{—}\underset{\text{H}}{\underset{|}{\text{CH}}}\text{—}\underset{\text{Br}}{\underset{|}{\text{CH}}}\text{—CH}_2\text{—CH}_3 \xrightarrow[\triangle]{\text{KOH/C}_2\text{H}_5\text{OH}} \text{CH}_3\text{—CH=CH—CH}_2\text{—CH}_3 + \text{KBr} + \text{H}_2\text{O}$$

（3）醇脱水（详见第 8 章）。

$$\text{CH}_3\text{—CH}_2\text{—OH} \xrightarrow[\triangle]{\text{浓 H}_2\text{SO}_4} \text{CH}_2\text{=CH}_2 + \text{H}_2\text{O}$$

（4）邻二卤代烷脱卤素。邻二卤代烷在 Zn 等存在下受热脱卤素生成烯烃。

$$\text{CH}_3\text{—}\underset{\text{Br}}{\underset{|}{\text{CH}}}\text{—CH}_2\text{—Br} \xrightarrow[\triangle]{\text{Zn/C}_2\text{H}_5\text{OH}} \text{CH}_3\text{CH=CH}_2 + \text{ZnBr}_2$$

2.3 炔　烃

分子中含有碳碳叁键(C≡C)的不饱和烃称为炔烃，炔烃比相应的烯烃少两个氢原子，单炔烃的分子通式为 C_nH_{2n-2}。碳碳叁键是炔烃的官能团。

2.3.1 炔烃的结构

炔烃分子中组成叁键的两个碳原子为 sp 杂化(图 2.11)。

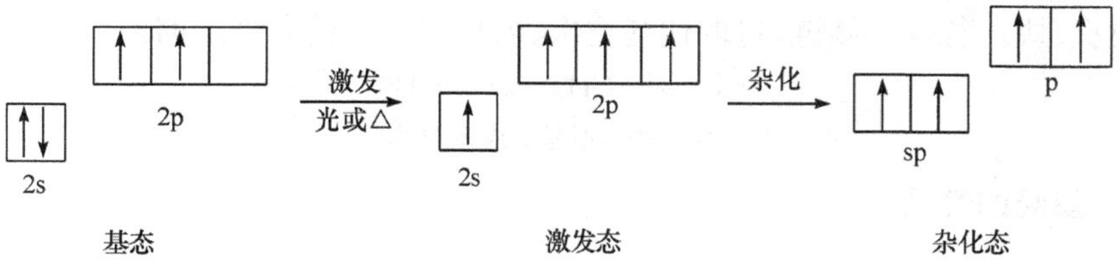

图 2.11　叁键碳原子的 sp 杂化过程

两个 sp 杂化的碳原子各用一个 sp 杂化轨道相互“头碰头”重叠形成碳碳 σ 键，每个碳原子上剩余的一个 sp 杂化轨道与氢原子或其他原子轨道形成 σ 键，三个 σ 键在同一条直线上。每个叁键碳原子上各有两个互相垂直的未杂化 p 轨道。两个叁键碳原子上未杂化的 p 轨道两两平行重叠，形成两个 π 键，所以 C≡C 叁键由一个 σ 键和两个 π 键组成。叁键与相邻 σ 键的夹角为 180°。两个 π 键互相垂直，π 键电子云对称地分布在碳碳 σ 键周围，相互作用形成沿键轴对称分布的圆柱形(图 2.12)。乙炔分子呈直线形，其球棍模型如图 2.13 所示。C≡C 键比 C═C 键短，两个 π 电子结合得更牢固，炔烃比烯烃难发生加成反应。

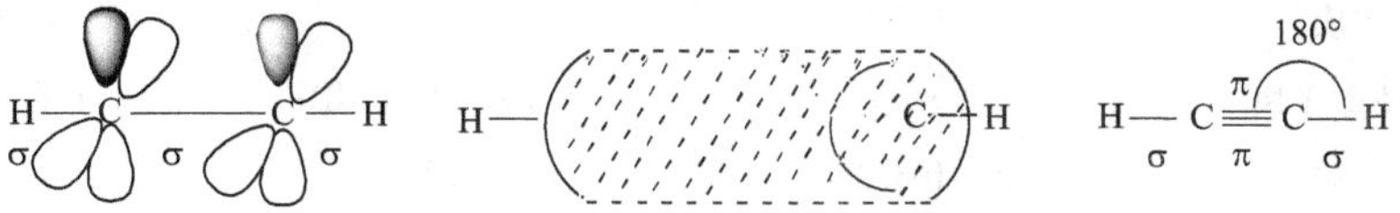

图 2.12　乙炔的结构

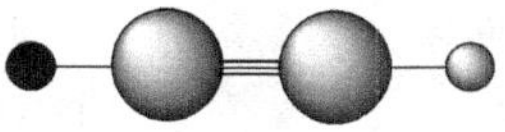

图 2.13　乙炔的球棍模型

2.3.2 炔烃的命名

炔烃的系统命名规则与烯烃相似，只需将其中的双键换为叁键，将烯改为炔即可。例如：

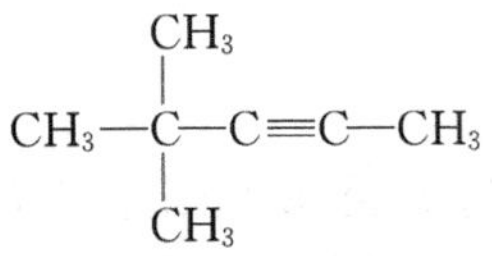

4,4-二甲基-2-戊炔

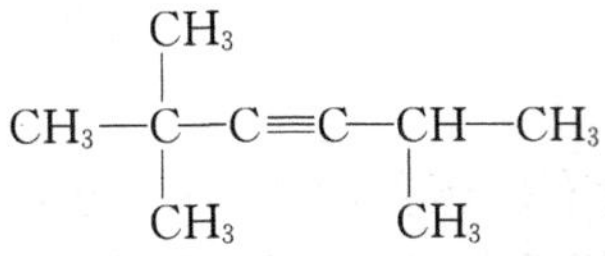

2,2,5-三甲基-3-己炔

当结构中既含有双键，又含有叁键时，应选择含有双键、叁键在内的最长碳链作为主链，称为“某烯炔”。编号时应首先考虑双键、叁键位次和最小。双键和叁键处在相同的位次时，应给双键以较小编号。主链名称列出顺序为双键位次-某烯-叁键位次-炔。若含有侧链，将取代基位次、名称置于主链名称之前。

$$CH \equiv C—CH_2—CH = CH_2$$

1-戊烯-4-炔（不是4-戊烯-1-炔）

2.3.3 炔烃的性质

1. 炔烃的物理性质

炔烃的物理性质与烯烃类似，也不溶于水，密度比水小，但由于炔烃分子中 π 电子更多等因素，导致其沸点比同碳原子数的烯烃高 10～20 ℃。常温下乙炔、丙炔、丁炔为气态，从戊炔开始为液态，高级炔烃为固态。部分炔烃的物理常数见表 2.3。

表 2.3 部分炔烃的物理常数

名称	熔点/℃	沸点/℃	密度/(10^3 kg · m^{-3})
乙炔	−81.8(0.119 MP)	−83.4	0.618(在沸点时)
丙炔	−101.5	−23.3	0.671(在沸点时)
1-丁炔	−122.5	8.5	0.668(在沸点时)
3-甲基-1-丁炔	−89.7	28.5(0.010 MP)	0.6854(在 0 ℃时)
1-戊炔	−106.5	39.7	0.695
2-戊炔	−109.5	55.5	0.7127(在 17.2 ℃时)
1-己炔	−124	71.4	0.719
1-庚炔	−80.9	99.8	0.733
1-十八碳炔	22.5	180(0.002 MP)	0.8696(在 0 ℃时)

2. 炔烃的化学性质

炔烃与烯烃的相同之处在于二者都含有 π 键，可发生加成反应。但是，由于叁键碳原子是 sp 杂化，s 成分大，电负性比 sp^2 杂化状态的碳原子大，保留电子能力强，因此叁键 π 电子给电子能力弱，亲电加成反应活性比烯烃低。同样，因为叁键碳原子为 sp 杂化，电负性大，—C≡C—H 中 C—H 键有极性，所以与叁键碳直接相连的氢原子具有一定酸性，能被金属离子置换。

1）还原反应

（1）催化加氢。一般在常用催化剂如铂、钯的催化下，炔烃和足量氢气发生加成反应被还原成烷烃，反应难以停止在烯烃阶段。

$$R—C\equiv C—R' \xrightarrow[Pd]{H_2} R—C=C—R' \xrightarrow[Pd]{H_2} R—CH_2—CH_2—R'$$

如果只希望得到烯烃，可使用活性较低的催化剂。常用的是林德拉催化剂，在其催化下，炔烃的氢化可以停留在烯烃阶段（顺式）。使用液氨与金属等还原，可得反式烯烃。

（2）顺式加氢。钯附着于硫酸钡或碳酸钙上，加少量喹啉或乙酸铅使之部分毒化，降低催化剂的活性，即得林德拉催化剂 Pd-$BaSO_4$（喹啉）或 Pd-$CaCO_3$［含微量 $Pb(OAc)_2$］。在林德拉催化剂催化下，顺式加氢得顺式烯烃。

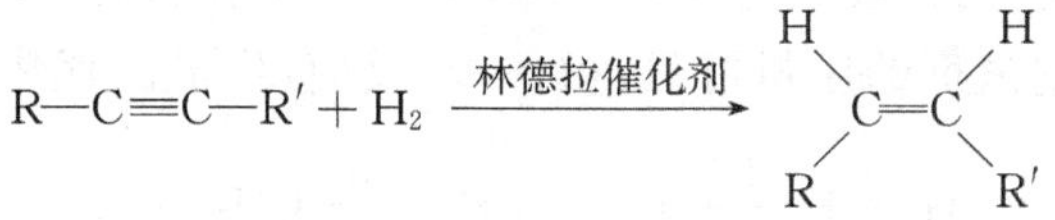

（3）反式还原。在液氨中用金属 Na（K，Li）还原，或使用金属氢化物如 $LiAlH_4$（氢化铝锂）还原，则炔烃被反式还原氢化得反式烯烃。

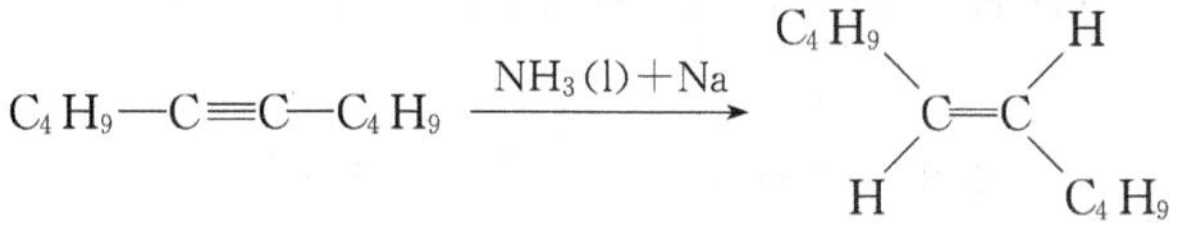

（*E*）-5-癸烯

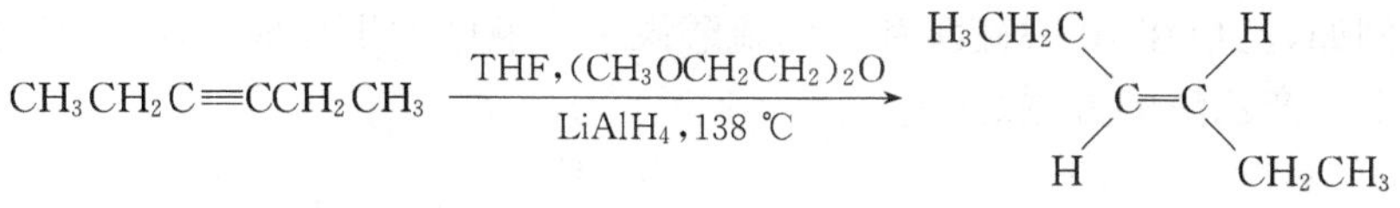

（*E*）-3-己烯

2）亲电加成

（1）与卤素加成。炔烃也能和卤素（主要是氯和溴）发生亲电加成反应，反应分步进行，先加一分子卤素生成二卤代烯，然后继续加成得到四卤代烷。与烯烃一样，炔烃与红棕色的溴溶液反应生成无色的溴代烃，因此此反应可用于炔烃的鉴别。

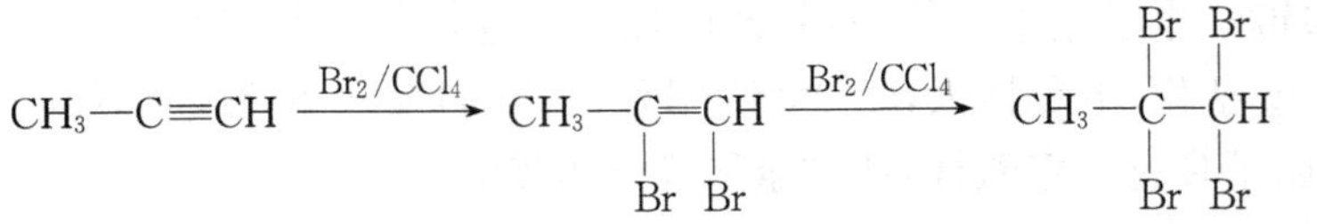

1,2-二溴丙烯　　1,1,2,2-四溴丙烷

叁键中的碳原子为 sp 杂化，与 sp^2 和 sp^3 杂化相比，它含有较多的 s 成分。s 成分多，则成键电子更靠近原子核，原子核对成键电子的约束力较大，因此叁键的 π 电子比双键的 π 电子难以极化，炔烃的亲电加成不如烯烃活泼。换言之，sp 杂化的碳原子电负性较强，不容易给出电子与亲电试剂结合，因而叁键的亲电加成反应比双键的加成反应慢。

不同杂化态碳原子的电负性大小顺序为 $sp > sp^2 > sp^3$。

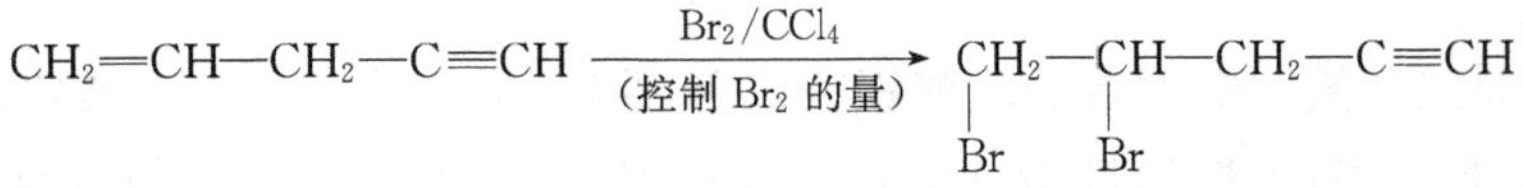

4,5-二溴-1-戊炔

(2) 与卤化氢加成。炔烃与烯烃一样，可与卤化氢加成，并服从马氏规则。反应分两步进行，控制试剂的用量可只进行一步反应，生成卤代烯烃。

$$CH{\equiv}CH \xrightarrow{HI} CH_2{=}CHI \xrightarrow{HI} CH_3{-}CHI_2$$

碘乙烯　　1,1-二碘乙烷

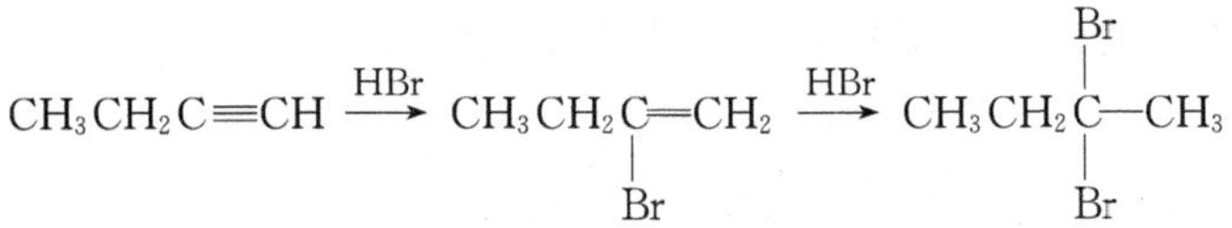

2-溴-1-丁烯　　2,2-二溴丁烷

(3) 与水加成。在稀硫酸水溶液中，用汞盐作催化剂，炔烃可以和水发生加成反应。例如，乙炔在 10 %硫酸和 5 %硫酸汞水溶液中发生加成反应，生成乙醛，这是工业上生产乙醛的方法之一。

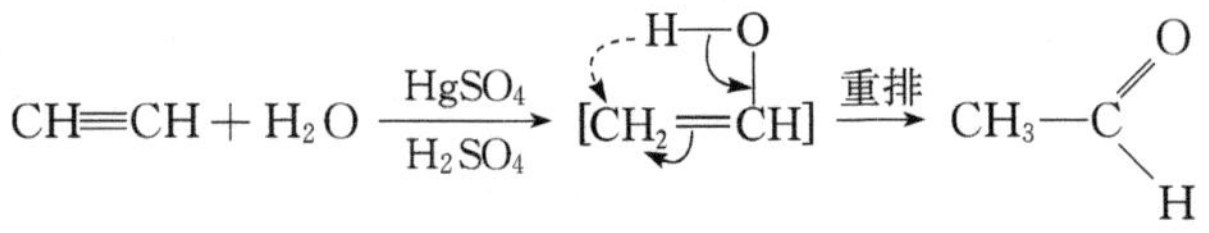

乙烯醇　　乙醛

反应时，叁键先与一分子水加成，生成羟基与双键碳原子直接相连的加成产物(烯醇)。具有这种结构的化合物很不稳定，容易发生重排(分子内骨架键合次序发生改变)，形成稳定的羰基化合物(醛或酮)。

炔烃与水的加成遵从马氏规则，因此除乙炔得到乙醛外，其他炔烃与水加成均得到酮。

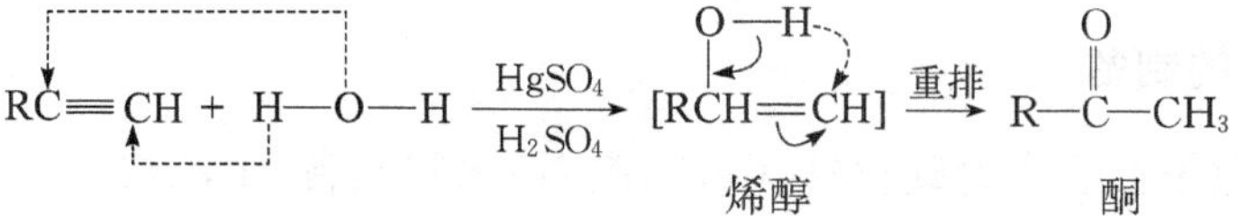

3）氧化反应

炔烃可被高锰酸钾等氧化剂氧化，生成羧酸或二氧化碳（叁键 C 不连 H 时生成羧酸，叁键 C 连 H 时生成二氧化碳和水）。

$$\text{R—C}\equiv\text{CH}\xrightarrow[\text{H}_2\text{SO}_4]{\text{KMnO}_4}\underset{\text{羧酸}}{\text{R—}\overset{\text{O}}{\overset{\|}{\text{C}}}\text{—OH}}+\text{CO}_2\uparrow+\text{H}_2\text{O}$$

$$\text{R—C}\equiv\text{C—R}'\xrightarrow[\text{H}_2\text{SO}_4]{\text{KMnO}_4}\underset{\text{羧酸}}{\text{R—}\overset{\text{O}}{\overset{\|}{\text{C}}}\text{—OH}}+\underset{\text{羧酸}}{\text{R—}\overset{\text{O}}{\overset{\|}{\text{C}}}\text{—OH}}$$

反应后高锰酸钾溶液的紫色消失，因此，这个反应可用来检验分子中是否存在叁键。根据所得氧化产物的结构，还可推知原炔烃的结构。

4）聚合反应

乙炔在催化剂作用下，也可以发生聚合反应。与烯烃不同，它一般不聚合成高聚物。例如，在氯化亚铜和氯化铵作用下，乙炔可以发生二聚或三聚作用，这种聚合反应可以看作乙炔的自身加成反应：

$$2\text{HC}\equiv\text{CH}\xrightarrow[\text{NH}_4\text{Cl}]{\text{Cu}_2\text{Cl}_2}\text{CH}_2\text{═CH—C}\equiv\text{CH}$$

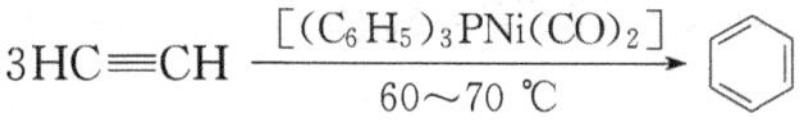

5）金属炔化物的生成

炔叁键上的 C—H 键极性较大，显示弱酸性。

相对酸性：H—OH ＞ H—C≡C—R ＞ H—NH_2 ＞ H—CH═CH_2 ＞ $\text{H—CH}_2\text{—CH}_3$

pK_a：15.6 ～25 ～36 ～36 ～46

HC≡CH 或 R—C≡CH 中的氢原子容易被金属离子取代生成炔烃金属衍生物，称为炔化物。

HC≡CH 或 R—C≡CH 与 $[\text{Ag(NH}_3)_2]\text{NO}_3$ 反应生成白色沉淀，与 $[\text{Cu(NH}_3)_2]\text{Cl}$ 反应生成砖红色沉淀。上述反应很灵敏，现象也很明显，常用来鉴别具有—C≡CH 结构的末端炔烃，借此可与烷烃、烯烃区别。

$$\text{HC}\equiv\text{CH}+[\text{Ag(NH}_3)_2]\text{NO}_3\longrightarrow\text{AgC}\equiv\text{CAg}\downarrow+\text{NH}_4\text{NO}_3+\text{NH}_3\uparrow$$

$$\text{HC}\equiv\text{CH}+[\text{Cu(NH}_3)_2]\text{Cl}\longrightarrow\text{CuC}\equiv\text{CCu}\downarrow+\text{NH}_4\text{Cl}+\text{NH}_3\uparrow$$

利用此反应，也可鉴别末端炔烃和叁键在其他位次的炔烃。

$$\text{C}\equiv\text{RC—H}+[\text{Ag(NH}_3)_2]\text{NO}_3\longrightarrow\text{C}\equiv\text{RCAg}\downarrow$$

$$\text{C}\equiv\text{RC—R}'+[\text{Ag(NH}_3)_2]\text{NO}_3\longrightarrow\text{不反应}$$

2.3.4 炔烃的制备

乙炔来源于石油或由碳化钙(CaC_2,电石)水解制备,由乙炔可进一步制备其他炔烃。

$$CaO + 3C \xrightleftharpoons{2500\ ℃} CaC_2 + CO$$

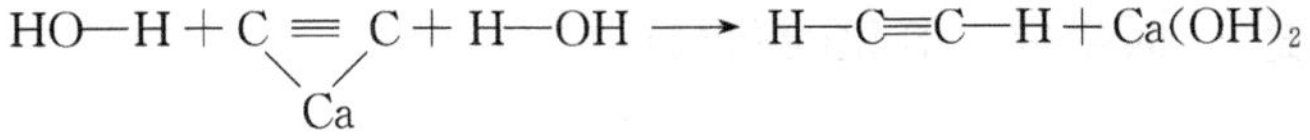

1) 由二元卤代烷脱卤化氢

(1) 由邻二元卤代烷脱卤化氢。

(2) 由偕二元卤代烷脱卤化氢。

2) 由炔化物制备

$$R—C{\equiv}CLi \xrightarrow{R'X} R—C{\equiv}C—R'$$

$$R—C{\equiv}CH \xrightarrow{NaNH_2} R—C{\equiv}CNa \xrightarrow{R'X} R—C{\equiv}C—R'$$

$$HC{\equiv}CH \xrightarrow{NaNH_2} HC{\equiv}CNa \xrightarrow{NaNH_2} NaC{\equiv}CNa \xrightarrow{2RX} R—C{\equiv}C—R$$

2.4 二 烯 烃

2.4.1 二烯烃的分类与命名

分子中含有两个或两个以上双键的碳氢化合物称为多烯烃。其中含有两个双键的称为二烯烃或双烯烃,通式为 C_nH_{2n-2},与碳原子数相同的炔烃是同分异构体。

1. 分类

根据二烯烃中两个双键的相对位置,可以分为三类。

(1) 聚集二烯烃。两个双键共用一个碳原子,即双键聚集在一起(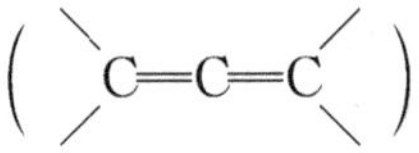)。例如:

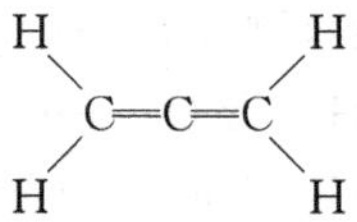

丙二烯

(2) 共轭二烯烃。两个双键之间间隔一个单键，即单、双键交替排列

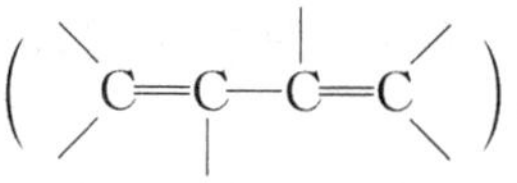。例如：

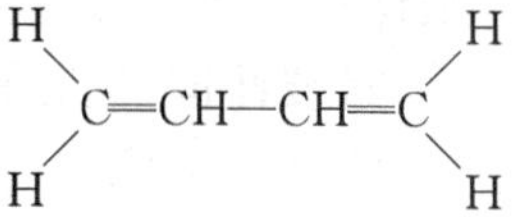 1,3-丁二烯

(3) 隔离二烯烃。两个双键之间间隔两个或多个单键

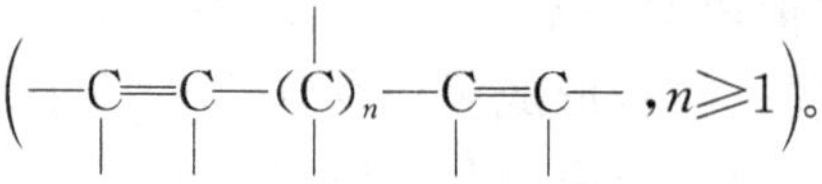。例如：

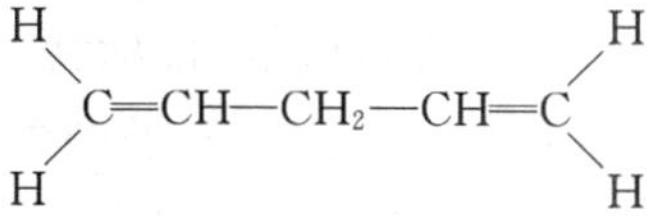 1,4-戊二烯

2. 命名

二烯烃的系统命名法与单烯烃相似。选择含有两个双键在内的最长碳链为主链，根据主碳链上碳原子数目，称为某二烯。从距双键近的一端开始编号，将双键位次置于某二烯前面。若有顺反异构，用 Z、E(或顺、反)标明构型。多烯烃的命名类似。

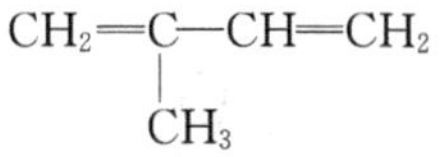

2-甲基-1,3-丁二烯(异戊二烯)

$CH_2{=}CH{-}CH{=}CH{-}CH{=}CH_2$

1,3,5-己三烯

与单烯烃一样，多烯烃的双键两端连接的原子或基团各不相同时，也存在顺反异构现象，命名时要逐个标明其构型。主链编号有多种选择时，顺/反命名法命名时将顺式选择较小的编号，Z/E 命名时将 Z 型选择较小的编号。例如：

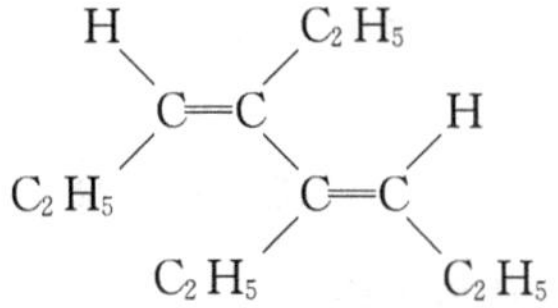

(3Z,5E)-4,5-二乙基-3,5-辛二烯

顺,反-4,5-二乙基-3,5-辛二烯

具有聚集二烯烃骨架的化合物不多。隔离二烯烃的化学性质与单烯烃类似。而共轭二烯烃中两个双键相互影响，性质独特。

2.4.2 共轭二烯烃的结构

以最简单的共轭二烯 1,3-丁二烯为例，说明共轭二烯烃的结构特点。

价键理论认为，在 1,3-丁二烯分子中，四个碳原子都是 sp^2 杂化，相邻碳原子

之间以 sp^2 杂化轨道相互轴向重叠形成三个 C—C σ 键，其余 sp^2 杂化轨道分别与氢原子的 1s 轨道重叠形成六个 C—H σ 键。这些 σ 键都处在同一平面上，即 1,3-丁二烯的四个碳原子和六个氢原子都在同一个平面上。

此外，每个碳原子还有一个未参与杂化的 p 轨道，这些 p 轨道垂直于分子平面且彼此间相互平行。因此，不仅 C_1 与 C_2、C_3 与 C_4 的 p 轨道发生侧面重叠，而且 C_2 与 C_3 的 p 轨道也发生一定程度的重叠（但比 C_1—C_2 或 C_3—C_4 之间的重叠要弱一些），形成了包含四个碳原子、四个 π 电子的新型共价键，称为大 π 键或离域键，也称共轭 π 键（图 2.14）。

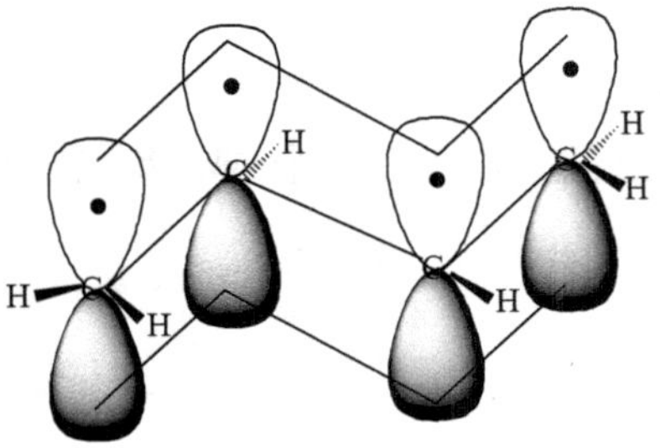

图 2.14　1,3-丁二烯分子中 p 轨道的重叠

乙烯分子中的 π 电子在两个碳原子间运动，称为 π 电子定域，相应形成的是普通 π 键，而在 1,3-丁二烯分子中，π 电子云并不是“定域”在 C_1—C_2 和 C_3—C_4 之间，而是扩展（或称离域）到整个共轭双键的四个碳原子周围，这种现象称为电子的离域，相应形成的是大 π 键或离域键。C_2 和 C_3 之间不是一个单纯的 σ 键，具有部分双键的性质，C_2—C_3 间旋转并不完全自由，会产生 *S*-顺（两双键位于 C_2—C_3 的同侧）与 *S*-反（两双键位于 C_2—C_3 的异侧）两种构象（图 2.15）。室温下 *S*-反式构象占优势。

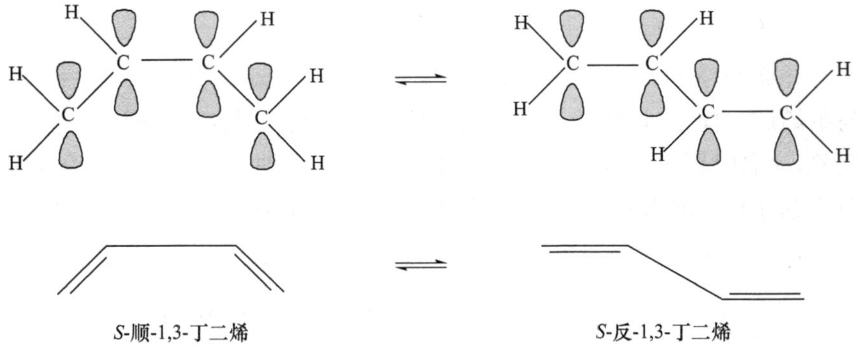

图 2.15　1,3-丁二烯的构象异构

2.4.3　共轭体系和共轭效应

1. 共轭体系

前已述及，1,3-丁二烯中的四个碳原子各有一个 p 轨道，垂直于 σ 键骨架所在平面，各相邻 p 轨道间互相平行重叠，即在 C_1 和 C_2、C_3 和 C_4 及 C_2 和 C_3 之间 p 轨

道都有一定程度的重叠，这样重叠的结果把整个体系连在一起。像这种在分子结构中，含有三个或三个以上相邻、共平面且各有一轨道相互平行的原子时，相邻轨道之间相互重叠连在一起而形成的离域键（大 π 键）体系，称为共轭体系（conjugated system；共轭即平均分担之意）。

2. 共轭效应

大 π 键上的电子不再局限于某两个原子之间，而发生离域，在整个共轭体系中运动。电子的离域产生了一些新的效应。

由于 π 电子的离域，使得共轭分子中单键、双键的键长趋于平均化。例如，1,3-丁二烯分子中 $C_1—C_2$、$C_3—C_4$ 的键长为 0.137 nm，与乙烯的双键键长 0.134 nm相近（略长）；而 $C_2—C_3$ 的键长为 0.147 nm，比乙烷分子中的 C—C 单键键长 0.154 nm 短，显示了 $C_2—C_3$ 键具有某些“双键”的性质。

同样，电子离域的结果使共轭体系的能量显著降低，稳定性明显增加，这可以从氢化热的数据中看出。例如，1,3-戊二烯（共轭体系）和 1,4-戊二烯（非共轭体系）分别加氢时，它们的氢化热明显不同。两个反应的产物相同，而 1,3-戊二烯的氢化热比 1,4-戊二烯的低 28 kJ · mol^{-1}，说明 1,3-戊二烯的能量比 1,4-戊二烯低。这种能量差值是由共轭体系内电子离域引起的，故称为离域能或共轭能。共轭体系越大，离域能越大，体系的能量越低，化合物越稳定。

$CH_2═CH—CH═CH—CH_3 + 2H_2 \longrightarrow CH_3CH_2CH_2CH_2CH_3$　　氢化热 226 kJ · mol^{-1}

$CH_2═CH—CH_2—CH═CH_2 + 2H_2 \longrightarrow CH_3CH_2CH_2CH_2CH_3$　　氢化热 254 kJ · mol^{-1}

像 1,3-丁二烯这样，由于共轭体系内原子的相互影响引起键长和电子云分布的平均化，体系能量降低，分子更稳定的现象，称为共轭效应（conjugated effect）。共轭效应分为供电子共轭效应（+C）和吸电子共轭效应（−C）。共轭效应是共轭体系的内在性质，与诱导效应不同，共轭效应只存在于共轭体系中，沿共轭链传递，其强度不因共轭链的增长而减弱；当共轭体系的一端受到电场的影响时，这种影响将一直传递到共轭体系的另一端，同时在共轭链上产生电荷正负交替现象（极性交替），电子云密度分布相对较大处以 δ^- 表示，相对较小处以 δ^+ 表示：

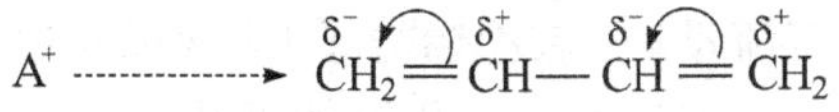

总之，共轭效应主要表现为：①键长平均化（π 电子云分布平均化）；②体系稳定化（能量降低）；③极性交替化（远程作用）。

3. 共轭体系的类型

共轭体系有多种类型，最常见的共轭体系有 π-π 共轭（体系）和 p-π 共轭（体系）。

1）π-π 共轭

π-π 共轭是由两个及两个以上 π 轨道间重叠形成的共轭体系。共轭体系的两个 π 键间，π 键与单键交替连在一起（如双键单键交替，叁键单键交替）。π-π 共轭体系的结构特征是单键两侧为两个 π 键。例如：

$CH_2=CH—CH=CH_2$　　$CH_2=CH—CH=CH—CH=CH_2$

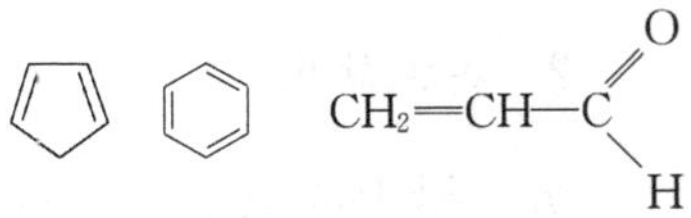

2）p-π 共轭

p-π 共轭是由 p 轨道和 π 轨道间重叠形成的共轭体系。p-π 共轭体系的结构特征是单键的一侧为 π 键，另一侧为 p 轨道。

卤素 X 具有含孤对电子的 p 轨道；带正（负）电荷的 C 为 sp^2 杂化，有未杂化的空（或含孤对电子的）p 轨道；自由基 C 也为 sp^2 杂化，也有未杂化的带单电子的 p 轨道。当它们直接与双（叁）键碳原子相连时，可以形成 p-π 共轭体系。例如：

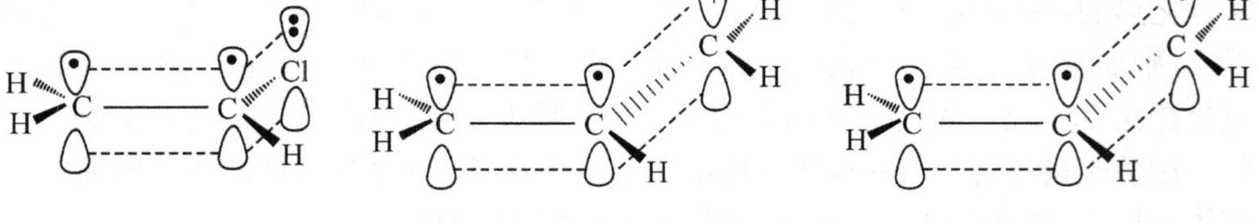

$CH_2=CH—Cl$ 的共轭体系　$CH_2=CH—\overset{+}{C}H_2$ 的共轭体系　$CH_2=CH—\dot{C}H_2$ 的共轭体系

共轭体系中电子云总是从密向疏流动。常用弯箭头“↶”表示共轭体系中电子云流动方向。例如：

氯乙烯　**烯丙基正离子**　**烯丙基自由基**　**烯丙基负离子**

由于 p-π 共轭效应，烯丙基正离子比一般碳正离子稳定得多，甚至比 $3°C^+$ 稳定。同理，烯丙基自由基比一般自由基甚至比 3℃ · 稳定得多；氯乙烯 C—Cl 键比一般氯代烯烃稳定得多。

另外，p-π 共轭效应使氯乙烯与 HX 亲电加成也服从马氏规则。由于共轭体系中电子云总是从密向疏流动，在氯乙烯分子 Cl 含孤对电子的 p 轨道比双键 C 单电子 p 轨道电子丰富，所以在这种 p-π 共轭体系中，—Cl 表现出供电子共轭效应（+C），但 Cl 的电负性比 C 大。因此在共轭体系中 Cl 的 p 轨道上电子云密度比相邻 C 的大，且由于极性交替，另一个 C 的 p 轨道上电子云密度也相对大些（以 δ^- 表示），发生亲电加成反应时，试剂带正电荷的部分（如 H—Cl 的 H）进攻电子云密度较大的 C，生成服从马氏规则的产物。

由于—Cl 的吸电子诱导效应（−I）导致 C═C 双键电子云密度下降，故氯乙烯与 HX 亲电加成速率比乙烯小，比丙烯更小。氯乙烯分子中的诱导效应与共轭效应作用方向相反，但一般来说，共轭效应决定反应的取向（决定反应部位及产物的类型，也影响反应的速率），诱导效应影响反应的速率（使反应物变得活泼——活化，或不活泼——钝化）。

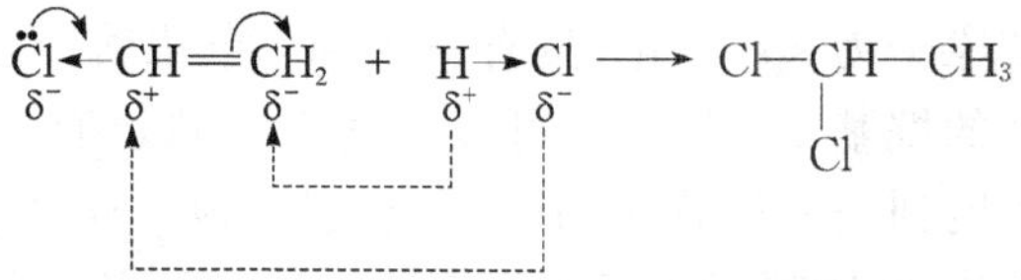

除 π-π 共轭体系和 p-π 共轭体系外，还有超共轭体系。

4. 超共轭效应

电子的离域不仅存在于 π-π 共轭体系和 p-π 共轭体系中，分子中的 C—H σ 键也能与处于共轭位置的 π 键、p 轨道（与该 C—H σ 键仅隔一根单键）发生侧面部分重叠，产生类似的电子离域现象。例如，CH_3—CH ═CH_2 中，CH_3—的 C—H σ 键与—CH ═CH_2 中的 π 键；$(CH_3)_3C^+$ 中，CH_3—的 C—H σ 键与碳正离子的 p 轨道都能发生共轭，分别称为 σ-π 共轭和 σ-p 共轭，统称为超共轭。超共轭效应比 π-π 和 p-π 共轭效应弱得多，但分子中参与这种共轭的 C—H σ 键数目往往较多，总体效应不可忽略。值得注意的是 H 核很小，H 的 s 轨道很小，好像嵌入在 C—H σ 键中 C 的 sp^3 轨道中，σ 键电子云裸露，只有 C—H σ 键才能随 C—C 键旋转到接近与 p 轨道共平面（平行）而发生侧面部分重叠，形成超共轭体系（图 2.16）。

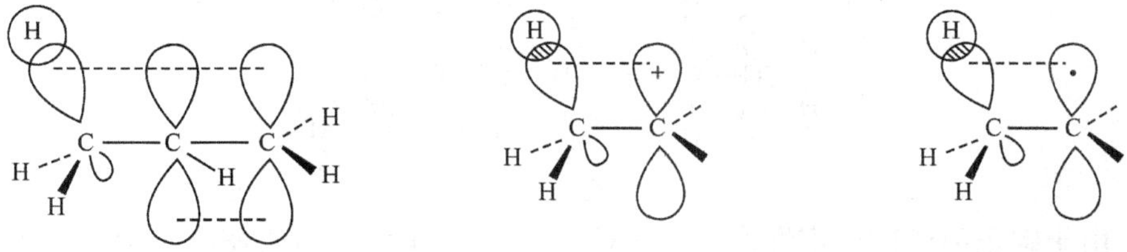

图 2.16 σ-π 和 σ-p 超共轭

在前面讨论丙烯与 HBr 加成时，丙烯分子中的甲基是一个供电子基，甲基表现出向双键供电子，这种供电子性主要是 σ-π 超共轭效应的结果。同一个碳原子上能起超共轭效应的 C—H σ 键，常用一个弯箭头“↶”联系起来，表示超共轭体系中 C—H σ 键上电子云流动方向。超共轭体系中，C—H σ 键（两个电子）上电子云流动方向一般指向 p 轨道或 π 键（它们的单个 p 轨道上仅一个电子）。

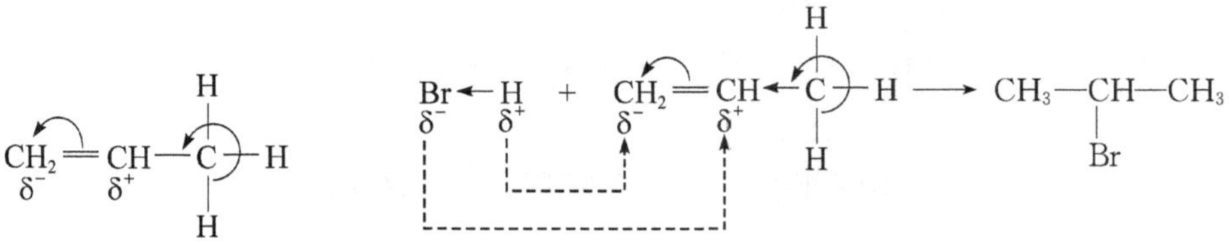

双键碳原子上直接连有的 C—H σ 键越多，超共轭效应越强，故双键碳原子上连有较多烷基的较对称烯烃较稳定。

σ-π 超共轭体系的结构特征是，单键一侧为 C—H σ 键，另一侧为 π 键。

碳正离子中心碳原子为 sp^2 杂化，具有三个 sp^2 杂化轨道，此外还有一个空 p 轨道。与中心碳相连的烷基 C—H σ 键可以与此空 p 轨道有一定程度的重叠，这就使 σ 电子离域并扩展到空 p 轨道上，产生 σ-p 超共轭。这种超共轭效应的结果使中心碳的正电荷分散，增加碳正离子的稳定性。和碳正离子中心碳相连的 C—H 键越多，能起超共轭效应的 C—H σ 键就越多，越有利于中心碳上正电荷的分散，使碳正离子更趋于稳定。比较伯、仲、叔碳正离子，一般情况下，叔碳正离子的 C—H σ键最多，仲碳正离子次之，伯碳正离子更少，CH_3^+ 则不存在与 p 轨道处于共轭位置的 C—H σ 键，因而不存在超共轭效应。因此碳正离子的稳定性次序为 $3°C^+ > 2°C^+ > 1°C^+ > CH_3^+$。

σ-p 超共轭体系的结构特征是，单键一侧为 C—H σ 键，另一侧为 p 轨道。

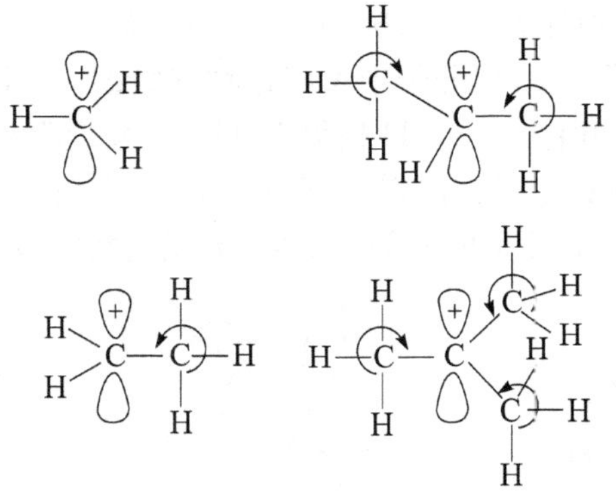

由于碳正离子的稳定性次序为 $3°C^+ > 2°C^+ > 1°C^-$，因此在离子型反应中，产生的低级碳正离子常经过结构的改变（异构化）转化为更稳定的高级碳正离子。例如：

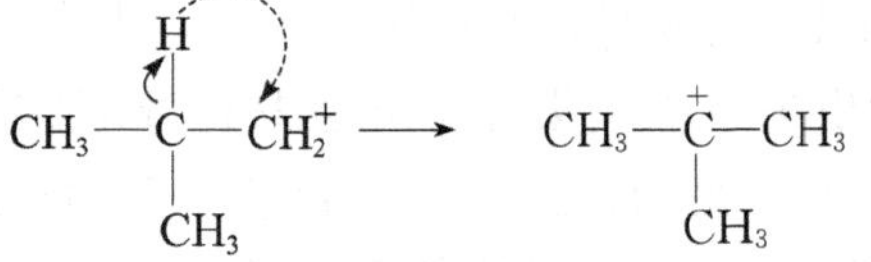

一级碳正离子　　　三级碳正离子（更稳定）

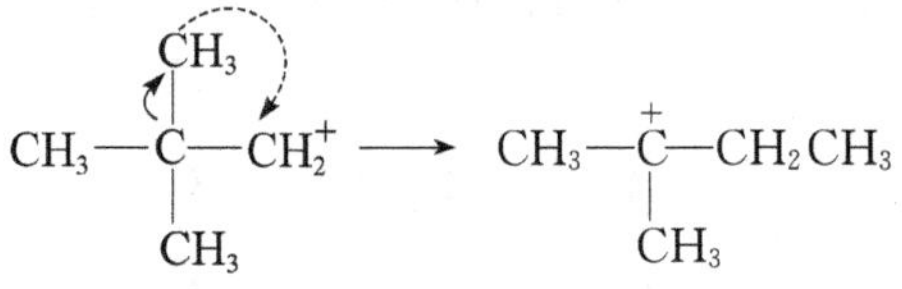

一级碳正离子　　　三级碳正离子（更稳定）

这种分子内骨架键合次序发生改变的过程称为重排。重排往往通过 C^{+} 邻位的氢原子或甲基带着一对电子的迁移而实现，一般情况下，迁移能力—H＞—CH_3。

与碳正离子类似，自由基中带单电子的碳原子也为 sp^2 杂化，有一个带单电子的 p 轨道也可以存在超共轭效应，导致自由基稳定性次序为 3°C·＞2°C·＞1°C·＞CH_3·。

总之，诱导效应、共轭效应和超共轭效应都是分子内原子间相互影响的电子效应，它们常同时存在，利用它们可以解释有机化学中的许多问题。在共轭体系中，由于轨道的相互重叠产生电子离域，导致共轭体系中电子云密度分布发生变化，对分子的物理化学性质所产生的影响即为共轭效应。共轭效应发生在共轭体系内。

2.4.4　共轭二烯烃的反应

1. 亲电加成反应

与烯烃相似，1,3-丁二烯能与卤素、卤化氢和氢气发生加成反应。但由于其结构的特殊性，加成产物通常有两种。例如，1,3-丁二烯与溴化氢的加成反应，有两种不同的加成方式。一种是发生在一个双键上的加成，称为 1,2-加成；另一种是试剂的两部分分别加到共轭体系的两端，即加到 C_1 和 C_4 两个碳原子上，分子中原来的两个双键消失，而在 C_2 与 C_3 之间形成一个新的双键，称为 1,4-加成，也称共轭加成。

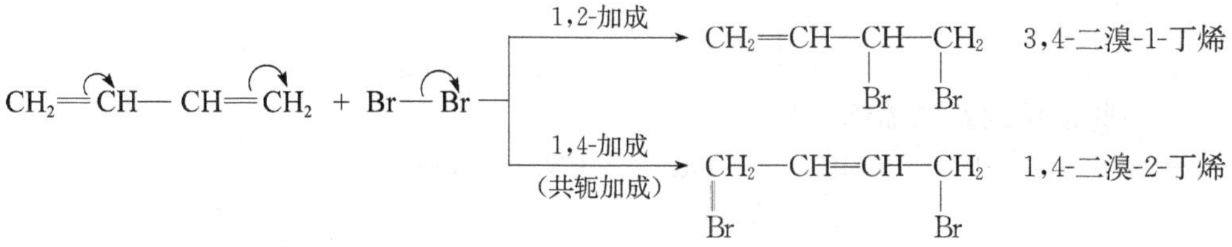

1,4-加成的解释：

(1) Br^{+} 进攻 C_1 位，结合成键，生成碳正离子 C^{+}：

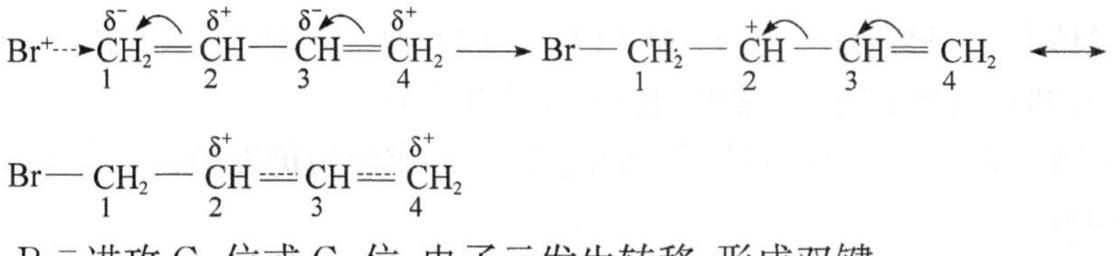

(2) Br^{-} 进攻 C_2 位或 C_4 位，电子云发生转移，形成双键：

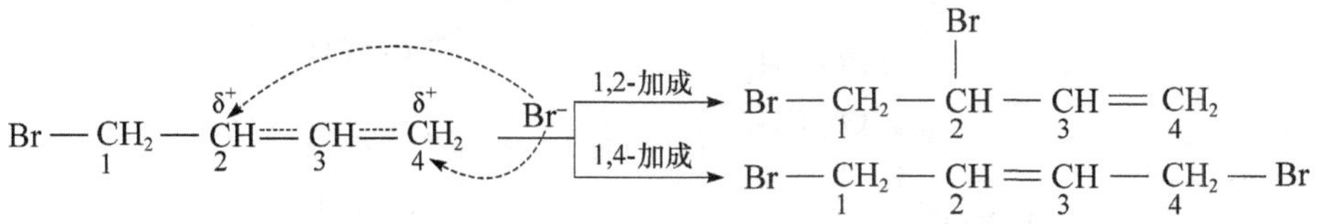

1,2-加成和 1,4-加成产物的多少取决于双烯的结构和反应条件：

(1) 通常较高温度和较长时间反应得 1,4-加成产物(热力学控制,由产物稳定性决定)。

(2) 低温反应得 1,2-加成产物(动力学控制,由反应速率决定)。

(3) 共轭烯烃结构的影响:加成产物的稳定性对加成方式有时起重要作用。例如,2-甲基-1,3-丁二烯的加成只得到 1,4-加成产物。

(4) 溶剂极性的影响:加成反应在极性溶剂中进行时,主要按 1,4-加成;在非极性溶剂中进行时,主要按 1,2-加成。

2. 双烯合成反应

共轭二烯烃与某些具有碳碳双键的不饱和化合物发生 1,4-加成生成环状化合物的反应称为双烯合成,也称第尔斯-阿尔德(Diels-Alder)反应。这是共轭二烯烃特有的反应,它将链状化合物转变成环状化合物,因此又称环合反应,是合成六元环的重要反应。

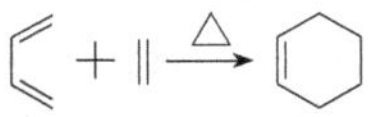

常把进行双烯合成的共轭二烯烃称为二(双)烯体,另一个不饱和的化合物称为亲二(双)烯体。

一些常见的二烯体如下：

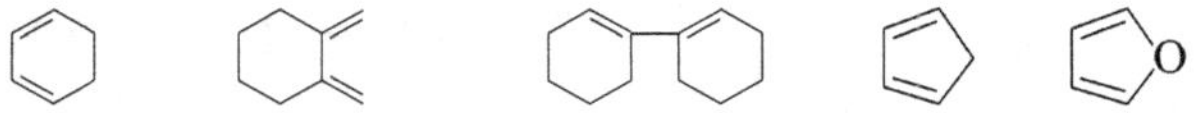

一些常见的亲二烯体如下：

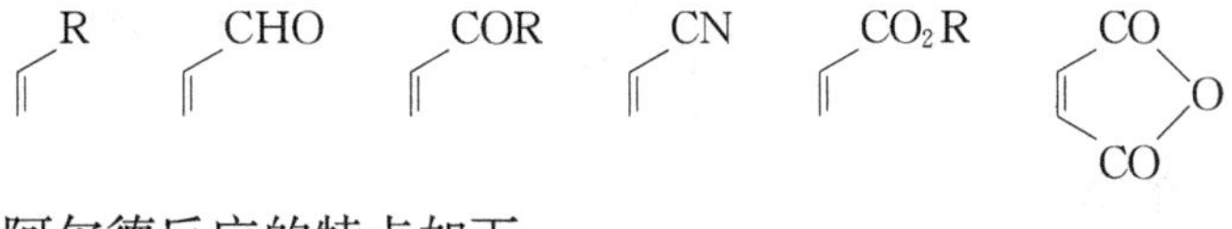

第尔斯-阿尔德反应的特点如下：

(1) 共轭二烯的电子密度高,亲二烯体上有吸电子基团时,反应很容易进行。当亲二烯体 G—CH ═CH_2 中 G 为—CN、—COOR、—CHO、—COR、—COOH 等吸电子基团时,对反应有利,常得到白色固体化合物。

(2) 第尔斯-阿尔德反应是顺式加成反应,加成产物仍保持二烯体和亲二烯体原来的构型。

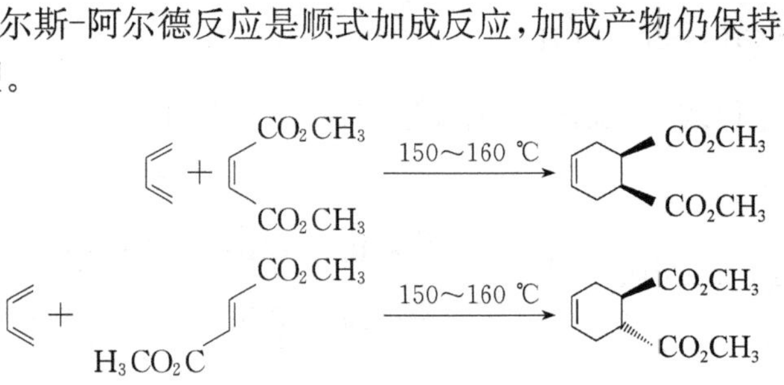

反应是通过环状过渡态进行的，新键的形成与旧键的断裂同时进行，是一个协同反应。

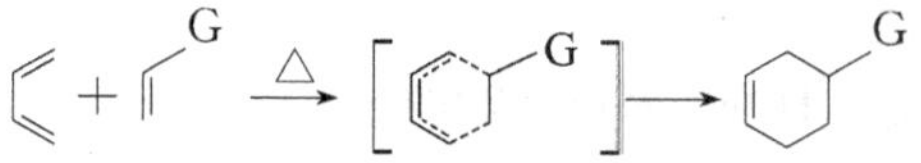

(3) 此反应是合成六元环状化合物的有效途径，也可以鉴别共轭双烯。

共轭烯烃除了具有独特的化学性质外，有些还具有生理作用，对人体健康具有一定的意义。β-胡萝卜素就是一种天然存在的共轭多烯烃化合物，分子中的双键为全反式。β-胡萝卜素是胡萝卜素 α、β、γ 三种异构体中活性最高的一种。

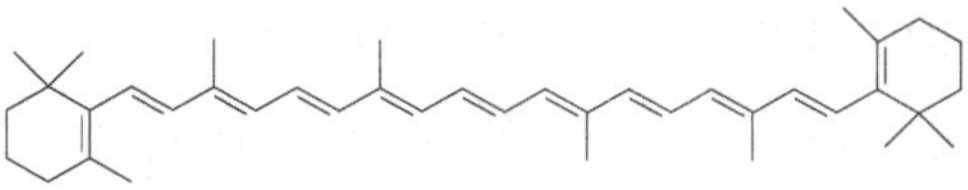

β-胡萝卜素

β-胡萝卜素进入人体后可以转化为维生素 A(视黄醇)，故又称为维生素 A 原。它是最有希望的抗氧化剂之一，可以防止和消除体内生理代谢过程中产生的自由基，具有防衰老、防治白内障、提高机体免疫力、抗射线对人体的损伤、防癌和抗癌等多种功效。许多植物性食物如胡萝卜、辣椒、菠菜、甘薯、木瓜、芒果等和动物性食物及海藻等中都含有丰富的胡萝卜素，其中含量最高的为胡萝卜。正常人每天需摄入 6 mg β-胡萝卜素，许多人摄入量不足，应注意多吃些上述食物。

本章小结

1. 链烃的结构：饱和碳原子为 sp^3 杂化，四面体结构；双键碳原子一般为 sp^2 杂化，平面三角形结构；叁键碳原子为 sp 杂化，直线形结构；甲烷、乙烷、乙烯、乙炔和 1,3-丁二烯的结构。

2. σ 键特征：σ 键电子云沿键轴方向“头碰头”重叠，重叠程度大，比较稳定；σ 键可以绕其对称轴“自由”旋转。π 键特征：未杂化的 p 轨道“肩并肩”重叠，重叠程度小，易极化，易发生反应；π 键不能围绕键轴进行自由旋转。共轭 π 键的特征：三个或三个以上相邻、共平面且各有一个轨道相互平行的原子，其相邻轨道之间相互重叠连在一起。形成的离域键(大 π 键)体系，称为共轭体系。

3. 烷烃的普通命名法；烷烃系统命名法主要步骤：选主链—编号—“次序规则”确定基团次序；烯烃和炔烃的系统命名“以官能团为主”：主链含双(叁)键，双(叁)键编号小，标明双(叁)键位置。

4. 烷烃的碳链异构；透视式，纽曼投影式；乙烷和丁烷的典型构象和优势构象；各种构象间常温下可以相互转化并达到平衡；饱和碳原子及氢原子类型：1°C、2°C、3°C、4°C 及 1°H、2°H、3°H。

5. 烯烃和炔烃的碳链异构和位置异构；烯烃的顺反异构及顺反命名法：相同基团在双键的同侧称为顺式，相同基团在双键的异侧称为反式，在系统命名法名称前加一“顺”或“反”字；Z/E 命名法：较优基团处于双键的同一侧称为 Z 型，较优基团处于双键的异侧称为 E 型，将 Z 或 E 加括号写在构造式的系统命名法名称前。

6. 烷烃的自由基取代(历程:链引发、链增长、链终止);卤代活性:$R_3CH>R_2CH_2>RCH_3$,$F_2>Cl_2>Br_2>I_2$。

7. 烯烃和炔烃化学性质。

(1) 与 H_2、X_2、HX、H_2O、H_2SO_4 等加成及历程。

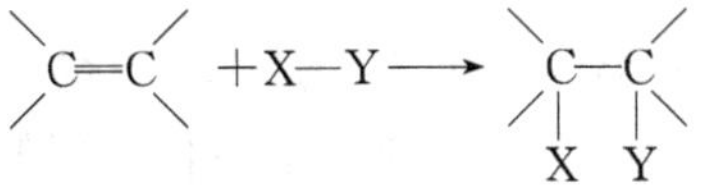

(X可以与Y相同,炔烃与烯烃反应类似)

(2) 马氏规则:试剂带正电荷的部分主要加到电子云密度较高(通常含氢较多)的双(叁)键碳原子上。

(3) 烯烃被稀、冷、碱(中)性 $KMnO_4$ 氧化时生成邻二醇。

$$3R{-}CH{=}CH_2+2KMnO_4+4H_2O\xrightarrow[\text{或中性}]{\text{碱性}}3R{-}\underset{OH}{\underset{|}{CH}}{-}\underset{OH}{\underset{|}{CH_2}}+2MnO_2\downarrow+2KOH$$

(4) 烯烃被酸性 $KMnO_4$ 氧化:双键C不连H时生成酮,连一个H时生成羧酸,连两个H时生成二氧化碳和水;烯烃臭氧化反应:双键C不连H时生成酮,连H时生成醛;炔烃被酸性 $KMnO_4$ 氧化:叁键C不连H时生成羧酸,连H时生成二氧化碳和水。

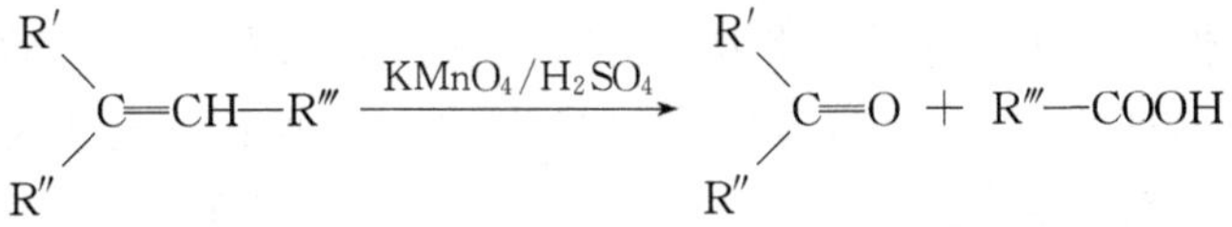

酮 羧酸

$$R{-}CH{=}CH_2\xrightarrow{KMnO_4/H_2SO_4}R{-}COOH+HCOOH$$
$$HCOOH\xrightarrow{KMnO_4/H_2SO_4}CO_2\uparrow+H_2O$$

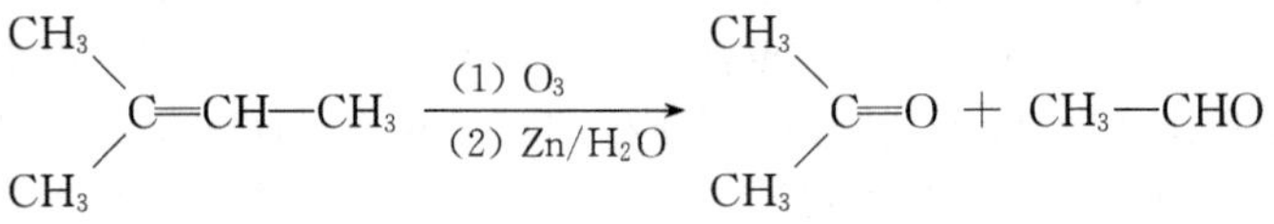

丙酮 乙醛

$$R{-}C{\equiv}CH\xrightarrow[H_2SO_4]{KMnO_4}R{-}\overset{O}{\overset{\|}{C}}{-}OH+CO_2\uparrow+H_2O$$

羧酸

(5) 烯烃 α-氢原子的卤代反应:烯烃与卤素在高温(500~600 ℃)下或与NBS作用时,α-氢原子被卤原子取代。

$$CH_3CH{=}CH_2+Cl_2\xrightarrow{500\ ^\circ C}Cl{-}CH_2CH{=}CH_2$$

(6) 炔化物的生成:$HC{\equiv}CH$ 或 $R{-}C{\equiv}CH$ 中的氢原子容易被金属离子取代生成炔化物,与 $[Ag(NH_3)_2]NO_3$ 反应生成白色沉淀物,与 $[Cu(NH_3)_2]Cl$ 反应生成砖红色沉淀物。

(7) 共轭烯烃低温反应为1,2-加成,较高温度反应为1,4-加成,与具有碳碳双键的含吸电子基的不饱和化合物发生第尔斯-阿尔德反应。

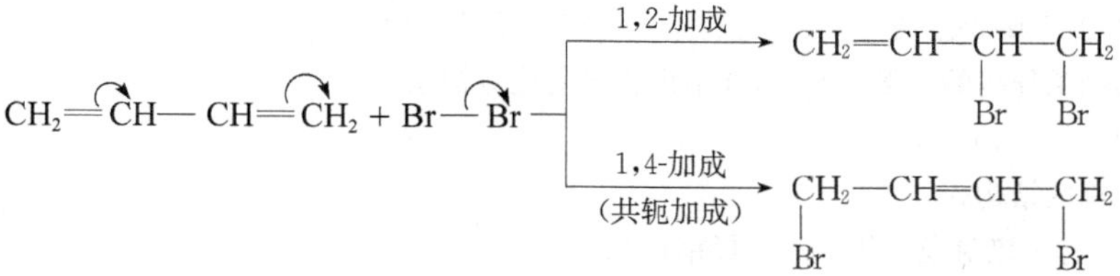

3,4-二溴-1-丁烯

1,4-二溴-2-丁烯

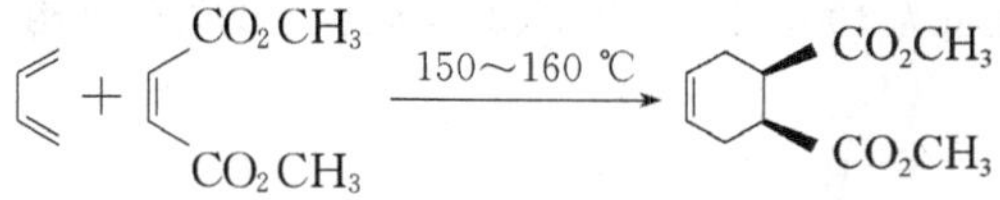

8. 烯烃的制备：炔烃的部分氢化，卤代烷脱卤化氢，醇脱水，邻二卤代烷在 Zn 等存在下受热脱卤素。炔烃的制备：在 $NaNH_2$ 等作用下由邻二卤代烷或偕二卤代烷脱卤化氢；由炔化物与卤代烃制备。

9. 诱导效应和共轭效应。诱导效应分为吸电子诱导(－I)和供电子诱导(＋I)，由电负性差引起，单向传递、短程作用。共轭效应分为吸电子共轭(－C)和供电子共轭(＋C)，由电子离域引起，键长平均化、体系能量降低、交替极化、远程作用。π-π 共轭特征：单键两侧为两个 π 键；p-π 共轭特征：单键的一侧为 π 键，另一侧为 p 轨道；σ-π 超共轭特征：单键一侧为 C—H σ 键，另一侧为 π 键；σ-p 超共轭特征：单键一侧为 C—H σ 键，另一侧为 p 轨道。

习　　题

1. 用系统命名法命名下列化合物或写出相应结构式(有立体异构的写出构型)。

(1) 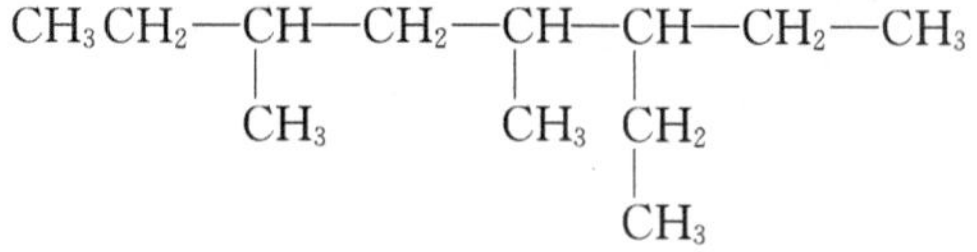

(2) 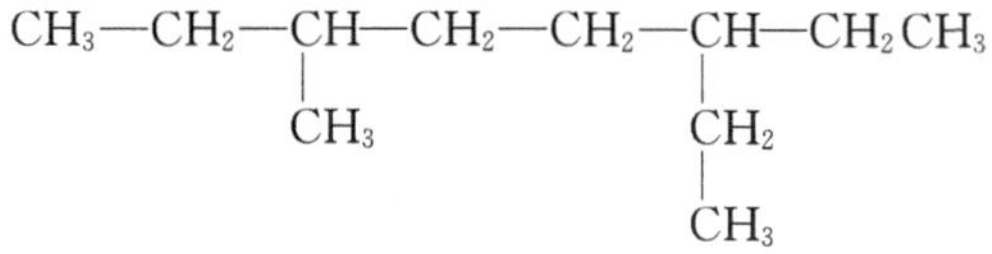

(3) 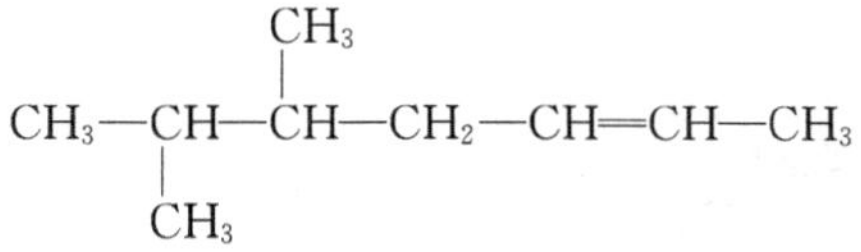

(4) 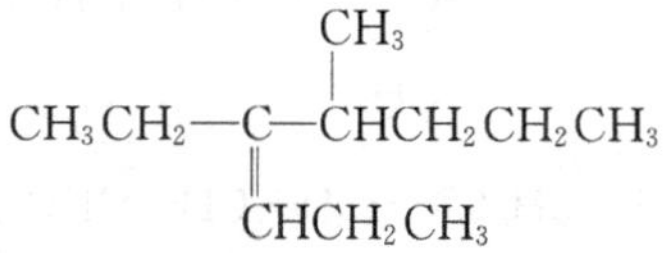

(5) 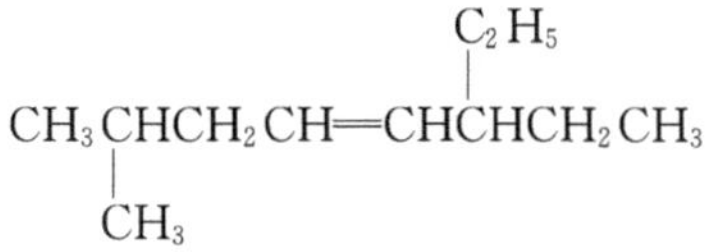

(6) 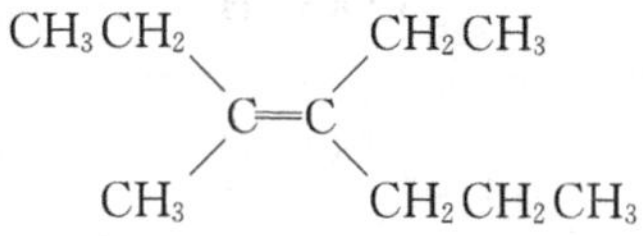

(7) $CH_3CH{=}CH{-}C{\equiv}CH$

(8) $CH_3CH{=}CH{-}C{\equiv}C{-}CH_3$

(9) 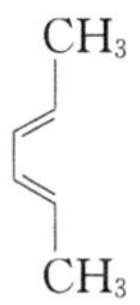

(10) 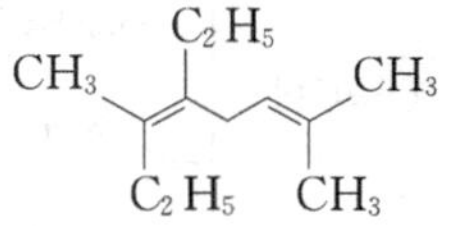

(11) 2,4-二甲基-3-乙基-3-己烯　　　　(12) 2,7-二甲基-2,6-壬二烯

2. 画出下列化合物构象异构的纽曼投影式,并指出各自的优势构象。

(1) 1,2-二氯乙烷　　(2) 2,3-二溴丁烷

3. 按要求写出化合物的结构式。

(1) 写出 C_6H_{14} 只有一级氢及三级氢的烷烃结构式。

(2) 写出相对分子质量为 100,同时含有 1°、3°、4°碳原子的烷烃结构。

4. 解释下列排列次序。

(1) 自由基的稳定性：$R_3C\cdot > R_2CH\cdot > RCH_2\cdot > CH_3\cdot$

(2) 碳正离子的稳定性：$CH_2{=}CH{-}\overset{+}{C}H_2 > (CH_3)_3\overset{+}{C} > (CH_3)_2\overset{+}{C}H > CH_3\overset{+}{C}H_2 > \overset{+}{C}H_3$

5. 写出 2-甲基丁烷进行一氯化反应的过程及反应得到的所有产物的构造式。

6. 解释甲烷光照下的氯化产物中含有氯代乙烷的原因。

7. 写出下列反应的主要产物。

(1) $CH_3{-}CH(CH_3){-}CH_3 \xrightarrow[\text{光照 }\triangle]{Cl_2(1\ mol)}$

(2) $CH_3CH{=}CH_2 \xrightarrow{H_2SO_4} \xrightarrow{H_2O}$

(3) $(CH_3)_2C{=}CH_2 \xrightarrow{O_3} \xrightarrow[Zn]{H_2O}$

(4) 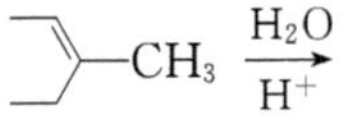

(5) $CH_2{=}CH{-}CF_3 \xrightarrow{HCl}$

(6) $CH_2{=}C(CH_3){-}CH{=}CH_2 + HBr \longrightarrow$

(7) $CH_3CH{=}CH{-}CH{=}CHCH_3 + Br_2 \xrightarrow{-40\ ℃}$

(8) 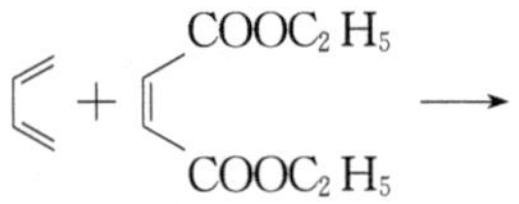

(9) $CH_3{-}C{\equiv}CH$ —
- $\xrightarrow[HgSO_4/H_2SO_4]{H_2O}$
- $\xrightarrow{1\ mol\ HCl}$
- $\xrightarrow{NaNH_2}$
- $\xrightarrow{[Ag(NH_3)_2]NO_3}$

(10) $CH_3—C≡C—CH_2CH_3 \xrightarrow{H_2,\ 林德拉催化剂}$；$\xrightarrow{KMnO_4/H_2SO_4}$

8. 经臭氧化还原反应后得到下列产物，试写出原烯烃的结构式。

(1) HCHO 和 OHC—CHO　　(2) $CH_3C(=O)CH_2CH_3$ 和 CH_3CH_2CHO

9. 写出 3-己炔转变成(*E*)-3-己烯及(*Z*)-3-己烯的反应方程式。

10. 实现下列转变。

(1) $CH≡CH \longrightarrow CH_3CH_2C≡CCH_2CH_3$

(2) $CH_3CH_2CH_2CH=CH_2 \longrightarrow CH_3CH_2CH_2C≡CH$

(3) $CH_3C≡CH \longrightarrow CH_3CH_2CH_2Br$

11. 用简便的化学方法区别下列各组化合物。

(1) 1-庚炔、1,3-己二烯、庚烷　　(2) 1-丁炔、2-丁炔、1,3-丁二烯

(3) 丙烷、丙炔、丙烯　　(4) 2-甲基丁烷、2-甲基丁烯和 2-甲基-2-丁烯

12. 某化合物分子式为 C_6H_{10}，催化加氢生成 2-甲基戊烷，在硫酸汞存在下与水反应，生成 $(CH_3)_2CHCH_2COCH_3$，与氯化亚铜的氨溶液作用产生红色沉淀。推测其结构式并写出有关反应式。

13. 一个碳氢化合物 C_5H_8，能使高锰酸钾水溶液和溴的四氯化碳溶液褪色，与银氨溶液生成白色沉淀，和硫酸汞的稀硫酸溶液反应生成一个含氧化合物。请写出该碳氢化合物所有可能的结构式及对应的含氧化合物结构。

14. 化合物 A 分子式为 C_4H_8，能使 Br_2/CCl_4 褪色；与稀、冷的 $KMnO_4$ 溶液作用生成 B，分子式为 $C_4H_{10}O_2$；在高温(500 ℃)时，A 与氯反应生成化合物 C，分子式为 C_4H_7Cl。试推断 A、B、C 可能的构造式。

15. 有三个化合物 A、B、C，分子式都是 C_5H_8，都能使溴水的四氯化碳溶液褪色，经催化氢化都得到正戊烷。A 与硝酸银氨溶液反应产生白色沉淀，而 B 和 C 没有。B 与热的高锰酸钾溶液反应生成乙酸和丙酸。C 与顺丁烯二酸酐(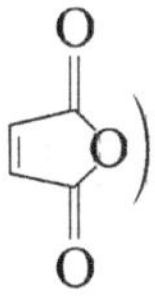)反应产生白色固体。试写出 A、B 和 C 的构造式。

(蚌埠医学院　韦正友)

第3章 脂 环 烃

学习要求

1. 了解脂环烃的结构特征和类型。

2. 掌握单环脂环烃、二环螺环烃和桥环烃的命名方法。

3. 掌握顺反异构的存在条件及构型表示方法。

4. 掌握单环烷烃的化学性质，理解环张力的概念和环的结构与其稳定性的关系。

5. 掌握环己烷及取代环己烷的构象分析方法。

顾名思义，脂环烃(alicyclic hydrocarbon)就是与脂肪烃(链烃)的性质相似而含有碳环结构的碳氢化合物。自然界存在的简单脂环烃并不多，但一些具有重要生理作用的天然产物，如前列腺素、萜类、甾族化合物等，都含有脂环化合物的基本骨架。

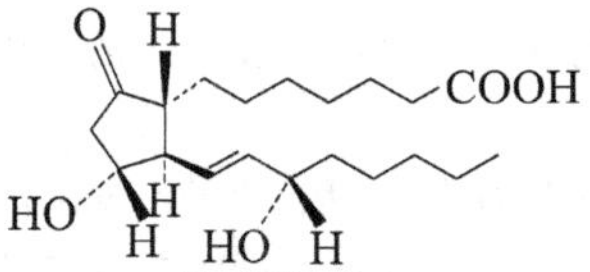

前列腺素E_1

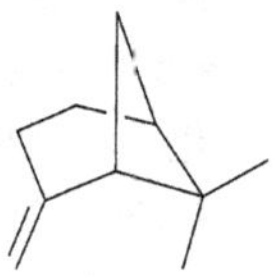

β-蒎烯

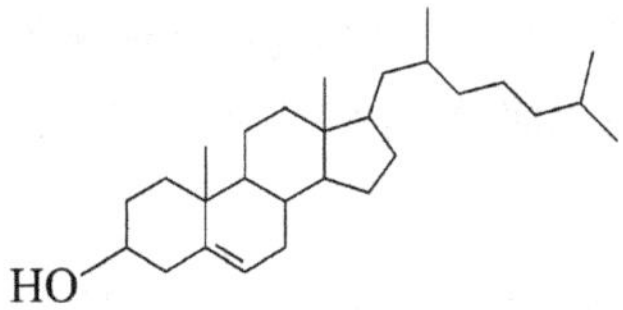

胆固醇

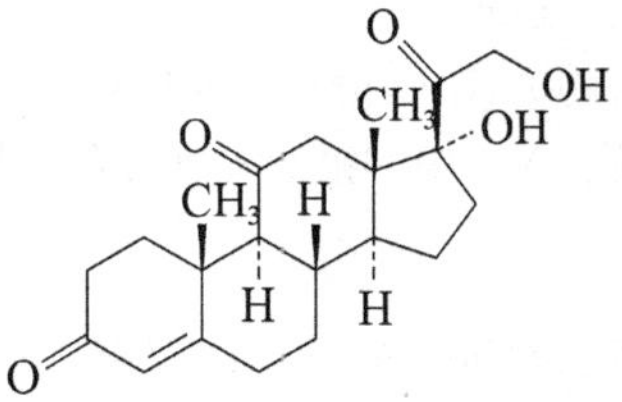

可的松

3.1 脂环烃的分类与命名

3.1.1 脂环烃的分类

1. 环烷烃、环烯烃和环炔烃

和链烃相似，按碳环中碳原子之间的结合方式，脂环烃分为饱和脂环烃和不饱和脂环烃。饱和脂环烃即环烷烃(cycloalkane)，不饱和脂环烃又分为环烯烃(cycloalkene)和环炔烃(cycloalkyne)。例如：

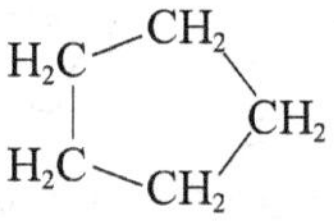

环烷烃

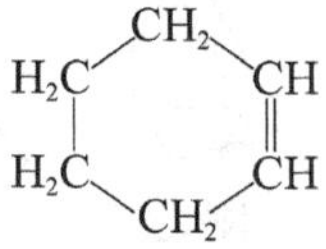

环烯烃

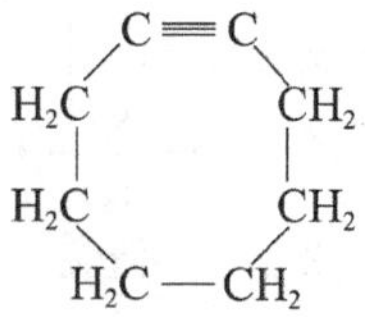

环炔烃

脂环烃常用多边形表示。这就是脂环烃的键线式，每个角代表一个碳原子及其结合的氢原子，环烷烃中即为亚甲基 CH_2；单线表示碳碳单键，双线表示碳碳双键，三线表示碳碳三键。

键线式简洁明了，使用方便。用于表示连有侧链的脂环烃结构时，为突出重点，使结构更明确，有时可以变通，将侧链部分碳和氢的元素符号写出来。例如，甲基环戊烷的键线式是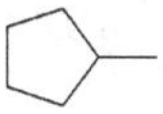，也可以写成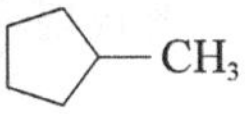。

2. 小环、普通环、中环和大环

按成环碳原子数的多少，脂环烃分为小环（三元环和四元环）、普通环（五元环、六元环和七元环）、中环（八元环至十一元环）和大环（十二元环以上）。其中，五元环和六元环最常见。

3. 单环、二环和多环

按分子中的碳环数目，脂环烃分为单环脂环烃、二环脂环烃和多环脂环烃。判定环数的方法是，假设断开脂环烃中的碳碳键，使之成为开链烃，至少需要断几个键该脂环烃就是几环。上面的三个例子都属于单环脂环烃，二环和多环的例子如下。

4. 联环、螺环、稠环和桥环

二环和多环脂环烃按两环之间的结合方式，分为联环、螺环、稠环和桥环。两环通过化学键相连的是联环烃，两环共有一个碳原子的是螺环烃，共有两个相邻碳原子（一个化学键）的是稠环烃，共有两个以上碳原子的是桥环烃。例如：

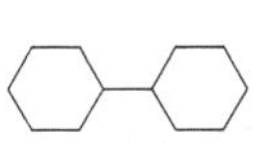
联环烃

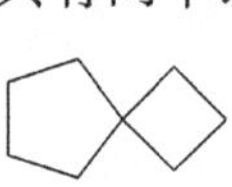
螺环烃

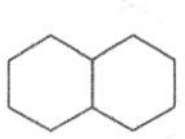
稠环烃

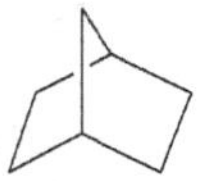
桥环烃

5. 特殊脂环烃

一些结构特殊的多环脂环烃各有特定的名称。例如：

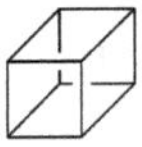
立方烷
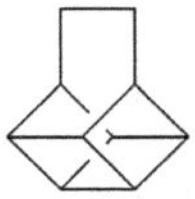
篮烷
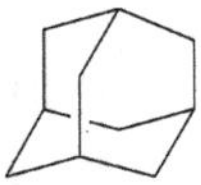
金刚烷
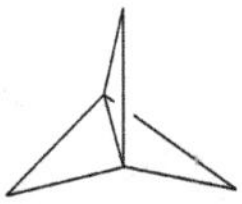
螺桨烷
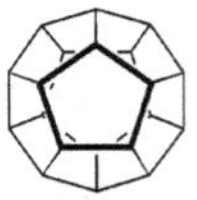
十二面烷

3.1.2 脂环烃的命名

1. 单环脂环烃的命名

1）未取代的脂环烃

用“环”字作词头，表示碳环结构；用“烷”、“烯”或“炔”作词尾，表示脂环烃的类型；碳原子数的表示方法与链烃相同。例如：

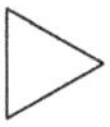
环丙烷
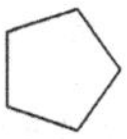
环戊烷

环己烯
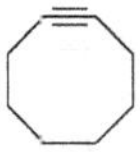
环辛炔

2）取代脂环烃

环中的碳原子数比侧链中的碳原子数多，或两者相等，均以脂环烃为母体，侧链作取代基命名。只有一个取代基的环烷烃，无需编号。例如：

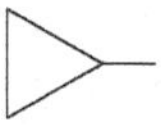
甲基环丙烷
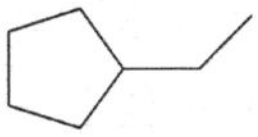
乙基环戊烷

含两个或两个以上取代基的环烷烃用阿拉伯数字给环中碳原子编号。编号遵循“最低系列”原则，确定一个取代基所连的碳为第一位，且使其余的位次较小。例如：

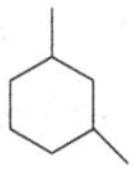
1,3-二甲基环己烷
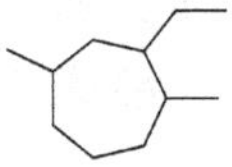
1,4-二甲基-2-乙基环庚烷
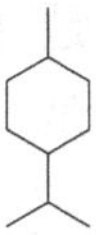
1-甲基-4-异丙基环己烷

如果环中的碳原子数比侧链的碳原子数少，则以烷烃为母体，脂环烷基作取代基命名。例如：

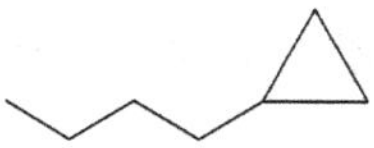
1-环丙基丁烷
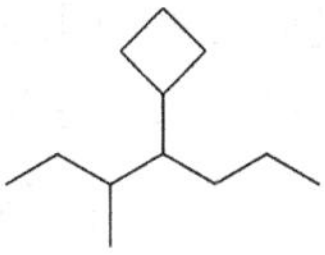
3-甲基-4-环丁基庚烷

有取代基的不饱和脂环烃，环中双键或叁键碳原子编为第一位和第二位，且使取代基的位次较小。例如：

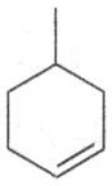

4-甲基环己烯

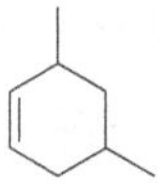

3,5-二甲基环己烯

2. 二环脂环烃的命名

1）联环烃

常见的联环烃由两个相同的环组成，命名为“联二环某烷”。例如：

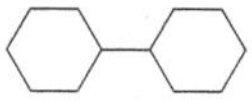

联二环己烷

把联环烃看作环烷基取代的环烷烃，则可以命名为“环某基环某烷”。“联二环己烷”也称“环己基环己烷”，“环丙基环戊烷”的结构式是 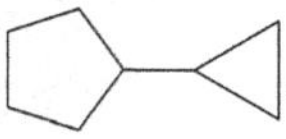。

2）螺环烃

螺环烃中，两环共有的碳原子称为螺原子。命名时，以词头“螺”字表示环系类型，根据成环碳原子的总数，称“某烷”、“某烯”。在“螺”字和“某烷”、“某烯”之间用阿拉伯数字表示每个环中除螺原子外的碳原子数，按升序排列，数字之间用下角圆点隔开，整体放在方括号中。例如：

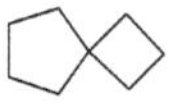

螺[3.4]辛烷

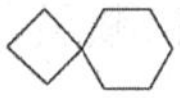

螺[3.5]壬烷

环系编号从较小的环中与螺原子相连的一个碳原子开始，沿小环编至螺原子，再进入较大的环。如有取代基，需使取代基得到较小的位次。螺烯烃必须使双键碳原子具有较小的位次。例如：

1,5-二甲基螺[3.5]壬烷

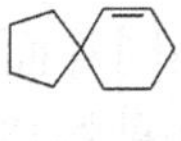

螺[4.5]-6-癸烯

3）桥环烃

桥环烃中，两环交错处的两个碳原子称为桥头碳原子，桥头碳原子之间的碳链或键称为桥路。命名时，以“二环”作词头表示环的数目，根据成环碳原子的总数，称“某烷”、“某烯”。在“二环”和“某烷”、“某烯”之间用阿拉伯数字表示每个桥路上的碳原子数，按降序排列（与螺环烃相反！），数字之间用下角圆点隔开，整体放在方括号中。例如：

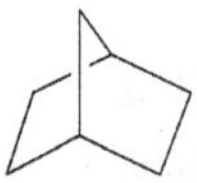

二环[2.2.1]庚烷

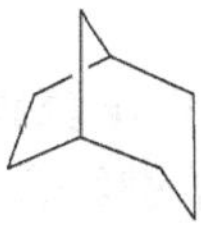

二环[3.2.1]辛烷

环系编号从一个桥头碳原子开始，沿最长的桥路编至第二个桥头碳原子，然后进入次长的桥路，编至第一个桥头碳原子，最后进入最短的桥路。如有选择，需使取代基、双键具有较小的位次。例如：

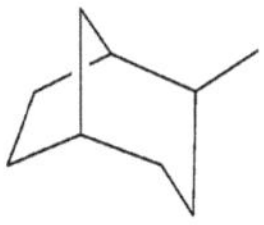

2-甲基二环[3.2.1]辛烷

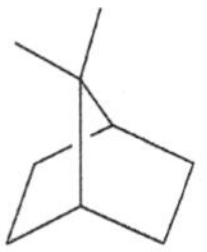

7,7-二甲基二环[2.2.1]庚烷

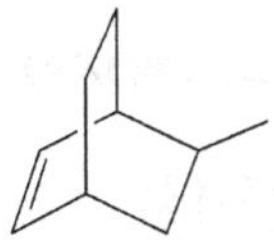

5-甲基二环[2.2.2]-2-辛烯

4）稠环烃

稠环烃可以看作特殊的桥环烃，即最短桥路上的碳原子数总是“0”的桥环烃，其系统命名方法与桥环烃相同。例如：

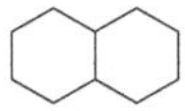

二环[4.4.0]癸烷

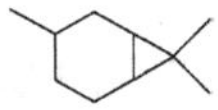

3,7,7-三甲基二环[4.1.0]庚烷

有的稠环烃还可以当作芳香烃的氢化物命名。例如，二环[4.4.0]癸烷也可命名为十氢化萘。

3.2　环烷烃的结构与稳定性

3.2.1　环烷烃的构造异构和顺反异构

1. 构造异构

简单的环烷烃是由若干亚甲基 CH_2 依次连接，首尾结合而成的环状分子，氢原子数是碳原子数的 2 倍，组成符合通式 C_nH_{2n}，比含有相同碳原子数的烷烃少两个氢原子。环丙烷没有同分异构体，其他环烷烃均有因环的大小不同、侧链不同或者侧链在环上的位置不同等而形成的同分异构体，即构造异构体。例如，分子式为 C_6H_{12} 的环烷烃共有 12 种构造异构体：

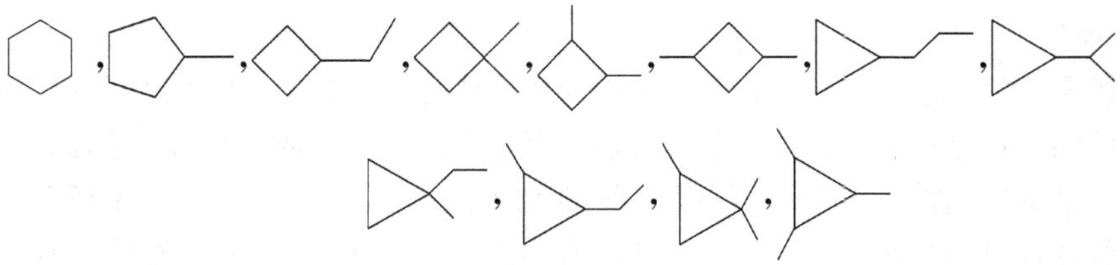

2. 顺反异构

烷烃分子中，碳原子可以围绕碳碳单键自由旋转。与此不同的是，环烷烃分子中的碳原子之间虽然都以单键结合，由于其相连成环，彼此牵制，每一个碳原子都不能像烷烃的碳原子那样围绕一个环内的碳碳单键自由旋转。因此，由碳原子构

成的环具有一定的刚性，像碳碳双键那样，有两个面。环丙烷是一个平面分子，碳原子完全不能围绕碳碳键旋转，否则，碳碳键将会断裂。随着环的增大，碳原子围绕环内碳碳单键旋转的程度稍有增加，但是仍然受到极大的限制。

当两个环内碳原子各有一个氢原子被取代时，会形成两种结构不同的化合物。例如，1，2-二甲基环丙烷就有两种同分异构体。

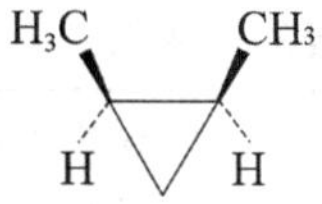

Ⅰ

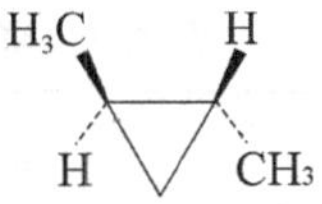

Ⅱ

Ⅰ和Ⅱ的构造完全相同，只是两个相同的基团——甲基 CH_3（同时包括两个 H）在分子中的相对位置不同。Ⅰ中，两个 CH_3 在环平面的同侧；Ⅱ中，两个 CH_3 分处于环平面的两侧。不能通过碳原子围绕碳碳键的旋转，实现Ⅰ和Ⅱ的相互转化。Ⅰ和Ⅱ的相互转化必须经过化学键的断裂和重新形成。Ⅰ和Ⅱ这种构造相同而构型不同的化合物互为构型异构体。相同的原子或原子团处于环平面同侧的称为顺式构型，如Ⅰ；相同的原子或原子团分处环平面两侧的称为反式构型，如Ⅱ。因此这种构型异构也称为顺反异构。

随着环的增大，环上取代基的增多，顺反异构体的数目也相应增多。

命名顺反异构体时，需在其构造名称之前加上表示构型的词头，顺式用“顺”字表示，反式用“反”字表示。上例中，Ⅰ的完整名称是顺-1，2-二甲基环丙烷，Ⅱ的完整名称是反-1，2-二甲基环丙烷。

稠环烷烃也有顺反异构。以一个环作参照，将另一个环与之相连的两个边看作取代基。从桥头碳原子看，它们所连的氢原子在环同侧的是顺式构型，不在同侧的是反式构型。

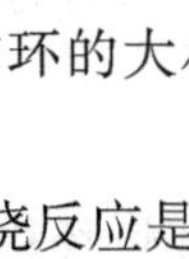

顺-十氢化萘

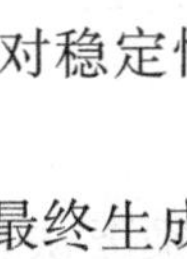

反-十氢化萘

3.2.2　环烷烃的稳定性

环烷烃的稳定性与环的大小有关。它们的相对稳定性可以从燃烧热数据来判断。

从第 2 章已知，燃烧反应是烷烃与氧的结合，最终生成二氧化碳和水。1 mol 烷烃完全燃烧（生成二氧化碳和水）放出的热量称为烷烃的燃烧热。直链烷烃同系列中相邻成员的燃烧热相差 658.6 kJ · mol^{-1}，它们组成上相差一个 CH_2，因此每个 CH_2 单位的燃烧热是 658.6 kJ · mol^{-1}。

环烷烃的燃烧反应可用通式表示如下：

$$(CH_2)_n + \frac{3}{2}nO_2 \longrightarrow nCO_2 + nH_2O + \text{燃烧热}$$

环烷烃的燃烧热除以环内的碳原子数即得每个 CH_2 单位的燃烧热。一些环烷烃的燃烧热数据见表 3.1。

表 3.1 环烷烃的燃烧热

名称	燃烧热/(kJ · mol^{-1})	碳原子数	CH_2 的燃烧热/(kJ · mol^{-1})	与开链烷烃 CH_2 燃烧热的差值/(kJ · mol^{-1})
环丙烷	2091	3	697.1	38.5
环丁烷	2744	4	686.2	27.4
环戊烷	3320	5	664.0	5.4
环己烷	3952	6	658.6	0
环庚烷	4637	7	662.4	3.8
环辛烷	5310	8	663.6	5.0
环壬烷	5981	9	664.1	5.5
环癸烷	6636	10	663.6	5.0
环十一烷	7290	11	664.5	5.0
环十二烷	7913	12	659.9	1.3
环十三烷	8583	13	660.2	1.7
环十四烷	9220	14	658.6	0
环十五烷	9885	15	659.0	0.4

从表 3.1 可见，环己烷 CH_2 与直链烷烃 CH_2 单位的燃烧热相等，说明从直链结构形成六元环并没有改变分子的热力学能。环丙烷的差值最大，说明形成三元环使分子的热力学能增加得最多。由于成环使分子增加的热力学能称为环张力。因此，环己烷没有环张力，最稳定；环丙烷的环张力最大，最不稳定。环丁烷的环张力也比较大，仅次于环丙烷。环戊烷、环庚烷至环十一烷的环张力很小，比较稳定。大环环烷烃的环张力极小，很稳定。

为什么环张力会有这么大的差别呢？原因在于结构的差别。

3.2.3 环烷烃的结构

环烷烃的稳定性必须要从其构象分析。影响环烷烃构象稳定的因素有三种：角张力(angle strain)、扭转张力(torsional strain)和空间张力(steric strain)。

角张力——由于键角偏离正常键角而引起的张力。开链烷烃中的饱和碳原子为四面体构型，键角 109.5°。键角偏离 109.5°越大，角张力越大。

扭转张力——由于相邻碳原子所连的原子或原子团在空间的排布偏离交叉式构象而引起的张力。

空间张力——由于非键合原子或原子团之间的距离小于其范德华半径之和，互相排斥而引起的张力。

1. 环丙烷

环丙烷分子的三个碳原子处于同一平面内，每个碳原子所连的两个氢原子各朝环平面的一边，如图 3.1 所示。

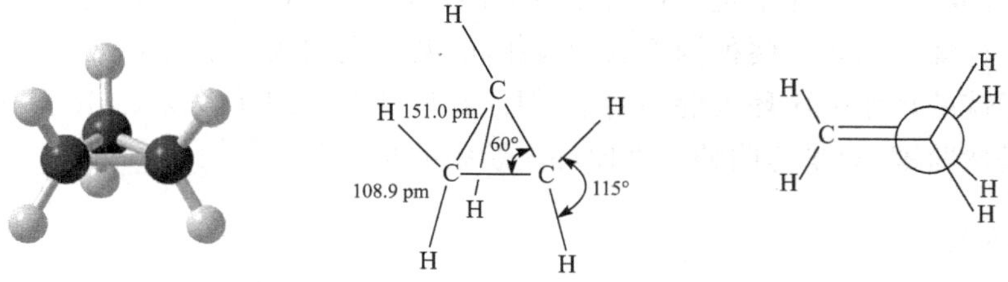

(a) 球棍模型 (b) 键长和键角 (c) 纽曼投影式

图 3.1 环丙烷的结构

沿着每个碳碳键观察，六对 C—H 键全是重叠式构象，因此存在较强的扭转张力。而且，由于碳原子不能围绕碳碳键旋转，此扭转张力无法得到释放。

三个碳原子形成一个等边三角形，三个 C—C—C 键角都是 60°，需要从“自然”的四面体键角 109.5°向内压缩 49.5°，因而增加分子的热力学能，即产生角张力。

饱和碳原子是怎样形成键角为 60°的环丙烷呢？成环时，两个碳原子并没有像开链烷烃中那样，沿着轨道对称轴方向，以“头碰头”的方式实现最大限度的重叠。而是形成一个弯曲键，如图 3.2 所示。弯曲键的轨道重叠程度小，不稳定，易断裂，化学活性高。

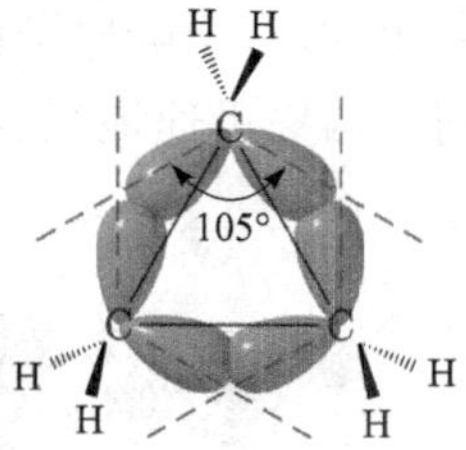

图 3.2 环丙烷分子中的弯曲键

2. 环丁烷

环丁烷如果也是平面结构，则既有 90°键角引起的角张力，又有八对 C—H 键引起的扭转张力，很不稳定。实际上，环丁烷分子所取的主要构象是，四个碳原子不在同一平面内，一个碳原子翘起来，与其他三个碳原子构成的平面之间呈 26°的夹角，形似蝴蝶，故称蝶式构象，如图 3.3 所示。

实验测得 C—C—C 键角为 88°，比平面构型的键角 90°略小，角张力因此增加。但是，采取这种构象能在很大程度上消除平面结构中存在的扭转张力，使分子处于

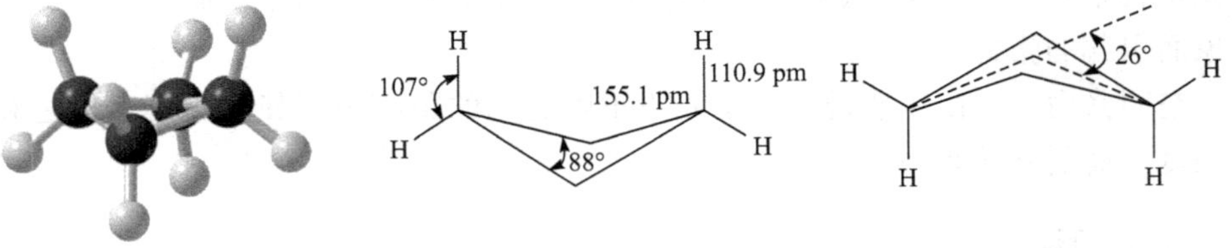

(a) 球棍模型　　　　(b) 键长和键角

图 3.3　环丁烷的结构

能量最低的状态。这并不是一种刚性的结构，“蝶的两翼”上下摆动，如蝴蝶飞翔，形成另一种蝶式构象。两种构象的能量相同，两者之间快速地变换。

环丁烷的环张力比环丙烷的稍小，但比其他环烷烃的又大得多，分子中的碳碳键仍然是弯曲键，只是弯曲的程度比环丙烷中的小一些。

3. 环戊烷

正五边形的内角是 108°，非常接近四面体键角 109.5°。因此，环戊烷如果是平面结构，其角张力将非常小。但是扭转张力却非常大（十对 C—H 键都是重叠式构象）。因此，和环丁烷一样，环戊烷也不是平面结构。一个碳原子翘起来，处于其他四个碳原子构成的平面之外（相距约 50 pm），形状像信封，如图 3.4 所示。这样，角张力虽略有增加，扭转张力却减小很多，比较稳定。这种信封式构象也是动态变化的，每个碳原子都轮流处于其他四个碳原子构成的平面之外，五种能量完全相同的构象迅速地交替变换。

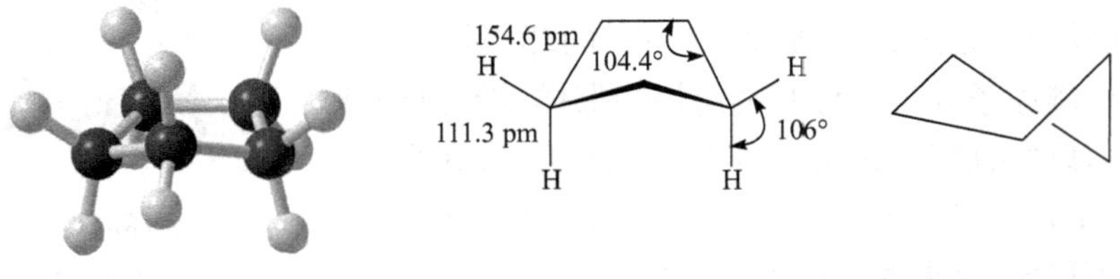

(a) 信封式构象的球棍模型　　(b) 信封式构象的键长和键角　　(c) 半椅式构象

图 3.4　环戊烷的结构

环戊烷还有一种典型的构象称半椅式，能量和信封式构象相差无几。两种构象之间的转换也比较容易。

环越大，环内碳原子的活动性越大，环烷烃越容易取得扭转张力和角张力都小的构象，因此变得稳定。3.4 节将讨论有机化学中广泛存在的、最稳定的环己烷的构象。

3.3　环烷烃的性质

3.3.1　环烷烃的物理性质

环烷烃不溶于水，而溶于苯、氯仿、四氯化碳等低极性的有机溶剂。一些常见环烷烃的物理常数见表 3.2。

表 3.2　常见环烷烃的物理常数

名称	熔点/℃	沸点/℃	密度/($g \cdot mL^{-1}$)	折光率
环丙烷	−127.6	−32.7	0.617	1.3799
环丁烷	−50.0	−12.5	0.720	1.4260
环戊烷	−93.9	49.3	0.7457	1.4065
环己烷	6.6	80.7	0.7785	1.4266
环庚烷	−12.0	118.5	0.8098	1.4436
环辛烷	14.8	148.5	0.8349	1.4586

与含有相同碳原子数的直链烷烃相比，环烷烃的熔点、沸点和密度都较高。这是由于环烷烃分子的对称性更高，刚性更大，因而分子间作用力更强。

从表 3.2 可以看出，含奇数碳的环烷烃比含偶数碳的环烷烃熔点低，这是由于两个系列中的晶格堆积力不同的缘故。

3.3.2　环烷烃的化学性质

环烷烃与烷烃的化学性质相似，主要表现在能发生自由基的取代反应和氧化反应。对于小环烷烃，因为其结构特殊，能够发生类似于烯烃的反应。

1. 卤代反应

和开链烷烃相似，在光照或加热的条件下，环烷烃与卤素发生自由基取代反应。例如：

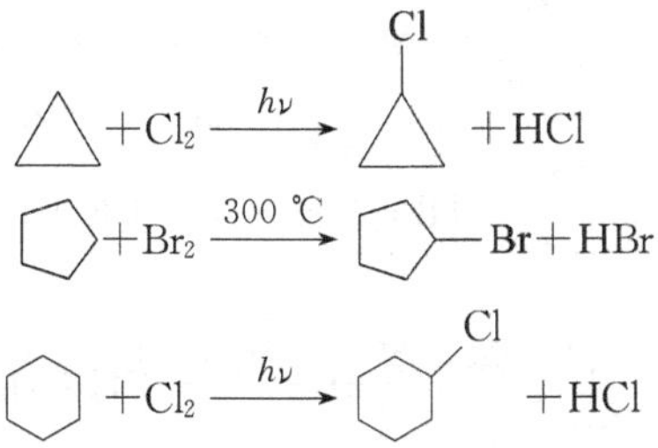

2. 氧化反应

常温下，一般能够氧化烯烃、炔烃的氧化剂，如高锰酸钾水溶液或臭氧等，都不能把环烷烃氧化。例如：

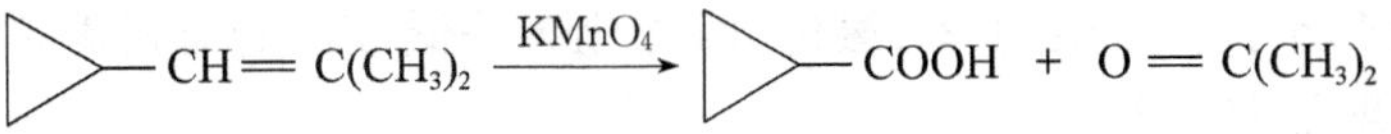

可以利用高锰酸钾水溶液鉴别环烷烃与烯烃。

在加热的条件下用强氧化剂，或者在催化剂存在时用空气，都可以把环烷烃氧化。反应条件不同，氧化产物也各不相同。例如：

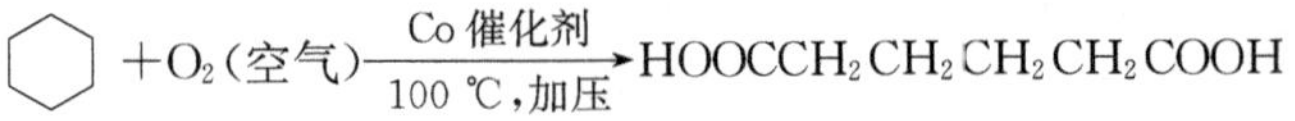

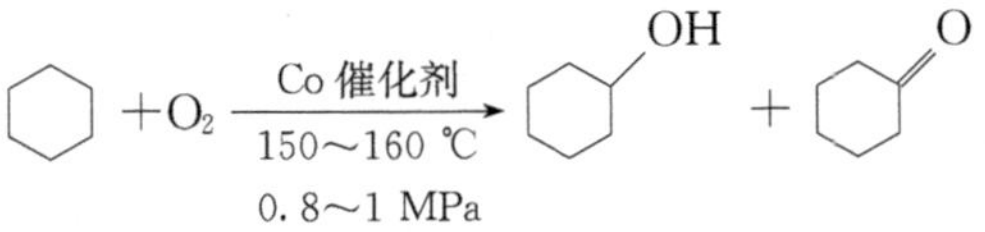

3. 小环烷烃的开环反应

环丙烷由于其较大的环张力，能够发生类似于烯烃的加成反应。反应的结果是环内的碳碳键断裂，生成链状产物，故又称开环反应（ring-openning reaction），可用通式表示为

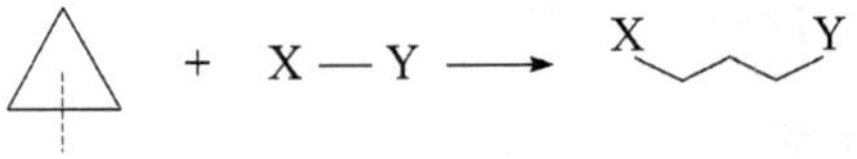

环丙烷的一些反应如下：

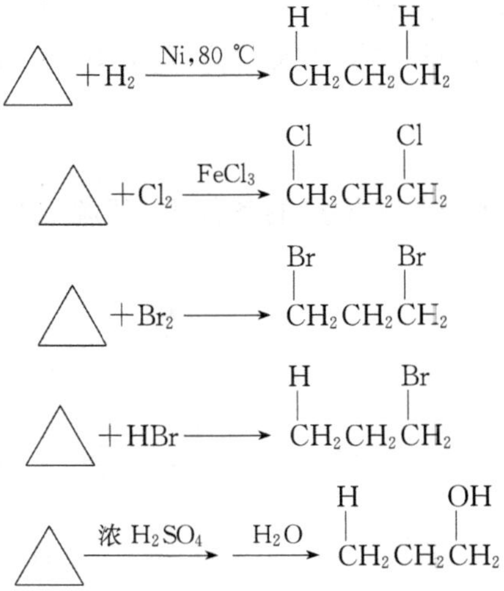

环丁烷虽然也能发生开环反应，但是不如环丙烷活泼。这是因为，开环的动力之一是环张力。反应活性的差别正和它们环张力的差别一致，环张力越大，越容易

反应。例如，在镍催化剂作用下的加氢反应，环丙烷在 80 ℃时即反应，环丁烷则需要加热到 120 ℃才反应；与溴反应，环丙烷无需加热，环丁烷却需要加热。

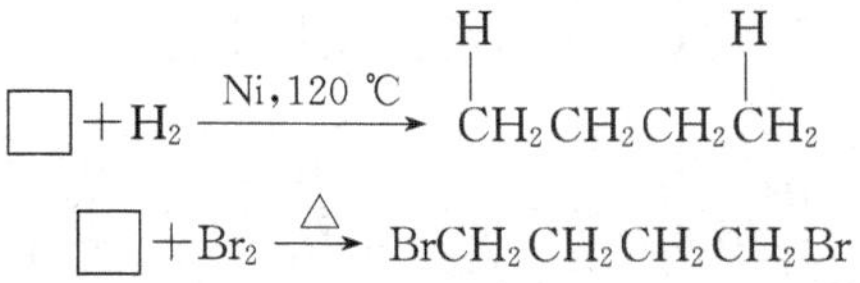

不对称烯烃和不对称试剂的加成反应有区域选择性，与此相似，含有侧链的环丙烷与卤化氢的反应也有选择性。开环断键选择在连氢原子最多和连氢原子最少的两个碳原子之间；卤化氢中的氢原子连到原本连氢较多的碳原子上，卤原子连到原本连氢较少的碳原子上。例如：

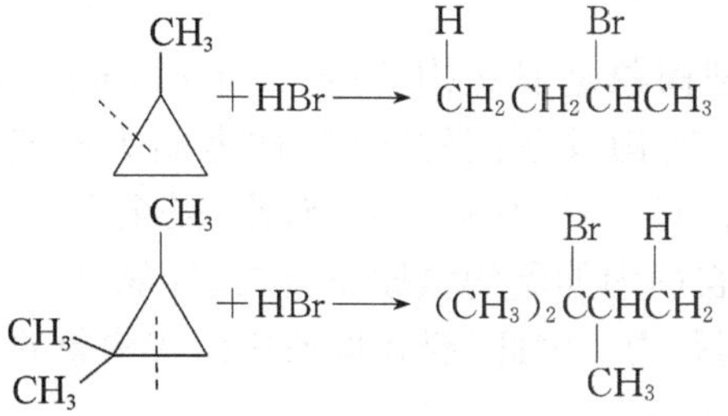

一般小环烷烃比较容易发生开环反应，但随着环的增大，其反应性能逐渐减弱。环己烷即使在相当激烈的条件下也不开环。

3.4 环己烷及取代环己烷的构象

环己烷结构单位是有机化合物中最常见、最重要的结构单位之一，其大量存在于许多天然产物中。

3.4.1 环己烷的构象

燃烧热数据表明，环己烷没有环张力，则环己烷不是平面结构。平面结构中，C—C—C 键角都是 120°，12 对 C—H 键都是重叠式构象，因此有较大的角张力和扭转张力。环己烷没有环张力，是因为环己烷主要以椅式构象（chair conformation）存在。

1. 椅式构象

椅式构象的环己烷每个碳原子都是四面体构型，所有的键角都是 109.5°。沿着每个 C—C 键观察，都是交叉式构象。因此，它既无角张力，又无扭转张力。它的形状像一把躺椅，故名椅式构象。如图 3.5 所示，C_2、C_3、C_5、C_6 在同一平面内，构成椅面；C_1 在此平面的上方，是靠背；C_4 在下方，是搁脚架。从另一个角度观察，六个碳原子间隔分布在互相平行的两个平面内，C_1、C_3、C_5 构成的平面和 C_2、C_4、C_6 构成的平面互相平行，相距 50 pm。六个碳碳键分三组，C_1—C_2 与 C_4—C_5、C_2—C_3 与 C_5—C_6、C_3—C_4 与 C_1—C_6，两两互相平行。

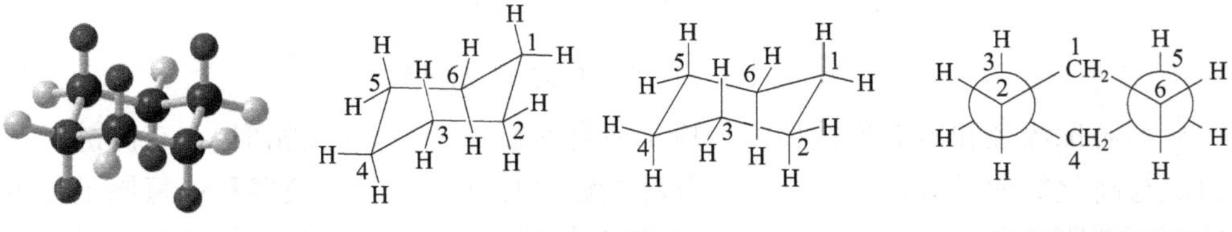

(a) 球棍模型　(b) 透视式(四面体构型)　(c) 纽曼投影式(交叉式)

图 3.5　环己烷的椅式构象

环己烷的另一种典型构象是船式构象（boat conformation），如图 3.6 所示。C_1 和 C_4 在 C_2、C_3、C_5、C_6 所构成平面的同侧，称为船头和船尾。所有键角都是 109.5°，故无角张力。沿着 C_2—C_3 及 C_6—C_5 观察，是全重叠式构象，故有扭转张力。另外，船头和船尾各自向内伸展的氢原子（称旗杆氢，flagpole hydrogen）相距太近，互相排斥，故有空间张力。因此，船式构象比椅式构象的能量高，不稳定。

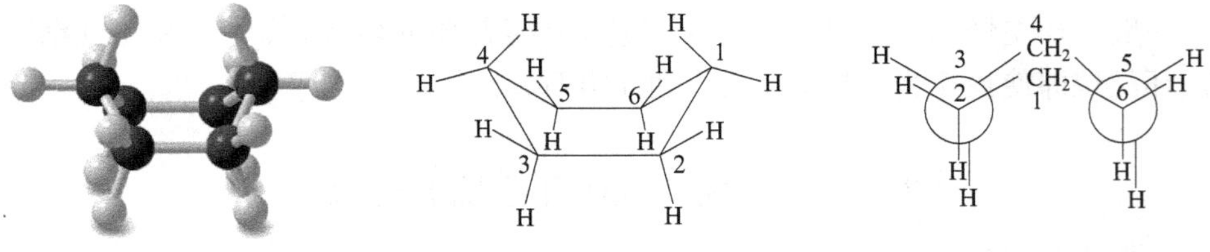

(a) 球棍模型　(b) 透视式(四面体构型)　(c) 纽曼投影式(重叠式)

图 3.6　环己烷的船式构象

将船式构象中的 C_2 和 C_5 往下扭，C_3 和 C_6 同时往上扭，就得到扭船式构象（twist-boat conformation），如图 3.7 所示。C_1 和 C_4 交错，减小了旗杆氢之间的排斥力。C_2—C_3 键和 C_5—C_6 键都不再是重叠式构象，释放了部分扭转张力。扭船式构象比船式的能量低，但仍比椅式构象的能量高。

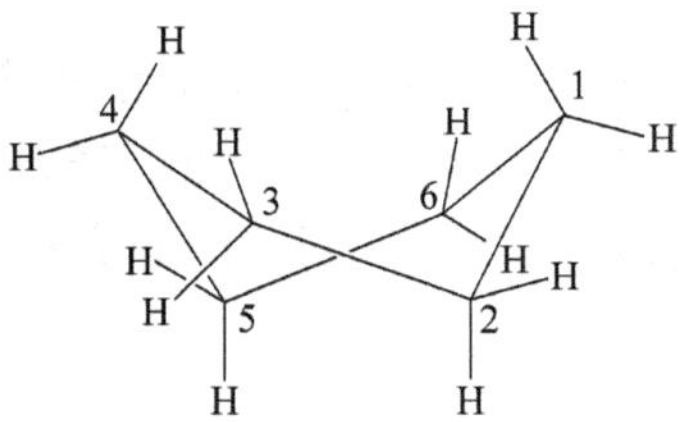

图 3.7　环己烷的扭船式构象

除椅式、船式和扭船式之外，环己烷还有许多构象异构体。椅式构象的能量最低，最稳定，是环己烷的优势构象。由于各种构象异构体的能量差别不大，它们在室温下以极快的速度互相转换，一般不能将其分离。能量的差别决定各种构象异构体平衡时的分布比例。平衡时以椅式构象存在的环己烷分子占 99%以上。椅式构象最稳定，取代环己烷中，环的部分几乎总是以椅式构象存在。

2. 直立键(a键)和平伏键(e键)

椅式环己烷分子有一根对称轴,如图3.8所示,它经过C_1、C_3、C_5和C_2、C_4、C_6分别构成的两个平面的中心,与这两个平面垂直。以这根对称轴为参照,分子中的C—H键分为两组。C_1、C_3和C_5上向上伸展的C—H键及C_2、C_4和C_6上向下伸展的C—H键与对称轴平行,称为直立键(axial bond),也称竖键或a键。C_1、C_3和C_5上向下伸展的C—H键及C_2、C_4和C_6上向上伸展的C—H键称为平伏键(equatorial bond),也称横键或e键。e键与a键(也与对称轴)成109.5°夹角,并向环外伸展。

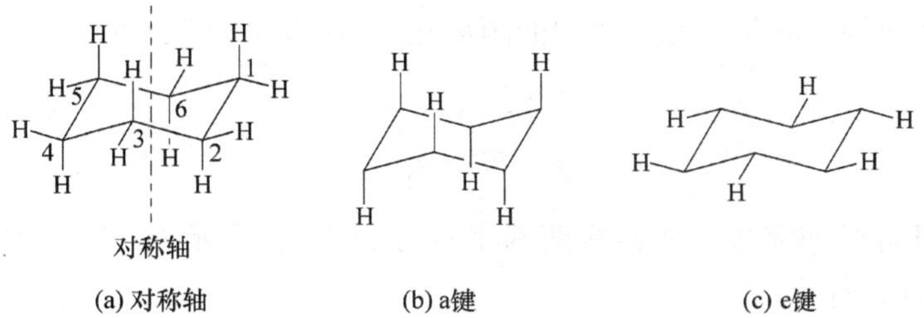

图3.8 环己烷的椅式构象

每个碳原子都连有一个a型C—H键,一个e型C—H键。若a键朝上,则e键朝下;a键朝下,则e键朝上。环的上、下两面都间隔分布三个a键,三个e键。

3. 转环作用

如图3.9所示,环己烷的椅式构象在C—C键不断裂的前提下,通过C—C键的转动而变为另一个椅式构象,这种构象的互变,称为转环作用(ring flip),是由分子的热运动产生的。在室温时,这种转环达每秒10^4~10^5次。在相互转变中每一个a键都变成e键,同时每一个e键也变成a键,反之亦然。

图3.9 环己烷的转环作用

4. 椅式构象的画法

按以下方法能够画出规范的环己烷椅式构象。

第一步,画两条从左上方向右下方倾斜、左右错开的等长平行线,5—6和3—2,

表示处于同一平面内的四个碳原子 C_2、C_3、C_5、C_6。

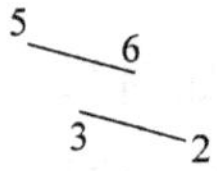

第二步，在 2、6 右侧，上下与 5 相齐处画一点 1，代表处于平面上方的碳原子 C_1，连接 1 和 2、1 和 6。

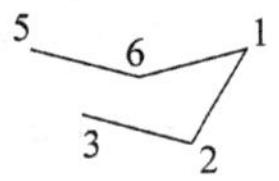

第三步，在 3、5 左侧，上下与 2 相齐处画一点 4，代表处于平面下方的碳原子 C_4，4 和 2 之间的距离与 1 和 5 之间的距离相等，连接 4 和 3、4 和 5。

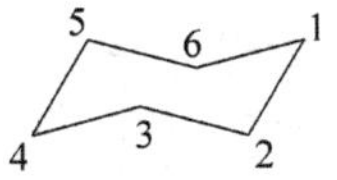

至此，碳环骨架完成。六根线两两平行分为三组，表示 C_1、C_4 在纸面内，C_2、C_3 朝前，C_5、C_6 向后。

第四步，从相对在上的三个碳原子 C_1、C_3、C_5 向上画直线，从相对在下的三个碳原子 C_2、C_4、C_6 向下画直线，代表每个碳原子上的直立键。

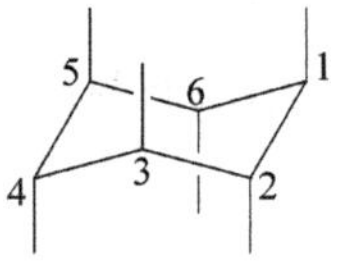

第五步，每个碳上平伏键都朝环外伸展，与环内的两个碳碳键平行。例如，C_1 上的平伏键与 C_2—C_3 和 C_5—C_6 平行。平伏键也分为三组，C_1 和 C_4 上的、C_2 和 C_5 上的、C_3 和 C_6 上的，两两互相平行。

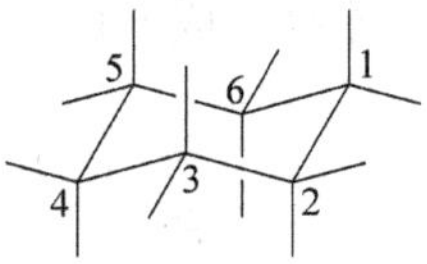

其构象异构体的画法同上，只是上下、左右的相对位置改变。

3.4.2 一取代环己烷的构象

环己烷中的一个氢原子被甲基取代，得到甲基环己烷。由于环己烷的椅式构象中的氢有两种——位于 a 键或 e 键，得到的甲基环己烷也有两种，如图 3.10 所示，(a)中甲基处于 a 键，(b)中甲基处于 e 键，(a)和(b)互为构象异构体。

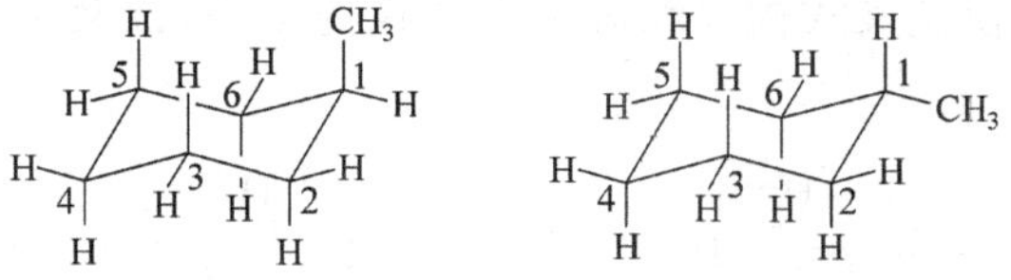

(a) 甲基在a键　　　　(b) 甲基在e键

图 3.10　甲基环己烷的构象异构体

从图 3.11 中可以看出，(a)通过转环作用，得到它的构象异构体(b)，甲基从 a 键变为 e 键上，(b)和(a)完全相同。

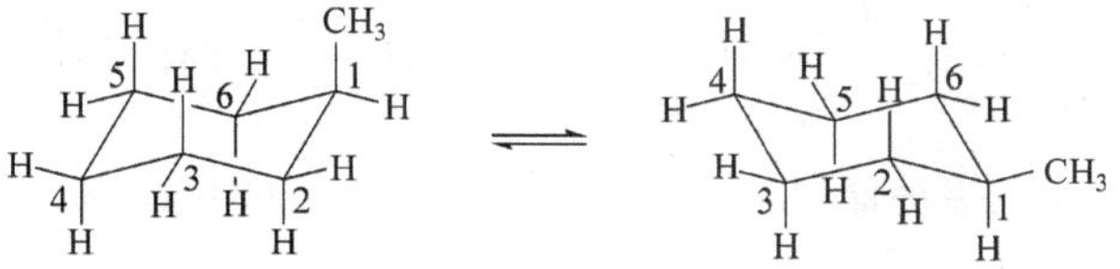

(a)　　　　(b)

图 3.11　甲基环己烷构象异构体的转化

甲基环己烷构象异构体中，甲基处于 e 键的较为稳定，能量较低。

如图 3.12 所示，由于甲基体积比氢大，处于 a 键上时，甲基和 C_3 上的氢原子之间的距离小于甲基和氢原子的半径之和，产生排斥作用，引起分子内张力。这种由于 C_1 和 C_3 上 a 键所连的原子或原子团互相排斥而产生的空间张力称为 1,3-二竖键作用(1,3-diaxial interaction)。同样，C_1 上的甲基和 C_5 上的氢之间也存在 1,3-二竖键作用。而甲基处于 e 键上时，其伸向环外，离环远去。这时，C_3 和 C_5 上的氢原子也处于 e 键上，它们和甲基在空间上距离远，不存在 1,3-二竖键作用。

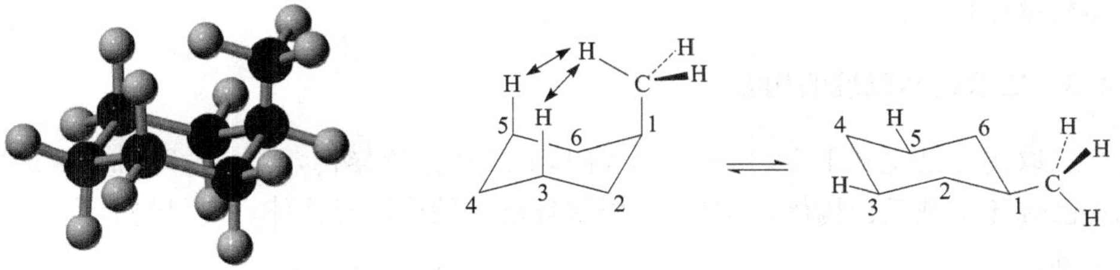

图 3.12　甲基环己烷中的 1,3-二竖键作用

1,3-二竖键作用还可以用已经学过的概念理解。如图 3.13 所示，甲基处于 a 键时，沿 C_1—C_2 键观察，甲基与 C_3 亚甲基 CH_2 呈邻位交叉关系。沿 C_1—C_6 键观察，甲基与 C_5 亚甲基 CH_2 呈邻位交叉关系，即甲基与 C_3、C_5 两个亚甲基都是邻位交叉关系。甲基处于 e 键时，与 C_3、C_5 两个亚甲基 CH_2 却都是对位交叉关系。这

就如同正丁烷有邻位交叉式构象和对位交叉式构象，对位交叉式构象比邻位交叉式的能量低，稳定。

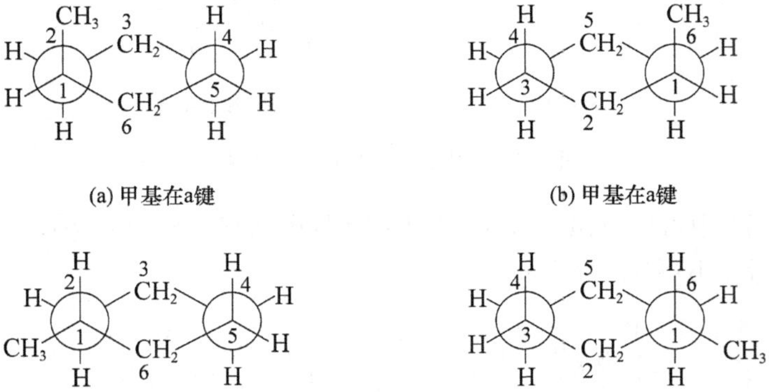

(a) 甲基在a键　(b) 甲基在a键

(c) 甲基在e键　(d) 甲基在e键

图 3.13　甲基环己烷构象异构体纽曼投影式

甲基环己烷两种构象异构体的能量差只有 7.1 kJ · mol^{-1}，室温下不能分离，以平衡混合体形式存在，两种构象异构体相互间以极快的速度转换。但能量的差别决定了甲基在 e 键上的较稳定的构象在平衡混合体中占 95%，而甲基在 a 键上的构象只占 5%。

1,3-二竖键作用的强弱与取代基的种类及其体积大小都有关系。取代基的体积越大，相应的两种构象异构体的能量差别也越大，取代基在 e 键上的较稳定的构象在平衡混合体中所占的比例也越大。例如，异丙基和叔丁基取代时，两种构象异构体的能量差分别是 9.2 kJ · mol^{-1} 和 21 kJ · mol^{-1}。异丙基环己烷的平衡混合体中，异丙基处于 e 键的构象约占 97%；而叔丁基环己烷几乎完全以叔丁基处于 e 键的构象存在。

3.4.3　二取代环己烷的构象

二取代环己烷有 1,1-、1,2-、1,3-和 1,4-四种位置异构，1,2-、1,3-和 1,4-二取代环己烷还有顺反异构体。例如，二甲基环己烷的构造异构体、顺反异构体共有以下 7 种。

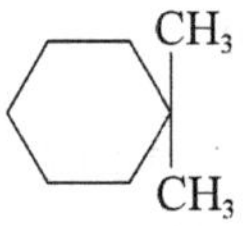

1,1-二甲基环己烷

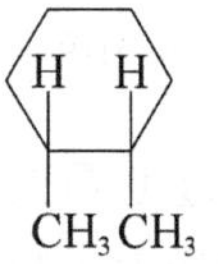

顺-1,2-二甲基环己烷

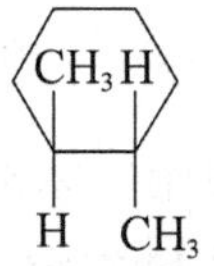

反-1,2-二甲基环己烷

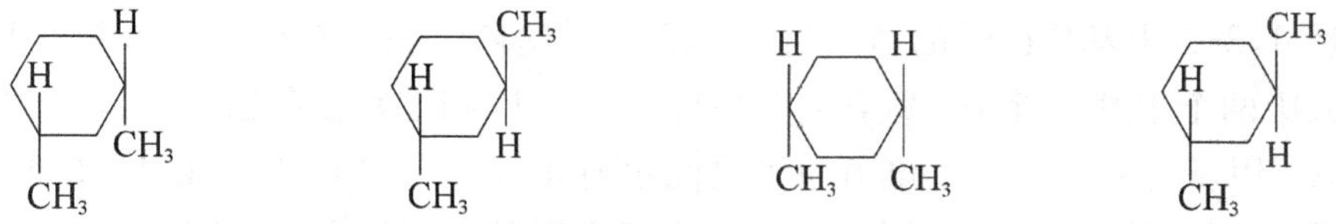

顺-1,3-二甲基环己烷 反-1,3-二甲基环己烷 顺-1,4-二甲基环己烷 反-1,4-二甲基环己烷

1. 二甲基环己烷

1) 1,1-二甲基环己烷

和甲基环己烷一样,1,1-二甲基环己烷也能通过环的翻转,以两种椅式构象存在,如图 3.14 所示。

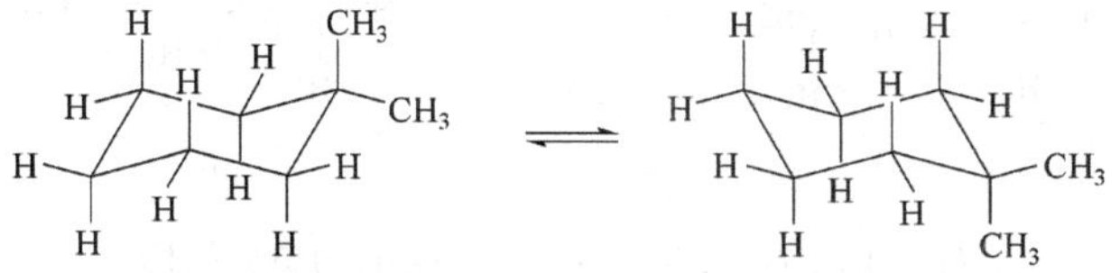

图 3.14 1,1-二甲基环己烷的构象异构体

在两种构象中,都是一个甲基处于 a 键,另一个处于 e 键,它们是完全相同的,因而能量相等,稳定性相同。

其他二甲基环己烷都有顺反异构体。在椅式构象中,两个甲基朝环的同一面伸展即是顺式构型,伸展的角度不必相同。同样,两个甲基分别朝环的两面伸展即是反式构型,不必呈 180°的夹角伸展。

2) 1,2-二甲基环己烷

顺-1,2-二甲基环己烷的两种构象异构体都是一个甲基处于 a 键,另一个处于 e 键,如图 3.15 所示。(a)中 a 键甲基在 C_1,与 C_3 和 C_5 上的 a 键氢原子之间有 1,3-二竖键作用。而(b)中 a 键甲基在 C_2,与 C_4 和 C_6 上的 a 键氢原子之间有 1,3-二竖键作用。此外,两者都有 C_1、C_2 邻位交叉的两个甲基相互作用。它们的能量完全相等,稳定性相同。

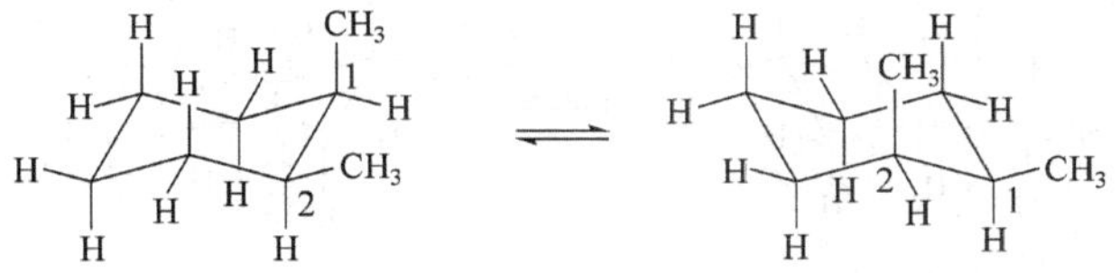

(a) (b)

图 3.15 顺-1,2-二甲基环己烷的构象异构体

反-1,2-二甲基环己烷的情形与顺-1,2-二甲基环己烷大不相同。如图 3.16 所示,(a)中两个甲基都处于 a 键,C_1 甲基与 C_3、C_5 上 a 键氢原子之间有 1,3-二竖键作用,C_2 甲基与 C_4、C_6 上 a 键氢原子之间也有 1,3-二竖键作用。而(b)中两个甲基都处于 e 键,没有 1,3-二竖键作用,仅有两个甲基的邻位交叉作用。这种两个甲基都处于 e 键的 ee 组合与两个甲基都在 a 键的 aa 组合相比,前者比后者的能量低 11.4 kJ·mol^{-1}。可以预测,反-1,2-二甲基环己烷几乎完全以两个甲基都处于 e 键的构象存在。

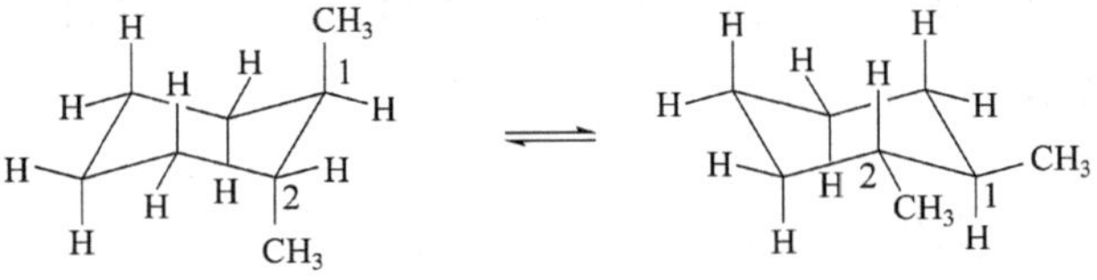

(a) (b)

图 3.16 反-1,2-二甲基环己烷的构象异构体

从以上的分析可以看出,ee 组合最稳定,ea 组合次之,aa 组合最不稳定。平衡混合体中主要以 ee 组合构象存在。因此,反-1,2-二甲基环己烷比顺-1,2-二甲基环己烷稳定。

3) 1,3-二甲基环己烷和 1,4-二甲基环己烷

1,3-二甲基环己烷和 1,4-二甲基环己烷的顺反异构体,以及各自的两种构象异构体见图 3.17 和图 3.18。

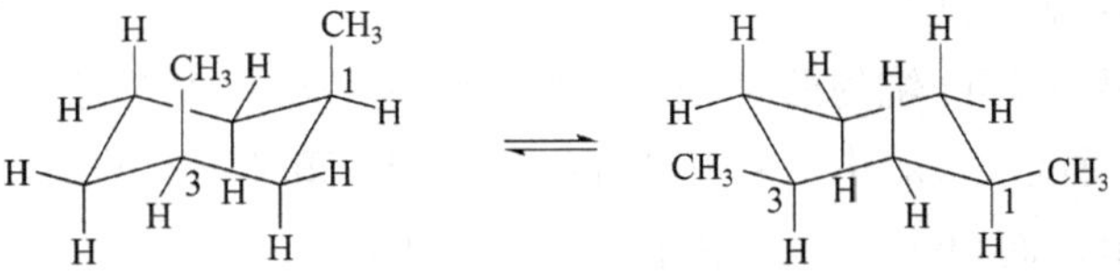

(a) 顺式构型 (b) 顺式构型

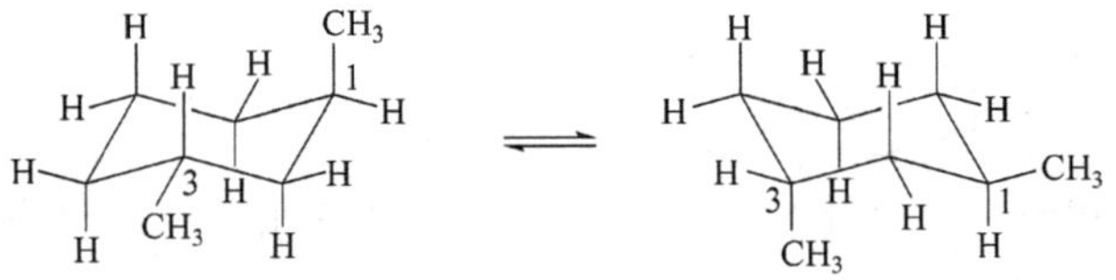

(c) 反式构型 (d) 反式构型

图 3.17 1,3-二甲基环己烷的构象

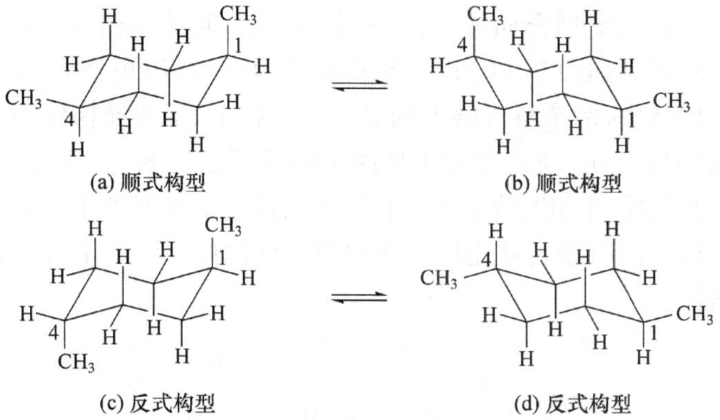

图 3.18 1,4-二甲基环己烷的构象

把前面的构象分析方法用于 1,3-二甲基环己烷可知,顺式异构体比反式异构体稳定,因为顺式中有 ee 组合(其 aa 组合尤其不稳定),而反式中只能是 ea 组合。1,4-二甲基环己烷则是反式较稳定,因为反式中有 ee 组合,而顺式中只能是 ea 组合。

2. 取代基不同的二取代环己烷

前已述及,取代基的体积越大,取代基处于 a 键和 e 键所对应的两种构象异构体的能量之差也越大。由此可以推知,如果两个不同的取代基不能都在 e 键上,则体积较大的取代基处于 e 键是较稳定的构象。如图 3.19 所示,反-1-甲基-3-乙基环己烷中,甲基和乙基只能一个在 a 键,一个在 e 键,乙基在 e 键的构象较稳定。

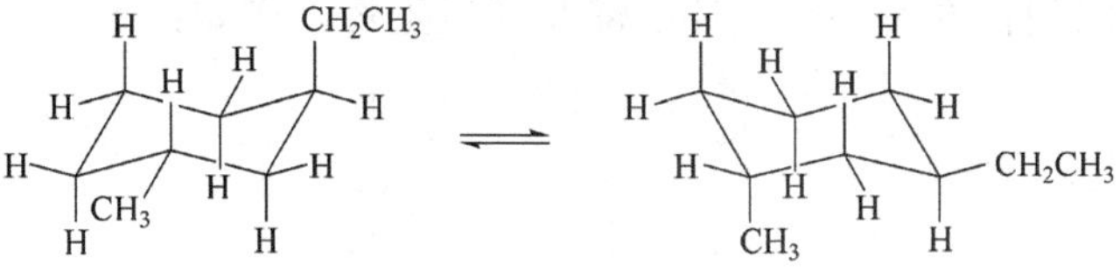

图 3.19 反-1-甲基-3-乙基环己烷的构象异构体

顺-1-甲基-4-叔丁基环己烷的优势构象如图 3.20 所示。

综上所述,两个取代基都在 e 键上的二取代环己烷是稳定优势构象;如果两个取代基不能都在 e 键上,则体积较大的取代基在 e 键上的是优势构象。这个结论还可以推广到多个取代基的情况。

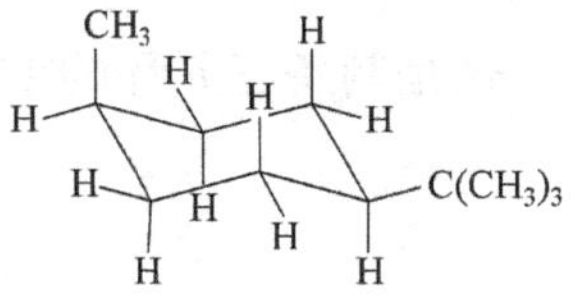

图 3.20 顺-1-甲基-4-叔丁基环己烷的优势构象

3. 十氢化萘

如前所述,十氢化萘(二环[4.4.0]癸烷)由两个环

己烷共有同一个碳碳键稠合而成，可以看作 1,2-二取代环己烷，因而有顺式和反式两种构型异构体。如图 3.21 所示，用构象式表示，可以更清楚地看出顺反异构关系。顺式异构体中，两个桥头碳上的氢原子都朝上，反式异构体中一上一下。两个环都以椅式构象存在，顺式异构体是两个椅式环己烷的 ae 稠合，而反式异构体则是 ee 稠合，因此反-十氢化萘比顺-十氢化萘稳定。两环稠合，互相牵制，顺-十氢化萘的两个环需同时翻转才能得到它的构象异构体，而反-十氢化萘分子具有刚性，环不能翻转。

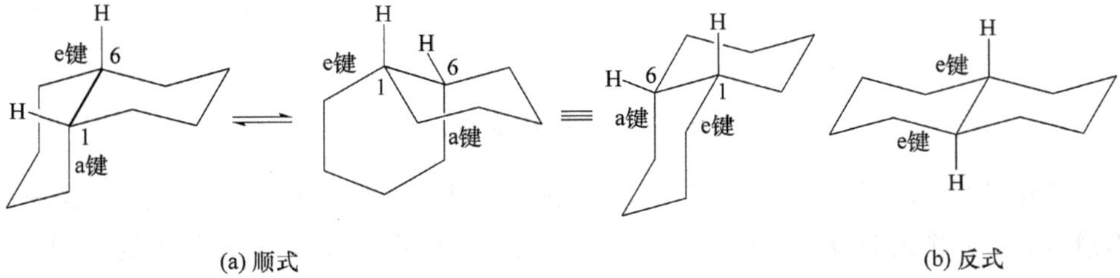

图 3.21 十氢化萘的构象

3.5 脂环烃的制备

制备脂环烃主要有以下几种途径。

1. 第尔斯-阿尔德反应

此反应可以制备六元环——环己烯及其衍生物。例如：

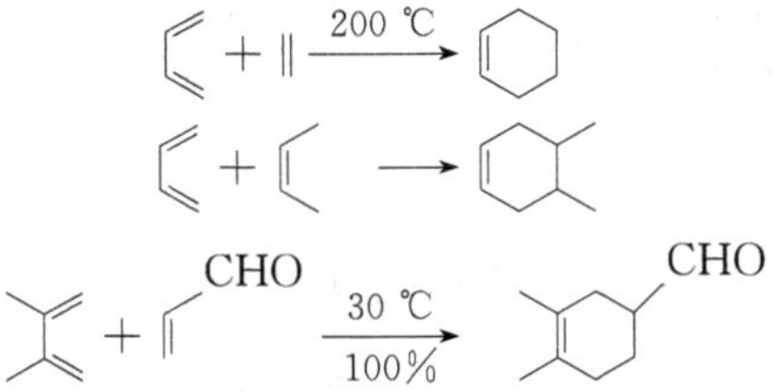

2. 烯烃与卡宾的加成反应

这是制备三元环的重要方法，可用通式表示如下：

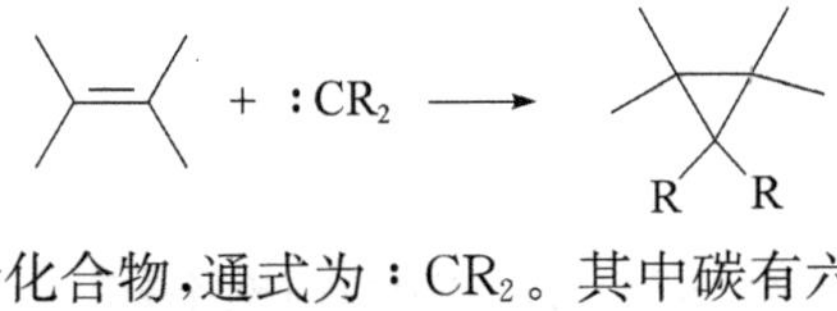

卡宾是中性的二价化合物，通式为：CR_2。其中碳有六个价电子，属于缺电子

体系。卡宾一般极不稳定，一旦生成，即与其他物质反应。最简单的卡宾是$:CH_2$。能生成卡宾的试剂有CH_2N_2、$CHCl_3/(CH_3)_3COK$、CH_2Cl_2+RLi、$CH_2I_2/Zn(Cu)$等。

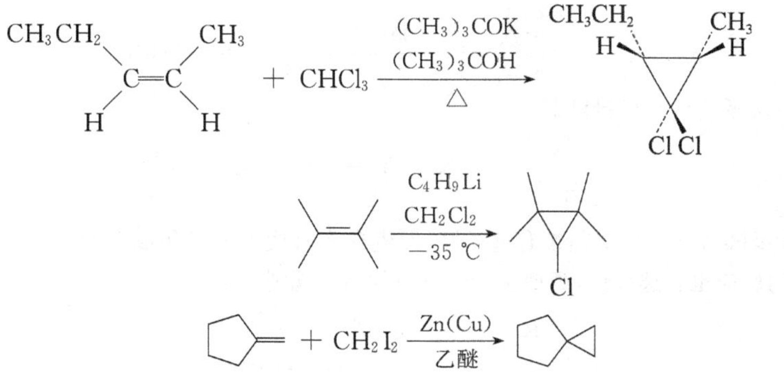

3. 伍兹反应

在金属钠作用下，两分子卤代烷的烷基发生偶联生成较高级烷烃的反应称为伍兹(Wurtz)反应。伍兹反应可用于制备小环烷烃，如1,3-二卤代烷在钠、锌等金属作用下生成环丙烷。

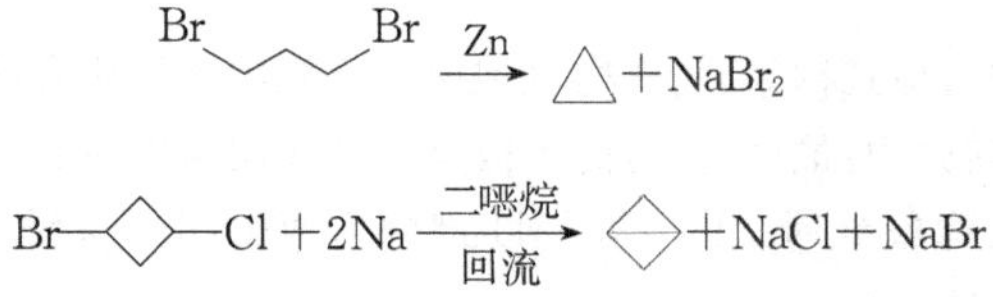

4. 催化氢化

工业上利用芳香族化合物的催化氢化制备脂环烃及其衍生物。例如：

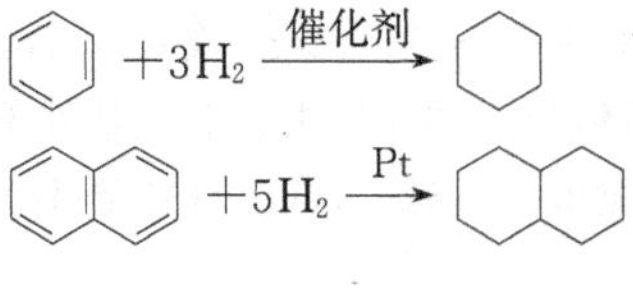

本章小结

1. 脂环烃是含有碳环结构而性质类似于开链烃的碳氢化合物，包括环烷烃、环烯烃和环炔烃。二环和多环脂环烃有联环、螺环、稠环和桥环等不同类型。命名脂环烃时，以“环”字表示碳环结构特征。

2. 碳环结构限制了成环碳原子的自由旋转，因此二取代环烷烃存在顺反异构体。顺式构型中两个取代基在环平面的同侧，反式构型中两个取代基分处在环平面的两侧。

3. 环烷烃的稳定性与环的大小有关。

4. 环烷烃的化学性质。

(1) 取代反应(C—H 键断裂)。

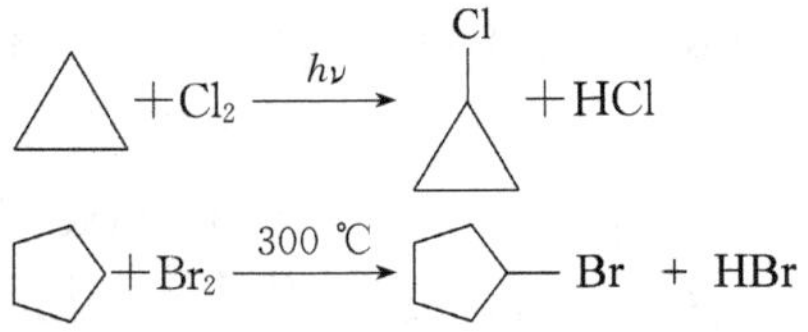

(2) 开环反应(C—C 键断裂)。

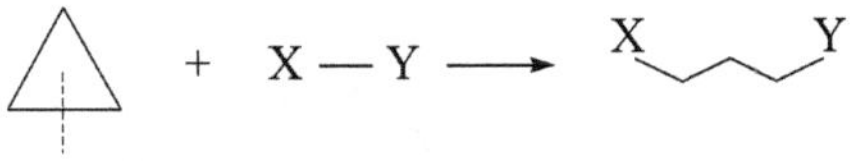

取代环丙烷的 C—C 键断裂有选择性,发生在连取代基最多和最少的 C—C 键之间。与不对称试剂的反应也有选择性,类似于烯烃反应的马氏规则。

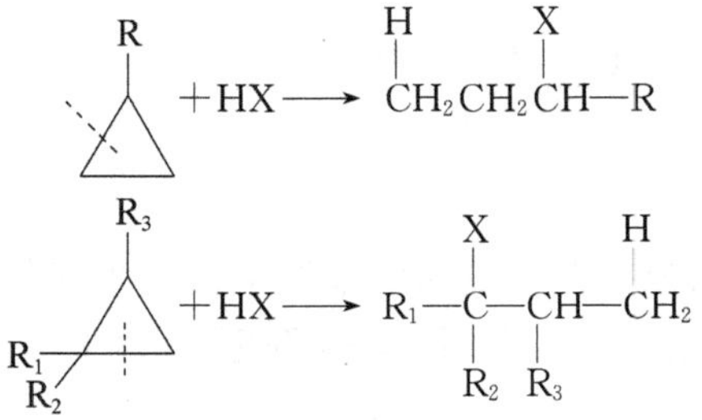

5. 环己烷的构象。

环己烷的典型构象有椅式构象、船式构象和扭船式构象等。所有的构象异构体中,椅式构象既无角张力,又无扭转张力,最稳定,为优势构象。椅式构象中所有的键角都是 109.5°,所有的 C—H 键都呈交叉式构象排列。12 个 C—H 键分为两类:6 个 a 键,6 个 e 键。通过转环作用,a 键→e 键,e 键→a 键。

6. 取代环己烷的构象。

(1) 一取代环己烷,取代基处与 e 键的构象较稳定。取代基处于 a 键的构象中存在 1,3-二竖键作用。

(2) 二取代环己烷稳定性顺序为 ee 组合>ae 或 ea 组合>aa 组合。

(3) 取代基不同的二取代环己烷,体积较大的取代基处于 e 键的构象较稳定。

(4) 多取代环己烷,处于 e 键取代基越多,构象越稳定;体积较大的取代基处于 e 键的构象较稳定。

【阅读材料】

碳 纳 米 管

1991 年,Iijima 关于碳纳米管的研究引起人们对碳纳米管的结构、性质和应用的关注。碳纳米管是管状的纳米级石墨晶体,又称分子纤维,是单层或多层石墨烯片围绕中心轴按一定的螺旋角卷曲而成的无缝纳米管。管壁主要由碳六边形环构成,每一个碳原子通过 sp^2 杂化与周围三个碳原子发生键合,从而形成由平面六边形组成的圆柱面,如图 3.22(a)所示。两端的帽子结构由五边形碳环和七边形碳环构成。碳管的直径一般为1～30 nm，长度可达微米级。根据构成管壁的石墨层数不同，碳纳米管可以分为单壁管和多壁管两类。根据螺旋角不同，单壁碳纳米管可以分为扶手椅型[图 3.22(b)]，锯齿型[图 3.22(c)]和手性管[图 3.22(d)]。

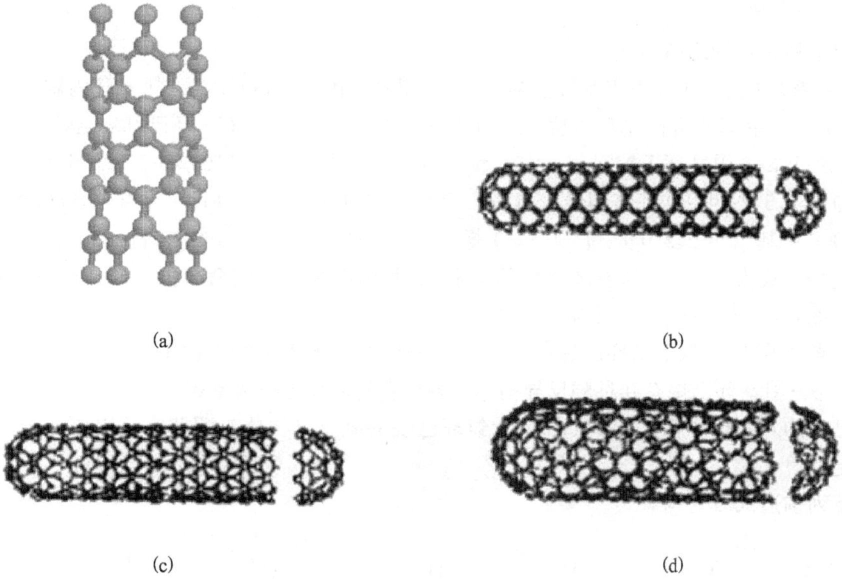

图 3.22 碳纳米管

制备碳纳米管方法主要有电弧放电法、激光蒸发法、催化气相沉积法(CVD)，其中催化气相沉积法是最有前途的制备方法之一。

纳米碳管的尺度、结构和拓扑学等因素使其具有许多优异的特性，最为突出的可以归纳为纳米尺度形成的细微结构、纳米结构造就的特殊电学性质和碳键构筑的超高力学性能。碳纳米管在材料、物理、化学等许多领域有广阔应用前景。

习 题

1. 命名下列化合物。

(1) 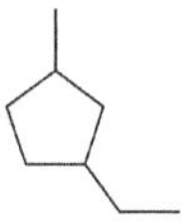 (2) 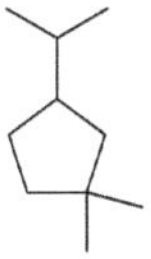 (3) 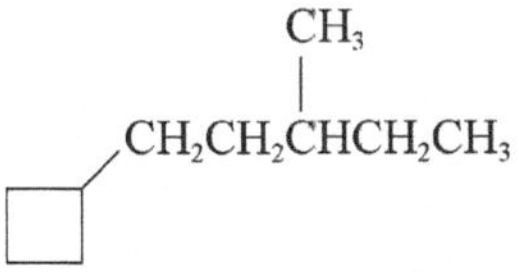

(4) 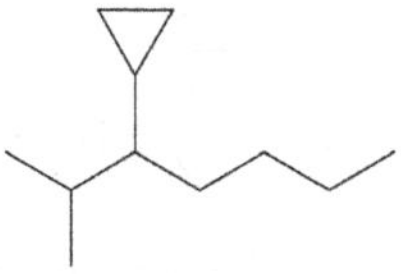

(5) 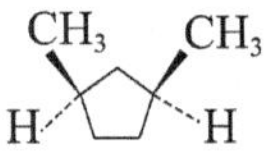

(6) 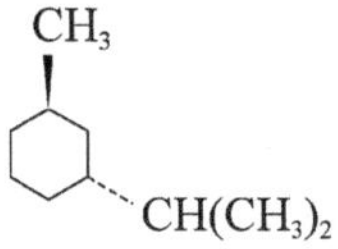

(7) 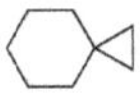 (8) 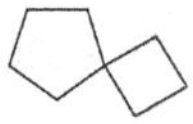

(9) 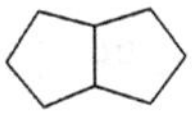　　(10) 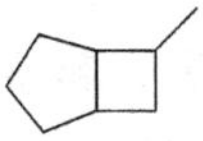　　(11) 　　(12) 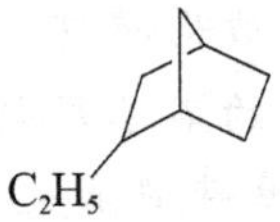

(13) 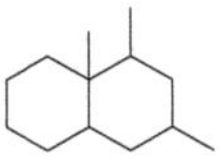　　(14) 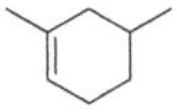　　(15) 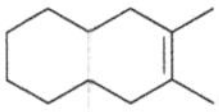

2. 画出下列化合物的结构式。

(1) 甲基环戊烷　(2) 1-甲基环己烯　(3) 3-甲基环戊烯　(4) 1,2-二甲基环丙烷

(5) 1,1-二甲基-4-异丙基环庚烷 (6) 环戊基乙炔　(7) 环己基环己烷

(8) 反-1,3-二甲基环丁烷　(9) 顺-1-甲基-2-乙基环戊烷 (10) 顺-1,3-二甲基环己烷

(11) 1,3,5,7-四甲基环辛四烯　(12) 二环[3.1.1]庚烷　(13) 1-甲基二环[2.2.2]辛烷

(14) 2-甲基二环[2.2.0]己烷　(15) 螺[5.5]十一烷　(16) 二环[2.2.1]-2,5-庚二烯

3. 画出分子式为 C_5H_{10} 的所有环烷烃的构造式,并用系统命名法命名。它们是否有顺反异构体? 如有,画出其构造式,并标记构型。

4. 画出顺-1-甲基-4-叔丁基环己烷和反-1-甲基-3-异丙基环己烷最稳定的构象式。

5. 1,3,5-三甲基环己烷有几种顺反异构体? 画出它们最稳定的构象式。

6. 环己烷的六氯代产物 1,2,3,4,5,6-六氯环己烷的顺反异构体有哪些? 从构象分析,哪种最稳定?

7. 把下列构造式改为构象式。

(1) 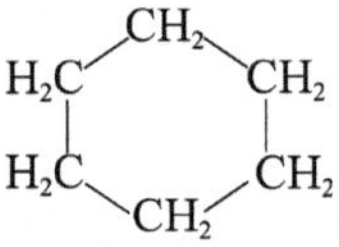

(2) 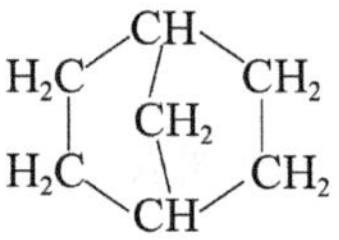

(3) 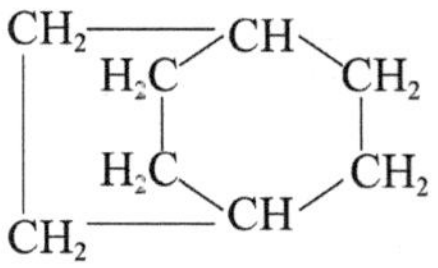

8. 完成下列化学反应式。

(1)  $+Cl_2 \xrightarrow{300\ ℃}$

(2) 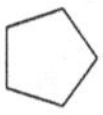 $+Cl_2 \xrightarrow{300\ ℃}$

(3)  $+Cl_2 \xrightarrow{FeCl_3}$

(4)  $+HCl \longrightarrow$

(5)  $+HBr \longrightarrow$

(6) 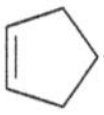 $+Br_2 \xrightarrow{CCl_4}$

(7)  $+Br_2 \xrightarrow{300\ ℃}$

(8) 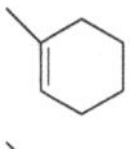 $+HCl \longrightarrow$

(9) 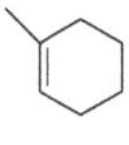 $+HBr \xrightarrow{\text{过氧化物}}$

(10) 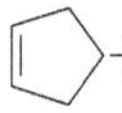 $+KMnO_4 \xrightarrow{H^+} \xrightarrow{H_2O}$

(11) 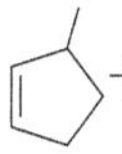 $+O_3 \longrightarrow \xrightarrow{Zn,H_2O}$

(12) 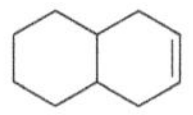 $\xrightarrow[CCl_4]{C_6H_5CO_3H}$

(13)  $+HCl \longrightarrow$

(14) 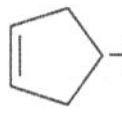 $+CH_2I_2 \xrightarrow[\text{乙醚}]{Zn(Cu)}$

9. 用化学方法区别丙烷、丙烯和环丙烷。

10. 化合物 A 分子式为 C_6H_{10}，能被高锰酸钾氧化，也能使溴的四氯化碳溶液褪色。A 经臭氧氧化再还原水解，只得到一种分子式为 $C_6H_{10}O_2$ 的直链化合物。试推断 A 可能的结构，并用反应式加简要的说明表示推断过程。

11. 某烃的分子式为 $C_{10}H_{16}$，催化氢化只能吸收 1 mol H_2。臭氧化还原水解生成 1,6-环癸二酮（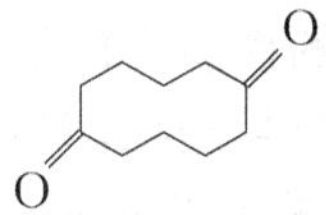），试推断此烃的结构。

12. 化合物 A 和 B 互为同分异构体，分子式为 C_4H_8，A 能使溴的四氯化碳溶液褪色，不能使高锰酸钾酸性溶液褪色。B 能使溴的四氯化碳溶液褪色，也能使高锰酸钾酸性溶液褪色。与 HBr 反应，A、B 生成同一种化合物 C。试推断化合物 A、B、C 的结构，并写出相应的反应式。

13. 化合物 A 能使溴的四氯化碳溶液褪色，催化加氢生成十氢化萘。A 被高锰酸钾酸性溶液氧化，生成顺-1,2-环己烷二羧酸和草酸。试推断 A 的结构并命名。（顺-1,2-环己烷二羧酸：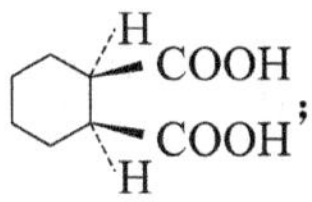；草酸：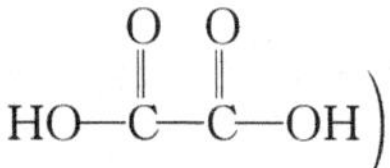）

（山西医科大学 卫建琮）

第4章　芳　香　烃

学习要求

1. 掌握苯环结构及苯环上亲电取代的反应历程。
2. 掌握芳香烃的化学性质、亲电取代反应的定位效应及定位规则。
3. 了解苯及其同系物的物理性质和几种多环芳香烃。
4. 掌握休克尔规则及其应用。

芳香烃通常是指含有苯环的碳氢化合物，如苯、甲苯、二甲苯、萘等。苯是最简单的芳香烃。芳香烃及其衍生物（如苯酚、苯胺和苯甲酸等）总称为芳香族化合物。绝大多数芳香烃都含有苯环，苯环结构使该类化合物具有特殊的性质。例如，环的稳定性，不易发生加成反应和氧化反应，易发生取代反应等。这些性质称为芳香性。

芳香烃根据分子中是否含有苯环，可分为苯系芳香烃和非苯系芳香烃。苯系芳香烃又根据苯环的数目，分为单环芳香烃和多环芳香烃。多环芳香烃可根据芳香环的结合方式不同，分为多苯代脂肪烃、联苯和联多苯及稠环芳香烃。例如：

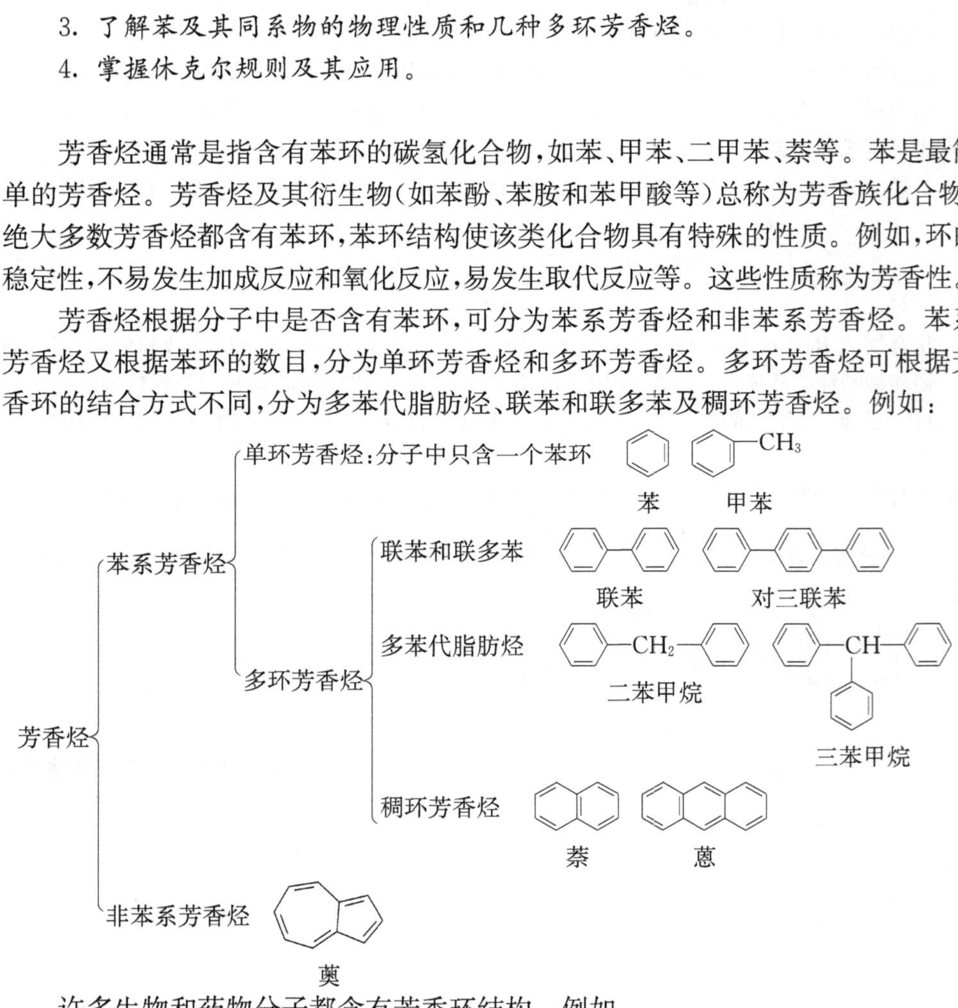

许多生物和药物分子都含有芳香环结构。例如：

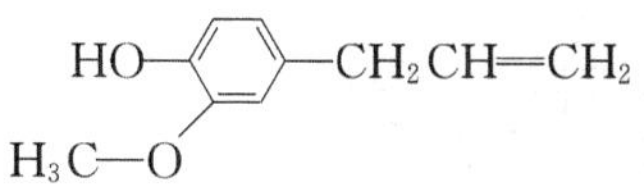

丁香酚

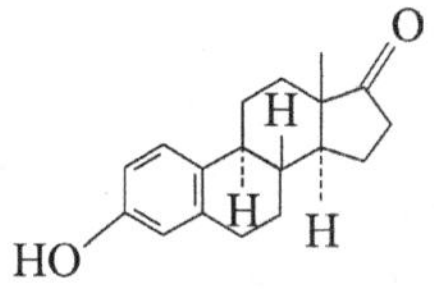

雌激素(雌酮)

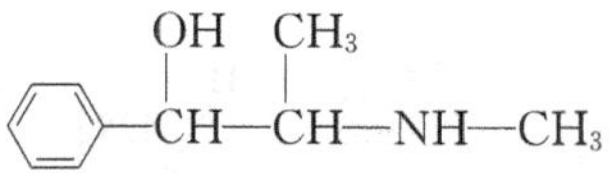

麻黄碱

4.1 苯系芳香烃

4.1.1 苯的结构

苯是芳香烃的母体,要了解芳香烃的特性,首先要研究苯的结构。苯的分子式为 C_6H_6,碳与氢的个数比例为 1∶1,与乙炔相似具有高度的不饱和性。但苯的特殊结构使其性质与不饱和烃有很大差别。

1. 苯的凯库勒结构式

1865 年,德国化学家凯库勒提出的结构式普遍被人们接受。苯是由 6 个碳原子组成的六元环,每一个碳原子都连接一个氢原子,碳原子间以单、双键交替相连,称为苯的凯库勒结构式。书写如下:

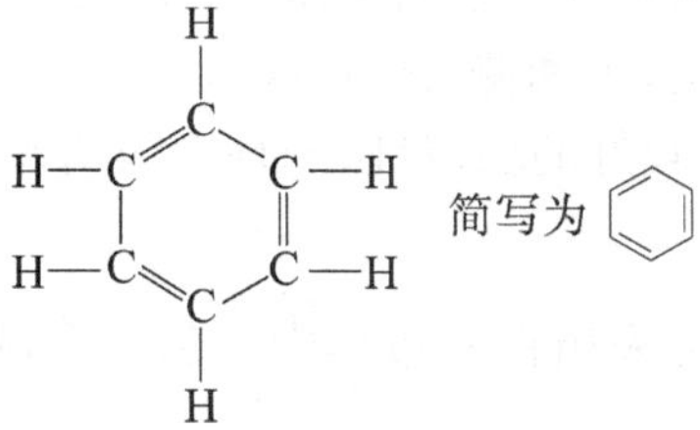

苯的凯库勒结构式解释了苯的一元取代产物只有一种,说明苯分子的 6 个氢原子是完全等同的。但它不能解释:苯的邻位二元取代物只有一种;分子中有双键,却难加成、难氧化;具有特殊的稳定性等性质。

2. 苯分子结构的现代解释

随着现代物理学发展,通过 X 射线衍射分析和光谱方法等研究证明,苯分子中 6 个碳原子和 6 个氢原子均在同一平面上,6 个碳原子组成正六边形,环上各碳碳键键长均为 139 pm,处于碳碳单键 154 pm 和碳碳双键的 134 pm 之间;所有键的键角均为 120°[图 4.1(a)]。

杂化轨道理论认为,苯分子中 6 个碳原子都是 sp^2 杂化,每个碳原子都以 3 个 sp^2 杂化轨道分别与两个相邻的碳原子和 1 个氢原子组成 3 个 σ 键,形成正六边形结构,6 个碳氢 σ 键和 6 个碳碳 σ 键处于同一个平面上[图 4.1(b)]。每个碳原子还有一个未参与杂化的 p 轨道,均垂直于碳环平面且相互平行[图 4.1(c)]。每个

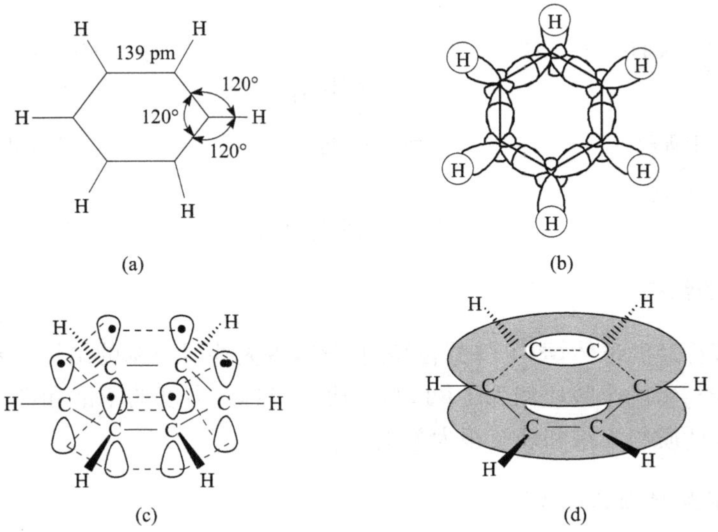

图 4.1　苯的结构

p 轨道与两个相邻碳原子的 p 轨道平行，“肩并肩”重叠，形成六原子六电子(也称 π 电子)的闭合“大 π 键”，从而形成了苯的平面环状闭合共轭体系。大 π 键的电子云对称的分布于碳环平面的上、下两侧[图 4.1(d)]。由于共轭体系中 π 电子离域，体系能量显著降低，故苯有较好的稳定性，苯环上没有单键和双键之分，键长完全平均化。

苯的结构表示方法也可采用正六边形中心加一个圆圈表示()，圆圈表示离域的 π 电子云，但习惯上还是采用凯库勒结构式()。

4.1.2　苯同系物的异构现象与命名

苯环上的氢原子被烷基取代后所得产物为苯的同系物，可分为一烷基苯、二烷基苯和多烷基苯等。苯的 6 个氢原子等同，因此一取代烷基苯无构造异构体。二取代或三取代烷基苯因烷基相对位置的不同，产生构造异构体。

一取代烷基苯命名时，多以苯为母体，烷基为取代基，称为“某(基)苯”。例如：

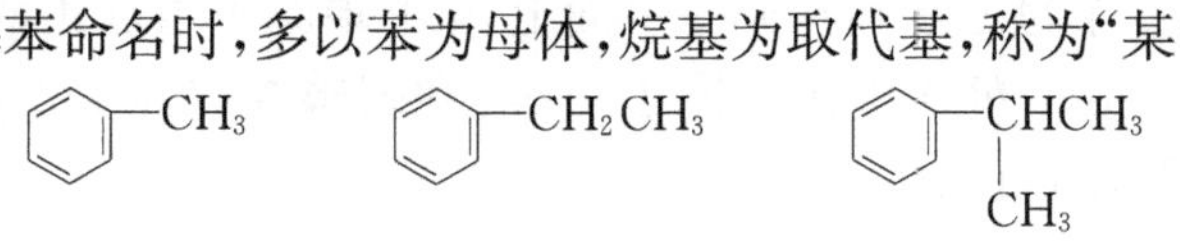

甲(基)苯　　乙(基)苯　　异丙(基)苯

二取代烷基苯由于两个烷基的相对位置不同，有三种异构体，命名时可以通过用前缀邻、间、对，或者用 1,2、1,3、1,4 表示取代基的相对位置。例如，二甲苯的三种异构体如下：

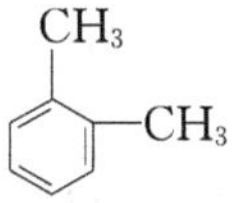

邻二甲苯
(1,2-二甲苯)

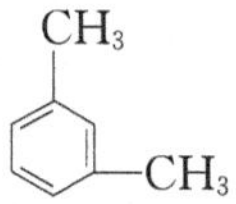

间二甲苯
(1,3-二甲苯)

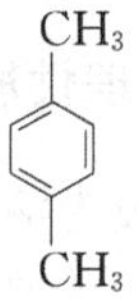

对二甲苯
(1,4-二甲苯)

三取代烷基苯也有三种异构体。例如：

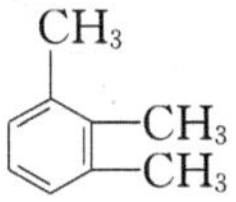

连三甲苯
(1,2,3-三甲苯)

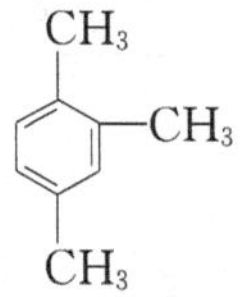

偏三甲苯
(1,2,4-三甲苯)

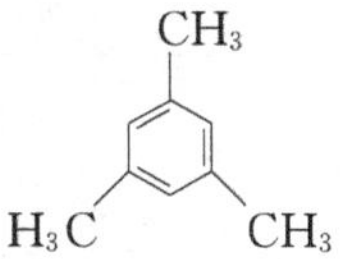

均三甲苯
(1,3,5-三甲苯)

当苯环连接不同的烷基时，烷基名称的排列顺序根据次序规则“优先基团”列出。其位置的编号应将次优先的烷基所连的碳原子定为1-位，并以位号总和最小为原则命名。如果其中一个是甲基，则可用甲苯为母体命名。例如：

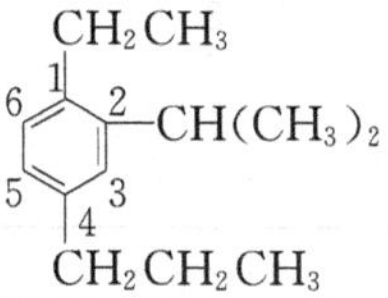

1-乙基-4-丙基-2-异丙基苯

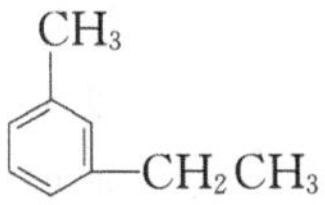

3-乙基甲苯

当苯环连接复杂烷基或不饱和烃基时，则把苯环作为取代基命名。例如：

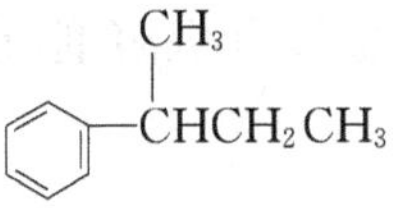

2-苯基丁烷

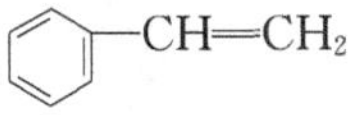

苯乙烯

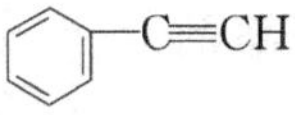

苯乙炔

芳香烃分子中去掉一个氢原子后，剩下的一价原子团称为芳基(aryl)，用“Ar—”表示。常见的芳基如下：

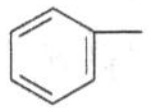 或 C_6H_5—

苯基(phenyl)或Ph—

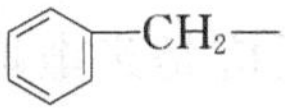

或 C_6H_5—CH_2—

苯甲基或苄基(benzyl)

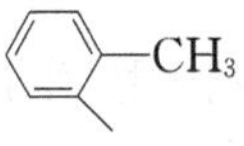

邻甲苯基

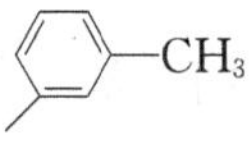

间甲苯基

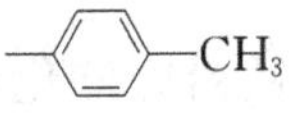

对甲苯基

4.1.3 单环芳烃的物理性质

苯及其同系物一般为液体，其蒸气有毒，苯的蒸气可以通过呼吸道对人体产生损害。高浓度的苯蒸气主要作用于中枢神经，引起急性中毒；低浓度的苯蒸气经长期接触会损害造血器官。苯及其同系物的部分物理常数见表 4.1。

表 4.1 苯及其同系物的物理常数

化合物	熔点/℃	沸点/℃	密度/($g \cdot cm^{-3}$)
苯	5.5	80.1	0.8765
甲苯	−95	110.6	0.8669
邻二甲苯	−25.2	144.4	0.8802
间二甲苯	−47.9	139.1	0.8642
对二甲苯	13.2	138.4	0.8610
1,2,3-三甲苯	−25.4	176.1	0.8942
1,2,4-三甲苯	−43.8	169.4	0.8758
1,3,5-三甲苯	−44.7	164.7	0.8651
乙苯	−94.9	136.2	0.8667
丙苯	−99.5	159.2	0.8620
异丙苯	−96.9	152.4	0.8617

苯的同系物沸点随碳原子数的增加而升高，一般每增加一个 CH_2 沸点升高 20～30 ℃。熔点不仅取决于相对分子质量，也取决于分子的形状，一般化合物结构对称性越好，其熔点越高。苯的同系物密度比水小，比链烃、脂环烃、环烯烃高。苯的同系物不溶于水，易溶于乙醚、四氯化碳或石油醚等有机溶剂，也可作为许多有机物的良好溶剂。

4.1.4 单环芳烃的化学性质

1. 苯的亲电取代反应

苯环的特殊结构使其作为一个富电子体系，易受到亲电试剂的进攻而发生取代反应。因此，苯最重要的反应是亲电取代反应。在反应中苯环上的氢原子可被—X、—NO_2、—SO_3H、—R、RCO—等原子或原子团所取代。

1）卤代反应

在三卤化铁或铁粉等催化剂作用下，苯与氯或溴作用，生成氯苯或溴苯及卤化氢。

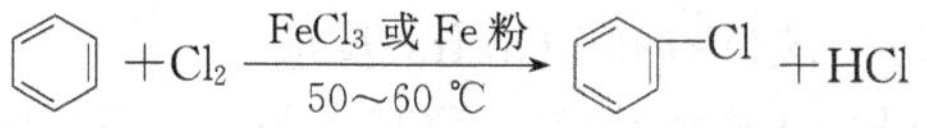

氯苯

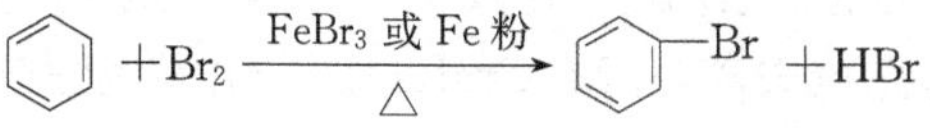

溴苯

卤素的反应活性次序是 $F_2>Cl_2>Br_2>I_2$。由于氟代反应过于猛烈，难于控制，一般不采用直接氟代制备氟苯。碘活性差，碘代反应太慢，同时反应生成的副产物碘化氢又是还原剂，使反应可逆，而且以逆反应为主。因此卤代反应主要是氯代和溴代。

以苯的溴代反应为例说明卤代反应历程。

(1) Br_2 与催化剂 $FeBr_3$ 作用，产生亲电试剂 Br^+：

$$Br_2+FeBr_3 \longrightarrow Br^+ + FeBr_4^-$$

(2) 亲电试剂进攻苯环，形成不稳定的碳正离子中间体：

碳正离子中间体(σ-配合物)

(3) 氢质子离去，生成芳香取代物：

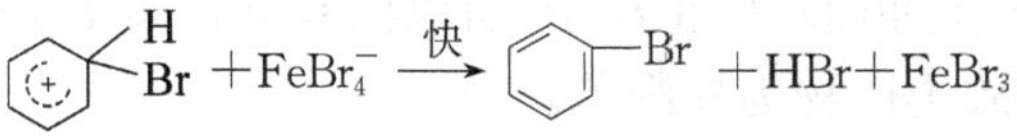

2) 硝化反应

苯与浓硝酸和浓硫酸的混合物作用，生成硝基苯。

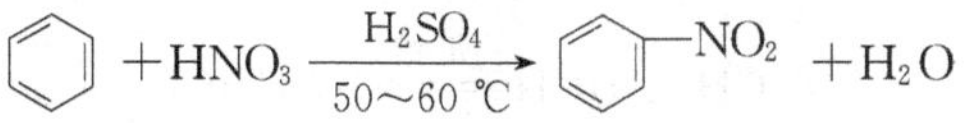

硝基苯

硝基苯不易继续硝化，在更高的温度下或用发烟硝酸和浓硫酸作用，才能导入第二个硝基，第二个硝基主要进入第一个硝基的间位。甲苯比苯易硝化，主要产物为邻硝基甲苯和对硝基甲苯。

3) 磺化反应

苯和浓硫酸在常温下难以进行反应，若加热或与发烟硫酸作用，苯环上氢原子被磺酸基($—SO_3H$)取代，生成苯磺酸。

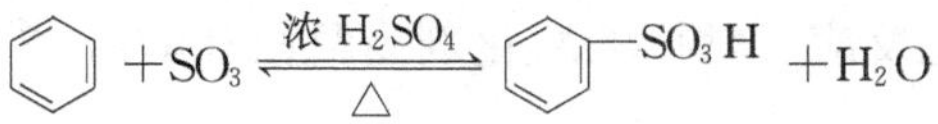

苯磺酸

磺化反应是可逆反应，苯磺酸与过热水蒸气作用时可以发生水解反应，脱去磺酸基重新生成苯。苯磺酸易溶于水，有些芳香类药物难溶于水，常通过磺化反应在分子中引进磺酸基，增强其水溶性。

4）傅瑞德尔-克拉夫茨(Friedel-Crafts)反应

苯环上引入烷基(R—)或酰基(R—CO—)的反应称为傅瑞德尔-克拉夫茨烷基化反应或傅瑞德尔-克拉夫茨酰基化反应。该反应是 19 世纪由法国的傅瑞德尔(C. Friedel)和美国的克拉夫茨(J. M. Crafts)两位化学家发现的，所以称为傅瑞德尔-克拉夫茨反应，简称傅-克反应。

(1)傅-克烷基化反应。常用的烷基化试剂有 R—X(X＝Cl，Br)、ROH、烯烃等。常用的催化剂有 $AlCl_3$、$FeCl_3$、BF_3 等路易斯酸，H_2SO_4 等质子酸。例如：

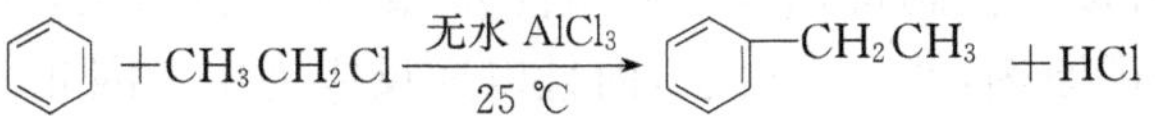

乙苯

在傅-克烷基化反应中，当烷基化试剂含碳数大于三时(含三个碳原子)，常发生碳链异构化作用，导致主产物的变化。例如：

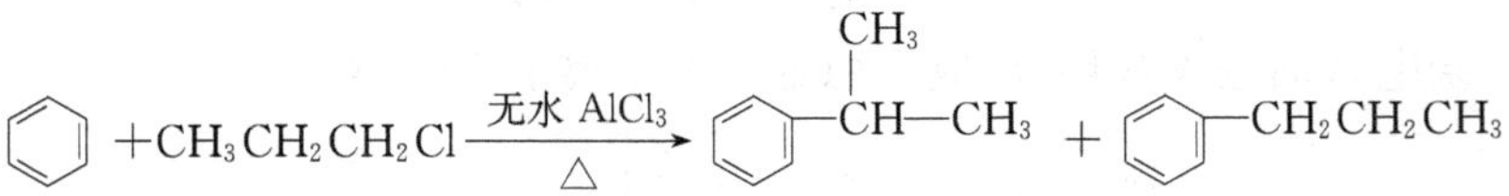

异丙苯(70%)　　丙苯(30%)

产生异构化现象的原因是 1-氯丙烷受 $AlCl_3$ 的作用生成丙基正离子，由于伯碳正离子的稳定性小于仲(叔)碳正离子，所以丙基碳正离子发生重排，生成更稳定的异丙基碳正离子，故主产物为异丙苯。

反应历程：

$$CH_3CH_2CH_2—Cl + AlCl_3 \longrightarrow CH_3CH_2CH_2^+ + AlCl_4^-$$

$$CH_3CH_2CH_2^+ \overset{重排}{\rightleftharpoons} CH_3\overset{+}{C}HCH_3$$

伯碳正离子　　仲碳正离子

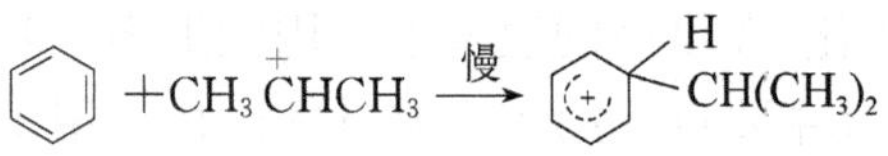

碳正离子中间体(σ-配合物)

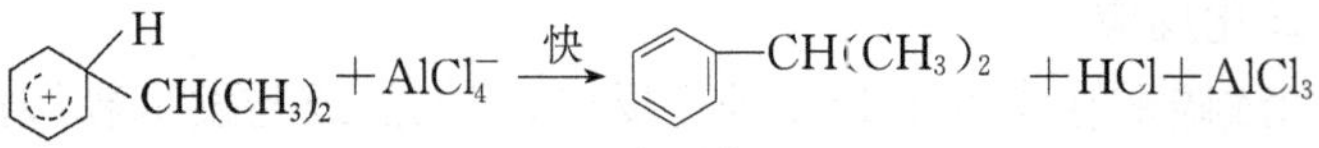

异丙苯

(2) 傅-克酰基化反应。常用的酰化剂为酰卤和酸酐，常用的催化剂为 $AlCl_3$。例如：

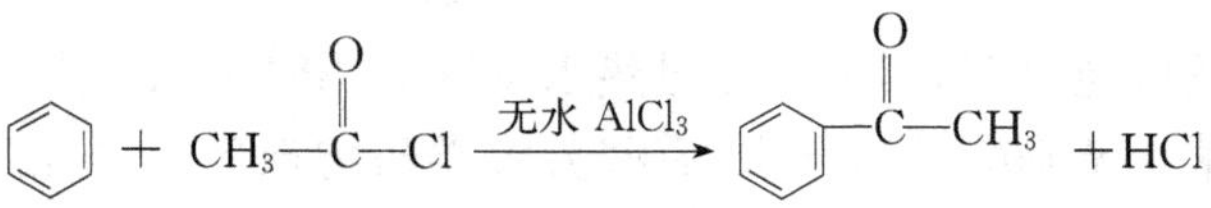

苯乙酮

傅-克酰基化反应产物中的羰基可被锌汞齐和盐酸还原为亚甲基，得到烷基苯，该还原方法称为克莱门森（Clemmensen）还原。由于酰基正离子不发生重排，因此可先通过酰基化反应得到酮，再经还原即可得到含三个碳以上的直链烷基苯。例如：

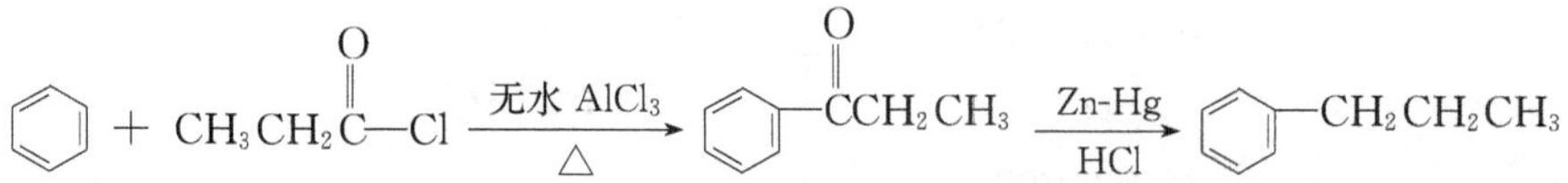

傅-克反应在有机合成中具有重要地位，它能向苯环引入烷基和羰基。但当苯环连有硝基、磺酸基、氰基等强吸电子基团时，由于取代基的吸电子效应，使苯环活性降低，傅-克反应均难以发生。此外，当苯环连有碱性基团 NH_2、NHR、NR_2 等时，因其易与酸性催化剂发生反应而使傅-克反应无法进行。

芳香烃的卤代、硝化、磺化和傅-克反应均为亲电取代反应，可用通式表示如下：

亲电试剂　　碳正离子中间体（不稳定）　　取代产物

各类亲电试剂及生成亲电试剂的反应见表 4.2。

表 4.2　苯环取代反应中的亲电试剂

亲电试剂（E^+）	生成亲电试剂的反应式
Cl^+	$Cl_2 + FeCl_3 \rightleftharpoons Cl^+ + FeCl_4^-$
Br^+	$Br_2 + FeBr_3 \rightleftharpoons Br^+ + FeBr_4^-$
NO_2^+	$HNO_3 + H_2SO_4 \rightleftharpoons NO_2^+ + HSO_4^- + H_2O$
$^{+}S(=O)_2 \rightarrow O^-$	$2H_2SO_4 \rightleftharpoons HSO_4^- + SO_3 + H_2O$
R^+	$R{-}Cl + AlCl_3 \rightleftharpoons R^+ + AlCl_4^-$
$R{-}\overset{+}{C}{=}O$	$R{-}C(=O){-}Cl + AlCl_3 \rightleftharpoons R{-}\overset{+}{C}{=}O + AlCl_4^-$

2. 烷基苯侧链的反应

1）烷基苯侧链的氧化反应

苯环很稳定，不易被高锰酸钾或重铬酸钾等强氧化剂氧化，但烷基苯的侧链烷基却易被强氧化剂氧化，且不论烷基长短，均被氧化为羧基。若与苯环直接相连的碳原子上没有氢原子时，则侧链不被氧化。例如：

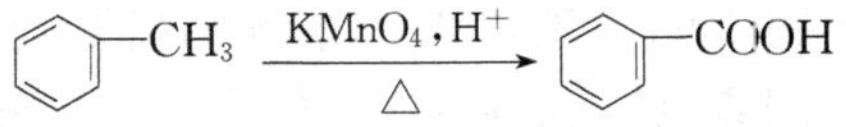

甲苯　　　　苯甲酸

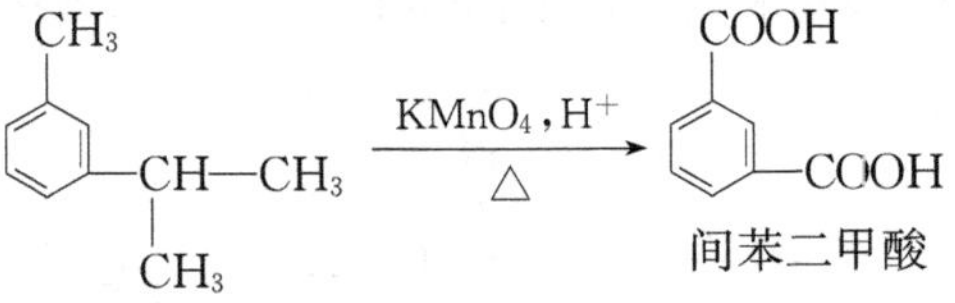

3-异丙基甲苯　　　　间苯二甲酸

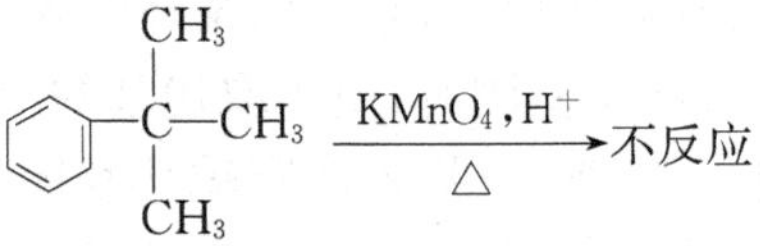

叔丁基苯

2）烷基苯侧链的卤代反应

烷基苯在光照或加热条件下，均能与氯或溴反应。当烷基是甲基时，甲基上的三个氢可逐个被卤代。例如：

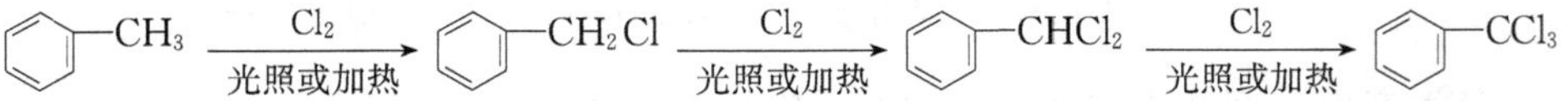

若控制反应条件和原料的用量比，可以使其中一种氯代苯成为主要产物。

苯环侧链的卤代反应与烷烃的卤代反应历程相同，属于游离基取代反应。烷基苯中 α-氢受苯环的影响而被活化，在光照或加热条件下与卤素反应优先生成苄基自由基中间体。由于 p-π 共轭，苄基自由基较稳定，因而卤代反应一般发生在侧链 α-碳原子上。例如：

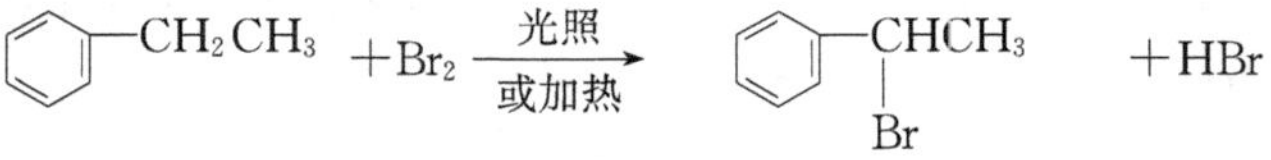

1-苯基-1-溴乙烷(99%)

烷基苯的卤代反应根据反应条件的不同，产物也不同。例如，甲苯在 FeX_3 或 Fe 粉存在下与溴作用，甲苯发生苯环上的亲电取代反应，主要生成邻、对位取代物；在光照条件下甲苯发生侧链 α-氢的游离基取代反应。

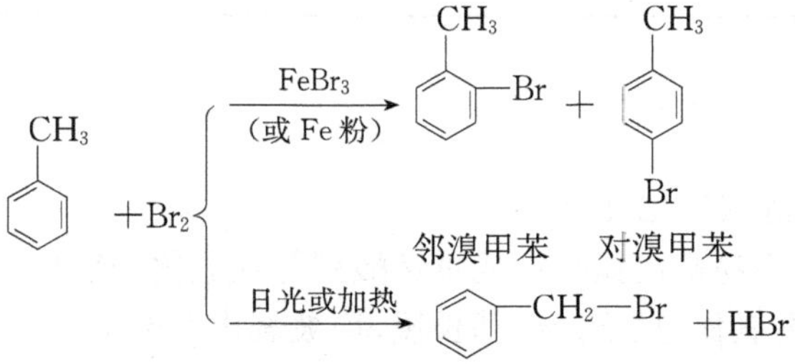

邻溴甲苯　对溴甲苯

溴化苄(苯溴甲烷)

3. 苯的其他反应

1）苯的加成反应

苯不易发生加成反应，只有在特殊条件下才能发生加氢和加卤素的反应。例如，在加热、加压及催化剂作用下，苯可与氢发生加成反应生成环己烷；在紫外线照射和一定温度下，氯与苯发生加成反应，生成六氯代环己烷。

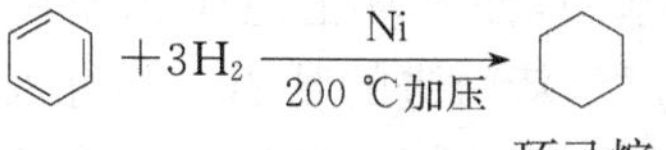

环己烷

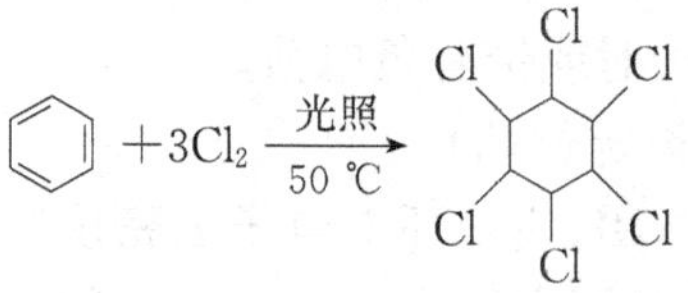

六氯环己烷

2）苯的氧化反应

苯在高温和催化作用下可被氧化开环，生成顺丁烯二酸酐。

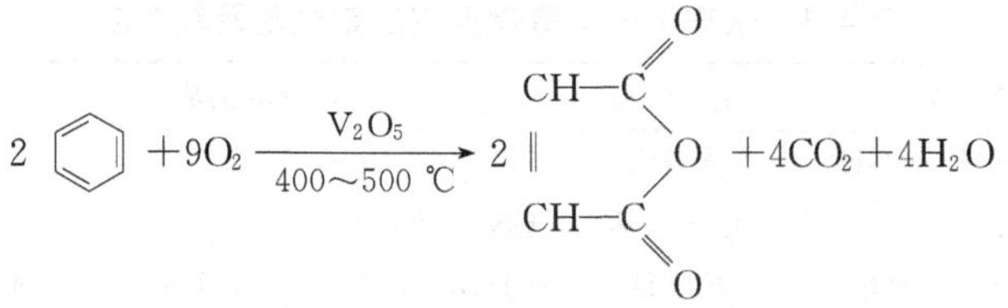

顺丁烯二酸酐

4.1.5 苯环亲电取代反应的定位规则

1. 定位效应

当苯环引入一个取代基时，该取代基将对苯环电子云密度的分布产生影响，即苯环上的取代基将影响亲电取代反应活性和第二个基团进入苯环的位置。通常将这样的取代基称为定位基，定位基对苯环的影响称为定位效应。例如，在硝化反应中甲苯和硝基苯的硝化活性及主要产物均不同。甲苯硝化时，用混酸作硝化剂，温度控制在 30 ℃就可反应，主要产物为邻硝基甲苯和对硝基甲苯。

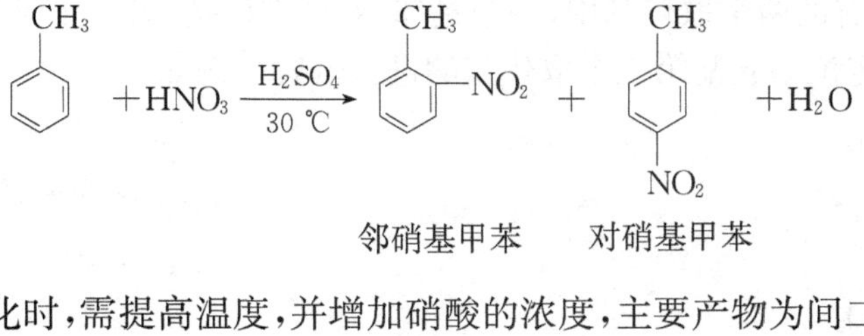

邻硝基甲苯　　对硝基甲苯

硝基苯硝化时，需提高温度，并增加硝酸的浓度，主要产物为间二硝基苯。

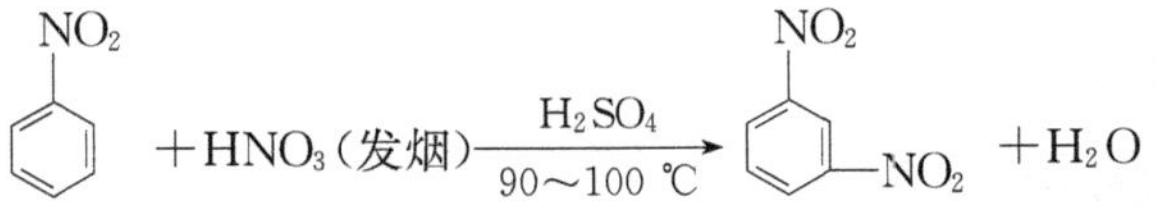

间二硝基苯

根据定位效应的不同将定位基分为两类：

1）邻、对位定位基(第一类定位基)

邻、对位定位基属供电子基团，使苯环上电子云密度增大，活化苯环(卤素例外)，亲电取代反应比苯容易进行，新引进的基团主要进入其邻位和对位。邻、对位定位基的结构特征是定位基中与苯环相连的原子不含双键或叁键($—CH=CH_2$除外)，多数含有未共用电子对或带有负电荷。

2）间位定位基（第二类定位基）

间位定位基属吸电子基团，使苯环上电子云密度降低，钝化苯环，亲电取代反应比苯难于进行，新引进的基团主要进入其间位。间位定位基的结构特征是定位基中与苯环相连的原子一般都含有双键或叁键或带有正电荷。

常见的邻、对位定位基、间位定位基及其效应见表 4.3。

表 4.3　苯环上亲电取代反应的定位基及其效应

邻、对位定位基	定位效应	间位定位基	定位效应
$—NR_2$，$—NHR$，$—NH_2$，$—OH$	强致活	$—N^+R_3$，$—NO_2$	强致钝
$—NHCOR$，$—OR$	中等致活	$—CN$，$—SO_3H$	中等致钝
$—CH_3$，$—C_2H_5$，$—R$，$—C_6H_5$	弱致活	$—CHO$，$—COCH_3$，$—COOH$，$—COOCH_3$	弱致钝
$—X$(Cl，Br，I)	致钝		

两类定位基的定位能力强弱是不同的，定位基定位能力基本上符合上述顺序。

3）二取代苯的定位效应

(1) 若两个取代基都是邻、对位定位基，由定位效应较强的取代基支配第三个取代基进入环的位置。例如：

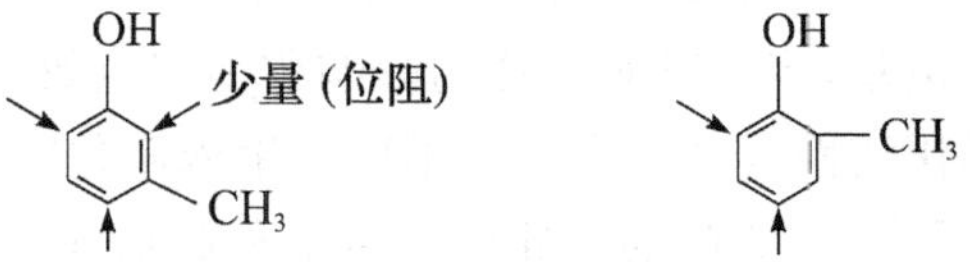

(2) 若已有的两个取代基中，一个是邻、对位定位基，另一个是间位定位基，主要由邻、对位定位基支配第三个取代基的进入位置。例如：

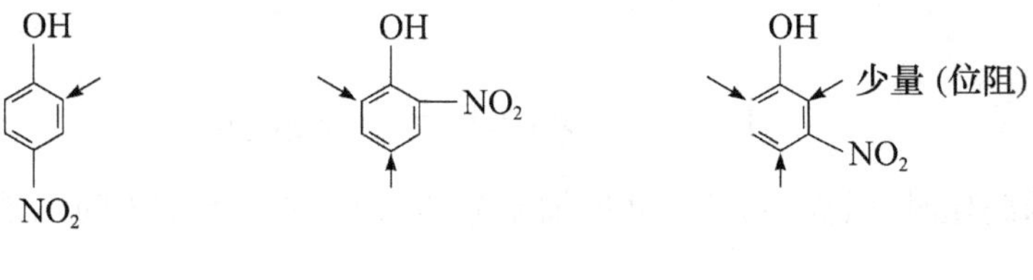

(3) 若已有的两个取代基都是间位定位基，且它们分别处于1,3-位。例如，3-硝基苯甲酸在进行亲电取代反应时，新引入的取代基主要进入5-位。

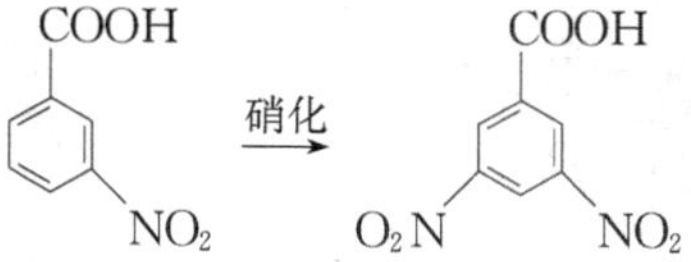

如原有的两个间位定位基处于邻位或对位时，则第三个取代基的位置就很复杂，因为原有的两个定位基团都钝化苯环，使亲电取代反应已经很难发生，再加上它们彼此的定位矛盾，使产物的收率很低，因此，很难判断以哪个基团定位为主。

多取代苯定位基的定位效应的规律：①活化基团的作用超过钝化基团；②定位基的作用具有加和性；③第三个取代基由于空间阻碍，一般不易进入1,3-取代苯的2-位。

2. 定位效应的解释

电子效应包括诱导效应和共轭效应，在定位效应中起重要作用。苯环是一个电子云分布均匀的体系，当苯环上有一个取代基时，取代基就能使苯环的电子云分布发生改变。邻、对位定位基(除卤素外)一般都是供电子基团，能使苯环电子云密度增大，对苯环有致活作用。邻、对位定位基使其邻位和对位比间位电子云密度增加的程度大，亲电试剂易进攻邻、对位碳原子。间位定位基则对苯环起吸电子作用，使苯环电子云密度降低，对苯环有钝化作用。间位定位基使其邻、对位比间位电子云密度降低的程度大，亲电试剂易进攻间位碳原子。

1) 邻、对位定位基

(1) 甲基的定位效应。以甲苯为例，甲基是供电子基，其供电子诱导效应(+I)使苯环电子云密度增加，同时，甲基上的C—H σ 键还能和苯环上的大 π 键产生 σ-π 超共轭效应，增加了苯环的电子云密度。两种效应协同作用，使苯环上电子云密度增大，其中邻、对位较为显著。用量子力学计算，若以苯分子中各碳原子的电荷密度为1，则甲苯中各碳原子上的电荷相对密度见图4.2。

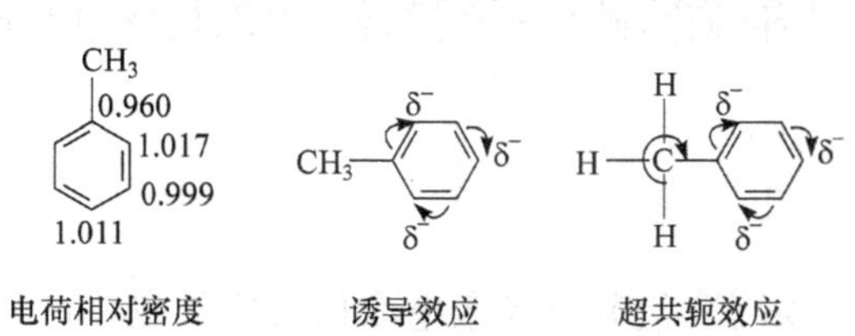

图4.2 甲基的定位效应

(2) 羟基的定位效应。以苯酚为例，一方面由于与苯环直接相连的氧电负性较大，其吸电子诱导效应(－I)使苯环上电子云密度降低；另一方面羟基氧原子的

p 轨道与苯环的闭合大 π 键重叠形成 p-π 共轭体系，如图 4.3 所示。

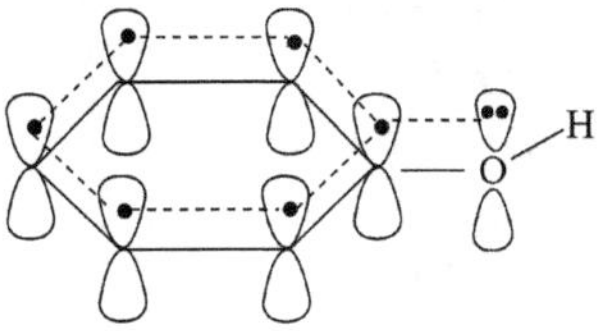

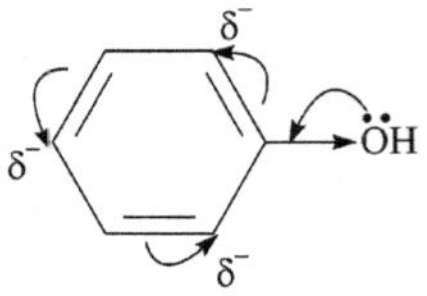

图 4.3 苯酚的 p-π 共轭

因为共轭体系中电子云从密向疏流动，所以羟基上氧原子的电子云向苯环流动，增加了苯环的电子云密度，属于供电性共轭效应(+C)。在此体系中诱导效应和共轭效应的作用相反，但在一般情况下，p-π 共轭效应比诱导效应强(氯苯除外)，总的结果使苯环的电子云密度增加，在邻、对位尤为显著。因此羟基能使苯环活化，亲电取代反应比苯容易，亲电试剂主要进攻羟基的邻位和对位。

(3) 卤素。卤素是钝化苯环的邻、对位定位基。由于卤素是强吸电子基，其吸

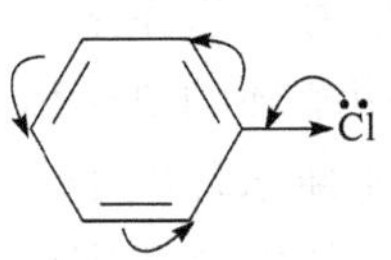

电子诱导效应(－I)使苯环上电子云密度降低，同时 p-π 共轭效应(+C)使苯环电子云密度增加，但 p-π 共轭效应(+C)不足以抵消吸电子诱导效应(－I)所引起的影响，结果使苯环的电子云密度降低，邻、对位电子云密度相对降低的少一些，故亲电取代反应发生在邻、对位，且比苯难于进行。

2) 间位定位基

以硝基苯为例，硝基与苯环直接相连时，硝基的吸电子诱导效应(－I)(氮、氧的电负性都比碳强)使苯环上电子云密度降低，同时，硝基中氮氧双键中的 π 键与苯环的大 π 键形成 π-π 共轭体系，共轭体系中因原子电负性的差异使苯环上的 π 电子向硝基偏移(－C)。这样，使体系中诱导效应(－I)和共轭效应(－C)的方向一致，苯环上电子云密度降低，特别是邻、对位上降低更显著，间位降低的相对少些。因此，硝基使苯环钝化，硝基苯在进行亲电取代反应时比苯难，亲电试剂主要进攻硝基的间位。

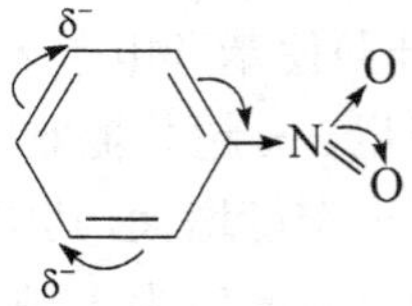

3. 定位效应的应用

定位效应常用于预测取代芳香烃亲电取代反应的主要产物及选择最合理的合成路线。例如，以苯为原料合成对溴苯甲酸，应先卤代后氧化；而合成间溴苯甲酸，应先氧化后卤代。

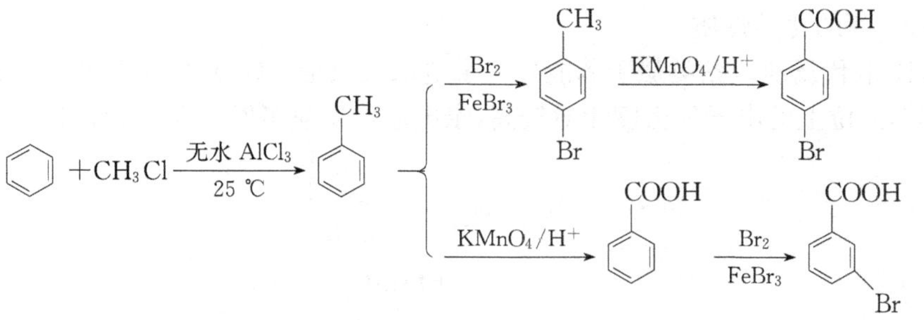

4.1.6　多环芳香烃

1. 稠环芳香烃

稠环芳香烃是指由两个或两个以上苯环共用两个邻位碳原子稠合成的多环芳香烃，如萘、蒽、菲等。

1）萘

（1）萘的结构。萘是由两个苯环稠合而成，分子式为 $C_{10}H_8$。萘存在于煤焦油中，含量 4%～10%，无色结晶，熔点 80 ℃，沸点 218 ℃，可升华，不溶于水，能溶于乙醇、乙醚和苯等有机溶剂，有特殊气味。

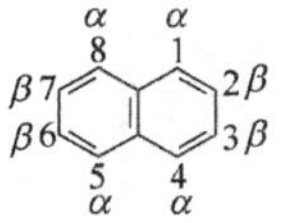

萘的结构式与编号

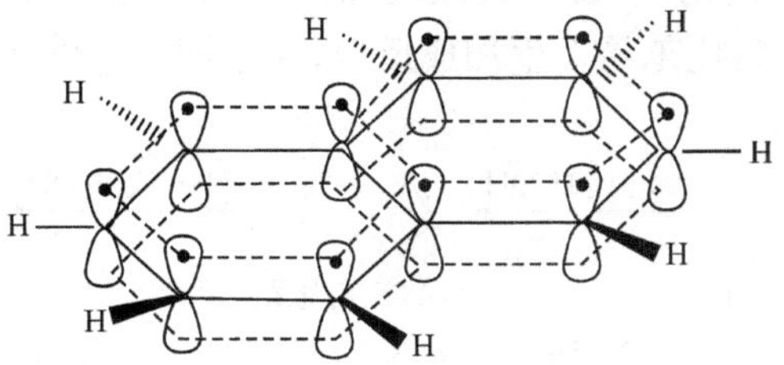

图 4.4　萘的大 π 键

萘的结构与苯类似，所有碳均为 sp^2 杂化，平面结构。分子中存在含 10 个碳在内的闭合共轭大 π 键（图 4.4），具有芳香性。萘分子中电子云分布不均匀，键长并非完全平均化。萘环上不同位置的碳原子具有不同的反应活性。C_1、C_4、C_5、C_8 位置等同，称为 α-位，C_2、C_3、C_6、C_7 位置等同，称为 β-位。因此，萘的一元取代物有两种，即 α-取代物和 β-取代物。例如：

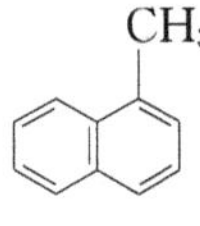

α-甲基萘

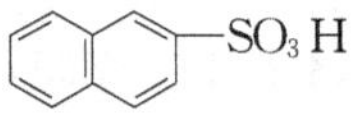

β-萘磺酸

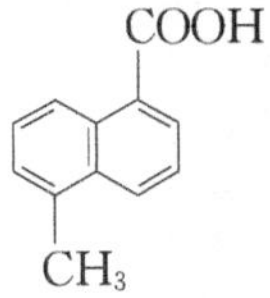

5-甲基-1-萘甲酸

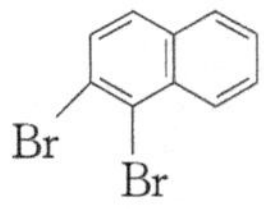

1,2-二溴萘

(2) 萘的化学性质。

(i) 取代反应。萘类似于苯能发生亲电取代反应。由于萘分子中电子云分布不均匀，α-位上的电子云密度相对较高，亲电取代反应多发生在 α-位。例如：

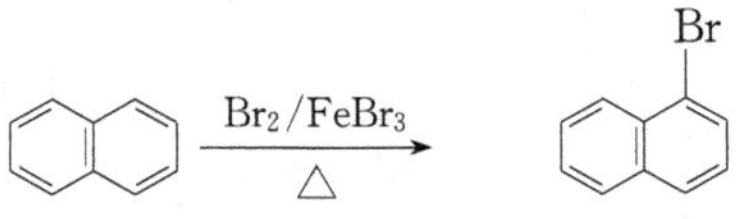

1-溴萘(72%～75%)

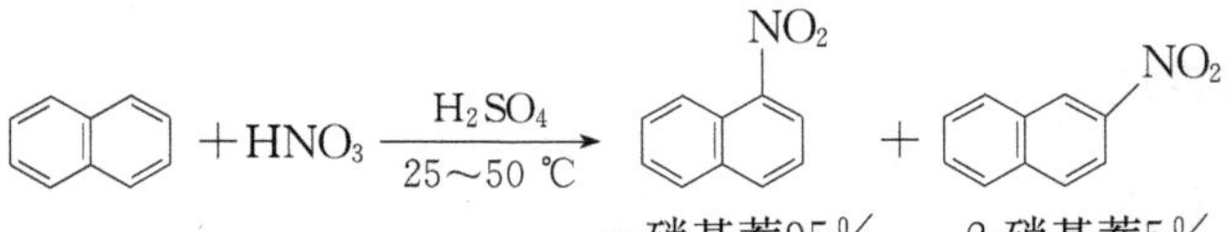

α-硝基萘95%　　β-硝基萘5%

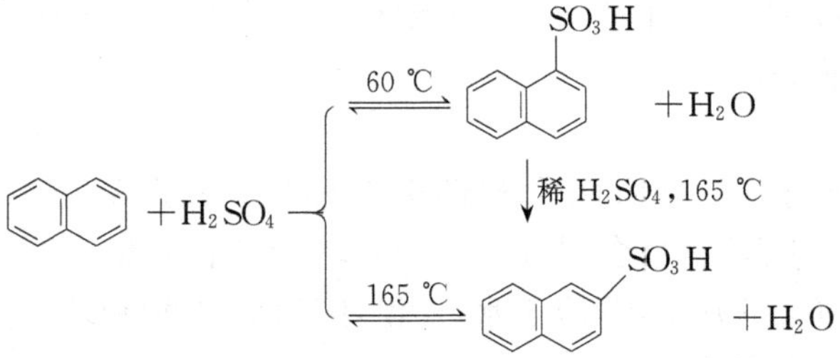

萘在温和条件下磺化，生成 α-萘磺酸，而在较高温度下反应，生成 β-萘磺酸。

(ii) 加成反应。萘比苯易发生加成反应，在不同的条件下催化加氢，可生成不同的产物。例如：

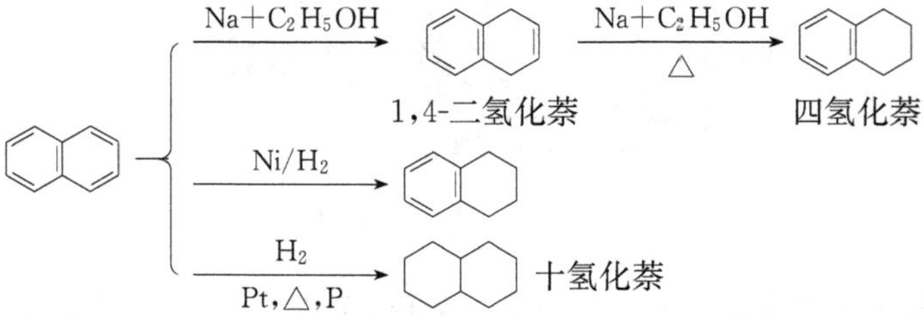

(iii) 氧化反应。萘比苯易被氧化，主要发生在 α-位上，不同条件可得不同产物。例如：

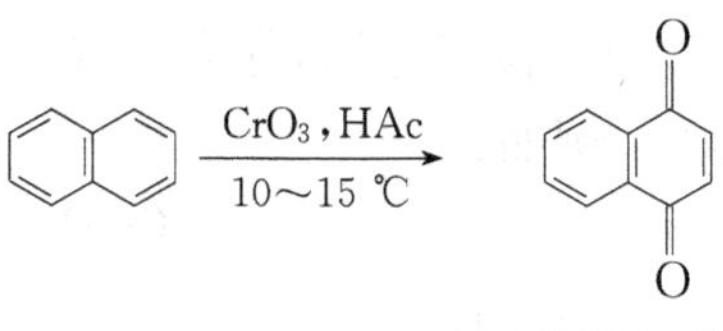

1,4-萘醌(α-萘醌)

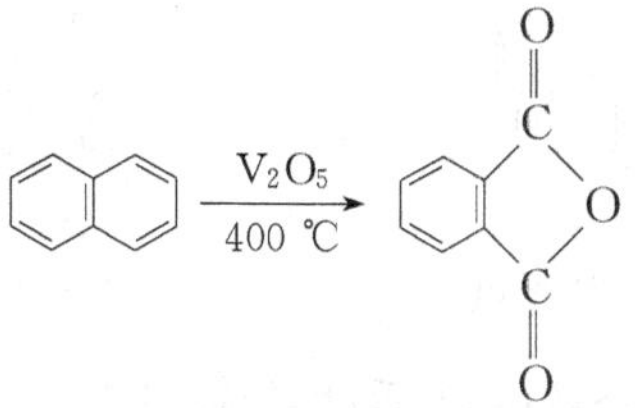

邻苯二甲酸酐

2）蒽和菲

蒽和菲都存在于煤焦油中，均由三个苯环稠合而成。蒽为无色片状晶体，具有蓝色荧光，熔点 217 ℃，沸点 354 ℃，不溶于水，难溶于乙醚和乙醇，但能溶于苯。菲为具有光泽的无色晶体，熔点 101 ℃，沸点 340 ℃，不溶于水，易溶于乙醚和苯。蒽和菲的分子式皆为 $C_{14}H_{10}$，两者互为同分异构体。蒽和菲的分子中所有碳原子均为 sp^2 杂化，平面结构，同时能形成闭合的共轭体系，具有芳香性，但分子中碳原子上的电子云密度不均匀。它们的结构式和碳原子的编号如下：

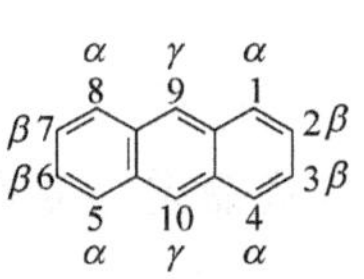

蒽

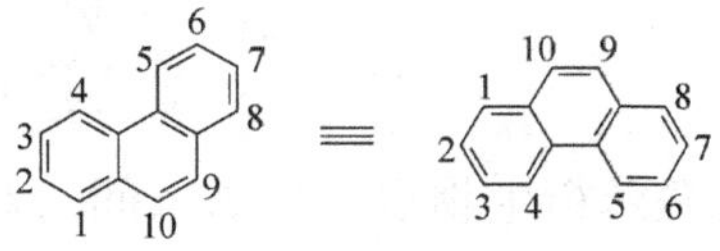

菲

在蒽的结构中，1、4、5、8 位置等同，称为 α-位；2、3、6、7 位置等同，称为 β-位；9 和 10 位置等同，称为 γ-位。γ-位比 α-位和 β-位活泼，大部分反应都发生在 γ-位。蒽和菲具有一定的不饱和性及氧化性，芳香性比苯和萘都差，其芳香性的大小顺序为苯＞萘＞菲＞蒽。

甾族化合物广泛存在于动植物体内，具有重要生物活性，它们都具有菲的基本骨架，如甾醇、胆甾酸及甾体激素等，分子中都含环戊烷多氢菲的基本结构。

3）致癌芳香烃

致癌芳香烃主要是稠环芳香烃及其衍生物。三个苯环的稠环芳香烃（蒽、菲）本身均不致癌，但它们的衍生物有致癌性。四环或五环的稠环芳香烃及其部分衍生物有致癌性。六环的稠环芳香烃部分能致癌。苯并芘的致癌作用最强。例如：

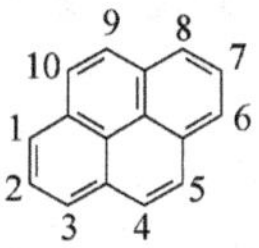

芘

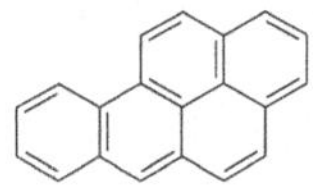

苯并芘

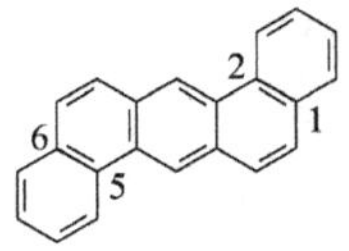
1,2,5,6-二苯并蒽

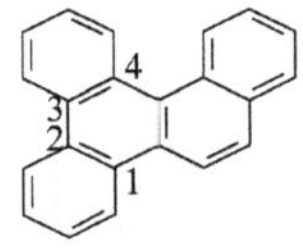
1,2,3,4-二苯并菲

苯并芘(B[a]P)是一种公认的高活性致癌物质。目前已发现的四五百种致癌化学物质中,有二百多种属于多环芳香烃类化合物,苯并芘是它们中间的强致癌代表性物质。苯并芘可通过吸食、皮肤吸收侵入人体,具有致癌、致畸和致突变作用,在加工橡胶、烟草、熏制食品的烟气中含有苯并芘。

2. 联苯

联苯类化合物是两个或多个苯环以单键相连形成的一类多环芳香烃。该类化合物最简单的是两个苯环组成的联苯。联苯环上碳原子的编号如下:

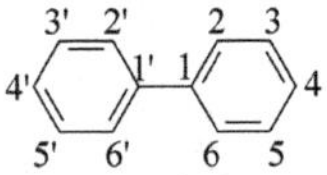

简单的取代联苯衍生物也可用邻-、间-、对-的方式命名。复杂衍生物则采用环碳原子的编号标明取代基的位置。例如:

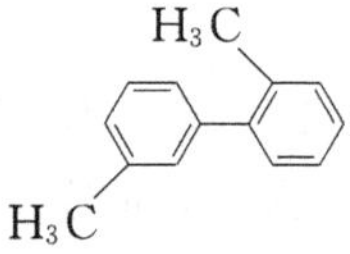
2,3′-二甲基联苯

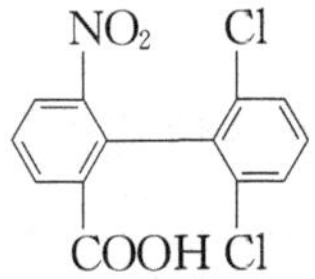
2′,6′-二氯-6-硝基联苯-2-羧酸

4.2 非苯系芳香烃

有些不具有苯环结构的环状共轭多烯,也具有一定的芳香性,这类化合物称为非苯系芳香烃,如薁、环戊二烯负离子和环庚三烯正离子等。

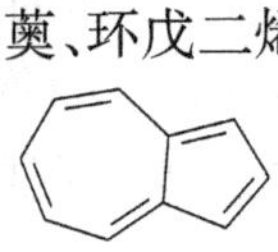
薁

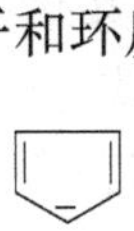
环戊二烯负离子

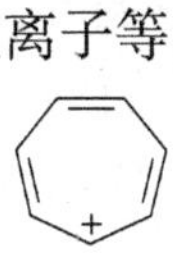
环庚三烯正离子

4.2.1 休克尔规则

1930 年,德国化学家休克尔(W. Hückel) 通过对大量环状化合物的芳香性进行研究,提出具有芳香性的化合物必须同时具备两个条件:①分子必须是平面且含有环状闭合共轭体系(构成环的原子均采取 sp^2 杂化,未杂化的 p 轨道彼此“肩并

肩”重叠形成闭合的共轭体系)；②π 电子数为 $4n+2(n=0,1,2,3,\cdots)$(n 为自然数)。以上两点合起来称为休克尔规则(Hückel rule)，又称为 $4n+2$ 规则。

按此规则很容易解释苯具有芳香性。它既有平面环状闭合的离域体系，π 电子数又为 6，符合 $4n+2(n=1)$规则。同理，萘、蒽、菲等也满足休克尔规则，都具有芳香性。

4.2.2 非苯芳烃

1. 环烯离子

环烯离子名称	环丙烯正离子	环戊二烯负离子	环庚三烯正离子	环辛四烯二负离子

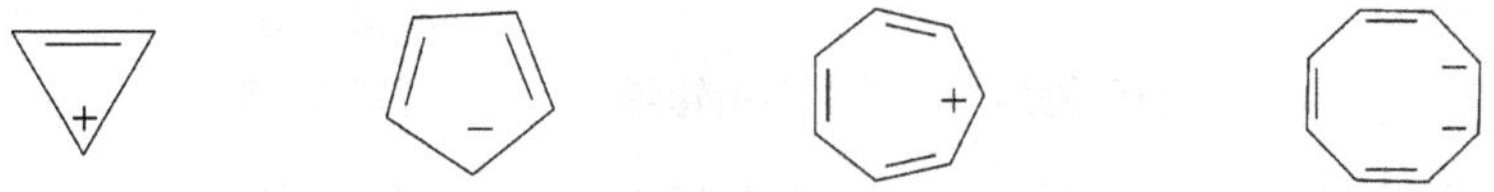

结构式

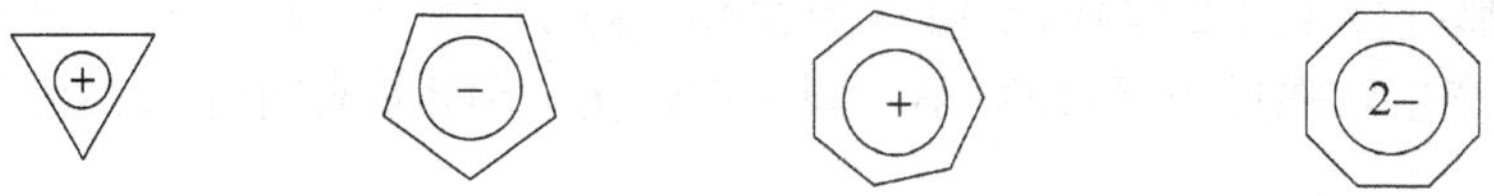

p 轨道大 π 键

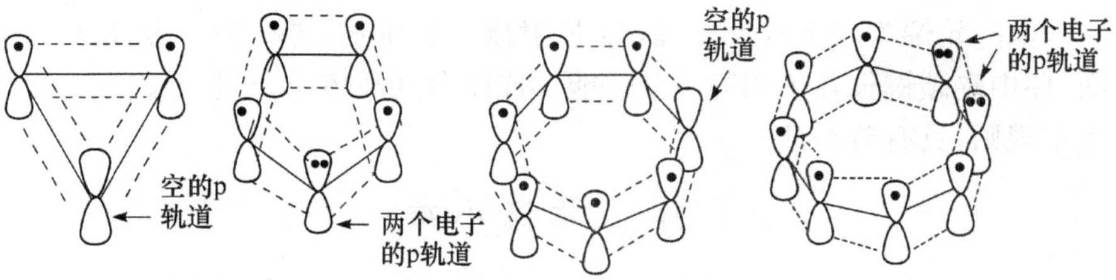

π 电子数	2	6	6	10

它们具有平面环状闭合的共轭体系，π 电子数分别是 2、6、6、10，符合休克尔规则，因此具有芳香性。

2. 薁

薁(azulene)又称蓝烃，分子式为 $C_{10}H_8$，可看成由环戊二烯负离子和环庚三烯正离子稠合而成，具有平面环状闭合共轭体系，π 电子数为 10，符合休克尔规则，具有芳香性。

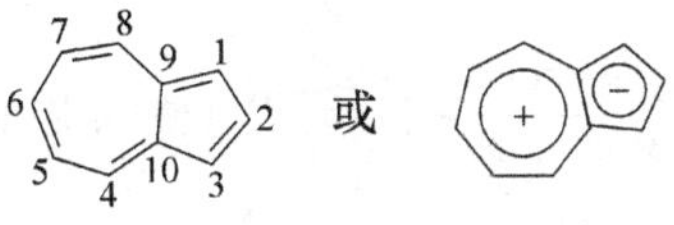

薁

薁为蓝色固体，熔点 99 ℃。薁是萘的异构体，是挥发油的成分，具有抗菌和镇痛等作用。例如，愈创薁(1,4-二甲基-7-异丙基薁)是治疗烧伤、烫伤和冻疮的药物。薁能发生某些典型的亲电取代反应，如硝化反应等，取代基进入 1-位。

3. 轮烯的芳香性

通常将含碳数 $n \geqslant 10$ 的单环共轭多烯称为轮烯。例如，[10] 轮烯、[14]轮烯、[18]轮烯的结构式分别为

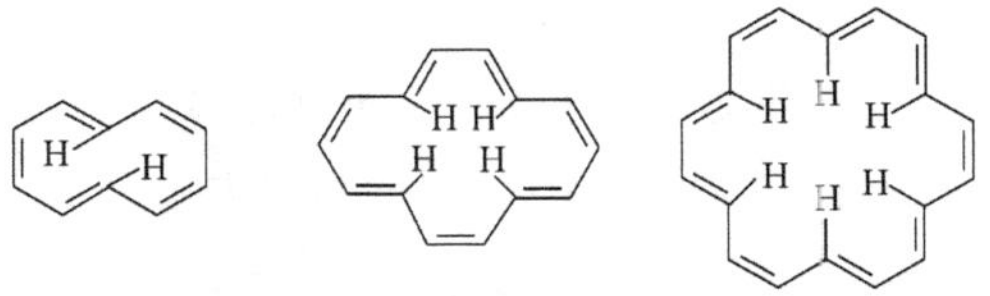

[10]轮烯　　[14]轮烯　　[18]轮烯

[10] 轮烯为环癸五烯，[14]轮烯为环十四碳七烯，它们的 π 电子数分别为 10 和 14，都符合 $4n+2$ 规则，本应有芳香性。但是，由于它们环内空间较小，环内的氢原子产生较强斥力，致使环不在同一平面上，不能形成闭合的共轭体系，故没有芳香性。

[18]轮烯为环十八碳九烯，经 X 射线衍射证明，整个分子基本上处于同一平面，环中碳碳键长几乎相等。分子能形成闭合共轭体系，π 电子数为 18 个，符合休克尔规则，具有芳香性。

本章小结

1. 苯的结构。苯环中碳原子为 sp^2 杂化，6 个碳原子和 6 个氢原子在同一平面上。每个碳原子未杂化的 p 轨道相互平行"肩并肩"重叠形成闭合的大 π 键，苯环上的 π 电子高度离域，电子云密度的分布完全平均化，致使苯分子结构对称，碳碳键长相等。因此苯环特别稳定，具有芳香性。

2. 苯的主要化学性质。

(1) 亲电取代反应：

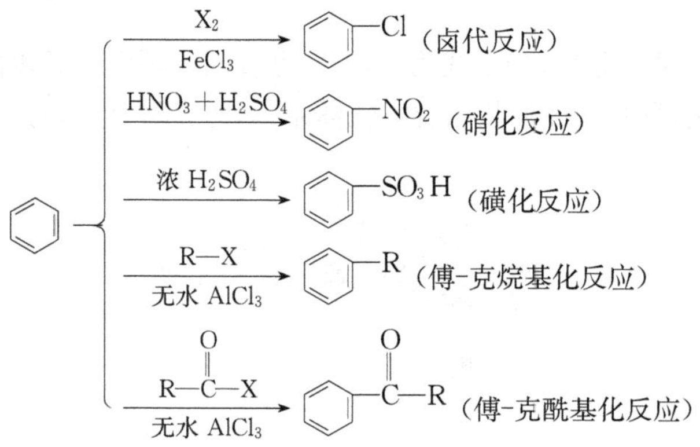

(2) 苯环侧链上的反应。

烷基苯侧链的氧化反应。苯环与强氧化剂 $KMnO_4$ 等不发生作用，而苯环上的侧链烷基可被氧化，且不论侧链长短，只要与苯环直接相连的碳原子上有氢都被氧化成羧基。

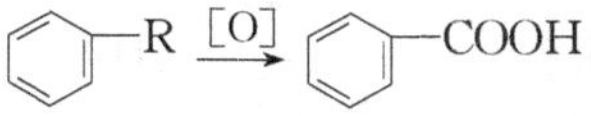

烷基苯侧链的卤代反应。烷基苯在光照或加热条件下与氯或溴反应。卤素原子主要取代烷基侧链上 α-活泼氢原子，属于自由基取代反应。例如：

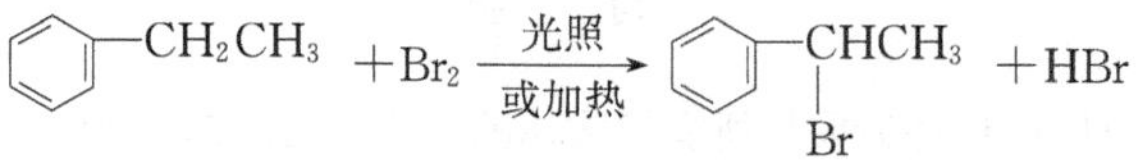

3. 苯环上取代定位规则。

邻、对位定位基能活化苯环(卤素除外)，使新引入的基团主要进入其邻位和对位。常见的邻、对位定位基有—NH_2、—OH 、—OR、—NHCOR、—R 、—X 等。

间位定位基能使苯环钝化，使新引入的基团主要进入其间位。常见的间位定位基有—NO_2、—CN、—SO_3H、—CHO、—COOH 等。

4. 稠环芳烃。萘、蒽和菲分子中各碳原子均为 sp^2 杂化，平面结构，分子内存在闭合共轭体系，具有芳香性。芳香性的大小顺序为苯>萘>菲>蒽。

萘、蒽和菲的化学性质与苯相似，在反应中萘的 α-位，蒽和菲的 9-位、10-位比较活泼，是最易发生反应的部位。

5. 非苯系芳香烃。如果化合物具有平面环状闭合的共轭体系，且 π 电子数为 $4n+2(n=0,1,2,3,\cdots)$，符合休克尔规则，则该化合物具有芳香性。

【阅读材料】

多官能团芳香族化合物的命名

当苯环上的两个取代基不同时，需选择一个官能团作为母体官能团，写在苯后面，其他官能团作为取代基。母体官能团的优先顺序：羧基(—COOH)，磺酸基(—SO_3H)，酯(—COOR)，酰卤(—COX)，酰胺(—$CONH_2$)，氰基(—CN)、醛基(—CHO)，羰基(—CO—)，羟基(—OH)，烯(>C=C<)或炔(—C≡C—)，氨基(—NH_2)，烷基(—R)，烷氧基(—OR)，卤素(—X)，硝基(—NO_2)，亚硝基(—NO)。例如：

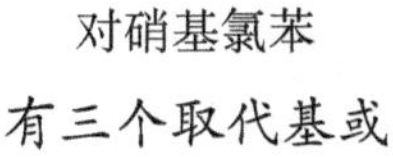

对硝基氯苯

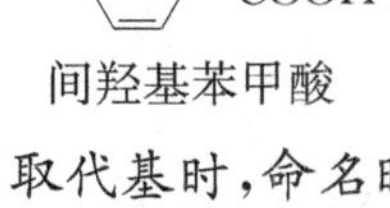

间羟基苯甲酸

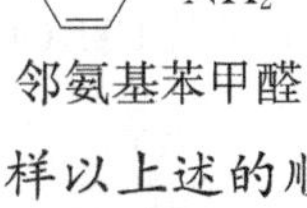

邻氨基苯甲醛

当苯环上有三个取代基或更多取代基时，命名时同样以上述的顺序，先出现的官能团为主要官能团，与苯环一起作母体，母体官能团的位置编号为 1，其他官能团作为取代基，取代基编号以母体官能团为标准计数。编号时，取代基的位次之和尽可能小，写名称时，取代基的列出顺序按次序规则。

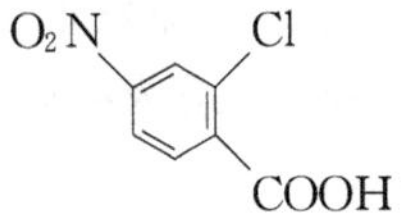

4-硝基-2-氯苯甲酸

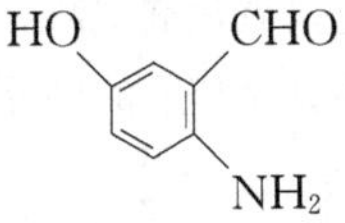

2-氨基-5-羟基苯甲醛

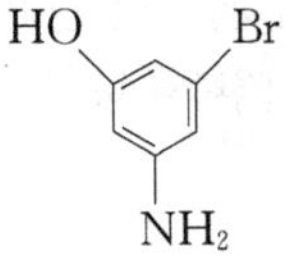

3-氨基-5-溴苯酚

习　　题

1. 写出化学式为 C_8H_{10} 的单环芳香烃所有异构体的结构式，并加以命名。
2. 命名下列化合物或写出结构式。

(1) 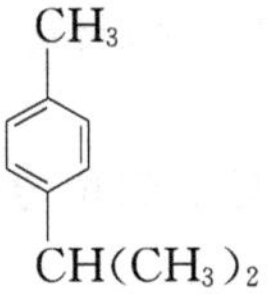

(2) 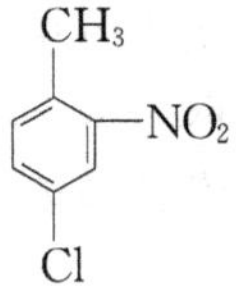

(3) 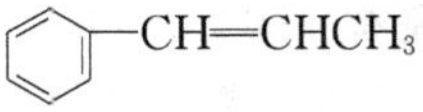

(4) 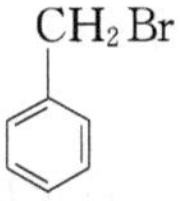

(5) 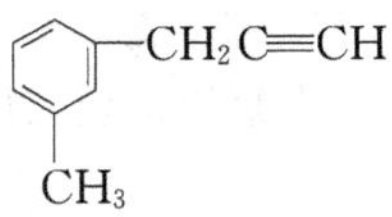

(6) 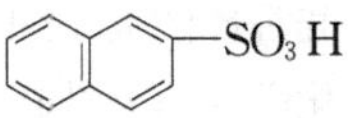

(7) 2-乙基-4-溴甲苯　　(8)对甲基苯乙烯

(9) 间硝基苯磺酸　　(10) α-硝基萘

3. 写出下列反应主要产物的结构式。

(1) 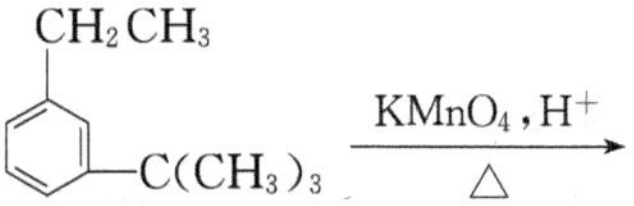

(2) 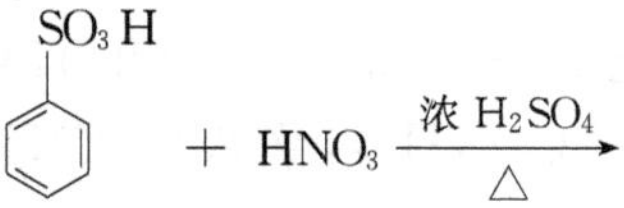

(3) 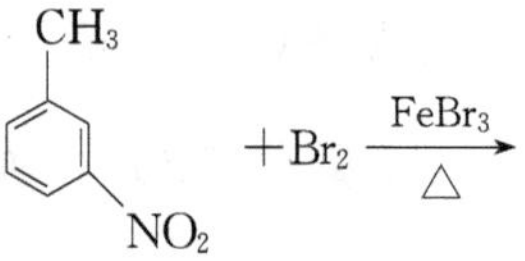

(4) 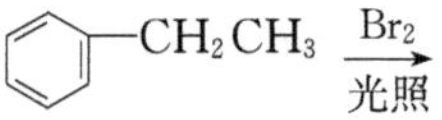

(5) 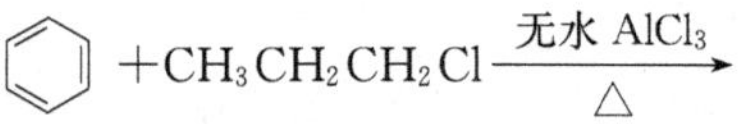

(6) 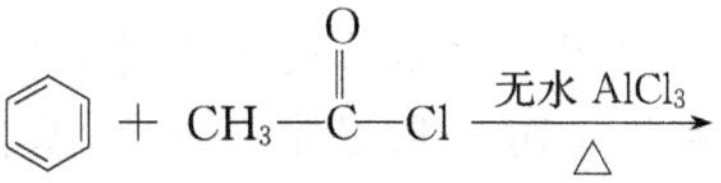

4. 以箭头表示下列化合物引入新取代基时主要进入的位置。

(1) 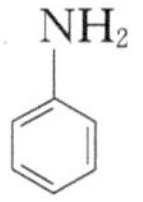
(2) 
(3) 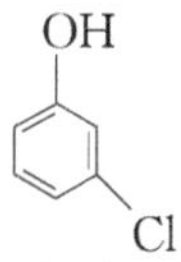

(4) 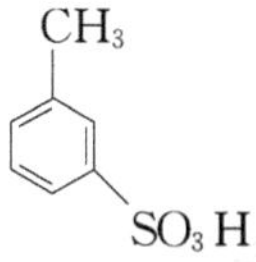
(5) 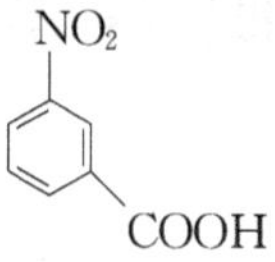
(6) 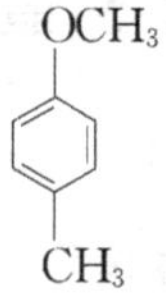

5. 由苯或甲苯及其他无机试剂制备下列化合物。
   (1) 间硝基溴苯　　(2) 对氯氯化苄
   (3) 邻硝基苯甲酸　　(4) 4-硝基-2-溴苯甲酸
6. 按溴化反应活性递降次序排列下列各组化合物。

(1) 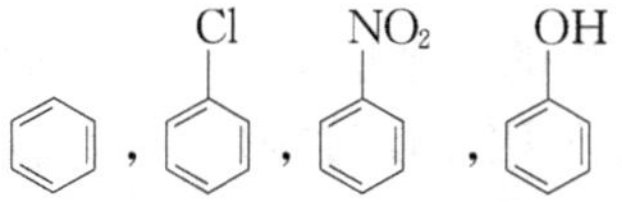

(2) 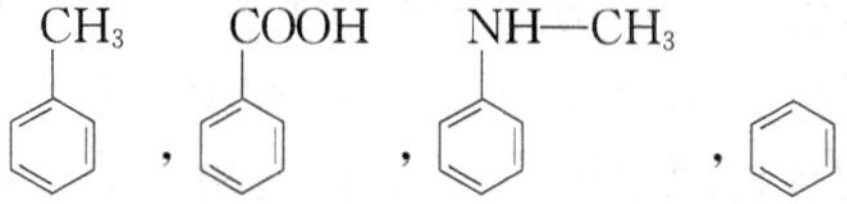

(3) 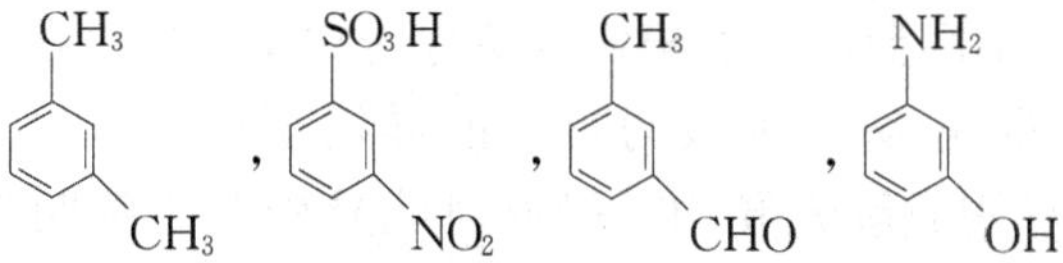

7. 用化学方法鉴别下列各组化合物。
   (1) 苯,甲苯,环己烯　　(2) 乙苯,苯乙烯,苯乙炔
8. 试写出下列反应历程。
   (1) 苯与氯在三氯化铁催化下的反应。
   (2) 苯与$(CH_3)_2CHCH_2Cl$在$AlCl_3$催化下的反应。
9. 根据休克尔规则,判断下列化合物是否具有芳香性。

(1) 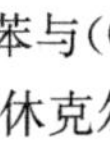
(2) 
(3) 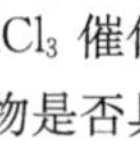
(4) 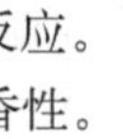
(5)

(6) 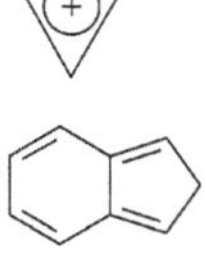
(7) 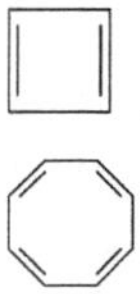
(8) 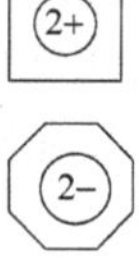
(9) 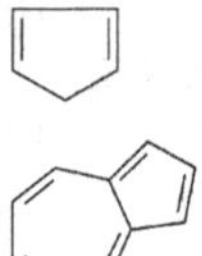
(10) 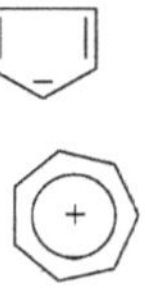

10. 甲、乙、丙三种芳香烃的化学式均为C_9H_{12},经重铬酸钾酸性溶液氧化后,甲生成一元羧酸,乙生成二元羧酸,丙生成三元羧酸。但甲、乙和丙进行硝化反应时,甲和乙分别得到两种主要一硝基化合物,而丙只得到一种一硝基化合物。试写出甲、乙和丙三种化合物的结构式。

(蚌埠医学院　刘明星)

第5章 对映异构

学习要求

1. 掌握旋光性、手性、对映体、外消旋体、内消旋体等概念的含义。
2. 掌握含手性碳原子和不含手性碳原子有机化合物的对映异构。
3. 掌握构型的 R/S 命名规则。
4. 了解外消旋体的拆分及不对称合成的原理和方法。

同分异构现象在有机化学中极为普遍，分子结构的三个层次即构造、构型和构象均存在异构现象。通常将分子式相同，分子中原子相互连接顺序不同而产生的异构现象称为构造异构。将分子式和构造式相同，分子中原子在空间排列方式不同而产生的异构现象称为立体异构(stereo isomerism)。立体异构包括构型异构和构象异构，其中由于构型不同而产生的异构现象称为构型异构；由于分子内键的旋转导致原子在空间的排列方式不同而产生的异构现象称为构象异构。在构型异构中除了前面学习的顺反异构外，还有一种极为重要的异构现象——对映异构(enantio isomerism)，也称光学异构或旋光异构。研究对映异构对于阐明有机化合物的结构与生理活性的关系具有十分重要的意义。

同分异构现象可以归纳如下：

- 同分异构
  - 构造异构
    - 碳链异构
    - 位置异构
    - 官能团异构
    - 互变异构
  - 立体异构
    - 构象异构
    - 构型异构
      - 顺反异构(几何异构)
      - 旋光异构(光学异构)

5.1 物质的旋光性

5.1.1 偏振光和旋光性

光是一种电磁波，其振动方向与前进方向相互垂直，如图 5.1 所示。在普通光中，光波在垂直于前进方向的平面上振动，可以有无数个振动平面，如图 5.2 所示。

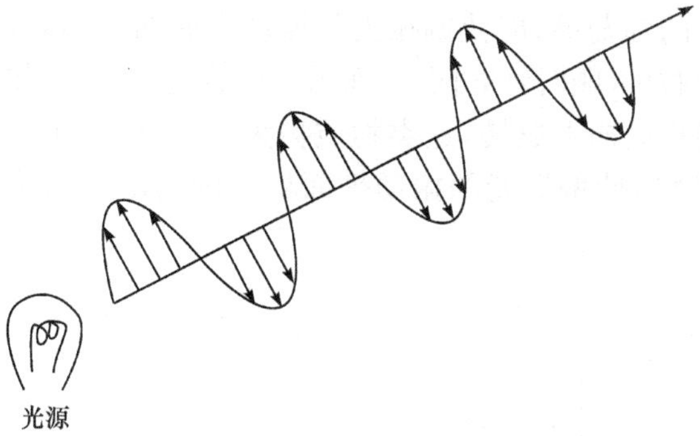

图 5.1　光波振动方向与传播方向垂直

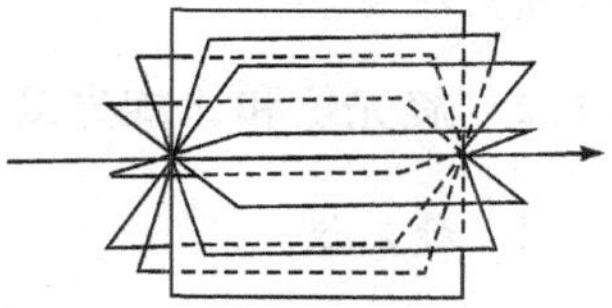

图 5.2　普通光线的振动平面

如果将普通光通过一个特制的尼科尔(Nicol)棱镜,它的作用好像一个栅栏,只允许在与棱镜晶轴平行的平面上振动的光通过,而在其他平面内振动的光则被阻挡,如图 5.3 所示。这种通过尼科尔棱镜后只在一个平面上振动的光称为平面偏振光(plane-polarized light),简称偏振光或偏光。

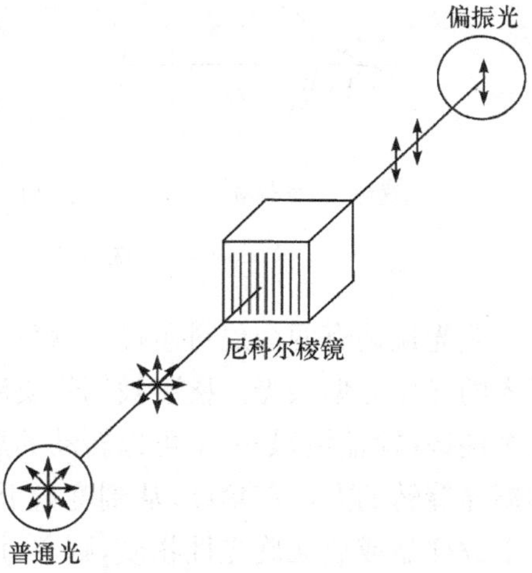

图 5.3　普通光转变为偏振光示意图

如果让偏振光通过一些物质(液体或溶液),偏振光的振动平面有可能会发生变化。有些物质如水、乙醇、丙酮等对偏振光没有作用,偏振光仍维持原来的振动平面,但有些物质如乳酸、葡萄糖、酒石酸等,能使偏振光的振动平面旋转一定角度(α),如图 5.4 所示。物质能使偏振光的振动平面旋转的性质称为物质的旋光性(potical activity)或光学活性,具有旋光性或光学活性的物质称为旋光性物质或光学活性物质。

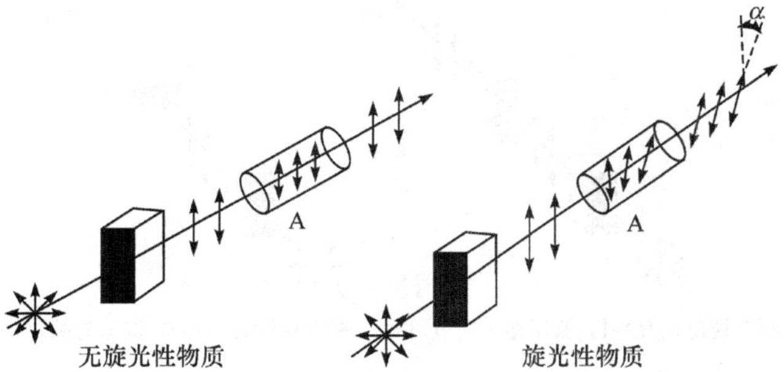

图 5.4　物质的旋光性

有些旋光性物质，如天然存在的葡萄糖，能使偏振光的振动平面向右旋转，这类物质称为右旋物质，用“＋”表示右旋（顺时针方向）。而另一些旋光性物质，如天然存在的果糖，能使偏振光的振动平面向左旋转，这类物质称为左旋物质，用“－”表示左旋（逆时针方向）。旋光性物质使偏振光的振动平面旋转的角度称为旋光度，通常用 α 表示。

5.1.2　旋光仪和比旋光度

1. 旋光仪

测定旋光性物质旋光度大小和方向的仪器称为旋光仪，它的内部结构如图 5.5 所示。

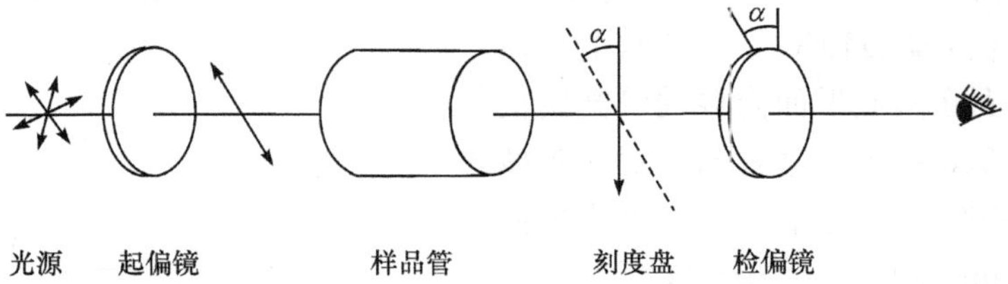

图 5.5　旋光仪构造示意图

旋光仪装有两个尼科尔棱镜，第一个棱镜（起偏镜）固定不动，其作用是将光源射入的光变为偏振光。盛装被测物质液体或溶液的盛液管放在两个棱镜之间。第二个棱镜（检偏镜）是一个可以转动的尼科尔棱镜，并连着刻度盘，用来测定物质使偏振光旋转的方向和角度，从刻度盘上可读出其左旋或右旋的角度。如果盛液管中不放样品或放无旋光性物质，则通过起偏镜后的偏振光可以直接射到检偏镜上。此时若检偏镜和起偏镜的晶轴平行，则偏振光可以完全通过检偏镜，这时目镜视场最明亮。如果两个棱镜的晶轴相互垂直，则偏振光完全不能通过，这时视场一片黑暗，如图 5.6 所示。

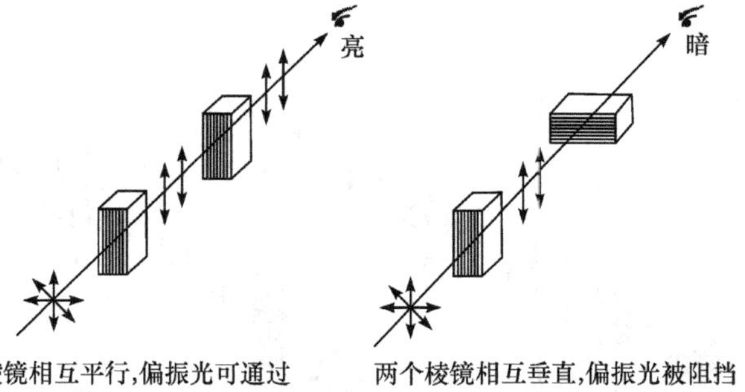

图 5.6　偏振光通过位置不同的检偏镜

测定样品时，将两个棱镜晶轴平行时作为零点（刻度盘指在零度），盛液管若放置旋光性物质，则偏振光的振动平面向左（或向右）旋转一定角度，不能完全通过检偏镜，此时目镜视场变暗。这时将检偏镜相应地向左（或向右）旋转一定角度，可使偏振光完全通过检偏镜，使视场恢复最明亮，这时在刻度盘上读出的读数就是该样品的旋光度 α。

2. 比旋光度

旋光仪测得的旋光度 α 除与物质本身的分子结构有关外，还与溶液的浓度、盛液管的长度、光的波长、测定时的温度及所用的溶剂等有关。因此，旋光度是旋光性物质在特定条件下的物理常数。为便于比较，通常规定含有 1 g 旋光性物质的 1 cm^3 溶液放在长 1 dm 的盛液管中测得的旋光度称为该物质的比旋光度（specific rotation），用 $[\alpha]_\lambda^t$ 表示。t 为测定时的温度，一般为室温；λ 为测定时光的波长，一般采用钠光（波长为 589 nm，用 D 表示）。比旋光度是旋光性物质特有的物理常数。旋光度和比旋光度的关系如下：

$$[\alpha]_\lambda^t=\frac{\alpha}{c\times l}$$

式中，α 为旋光仪测得的旋光度（单位：度）；l 为盛液管长度（单位：dm）；c 为溶液的质量浓度（单位：$g\cdot cm^{-3}$）。如果测定的旋光性物质为纯液体，用密度 d 代替 c 即可。

上述关系式不仅可以计算物质的比旋光度，在已知比旋光度的情况下，也可以测定物质的浓度。工业制糖中，糖溶液浓度的监测就采用这种方法。

【例】 采集葡萄糖溶液样品放置在长 1 dm 的盛液管中，在 20 ℃时，以钠光为光源测得其旋光度 α 为＋3.2°，葡萄糖溶液的比旋光度为 $[\alpha]_D^{20}=+52.5°$，求该葡萄糖溶液的浓度。

解
$$[\alpha]_D^{20}=\frac{\alpha}{c\times l}$$

则
$$c=\frac{\alpha}{[\alpha]_D^{20}\times l}=\frac{+3.4}{+53\times 1}=0.064(g\cdot cm^{-3})$$

换算时要注意，浓度单位为单位体积溶液中所含溶质的质量，而不是质量分数。

5.2　旋光性与分子结构的关系

物质的旋光性取决于其化学结构，两者之间究竟是一种什么关系呢？1848年，法国巴黎师范大学年轻的化学家巴斯德（L. Pasteur）在研究酒石酸钠铵晶体时发现，旋光性的酒石酸钠铵盐实际上是两种不同结晶的混合物，这两种结晶形状相似，互为实物和镜像的关系，但不能重叠，如图 5.7 所示。

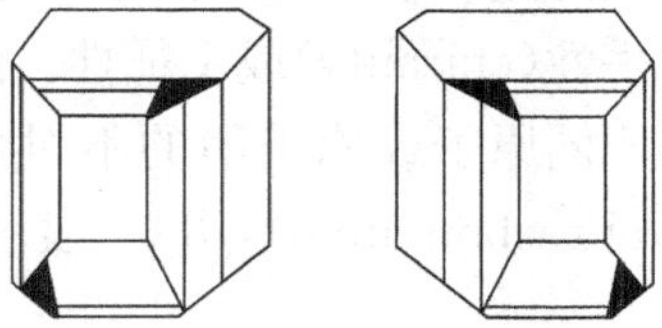

图 5.7　左旋和右旋酒石酸钠铵晶体

巴斯德将这两种晶体仔细地分开，分别溶于水中，并测定其旋光度，发现其中一种是右旋的，另一种是左旋的，而它们的比旋光度却相同。

左旋和右旋的酒石酸钠铵晶体外形不对称，但它们溶于水使晶体消失后，仍显示出不同的旋光性，显然它的旋光性与分子内部结构有关。从晶体外形联想到分子内部结构，巴斯德明确提出左旋和右旋异构体中，原子在空间的排列是不对称的，它们彼此互为实物和镜像关系，不能重叠。

1874 年，范特霍夫(van't Hoff)和勒贝尔(Le Bel)分别独立提出了碳原子的四面体学说。他们认为，当一个碳原子连有四个各不相同的原子或基团时，这四个原子或基团在空间有两种不同的排列方式，也就是具有两种不同的构型，它们互为实物和镜像的关系，不能重叠，并具有旋光性。例如，乳酸[$CH_3CH(OH)COOH$]的 α-碳上连有四个不同的原子或基团，它们在空间有两种不同的排列方式，如图 5.8 所示。它们互为实物和镜像的关系，相互对映，不能重叠，都具有旋光性。分子中连有四个不同原子或基团的碳原子称为不对称碳原子(asymmetric carbon atom)。

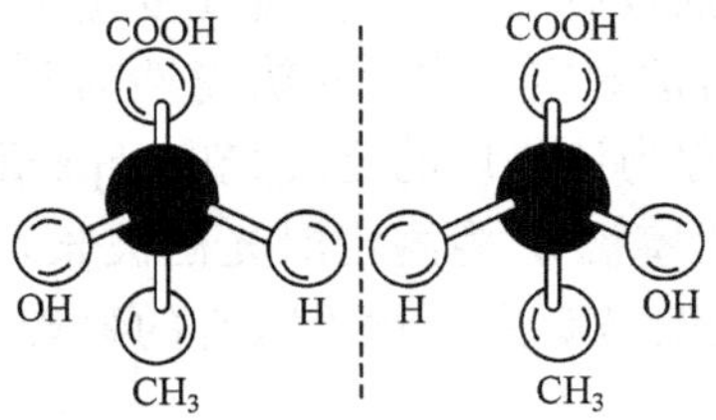

图 5.8 乳酸的分子构型示意图

显然，物质的旋光性与分子结构有关系，正是由于范特霍夫和勒贝尔的这一发现，人们逐渐认识到绝大多数的旋光性物质都含有不对称碳原子。

5.2.1 手性

人的左右手外观上几乎没有差别，但从同方向——手心(或手背)看，左、右手是不能重叠的。左右手的关系实质为手与其镜像的关系，如图 5.9 所示。

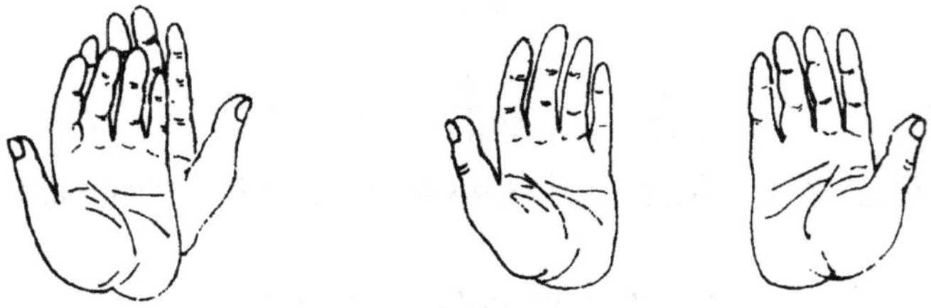

图 5.9 左手和右手不能重叠，互为镜像关系

人的左右手外观相似但不能重叠。人们把物质和它的镜像不能重叠这种特性称为手性(chirality)或手征性。因此，具有手性的分子称为手性分子。分子中连有四个不同原子或原子团的不对称碳原子因具有手性特征，通常称为手性碳原子(chiral carbon atom)，用 C^* 表示。例如：

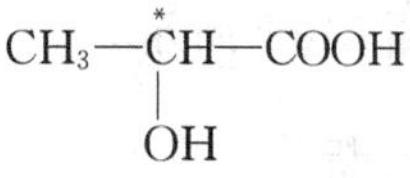

乳酸

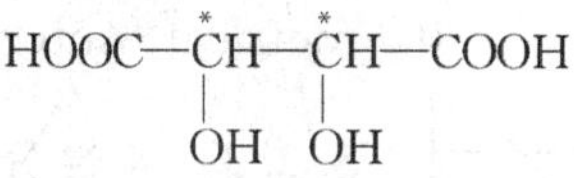

酒石酸

具有手性碳原子的分子大都是手性分子，手性分子一定有旋光性。实验证明，具有一个手性碳原子的分子是手性分子；具有两个或两个以上手性碳原子时，可以是手性分子，也可以是非手性分子。因此，分子中有无手性碳原子并不是分子具有手性的必要条件。那么，判断一个分子是不是手性分子，有没有旋光性的依据究竟是什么呢？

不能与自身的镜像重叠是手性分子的特征。但对所要判断的分子都比较分子与其镜像能否重叠显然很繁琐，那么，分子具有怎样的结构才与镜像不能重叠而具有手性呢？事实上，分子能否与镜像重叠，主要与其内部的对称性有关，而分子是否存在对称性结构，具体要看分子中是否存在对称因素。

5.2.2　对称因素

对称因素包括对称面、对称中心和对称轴等，其中应用较多的是对称面和对称中心。

1. 对称面

假设分子可被一个平面切成两半，两半间互为实物和镜像关系，则这个平面即称为分子的对称面(symmetrical plane)，用 σ 表示。例如，1,1-二氯乙烷、(*E*)-1,2-二氯乙烯和 2-氯丙烷分子中的对称面，如图 5.10 所示。

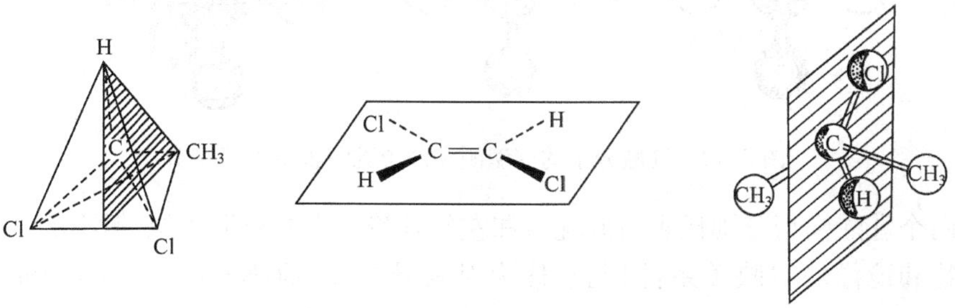

1,1-二氯乙烷　　(*E*)-1,2-二氯乙烯　　2-氯丙烷

图 5.10　对称面(σ)

2. 对称中心

设想分子中有一点 i，从分子中任一原子或基团为出发点与 i 连接，再延长此线至等距离处，都能遇到相同的原子或基团，则此点 i 称为分子的对称中心(sym-

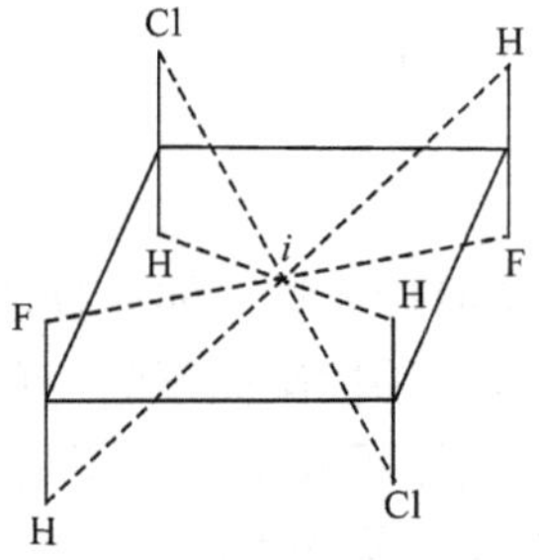

图 5.11 对称中心(i)

metrical center),如图 5.11 所示。

5.2.3 手性分子的判断

判断化合物是否有手性,是否有旋光性的简便方法是判断分子是否具有对称面或对称中心。一般而言:凡具有对称面或对称中心的分子,分子与其镜像可以重叠,是非手性分子,无旋光性;凡不具有对称面或对称中心的分子,分子与其镜像不可重叠,是手性分子,有旋光性。

5.3 含手性碳原子化合物的对映异构

5.3.1 对映体和外消旋体

1. 对映体

自然界中含有手性碳的化合物有旋光异构是很普遍的现象。乳酸(α-羟基丙酸)是含一个手性碳原子的典型例子,它的结构式为 $CH_3—\underset{OH}{\underset{|}{C}H}—COOH$,在空间有两种不同的排列方式,其分子模型如图 5.12 所示。

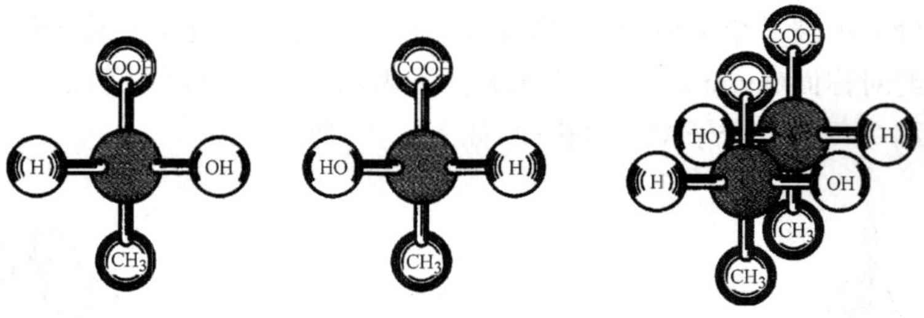

图 5.12 乳酸分子的模型图和两个乳酸模型不能重合

两个乳酸模型分别代表右旋乳酸和左旋乳酸。它们外形相似,但不能重叠,互为实物和镜像的对映关系,因此互称为对映异构体,简称对映体(enantiomers)。其他含一个手性碳原子的化合物也都有两个对映异构体。对映异构体都有旋光性,其中一个是左旋,一个是右旋。由于构型不同,所体现的不同光学活性引起的异构现象,称旋光异构现象,简称旋光异构,所形成的异构体称为旋光异构体。因此,对映异构体又称为旋光异构体。

对映异构体因组成、结构相同,其物理、化学性质一般都相同,但其除了对偏振光表现出不同的旋光性能,即旋转角度相同、方向相反外,在手性环境的条件下如手性试剂、手性溶剂和手性催化剂等的存在下,常表现出某些不同的性质。例如,对映异构体对手性试剂的反应速率有差异。又如，生物体中起催化作用的酶具有很高的手性，许多受酶影响的化合物其对映异构体的生理作用表现出很大的差异。(＋)-葡萄糖在动物代谢中起独特的作用，具有营养价值，而(－)-葡萄糖则不能参与动物体的代谢。再如，甲状腺素钠(药品)，其右旋体为降血脂药，左旋体则为甲状腺激素；沙立度胺，其右旋体是退热镇痛药，左旋体则对胎儿有致畸作用。还有(－)-氯霉素为抗菌消炎药，(＋)-氯霉素无药效。

2. 外消旋体

由于对映异构体中，左旋体和右旋体的比旋光度相同，故当两种对映异构体等量混合时，旋光性互相抵消，不具有旋光活性，这种混合体系称为外消旋体(racemic forms)，用(±)表示。外消旋体和相应的左旋体或右旋体相比，除旋光性能不同外，其他物理性质也有差异。例如，左、右旋乳酸的熔点为 53 ℃，而外消旋体的熔点为 18 ℃，但化学性质基本相同。在生理作用方面，外消旋体仍发挥其所含的右旋体和左旋体的相应效能。例如，(±)-氯霉素又称合霉素，体现了(－)-氯霉素的药效，故在使用时，用量要加倍。

外消旋体是混合物，但它不同于一般混合物，它有固定的熔点，且熔点范围小。另外，外消旋体在一定的条件下可以用特殊的方法拆分成具有旋光性的两种物质。

5.3.2　对映异构体的表示法——费歇尔投影式

对映异构体的构造式相同，但原子或基团在空间的排布即构型不同，用传统的平面结构式无法表达，可以用透视式表示对映异构体的两种不同构型。乳酸分子两种构型的透视式如图 5.13 所示。这种构型表示方法虽比较直观(以实的楔形线表示距离观察者较近的，虚的楔形线表示距观察者较远)，但书写不方便。

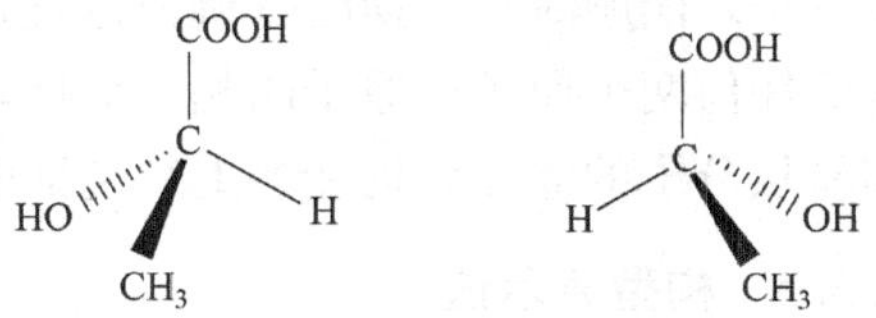

图 5.13　乳酸分子的透视式

为便于书写和进行比较，旋光异构体的构型可用费歇尔(E. Fischer)投影式表示。

费歇尔投影式是将碳原子的四面体构型按一定的规则投影在纸平面上的平面投影，如图 5.14 所示。投影原则如下：

(1) 以手性碳原子为中心，把与手性碳原子相连的原子或基团中横向的两键指向纸平面前方，竖向两键指向纸平面后方，将此规则固定下的分子构型投影在纸平面上。这样，在投影式中，两条直线的垂直交点相当于手性碳原子，它位于纸平面上，以横键相连的两个原子或基团(图 5.14 中是 OH 和 H)相当于原来在纸平

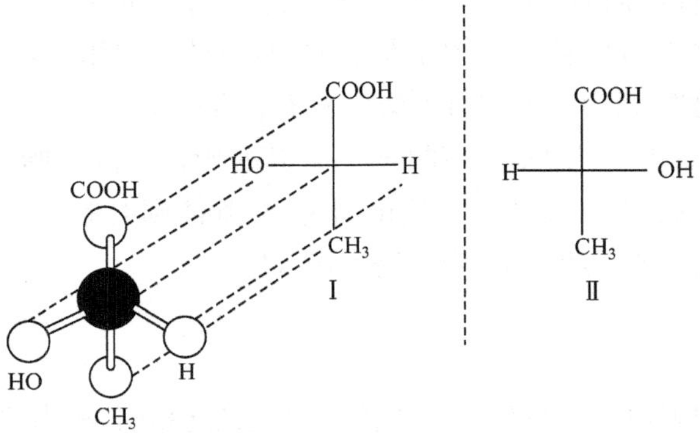

图 5.14　乳酸对映体的投影式

面前方的基团，与横键垂直的两个键所连的两个原子或基团（图 5.14 中是 COOH 和 CH_3）相当于原来在纸平面后方的基团。

（2）习惯上将碳链直立，把命名时编号最小的碳原子放在上端，并按编号依次排列。例如：

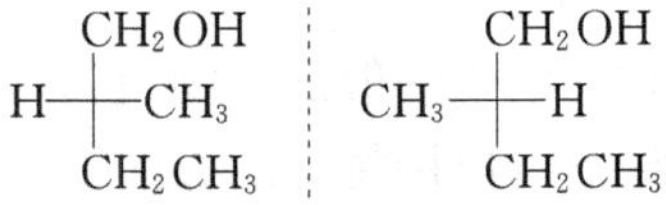

费歇尔投影式与立体构型密切联系，在使用投影式时，要注意投影式中基团的前后位置关系。投影式若不离开纸平面旋转 180°，则化合物构型不变；若旋转 90°或 270°，则化合物构型改变。此外，在投影式中如果使一个基团保持固定，而将另外三个基团顺时针或逆时针调换位置，原化合物的构型不变；若将手性碳原子上所连的任何两个原子或原子团相互交换，则会使构型变为它的异构体。以上规则很容易从分子的立体结构变换上得到证明。

5.3.3　构型表示法

1. D/L 构型

对映体有两种不同的构型，互呈实物和镜像的关系，其中一种是左旋体，一种是右旋体，究竟应该分别用哪一个投影式表示曾是一个困难的问题。

1951 年前，人们还无法用实验的方法测定分子中基团在空间的排列。为研究方便，人为选定甘油醛为构型标准。将右旋甘油醛投影式中手性碳原子上的羟基在右侧的标记为 D 型，左旋甘油醛投影式中手性碳原子上的羟基在左侧的标记为 L 型。

D-(+)-甘油醛　　L-(−)-甘油醛

凡可以从 D-甘油醛通过化学反应得到的化合物，仍具有与 D-甘油醛相同的构型，标记为 D 型；凡可以从 L-甘油醛通过化学反应得到的化合物，仍具有与 L-甘油醛相同的构型，标记为 L 型。这种以甘油醛为指定构型标准，通过化学反应而推出的构型为相对构型。需要特别注意的是，这里所用的化学反应应不涉及手性碳原子上化学键的断裂，否则构型将发生变化。例如，将右旋甘油醛的醛基氧化可得到左旋甘油酸，再将左旋甘油酸的羟甲基还原可得到左旋乳酸。在反应过程中，手性碳原子上的键没有断裂，故构型不改变，都是 D 型。

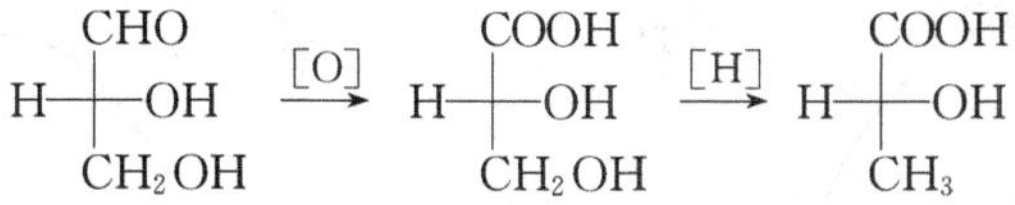

D-(+)-甘油醛　　D-(−)-甘油酸　　D-(−)-乳酸

以上实例表明，旋光性物质的旋光方向与构型标记之间无固定关系。D-甘油醛的右旋通过旋光仪测定得到，在化学转化过程中，转化后得到的产物则不一定是右旋体，旋光方向需用旋光仪测定，不能人为规定。

由于用 D/L 表示构型是利用相对标准物质进行判断的，并非实际测得，故其具有一定的局限性。随着立体化学的发展，D/L 构型已无法满足复杂有机化合物立体构型的确定。因此，1970 年，国际化学界根据 IUPAC 的建议，采用*R*/*S* 构型命名法。该方法建立在用 X 射线测得的物质真实构型（绝对构型）基础上，这种命名法根据化合物的实际构型或投影式就能命名。因此，近年来除了在糖类和氨基酸等天然物质中还应用 D/L 表示构型外，一般都用 *R*/*S* 构型命名法。

2. *R*/*S* 构型

R/*S* 构型命名法规定，对于手性碳原子所连的四个原子或基团（a，b，d，e），首先按次序规则判断先后次序，如 a＞b＞c＞d，然后将次序最小的原子或基团（d）放在距观察者最远的地方，余下的三个原子或基团放在距观察者较近处，似汽车上的方向盘，如图 5.15 所示，此时若 a→b→c 形成的是顺时针旋转方向，则称为 *R* 型（*R* 是拉丁文 Rectus 的字头，代表“右”的意思），反之，若 a→b→c 的旋转方向为逆时针旋转方向，则为 *S* 型（*S* 是拉丁文 Sinister 的字头，代表“左”的意思）。

例如，按照基团次序规则，乳酸分子中与手性碳原子相连的四个原子或基团的优先次序是—OH＞—COOH＞—CH_3＞—H。如图 5.16 所示，在(a)中，从 H—C

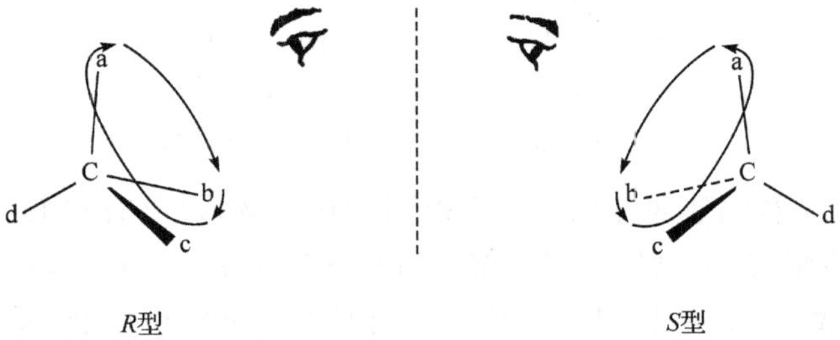

图 5.15　确定 R/S 构型的方法

键的延长线上观察—OH 经—COOH 至—CH_3 的排列次序，是顺时针方向，为 R 型；同样观察(b)式，是逆时针方向，为 S 型。

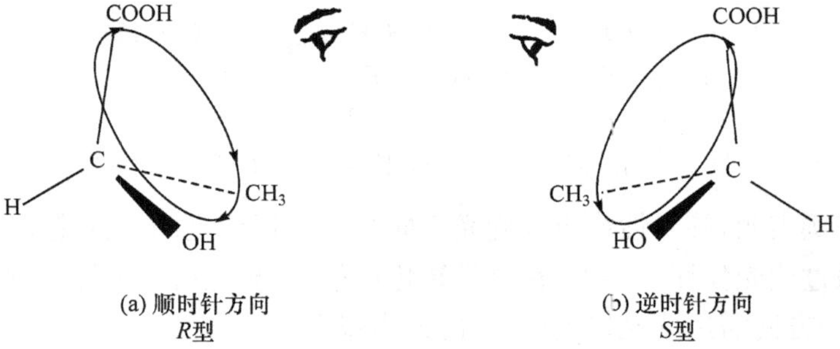

图 5.16　确定乳酸 R/S 构型的方法

在用 R/S 法命名时，透视式较为直观、易于识别，但在费歇尔投影式中，只要把握住竖键上的原子或基团在纸平面后，横键上的原子或基团在纸平面前这个空间概念，直接用投影式进行 R/S 命名也是十分容易的。

用费歇尔投影式确定 R/S 构型的简易方法如下：

在费歇尔投影式中，最小基团在"＋"字交叉的横线上时，其余三个基团由大到小在平面上顺时针旋转排列的为 S 型，逆时针旋转排列的为 R 型；最小基团在竖线上时，余下的三个基团由大到小顺时针旋转排列的为 R 型，逆时针旋转排列的为 S 型。例如：

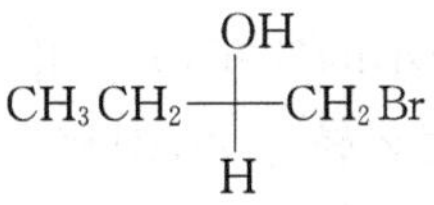

基团优先次序：—OH＞—CH_2Br＞—CH_2CH_3＞—H

顺时针旋转排列　R 型

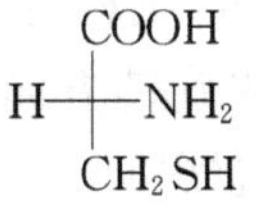

基团优先次序：—NH_2＞—CH_2SH＞—COOH＞—H

顺时针旋转排列　S 型

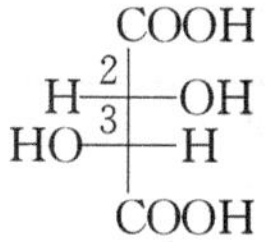

C_2 基团优先次序：—OH>—COOH>—CHOHCOOH>—H

逆时针旋转排列　*R* 型

C_3 基团优先次序：—OH>—COOH>—CHOHCOOH>—H

逆时针旋转排列　*R* 型

D/L 构型标记法和 *R*/*S* 构型标记法都表示分子构型，但它们的含义不同。两者间无固定的联系。

5.3.4　含两个手性碳原子化合物的对映异构

有机化合物中，随着相对分子质量的增大，手性碳原子数目可能增多，立体异构现象也越来越复杂。含两个手性碳原子的化合物可能有两种情况：①两个手性碳原子相同；②两个手性碳原子不相同。

1. 含两个不相同手性碳原子化合物的对映异构

在含两个不相同手性碳原子的化合物中，两个手性碳原子所连的四个原子或基团是不完全相同的。以 2-羟基-3-氯丁二酸（俗名氯代苹果酸）为例。氯代苹果酸的结构式为 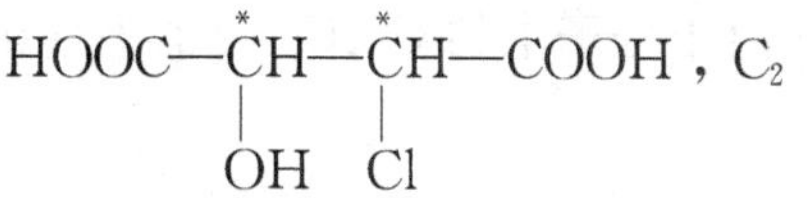，C_2 手性碳原子与—H、—OH、—COOH、—CHClCOOH 四个基团相连，C_3 手性碳原子与—H、—Cl、—COOH、—CHOHCOOH 四个基团相连。由于含一个手性碳原子的化合物在空间有两种不同的排列方式，即两种构型，因而含两个不同手性碳的该化合物应有四种不同的构型，其费歇尔投影式表示如下：

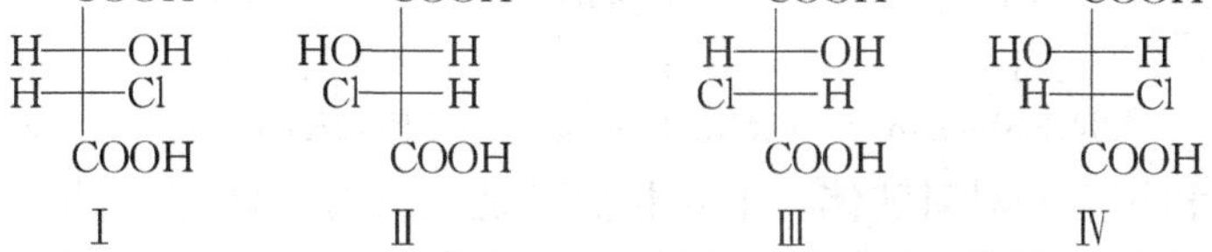

Ⅰ (2*S*,3*S*)-(−)　Ⅱ (2*R*,3*R*)-(+)　Ⅲ (2*S*,3*R*)-(+)　Ⅳ (2*R*,3*S*)-(−)

上述四种旋光异构体中，很容易看出Ⅰ与Ⅱ、Ⅲ与Ⅳ是对映体，分别互为实物与镜像关系，且Ⅰ与Ⅱ或Ⅲ与Ⅳ分别等量混合可组成两种外消旋体。但Ⅰ与Ⅲ、Ⅰ与Ⅳ、Ⅱ与Ⅲ或Ⅱ与Ⅳ各化合物组成之间，不存在实物与镜像的对映关系，像这种分子构型间不呈实物与镜像对映关系的立体异构体称非对映异构体（diastereomers）。对映体与非对映体不同，对映体之间除旋光方向相反外，其余物理性质相同。但非对映体之间，则除有可能形成相同的旋光方向外，其余的物理性质都不同。但对映体与非对映体间有共同的官能团，故化学性质相似。因此，对映体间无法用一般物理化学方法分离，而非对映体形成的混合物则可用普通的物理方法分离。氯代苹果酸的四种异构体的物理性质比较见表 5.1。

表 5.1　氯代苹果酸四种异构体的物理性质比较

构型	熔点/℃	比旋光度$[\alpha]_D^{25}$
(2*S*,3*S*)-(－)	173	＋31.3°
(2*R*,3*R*)-(＋)	173	－31.3°
(2*S*,3*R*)-(＋)	167	＋9.4°
(2*R*,3*S*)-(－)	167	－9.4°

对映异构体的数目随手性碳原子数目的增多而增多。若以 n 代表不同的手性碳原子数目，则凡含 n 个不相同的手性碳原子的化合物，应有 2^n 个对映异构体，2^{n-1}对对映体，2^{n-1}种外消旋体。如果分子中含有相同的手性碳原子，其对映异构体数目将少于 2^n。

2. 含两个相同手性碳原子化合物的对映异构

在含有两个相同手性碳原子的化合物中，两个手性碳原子所连的四个原子或基团都相同。以 2,3-二羟基丁二酸（俗称酒石酸）分子为例，酒石酸的结构式为 $HOOC-\underset{OH}{\underset{|}{\overset{*}{C}H}}-\underset{OH}{\underset{|}{\overset{*}{C}H}}-COOH$。由于分子中的 C_2、C_3 两个手性碳原子连接的四个原子或基团都相同，均为—H、—OH、—COOH 和 CHOHCOOH，根据一个手性碳原子可有两种构型式，则此化合物也能写出四个构型的投影式：

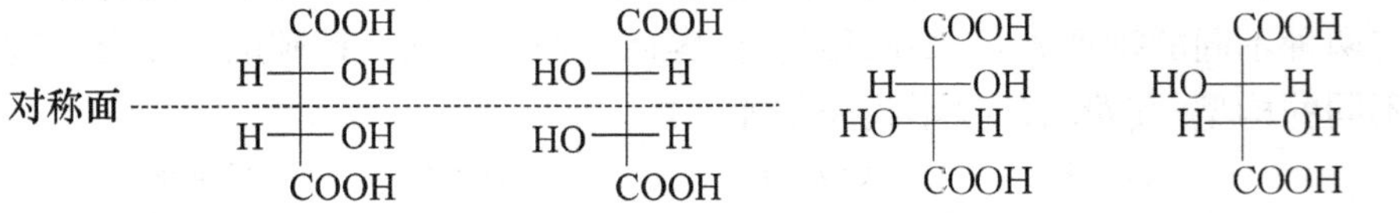

Ⅰ (2*R*,3*S*)-*meso*　Ⅱ (2*S*,3*R*)-*meso*　Ⅲ (2*R*,3*R*)-(－)　Ⅳ (2*S*,3*S*)-(＋)

其中Ⅲ和Ⅳ为一对对映体。Ⅰ和Ⅱ似乎是一对对映体，但若把任意一个旋光异构体在纸平面上旋转 180°，即得到另一个旋光异构体，故Ⅰ和Ⅱ实际上是同一种物质。Ⅰ与Ⅲ、Ⅰ与Ⅳ分别为非对映体。

化合物Ⅰ中，横的虚线若代表一个平面，则该化合物分子有对称面，因而是非手性分子，无旋光性。这种分子内有相同的手性碳原子，分子的两个半部互为实物和镜像关系，从而使分子内部的旋光性相互抵消的非光学活性化合物称为内消旋体，用“*meso*”表示。

因此酒石酸分子只有左旋体、右旋体和内消旋体三种旋光异构体。左旋体与右旋体等量混合物可以组成外消旋体。

内消旋体与外消旋体虽都不具有旋光性，但两者截然不同。内消旋体是纯净物，不能像外消旋体那样可以拆分成具有旋光性的两种物质。

酒石酸三种旋光异构体和外消旋体的物理性质见表 5.2。

表 5.2　酒石酸异构体的物理性质

酒石酸的旋光异构体	熔点/℃	比旋光度$[\alpha]_D^{25}$ 20%水溶液	溶解度 /[g·(100 gH_2O)$^{-1}$]	密度(20 ℃) /(g·cm^{-3})	pK_{a_1}	pK_{a_2}
右旋体	170	+12°	139	1.760	2.93	4.23
左旋体	170	−12°	139	1.760	2.93	4.23
内消旋体	140	无旋光性	125	1.667	3.11	4.80
外消旋体	206	无旋光性	20.6	1.680	2.96	4.24

5.4　外消旋体拆分及其不对称合成

5.4.1　外消旋体的拆分

外消旋体是由等量的一对对映体混合而成。由于对映体之间除旋光方向不同外,其他物理性质基本相同,因此用一般的分离方法如分馏、重结晶等无法将其分离,必须采用一些特殊的方法。拆分外消旋体的方法很多,一般有机械法、化学法、微生物法、诱导结晶法、选择吸附法等。这种将外消旋体分离成单个旋光异构体的过程,称为外消旋体的拆分。

1. 机械法

利用外消旋体中对映体的结晶形态上的差异,借助肉眼或通过放大镜进行辨认,从而把两种结晶分开。此法较为原始和麻烦,目前极少使用。

2. 化学法

利用组成外消旋体的一对对映体与一种旋光性物质反应,将对映体转化为非对映体,利用非对映体物理性质的差异进行分离,分离后再恢复原来的右旋体和左旋体,这方法应用最广。外消旋的碱可用光学活性的酸拆分,而外消旋的酸可用光学活性的碱拆分。这里使用的光学活性的酸、碱被称为外消旋体的拆分剂,在使用时,它们除了能与碱性或酸性外消旋体反应外,得到的两种非对映体在性质上要有足够的差别,以便于分离。

例如,酸性外消旋体的拆分。

$$\begin{array}{l}(+)\text{-酸}\\(-)\text{-酸}\end{array}\xrightarrow{(+)\text{-碱}}\left.\begin{array}{l}(+)\text{-酸}\cdot(+)\text{-碱}\\(-)\text{-酸}\cdot(+)\text{-碱}\end{array}\right\}\xrightarrow[\text{分离}]{\text{结晶}}\begin{array}{l}(+)\text{-酸}\cdot(+)\text{-碱}\\(-)\text{-酸}\cdot(+)\text{-碱}\end{array}$$

$$(+)\text{-酸}\cdot(+)\text{-碱}\xrightarrow{HCl}\left\{\begin{array}{l}(+)\text{-酸}\\(+)\text{-碱}\cdot HCl\end{array}\right.\xrightarrow{\text{分离}}(+)\text{-酸}\xrightarrow{\text{精制}}\text{纯品}$$

$$(-)\text{-酸}\cdot(+)\text{-碱} \xrightarrow{\text{HCl}} \begin{cases}(-)\text{-酸} \\ (+)\text{-碱}\cdot\text{HCl}\end{cases} \xrightarrow{\text{分离}} (-)\text{-酸} \xrightarrow{\text{精制}} \text{纯品}$$

可用于拆分酸性外消旋体的拆分剂有很多，如(－)-奎宁、(－)-马钱子碱、(－)-吗啡碱等。可用于拆分碱性外消旋体的拆分剂有(＋)-酒石酸或(－)-酒石酸、(＋)-苹果酸和(＋)-奎尼酸等。

3. 微生物法

利用某些微生物可将对映体中的一个消耗掉而剩下另一个，以达到分离的目的。例如，外消旋体酒石酸铵在酵母或青霉素的存在下进行发酵，天然的右旋酒石酸铵逐渐被消耗，经过一段时间后，从发酵液中分离出(－)-酒石酸铵。应用生物化学法分离对映体时，需找到一个合适的微生物，在分离过程中会损失一半的原料，而且只能用较稀的溶液进行分离，同时还需要额外加入微生物的营养物质，给产品的纯化带来困难。

酶是具有手性的化合物，用酶拆分外消旋体时，常可以得到纯度较高的旋光性物质，这是由于酶本身就是一个手性催化剂。它对底物的构型往往有严格的要求，能选择性地作用于对映异构体中的某一异构体而对另一异构体不起作用，从而起到拆分的作用，这一方法已得到日益广泛的应用。

4. 诱导结晶法

利用晶种拆分外消旋体是一种最经济的办法。在外消旋体的过饱和溶液中加入少量的左旋体或右旋体晶种时，与晶种构型相同的异构体在晶种的诱导下优先沉淀，沉淀出的量比过量的量要多。过滤后，溶液中就含有过量的另一种对映体。升高温度，加入外消旋体，冷却时，另一种异构体又优先沉淀出来。通过这种方法，只要第一次加入少量左旋体(或右旋体)就能交替地把外消旋体拆分为左旋体和右旋体。例如，合霉素的拆分：

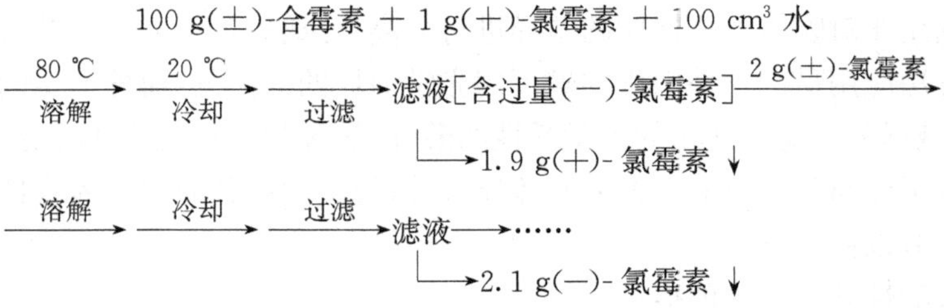

5. 选择吸附法

利用某种旋光性物质作为吸附剂，使之选择性地吸附外消旋体中的一种异构体，从而达到拆分的目的。

5.4.2 不对称合成

通过化学反应可以在非手性分子中形成手性碳原子。例如，丙酸的氯代可以生成含一个手性碳原子的2-氯丙酸。2-氯丙酸虽为手性分子，但反应产物却没有旋光性。这是因为手性碳原子有两种构型，在反应过程中α-氢原子被氯取代的概率是均等的，因此产物为右旋2-氯丙酸和左旋2-氯丙酸等量的混合物，即外消旋体，故没有旋光性。

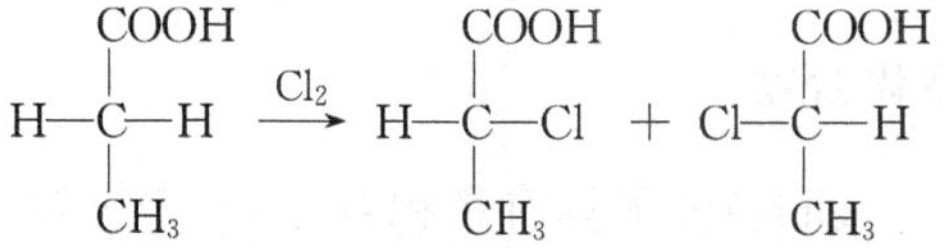

无旋光性的反应物在一般条件下进行反应，不经拆分不可能得到具有旋光性的物质。换句话说，具有手性的化合物不能由没有手性的原料在非手性的条件下制得。但若在手性环境中进行合成，如手性反应物、手性试剂、手性催化剂等，则新手性碳形成时，两种构型的生成概率不一定相等，最后得到的就可能是有旋光性的物质。需要注意的是，这样得到的旋光性物质并非单纯的某种旋光性化合物，仍然是对映体的混合物，只不过是其中某种异构体的含量稍多。凡不经过拆分直接合成具有手性物质的方法称为不对称合成，不对称合成也称手性合成。

3-甲基-3-苯基丙烯酸是一种不饱和酸，没有旋光性，将其加氢转化为3-甲基-3-苯基丙酸，得到的是没有旋光性的外消旋体。如果先把3-甲基-3-苯基丙烯酸用具有旋光性的醇进行酯化，然后加氢，最后将生成的酯水解，即可得到具有旋光性的3-甲基-3-苯基丙酸。

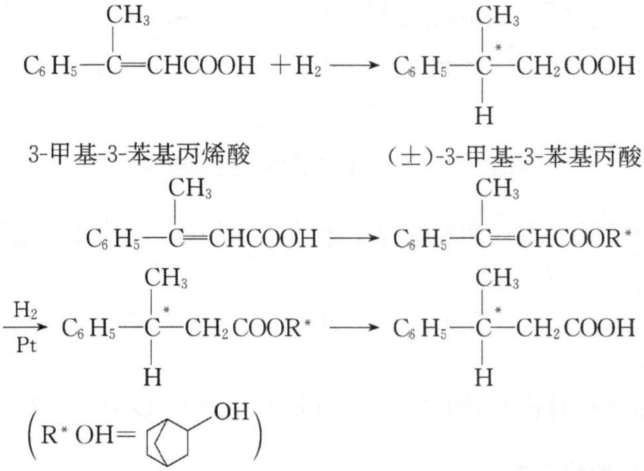

在3-甲基-3-苯基丙烯酸中引入旋光性基团后，在手性基团的影响下，新手性碳原子的两种构型生成概率不均等。因此，加氢后水解所得的3-甲基-3-苯基丙酸为不等量的对映体，因而具有旋光性。

5.5　不含手性碳原子化合物的对映异构

一个化合物分子是否有手性，是否为手性分子，取决于分子整体是否缺乏对称因素。有无手性碳原子不能作为判断分子有无手性的标准。有机化合物中，大部分旋光性物质的分子中都含有一个或多个手性碳原子。但有些旋光性物质的手性分子中并不含有手性碳原子，如取代丙二烯型化合物和联苯型化合物。

5.5.1　取代丙二烯型化合物

丙二烯($CH_2=C=CH_2$)分子具有累积双键，两个 π 键所在的平面相互垂直，如图 5.17 所示，分子本身有对称性，故无旋光性，没有对映异构体。

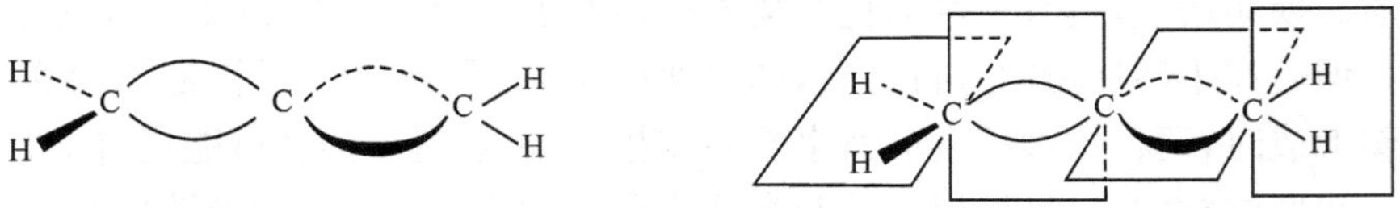

图 5.17　丙二烯分子的空间构型

当丙二烯分子两端碳原子上的氢分别被不同基团取代时，则形成取代丙二烯型化合物，如 2,3-戊二烯，如图 5.18 所示。整个分子没有对称面，也没有对称中心。虽然分子中没有手性碳原子，但分子为手性分子，有对映异构体。

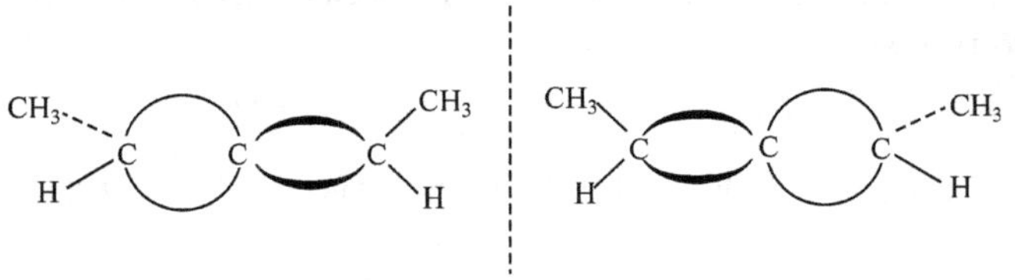

图 5.18　2,3-戊二烯的对映异构体

若丙二烯分子的一端或两端碳原子上连相同的取代基，分子结构式如下：

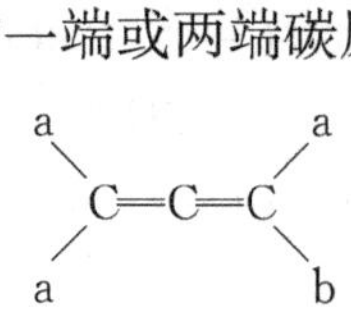

或

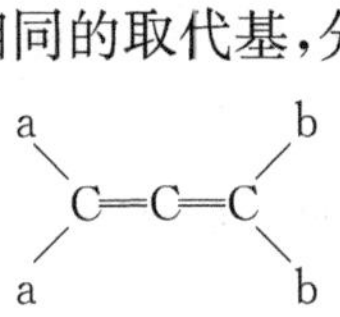

则这些化合物都具有对称面，因此，分子为非手性分子，没有对映异构体。

5.5.2　取代联苯型化合物

联苯分子中，两苯环通过一个 σ 单键相连。当没有取代基时，两苯环的平面可通过 σ 单键自由旋转，分子有对称面，为非手性分子，无旋光性。

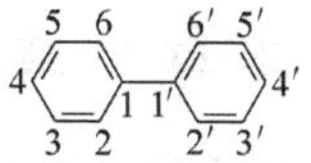

若在联苯分子中，两个苯环的邻位(2,6 和 2′,6′)上引入一些体积较大的原子或基团，如—COOH、—NO_2、—NH_2、—$C(CH_3)_3$、—Br 和—I 等，两苯环绕 σ 单键旋转就会受到阻碍，不能共处同一平面，必须互成一定的角度(两苯环处于互相垂直的状态时，基团间斥力最小，结构最稳定)，如图 5.19 所示。

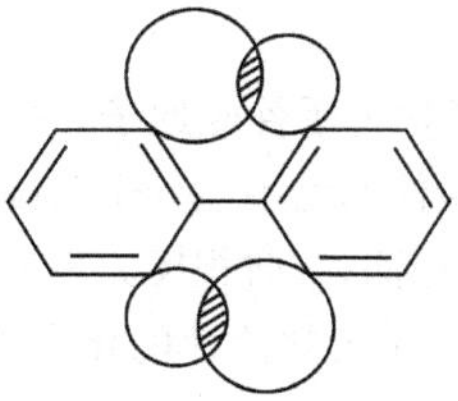

图 5.19　单键旋转被阻碍的联苯化合物

当两苯环邻位所连取代基不相同时，整个分子无对称因素，因而具有手性，有对映异构体。图 5.20 为 6,6′-二硝基联苯-2,2′-二甲酸的对映体。

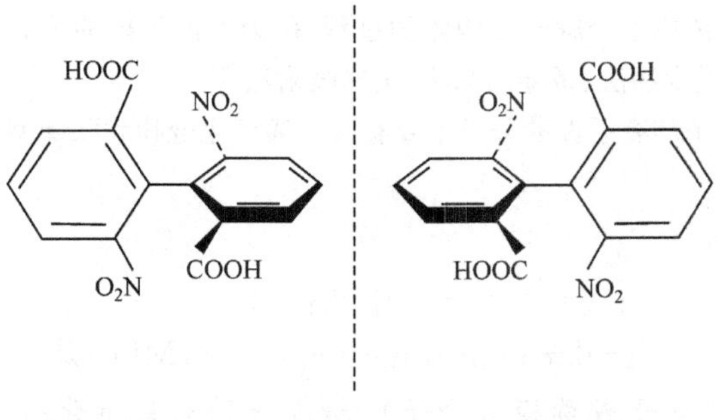

图 5.20　6,6′-二硝基联苯-2,2′-二甲酸的对映体

当在两个苯环或其中的任何一个苯环上有两个相同取代基时，此分子必能找到一个对称面，因而不具有手性，无对映异构体。

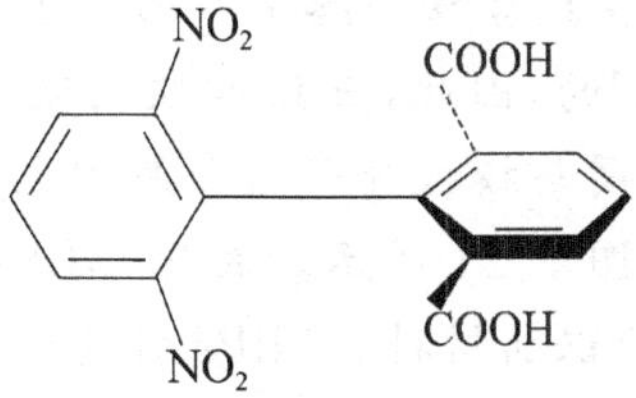

本章小结

1. 物质使偏振光的振动平面旋转的性质称为物质的旋光性或光学活性,具有旋光性或光学活性的物质称为旋光性物质或光学活性物质。

2. 比旋光度$[\alpha]_\lambda^t$是旋光性物质的特性常数,其与旋光度α的关系为$[\alpha]_\lambda^t=\frac{\alpha}{c\times l}$。

3. 物质与其镜像不能重叠的特性称为手性,具有手性的分子称为手性分子,有旋光性。分子的手性与分子结构有关,判断分子是否具有手性,关键在于判断分子中是否存在对称因素(对称面和对称中心)。

4. 分子中与四个不同原子或原子团连接的碳原子称为手性碳原子。分子的两种立体异构体如互呈实物和镜像的对映关系,则称为对映体。对映体均为手性分子,有旋光性,其中之一为左旋体,另一为右旋体,它们使平面偏振光旋转的角度相同,方向相反。等量对映体的混合物称外消旋体,无旋光性,可拆分。含手性碳却有对称因素,无光学活性的化合物称内消旋体,内消旋体是一种分子不能拆分。

5. 费歇尔投影用平面结构表示立体意义,投影原则的关键是“横前竖后”。旋光异构体的构型标记有 D/L 和 R/S 两种。

6. 手性分子中,手性碳越多,其旋光异构体数目越多。若含n个手性碳(不相同),则旋光异构体数目(个)为2^n,外消旋体数目(对)为2^{n-1}。

7. 将外消旋体分离成单个旋光异构体的过程,称为外消旋体的拆分。拆分外消旋体的方法有机械法、化学法、微生物法、诱导结晶法、选择吸附法等。

8. 不含手性碳原子却有手性的分子主要有丙二烯型化合物和联苯型化合物。

【阅读材料】

分子印迹技术

分子印迹技术(molecular imprinting technique,MIT)是针对特定的研究对象(印迹分子或称烙印分子或称模板分子),制备一种对目标化合物具有特定选择性和亲合性的分子识别聚合物材料的技术。这种聚合物称为分子印迹聚合物(molecular imprinted polymers, MIPs)。它选用能与模板分子产生特定相互作用的功能性单体,在模板分子周围与交联剂聚合,形成三维交联的聚合物网络。通过化学方法将模板分子洗脱,在聚合物网络中便形成了模板分子的三维空穴,由于它是对模板分子“量身订制”的,因此,三维空穴的空间形状、大小与模板分子完全匹配,孔穴体内腔表面基团与模板分子所含基团电子特征高度互补,对模板分子具有良好的记忆效应,如图 5.21 所示。因此,MIPs 是一种对模板分子具有特殊的亲合性和选择性的分子识别材料。MIPs 引进识别孔穴的模型主要有两种:共价法(预聚合)和非共价法(自组装)。目前,绝大多数 MIPs 是通过自组装分子印迹技术制备,即模板分子与单体通过非共价键作用力结合,包括氢键、偶极作用、离子化作用、疏水作用等。这种方法制得的 MIPs 模板分子洗脱较为方便，且后续分子识别过程更接近于天然生物分子的识别系统，如酶和底物、抗体和抗原等。

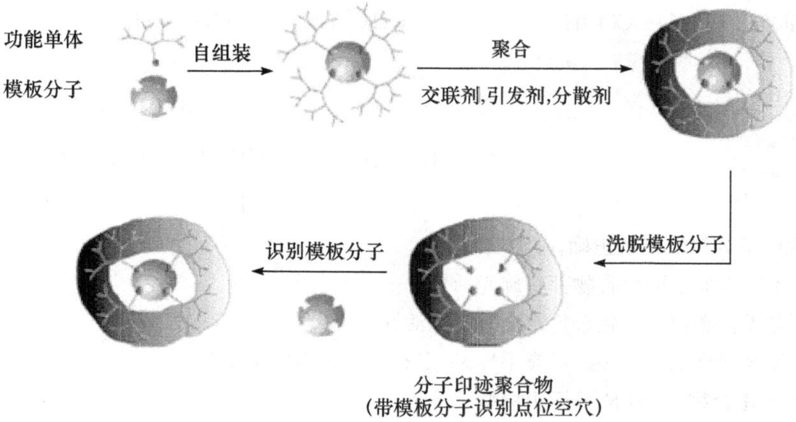

图 5.21　分子印迹聚合物的形成及对模板分子的识别过程

经过这些年来的不断改进和发展，MIT 技术日趋成熟。由于制备得到的 MIPs 具有构效预定性、特异识别性、广泛实用性三大特点，并且具有抗恶劣环境能力强、稳定性好、使用寿命长等优点，使分子印迹技术在临床药物分析、环境分析、手性物质的分离、免疫分析、生物传感器、催化剂等许多领域得到广泛的应用。

MIT 在手性物质分离方面与常规和传统的分离或分析介质的技术相比，最突出的特点是对被分离物或分析物具有较强分子识别能力和高度的吸附选择性。MIT 作为一种分离手性药物的有效新技术发展十分迅速。MIPs 是以特定旋光度的物质作为印迹分子从而实现较高的手性分离选择性，且具有高度交联、更换流动相时不易变形、在酸和碱及金属离子存在时也很稳定、制备成本低等优点，使其成为极具发展潜力的色谱填料。目前，MIPs 作为色谱固定相广泛应用于临床药物的手性分离和分析。

利用分子印迹聚合物拆分手性药物时，只要在 MIPs 的合成过程中以对映体的一种异构体作为模板分子，合成的 MIPs 就只对作为模板分子的异构体有选择性。目前被分离的药物分子涉及 *N*-乙酰-*DL*-氨基酸及其酯类衍生物、叔丁氧羰基氨基酸及其衍生物、苄氧羰基氨基酸及其衍生物、丹酰氨基酸及其衍生物、二羟基苯酮、甲基氢化肉桂酸、扁桃酸、萘心安、甲基苯乙胺、卟啉族、三嗪、苄基海因等。作为一种新型高效的分离技术，MIT 必将在药物分离和分析中发挥越来越大的作用。

习　题

1. 判断下列化合物分子中有无手性碳原子(用 * 表示手性碳原子)。

(1) HOOC—CHCl—COOH　　(2) CH_3—CH_2—CHOH—CH_3

(3) 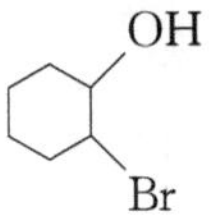

(4) 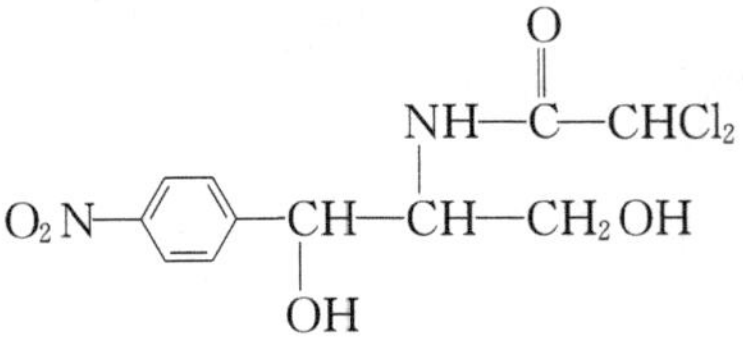

2. 举例说明下列说法是否正确,并说明理由。

(1) 含手性碳原子的化合物都有旋光活性。

(2) 不含手性碳原子的化合物都没有旋光活性。

(3) 有旋光活性的分子必定具有手性,一定有对映异构现象存在。

3. 命名下列化合物,并用 *R*、*S* 标明构型。

(1) 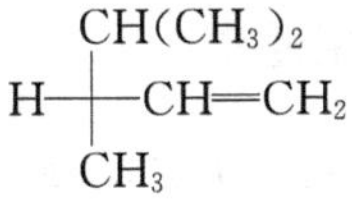

(2) 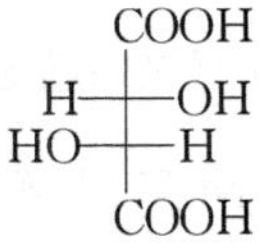

(3) 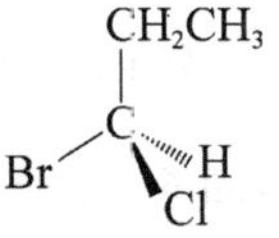

(4) 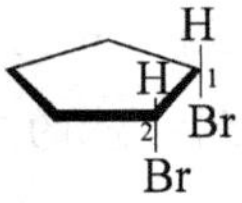

(5) 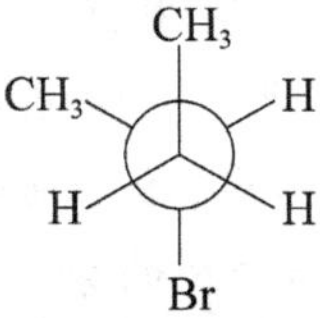

4. 下列各组化合物哪些是相同的? 哪些是对映体? 哪些是非对映体? 哪些是内消旋体?

(1) 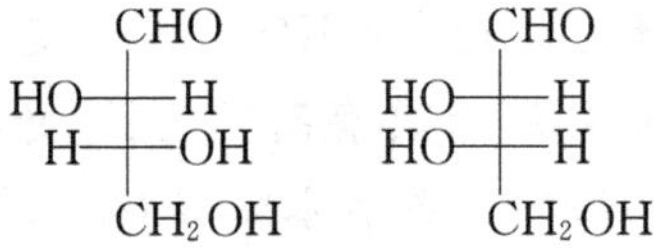

(2) 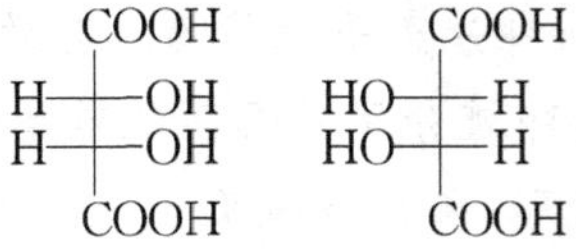

(3) 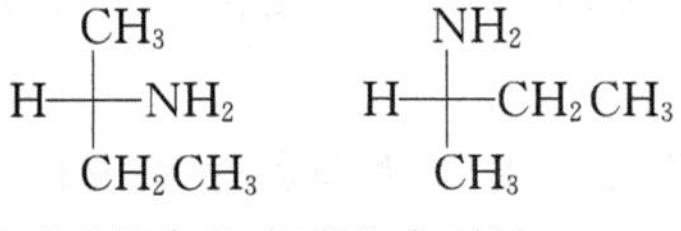

(4) 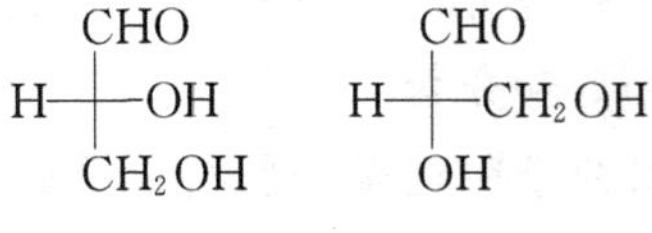

5. 判断下列化合物中哪些有手性。

(1) 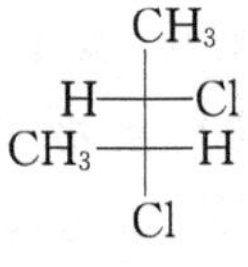

(2) 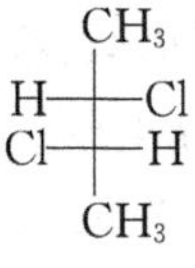

(3) 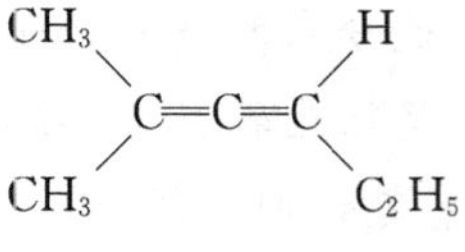

(4) 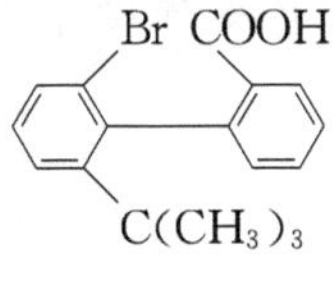

(5) 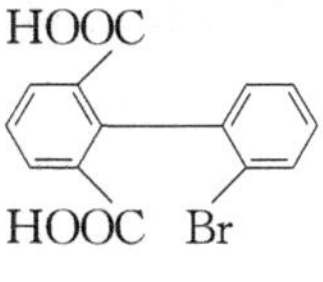

6. 写出下列反应产物的构型式，并指出每种情况下的反应产物是否有旋光性。

(1) 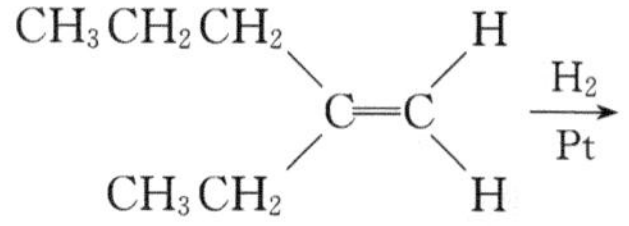

(2) $CH_3CH_2CH{=}CH_2 \xrightarrow[H_2O]{H_2SO_4}$

(3) 

(4) 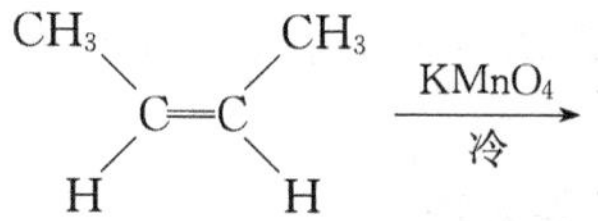

7. (+)-乳酸甲醇作用生成(−)-乳酸甲酯，构型是否变化？

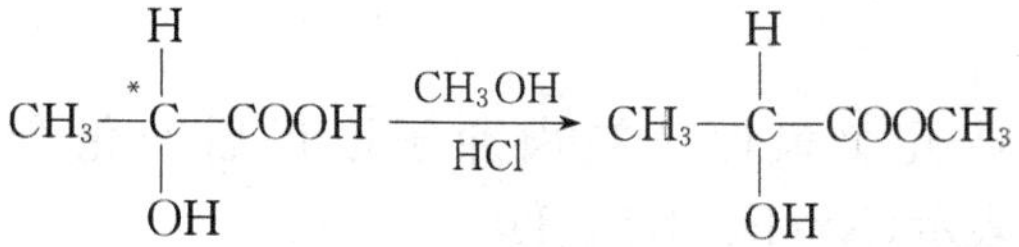

8. 把每 100 mL 含有 13 g 麦芽糖的溶液置于长 20 cm 的盛液管中，测得旋光度为+34°(20 ℃，钠光作光源)，麦芽糖的比旋光度是多少？如果另一种麦芽糖溶液在长 10 cm 的盛液管中测得旋光度为+42.5°，1 L 该溶液内含麦芽糖多少克？

9. 化合物 A 分子式为 C_8H_{16}，经臭氧氧化，然后还原水解只能得到一种酮，A 与冷的碱性高锰酸钾作用生成内消旋化合物 B，写出 A 的构型式和 B 的费歇尔投影式，并写出有关反应式。

10. 某化合物 A 分子式为 C_6H_{12}，经 O_3 分解后得到 HCHO 和化合物 B，B 具有旋光性，写出 A 和 B 的结构式，A 有无旋光活性？

11. 今有两个有机物 A 与 B，分子式都是 C_7H_{14}，均有旋光性，但 A 与 B 是非对映体，它们氢化后得到同一种有旋光性的化合物 C，C 的分子式为 C_7H_{16}，C 中有两个叔碳原子，试推测 A、B、C 三个化合物的可能结构式。

（江苏大学　贺敏强）

第6章　卤　代　烃

学习要求

1. 掌握卤代烃的分类和命名，卤代烃的亲核取代反应及其反应历程，单分子亲核取代和双分子亲核取代反应的特点，卤代烃的消除反应，卤代烃与金属镁的反应，不同结构卤代烃中卤原子的活泼性。

2. 熟悉亲核取代反应的影响因素，卤代烃的制备方法。

3. 了解卤代烃的还原反应。

烃分子中一个或几个氢原子被卤原子取代后的化合物称卤代烃（alkyl halide），一般用 RX 表示（X＝F、Cl、Br、I）。

卤代烃是一类非常重要的有机化合物，在有机化学中占有重要地位。绝大多数卤代烃是用人工方法合成的，其在自然界存在极少。不同结构的卤代烃化学性质有较大差异。一般说来，一卤代烃的性质比较活泼，可发生多种化学反应，转化成其他各种类型的化合物。因此，卤代烃在有机合成中起桥梁过渡的作用。有些卤代烃特别是一些多卤代烃可用作溶剂、农药、制冷剂、灭火剂、麻醉剂和防腐剂等。

6.1　卤代烃的分类、同分异构与命名

6.1.1　卤代烃的分类

根据分子的组成和结构特点，可从不同的角度对卤代烃进行分类。

（1）根据卤原子所连的烃基结构不同，分为饱和卤代烃（卤代烷）、不饱和卤代烃（卤代烯烃、卤代炔烃）与卤代芳烃。

$CH_3CH_2CH_2Cl$　　$CH_2{=}CHCH_2Cl$　　

饱和卤代烃　　不饱和卤代烃　　卤代芳烃

（2）根据与卤原子相连的碳原子类型，分为伯（一级、1°）卤代烃、仲（二级、2°）卤代烃和叔（三级、3°）卤代烃。

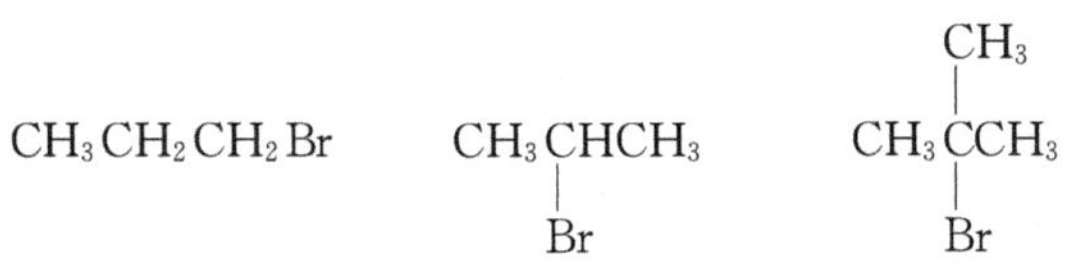

伯卤代烃　　仲卤代烃　　叔卤代烃

(3) 根据分子中所含卤原子的数目,分为一卤代烃、二卤代烃和多卤代烃。

CH_3I	$ClCH_2CH_2Cl$	CCl_4
一卤代烃	二卤代烃	多卤代烃

(4) 根据卤代烃分子中卤原子种类的不同,分为氟代烃、氯代烃、溴代烃和碘代烃。

6.1.2 同分异构

三个碳以上的一卤代烃因卤原子连接的位置不同而产生同分异构。例如,分子式为 C_4H_9Cl 的一卤代烷有以下四个构造异构体:

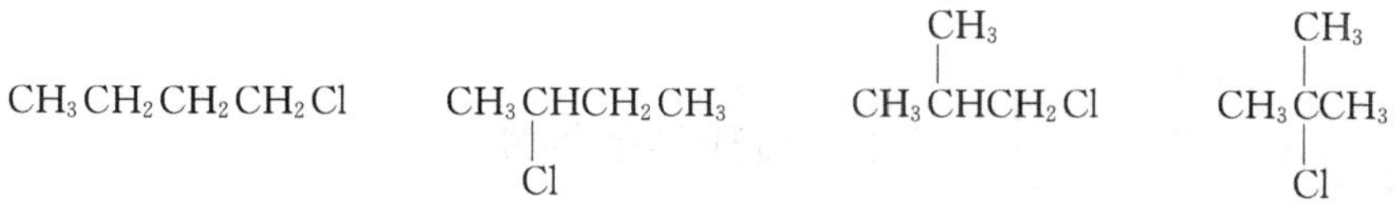

其中,第二个(2-氯丁烷)存在一对对映异构体:

(*S*)-2-氯丁烷　　(*R*)-2-氯丁烷

6.1.3 卤代烃的命名

1. 普通命名法

简单的一卤代烃常以相应的烃作母体,称"卤代某烃","代"字常省略,也可按与卤原子相连的烃基名称称为"某基卤"。有些多卤代烷有常用的俗名。

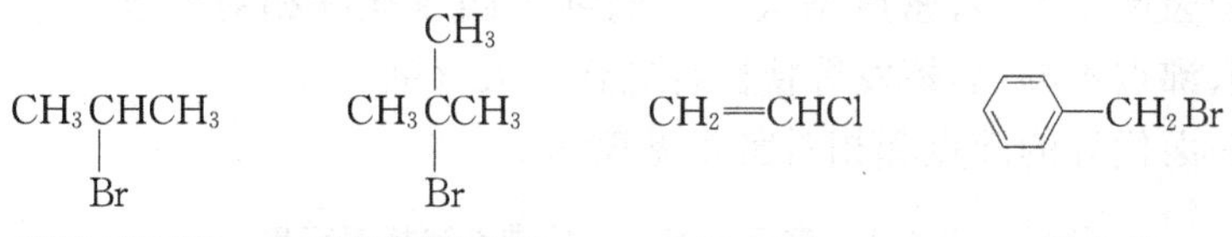

溴代异丙烷 异丙基溴	溴代叔丁烷 叔丁基溴	氯乙烯 乙烯基氯	溴化苄 苄基溴

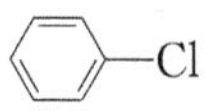	$CH_2{=}CHCH_2Cl$	$CHCl_3$	CHI_3
氯苯	烯丙基氯	三氯甲烷(氯仿)	三碘甲烷(碘仿)

2. 系统命名法

把卤代烃看作烃的衍生物,把卤原子作为取代基,基团列出顺序按次序规则。

命名不饱和卤代烃时，使不饱和键编号尽可能小。若分子有立体构型，必须在名称前标出。

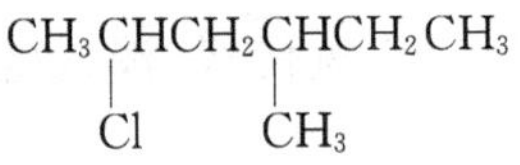

4-甲基-2-氯己烷

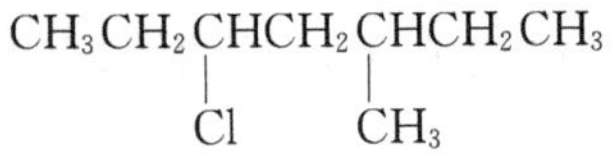

3-甲基-5-氯庚烷

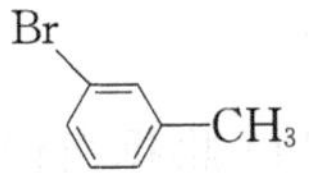

3-溴甲苯

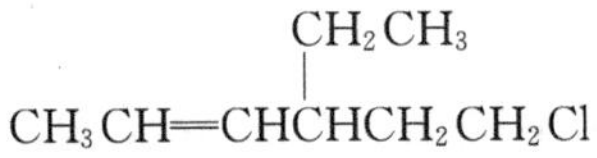

4-乙基-6-氯-2-己烯

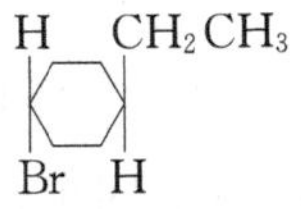

反-1-乙基-4-溴环己烷

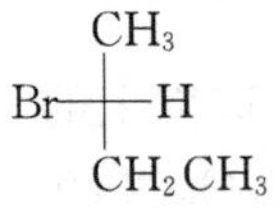

(*R*)-2-溴丁烷

6.2　卤代烃的性质

6.2.1　物理性质

室温下，四个碳以下的氟代烷、两个碳以下的氯代烷及溴甲烷是气体，一般卤代烷为液体，高级卤代烷为固体。C—X 键的极性和卤原子质量对沸点有较大影响。由于卤原子的引入，分子极性增大，使卤代烷分子间作用力增大，从而使卤代烷的沸点比同碳数的相应烷烃高。且随着碳原子数增加，卤代烷的沸点逐渐升高。烷基相同而卤原子不同时，沸点随卤原子的原子序数增加而升高，碘代烷的沸点最高，氟代烷的沸点最低。同分异构体中，直链分子沸点较高，支链越多，沸点越低。

尽管卤代烃中多数分子具有极性，由于不能和水分子形成氢键，因此都不溶于水，但能溶于大多数有机溶剂。除氟代烃和多数一氯代烃外，其他卤代烃都比水重。分子中卤原子增多，密度增大。人们利用四氯化碳相对密度比水大、不溶于水、不燃烧、沸点不高、易挥发等特性将它作为灭火剂。

常见一卤代烃的沸点和相对密度见表 6.1。

表 6.1　常见一卤代烃的沸点和相对密度

化合物名称	结构式	沸点/℃	相对密度 d_4^{20}
氟甲烷	CH_3F	−78.4	—
氯甲烷	CH_3Cl	−24.2	—
溴甲烷	CH_3Br	3.6	—
碘甲烷	CH_3I	42.4	2.279
氟乙烷	CH_3CH_2F	−37.7	—

续表

化合物名称	结构式	沸点/℃	相对密度 d_4^{20}
氯乙烷	CH_3CH_2Cl	12.3	—
溴乙烷	CH_3CH_2Br	38.4	1.460
碘乙烷	CH_3CH_2I	72.3	1.933
二氯甲烷	CH_2Cl_2	40	1.336
三氯甲烷	$CHCl_3$	61.7	1.489
四氯化碳	CCl_4	76.8	1.595
氯苯	C_6H_5Cl	132	1.106
溴苯	C_6H_5Br	155.5	1.495
碘苯	C_6H_5I	188.5	1.832

6.2.2 化学性质

卤代烃分子中碳卤键具有较大的极性，碳原子带部分正电荷，卤原子带部分负电荷。在外界条件的作用下，碳卤键易发生共价键异裂，故卤代烃的化学性质较活泼。

1. 亲核取代反应

亲核试剂（负离子或带有电子对的中性分子，常用 Nu^- 或 Nu：表示）容易进攻卤代烷中与卤原子直接相连的碳原子，碳卤键异裂，卤原子带一对电子离去。由于反应是由亲核试剂进攻带部分正电荷的碳原子而引起的，因此称亲核取代反应（nucleophilic substitution reaction），以 S_N 表示。

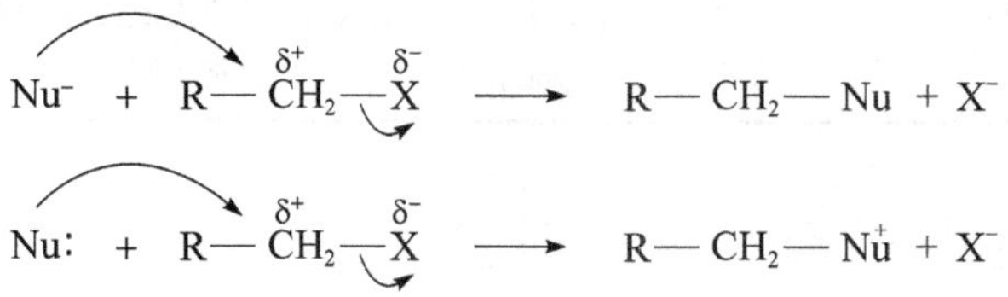

亲核试剂　反应底物　产物　离去基团

受亲核试剂进攻的卤代烷称反应底物（substrate），带着一对电子从反应底物离去的卤离子 X^- 称离去基团（leaving group），反应底物中与卤原子直接相连的 α-碳原子是反应的中心，称中心碳原子。

以溴甲烷作反应底物为例，常见的一些亲核取代反应见表 6.2。

表 6.2 常见的一些亲核取代反应

反应类型	亲核试剂	反应式	备注
水解反应	H_2O	$CH_3Br+H_2O \rightleftharpoons \underset{醇}{CH_3OH}+HBr$ $CH_3Br+NaOH \xrightarrow{H_2O} CH_3OH+NaBr$	可逆反应。为使反应向生成醇的方向进行，通常用 NaOH 或 KOH 水溶液代替水，这样可以加快反应速率，提高醇的产率
醇解反应	RO^-	$(CH_3)_2CHONa+CH_3Br \longrightarrow \underset{醚}{(CH_3)_2CHOCH_3}+NaBr$	醇解反应很难进行完全，通常用醇钠代替醇，加快反应速率，提高醚的产率。这是合成醚的常用方法，称威廉姆森合成法(Williamson synthesis)。一级卤代烷发生醇解生成醚的产率比较高
氨解反应	NH_3	$CH_3Br+NH_3 \longrightarrow CH_3\overset{+}{N}H_3Br^-$ $\xrightarrow{OH^-}$ $\underset{胺}{CH_3NH_2}+H_2O$	生成的有机胺又可作为亲核试剂与卤代烷作用，最终得到各种胺的混合物
与氰化钠(钾)反应	CN^-	$CH_3Br+NaCN \longrightarrow \underset{腈}{CH_3CN}+NaBr$	有机合成上，通过腈可转变为羧酸、酯及酰胺等化合物
与炔钠(钾)反应	$RC\equiv C^-$	$CH_3CH_2C\equiv CNa+CH_3Br \longrightarrow CH_3CH_2C\equiv CCH_3+NaBr$	这是由低级炔烃制备高级炔烃的重要方法。一级卤代烷与炔钠反应生成高级炔烃的产率比较高
与碘化钠(钾)反应	I^-	$CH_3Br+NaI \xrightarrow{丙酮} CH_3I+NaBr$	常用于碘代烷的制备。由于氯化钠(钾)或溴化钠(钾)在丙酮中的溶解度比碘化钠(钾)小得多，易从无水丙酮中沉淀析出，从而促使反应向生成产物碘代烷的方向进行
与硝酸银的醇溶液反应	$^-ONO_2$	$CH_3Br+AgNO_3 \xrightarrow{C_2H_5OH} \underset{硝酸酯}{CH_3ONO_2}+AgBr\downarrow$	常用 2% $AgNO_3$ 的乙醇溶液。根据反应生成卤化银的快慢不同，可用于鉴别不同结构的卤代烃

2. 消除反应

卤代烃与强碱(如 NaOH、KOH、RONa、$NaNH_2$ 等)的醇溶液(如 C_2H_5OH)共热时，分子内脱去一分子卤化氢生成烯烃。

$$\underset{\substack{|\\ Br}}{CH_3CHCH_3} \xrightarrow[\triangle]{NaOH/C_2H_5OH} CH_3CH{=}CH_2+HBr$$

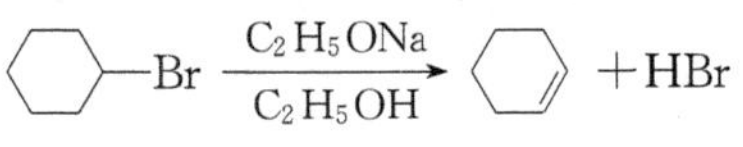

像这样从反应物分子中失去一个简单分子而形成不饱和键的反应称为消除反应(elimination reaction),简称 E 反应。由于反应中消除的是卤原子和 β-C 上的 H(称 β-H),因此又称 β-消除。

当卤代烃有多种 β-H 可供消除时,反应存在取向问题。大量实验事实证明,卤代烃消除时,卤原子总是优先与含氢较少的 β-碳上的氢一起消除,主要生成双键碳上取代基较多的烯烃。这一经验规律称为札依采夫规则(Zaitsev rule)。例如:

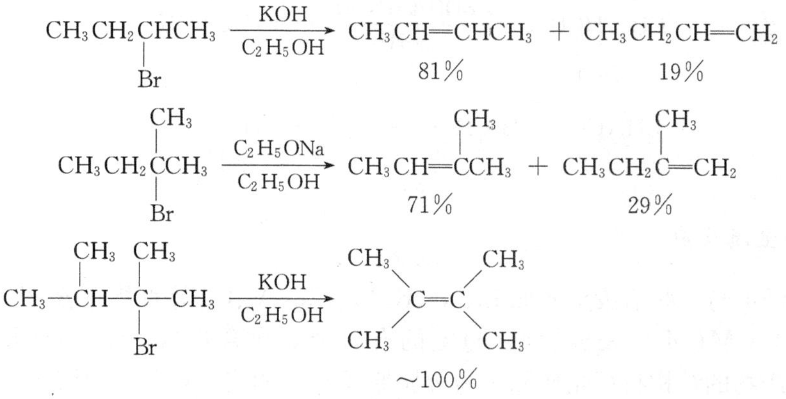

又如

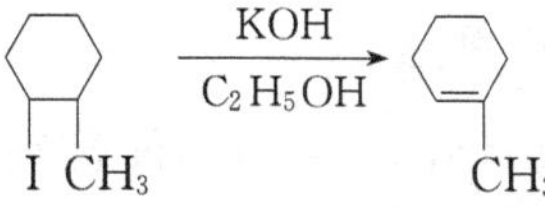

消除反应的这种取向规则与生成烯烃的稳定性有关,不同烯烃的稳定性次序如下:

$$R_2C=CR_2 > R_2C=CHR > R_2C=CH_2 > RHC=CHR > RHC=CH_2 > H_2C=CH_2$$

如果卤代烃消除后可生成具有稳定共轭体系的产物,那么该消除反应很容易发生。例如:

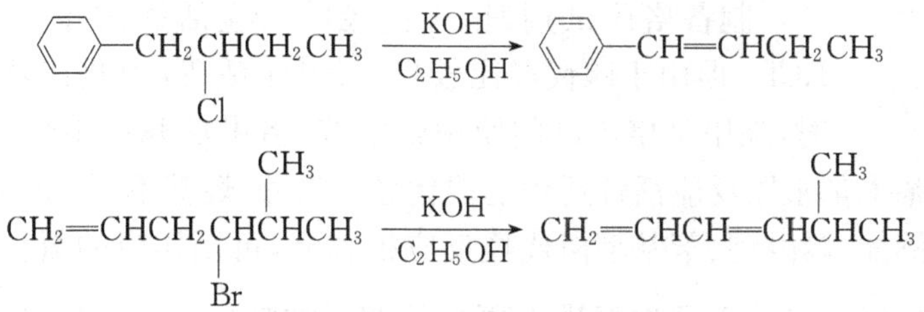

大量实验事实证明,不同烃基结构的卤代烃发生消除反应的活性次序是 3°RX>2°RX>1°RX。表 6.3 列出了几种溴代烷在 CH_3ONa/CH_3OH 中发生消除反应的相对反应速率。

表 6.3 伯、仲、叔溴代烷消除反应速率比较

RBr	CH_3CH_2Br	$(CH_3)_2CHBr$	$(CH_3)_3CBr$
产物	$CH_2{=}CH_2$	$CH_2{=}CHCH_3$	$CH_2{=}C(CH_3)_2$
相对速率	1.0	9.4	120

邻二卤代烷或偕二卤代烷在强碱的醇溶液中加热可消除两分子卤化氢，生成炔烃。

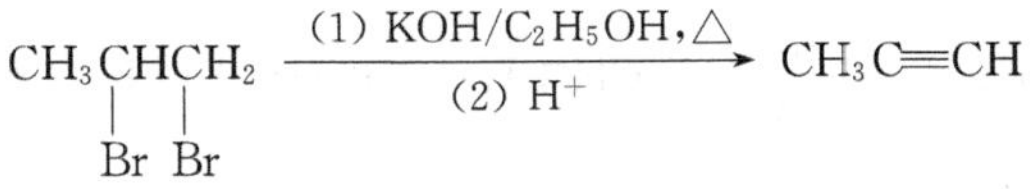

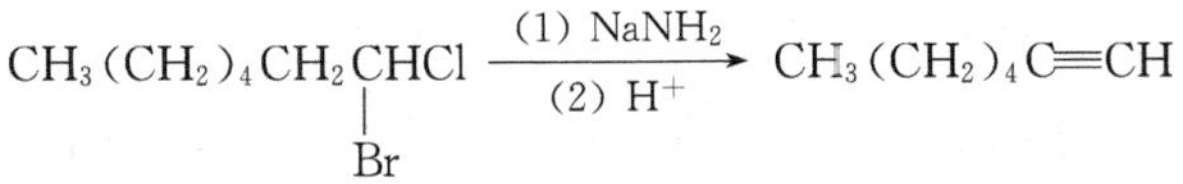

3. 与金属反应

卤代烃可与一些活泼金属如 Li、Na、K、Mg、Zn、Al、Cd 等直接化合，生成具有不同极性 C—M（M 代表金属原子）键的有机金属化合物（organometallic compounds），产物的结构特征是碳原子与金属原子直接相连。例如，卤代烃与金属镁在无水乙醚中反应生成有机镁化合物（烃基卤化镁）。

$$R—X+Mg \xrightarrow{无水乙醚} R—Mg—X$$

烃基卤化镁又称为格利雅试剂（Grignard reagent），简称格氏试剂，是一类非常重要的有机金属化合物，在有机合成上应用非常广泛。

在这里，溶剂乙醚与格氏试剂形成含有两分子乙醚的配合物，这既有利于烃基卤化镁的生成和稳定，又能增大格氏试剂在乙醚溶液中的溶解度。

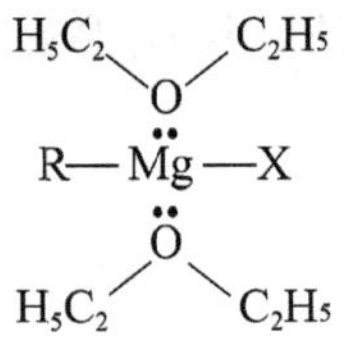

制备格氏试剂时，卤代烃的反应活性次序是 RI＞RBr＞RCl。但由于碘代烃比较贵，又过于活泼，因此在合成格氏试剂时，除甲基格氏试剂使用碘甲烷（氯甲烷和溴甲烷均是气体，使用不便）外，基本都采用反应活性适中的溴代烃。另外，烃基不同，反应难易也有一定的差异。例如，烯丙型、苄基型卤代烃反应很容易，可用相应的氯化物制备格氏试剂，而乙烯型氯、氯苯必须选择沸点更高的四氢呋喃（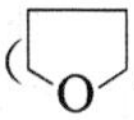，THF，b. p. 65 ℃）作溶剂，以便反应在较高的温度下进行。

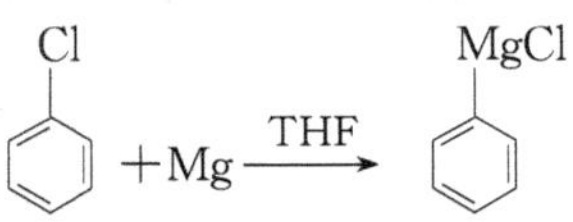

苯基氯化镁

格氏试剂非常活泼，可以和水等含有活泼氢的化合物发生分解反应，生成烃。

$$\mathrm{RMgX} + \begin{array}{l} \mathrm{H{-}OH} \\ \mathrm{H{-}X} \\ \mathrm{H{-}OR'} \\ \mathrm{H{-}NH_2} \\ \mathrm{H{-}OCOR'} \\ \mathrm{H{-}C{\equiv}CR'} \end{array} \longrightarrow \mathrm{RH} + \begin{array}{l} \mathrm{HOMgX} \\ \mathrm{MgX_2} \\ \mathrm{R'OMgX} \\ \mathrm{H_2NMgX} \\ \mathrm{R'COOMgX} \\ \mathrm{R'C{\equiv}CMgX} \end{array}$$

此外，格氏试剂还可以与醛、酮、二氧化碳、酯等发生反应（详见 9.2.2，10.1.3，10.2.3）。可见，在合成格氏试剂时，反应体系内必须绝对无水，仪器应绝对干燥，反应最好在氮气保护下进行，以避免与空气接触。若卤代烃分子内同时含有带活泼氢的羟基、羧基等基团时，必须将其保护起来，否则格氏试剂将发生分解。

格氏试剂与活泼卤代烃（烯丙型卤代烃、苄基型卤代烃、叔卤代烷）可以发生偶联反应：

$$\mathrm{RCH{=}CHCH_2X + RCH{=}CHCH_2MgX \longrightarrow RCH{=}CHCH_2CH_2CH{=}CHR + MgX_2}$$

因此，在用活泼卤代烃制备格氏试剂时，需要控制在低温进行，以避免偶联反应的发生。一级、二级卤代烃不发生此反应。

卤代烃与金属锂作用生成有机锂化合物。例如：

$$\mathrm{CH_3CH_2CH_2CH_2Br + 2Li \xrightarrow[-10\ ^\circ C]{\text{无水乙醚}} \underset{80\%\sim90\%}{CH_3CH_2CH_2CH_2Li} + LiBr}$$

有机锂化合物的制法和性质与格氏试剂极为类似，但有机锂化合物更活泼。

卤代烃也可与金属钠反应，生成的有机钠化合物立即与卤代烃反应生成烷烃。

$$\mathrm{RX + 2Na \longrightarrow RNa + NaX}$$

$$\mathrm{RNa + RX \longrightarrow R{-}R + NaX}$$

例如：

$$\mathrm{2CH_3CH_2CH_2Br + 2Na \longrightarrow CH_3CH_2CH_2CH_2CH_2CH_3 + 2NaBr}$$

这类反应可以用来从卤代烷（一般是伯卤代烷）制备含偶数碳原子、结构对称的烷烃，称为伍兹反应。

4. 还原反应

卤代烃可被多种试剂还原为烃。使用较多的还原剂是氢化锂铝（$LiAlH_4$）。例如：

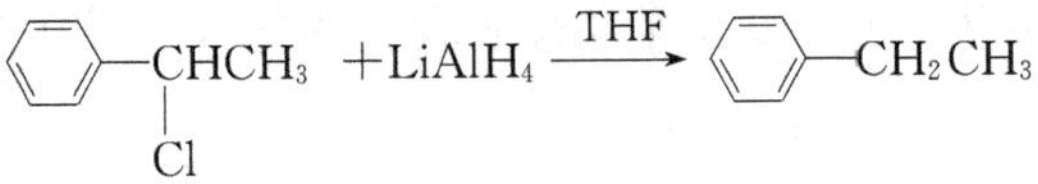

氢化锂铝是一种灰白色固体，对水特别敏感，遇水即分解，放出氢气且反应剧烈，因此还原反应必须在无水条件下进行。

硼氢化钠($NaBH_4$)是比较温和的试剂，还原能力比 $LiAlH_4$ 弱，适用于二级、三级卤代烃的还原，而一级卤代烃不宜用此试剂还原。硼氢化钠可溶于水，比较稳定，能在水溶液和醇溶液中反应而不被分解。

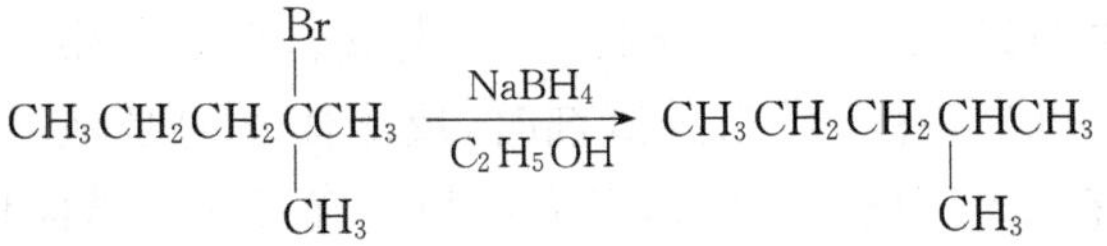

其他化学试剂(如锌)和盐酸、催化氢化等方法均可将卤代烃还原。

$$CH_3(CH_2)_{14}CH_2I \xrightarrow[HCl]{Zn} CH_3(CH_2)_{14}CH_3$$

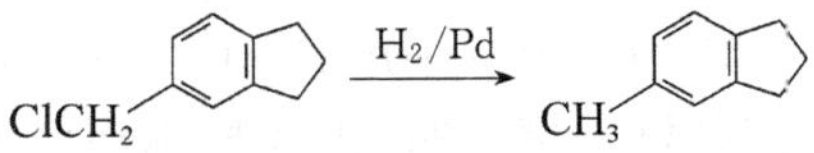

6.3　亲核取代反应历程

卤代烃的水解反应动力学研究表明：有的卤代烃(如溴甲烷)的水解反应速率既与卤代烃的浓度有关，又与碱的浓度有关；而有的卤代烃(如叔丁基溴)的水解反应速率只与卤代烃的浓度有关。这表明卤代烃的水解反应是按两种不同的反应历程进行的。

6.3.1　双分子亲核取代反应

溴甲烷水解反应速率与溴甲烷及碱(OH^-)的浓度乘积成正比，动力学上属二级反应。

$$CH_3Br + OH^- \longrightarrow CH_3OH + Br^- \qquad v_{CH_3Br} = k[CH_3Br][OH^-]$$

这表明在反应速率决定步骤中涉及两种反应物分子，因此称双分子亲核取代反应，简称 S_N2 反应，这里的"2"是指在反应速率决定步骤中涉及两种反应物分子。反应历程可表示如下：

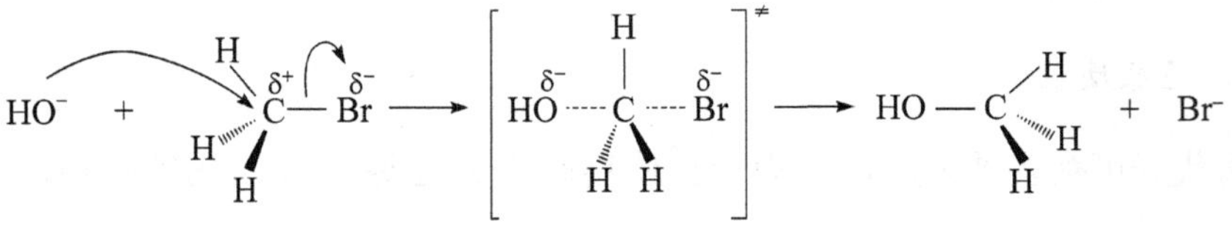

亲核试剂　　反应底物　　过渡态　　产物　　离去基团

反应中，亲核试剂(OH^-)从离去基团(Br^-)的背面进攻带部分正电荷的中心碳原子，氧原子与碳原子之间的距离逐渐减小，C—Br 键逐渐拉长，同时，中心碳原子上的三个氢由于受 OH^- 进攻的影响而向溴原子一边偏转，OH^- 上的负电荷逐渐转移到溴原子上。当三个氢原子偏转到与中心碳原子处于同一平面时，O、C 和 Br 处在垂直于该平面的一条直线上，此时体系能量达到最高，这就是过渡态。过渡态中，中心碳原子采用 sp^2 杂化，将离去基团和亲核试剂键合在未杂化的 p 轨道两侧(图 6.1)，C—O 键部分形成，C—Br键部分断裂。此后，C—O 之间的距离进一步缩短，C—Br 之间的距离进一步拉长，三个氢原子继续向溴原子一边偏转，体系能量逐渐降低。最后，溴带着一对电子以负离子的形式离去，C—O 键达到正常键长而生成甲醇，中心碳原子又恢复到 sp^3 杂化。反应过程体系的能量变化如图 6.2 所示。

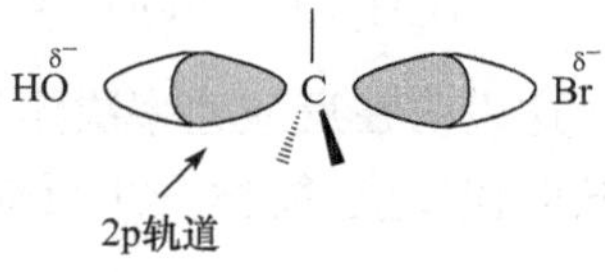

图 6.1　S_N2 过渡态的轨道键合情况

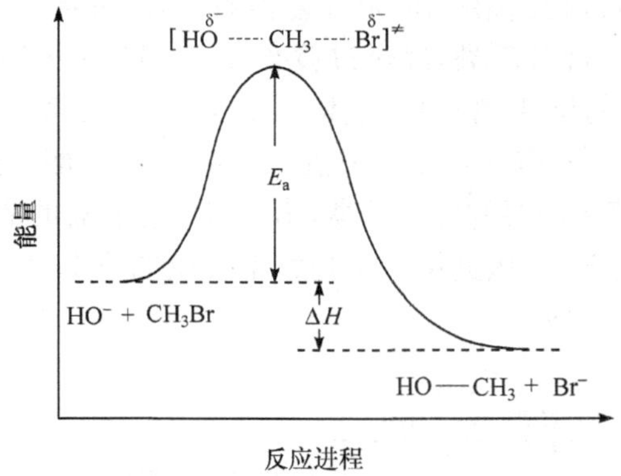

图 6.2　溴甲烷水解反应的能量变化图

在 S_N2 反应中，亲核试剂从离去基团的背面进攻中心碳原子，产物中心碳原子的构型发生翻转，这一过程称为瓦尔登转化(Walden inversion)。例如：

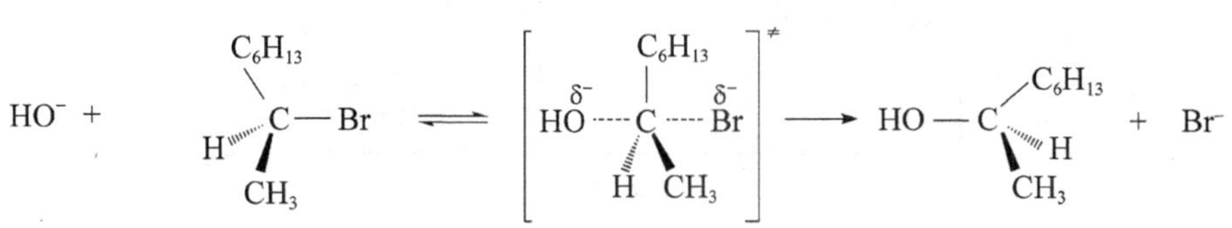

(S)-2-溴辛烷　　　　(R)-2-辛醇

总之，S_N2 反应历程的特点是①双分子反应，反应速率与卤代烃和亲核试剂的浓度都有关；②反应一步完成，旧键断裂和新键形成同时进行；③中心碳原子的构型发生翻转。

6.3.2 单分子亲核取代反应

叔丁基溴在碱性溶液中的水解反应速率只与叔丁基溴的浓度成正比，与碱的浓度无关。动力学上属一级反应。

$$(CH_3)_3CBr + OH^- \longrightarrow (CH_3)_3COH + Br^- \qquad v_{(CH_3)_3CBr} = k[(CH_3)_3CBr]$$

这表明在反应速率决定步骤中只涉及卤代烃一种反应物分子，因此称单分子亲核取代反应，简称 S_N1 反应。反应历程可表示如下：

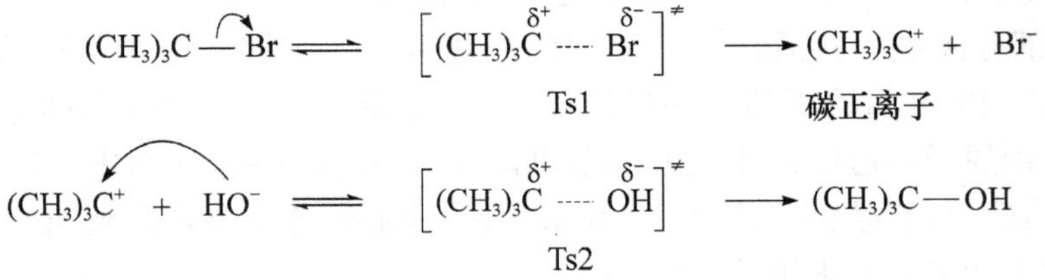

整个反应分两步进行。第一步，叔丁基溴解离，溴带着一对电子逐渐离开中心碳原子，C—Br 键发生部分断裂，经过过渡态 Ts1，最后 C—Br 完全断裂生成能量较高、反应活性较大的碳正离子中间体。第二步，碳正离子中间体与亲核试剂 OH^- 很快结合，经过过渡态 Ts2，最后生成取代产物叔丁醇，这一步很迅速。由于从 C—Br 键异裂成离子需要的能量较高，第一步反应所需的活化能 $E_{a(1)}$ 远远大于第二步反应的活化能 $E_{a(2)}$，因此第一步是整个反应的速率决定步骤。反应过程体系的能量变化如图 6.3 所示。

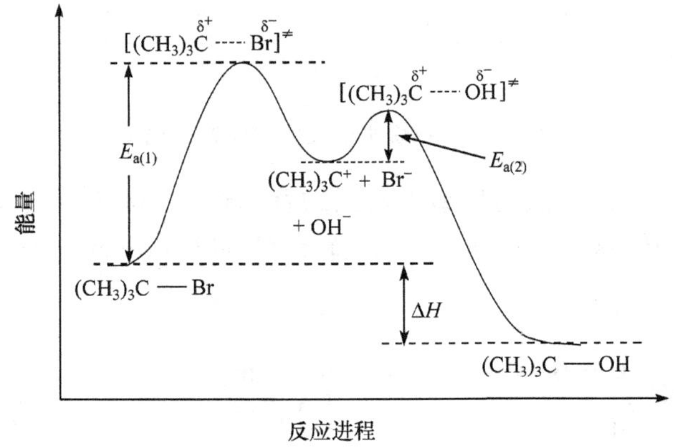

图 6.3　叔丁基溴水解反应的能量变化图

反应中，随着 C—Br 键的逐渐拉长，键的极性增大，中心碳原子上的正电荷和溴原子上的负电荷的量逐渐增加，键的部分断裂使体系能量上升，上升至最高点即过渡态 Ts1。由于反应通常在溶剂中进行，因此反应物溶剂化程度也随之增加，带电质点的溶剂化将释放出能量。因此，当 C—Br 键极化到一定程度后，体系能量开始下降。溶剂化的碳正离子中间体要与亲核试剂 OH^- 结合，必须脱去部分溶剂分子，此时体系能量再度上升，到达第二个能量高峰(Ts2)后又开始下降，直至生成取代产物。

由于在 S_N1 反应中有碳正离子生成，因此 S_N1 反应往往伴随着重排反应。例如，2-甲基-3-氯丁烷水解得到 93%的重排产物 2-甲基-2-丁醇。

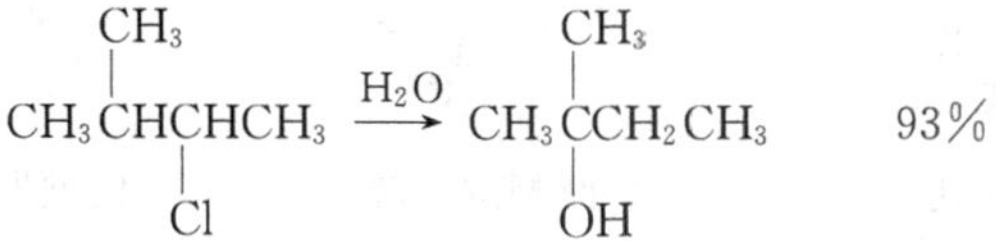

其反应历程如下：

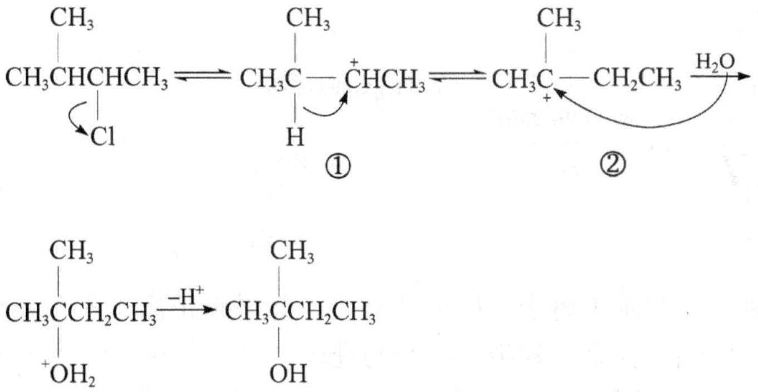

首先，C—Cl 键断裂生成碳正离子①。接着，碳正离子①的中心碳邻位上的氢带着一对电子重排到缺电子的碳上，生成更稳定的碳正离子②。亲核试剂 H_2O 与碳正离子②结合生成产物 2-甲基-2-丁醇。

注意：并非所有的 S_N1 反应都会发生重排，但发生重排的亲核取代反应一般是 S_N1 反应。重排的倾向是能生成更稳定的碳正离子。S_N2 反应没有碳正离子生成，一般不发生重排，可以说重排是单分子亲核取代反应的重要特征和实验依据。例如，新戊基溴和 CH_3CH_2OH 反应，几乎全部得到重排产物。

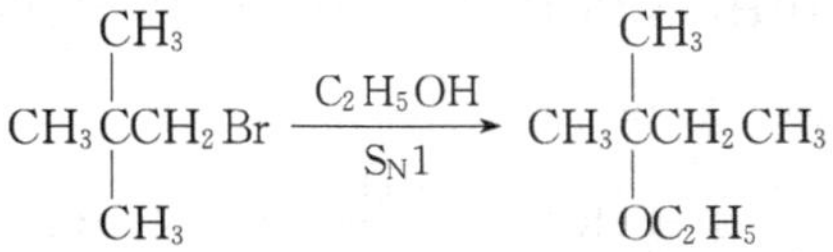

如果中心碳原子是一个手性碳原子，产物将发生外消旋化。这是因为反应中生成的碳正离子具有平面构型(sp^2 杂化)，亲核试剂从平面两侧进攻碳正离子的概率是均等的。

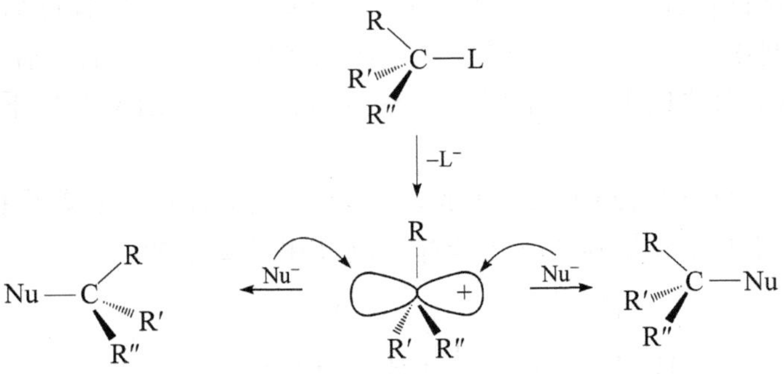

构型转化　　平面型碳正离子　　构型保持

有些 S_N1 反应的实验结果确实是得到外消旋体，但在大多数情况下，往往在外消旋化的同时，还出现一部分构型的转化，即构型转化产物的量超过构型保持产物的量。例如：

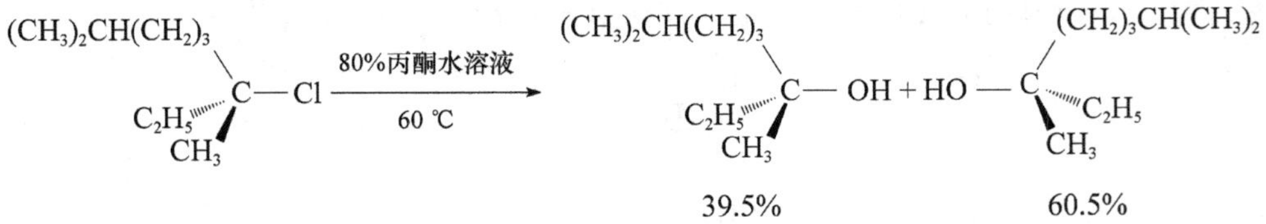

产生这种现象与碳正离子的稳定性有关。如果碳正离子本身结构不稳定，那么它在生成的瞬间会立刻受到亲核试剂的进攻，这时，卤原子可能还来不及离开中心碳原子到相当远的距离，因而它在一定程度上产生屏蔽作用，阻碍了亲核试剂从卤原子那一面的进攻。因此，亲核试剂从离去基团的背面进攻中心碳原子的概率要大些，在这种情况下，构型翻转的产物必然会多些。

不同反应生成的碳正离子稳定性不同，产物外消旋化的程度就不一样。如果生成的碳正离子比较稳定，它就可以存在较长的时间，足以使卤原子离开相当远的距离，此时亲核试剂从两边进攻的概率趋于均等，产物外消旋化就趋于完全。例如：

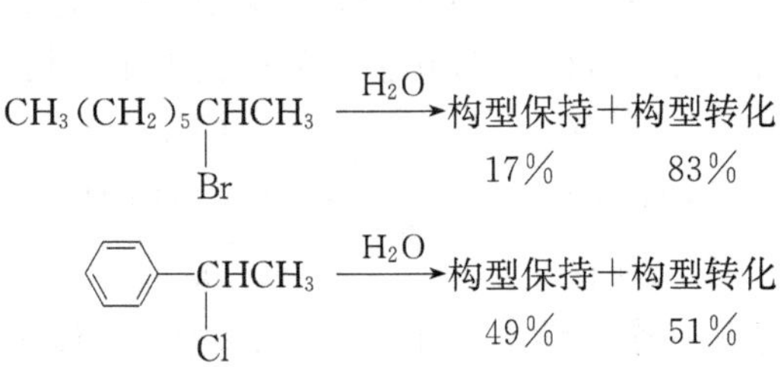

另外，一个反应通常并不是纯粹的 S_N1 或 S_N2 过程，很可能既发生 S_N1 又发生 S_N2，这也是造成产物部分消旋化的因素之一。

总之，S_N1 反应历程的特点是①单分子反应，反应速率只与卤代烃的浓度有关；②反应分两步进行，反应过程中生成碳正离子中间体，有可能发生重排；③在手性碳上反应时，产物外消旋化。

6.3.3 影响亲核取代反应的因素

一个具体的亲核取代反应究竟按 S_N1 还是 S_N2 历程进行，反应活性如何，其影响因素很多也很复杂，主要与烃基的结构、亲核试剂的亲核性、离去基团的性质及溶剂的极性等因素有关。

1. *烃基结构的影响*

1）烃基结构对 S_N2 反应的影响

烃基结构对 S_N2 反应的影响主要是空间因素。S_N2 反应中，亲核试剂是从离去基团的背面进攻中心碳原子生成过渡态。与反应物相比，过渡态的拥挤程度增加。当中心碳原子上连接的取代基增多、体积增大时，进攻试剂接近中心碳原子时受到的阻碍就大。同时，过渡态的拥挤程度也加大。过渡态越拥挤其能量越高，生成过渡态就越困难，因而反应速率越慢。另外，当一级卤代烷的 β-碳原子上有支链时，其 S_N2 反应速率也会明显下降。表 6.4 列出了几种不同烃基结构的溴代烷与碘负离子发生 S_N2 反应时的相对反应速率。

表 6.4 不同烃基结构对 S_N2 反应速率的影响

RBr	CH_3Br	CH_3CH_2Br	$(CH_3)_2CHBr$	$(CH_3)_3CBr$	$CH_3CH_2CH_2Br$	$(CH_3)_2CHCH_2Br$	$(CH_3)_3CCH_2Br$
相对速率	30	1	0.02	0	0.82	0.036	0.000012

根据大量实验事实，可以得出结论：①不同卤代烷进行 S_N2 反应的相对活性次序是 $CH_3X>1°RX>2°RX>3°RX$；②同是一级卤代烷，β-碳上取代基越多，S_N2 反应速率越慢。

2）烃基结构对 S_N1 反应的影响

S_N1 反应中，反应速率决定步骤是反应物解离为碳正离子这一步，与亲核试剂无关。因此，反应物解离的难易程度及生成碳正离子的稳定性大小将对反应速率产生重要影响。表 6.5 列出了几种溴代烷水解（S_N1）的相对反应速率。

表 6.5 不同烃基结构对 S_N1 反应速率的影响

RBr	CH_3Br	CH_3CH_2Br	$(CH_3)_2CHBr$	$(CH_3)_3CBr$
相对速率	1.0	1.7	45	10^8

碳正离子的稳定性次序是 $3°R^+>2°R^+>1°R^+>{}^+CH_3$。而一个碳正离子越稳定，就意味着生成这个碳正离子所需要的活化能越少，即这个碳正离子越容易生成，反应速率就越快。因此，卤代烷进行 S_N1 反应的相对活性次序是 $3°RX>2°RX$

$>1°RX>CH_3X$。

综上所述，不同烃基结构的卤代烷按 S_N1 和 S_N2 两种历程反应的活性次序可以归纳如下：

叔卤代烷主要按 S_N1 历程进行，伯卤代烷主要按 S_N2 历程进行，仲卤代烷则根据具体的反应条件，既可以按 S_N2 也可以按 S_N1 历程进行，或者同时按两种历程进行。

S_N2 的趋势增加 ←

CH_3X　1°RX　2°RX　3°RX

→ S_N1 的趋势增加

需要特别指出的是，当离去基团连在桥环化合物的桥头碳原子上时，无论是按 S_N1 或 S_N2 历程反应都十分困难。例如，7,7-二甲基-1-氯二环[2.2.1]庚烷与硝酸银的醇溶液回流 48 h 或与 30% KOH 的醇溶液回流 21 h，都不会发生氯原子被取代的反应。

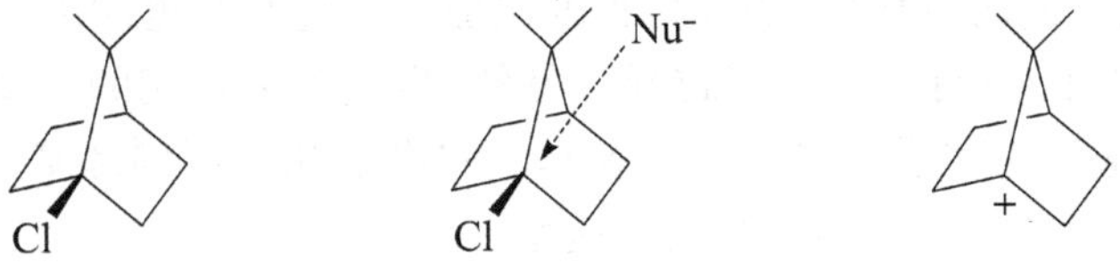

亲核试剂进攻中心碳原子受阻　　**很难伸展成平面型碳正离子**

该化合物显得特别稳定，主要是由于离去基团连在桥头碳原子上，亲核试剂按 S_N2 历程从离去基团的背面进攻中心碳原子的可能性几乎完全被排除。如果按 S_N1 历程进行，卤代物首先要解离成碳正离子。但由于桥环系统的牵制，桥头碳很难伸展为平面构型，即很难生成桥头碳正离子，因而很难发生 S_N1 反应。

2. 离去基团的影响

无论是 S_N1 还是 S_N2 反应，离去基团总是带着一对电子离开中心碳原子。离去基团的碱性越弱，承载负电荷的能力就越强，在反应速率决定步骤中就越容易带着电子对离开中心碳原子，亲核取代反应的活性就越高，这样的离去基团就是一个好的离去基团。反之，离去基团的碱性越强，离开中心碳原子的倾向越小，亲核取代反应的活性就越低。

氢卤酸的酸性强弱顺序是 HI>HBr>HCl>HF，则卤离子的碱性强弱顺序是 $F^->Cl^->Br^->I^-$。因此，在亲核取代反应中它们的离去倾向应该是 $I^->Br^->Cl^->F^-$。也就是说，烃基相同时，卤代烷的亲核取代反应活性次序是 RI>RBr>RCl>RF。碘代烷的亲核取代反应活性最高。

总之，较好的离去基团对亲核取代反应都是有利的，较差的离去基团常使亲核取代反应难于进行。但在不同的反应历程中，影响的程度有所不同，S_N1 反应比 S_N2 反应受离去基团离去能力的影响更大。因为 S_N1 的反应速率主要取决于离去基团从底物中离去这一步，所以离去基团离去能力的强弱对反应活性有重要影响。而在 S_N2 反应中，离去基团离开中心碳原子与亲核试剂的进攻是协同进行的，反应速率的大小由离去基团离去的难易和亲核试剂的亲核性强弱共同决定，因此离去基团离去能力的强弱对 S_N2 反应活性的影响相对较小。一般说来，在反应历程的选择上，有强离去基团的化合物倾向于按 S_N1 历程进行反应，有弱离去基团的化合物倾向于按 S_N2 历程进行反应。

3. 亲核试剂的影响

在亲核取代反应中，亲核试剂的作用是提供一对电子与卤代烃的中心碳原子成键，若试剂供电子的能力强，即亲核性强，成键就快。

对于 S_N1 反应，反应速率只与反应底物有关，而与亲核试剂无关，亲核试剂的改变对反应速率不产生明显的影响。而在 S_N2 反应中，亲核试剂参与过渡态的形成，亲核试剂的浓度越大，试剂的亲核性越强，成键越容易，越有利于反应的进行。

一般来说，试剂的亲核性主要与以下几个因素有关：

1）试剂的碱性

试剂的碱性是指一个试剂提供电子对与质子结合的能力，试剂的亲核性是指一个试剂提供电子对与缺电子碳结合的能力，两者概念不同。在大多数情况下，试剂的亲核性强弱和碱性强弱是一致的，即试剂的碱性强，亲核性也强。例如，中心原子为同一种元素的亲核试剂，其亲核性与其碱性的强弱是一致的：$RO^- > HO^- > ArO^- > RCOO^-$，$RO^- > ROH$，$HO^- > H_2O$，$H_2N^- > NH_3$。

又如，中心原子处于同一周期并具有相同电荷的亲核试剂，其亲核性与其碱性的强弱也是一致的：$R_3C^- > R_2N^- > RO^- > F^-$，$H_2N^- > HO^- > F^-$。

2）试剂的可极化性

试剂的可极化性是指它的外层电子云在外界电场作用下发生变形的难易程度。试剂的可极化性越大，它进攻中心碳原子时，外层电子云就越容易变形而伸向中心碳原子，从而降低形成过渡态时所需的活化能。因此试剂的可极化性越大，其亲核性越强。

中心原子处于周期表中同一族的亲核试剂，其亲核性和其碱性强弱顺序相反。例如：

碱性　$R_3N > R_3P$　$RO^- > RS^-$　$F^- > Cl^- > Br^- > I^-$

亲核性　$R_3N < R_3P$　$RO^- < RS^-$　$F^- < Cl^- < Br^- < I^-$

在这里，亲核试剂的可极化性起主导作用。试剂的可极化性与进攻原子的体积有密切关系。原子半径越大，核对外层电子的束缚越小，在外界电场作用下电子云就越容易变形。因此，对反应中心处在同一族的亲核试剂来说，从上至下，试剂的亲核性增大。卤素中碘的原子半径最大，可极化性最强，故 I^- 亲核性最强。

3）溶剂化作用

亲核试剂亲核性的强弱还与溶剂有一定的关系。例如，卤素负离子在极性非质子溶剂[如 *N*,*N*-二甲基甲酰胺(DMF)、二甲基亚砜(DMSO)]中，亲核性强弱顺序与它们的碱性大小顺序一致，都是 $F^- > Cl^- > Br^- > I^-$。但在质子性溶剂(如乙醇、水)中，它们的亲核性顺序改变了，变成 $I^- > Br^- > Cl^- > F^-$。

这主要是因为在极性非质子溶剂中，亲核试剂没有被溶剂化而呈裸露状态，显出其本性，因而亲核性顺序与碱性顺序相同。而在质子性溶剂中，体积较小、电荷较集中的 F^- 能与质子性溶剂形成强的氢键而被溶剂化，从而大大地降低了它的亲核性。相反，体积较大、电荷较分散的 I^- 溶剂化程度最小，所带的负电荷最暴露，亲核性最强。因此在质子性溶剂中，卤素负离子的亲核性与其碱性顺序相反。实际上，卤代烃的亲核取代反应一般是在质子性溶剂中进行的，因此常说 I^- 是较强的亲核试剂。

综上所述，一些常见的亲核试剂在质子性溶剂中亲核性的强弱顺序如下：

$$RS^- > CN^- \approx I^- > RO^- > HO^- > Br^- > ArO^- > Cl^- > CH_3COO^- > H_2O$$

4. 溶剂的影响

溶剂极性不同对卤代烃亲核取代反应速率的影响也不同。在 S_N1 反应中，增加溶剂的极性能加速卤代烃的解离，提高反应速率。因为 S_N1 反应从反应物到过渡态，电荷的集中程度越来越大，即反应过程中极性增大：

$$R{-}X \rightleftharpoons \left[\overset{\delta^+}{R}\cdots\cdots\overset{\delta^-}{X}\right]^{\neq} \longrightarrow R^+ + X^-$$

底物在形成过渡态时所需的大部分能量可由极性溶剂与极性过渡态的偶极-偶极相互作用时所释放的能量提供。因此，溶剂的极性越大，偶极-偶极相互作用所释放的能量就越多，越有利于稳定其过渡态，降低活化能，加快 S_N1 反应的进行。

对于 S_N2 反应，当亲核试剂是负离子时，从反应物到过渡态是电荷分散的过程，过渡态两端的负电荷不如亲核试剂的负电荷集中。溶剂极性越大，亲核试剂的溶剂化程度就越大，降低其亲核性，而对反应过渡态的溶剂化作用却相对较小，这样就相对提高了反应活化能，不利于 S_N2 反应的进行。

$$Nu^- + R{-}X \rightleftharpoons \left[\overset{\delta^-}{Nu}\cdots\cdots R\cdots\cdots\overset{\delta^-}{X}\right]^{\neq} \longrightarrow Nu{-}R + X^-$$

总之，如果反应过渡态比起始状态的电荷更集中，增加溶剂极性则有利于反应；如果反应过渡态比起始状态电荷更分散，则增加溶剂极性对反应不利。如果过渡态与起始状态相比电荷状况没有改变或改变极小，则溶剂极性对反应几乎没有影响。

6.4　卤代烯烃和卤代芳烃

根据分子中卤原子和双键或苯环的相对位置，卤代烯烃和卤代芳烃可以分为三类，见表 6.6。

表 6.6　卤代烯烃和卤代芳烃的分类

类别	代表物	卤原子与双键或苯环的相对位置
乙烯型和卤苯型卤代烃	$CH_2=CHCl$，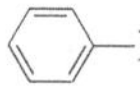—Br	卤素与双键上或芳香环上的碳原子直接相连
烯丙型和苄基型卤代烃	$CH_2=CHCH_2Cl$，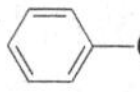—CH_2Br	卤素与双键或芳香环相隔一个碳原子
孤立型卤代烯(芳)烃	$CH_2=CHCH_2CH_2Cl$，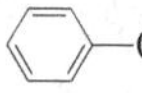—CH_2CH_2Br	卤素与双键或芳香环相隔两个或两个以上碳原子

孤立型卤代烯(芳)烃中，双键或苯环和卤素相隔较远，相互影响很小，卤素的活性与卤代烷类似。而乙烯型、卤苯型卤代烃和烯丙型、苄基型卤代烃各有自己特殊的结构，它们在化学性质上与卤代烷有很大的差异。

6.4.1　乙烯型和卤苯型卤代烃

卤乙烯分子中，卤原子的一对孤对电子所处的 p 轨道与碳碳双键的 π 轨道形成 p-π 共轭体系，见图 6.4。

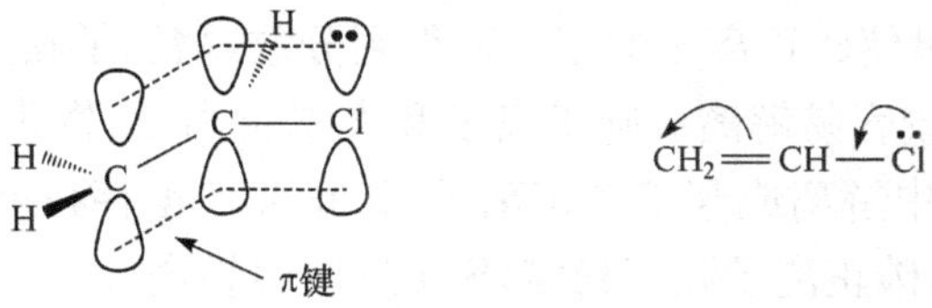

图 6.4　氯乙烯分子中的 p-π 共轭

p-π 共轭的结果使卤原子的未共用电子向双键偏移，碳卤键偶极矩减小，键长缩短，并且具有部分双键的性质，键能较高，卤原子不易于离去。因此，乙烯型卤代烃不易发生亲核取代反应。例如，氯乙烯与碱溶液或氨溶液不发生作用，分子中的氯原子不能被—OH 或—NH_2 取代，在加热条件下也不与硝酸银的醇溶液反应。

卤苯的结构与卤乙烯相似，卤原子的一对孤对电子所处的 p 轨道与苯环大 π 键形成 p-π 共轭体系，碳卤键特别牢固，见图 6.5。因此，卤苯也不容易发生亲核取代反应。

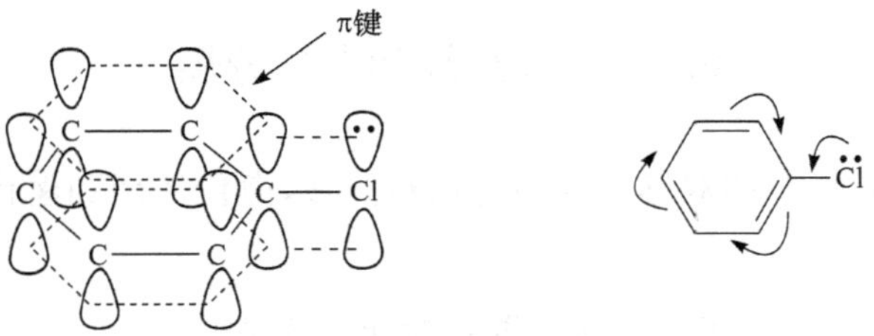

图 6.5　氯苯分子中的 p-π 共轭

6.4.2　烯丙型和苄基型卤代烃

烯丙型卤代烃中卤原子的活性与乙烯型卤代烃相反，甚至比相应的卤代烷还活泼，在室温下就可与硝酸银的醇溶液发生 S_N1 反应，立即生成卤化银沉淀。烯丙基氯与 I^- 发生 S_N2 反应的速率是氯丙烷的 73 倍。

烯丙型卤代烃在 S_N1 反应中表现出相当高的活性，是因为碳卤键解离后生成的碳正离子可以形成缺电子的 p-π 共轭体系，见图 6.6。

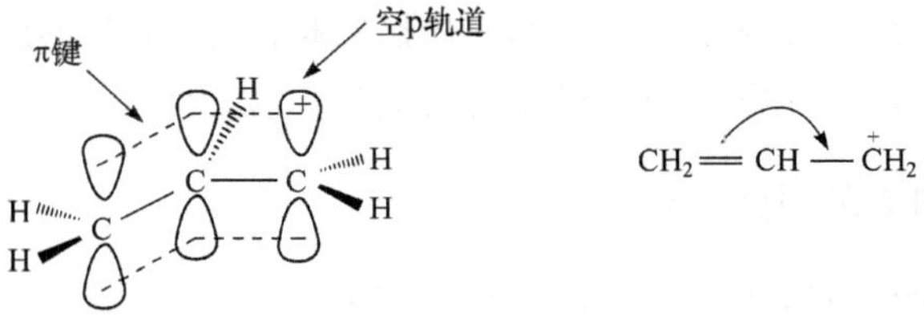

图 6.6　烯丙基碳正离子中的 p-π 共轭

p-π 共轭的结果使碳正离子的正电荷得到分散，增加了碳正离子的稳定性，因此烯丙型卤代烃比较容易解离成碳正离子和卤素负离子，发生 S_N1 反应。苄基型卤代烃在 S_N1 反应中解离成苄基碳正离子，该正离子也存在 p-π 共轭，见图 6.7。正电荷分散至苯环，碳正离子相当稳定，S_N1 反应容易进行。

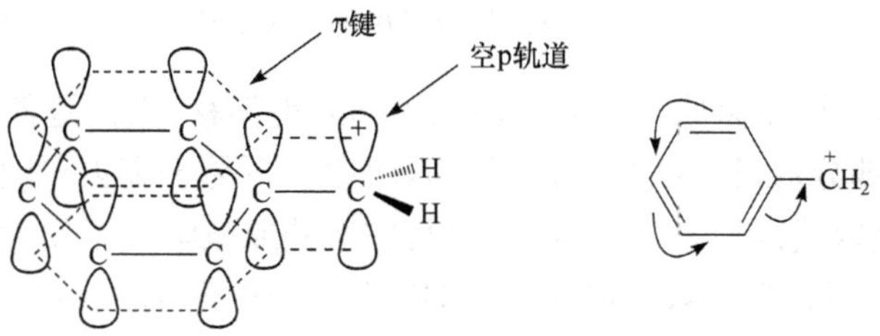

图 6.7　苄基碳正离子中的 p-π 共轭

烯丙型和苄基型卤代烃在 S_N2 反应中同样具有较大的活性。这是由于在 S_N2 反应过渡态中，sp^2 杂化碳原子上的 p 轨道与相邻的 π 键平行重叠，从而稳定了过渡态，如图 6.8 所示。

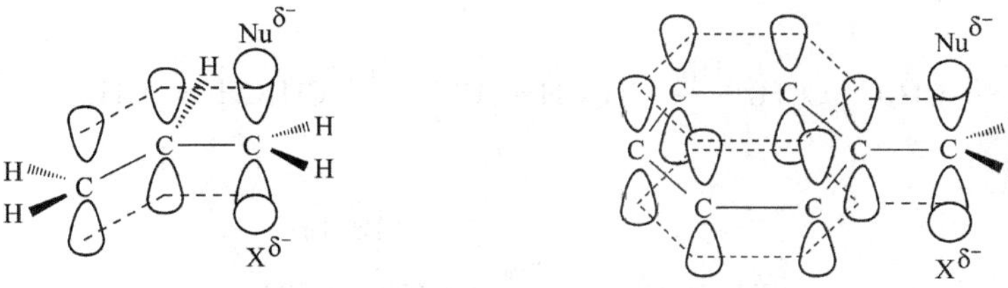

图 6.8　烯丙型和苄基型卤代烃发生 S_N2 反应的过渡态

总之，不同烃基结构的卤代烃发生亲核取代反应的活性次序如下：

烯丙型和苄基型卤代烃＞卤代烷、孤立型卤代烯(芳)烃＞乙烯型和卤苯型卤代烃

利用各类卤代烃与硝酸银的醇溶液反应生成卤化银沉淀的快慢可鉴别各类卤代烃。室温下，烯丙型、苄基型卤代烃、叔卤代烷立即产生卤化银沉淀；仲卤代烷放置几分钟后出现沉淀；伯卤代烷室温下不产生沉淀，加热后出现沉淀；乙烯型、卤苯型卤代烃加热也不产生沉淀。

6.5　卤代烃的制备

1. 由醇制备

醇分子中的羟基被卤原子置换可制得相应的卤代烃，这是合成一卤代烃最重要、最普遍的方法。常用试剂为无水卤化氢、氢卤酸或溴化钠和硫酸的混合物，也可以用三卤化磷(或磷和卤素)、五氯化磷、氯化亚砜等。例如：

$$CH_3CH_2CH_2CH_2OH \xrightarrow{NaBr/H_2SO_4} CH_3CH_2CH_2CH_2Br$$

2. 由不饱和烃制备

一卤代烃可由烯烃与卤化氢加成或由烯烃 α-氢卤代制备，后者是制备烯丙型卤代烃的好方法。

$$CH_2{=}CHCH_3 \xrightarrow{HBr} CH_3\underset{\displaystyle Br}{\underset{|}{C}}HCH_3$$

$$CH_2{=}CHCH_3 \xrightarrow[CCl_4]{NBS} CH_2{=}CHCH_2Br$$

烯烃与卤素加成可制得邻二卤代烃。

$$CH_3CH{=}CHCH_3 \xrightarrow[CCl_4]{Br_2} CH_3\underset{\displaystyle Br}{\underset{|}{C}}H\overset{\displaystyle Br}{\overset{|}{C}}HCH_3$$

炔烃与卤化氢或卤素加成，可制得一卤代烃或多卤代烃。

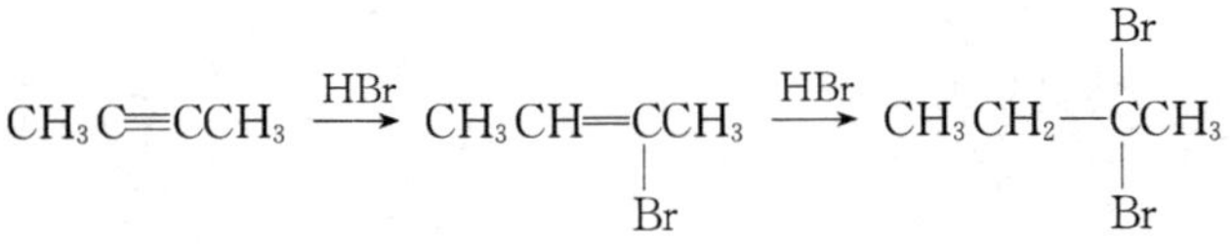

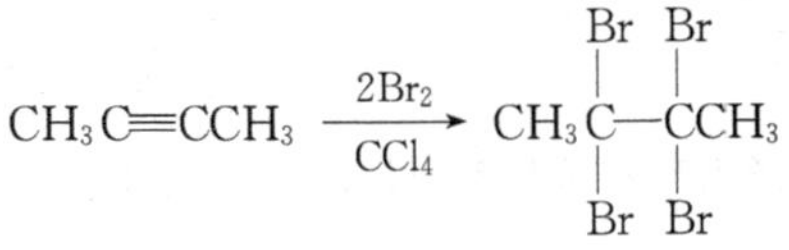

3. 由烷烃制备

由于烷烃溴代的选择性比氯代高，因此常用烷烃溴代获得一种主要的溴代物。例如：

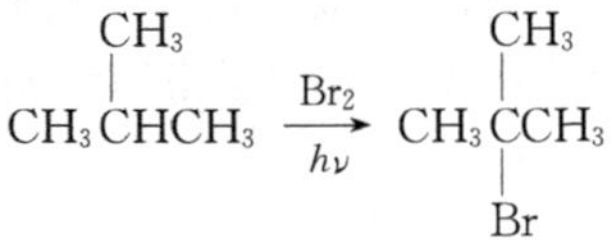

$>99\%$

只有在少数情况下可以用烷烃氯代制得较纯的一氯代物。

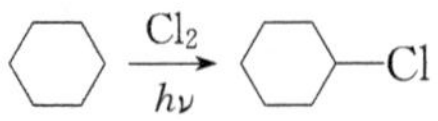

4. 由芳烃制备

芳香烃发生芳香环上的亲电取代或芳香环侧链的 α-氢卤代均可制得卤代烃。

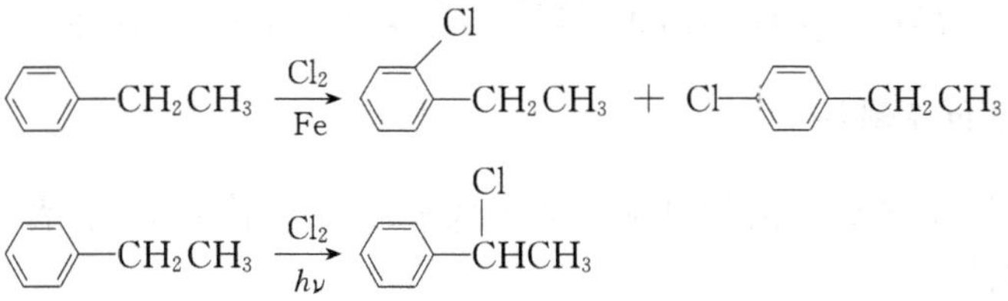

6.6　重要的卤代烃

1. 三氯甲烷

三氯甲烷（$CHCl_3$）又称氯仿，是一种无色、有甜味的液体。沸点 61.7 ℃，相对密度 1.489，不溶于水，不能燃烧。可溶解油脂和许多高分子化合物如有机玻璃、橡胶等，是良好的有机溶剂。19 世纪中叶，氯仿曾在医学上作为外科手术的麻醉药使用，因其对心脏、肝脏毒性较大，目前已很少在临床上使用。

因在光照下，氯仿会被逐渐氧化为剧毒的光气，所以通常用棕色瓶避光保存。

$$CHCl_3 + O_2 \xrightarrow{\text{光照}} \mathrm{Cl\overset{\overset{O}{\|}}{C}Cl} + HCl$$

加入 1% 的乙醇，可将产生的光气转化为无毒的碳酸二乙酯。

$$\mathrm{Cl\overset{\overset{O}{\|}}{C}Cl} + C_2H_5OH \longrightarrow \mathrm{C_2H_5O\overset{\overset{O}{\|}}{C}OC_2H_5} + HCl$$

2. 四氯化碳

四氯化碳(CCl_4)是一种有特殊气味的无色液体，沸点 76.8 ℃，相对密度 1.595，不溶于水。不能燃烧，易挥发，其蒸气密度比空气大，能将燃烧物与空气隔离而起到灭火的作用，常用于油类和电器设备的灭火。四氯化碳还是一种良好的有机溶剂，可溶解油脂、油漆、树脂、橡胶等有机物质。

3. 氟烷

氟烷($F_3C—CHClBr$)又名三氟氯溴乙烷，是一种无色、无刺激性的液体，性质稳定，可与氧气以任意比例混合，不燃、不爆。氟烷是目前常用的吸入性全身麻醉药和局部麻醉药之一，其麻醉强度比乙醚大 2～4 倍，且对人体的肝、肾功能不会造成永久性的损害。

4. 血防 846

血防 846 又称六氯对二甲苯，其结构式为 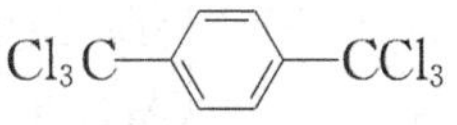。血防 846 是一种白色有光泽的结晶粉末，无味，不溶于水，易溶于氯仿，可溶于乙醇和植物油，熔点 107～112 ℃。它作为一种广谱抗寄生虫病药，常用于治疗血吸虫病和肝吸虫病。

5. 四氟乙烯

四氟乙烯($F_2C{=}CF_2$)为无色气体，沸点 −76.3 ℃，不溶于水，易溶于有机溶剂。在过氧化物引发剂及加压的条件下，四氟乙烯可聚合成聚四氟乙烯。

$$nF_2C{=}CF_2 \xrightarrow{\text{聚合}} {+}F_2C-CF_2{+}_n$$

聚四氟乙烯是一种化学性能非常稳定的塑料，商品名特氟隆(Teflon)。它耐酸、耐碱、耐高温(250 ℃)、耐低温(−269 ℃)、耐腐蚀，又具有较高的机械强度，有“塑料王”之称。它可作人造血管等医用材料、实验室电磁搅拌磁心的外壳及不粘底锅的内衬等。

本 章 小 结

1. 卤代烃的分类和命名。

根据分子的组成和结构特点，卤代烃可有不同的分类方法。根据与卤原子相连的碳原子的类型，将卤代烃分为伯卤代烃、仲卤代烃和叔卤代烃。

卤代烃的命名以相应的烃作母体，把卤原子作为取代基。命名原则、方法与烃类相同，当烷基和卤素原子的编号相同时，优先考虑烷基，使烷基的位次较小。

2. 卤代烃的结构特征及其重要化学反应。

卤代烃分子中，卤原子电负性较大，碳卤键为极性共价键。卤原子带部分负电荷，碳原子带部分正电荷。在亲核试剂的作用下，卤原子易带着碳卤键上的一对电子离去而发生亲核取代反应。同时，由于诱导效应使 β-C 上的氢显示一定的活性。有利于碱的进攻而脱去 β-H，发生消除反应。

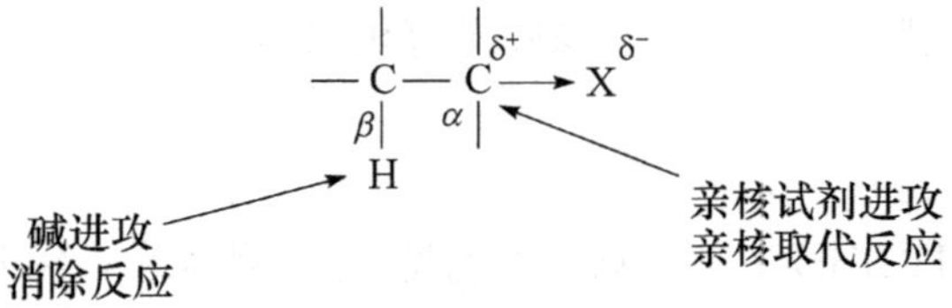

(1) 亲核取代反应。

$$RX + \begin{cases} NaOH \longrightarrow ROH + NaX \\ NaOR' \longrightarrow R{-}O{-}R' + NaX \\ NaCN \longrightarrow R{-}CN + NaX \\ NH_3 \longrightarrow R{-}NH_2 + HX \\ NaC{\equiv}CR' \longrightarrow R{-}C{\equiv}CR' + NaX \\ AgONO_2 \longrightarrow R{-}O{-}NO_2 + AgX\downarrow \end{cases}$$

(2) 消除反应。

$$\underset{\displaystyle X}{RCH_2\underset{|}{C}HCH_3} \xrightarrow[\text{乙醇}]{KOH} \underset{\text{主产物}}{RCH{=}CHCH_3} + \underset{\text{副产物}}{RCH_2CH{=}CH_2}$$

札依采夫规则：卤代烃消除卤化氢时，卤原子总是优先与含氢较少的 β-碳上的氢一起被消除，主要生成双键碳上含烃基较多的烯烃。

在亲核取代反应和消除反应过程中，有时会产生中间体碳正离子的重排，生成更稳定的碳正离子。各类碳正离子的稳定性顺序是 $3°R^+ > 2°R^+ > 1°R^+ > {}^+CH_3$。

(3) 与金属镁反应。

$$R{-}X \xrightarrow[\text{醚}]{Mg} R{-}Mg{-}X$$

格氏试剂很活泼，易与其他化合物发生反应，生成许多有价值的有机化合物。凡是酸性比 R—H 强的化合物都能和格氏试剂作用，生成烷烃。

3. 两种亲核取代反应历程的特点。

(1) 单分子亲核取代反应的特点：①单分子反应，反应速率只与卤代烃的浓度有关；②反应分两步进行，反应过程中生成碳正离子中间体，有可能发生重排；③在手性碳上反应时，产物外消旋化。

(2) 双分子亲核取代反应的特点：①双分子反应，反应速率与卤代烃和亲核试剂的浓度都有关；②反应一步完成，旧键断裂和新键形成同时进行；③中心碳原子的构型发生翻转。

4. 不同烃基结构的卤代烃发生亲核取代反应的活性次序。

S_N1 反应：烯丙型和苄基型卤代烃>3°RX>2°RX>1°RX>乙烯型和卤苯型卤代烃

S_N2 反应：烯丙型和苄基型卤代烃>1°RX>2°RX>3°RX>乙烯型和卤苯型卤代烃

习 题

1. 用系统命名法命名下列化合物。

(1) 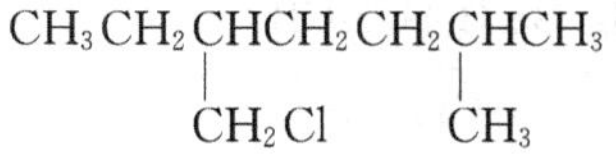 (2) 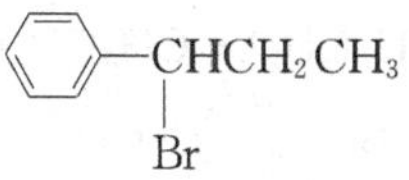 (3) $(CH_3)_2CHMgBr$

(4) 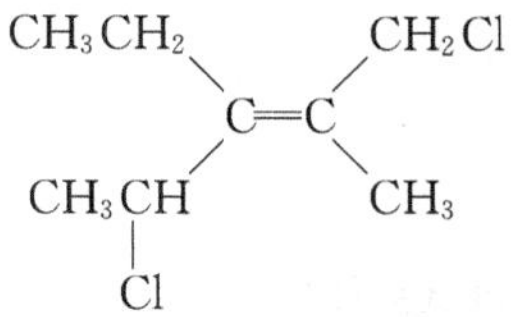 (5) 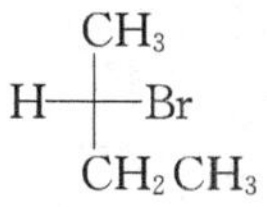 (6) 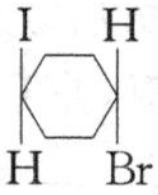

2. 写出下列化合物的结构式。

(1) 2,4-二硝基氯苯 (2) 2-甲基-4-乙基-4-溴己烷 (3) 5-溴-1,3-环戊二烯

(4) 2,2,4,4-四甲基-3-碘戊烷

3. 写出 1-溴丙烷与下列试剂反应的主要产物。

(1) $NaOH/H_2O$ (2) KOH/C_2H_5OH，加热 (3) CH_3CH_2ONa (4) NaCN

(5) CH_3NH_2 (6) NaI/丙酮 (7) 2% $AgNO_3/C_2H_5OH$ (8) Mg，乙醚

4. 完成下列反应式。

(1) $ClCH=CHCH_2Cl \xrightarrow[CH_3OH]{CH_3ONa}$

(2) 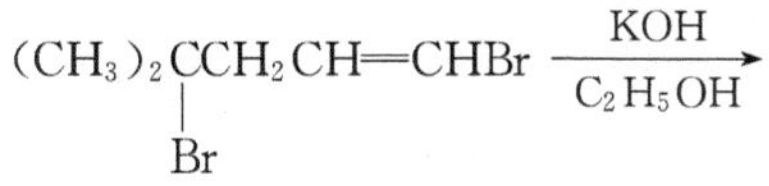

(3) 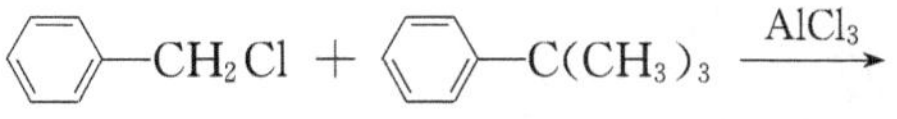

(4) $CH_3CH_2CH=CH_2 \xrightarrow[\text{过氧化物}]{HBr} \xrightarrow{NaOH/H_2O}$

(5) $CH_3CH_2CH=CH_2 \xrightarrow{Br_2} \xrightarrow[\triangle]{KOH,C_2H_5OH} \xrightarrow[HgSO_4,H_2SO_4]{H_2O}$

(6) 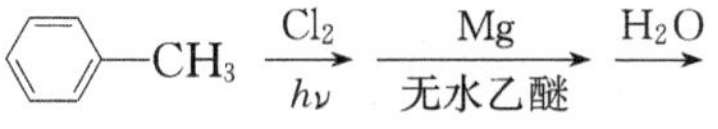

5. 解释下列现象。

(1) $(C_6H_5)_2CHCl$ 和 $(CH_3)_2CHCl$ 进行 S_N1 取代反应时，前者比后者快 1300 倍。

(2) RCH_2Cl 水解生成 RCH_2OH 的反应一般很慢，但若加入少量碘化钾，反应便加速进行。

(3) 用卤代烷脱卤化氢的方法制备 3,4-二甲基环戊烯，使用 1,2-二甲基-4-溴环戊烷比使用 1,2-二甲基-3-溴环戊烷的效果好。

6. 卤代烷与 NaOH 在水-乙醇溶液中反应，根据下列反应现象指出哪些属于 S_N1 历程，哪些属于 S_N2 历程。

(1) 一级卤代烷反应速度大于三级卤代烷　(2) 碱的浓度增加，则反应速度加快

(3) 产物的构型完全转化　(4) 反应分两步进行，第一步是速率决定步骤

(5) 有重排产物　(6) 增加溶剂含水量，则反应速度加快

7. 将下列各组化合物按反应速率大小顺序排列。

(1) S_N2 反应　$CH_3CH_2CH_2CH_2Br$, $CH_3CH_2CH(CH_3)Br$, $(CH_3)_3CBr$

(2) S_N2 反应　$(CH_3)_3CCH_2Br$, $(CH_3)_2CHCH_2Br$, $CH_3CH_2CH_2Br$

(3) S_N1 反应　$CH_3CH_2CH_2CH_2Br$, $CH_3CH_2CH(CH_3)Br$, $(CH_3)_3CBr$

(4) S_N1 反应　—CH_2Br，—CH_2CH_2Br，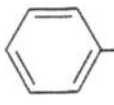—$CH(CH_3)Br$

8. 用简单化学方法鉴别下列各组化合物。

(1) 正丁基氯，仲丁基氯，叔丁基氯

(2) CH_3——Br，—CH_2Br，—CH_2CH_2Br

9. 由苯和不超过三个碳的有机试剂合成下列化合物，必需的无机试剂任选。

(1) —$CH{=}CH_2$　(2) —$CH_2CH_2CH{=}CH_2$

10. 由 1-溴丙烷制备下列化合物。

(1) 异丙醇　(2) 3-溴丙烯　(3) 1,3-二氯-2-丙醇　(4) 2,3-二氯-1-丙醇

11. 化合物 $A(C_7H_{12})$ 与溴反应生成 $B(C_7H_{12}Br_2)$，B 在 KOH/C_2H_5OH 中加热生成 $C(C_7H_{10})$，C 可与顺丁烯二酸酐进行第尔斯-阿尔德反应生成 D，C 经臭氧氧化再还原水解得到 E(OHCCHO) 和 F[$OHCCH(CH_3)CH_2CHO$]，试写出 A～D 的构造式。

（广东药学院　赵　红）

第 7 章　波谱知识简介

学习要求

1. 了解 UV、IR、NMR 及 MS 的基本原理及在有机结构鉴定中的应用。

2. 掌握 UV 吸收峰波长与分子共轭体系的关系，IR 解析的重要区段及主要官能团的特征吸收频率，^{1}H NMR的化学位移、峰面积、自旋偶合及裂分与分子中氢核的关系，MS 中各种碎片离子与分子结构的关系。

3. 熟悉四谱解析的基本方法，根据四谱数据初步推测常见化合物的结构。

有机化合物的性质与其结构密切相关，有机化合物的结构研究是有机化学的重要组成部分。随着现代仪器检测技术的不断发展和普遍应用，紫外光谱(ultraviolet spectrum，UV)、红外光谱(infrared spectrum，IR)、核磁共振光谱(nuclear magnetic resonance spectrum，NMR)和质谱(mass spectrum，MS)(合称为“四大谱”)相互配合，形成了一套完整的有机结构分析方法，在有机结构鉴定中起重要作用。

UV、IR、NMR 属吸收光谱，MS 属非吸收光谱。波谱分析是基于物质与电磁辐射相互作用所产生的辐射信号或所引起的变化进行分析的一类分析法。电磁辐射按其波长顺序排列为电磁波谱(光波谱)，表 7.1 为电磁波谱及对应的波谱技术。

表 7.1　电磁波谱及对应的波谱技术

波长	波谱区域	跃迁类型	光谱技术
100～200 nm	远紫外		
200～400 nm	近紫外		紫外光谱
400～800 nm	可见光	电子跃迁	可见光谱
0.8～2.5 μm	近红外光	电子跃迁、分子振动	
2.5～25 μm	中红外光	分子振动、转动	红外光谱
0.025～1 mm	远红外光、微波	分子转动、电子自旋	
>10 cm	无线电波	原子核自旋	核磁共振谱

电磁波的能量与波长或频率的关系为

$$E = h\nu = \frac{hc}{\lambda}$$

式中，E 为光子的能量，单位为 J · mol^{-1}；h 为普朗克(Plank)常量，其值为 6.626×10^{-34} J · s；ν 为光的频率，单位为 Hz，也可用波数($\bar{\nu}$)表示，波数与波长互

为倒数，单位为 cm^{-1}；c 为光速，其值为 2.998×10^{10} $cm\cdot s^{-1}$；λ 为光的波长，单位可以是 nm、μm、cm 等。

分子的每一种运动形式都有一定的能级，而且是量子化的，如电子能级、振动能级、转动能级等。用某一波长范围内连续改变的电磁波照射某有机化合物，若某波长的电磁波能量数值上正好等于该有机物分子的某一运动状态的能级差(ΔE)，该有机物分子就会吸收该波长电磁波的能量，从低能级跃迁到高能级。记录该物质对各种波长的电磁波的吸收程度，就得到反映分子结构特征的吸收光谱图。这就是利用光谱法测定有机化合物结构的依据。

7.1 紫外光谱

紫外吸收光谱是分子吸收一定波长的紫外光，某些价电子由低能态(基态)跃迁到高能态(激发态)时产生的一种吸收光谱，简称紫外光谱，其主要反映分子中共轭结构的信息。

紫外光是波长为 100～400 nm 的电磁波，可分为近紫外区(也称石英紫外区，200～400 nm)和远紫外区(也称真空紫外区，100～200 nm)两个波段。远紫外光能被空气中的 O_2、N_2、CO_2 等吸收，测定时必须在真空条件下进行，比较困难，研究较少。通常所说的紫外光谱是指近紫外区光谱。可见光区(400～800 nm)的光也能提供电子跃迁所需能量，故目前常用测定波长范围为 200～800 nm 的紫外-可见(UV-Vis)分光光度仪测定有机物的紫外-可见吸收光谱。

7.1.1 紫外光谱的表示方法

用不同波长的近紫外光依次照射一定浓度的被测样品溶液时，会发现部分波长的光被吸收。以波长 λ 为横坐标，吸光度 A (absorbance)为纵坐标作图所得的曲线，即为紫外吸收光谱图。紫外吸收光谱图的纵坐标也可用摩尔吸光系数 ε(molar absorptivity)或 $\lg\varepsilon$ 表示。图 7.1 为 3-甲基-3-戊烯-2-酮在乙醇中的紫外吸收光谱图。

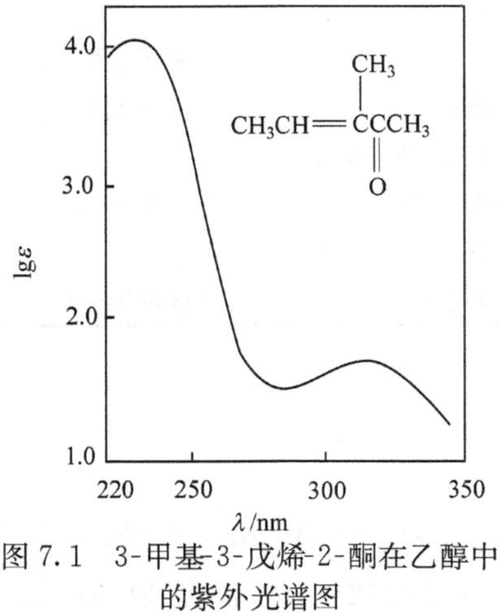

图 7.1　3-甲基-3-戊烯-2-酮在乙醇中的紫外光谱图

谱图中的高峰称为吸收峰，用 ε_{max} 表示(或 $\lg\varepsilon_{max}$)；其对应的波长称最大吸收波长，用 λ_{max} 表示。λ_{max}、ε_{max} 是化合物的特征数值，是鉴定化合物结构的重要依据。λ_{max} 常用文字符号表示，如苯乙烯的紫外光谱可表示为(λ 右上角为测定所用的溶剂)

$$\lambda_{max}^{乙醇} = 244\ nm(\lg\varepsilon = 4.08);282\ nm(\lg\varepsilon = 2.65)$$

紫外吸收峰并不是尖峰，而是放宽的峰，故称为吸收带。这是因为价电子跃迁所需的能量比分子振动和转动能级跃迁所需的能量都大，每一种电子能级跃迁时，都同时伴有振动和转动能级的变化，致使谱峰变宽。

7.1.2　电子能级跃迁和紫外吸收谱带

1. 电子跃迁

紫外光谱是由分子中价电子跃迁而产生的。在紫外光区能发生跃迁的电子有 σ 电子、π 电子和 n 电子(未共用电子对)。其中 σ 电子、π 电子为成键电子，n 电子为非键电子。这些电子发生跃迁的类型不同，所需能量也不同，对应的紫外吸收峰也不同。图 7.2 为电子跃迁能级示意图。表 7.2 为电子跃迁类型与对应的吸收峰。

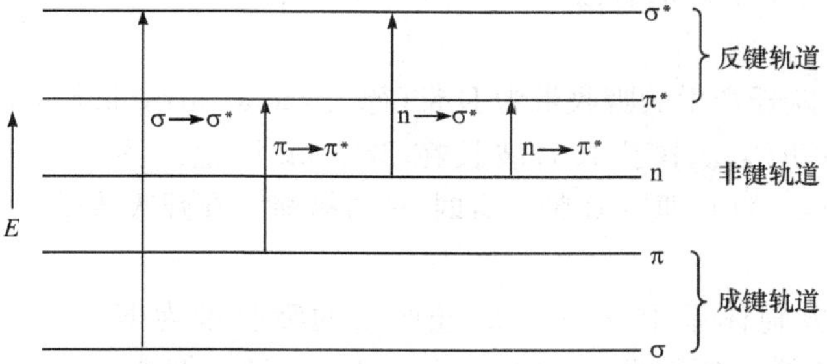

图 7.2　电子跃迁能级示意图

表 7.2　电子跃迁类型与对应的吸收峰

跃迁类型	σ→σ*	n→σ*	π→π*	n→π*
λ_{max}/nm	～150	＜200	～200	270 以上

σ 电子的跃迁(σ→σ*)、n 电子的跃迁(n→σ*)吸收的波长较短，在近紫外区没有吸收。紫外光谱中具有实际意义的是 n 电子的另一种跃迁(n→π*)和共轭体系中 π 电子的跃迁(π→π*)，通常 n→π* 跃迁处于长波段，吸收较弱；π→π* 跃迁处于短波段，吸收较强。

2. 紫外光谱的常用术语

生色团(chromophore)：分子中能吸收紫外光或可见光的不饱和基团，也称发色团。通常指能发生 π→π* 或 n→π* 跃迁的不饱和基团，如 C═C、C≡C、C═O、C≡N 和 N═O 等。

助色团(auxochrome)：含有杂原子的饱和基团，如—NH_2、—OH、—OR、

—SH和—Cl等。助色团本身在近紫外和可见光区无吸收，但它与生色团相连时，产生 p-π 共轭，使共轭体系增大，能增大生色团的吸收波长，有时能使吸收强度增大。例如，生色团苯环的 $\lambda_{max}=255$ nm($\varepsilon=230$)，而含有助色团羟基的苯酚的 $\lambda_{max}=270$ nm($\varepsilon=1450$)。

红移(red shift)：由于取代基或溶剂效应引起的吸收峰移向长波方向。

蓝移(blue shift)：由于取代基或溶剂效应引起的吸收峰移向短波方向。

增色效应(hyperchromic effect)：使吸收强度增强的效应。

减色效应(hypochromic effect)：使吸收强度减弱的效应。

3. 吸收带

相同跃迁类型产生的吸收峰称吸收带(absorption band)。按价电子和分子轨道的种类，可分为 R 带、K 带、B 带和 E 带 4 种。紫外光谱的吸收带可提供有机化合物分子结构的基本骨架信息。

1) R 带

由 n→π* 跃迁产生的吸收带为 R 带(德文 radikalartig band，基团型谱带)，吸收强度很弱，一般 ε_{max} 小于 100，波长在 270 nm 以上。例如，正己烷中乙醛的 λ_{max} 为 291 nm($\varepsilon=11$)，即属 R 带。有时，R 带被淹没在强吸收带中。

2) K 带

由非封闭共轭体系中 π→π* 跃迁产生的吸收带为 K 带(德文 konjugierte band，共轭型谱带)，吸收强度很大，ε_{max} 大于 10000。例如，1,3-丁二烯的 λ_{max} 为 217 nm($\varepsilon_{max}=21000$)，即属 K 带。共轭链越长，K 带越是红移，如 1,3,5-己三烯的 λ_{max} 为 258 nm。

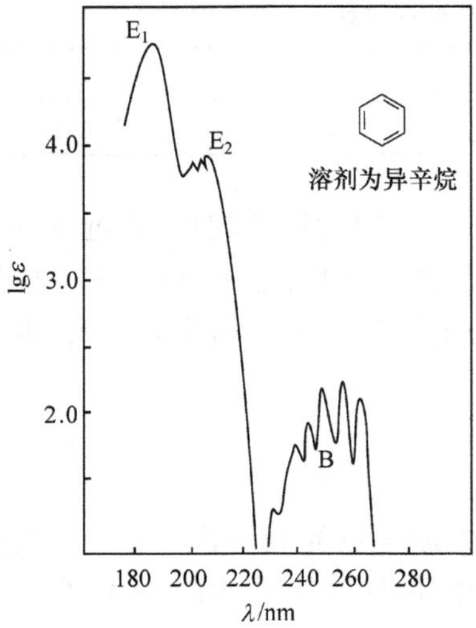

图 7.3　苯的紫外吸收光谱

3) B 带

由芳香族化合物的苯环或芳杂环振动和 π→π* 跃迁的重叠所产生的吸收带为 B 带(英文 benzenoid band，苯型谱带)，λ_{max} 一般为 230～270 nm，宽峰，ε_{max} 为 200～300。在非极性溶剂中，B 带含有多重小峰(精细结构，fine structure)，常用来识别芳香族化合物。图 7.3 苯的紫外光谱中，$\lambda_{max}=254$ nm($\varepsilon=250$)的吸收带即为 B 带。但苯环被取代后，精细结构可能减弱或消失。苯环若与助色团或生色团相连，B 带将红移，如苯乙烯的 B 带 λ_{max} 为 282 nm($\varepsilon=450$)。

4) E 带

由封闭共轭体系中 $\pi\rightarrow\pi^*$ 跃迁产生的 K 带称为 E 带(英文 ethylenic band,乙烯型谱带)。E 带类似于 B 带,也是芳香结构的特征吸收带,可分为 E_1 带和 E_2 带。E_1 带是由苯环中乙烯键的 $\pi\rightarrow\pi^*$ 跃迁所致的强吸收,ε_{max} 大于 10^4,但由于 λ_{max} 在远紫外区,因此不常用。E_2 带是由苯环中的共轭丁二烯键的 $\pi\rightarrow\pi^*$ 跃迁所致的强吸收,$\varepsilon_{max}\approx10^3$,$\lambda_{max}$ 在 210 nm 左右。例如,苯的 E_1 带在 $\lambda_{max}=184$ nm($\varepsilon=60000$),E_2 带在 $\lambda_{max}=204$ nm($\varepsilon=7900$)。当苯环与生色团共轭时,E_2 带常与 K 带合并,吸收峰红移。表 7.3 为常见苯的单取代生色团或助色团衍生物的紫外光谱。

表 7.3　常见苯的单取代生色团或助色团衍生物的紫外光谱

化合物	E_2(K)		B		R		溶剂
	λ_{max}/nm	(ε)	λ_{max}/nm	(ε)	λ_{max}/nm	(ε)	
C_6H_6	204	(7900)	256	(200)			正已烷
$C_6H_6—CH=CH_2$	244	(12000)	282	(450)			乙醇
$C_6H_5—CHO$	244	(15000)	280	(1500)	328	(20)	乙醇
$C_6H_5—COOH$	230	(10000)	270	(800)			水
$C_6H_5—COCH_3$	240	(13000)	278	(1110)	319	(50)	乙醇
$C_6H_5—CN$	224	(13000)	271	(1000)			
$C_6H_5—Cl$	210	(7600)	265	(240)			乙醇
$C_6H_5—NH_2$	230	(8600)	280	(1430)			水
$C_6H_5—OH$	211	(6200)	270	(1450)			水
$C_6H_5—OCH_3$	217	(6400)	269	(1480)			2% 甲醇
$C_6H_5—OC_6H_5$	255	(11000)	272	(2000)			

以表 7.3 中苯乙酮为例,苯乙酮分子中生色团羰基与苯环共轭,吸收峰红移,E_2 带与 K 带合并,故苯乙酮有 3 个吸收峰:$n\rightarrow\pi^*$ 跃迁,R 带,$\lambda_{max}=319$ nm($\varepsilon=50$),与丙酮($\lambda_{max}=276$ nm)比较显著红移;$\pi\rightarrow\pi^*$ 跃迁,K(E_2)带,$\lambda_{max}=240$ nm($\varepsilon=13000$),与苯环 E_2 带比较显著红移;苯环 $\pi\rightarrow\pi^*$ 跃迁,$\lambda_{max}=278$ nm($\varepsilon=1110$),B 带,与无取代苯环 B 带比较显著红移。

7.1.3　紫外光谱测定中溶剂的选择

紫外测定多在溶液中进行,溶剂的极性对化合物的紫外吸收影响较大,因此表示紫外光谱数据时应标明使用的溶剂。极性溶剂(如醇、水等)往往使最大吸收波长发生位移,称为溶剂效应(solvent effect)。极性溶剂一般使 $n\rightarrow\pi^*$ 跃迁(R 带)

发生蓝移，而使 $\pi \rightarrow \pi^*$ 跃迁(K 带)发生红移。例如，在正己烷和水中测定 4-甲基-3-戊烯-2-酮的紫外吸收结果如下：

$$n \rightarrow \pi^* \text{ 跃迁：} \lambda_{max}^{正己烷} = 329\ nm, \lambda_{max}^{水} = 305\ nm$$

$$\pi \rightarrow \pi^* \text{ 跃迁：} \lambda_{max}^{正己烷} = 230\ nm, \lambda_{max}^{水} = 305\ nm$$

在 $n \rightarrow \pi^*$ 跃迁中，由于基态(n 轨道)极性比激发态(π^* 轨道)极性强，处于基态 n 轨道的孤对电子(n 电子)与含质子的极性溶剂更容易形成稳定的氢键，所以极性溶剂使基态能级降低程度比使激发态降低程度大，导致 $n \rightarrow \pi^*$ 跃迁所需能量大大增加，因此吸收带蓝移。

在 $\pi \rightarrow \pi^*$ 跃迁中，激发态(π^* 轨道)的极性比基态(π 轨道)强，极性较强的 π^* 轨道与极性溶剂作用强，能量下降较大，极性较弱的 π 轨道与极性溶剂作用弱，能量下降较小，导致 $\pi \rightarrow \pi^*$ 跃迁所需能量变小，因此吸收带红移。

选择测定溶剂时，除了注意溶剂的极性、纯度、溶解性能等，还要注意溶剂本身的紫外吸收情况。为消除溶剂的吸收干扰，应选择吸收上限(又称截止波长)低于样品吸收带的溶剂。小于截止波长的区域，溶剂本身有吸收，会对测量产生干扰；大于截止波长的区域，溶剂本身无吸收(称透明范围)，不会对测定产生干扰。一般测定非极性化合物多用环己烷或正己烷作溶剂，尤其是芳香化合物在环己烷中测定的紫外光谱能显示其特有的精细结构；测定极性化合物多用水、乙醇或甲醇作溶剂。表 7.4 为紫外-可见吸收光谱常用溶剂。

表 7.4　紫外-可见吸收光谱常用溶剂

溶　剂	截止波长/nm	溶　剂	截止波长/nm	溶　剂	截止波长/nm
乙腈	190	乙醇	210	四氯化碳	257
水	191	正丁醇	210	甲酸甲酯	260
正己烷	195	丁醚	210	*N*,*N*-二甲基甲酰胺	270
十二烷	200	异丙醇	215	苯	280
十氢化萘	200	乙醚	215	四氯乙烯	290
甲醇	205	1,4-二氧六环	220	二甲苯	295
环己烷	210	二氯甲烷	235	吡啶	305
庚烷	210	1,2-二氯乙烷	235	丙酮	330
异辛烷	210	氯仿	237	二硫化碳	380
甲基环己烷	210	乙酸乙酯	255	硝基苯	380

7.1.4　紫外光谱的应用

1. 确定共轭体系

紫外光谱吸收带宽而平坦，信息量较少。紫外光谱虽然可以提供化合物共轭体系的信息，但是含有相同共轭结构的不同化合物，紫外光谱基本相似，因此仅靠紫外光谱很难确定一个化合物的结构。根据紫外-可见吸收光谱可以得到如下信息：

(1) 在 200～800 nm 区无吸收峰，该化合物应无共轭体系，可能是脂肪(环)烃及其衍生物(氯化物、醇、醚、胺等)，也可能是单烯、孤立多烯或炔烃等。

(2) 在 270～350 nm 区有一个弱吸收峰($\varepsilon_{max}<100$)，并且在 200 nm 附近无吸收峰，该吸收带应为醛、酮中羰基 $n\rightarrow\pi^*$ 跃迁产生的 R 带。

(3) 在 260～300 nm 区有一中强吸收峰($\varepsilon_{max}=200\sim2000$)，该吸收带为单个苯环或某些杂环的特征 B 带(或 K 带)，化合物通常含有芳香环结构。当芳环被取代后共轭体系增长时，ε_{max}可大于 10000。若在大于 300 nm 或吸收延伸到可见光区有高强度吸收，且具有明显的精细结构，说明有稠环芳烃、稠杂环芳烃或其衍生物。

(4) 在 220～250 nm 区有强吸收带($\varepsilon_{max}\geqslant10\ 000$)，该吸收带为 $\pi\rightarrow\pi^*$ 跃迁产生的 K 带，化合物含有共轭二烯结构或 α,β-不饱和醛、酮结构；α,β-不饱和酮还应在 320 nm 附近有 R 带出现。若在 260 nm、300 nm 或 330 nm 左右有强吸收带($\varepsilon_{max}>10000$)，化合物可能存在含 3、4、5 个双键的共轭体系；若化合物有颜色，可能含有更长的共轭体系。

2. 立体异构的判别

可以利用紫外-可见吸收光谱研究一些化合物的构型和构象。例如，1,2-二苯乙烯的顺反异构体的 λ_{max}是不同的。顺式异构体空间位阻较大，影响了苯环与双键的共平面性，共轭效应不如反式异构体强，$\pi\rightarrow\pi^*$ 跃迁所需能量较高，其 λ_{max} 和 ε_{max}都比反式异构体小。

λ_{max} 280 nm($\varepsilon_{max}=10500$)　　λ_{max} 295.5 nm($\varepsilon_{max}=29000$)

再如，α-取代环己酮，α-位 Cl 取代在 e 键和 a 键，其 λ_{max}也不同。

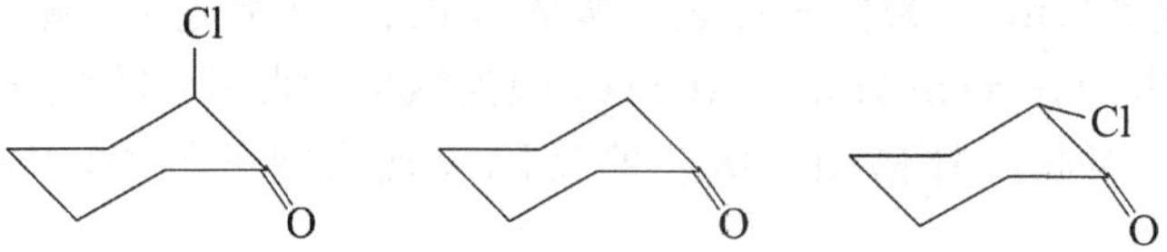

λ_{max} 313 nm　　λ_{max} 291 nm　　λ_{max} 284 nm

3. 定量分析

根据朗伯-比尔(Lambert-Beer)定律 $A=\varepsilon cL$(c 为样品的物质的量浓度,L 为吸收池的厚度,单位 cm),紫外光谱常可用来检验样品中某微量化合物的存在及其含量(灵敏度可高达 $10^{-7}\text{g}\cdot\text{mL}^{-1}$),定量测定的精密度为 0.5%~0.2%。常规分析常用标准曲线法和直接比较法。临床上将紫外-可见分光光度法与酶法相结合,用试剂盒可测定许多生化指标。

4. 跟踪反应

如果某反应的生成物和反应物有不同的紫外光谱,则可借助图谱的变化程度判断反应的进程。生物学上酶反应进程的跟踪就是利用此原理。例如,氧化型烟酰胺腺嘌呤二核苷酸(辅酶Ⅰ,NAD^+)只在 270 nm 处有最大吸收峰,经酶催化还原所得的还原型辅酶Ⅰ(NADH)在 340 nm 有一吸收峰。根据 340 nm 峰的出现即可知酶促反应的开始,计算该峰吸光度 A 或摩尔吸光系数 ε_{max} 的增量,可跟踪该反应的进程。此方法现已应用于生物学上许多重要酶的测定。

7.2 红外光谱

红外吸收光谱是分子振动或转动能级跃迁产生的吸收光谱,简称红外光谱,也称振动-转动光谱,对应的波长范围在中红外区(2.5~25 μm),波数($\bar{\nu}$)范围为 4000~400 cm^{-1}。红外光谱主要反映分子中官能团的信息,是定性鉴定化合物及其结构的重要手段,在生物学、化学、环境科学等领域发挥重要的作用。在医药卫生领域,红外光谱法最重要的应用是药品的检验。此外,应用红外光谱研究氨基酸、多肽、蛋白质和核酸的结构及进行细胞、病毒和酶等方面的研究也有报道。

7.2.1 红外光谱图

用波长连续变化的红外光源照射某一样品时,当某一波长的红外光的能量恰好与分子中某一化学键的振动频率相同时,就产生吸收。检测并记录样品的吸收情况,就得到该样品的红外光谱图。图 7.4 为 2-辛醇的红外光谱图。红外谱图以波长(μm)或波数(cm^{-1})为横坐标表示吸收峰位置,波数越大,频率越高,能量就越大;多以透射率(percent transmittance,T)为纵坐标表示吸收强度,透射率越小,表明吸收越强,因此红外谱图中吸收峰实际表现为向下的谷,谷越深表示吸收越强。

红外谱图中峰的形状及强度各不相同。峰形有宽峰(br,broad)、尖峰(sh,sharp)、可变峰(v,virable)等。峰强常用 ε 表示,分为很强(vs,very strong),

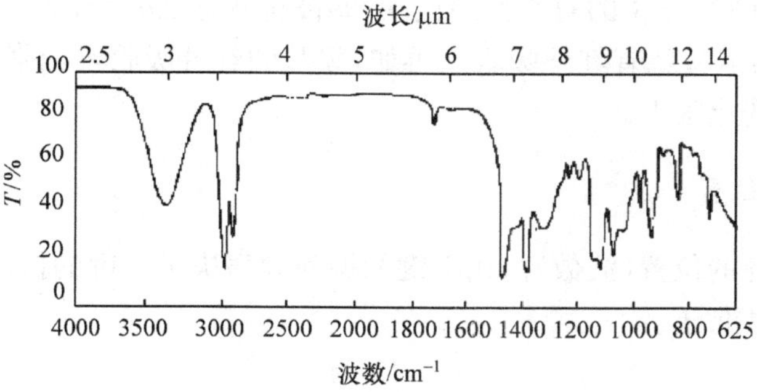

图 7.4　2-辛醇的红外光谱图

$\varepsilon>100$；强(s，strong)，$\varepsilon=20\sim100$；中强(m，medium)，$\varepsilon=10\sim20$；弱(w，weak)，$\varepsilon=1\sim10$；很弱(vw，very weak)，$\varepsilon>1$。根据红外谱图的峰位、峰形、峰强，可推测化合物可能含有的官能团。

7.2.2　分子振动与红外吸收

1. 振动形式

分子振动是指分子中化学键的振动。化学键可看成两端连着小球的弹簧，有伸缩振动(stretching vibration)和弯曲振动(bending vibration)两大类型。以亚甲基为例说明。

(1) 伸缩振动：符号 ν，指键长沿键轴方向伸长或缩短的振动，包括对称(symmetric)和不对称(asymmetric)伸缩振动，符号 ν_s 和 ν_{as}。

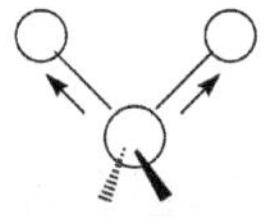
对称伸缩振动

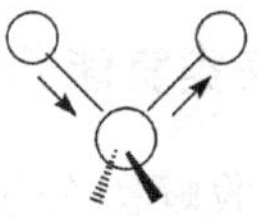
不对称伸缩振动

(2) 弯曲振动：符号 δ，指键角垂直于键轴方向发生变化的振动，包括面内弯曲和面外弯曲两种振动方式。面内弯曲振动又可分为剪式(scissoring)和平面摇摆(rocking)振动，面外弯曲又分为非平面摇摆(wagging)和扭曲(twisting)振动。

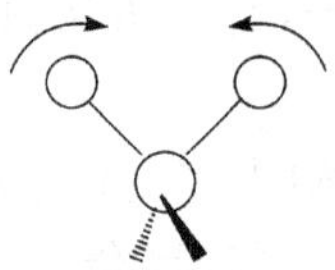
剪式

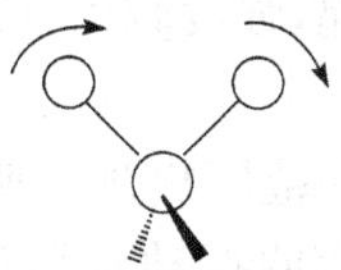
平面摇摆

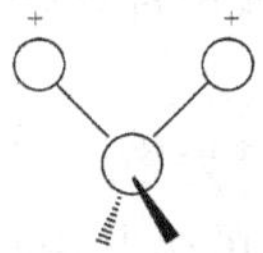

非平面摇摆

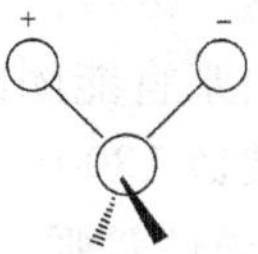

扭曲

从理论上讲，多原子分子中化学键的每一种振动都会产生相应的红外吸收峰，但实际上只有能引起偶极矩变化的振动才能产生吸收峰，且偶极矩变化越大，吸收峰越强。例如，CO_2 分子的对称伸缩振动，偶极矩变化 $\Delta\mu=0$，无红外吸收；当振动为不对称时，$\Delta\mu\neq0$，就有红外吸收。再如，羰基的红外吸收峰很强，是因为其振动引起的偶极矩变化很大。

2. 吸收峰位置

红外吸收峰的位置（波数）由化学键的振动频率决定。键的振动频率可根据胡克（Hooke）定律推算

$$\bar{\nu}=\frac{1}{2\pi c}\sqrt{k\left(\frac{1}{m_1}+\frac{1}{m_2}\right)}$$

式中，k 为键的力常数；m_1、m_2 为成键原子的质量。由上述公式可知：化学键的振动频率与键的力常数和成键原子的质量有关。首先，双键或叁键键长比单键短，键能大，k 值就大，键的振动频率就高，吸收峰出现在高波数处。例如，C≡C的吸收峰在较高波数 $2260\sim2100\text{cm}^{-1}$，而C—C的吸收峰在较低波数 $1500\sim700\text{cm}^{-1}$。其次，成键原子质量越小，键的振动频率越高，如O—H、N—H和C—H的吸收峰出现在高波数 $3600\sim2700\text{cm}^{-1}$。此外，伸缩振动涉及键长的变化（$k$ 大），所需吸收能量较高，故对于一定的化学键，通常 ν 在高波数区，δ 在低波数区。

基团的振动会受分子结构中如氢键、电子效应、空间效应、环张力效应和跨环效应等的影响，从而引起吸收峰位的移动。测定条件及样品物理状态等的差异也会改变吸收峰的位置。因此，同一基团的吸收峰位置并不固定在一个频率上，而是在一定范围内移动。

7.2.3 有机物中各类官能团的特征吸收

红外光谱的吸收峰因分子振动形式多样而比较复杂，但各种官能团都有自己的特定红外吸收区域（特征吸收峰），只要掌握了各种官能团的特征吸收峰及其位移规律就可以对红外光谱进行解析。

通常将红外光谱分成官能团区（特征谱带区）和指纹区两个区：

波数 $4000\sim1300\text{cm}^{-1}$ 为官能团区，是有机物分子中主要官能团的特征吸收所在。这个区域的吸收一般由伸缩振动引起，强度较大，峰形清晰，易于辨认，据此可推断出某官能团的存在。

波数 $1300\sim400\text{cm}^{-1}$ 为指纹区。这一范围出现的吸收峰相当多，犹如人的指纹，特异性较强。指纹区的吸收由伸缩、弯曲振动及转动引起，比较复杂。分子结构上的微小变化，都会引起指纹区吸收峰的明显不同，这对鉴别结构有微小差异的化合物很有价值。

一个基团的多种振动形式往往有相应的吸收峰，它们相互依存又相互印证，称

为相关峰。在确定某官能团是否存在时，一般先找其对应的特征吸收峰，再找相关峰，相关峰的出现是该官能团存在的有力辅证。

各类化合物中官能团的特征吸收峰及主要相关峰简述如下：

1）烷烃的特征吸收峰

烷烃的主要吸收峰是C—H的伸缩振动和弯曲振动。

ν_{C-H}　2960～2850 cm^{-1}(s)(<3000 cm^{-1})

δ_{C-H}　1470～1350 cm^{-1}(v)

其中 1380 cm^{-1}为甲基的特征吸收，偕二甲基(如异丙基)为强度相等的双峰(特征)，裂距 15～30 cm^{-1}，偕三甲基为一强一弱双峰(特征)，裂距 30 cm^{-1}以上。

2）烯烃的特征吸收峰

烯烃的特征峰主要是═C—H 的伸缩振动和面外弯曲振动及 C═C 的伸缩振动。

$\nu_{=C-H}$　3080～3020 cm^{-1}(m)(>3000 cm^{-1}，与饱和碳氢的区别标志)

$\nu_{C=C}$　1680～1630 cm^{-1}(sh，m-w)

$\delta_{=C-H}$　1000～675 cm^{-1}(m-w)

烯烃的面外弯曲振动是极好的确定烯烃类型的特征频率：

$RCH=CH_2$　990 cm^{-1}(vs)和 910 cm^{-1}(vs)(特征)

$RCH=CHR$ (反式)　965 cm^{-1}(s)(特征)

$RCH=CHR$ (顺式)　730～675 cm^{-1}

$R_2C=CH_2$　895 cm^{-1}

$R_2C=CHR$　840～790 cm^{-1}。

3）炔烃的特征吸收峰

$\nu_{\equiv C-H}$　3300 cm^{-1}(m)

$\nu_{CR\equiv CR'}$　2260～2190 cm^{-1}(结构对称的炔烃没有 $\nu_{C\equiv C}$ 吸收)

$\nu_{CH\equiv CR}$　2140～2100 cm^{-1}

4）芳烃的特征吸收峰

芳烃的特征峰主要是环上 C—H 伸缩振动和面外弯曲振动、芳环骨架(C═C)伸缩振动。

$\nu_{=C-H}$　3100～3000 cm^{-1}(m，sh)

$\nu_{C=C}$　1600～1500 cm^{-1}(v)(骨架伸缩，也称环呼吸振动，峰常裂分为两三个)

$\delta_{=C-H}$　900～650 cm^{-1}(s)(表征苯环上取代位置和数目的特征吸收)

　单取代(5 个相邻氢)　770～730 cm^{-1}(vs)和 710～690 cm^{-1}(vs)

　邻二取代(4 个相邻氢)　770～735 cm^{-1}(s)

　间二取代(3 个相邻氢)　810～750 cm^{-1}(vs)和 710～690 cm^{-1}(s)

(孤立氢) 900～860 cm^{-1}(可低移到 800 cm^{-1})

对二取代(2 个相邻氢) 860～800 cm^{-1}(vs)(常出现在 820～800 cm^{-1})

5) 醇和酚的特征吸收峰

ν_{O-H} 3640～3620 cm^{-1}(游离,s,sh) 3550～3200 cm^{-1}(缔合,s,br)

3200～2500 cm^{-1}(分子内氢键,s,br)

ν_{C-O} 伯醇 1085～1050 cm^{-1}(s) 仲醇 1125～1085 cm^{-1}(s)

叔醇 1200～1125 cm^{-1}(s) 酚 1300～1200 cm^{-1}(s)

δ_{O-H} 1500～1250 cm^{-1}(m)

6) 醛和酮的特征吸收峰

$\nu_{C-H(-CHO)}$ 2820 cm^{-1}(w)和 2720 cm^{-1}(w)

$\nu_{C=O}$ 1780～1650 cm^{-1}(s)

共轭体系的存在,可使 $\nu_{C=O}$ 移向低波数,环张力和吸电子诱导效应可使 $\nu_{C=O}$ 移向高波数。

7) 羧酸的特征吸收峰

羧酸的主要吸收峰有 C═O 和 O—H 的伸缩振动。由于羧酸分子间以氢键缔合形成二聚体,故羟基吸收峰向低波数区延伸,峰形很宽,有时甚至可以覆盖 ν_{C-H}。

ν_{O-H} 3300～2500 cm^{-1}(s,br)

$\nu_{C=O}$ 1760～1680 cm^{-1}(vs)

8) 胺的特征吸收峰

胺的特征吸收峰是由N—H和C—N键振动产生的,有 3 种吸收峰,其中 ν_{N-H} 用处较大。ν_{N-H}3500～3300 cm^{-1}(m) 伯胺有双峰,仲胺有单峰,叔胺无吸收峰。

ν_{C-N} 1250～1020 cm^{-1}(脂肪胺,较弱,难以鉴别),1360～1250 cm^{-1}(芳香胺,m)。

δ_{N-H} 1640～1560 cm^{-1}(s),650～900 cm^{-1}(缔合时移向低波数,但移动不大)。

7.2.4 红外光谱的解析和应用

1. 红外光谱解析步骤

红外光谱解析程序可因个人经验习惯、谱图特点及分析目的而异。一般原则如下:

(1) 通常从高波数移向低波数,先在 4000～1300 cm^{-1}的官能团区找出特征吸收峰,确定存在哪种官能团;然后观察 1300～400 cm^{-1}的指纹区,确定化合物的结构类型。参照表 7.5。

表 7.5　红外光谱重要分区

	吸收范围/cm^{-1}	键的振动类型及特征频率/cm^{-1}
官能团区	4000～2500 （含氢原子的官能团）	$\nu_{O—H}$ 3640～3620（游离醇、酚），3550～3200 cm^{-1}（缔合）3300～2500（羧酸） $\nu_{N—H}$ 3640～3620 $\nu_{=C—H}$ 3300～3000，$\nu_{\equiv C—H}$ ～3300，$\nu_{Ar—H}$ 3100 ～ 3000（不饱和烃＞3000） $\nu_{C—H}$ 2960～2850（烷氢），$\nu_{C—H}$ 2820，2720（醛氢）（饱和烃＜3000）
	2500～2000 （含叁键）	$\nu_{C\equiv C}$ 2260～2100 $\nu_{C\equiv N}$ 2260～2220
	2000～1300 （含双键及 $\delta_{C—H}$、$\delta_{N—H}$）	$\nu_{C=O}$ 1850～1650（醛、酮、羧酸及其衍生物、醌） $\nu_{C=C}$ 1680～1450（烯、芳环） $\nu_{N=O}$ 1600～1330（硝基化合物） $\delta_{C—H}$ 1470～1350，$\delta_{N—H}$ 1640～1560
指纹区	1300～1000 （单键，非特性）	$\nu_{C—O}$ 1200～1000 $\nu_{C—N}$ 1250～1020（脂肪胺），$\nu_{C—N}$ 1360～1520（芳香胺）
	1000～400 （烯氢、芳氢弯曲震动）	$\delta_{C=C—H}$ 1000～675 $\delta_{Ar—H}$ 9000～650

官能团区一般分成三波段进行检查：4000～2500 cm^{-1} 区域出现的吸收峰表明存在含氢原子的官能团；2500～2000 cm^{-1} 区域出现的吸收峰表明存在含叁键的化合物；2000～1300 cm^{-1} 区域出现的吸收峰表明存在含双键的化合物，$\delta_{N—H}$ 和 $\delta_{C—H}$ 也出现在该区。

指纹区一般分成两波段进行检查：1300～1000 cm^{-1} 区域出现的吸收峰主要是单键的伸缩振动，特征性不强，一般作为旁证；1000～400 cm^{-1} 区域的吸收峰主要由面外弯曲振动产生，是判别分子异构的重要依据。分子结构的微小变化（烯烃和取代苯的类型），都会引起此区谱带的位置、强度和形状的明显改变。

（2）根据特征频率位移情况，考虑邻近基团的性质，确定连接方式，进而推断结构细节。例如，根据 $\nu_{C=O}$ 的位移情况，可判断是否存在共轭体系、环张力和诱导效应等。

（3）确定化合物的可能结构后，必须将样品图谱与标准图谱进行对照（测定条件要完全一致）。只有当峰的个数、位置、形状及强弱完全一致时，才能认为样品结构与标准品一致，有时还要结合核磁共振谱、紫外光谱、质谱和化学试验等作出最后确认。

在解析图谱时，应事先了解样品的来源、制备方法、熔点、沸点、溶解性、主要化学性质等，这对谱图解析极为重要。还应注意：一般某吸收峰不存在可以确定对应的官能团不存在（对称双键或叁键的伸缩振动峰除外）。但是某吸收峰存在并不能完全确定对应的官能团存在，因为有可能是杂质或溶剂的干扰峰。例如，3500 cm^{-1}左右的水峰、2400 cm^{-1}左右可能出现的 CO_2 峰。此外，并非所有吸收峰都能有明确归属，有些谱带是振动偶合产生的组合频，有些是多个基团振动吸收的叠加。

2. 红外光谱解析实例

【例 7.1】 某液体化合物分子式 C_8H_8O，沸点 202 ℃，试根据其红外光谱图（图 7.5）推测其结构。

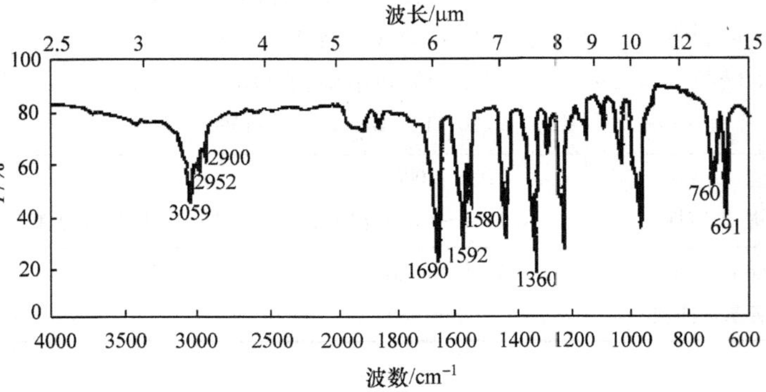

图 7.5 例 7.1 附图

解 (1) 在 3640～3200 cm^{-1}无任何吸收峰，表明不存在—OH，1690 cm^{-1}有一个很强的羰基吸收峰，可能为醛、酮、酰胺类化合物。但因为分子中不含 N，可排除酰胺。又因为在 2720 cm^{-1}附近没有醛基的 ν_{C-H}吸收峰，可排除醛，故该化合物应为酮。

(2) 3059 cm^{-1}的吸收峰为不饱和烃的 ν_{C-H}特征吸收，以及 1592 cm^{-1}、1580 cm^{-1}的强吸收峰，说明分子中含有苯环结构。指纹区 760 cm^{-1}、691 cm^{-1}两个吸收峰进一步说明是单取代苯。

(3) 2952 cm^{-1}、2900 cm^{-1}、1360 cm^{-1}的吸收峰表明分子含甲基。

综上，由已知分子式 $C_8H_8O_2$ 中扣除以上结构碎片（C_6H_5，CO，CH_3），正好全部扣尽，故知该化合物结构式可能为

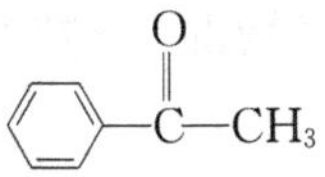

经与苯乙酮标准谱图对照，核对沸点等数据，证明上述结论与事实完全相符。

7.3 核磁共振谱

核磁共振谱是处于强磁场中的具有磁矩的原子核受电磁波照射发生跃迁而产

生的吸收光谱。随着核磁共振技术的发展，特别是与计算机的联用，使核磁共振技术在有机物结构分析中成为必不可少的工具，被广泛应用于有机化学、化学化工、生物化学及医学等领域。近年来磁共振成像（magnetic resonance imaging，MRI）已经成为临床诊断的先进手段。

7.3.1　核磁共振基本原理

核磁共振的研究对象是具有磁矩的原子核。质量数和原子序数均为偶数的原子核没有自旋，如^{12}C、^{16}O；两者中有一个为奇数，则原子核有自旋，如^{1}H、^{13}C、^{15}N、^{19}F。碳和氢是有机化合物中最主要的两种元素，目前研究较多的是^{1}H（质子）的核磁共振谱（简称^{1}H NMR 或 PMR）和^{13}C核磁共振谱（简称^{13}C NMR）。其中^{1}H原子核具有球形电荷分布，容易得到高分辨率核磁共振波谱，在有机物研究中应用最广泛，本节仅介绍^{1}H NMR。

带电荷的原子核自旋时会产生小磁场，有一定的磁矩，就如一个小磁铁。自旋核在外磁场（B_0）中有一定的自旋取向。^{1}H核（核磁矩为 μ）在外磁场 B_0 中有两种自旋取向：一种与外磁场同向，^{1}H核处于低能级；另一种与外磁场反向，^{1}H核处于高能级（图 7.6）。

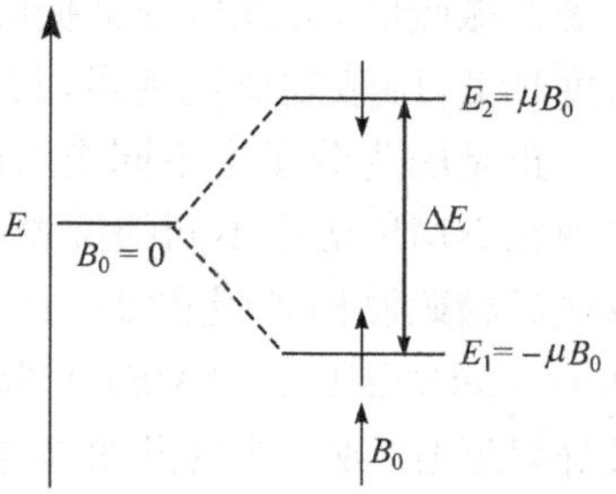

图 7.6　^{1}H 核在 B_0 下的能级

这两种取向的能量差为

$$\Delta E = E_2 - E_1 = \mu B_0 - (-\mu B_0) = 2\mu B_0$$

因此，^{1}H核产生自旋能级的跃迁所需要的能量与外磁场强度大小成正比。

用电磁波照射外磁场中的自旋^{1}H核，当某一频率（ν）电磁波的能量（$E=h\nu$）恰好与^{1}H核两种自旋取向之间的能量差 ΔE 相等时，^{1}H核就吸收这部分能量，产生能级跃迁，即从低能态顺磁自旋转为高能态反磁自旋，这种现象称为核磁共振。产生核磁共振的条件为

$$h\nu = 2\mu B_0 \qquad 或 \qquad \nu = \frac{2\mu}{h}B_0$$

因此，核磁共振可以通过保持外磁场 B_0 恒定而改变电磁波频率 ν（扫频）或保持频率 ν 恒定而改变磁场强度（扫场）实现。核磁共振仪多采用后者。

根据核磁共振条件，射频 ν 的大小取决于外加磁场强度 B_0。最初的核磁共振波谱仪的外磁场由永久磁铁或电磁铁产生，如磁场强度 23500 Gs 对应^{1}H核磁共振仪的射频为 100 MHz。如需提高灵敏度，仪器射频也需不断增大，配备的磁场强度也相应提高。随着超导磁体的广泛应用及傅里叶变换核磁共振等技术的快速发展，目前核磁共振仪的射频已发展到了 1 GHz（1 GHz=1000 MHz）。

7.3.2 化学位移

有机分子中的氢核周围有电子，在磁场作用下，这些电子在对外部磁场垂直的平面上绕核运动形成电子环流，并因此产生与外磁场方向相反的感应磁场来对抗外加磁场(图 7.7)，使氢核实际受到的磁场强度减小。核周围电子对核的这种作用称为屏蔽效应(shielding effect)。

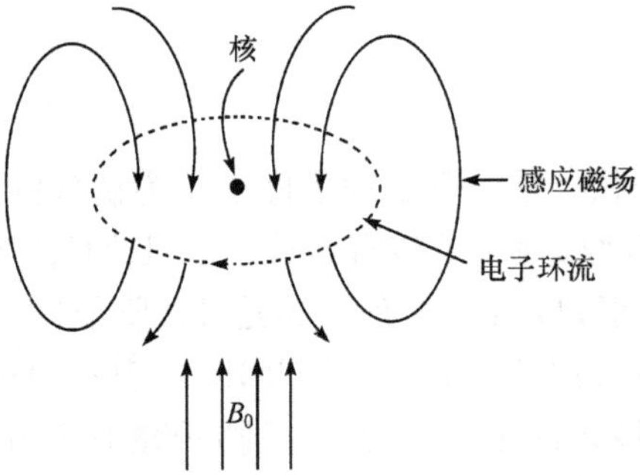

图 7.7　核周围电子对核的屏蔽作用

有机分子中氢核周围的化学环境(周围的其他原子或基团)不同，核外电子云密度就不同，因而受到的屏蔽作用也不同。氢核周围的电子云密度越高，屏蔽效应就越大，必须加大外磁场强度才能产生核磁共振吸收，因此核磁共振吸收信号出现在较高磁场。反之，氢核周围的电子云密度越低，屏蔽效应就越弱，共振信号出现在较低磁场。

正是因为分子中不同类型的氢核受到的电子屏蔽效应不同，其共振吸收峰将出现在 NMR 谱中不同的位置，但这种位置上的差异相对于 B_0 是极其微小的，所以很难精确测出各吸收峰的绝对位置。实际工作中，常在样品中加入四甲基硅烷(tetramethylsilane，TMS)作为标准参比物质，将待测样品中氢核的共振峰位置(以磁场强度或相应的共振频率表示)与 TMS 氢核共振峰位置进行比较，求其距离即为化学位移(chemical shift)，用 δ 表示，单位为 ppm。

$$\delta = \frac{\nu_{样品} - \nu_{TMS}}{\nu_0} \times 10^6$$

式中，$\nu_{样品} - \nu_{TMS}$ 为样品氢核与 TMS 氢核共振频率之差，单位 Hz；ν_0 为核磁共振仪的照射频率，单位 MHz。为便于表达将相对值乘以 10^6。

四甲基硅烷结构对称，12 个 H 只出现一个尖锐的单峰，因所受的屏蔽作用很强，吸收峰位于高磁场。通常规定 TMS 的共振峰位为原点($\delta=0$)，位于 NMR 谱的右端。绝大多数有机物的氢核所受屏蔽都小于 TMS 氢核所受的屏蔽，核磁共振都发生在比 TMS 低的磁场，共振信号位于 TMS 左边($\delta>0$)，如图 7.8 所示。

分子结构中电子效应、共轭效应、氢键等都会影响氢核周围电子云的密度分布，从而引起氢核共振吸收峰化学位移的改变。在核磁共振谱上，信号从左向右移向高磁场称为抗磁性位移(高场位移)，这种效应称为屏蔽效应；信号从右向左移向低磁场称为顺磁性位移(低场位移)，这种效应称为反屏蔽效应，也称为去屏蔽效应。上述 NMR 常用术语如图 7.8 所示。

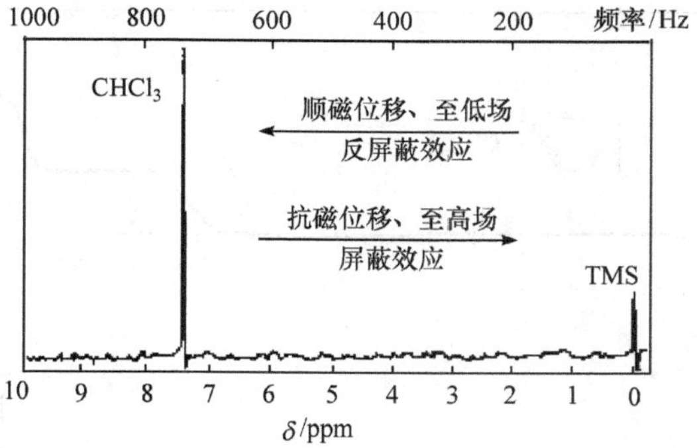

图 7.8 三氯甲烷的[1]H NMR 谱(100 MHz 仪器)

由于 δ 是一个相对值,其值与仪器的照射频率无关,同一化合物中的氢核在不同频率的仪器上测得的 δ 值仍然是相同的,都可与标准谱图对比。常见氢核的化学位移范围列于表 7.6 中。

表 7.6 常见氢核的化学位移

氢核类型	δ/ppm	氢核类型	δ/ppm
RCH_3	0.8~1.0	(H)$ROCH_2R$	3.3~4.0
RCH_2R	1.2~1.4	$R_2C{=}CH_2$	4.0~5.9
R_3CH	1.4~1.7	$R_2C{=}CHR$	4.6~8.0
环丙烷中 CH_2	0.2~0.4	ArH	6.5~8.0
$R_2C{=}CrCH_3$	1.6~1.9	$RC{\equiv}CH$	2.4~3.0
$ArCH_3$	2.2~2.5	ROH	1.0~5.4
$RCOCH_3$	2.1~2.6	ArOH	4.0~8.0
RCH_2I	3.1~3.3	RCHO	9.0~10.0
RCH_2Br	3.4~3.6	RCOOH	9.0~13.0
RCH_2Cl	3.6~3.8	RNH_2	1.0~5.0

核磁共振谱图一般以化学位移 δ 为横坐标,吸收强度为纵坐标。图 7.9 是用 60 MHz 仪器测定的乙苯的[1]H NMR谱。谱图上共有 3 组吸收峰,说明乙苯分子含有 3 种不同化学环境的氢核:甲基上的氢核 a,吸收峰在高场,δ 值为 1.25;亚甲基上的氢核 b,吸收峰在较高场,δ 值为 2.65;苯环上的氢核 c,其吸收峰在低场,δ 值为 7.27。

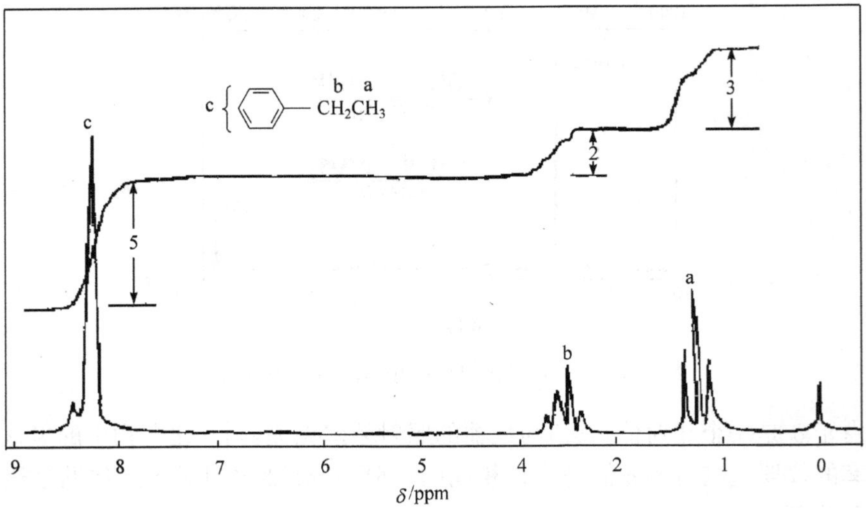

图 7.9　乙苯的核磁共振谱

7.3.3　峰面积

在[1]H NMR谱图中，各吸收峰覆盖的面积与引起该吸收的氢核数目成正比。峰面积经自动积分仪积分后以阶梯式积分曲线高度表示。积分线的总高度与分子中总的氢核数目成正比，各阶梯的高度之比即为相应的氢核数目之比。因此分析共振谱时，如果已知化合物的分子式，根据各吸收峰面积之比就可求出各峰对应的氢核数目。例如，在图 7.9 乙苯的[1]H NMR谱中，a、b 和 c 三组峰积分曲线高度之比为 3∶2∶5。乙苯分子中氢核总数为 10，故 a 峰对应的氢核数目为 10×3/(3+2+5)=3；b 峰对应的氢核数目为 10×2/(3+2+5)=2；c 峰对应的氢核数目为 10×5/(3+2+5)=5。目前的核磁共振仪大都已经能够直接在吸收峰上标明氢核数目，大大简化了分析过程。

7.3.4　自旋偶合

分子中相邻碳上不等价的氢核因自旋会产生相互干扰，这种干扰称为自旋偶合(spin coupling)。自旋偶合会引起氢核共振吸收峰谱线增多，称为自旋裂分(spin splitting)。因此在高分辨率的[1]H NMR谱图中，氢核的共振吸收峰并不总是单峰，而是若干小峰组成的一组峰。下面以乙醇的[1]H NMR谱(图 7.10)为例加以说明。

乙醇分子中 H_a 相邻碳上有两个相同的 H_b，每个 H_b 在外磁场中有两种自旋取向(同向、反向)，两个 H_b 的自旋取向应有 4 种组合：两个 H_b 都与外磁场同向，使 H_a 受到的实际磁场强度加大，则 H_a 只需在较低的外磁场就能发生共振吸收，

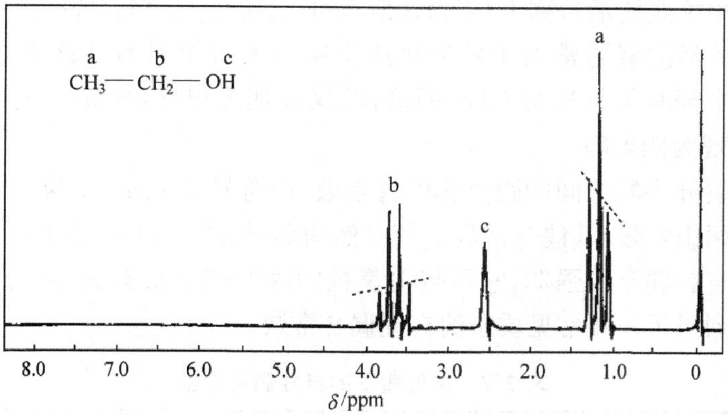

图 7.10　乙醇的核磁共振谱

共振信号向低场位移；两个 H_b 都与外磁场反向，使 H_a 受到的实际磁场强度减弱，则 H_a 必须在较高的外磁场才能发生共振吸收，共振信号向高场位移；还有两种组合相同，一个 H_b 与外磁场同向，另一个 H_b 与外磁场反向，其影响相互抵消，不会改变外磁场强度，共振信号不发生位移。因此，H_a 的信号裂分为三重峰，强度之比与两个 H_b 核自旋取向组合的出现概率对应，为 1∶2∶1[图 7.11(a)]。同理，H_b 也受到 3 个相同 H_a 核的自旋干扰。3 个 H_a 在外磁场中的自旋取向有 8 种组合，结果是 H_b 的信号裂分为四重峰，强度之比为 1∶3∶3∶1[图 7.11(b)]。

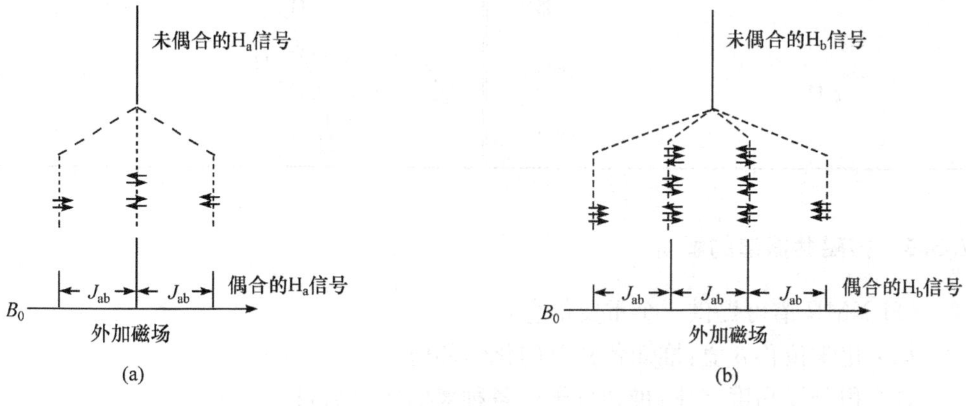

图 7.11　H_a 和 H_b 的相互偶合及峰的裂分

一般来说，只有相邻碳原子上不等同的氢核之间才能发生自旋偶合。一个氢核(或一组相同的氢核)相邻碳有 n 个氢核(n 个氢核之间互相等同)，共振信号裂分为 $n+1$ 个峰。裂分小峰的强度比符合二项式$(a+b)^n$ 展开后的系数比，如双峰($n=1$)的强度比为 1∶1，三重峰($n=2$)的强度比为 1∶2∶1；四重峰($n=3$)的强度比为 1∶3∶3∶1 等。实际上谱中互相偶合的两组峰总是内侧峰偏高，外侧峰偏低

（如图 7.10 中虚线所示），称为“屋顶效应”，可由此判断互相偶合的是哪两组信号。

分子中的活泼氢通常由于发生快速交换而不与相邻的氢核偶合，如乙醇的 ^{1}H NMR谱中羟基氢核虽与 CH_2 相接，但仅表现为单峰，相邻 CH_2 氢核也仅与 CH_3 相接表现为四重峰。

相邻的裂分小峰之间的距离称偶合常数，用符号 J 表示，单位为 ppm 或 Hz。相互偶合的两组氢核，其偶合常数 J 值必然相等，如图 7.11 中的 J_{ab}。J 值的大小反映氢核间自旋偶合的强弱，它不仅与氢核间隔的键数目有关，还与分子结构有关。表 7.7 列出了一些常见质子的自旋偶合常数。

表 7.7　常见质子的自旋偶合常数

类型	J_{ab}/Hz	类型	J_{ab}/Hz
CH_a—CH_b	6～8	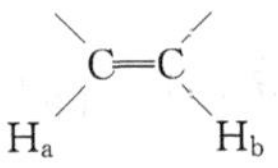	6～12
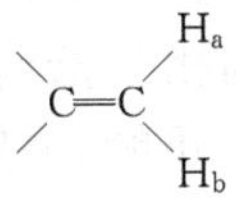	0～3	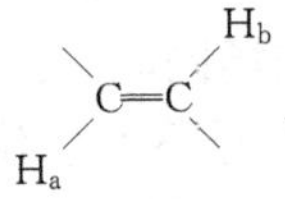	12～18
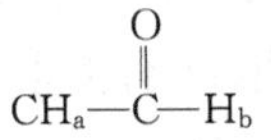	1～3	C═CH_a—CH_b═C	9～13
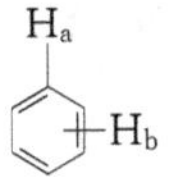	5～10(邻) 1～3(间) 0～1(对)	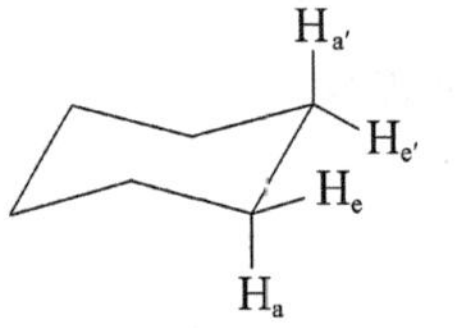	8～10(a-a′) 2～3(a-e′, a′-e) 2～3(e-e′)

7.3.5　核磁共振谱的解析

^{1}H NMR 谱可提供三个重要信息：

(1) 化学位移 δ 值：推知各种氢的化学环境。

(2) 积分线高度之比：推知分子中各种氢的相对数目。

(3) 自旋偶合裂分峰数目：推知邻接氢核数目。

再结合 UV、IR、MS 所得到的数据，综合解析就能够迅速地确定未知物的结构式。

【例 7.2】 某化合物分子式为 $C_{11}H_{14}O$，其 ^{1}H NMR谱中有下列吸收峰：δ1.0(6H)双峰，δ2.3(1H)多重峰，δ2.9(2H)双峰，δ7.4(5H)多重峰。试推测其可能的结构式。

解　NMR 谱给出 4 组吸收峰，可知化合物分子中有 4 种化学环境不同的氢核。

(1) δ7.4(5H)多重峰：δ7.4 表明为单取代苯环上的 5 个氢核(C_6H_5)，多重峰表明苯环不与极性基团邻接。

(2) δ1.0(6H)双峰：δ1.0 表明 6 个 H 应为 2 个 CH_3，双峰表明与 CH 邻接。

(3) δ2.9(2H)双峰：δ2.9 为 1 个 CH_2，并与极性基团相接，双峰表明还邻接 1 个 CH。

(4) δ2.3(1H)多重峰：δ2.3 为 1 个 CH，多重峰表明邻近有多个氢核。

再从分子式 $C_{11}H_{14}O$ 中扣除上述 1 个 C_6H_5、2 个 CH_3、1 个 CH、1 个 CH_2，剩下 1 个 CO，只能是羰基(极性基团)。综上所述，化合物结构为

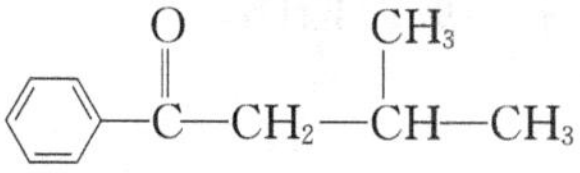

7.4 质　　谱

质谱是通过一定手段使被测样品分子裂解产生各种气态离子的碎片，并按质荷比(m/z)大小排列而成的谱，故质谱不是吸收光谱。质谱是确定相对分子质量、分子式或分子组成，以及阐明结构的重要手段，具有快速、灵敏及图谱解析相对简单等优点。随着质谱新技术及新仪器的不断发展，质谱的应用已从有机化学、药物化学、生物化学等传统领域拓展到生命科学等现代前沿领域。例如，气相色谱与质谱联用(GC-MS)，简称气-质联用，液相色谱与质谱联用(LC-MS)，简称液-质联用，已成为分离和检出微量成分的一种有效手段。

7.4.1 质谱的基本原理

质谱仪由离子源、磁分析器(质量分析器)、离子收集器(离子检测器)三大部分组成，如图 7.12 所示。

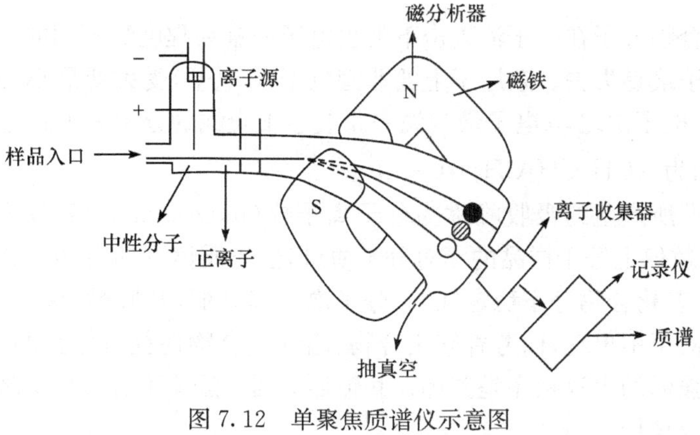

图 7.12　单聚焦质谱仪示意图

样品在离子源受高能量电子束轰击，分子失去 1 个价电子后，形成带正电荷的

阳离子，称为分子离子(molecular ion)，用 $M^{\dot{+}}$ 表示，"+"代表正离子，"·"表示未成对电子。正离子质量与电荷之比 m/z 称为质荷比(mass-to-charge ratio)。生成的分子离子如果具有足够的能量，不稳定的共价键进一步断裂，生成碎片离子。这些碎片离子还可继续裂解生成数量更多、质量更小的碎片离子。生成的各种正离子经高压电场加速，随即进入质谱仪的质量分析器。调节质量分析器的磁场强度，使不同 m/z 的正离子依次通过收集狭缝，进入离子收集器，按 m/z 大小顺序被一一检出，信号经放大后记录下来形成质谱图。

7.4.2 质谱图

由仪器记录下来的质谱信号是强度不等的尖峰，目前都简化成条图(竖线)的形式，即一条竖线代表一种 m/z 的正离子。谱图的横坐标为质荷比 m/z，自左到右逐渐增大。纵坐标为各正离子强度，谱中最强的离子峰称基峰(base peak)，其高度定为100%，离子峰的强度则以其对基峰的百分比表示，称为相对强度或相对丰度。峰强是相对值，峰越高，表示形成该峰正离子数越多。图7.13为4-庚酮的质谱图。

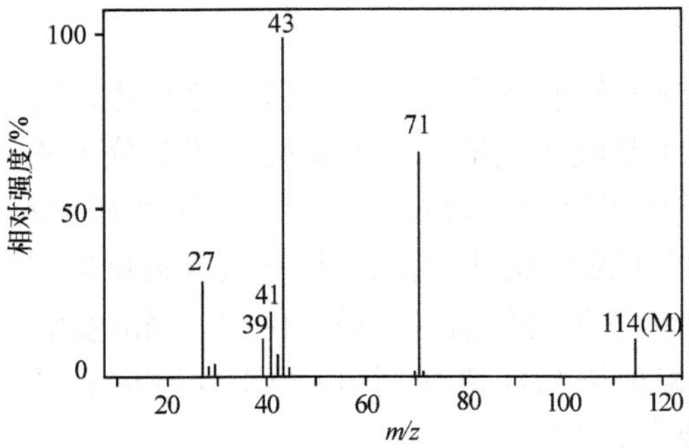

图 7.13　4-庚酮的质谱图

7.4.3 重要的质谱峰

1. 分子离子峰

有机化合物分子在电子流轰击下失去电子的难易程度是不同的。分子中受束缚最弱的电子最易失去。杂原子上的非键电子(n 电子)受束缚最小，最易失去，双键、叁键的 π 电子次之，σ 电子最难失去。上述4-庚酮的分子离子就是失去 n 电子得到的，表示为 $(CH_3CH_2CH_2)_2C{=}O^{\dot{+}}$。

分子离子所产生的吸收峰称为分子离子峰(molecular peak，M 峰)。分子离子峰的 m/z 数值上等于样品的相对分子质量，位于质谱图的右端。分子离子越稳定，峰越强。若化合物分子稳定性差，分子离子峰就弱，某些酸、醇、支链烃的分子离子峰较弱甚至不出现，而芳香族化合物、脂环化合物往往有较强的分子离子峰。分子离子峰强弱的大致顺序是芳环＞共轭烯＞烯＞酮＞不分枝烃＞醚＞酯＞胺＞酸＞醇＞高分枝烃。

2. 同位素离子峰

组成有机物分子的元素中，C、H、O、N、S、Cl、Br 等都有重同位素，因此在质谱中会在 M 峰右端出现 M+1、M+2 等同位素峰(isotopic peak)，这些峰的强度与分子中所含该元素的原子数目及其重同位素的天然丰度有关。质谱中常见同位素的丰度百分比(%)比较大，如 $^{34}S/^{32}S$、$^{37}Cl/^{35}Cl$、$^{81}Br/^{79}Br$ 分别为 4.40、32.5、98.0，它们的 M+2 峰都相当强，较易识别。通过比较 M 峰和 M+2 峰的相对强度，很容易判断化合物是否含有 S、Cl、Br 等元素及所含原子数目。例如，分子中有 1 个 Cl，则 M∶M+2 的峰强度比约为 3∶1(100∶32.5)，若含 1 个 Br，则 M∶M+2的峰强度比约为 1∶1(100∶98.0)。若分子中含有 2 个以上的 Cl 或 Br，各同位素峰强度比可用 $(a+b)^n$ 的展开式近似算出。式中，a 为轻同位素比例；b 为重同位素比例；n 为分子中所含 Cl 或 Br 的原子数。例如，二溴化合物 $a:b=1:1$，根据 $(a+b)^2=a^2+2ab+b^2=1+2+1$，则 M∶M+2∶M+4 的峰强度比约为1∶2∶1。

3. 碎片离子峰

碎片离子峰(fragment peak)是由分子离子的化学键进一步裂解而产生的，生成的碎片离子还可再裂解生成更小的碎片离子。化学键的裂解主要与化学键的键能和裂解后生成的离子和中性碎片(游离基、中性分子等)的稳定性有关。一般键能小的共价键裂解和能生成稳定碎片离子的裂解是优势裂解，由优势裂解生成的碎片离子相对丰度较大。键的裂解可分为简单裂解和重排裂解(两者都较复杂，本书不深入讨论)。例如，图 7.13 的 4-庚酮由于受羰基影响，其分子离子的裂解发生在羰基与邻接 α-碳之间(α-裂解)，这是一种简单裂解：

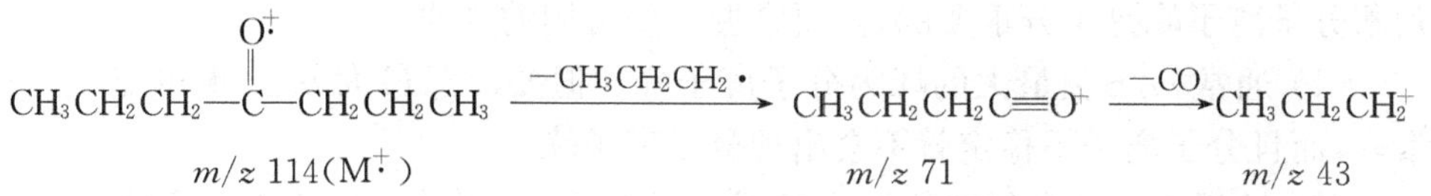

式中，m/z 114 为谱中分子离子峰；m/z 71 和 m/z 43 为碎片离子峰；m/z 43 是基峰。

碎片离子的形成与分子结构关系密切，根据质谱中出现的几种主要碎片离子峰可粗略推测化合物的大致结构。常见碎片离子和中性碎片的质量数列于表 7.8 中。

表 7.8　常见碎片离子和中性碎片的质量数

质量数	碎片离子	中性碎片	质量数	碎片离子	中性粒子
1	H^+	H·	36		HCl
15	CH_3^+	CH_3·	41	$C_3H_5^+$	$H_2C{=}CH{-}CH_2$·
17	OH^+	HO·,NH_3	43	$C_3H_7^+$,$CH_3C{=}O^+$	C_3H_7·,CH_3CO·
18	NH_4^+	H_2O	44	$CH_3CH{=}NH_2^+$	CO_2, $CH_2{=}CH{-}OH$
26	$C{\equiv}N^+$	$CH{\equiv}CH$，·CN	45	$CH_3CH{=}^+OH$, $CH_3O^+{=}CH_2$	·COOH, CH_3CH_2O·
27	$C_2H_3^+$	C_2H_3·,HCN	46	$^+NO_2$	·NO_2,CH_3CH_2OH
28	$C_2H_4^+$,$C{=}O^+$	$CH_2{=}CH_2$,CO,N_2	57	$C_4H_9^+$,$C_2H_5C{=}O^+$	C_4H_9·,C_2H_5CO·
29	$C_2H_5^+$,$HC{=}O^+$	C_2H_5·,·CHO	60		CH_3COOH, C_3H_7OH
30	$CH_2{=}NH_2^+$	·CH_2NH_2,NO,C_2H_6	71	$C_5H_{11}^+$,$C_3H_7C{=}O^+$	C_5H_{11}·
31	$CH_2{=}OH^+$,CH_3O^+	·CH_2OH,CH_3O·, CH_3NH_2	77	$C_6H_5^+$	C_6H_5·
32		CH_3OH	79	Br^+	Br·
34		H_2S	91	$C_6H_5{-}^+CH_2$	
35	Cl^+	Cl·	105	$C_6H_5{-}C{=}O^+$	

注：出现29、43、57、71等系列离子峰表示含有正烃基；出现39、41、50、52、65、77、79等系列离子峰表示含有苯环。

7.4.4　质谱图的解析

质谱在有机物结构研究中的主要作用是提供相对分子质量和分子式。化合物的相对分子质量大多数可由质谱的分子离子峰直接读得。因此，解析质谱时正确判断分子离子峰是十分重要的，需要掌握一些常用的规律。

(1) 通常 m/z 值最大的峰为分子离子峰。但要注意最大 m/z 也可能是同位素峰，而且分子离子不稳定就不会出现分子离子峰。

(2) N 规律。凡含偶数氮原子或不含氮原子的化合物，分子离子峰的 m/z 必为偶数；含奇数个氮原子的化合物，分子离子峰的 m/z 必为奇数。不符合 N 规律，可排除是分子离子峰。

(3) 分子离子峰与其他碎片离子峰之间应有合理的质量差。由于分子离子常会失去某些中性小分子或游离基而形成碎片离子，如 M－H、M－2H、$M-CH_3$、M－OH、$M-H_2O$、$M-CH_2O$、M－NO 等。因此，分子离子峰与第一碎片离子峰合理的 m/z 差应为 1、2、15、17、18、30 等。反之，若 m/z 差为 3～14 则属于不合理。所以，若某假定分子离子峰左侧出现 m/z 相差 3～14 的峰，则可以确定所假定的峰并不是真正的分子离子峰。

目前的质谱仪大都储存了大量化合物的标准质图谱，系统会自动检索储存的标准谱图并与所得样品的质谱进行比较，列出与样品质谱最接近的几种化合物结构以供参考，大大简化了样品结构的分析过程。高分辨质谱仪与计算机联用，甚至可以给出所测精确相对分子质量(数据可精确到万分之一)对应的元素组成，以确定唯一的分子式。

【例 7.3】 某有机物分子式为 $C_8H_8O_2$，IR 在 3100～3700 cm^{-1}无吸收，质谱如图 7.14 所示，试推测其结构。

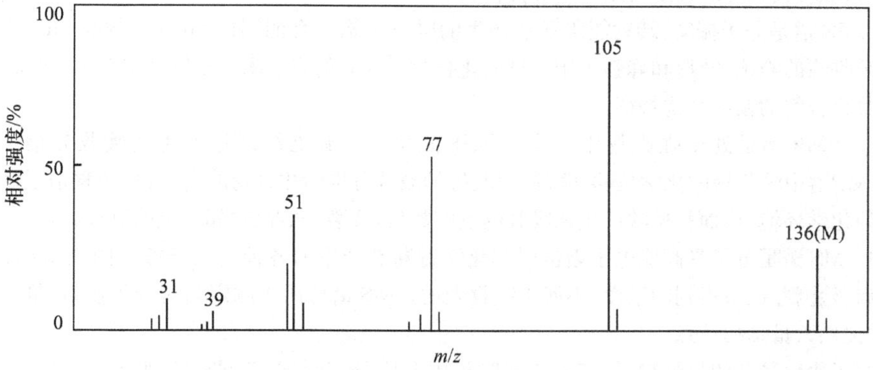

图 7.14　例 7.3 的质谱

解　(1) 质谱中最大的质荷比(m/z)为 136，相对分子质量与分子式 $C_8H_8O_2$ 相符，是分子离子峰，且其强度大，说明该化合物结构稳定，可能含有芳环或共轭体系。

(2) 分子式为 $C_8H_8O_2$，不饱和度 U=1+碳原子数－氢原子数/2－卤原子数/2+三价氮原子数/2=1+8－8/2－0/2－0/2=5，说明可能含有苯环。

(3) 基峰 m/z 105 表示可能是苯甲酰 $C_6H_5CO^+$ 碎片离子峰(查表 7.8)，谱中 m/z 39、m/z 51 及 m/z 77 系列碎片离子峰为苯环裂解的特征峰，进一步说明苯环的存在。

(4) 分子离子峰与基峰相差 31，可能是 OCH_3 或 CH_2OH(查表 7.8)；根据分子式 $C_8H_8O_2$ 和部分结构单元 C_6H_5CO，推出剩下的碎片为 CH_3O，可能的结构为—OCH_3 或—CH_2OH。由此可推断化合物可能是 $C_6H_5COOCH_3$ 或 $C_6H_5COCH_2OH$。

(5) 根据 IR 在 3100～3700 cm^{-1}无吸收，可知分子不含—OH。因此化合物的结构应该为 $C_6H_5COOCH_3$。

裂解过程如下：

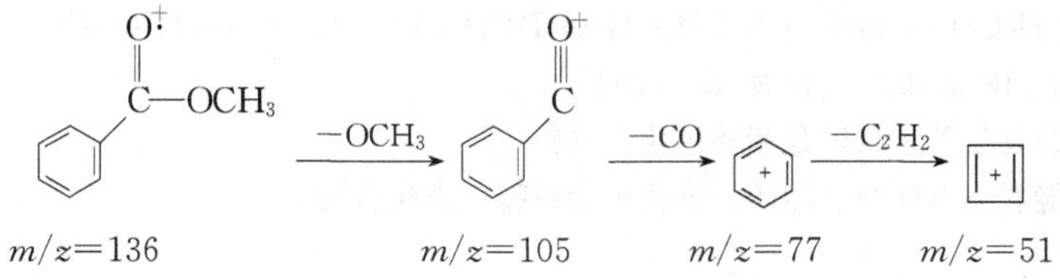

任何一种有机波谱都不能单独提供有机物分子的完整结构，而只能从各自的侧重点反映分子骨架和部分结构（基团或原子团）的信息。对于比较复杂的化合物，特别是天然化合物有效成分，为确认（验证化合物结构是否与预想的一致）或剖析（推断未知化合物结构）它们的分子结构，必须将四大谱和其他手段获得的信息和数据相互补充、相互印证，进行综合解析。

本章小结

1. UV 谱是分子中价电子能级跃迁产生的吸收光谱。吸收峰的最大吸收波长可用于共轭体系的判断，吸收峰的强度可用于定量分析。

2. IR 谱是分子振动、转动能级跃迁产生的吸收光谱。官能团区 4000～1300 cm^{-1} 出现的特征吸收峰的峰位、峰形和峰强可用于推断化合物所含有的官能团。指纹区 1300～400 cm^{-1} 主要反映化合物的精细结构特征。

3. NMR 谱是处于强磁场中的自旋原子核发生自旋能级跃迁产生的吸收光谱。根据 ^1H NMR谱中吸收峰的化学位移、峰的面积、峰的裂分可推断化合物的结构：峰位移值反映每种氢核的化学环境，峰面积反映产生该吸收的氢核数目，峰裂分数反映邻碳上的氢核数目。

4. MS 谱是分子受高能电子轰击引起化学键断裂产生的各种正离子按不同质荷比（m/z）被分离、检测并记录得到的谱图，不属于吸收光谱。MS 谱可用于测定相对分子质量、推导分子式，并提供大量结构信息。

对于比较复杂的化合物，往往需要同时利用 UV、IR、NMR 和 MS 谱（四谱联用）并考虑其他信息确定其结构式。

习　题

1. 指出下列两个化合物在近紫外区中光谱的区别。

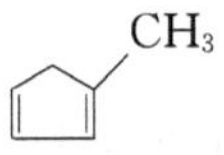 和 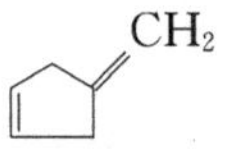

2. 如果只考虑 $\pi \rightarrow \pi^*$ 跃迁，下列各组化合物中，哪一个吸收的紫外光的波长较长？

(1) $CH_3CH{=}CH_2$ 和 $CH_3OCH{=}CH_2$

(2)  和 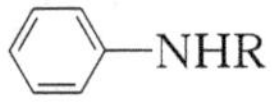　(3) 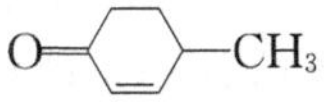 和 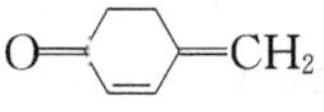

3. 某化合物 $\lambda_{max}^{正己烷}=305$ nm，$\lambda_{max}^{乙醇}=307$ nm，该吸收是由 $n \rightarrow \pi^*$ 还是 $\pi \rightarrow \pi^*$ 跃迁引起的？为什么？

4. 下列三个化合物的 IR 谱有何不同？

(1) $CH_3CH_2CH_2COOH$　(2) $CH_3CH(OH)CH_2CH_3$　(3) $CH_3CH_2COCH_2CH_3$

5. 某化合物的 IR 谱如图 7.15 所示。试问：

(1) 该化合物是芳香族还是脂肪族化合物？

(2) 至少能看出有哪些官能团？推测可能是哪一类化合物。

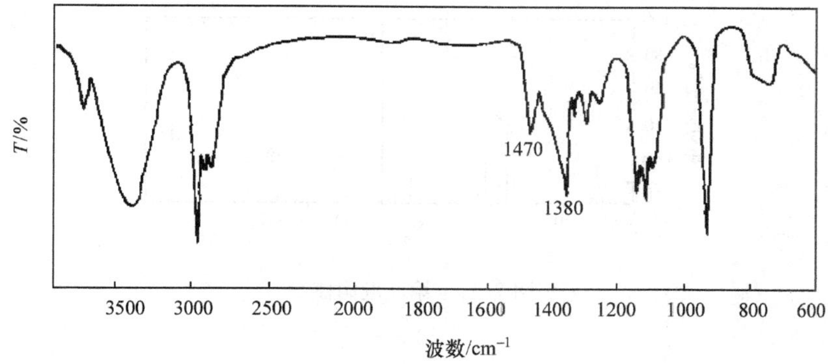

图 7.15　第 5 题附图

6. 化合物 A 和 B 为同分异构体，分子式为 $C_9H_{10}O$，A 的 IR 在 1690 cm^{-1} 处有一强吸收峰，^1H NMR谱为 δ1.2(3H)三重峰，δ3.0(2H)四重峰，δ7.7(5H)多重峰。B 的 IR 在 1705 cm^{-1} 处有一强吸收峰，^1H NMR谱为 δ2.0(3H)单峰，δ3.5(2H)单峰，δ7.1(5H)多重峰。试推测 A、B 的结构。
7. 已知某酯类化合物分子式为 $C_9H_{10}O_2$，其^1H NMR谱如图 7.16 所示。试推测其结构。

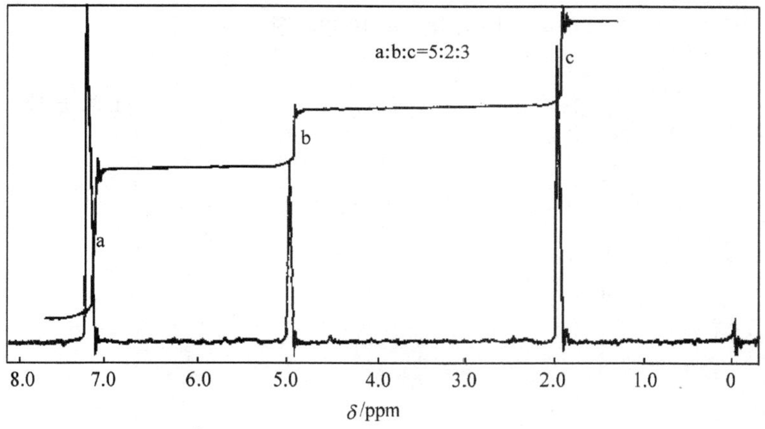

图 7.16　第 7 题附图

8. 某化合物分子式为 $C_{15}H_{14}O$。IR 谱中 1720 cm^{-1} 附近有强吸收，^1H NMR谱信号：δ2.2(3H)单峰，δ5.1(1H)单峰，δ7.2(10H)多重峰。试推测该化合物的结构。
9. 某化合物质谱图如图 7.17 所示。^1H NMR数据：δ0.9(3H)三重峰，δ1.1(3H)双峰，δ1.5(2H)多重峰，δ2.4(1H)单峰，δ3.7(1H)多重峰。试推测此化合物的结构，并说明理由。
10. 某化合物 IR 谱(液膜法)数据：1496 cm^{-1}、1454 cm^{-1}、758 cm^{-1}、695 cm^{-1}有吸收；MS 谱如图 7.18 所示；^1H NMR谱数据：δ7.1～7.5(5H)多重峰，δ4.4(2H)单峰。谁推测该化合物的结构。

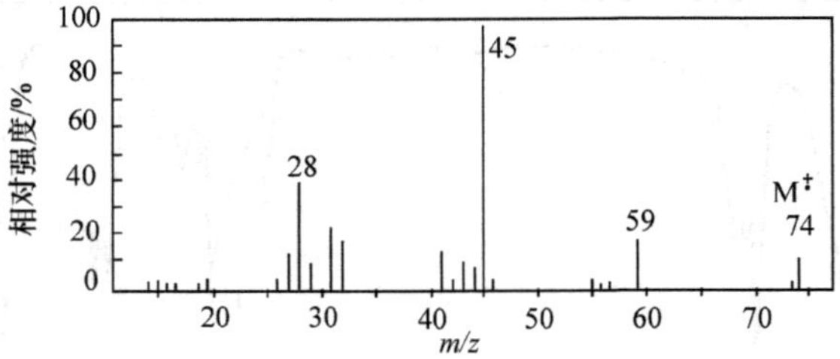

图 7.17　第 9 题附图

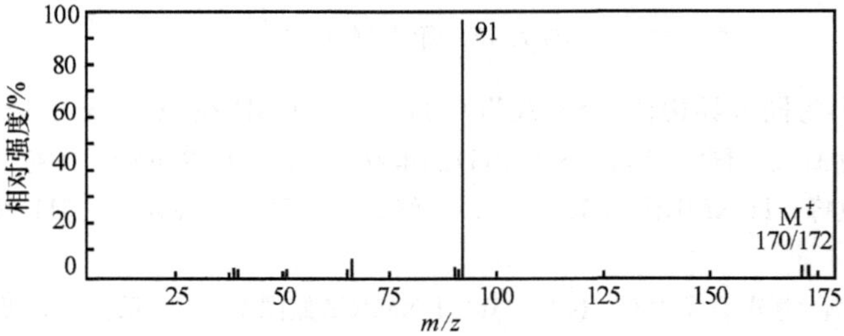

图 7.18　第 10 题附图

（江苏大学　李敏智）

第 8 章　醇、酚、醚

学习要求

1. 掌握醇、酚、醚的结构，命名和主要化学性质。
2. 熟悉醇、酚、醚的制备。
3. 了解消除反应历程及一些常见的醇、酚、醚类物质。

醇(alcohol，R—OH)可以看作烃分子中的一个或多个氢原子被羟基(—OH)取代生成的化合物，羟基(hydroxyl)是醇的官能团。酚(phenol，Ar—OH)的官能团也是羟基，但酚羟基直接连在芳环上。醚(ether)分子中也含有碳氧单键，但醚中的氧介于碳原子和碳原子之间，没有氧氢键。醚的官能团是醚键(ether linkage)。

醇、酚、醚是三类重要的含氧有机化合物，与医药密切相关，有的直接用作药物或溶剂，有的则是合成药物的原料。

8.1　醇

8.1.1　醇的结构、分类与命名

醇是羟基与饱和碳原子(sp^3 杂化)直接相连的一类化合物，以甲醇 CH_3OH 为例，羟基氧原子为 sp^3 不等性杂化，外层的 6 个电子分布在 4 个 sp^3 杂化轨道上，其中 2 个电子分别与 C、H 成键，余下两对未共用电子对分别占据另外 2 个 sp^3 杂化轨道，由于 sp^3 杂化轨道上的未共用电子对的排斥作用，∠COH 小于 109.5°。图 8.1 为甲醇的结构。

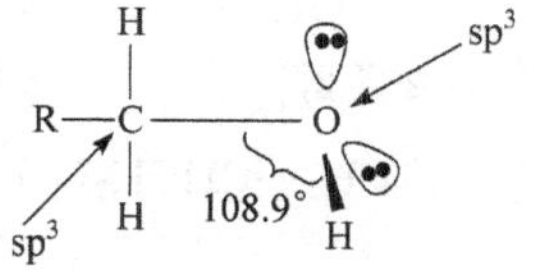

图 8.1　甲醇的结构

醇可以根据羟基所连碳原子种类分为一级醇(伯醇，1°)、二级醇(仲醇，2°)、三级醇(叔醇，3°)。

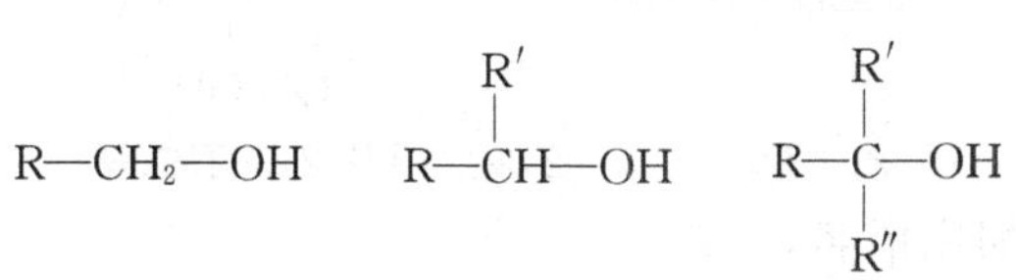

伯醇　　仲醇　　叔醇

醇也可以根据分子中所含羟基的数目分为一元醇、二元醇和三元醇等。含两个以上羟基的醇都属于多元醇。医药上常用的酒精(乙醇)为一元醇，甘油(丙三醇)为三元醇。

$CH_3—CH_2—OH$

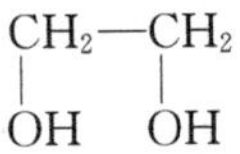

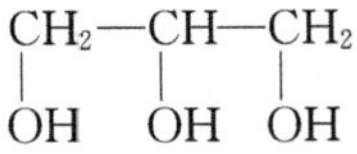

一元醇　　二元醇　　三元醇

醇还可以根据所连烃基的种类分为饱和醇、不饱和醇、芳香醇。

$CH_3CH_2CH_2CH_2OH$　　$H_2C=CHCH_2OH$

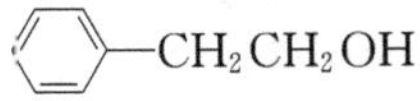

饱和醇　　不饱和醇　　芳香醇

醇的普通命名法一般仅用于结构简单的醇，以羟基所连烃基的名称加一个“醇”字构成，通常省略“基”字。例如：

CH_3OH

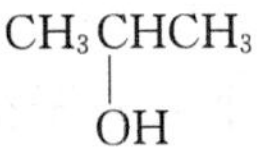

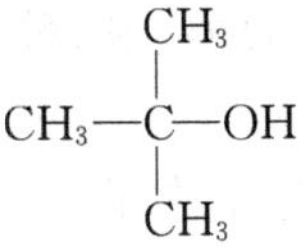

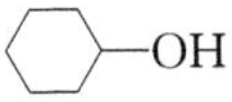

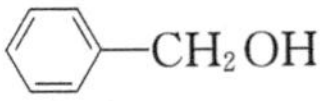

甲醇　　异丙醇　　叔丁醇　　环己醇　　苄醇

结构比较复杂的醇用系统命名法命名。命名原则是，选取连有羟基碳原子在内的最长碳链作为主链，从离羟基最近的一端开始编号，按含碳原子数称为“某”醇，在醇名称前用阿拉伯数字标明羟基的位置；支链或其他取代基的位置、数目、名称依次写在羟基位置之前；不饱和一元醇的命名应选择含有羟基和不饱和键在内的最长碳链为主链，在编号时从靠近羟基的一端开始编号，在不饱和键和羟基前标明其位置；多元醇的命名应尽可能选择包含有多个羟基在内的碳链作为主链，按所含羟基数称为“某”二醇、“某”三醇，并在醇名前标明羟基的位次。例如：

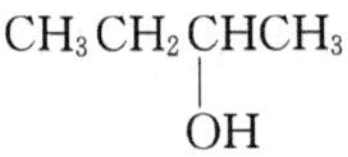

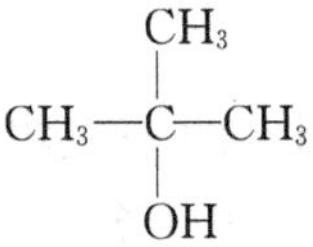

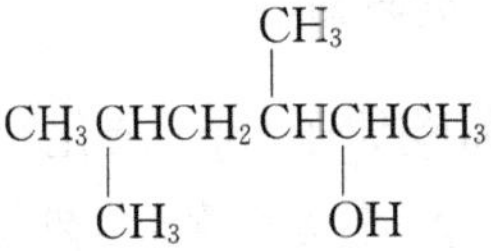

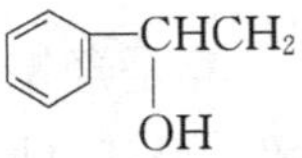

2-丁醇　　2-甲基-2-丙醇　　3,5-二甲基-2-己醇　　1-苯基乙醇

$CH_2=CHCH_2OH$

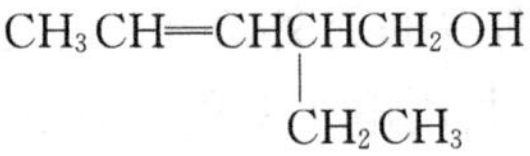

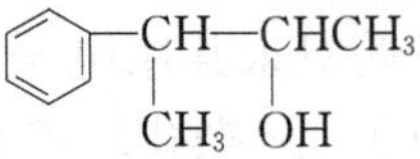

2-丙烯-1-醇　　2-乙基-3-戊烯-1-醇　　3-苯基-2-丁醇

$HOCH_2CH_2OH$

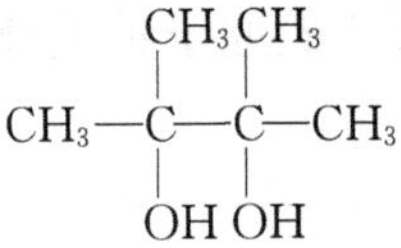

乙二醇　　2,3-二甲基-2,3-丁二醇

一些天然醇习惯用俗名，例如：

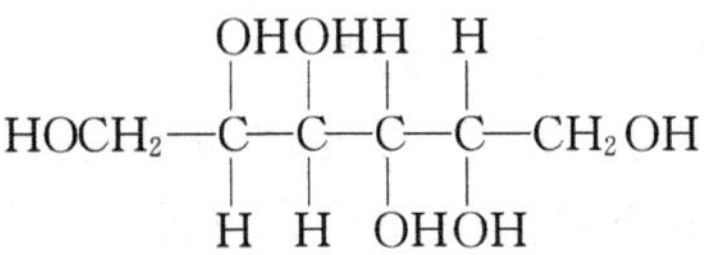

山梨醇(sorbitol)

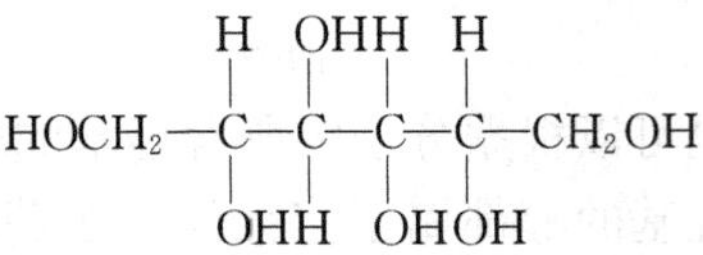

甘露醇(mennitol)

8.1.2　醇的性质

1. 醇的物理性质

低级醇为具有特殊气味的挥发性无色液体，C_5～C_{11}的醇为油状黏稠液体，C_{12}以上的醇为无臭、无味的蜡状固体。

低级醇如甲醇、乙醇均可与水以任意比例相溶，从正丁醇起在水中的溶解度显著下降，到癸醇以上则不溶于水。显然醇在水中的溶解度随碳原子的增多而下降。醇在水中的溶解度与羟基和水形成氢键的能力有关。低级醇能与水形成氢键，故能与水混溶。随着碳原子数的增加，醇羟基形成氢键的能力越来越弱，醇的溶解度渐渐由取得支配地位的烃基决定，因而在水中的溶解度降低，以至不溶。多元醇因羟基数目增加，溶解度随之增加。例如，丙三醇（甘油）不仅可以与水互溶，而且具有很强的吸湿性，能滋润皮肤，对无机盐及一些药物盐有较好的溶解性，在药物制剂及化妆品工业中广泛使用。

直链饱和一元醇的沸点随碳原子数的增加而上升，与烷烃的变化规律相似；但低相对分子质量醇的沸点比相应烷烃高很多，如乙烷的沸点为－88.6 ℃，而乙醇的沸点为 78.3 ℃。原因是在液态状态下，醇分子间能通过“氢键”发生缔合，要使形成缔合的液态醇气化为单个气体分子，除要克服分子间的范德华（van der Waals）力外，还需要提供更多的能量去破坏“氢键”（氢键键能约为 25kJ · mol^{-1}）。一些常见醇的物理常数见表 8.1。

表 8.1　一些常见醇的物理常数

名称	熔点/℃	沸点/℃	溶解度/[g · $(100\ mL)^{-1}$, H_2O]
甲醇	－97.9	65.0	∞
乙醇	－114.7	78.5	∞
正丙醇	－126.5	97.4	∞
异丙醇	－88.5	82.4	∞
正丁醇	－89.5	117.3	7.9
异丁醇	－108	108	10.0
仲丁醇	－114.7	99.5	12.5
叔丁醇	25.5	82.2	∞
正戊醇	－79	138	2.2
正己醇	－52	156	0.6
环己醇	25.2	161.1	3.8

2. 醇的化学性质

醇的化学性质主要由羟基官能团决定。由于氧的电负性较大，与氧相连的共价键都有很强的极性。在化学反应中，O—H键和C—O键都可以发生断裂，表现出醇的酸性，以及发生亲核取代和消除反应。同时由于羟基的影响，羟基所连碳原子上的氢（α-H）容易氧化和脱去。

1）醇与活泼金属的反应

醇在结构上可以看成水的烃基衍生物，性质与水相似，—OH中的 H 可被活泼金属 K、Na 等取代，生成醇盐 ROK、RONa，并放出氢气。例如：

$$ROH + Na(K) \longrightarrow RONa(K) + 1/2H_2$$

由于烃基是供电子基团，烃基的＋I 诱导效应使羟基中氧原子上的电子云密度增加，减低了氧原子吸引氢氧间电子对的能力，即降低了氢氧键的极性和羟基氢的酸性，使醇的酸性比水弱，因此醇与金属钠反应不及水与金属钠反应剧烈。

由于醇的酸性弱于水，生成的共轭碱 RO^- 的碱性比 OH^- 碱性强，因此醇钠只能在醇溶液中保存，一旦遇到水会立即与水反应游离出醇。

$$RONa + H_2O \longrightarrow ROH + NaOH$$

不同结构类型的醇与金属钠反应时活性顺序是甲醇＞伯醇＞仲醇＞叔醇。

烷氧基负离子的碱性很强，在有机合成中用作碱性试剂，另外，醇钠也常用作分子中引入烷氧基（RO^-）的亲核试剂。

其他活泼金属，如金属镁、铝汞齐等，也可以在较高温度下和醇作用生成醇镁、醇铝等。

2）醇与无机含氧酸的酯化反应

醇与无机含氧酸之间脱水可以生成相应的无机酸酯。例如，甘油（glycerol）与硝酸反应生成三硝酸甘油酯（glyceryl trinitrate），临床上称为硝酸甘油。

$$\begin{array}{l} CH_2OH \\ | \\ CHOH \\ | \\ CH_2OH \end{array} + 3HO—NO_2 \xrightarrow{H_2SO_4} \begin{array}{l} CH_2ONO_2 \\ | \\ CHONO_2 \\ | \\ CH_2ONO_2 \end{array} + 3H_2O$$

三硝酸甘油酯

异戊醇与亚硝酸反应生成亚硝酸异戊酯。

$$\begin{array}{c} CH_3 \\ | \\ CH_3CHCH_2CH_2OH \end{array} + HO—NO \longrightarrow \begin{array}{c} CH_3 \\ | \\ CH_3CHCH_2CH_2ONO \end{array} + H_2O$$

亚硝酸异戊酯

三硝酸甘油酯和亚硝酸异戊酯在临床上用作扩张血管及缓解心绞痛的药物。多元硝酸酯遇热会爆炸，可用作炸药。

醇与硫酸反应可以形成酸性和中性两种硫酸酯，其中低级醇的硫酸酯（硫酸二甲酯和硫酸二乙酯)可以作为烷基化试剂,向有机分子中导入甲基或乙基。硫酸二甲酯为无色剧毒液体,使用时应注意安全。

$$CH_3OH + H_2SO_4 \longrightarrow CH_3OSO_2OH + H_2O$$

硫酸氢甲酯

$$CH_3OSO_2OH + HOSO_2OCH_3 \xrightarrow[\text{减压}]{\triangle} (CH_3)_2SO_4 + H_2SO_4$$

硫酸二甲酯

高级醇($C_8 \sim C_{18}$)的硫酸酯钠盐是合成洗涤剂。人体软骨中含有硫酸酯结构的硫酸软骨质。

磷酸酯(phosphate ester)广泛存在于生物体内,具有重要的生理功能。例如,具有生物能源库功能的三磷酸腺苷(ATP)及组成细胞的重要成分核糖核酸(RNA)和脱氧核糖核酸(DNA)中都含有磷酸酯的结构。

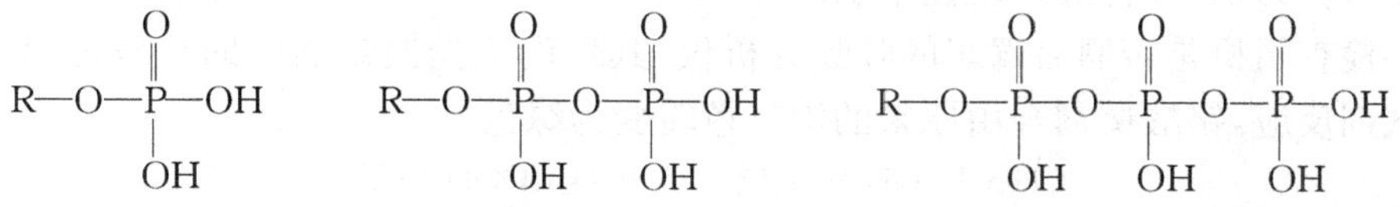

烷基一磷酸酯　　　烷基二磷酸酯　　　烷基三磷酸酯

3) 与氢卤酸反应

醇与氢卤酸反应,醇中羟基被卤素取代而生成卤代烃。

$$R—OH + HX \longrightarrow R—X + H_2O$$

醇与氢卤酸的反应是酸性条件下的亲核取代反应,反应活性与醇的结构及氢卤酸的种类有关。氢卤酸的相对活性为 HI>HBr>HCl,与卤素负离子的亲核能力相关。醇的相对活性顺序为烯丙基型醇>叔醇>仲醇>伯醇。例如,烯丙基型醇和叔丁醇与浓盐酸在室温下即可发生反应,而正丁醇需要有氯化锌作为路易斯酸催化剂,加热才可反应。

$$(CH_3)_3C—OH + HCl(\text{浓}) \xrightarrow{\text{室温}} (CH_3)_3C—Cl + H_2O$$

$$CH_3CH_2CH_2CH_2OH + HCl(\text{浓}) \xrightarrow[\triangle]{ZnCl_2} CH_3CH_2CH_2CH_2Cl + H_2O$$

因此,可以利用浓盐酸和无水氯化锌[卢卡斯(Lucas)试剂]鉴别六个碳以下不同类型的低级醇。

$$\begin{array}{lcl} \text{叔醇} & & \text{立即浑浊} \\ \text{仲醇} & \xrightarrow[\text{室温}]{36\%\ HCl/ZnCl_2} & \text{数分钟后浑浊} \\ \text{伯醇} & & \text{不出现浑浊} \\ & & \text{加热后浑浊} \end{array}$$

一般情况下,烯丙基型、苄基型、叔醇、大多数仲醇和 β-位上有较多支链的伯醇反应按 S_N1 历程进行。

4）醇的氧化反应

醇可以被多种氧化剂氧化，醇的结构不同，氧化剂不同，氧化产物也各异。不同类型的醇在用 $K_2Cr_2O_7$（$Na_2Cr_2O_7$）或 $KMnO_4$ 进行氧化时，可生成不同的产物。伯醇氧化成醛，醛继续氧化则成羧酸；仲醇氧化成酮；叔醇在一般条件下不被氧化。

$$CH_3CH_2OH \xrightarrow{K_2Cr_2O_7/H_2SO_4} CH_3CHO \xrightarrow{K_2Cr_2O_7/H_2SO_4} CH_3COOH$$

$$CH_3(CH_2)_5\underset{\underset{OH}{|}}{C}HCH_3 \xrightarrow[\triangle]{Na_2Cr_2O_7/H_2SO_4/H_2O} CH_3(CH_2)_5\underset{\underset{O}{\|}}{C}CH_3$$

在用 $K_2Cr_2O_7$ 酸性水溶液或 $KMnO_4$ 溶液作氧化剂时，伯醇和仲醇在反应前后有明显的颜色变化，反应液由橙红色变成绿色或由紫红色变为有棕色沉淀生成，借此可作为伯醇、仲醇的定性鉴别。

检查司机是否酒后驾车的呼吸分析仪，其理论依据便是酒中的乙醇可以与铬酸试剂反应，铬酸试剂会由原来的橙红色转变为绿色。

$$CH_3CH_2OH + \underset{\text{橙红色}}{Cr_2O_7^{2-}} \longrightarrow CH_3COOH + \underset{\text{绿色}}{Cr^{3+}}$$

若氧化伯醇制醛，可使用选择性氧化剂，如 $CrO_3 \cdot (C_5H_5N)_2$[沙瑞特(Sarrett)试剂]、$CrO_3/H_2SO_4/H_2O$[琼斯(Jones)试剂]、活性 MnO_2 等。

5）醇的脱水反应

醇在浓硫酸等催化剂存在下加热，可以发生分子内脱水生成烯烃，或发生分子间脱水生成醚。

$$CH_3CH_2OH \xrightarrow[170\ ℃]{\text{浓 } H_2SO_4} H_2C{=}CH_2 + H_2O$$

$$CH_3CH_2OH + CH_3CH_2OH \xrightarrow[140\ ℃]{\text{浓 } H_2SO_4} CH_3CH_2OCH_2CH_3 + H_2O$$

脱水方式与反应条件有关。通常高温有利于分子内脱水，但在浓 H_2SO_4 等催化剂存在时，可在较低的温度下进行，而低温则有利于分子间脱水。

8.1.3 消除反应历程

醇在酸存在下，羟基发生质子化，质子化后使碳氧键极性增加，更易断裂，失去水形成碳正离子中间体，然后消除β-H生成烯烃。

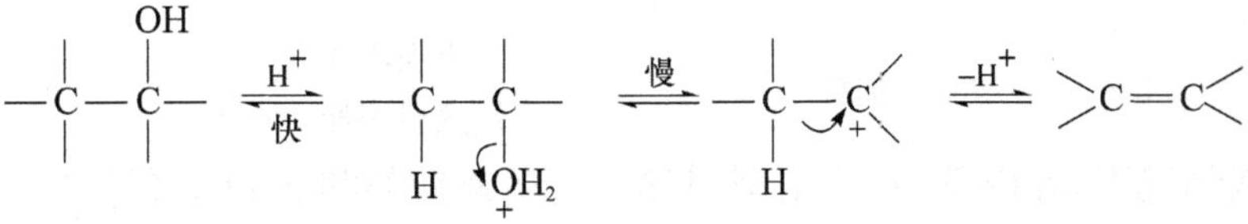

醇脱水反应的难易程度取决于碳正离子中间体的稳定性。由于碳正离子的稳定性是 3°(叔)＞2°(仲)＞1°(伯)，所以醇的脱水活性顺序是叔醇＞仲醇＞伯醇。例如：

$$CH_3CH_2OH \xrightarrow[170\ ℃]{H_2SO_4} H_2C{=}CH_2 + H_2O$$

伯醇

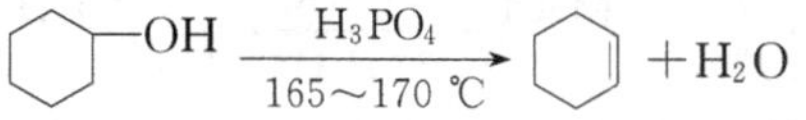

仲醇

$$(CH_3)_3C{-}OH \xrightarrow[85\sim90\ ℃]{20\%\ H_2SO_4} CH_2{=}C(CH_3){-}CH_3 + H_2O$$

叔醇

当醇分子中有多个 β-H 可供消除时，脱水时遵循札依采夫规则，生成双键上连有取代基最多的烯烃(与卤代烷脱卤化氢类似)。例如：

$$H_3C{-}C(CH_3)(OH){-}CH_2CH_3 \xrightarrow{H_2SO_4} \underset{90\%}{H_3C{-}C(CH_3){=}CHCH_3} + \underset{10\%}{H_2C{=}C(CH_3){-}CH_2CH_3}$$

8.1.4　醇的制备

1. 由烯烃制备

烯烃在酸催化下与水加成可以得到醇。伯醇可以由乙烯水合而得，其他烯烃水合则得到相应的仲醇和叔醇。

$$H_2C{=}CH_2 + H_2O \xrightarrow[300\ ℃,7\ MPa]{H_3PO_4} CH_3CH_2OH$$

$$R{-}CH{=}CH_2 \xrightarrow[H^+]{H_2O} R{-}CH(OH){-}CH_3$$

2. 由卤代烃制备

卤代烃的水解可以得到醇。由于在一般情况下，醇比卤代烃容易得到，因此，通常用醇合成卤代烃，只有在相应的卤代烃比醇容易得到时才采用这种方法，且只能用伯卤代烃，因为仲卤代烃和叔卤代烃在碱性条件下更易发生消除反应。

3. 由格氏试剂制备

格氏试剂与醛、酮加成、水解，可以制得伯、仲、叔醇，其中伯醇需由甲醛与格氏试剂反应制备。例如：

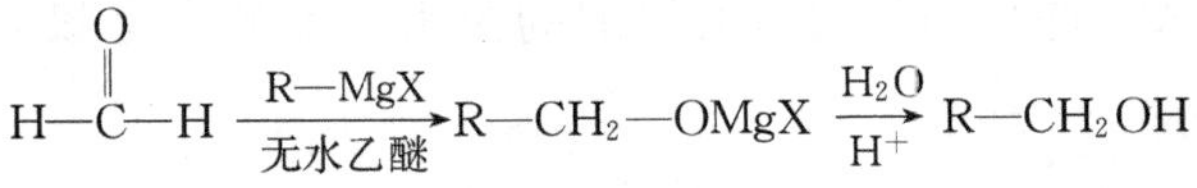

甲醛　　　　伯醇

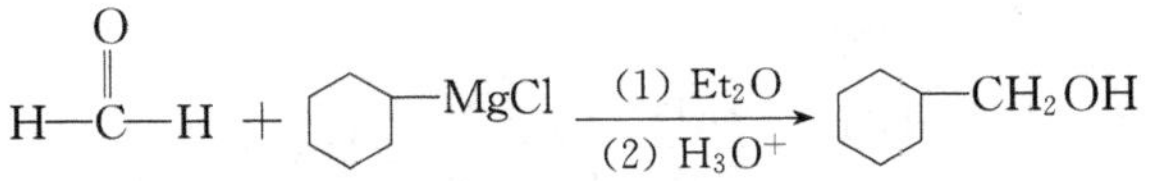

仲醇可由甲醛以外的其他醛与格氏试剂反应制备，由酮则可以制备叔醇。

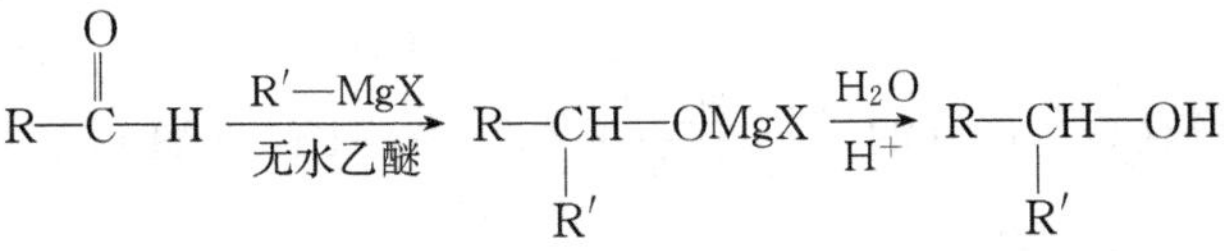

醛　　　　仲醇

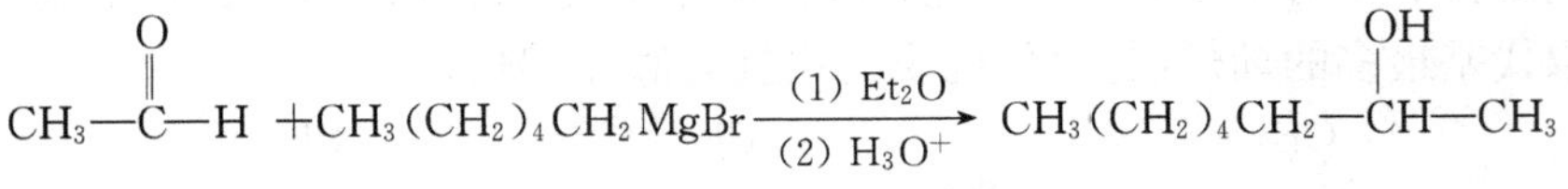

溴化己基镁　　　　2-辛醇

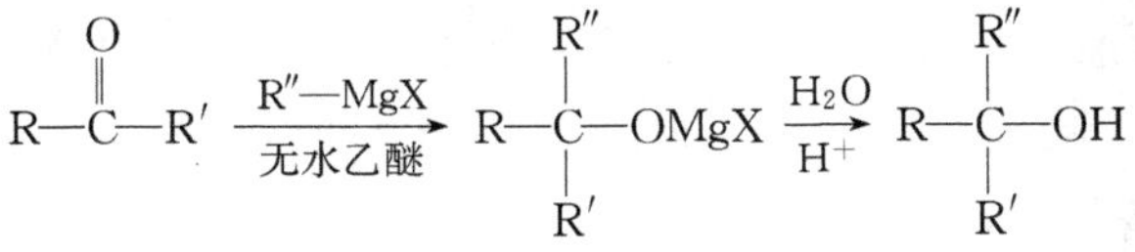

酮　　　　叔醇

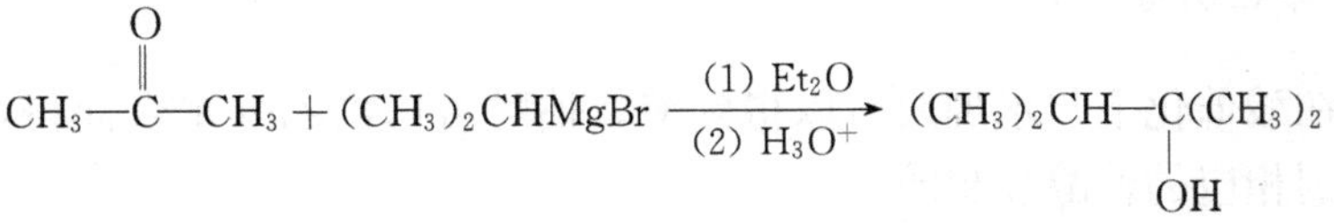

溴化异丙基镁　　　　2,3-二甲基-2-丁醇

利用格氏试剂与醛、酮反应的方法制备醇，可在生成醇官能团的同时有效增长碳链，具有重要的合成意义。

4. 由醛、酮的还原制备

醛、酮分子中的羰基用还原剂（$NaBH_4$，$LiAlH_4$）还原或催化加氢可还原为醇。详见 9.2.2。

8.1.5 重要的醇

(1) 甲醇 CH_3OH (methanol 或 methyl alcohol)为无色透明液体，沸点 64.7 ℃，俗称木精，最初由木材的干馏液中分离得到。甲醇与水和大多数有机溶剂混溶，是常用溶剂和重要化工原料。甲醇有毒，内服少量（10 mL）可致人失明，多量

(30 mL)可致死。原因是甲醇在体内的氧化产物甲醛对视网膜有毒，而进一步的氧化产物甲酸不能被机体很快利用而潴留在血液中，导致人体酸中毒而致命。

(2) 乙醇 CH_3CH_2OH(ethanol，or ethyl alcohol)为无色透明液体，沸点78.3 ℃，俗称酒精，可通过淀粉的发酵而得。乙醇用途很广，也是一种重要的化工原料。临床上使用 70%或 75%的乙醇水溶液作为外用消毒剂。用乙醇作溶剂溶解药品所制成的制剂称酊剂，如碘酊(俗称碘酒)就是将碘和碘化钾(助溶剂)溶于乙醇而成。

(3) 丙三醇 (propancetriol)为有甜味的无色黏稠液体，沸点 290 ℃，俗称甘油(glycerol 或 glycerin)。甘油能以任何比例与水混溶，吸湿性很强，对皮肤有刺激性，故用以润滑皮肤时，需要经水稀释。甘油在药剂上可用作溶剂，如酚甘油、碘甘油等。常用甘油栓剂或 50%甘油溶液灌肠以治疗便秘。

(4) 苯甲醇(benzyl alcohol)为无色液体，沸点 205 ℃，又名苄醇，具有芳香气味，存在于植物香精油中。苯甲醇微溶于水，也可与乙醇或乙醚混溶，具有微弱的麻醉和防腐作用。如用含有苯甲醇的注射用水作青霉素钾盐的溶剂，可减轻注射该药时的疼痛。10%的苯甲酸软膏为局部止痒剂。

8.2　酚

羟基直接连接在芳环上的化合物称为酚(phenols，Ar—OH)。最简单的酚为苯酚。

8.2.1　酚的结构、分类与命名

根据与芳环相连的羟基数目，酚可以分为一元酚、二元酚、三元酚等，通常将含有一个以上酚羟基的酚称为多元酚。酚的命名是在酚字的前面加上芳环的名称作为母体，再加上其他取代基的名称和位次。多元酚称为二酚、三酚等。

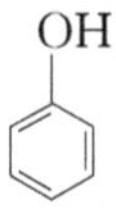
苯酚

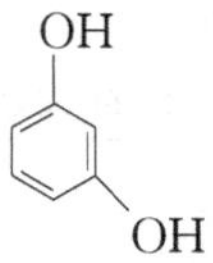
1,3-苯二酚
间苯二酚

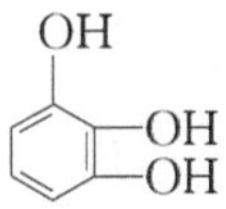
1,2,3-苯三酚
连苯三酚

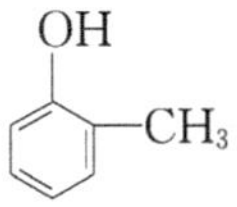
2-甲(基)苯酚
邻甲基苯酚

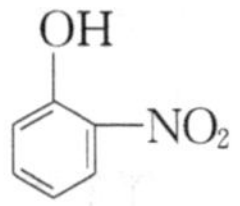
2-硝基苯酚
邻硝基苯酚

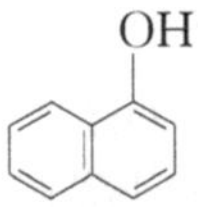
1-萘酚
α-萘酚

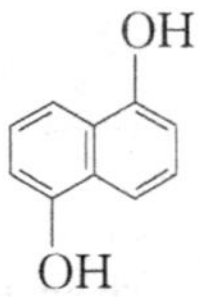
1,5-二萘酚

8.2.2 酚的性质

酚的化学性质与醇相比最主要的区别是酚羟基中的O—H键比C—O键容易断裂。原因是酚羟基直接与苯环相连，羟基中氧原子孤对电子占据的 p 轨道与芳环的 π 电子轨道可以平行重叠，构成一个 p-π 共轭体系。氧上的 p 电子因参与共轭而向苯环方向移动，使氧上电子云密度相对降低(δ^+)，减弱了C—O键的极性，使酚羟基与醇羟基相比，不易起羟基卤代等反应。而且酚羟基上带有 δ^+ 的氧对O—H间的电子对有更强的吸引，使O—H键极性增加，酚羟基的 H 更易于解离成 H^+，其酸性比醇强。另外，由于酚羟基氧上的 p 电子云向苯环转移，使环上电子云密度相对增高(δ^-)，更有利于苯环的亲电取代。

1. 弱酸性

酚羟基的氢具有酸性，可与碱溶液反应生成酚盐。例如，苯酚可与氢氧化钠作用生成易溶于水的苯酚钠。

$$C_6H_5OH + NaOH \rightleftharpoons C_6H_5ONa + H_2O$$

酚的酸性比醇强，比碳酸弱，在苯酚钠的水溶液中通入二氧化碳即可使苯酚游离析出。

$$C_6H_5ONa + CO_2 + H_2O \longrightarrow C_6H_5OH + NaHCO_3$$

可以利用酚类能够溶于氢氧化钠而不能溶于碳酸钠的特点与羧酸区别。

2. 氧化反应

由于酚羟基的强供电子性质，酚极易氧化，不仅易被各种强氧化剂(如重铬酸钾、氧化银等)氧化，甚至可被空气中的氧气缓慢氧化，这是酚类化合物在空气中久置后颜色逐渐加深的原因。酚被氧化的产物是一类具有环己二烯二酮结构的化合物，即醌类物质。多元酚更容易被氧化。例如：

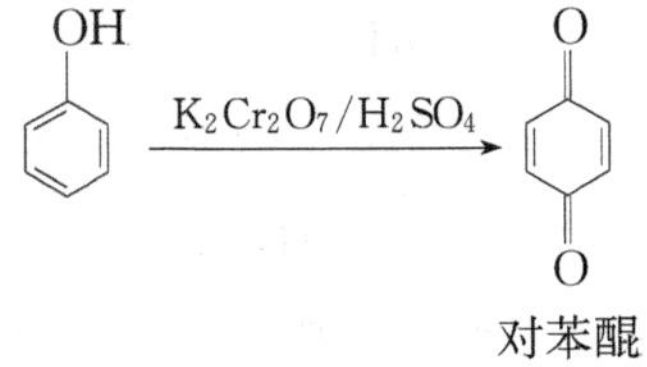

对苯醌

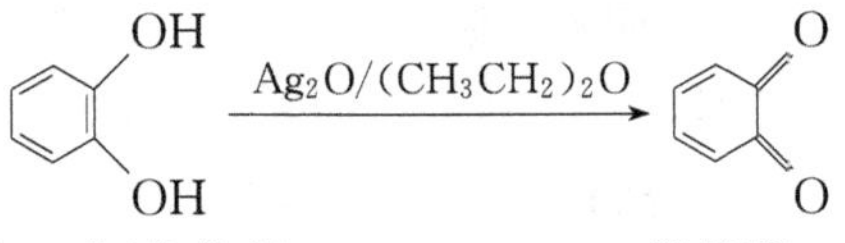

邻苯二酚(儿茶酚)　　　　邻苯醌

3. 芳环上的亲电取代反应

羟基是强的邻、对位定位基，由于羟基与苯环的 p-π 共轭，使苯环上的电子云密度增加，容易发生取代、硝化、磺化等反应。

1）卤代反应

苯酚与溴水在常温下可立即反应生成 2,4,6-三溴苯酚白色沉淀。

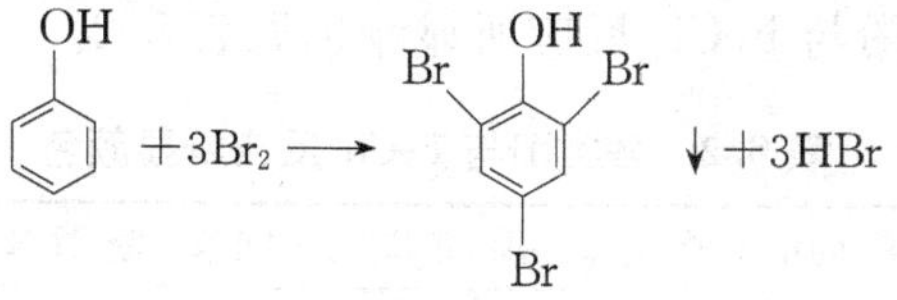

2,4,6-三溴苯酚

该反应灵敏，很稀的苯酚溶液（10 ppm）就能与溴水生成沉淀，故此反应可用作苯酚的鉴别和定量测定。

2）硝化反应

苯酚比苯易硝化，在室温下苯酚与稀硝酸作用生成邻硝基苯酚和对硝基苯酚的混合物。

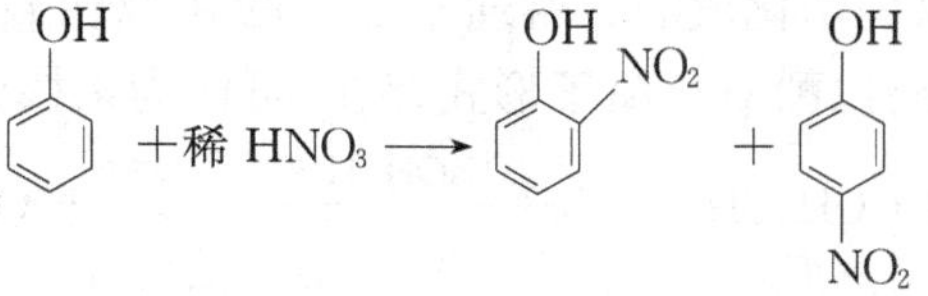

邻硝基苯酚　对硝基苯酚

邻硝基苯酚因空间结构允许可形成分子内氢键，而对硝基苯酚则只能形成分子间氢键。因此，邻硝基苯酚比对硝基苯酚的沸点低，且其在水中的溶解度比对硝基苯酚低得多，因此，通常通过水蒸气蒸馏的方法加以分离。

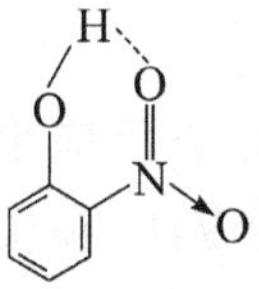

邻硝基苯酚

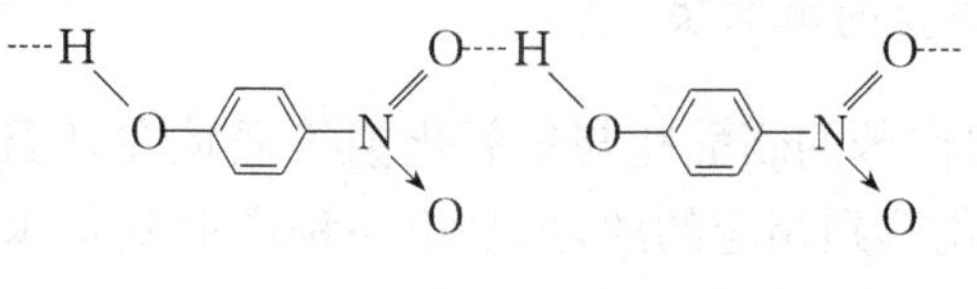

对硝基苯酚

3）磺化反应

苯酚可与浓硫酸发生磺化反应，在室温下以邻位取代产物为主，在较高温度下（100 ℃）则主要生成对位产物。若以发烟硫酸磺化，则生成间苯二磺酸。

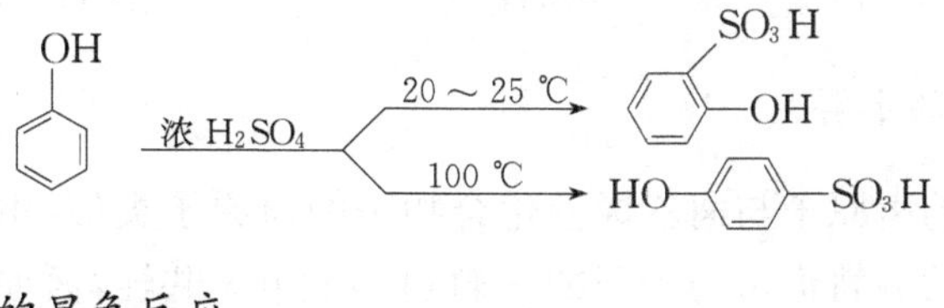

4. 与 $FeCl_3$ 的显色反应

酚能与 $FeCl_3$ 溶液发生显色反应。

$$6ArOH+FeCl_3 \longrightarrow [Fe(OAr)_6]^{3-}+6H^++3Cl^-$$

蓝紫色→棕红色

大多数酚均能起此反应，故该反应可用来鉴定酚。不同的酚与 $FeCl_3$ 作用产生的颜色不同。各类酚与 $FeCl_3$ 反应所显颜色见表 8.2。

表 8.2　各类酚与 $FeCl_3$ 反应所显颜色

酚	苯酚	对甲苯酚	间甲苯酚	对苯二酚	邻苯二酚	间苯二酚	连苯三酚	α-萘酚	β-萘酚
$FeCl_3$	蓝紫色	蓝色	蓝紫色	暗绿色	深绿色	蓝紫色	淡棕红色	紫红色沉淀	绿色沉淀

与 $FeCl_3$ 的显色反应并不仅限于酚，具有烯醇式结构的脂肪族化合物也有此显色反应。

5. 成醚反应

酚与醇相似，可以烷基化成醚。醚通常是由酚在碱性溶液中与卤代烃作用生成的。在碱性条件下酚以酚氧负离子形式存在，可作为亲核试剂进攻卤代烃。

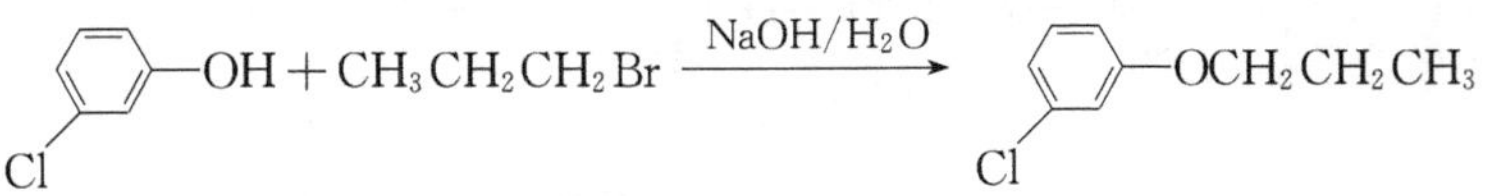

8.2.3　酚的制备

苯酚可以从煤焦油中分离得到，也可以采用间接的合成方法得到。

1. 苯磺酸盐的碱溶法

将苯或取代苯的磺酸盐与氢氧化钠等强碱在高温、高压下反应生成相应的酚钠盐，然后酸化得到相应的酚，这是第一种商业制备苯酚的方法，在实验室也能采用该法制备一些苯酚的衍生物。例如：

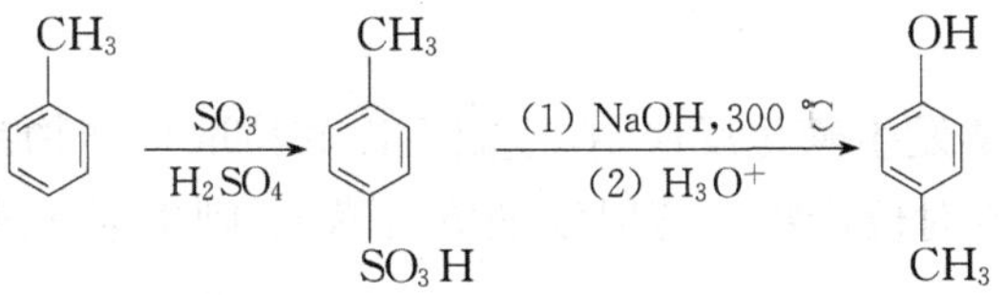

2. 卤代芳烃的水解

卤代芳烃中的卤原子与卤乙烯型化合物中的卤原子类似，由于卤原子上的未共用电子对所处的 p 轨道可与苯环的 π 轨道形成 p-π 共轭，卤原子上的未共用电子对可离域到苯环上。通常情况下很难发生亲核取代反应，但在十分剧烈的条件下，卤代苯仍能发生反应，生成相应的酚类。例如：

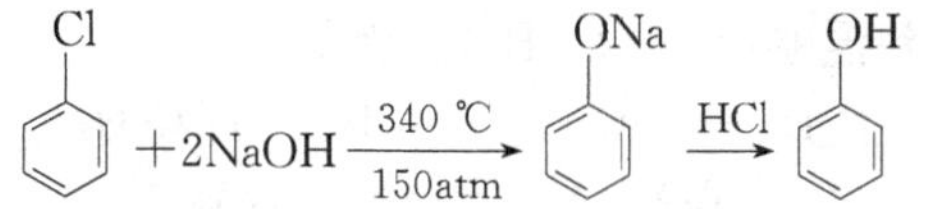

即氯代苯在高温、高压条件下与碱作用后酸化可以得到苯酚，而当卤原子的邻、对位有强的吸电子基团，如引入硝基三氟甲基等时，上述反应活性可以大大提高。

3. 异丙苯法

在催化剂作用下，异丙苯可以经氧气氧化成过氧化物，酸化后得到苯酚。这是20 世纪 40 年代初发展起来的工业生产苯酚的有效方法。

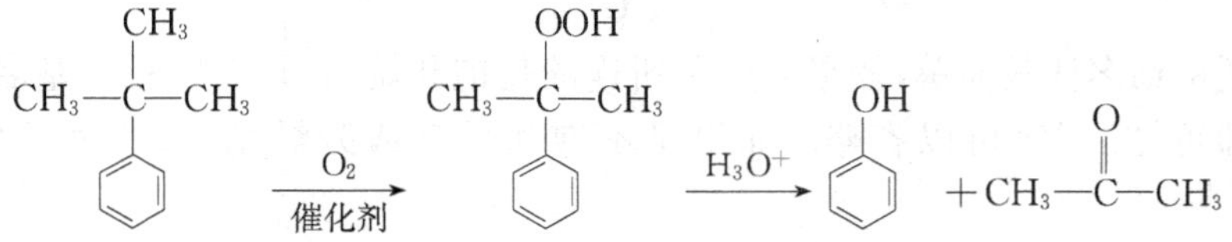

4. 重氮盐水解法

向苯环引入羟基的有效方法是先将苯胺重氮化，然后水解得到苯酚。详见第 11 章。

8.2.4 重要的酚

(1) 苯酚(phenol)为有特殊气味的无色晶体，熔点 43 ℃，沸点 181 ℃，俗称石碳酸，对皮肤有强烈的腐蚀性。苯酚易溶于乙醚、乙醇、氯仿和苯等有机溶剂，常温下稍溶于水。苯酚在医药上用作消毒剂，3%～5%的苯酚水溶液可用于消毒外科手术用具。

(2) 甲酚(cresols)指邻、对、间三种甲基苯酚的混合物，由于三者沸点相近，不易分离，故实际常用其混合物。甲酚来源于煤焦油，又称煤酚，其杀菌能力比苯酚强，因难溶于水，故常配成 47%～53%的肥皂溶液，称为煤酚皂溶液，俗称来苏尔(Lysol)，临用时加水稀释，供消毒之用。

8.3 醚

8.3.1 醚的结构、分类与命名

醚可以看作水分子中的两个氢原子分别被两个羟基取代的产物，或者看作醇或酚中羟基上的氢被脂肪烃基或芳香烃基取代的化合物。醚中的C—O—C键称为醚键，是醚的官能团。醚键的键角不是 180°，而是 110°，因为醚键中的氧与水分子中的氧一样，均为 sp^3 杂化。通常根据氧原子所连两个烃基是否相同，可以将醚

分为单醚(R—O—R)和混醚(R—O—R′)。例如:

$CH_3—O—CH_3$　单醚　　$C_6H_5—O—C_6H_5$　单醚　　$CH_3—O—C_2H_5$　混醚　　$C_6H_5—O—CH_3$　混醚

根据烃基种类,可以将醚分为饱和醚、不饱和醚和芳香醚等。例如:

$C_2H_5—O—C_2H_5$　饱和醚　　$CH_3CH_2—O—CH═CH_2$　不饱和醚　　$C_6H_5—O—C_6H_5$　芳香醚

氧原子与烃基连成环状则称为环醚。例如:

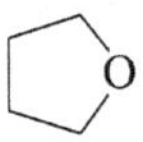
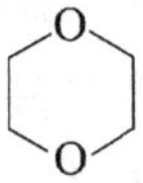
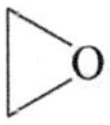

单醚的命名比较简单,如果氧原子所连的是饱和烷基,只需要在烷基名称后加"醚"字即可,"二"字可以省略。如果是不饱和烃基或芳烃基,"二"字不可省略。例如:

$CH_3CH_2OCH_2CH_3$　乙醚　　$H_2C═CH—O—CH═CH_2$　二乙烯基醚

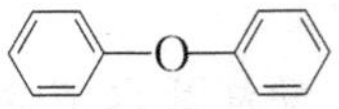
二苯醚

混醚在命名时,可分别写出两个羟基的名称,加上"醚"字即可。如果是两个脂肪烃基,一般将小烃基写在前面,大基团写在后面;如果有芳烃基,则将芳烃基写在前面。例如:

$CH_3OCH_2CH_3$　甲乙醚　　$H_2C═CH—O—CH_2CH_2$　乙基乙烯基醚

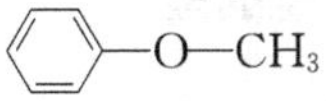
苯甲醚

当醚的结构比较复杂时,可采用系统命名法,将氧原子所连的两个烃基中碳链较长的烃基作为母体,另一较短烃基作为取代于母体上的烷氧基,称为某烷氧基某烷。例如:

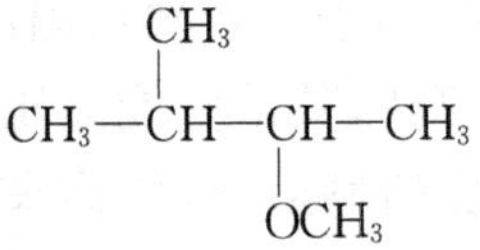
2-甲基-3-甲氧基丁烷

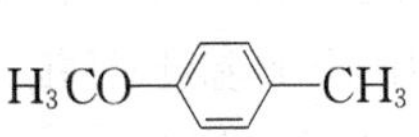
对甲氧基甲苯

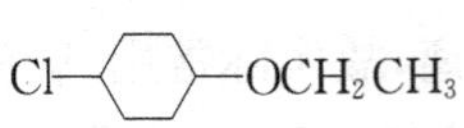
1-乙氧基-4-氯环己烷

环醚在命名时,根据环的大小稍有不同。三元环醚称为环氧化合物或称环氧某烷,其他环醚按杂环化合物的名称命名。例如:

环氧乙烷

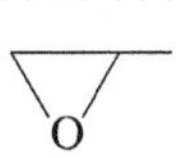
环氧丙烷

2-甲基-2,3-环氧丁烷

四氢呋喃

8.3.2　醚的性质

与醇类似,醚分子中也有碳氧极性键,虽然其活性因氧原子两边均连有碳原子而不如醇中的碳氧键，但碳氧极性键及氧原子上的未共用电子对仍是醚类化学性质的主要体现位置。

1. 鎓盐的形成

带有未共用电子对的醚键氧原子可以作为路易斯碱与强酸中的 H^+ 以配位键结合，形成鎓盐(oxonium salt)。例如：

$$CH_3CH_2-\ddot{O}-CH_2CH_3 \underset{H_2O}{\overset{浓H_2SO_4}{\rightleftharpoons}} CH_3CH_2-\overset{H}{\underset{+}{O}}-CH_2CH_3 + HSO_4^-$$

因此，醚能溶于强酸，如 H_2SO_4、HCl、$HClO_4$ 等。

醚的鎓盐遇水即分解，恢复成原来的醚，利用醚的这一特性，可用于醚的鉴别。

2. 醚键的断裂

醚与浓的强酸(如氢卤酸)共热，醚键会发生断裂，生成卤代烃和醇。如果氢卤酸过量，则生成的醇也转变成卤代烃(酚例外)。

$$R-O-R+HI \xrightarrow{\triangle} RX+ROH$$
$$ROH \xrightarrow{HI} RX+H_2O$$

这是一个亲核取代反应，不同的氢卤酸使醚键断裂的能力为 HI＞HBr＞HCl，与卤素负离子亲核能力的顺序一致。

当醚键所连烃基不相同时(混醚)，通常含碳原子数较少的烷基形成碘代物，尤其是含甲氧基的醚在醚键裂解时可定量地生成碘甲烷，可用于测定有机分子中所含甲氧基的数目，称为蔡塞尔(Zeisel)法。如果醚键所连的一个为烷基，另一个为芳基，则裂解时通常烷基形成碘代物，芳基形成酚类。例如：

$$CH_3OCH(CH_3)_2+HI \xrightarrow{\triangle} CH_3I+(CH_3)_2CHOH$$

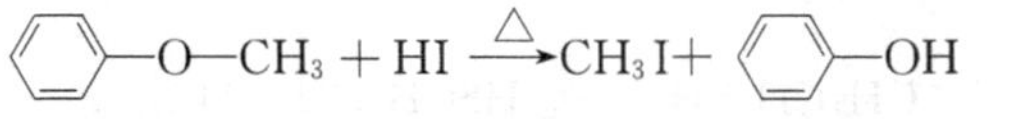

二苯基醚的醚键很稳定，通常不易与氢卤酸发生醚键的断裂反应。

3. 醚的氧化

醚对一般氧化剂是稳定的，但如果长期与空气接触，可以形成过氧化物，一般认为氧化发生在醚的 α-碳原子上：

$$CH_3CH_2OCH_2CH_3+O_2 \longrightarrow CH_3\underset{\displaystyle O-OH}{\underset{|}{C}}HOCH_2CH_3$$

过氧化物遇热会发生爆炸，因此，久置的醚在使用前应进行检查，以保证安全。可以用硫酸亚铁水溶液或亚硫酸钠水溶液洗涤，以破坏过氧化物，再用淀粉-KI 试纸检验是否有过氧化物残存。若淀粉-KI 试纸变蓝或 $FeSO_4$-KCNS 混合液显红色，则说明醚中存在过氧化物。

8.3.3　醚的制备

开链醚的制备方法常用的有以下两种：

1. 醇脱水成醚

在较低温度下，两分子醇之间可以脱水成醚(参见醇的脱水反应)，但此法的局限性是仅能制备对称的单醚，且叔醇易发生消除反应，很难形成醚。

2. 威廉姆森合成法

卤代烃与醇钠作用生成醚的反应称为威廉姆森合成法，这是制备混醚的常用方法，其中的卤代烃应该避免使用更易发生分子内消除反应的叔卤代烃。例如：

$$CH_3ONa + H_2C{=}CHCH_2Cl \longrightarrow CH_3OCH_2CH{=}CH_2$$

8.4　硫醇、硫酚与硫醚

在元素周期表中，硫和氧处于同一主族，它们不仅能形成结构相似的无机化合物，如 H_2O 和 H_2S，也能形成结构相似的有机化合物，如R—OH与R—SH(醇与硫醇)、C_6H_5OH 与 C_6H_5SH(酚与硫酚)、R—O—R与R—S—R(醚与硫醚)。

8.4.1　硫醇与硫酚

巯基(mercapto)“—SH”是硫醇和硫酚的官能团。简单硫醇和硫酚的命名只需要在相应的醇或酚的名称中加上“硫”字；复杂硫醇命名时，则将—SH 作为取代基命名。例如：

CH_3SH	CH_3CH_2SH	$HSCH_2CH_2OH$	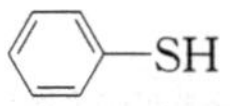
甲硫醇	乙硫醇	2-巯基乙醇	苯硫酚(硫酚)

硫醇中甲硫醇为气体，其他低级硫醇为液体。低级硫醇有毒，并有强烈的臭味。由于硫原子形成氢键的能力比氧弱得多，因此硫醇的沸点和在水中的溶解度都比相应的醇低得多。例如：

	乙醇	乙硫醇		乙醇	乙硫醇
沸点	78.5 ℃	37 ℃	溶解度(25 ℃)	∞	1.5g

硫醇的化学性质与醇有相似之处，如都可以与酸成酯。但也有显著不同，主要表现为硫醇的弱酸性和氧化反应两个方面。由于 3p 轨道比 2p 轨道扩散，硫原子 3p 轨道与氢原子的 1s 轨道重叠就不如氧原子有效，所以—SH中的氢原子比

—OH中的氢原子解离能力强，表现为硫醇的酸性比醇强，硫醇可以与 NaOH、金属氧化物等作用，生成相应的硫醇盐。

$$R—SH+NaOH \longrightarrow RSNa+H_2O$$

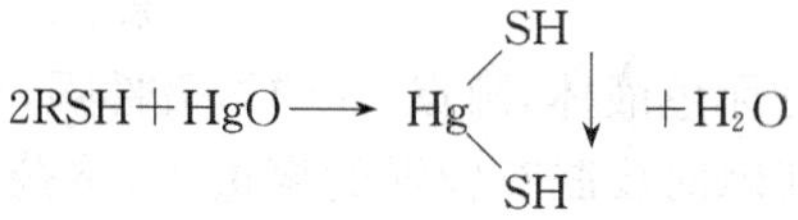

许多重金属盐类能引起人畜中毒就是由于重金属能与有机体内某些酶中的巯基结合，使酶丧失其正常的生理作用。利用硫醇能与重金属形成稳定的不溶性硫醇盐的性质，某些硫醇可作为重金属中毒时的解毒剂，如二巯基丙醇（商品名 BAL，British Antilewisite）、二巯基丙磺酸钠、二巯基丁二酸钠等。

$CH_2SH—CHSH—CH_2OH$ 二巯基丙醇

$CH_2SH—CHSH—CH_2SO_3Na \cdot H_2O$ 二巯基丙磺酸钠

$COONa—CHSH—CHSH—COONa$ 二巯基丁二酸钠

硫醇比醇更易氧化，但氧化不是发生在巯基所连的碳原子上，而是在硫原子上，氧化产物为二硫化物。

$$2RSH \underset{[H]}{\overset{[O]}{\rightleftharpoons}} R—S—S—R$$

在生物体内，巯基与二硫键之间的氧化还原反应是一个非常重要的生理过程。二硫键对保护蛋白质分子的特殊构型也起很重要的作用。

8.4.2 硫醚

硫醚可看作硫化氢分子中两个氢原子被羟基取代后的化合物。硫醚为无色液体，因不能与水产生氢键而不溶于水，可溶于醇和醚，沸点比相应的醚高。

硫醚的命名与醚类似，在醚字前加上“硫”字即可。例如：

CH_3SCH_3 （二）甲硫醚

$CH_3SCH_2CH_3$ 甲乙硫醚

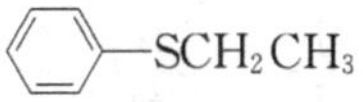

苯乙硫醚

硫醚的化学性质除了与强酸形成硫盐外（与生成鉡盐类似），主要表现在硫醚比醚更易氧化，产物为亚砜或砜。例如：

$$CH_3SCH_3 \xrightarrow{H_2O_2} CH_3—\overset{\overset{O}{\|}}{S}—CH_3$$

二甲亚砜

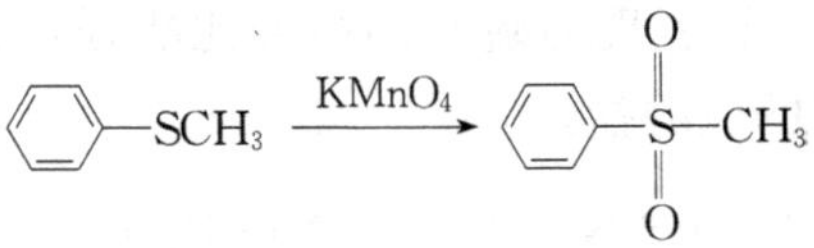

苯甲砜

二甲亚砜是一种无色液体，沸点 189 ℃，极性强，可与水互溶，是一种优良的非质子性溶剂。二甲亚砜对皮肤有较强的穿透力，将药物溶于其中可促使药物渗入皮肤，可作为药物的促渗剂。

本章小结

1. 醇的主要反应。

(1) 与活泼金属的反应。

$$ROH + Na(K) \longrightarrow RONa(K) + 1/2H_2$$

ROH 的反应活性：甲醇＞伯醇＞仲醇＞叔醇。

(2) 成酯反应。醇与无机含氧酸之间脱水可以生成相应的无机酸酯。

(3) 与氢卤酸的反应。

$$R—OH + HX \longrightarrow R—X + H_2O$$

HX 的反应活性：HI＞HBr＞HCl。

ROH 的反应活性：烯丙基型醇＞叔醇＞仲醇＞伯醇。

(4) 氧化反应。

$$R—CH_2OH \xrightarrow[\text{或 } KMnO_4]{K_2Cr_2O_7/H_2SO_4} [R—CHO] \xrightarrow[\text{或 } KMnO_4]{K_2Cr_2O_7/H_2SO_4} R—COOH$$

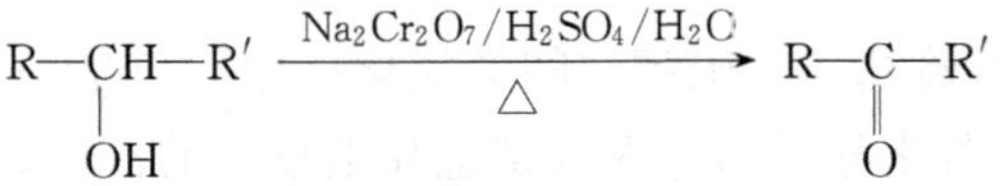

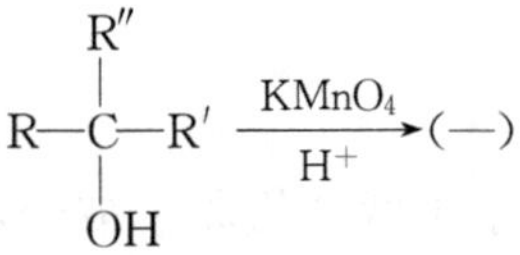

(5) 脱水成烯反应。

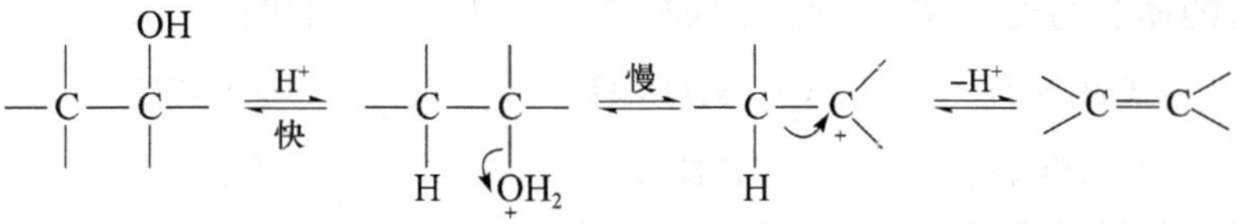

ROH 的脱水活性：叔醇＞仲醇＞伯醇。

2. 酚的主要反应。

(1) 官能团的反应。

(i) 酸性(水中解离)

$$ArO—H + H_2O \rightleftharpoons ArO^- + H_3O^+$$

(ii) 成醚反应

$$ArO^- + R—X \longrightarrow ArO—R + X^-$$

(iii) 与 $FeCl_3$ 的颜色反应

$$6ArOH + FeCl_3 \longrightarrow [Fe(OAr)_6]^{3-} + 6H^+ + 3Cl^-$$

(2) 芳环上的取代反应。

(i) 卤代

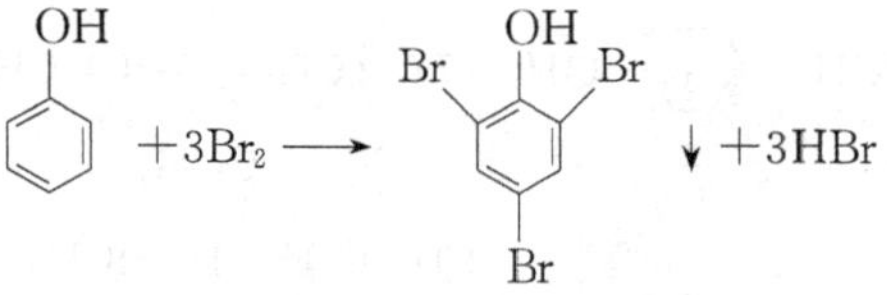

(ii) 硝化

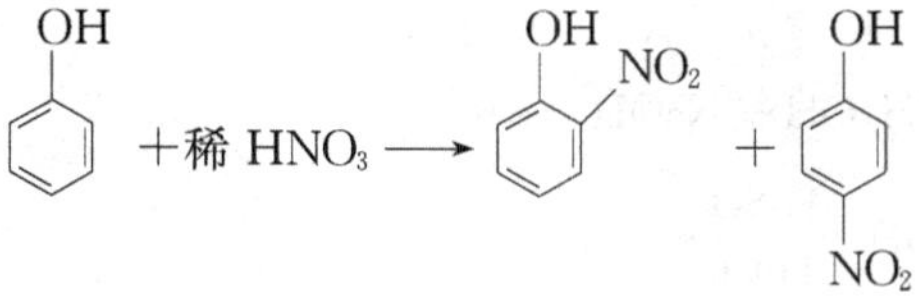

(iii) 磺化

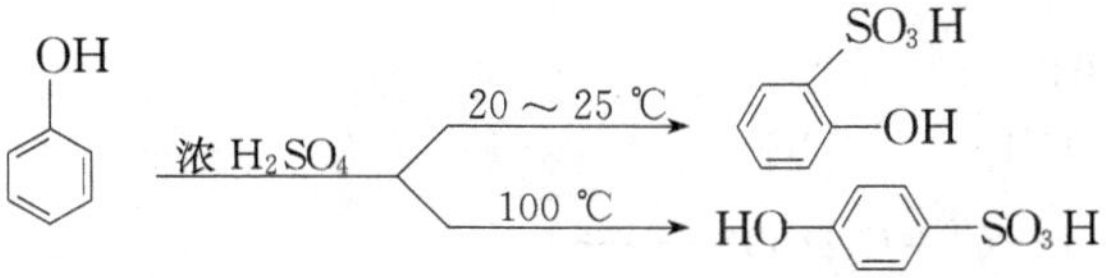

(3) 氧化反应。

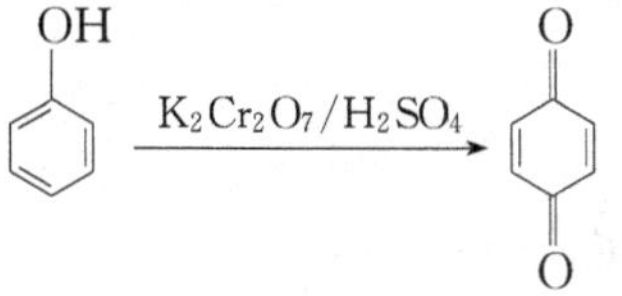

3. 醚的主要反应。

(1) 生成鎓盐。

$$R—\ddot{O}—R' \xrightarrow{H_2SO_4} [R—\overset{+}{\underset{H}{O}}—R']HSO_4^-$$

(2) 醚键的断裂。

$$R—\ddot{O}—R' \xrightarrow{HX} R—X + R'OH$$

HX 的反应活性：HI>HBr>HCl。

(3) 氧化反应。

$$CH_3CH_2OCH_2CH_3 + O_2 \longrightarrow \underset{\displaystyle O—OH}{CH_3\underset{|}{C}HOCH_2CH_3}$$

习　　题

1. 用系统命名法命名下列化合物：

(1) $CH_3CH(CH_3)CH_2CH_2OH$　(2) $C_2H_5O(CH_2)_3CH_3$　(3) $HOCH_2CH_2OH$

(4) 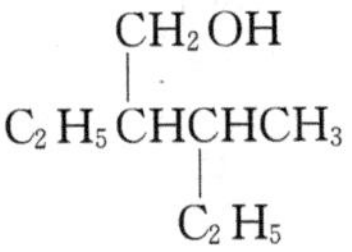　(5) 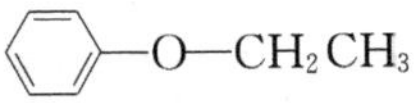

(6) 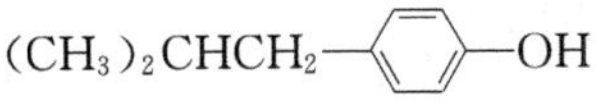　(7) $(CH_3)_2C{=}CHCH_2CHOHCH_3$

(8) 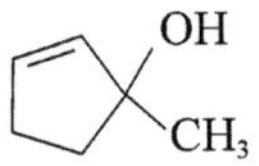　(9) 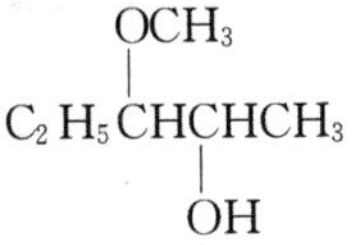

2. 完成下列反应：

(1) 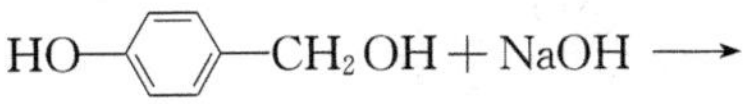

(2) $CH_3CH_2CH_2OH \xrightarrow[140\ ℃]{H_2SO_4}$

(3) 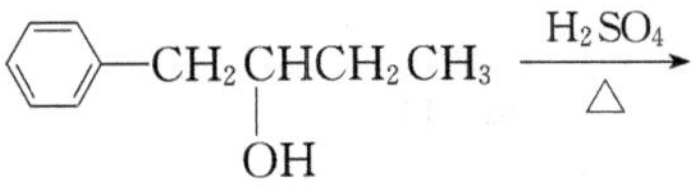

(4) 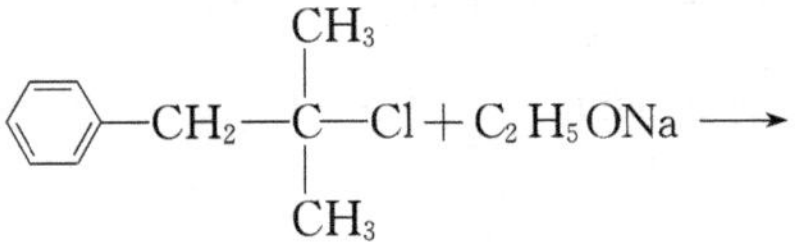

(5) 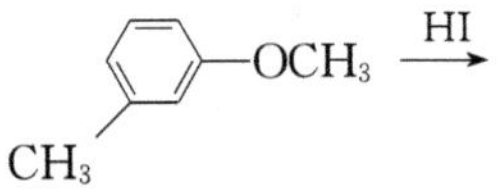

(6) $CH_3CH_2CH_2OH + HNO_3 \longrightarrow$

3. 用化学方法鉴别下列化合物：

(1) 对苯酚和苯甲醇　(2) 苯甲酸和苯酚

(3) 2-甲基-2-丙醇和 2-甲基-1-丙醇　(4) 丙三醇，1，3-丙二醇和苯酚

4. 下列各组醇中，请指出哪一个更易脱水，脱水主产物是什么？

(1) $(CH_3)_2C(OH)CH_2CH_3$ 和 $(CH_3)_3CCH(OH)CH_3$

(2) $(CH_3)_2CHC(OH)(CH_3)_2$ 和 $(CH_3)_2CHCH(CH_3)CH_2OH$

(3) 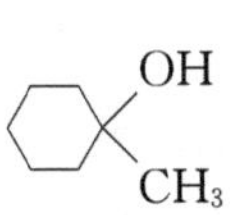，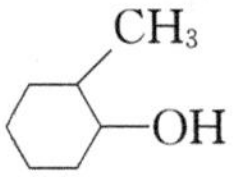 和 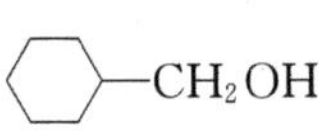

5. 由正丁醇合成下列化合物，其他原料任选。

(1) 1-丁烯　(2) 正丁醛　(3) 苯基正丁基醚

6. 试写出 2,4,6-三甲基氯化苄与氢氧化钙反应的主要产物的结构和名称,并分析原因。

7. 利用羰基化合物与格氏试剂的反应制取 $C_6H_5CH_2-\underset{\displaystyle OH}{\overset{\displaystyle CH_3}{\underset{|}{\overset{|}{C}}}}-CH_2CH_3$,可以采取哪几条途径?分别写出各种途径所用反应物的结构式和反应式。

8. 某化合物 A 的分子式为 C_7H_8O,A 不溶于水和 $NaHCO_3$ 溶液中,但能溶于 NaOH 溶液中,并可与溴水反应生成化合物 B,其分子式为 $C_7H_5OBr_3$。试写出 A 和 B 的结构式。若 A 不能溶于 NaOH 溶液中,试推测 A 的可能结构。

(皖南医学院 吴运军)

第 9 章 醛、酮、醌

学习要求

1. 掌握醛、酮、醌的基本结构和命名方法，醛、酮的化学性质。

2. 熟悉亲核加成反应的历程及影响反应的因素，α,β-不饱和醛、酮的共轭加成反应。

3. 了解醌的化学反应特性。

醛、酮、醌是含氧有机化合物，广泛存在于自然界。例如，在生物体内参与许多代谢反应的维生素 B_6 就是醛，调节脂肪、蛋白质和碳水化合物代谢的氢化可的松就是酮，牙膏、香料、纺织品、塑料、药物等日用品中也含有醛、酮成分。

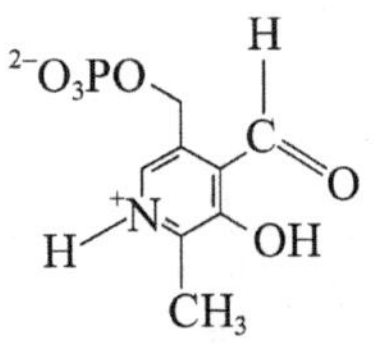

维生素B_6

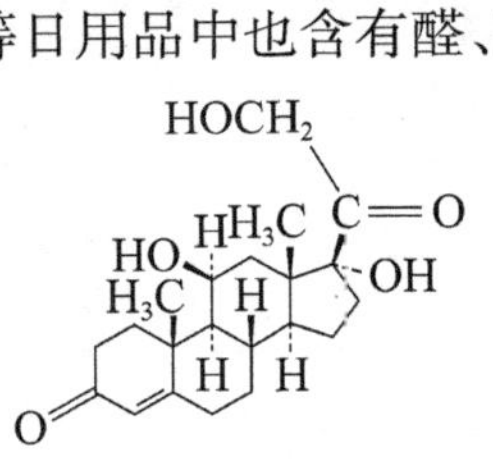

氢化可的松

9.1 醛、酮的结构、分类与命名

9.1.1 羰基的结构

醛、酮分子中的氧原子与碳原子以双键结合，形成羰基(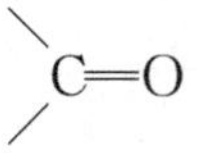)。含有羰基的化合物统称为羰基化合物。醛和酮都属于羰基化合物。

羰基碳原子结合着氢原子的是醛，通式为 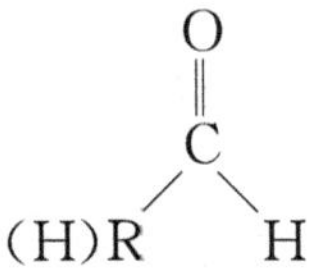 ，其中 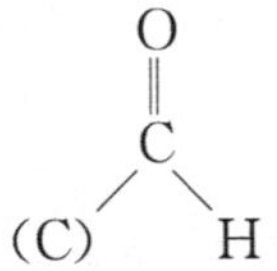 称为醛基，是醛的官能团，可简写成—CHO。羰基碳原子直接与两个碳原子结合的是酮，通式为 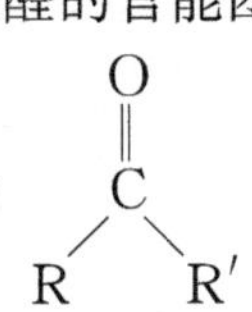 ，酮基 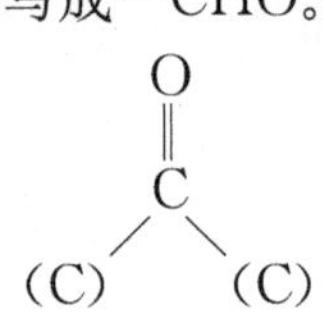 是酮的官能团。

羰基碳原子和氧原子均为 sp^2 杂化。碳原子用三个 sp^2 杂化轨道分别与氧及其他两个原子形成三个 σ 键，键角均为 120°左右，形成一个以碳为中心的平面三角形结构，即“羰基平面”。碳和氧未参与杂化的 p 轨道彼此平行重叠，形成 π 键，垂直于羰基平面，π 电子云分布在羰基平面的两侧。羰基氧上的两对未共用电子对分布在氧原子的另外两个 sp^2 杂化轨道上，如图 9.1 所示。

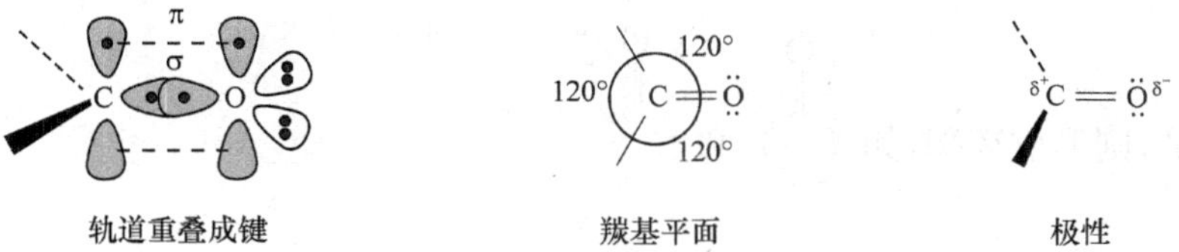

图 9.1 羰基结构示意图

氧比碳的电负性大，故羰基具有极性。氧原子带部分负电荷，碳原子带部分正电荷。带部分正电荷的碳原子易受亲核试剂的进攻，带部分负电荷且有未共用电子对的氧可与亲电试剂结合。

9.1.2 醛、酮的分类

除甲醛外，醛、酮的羰基都连接着烃基。羰基碳原子直接连在芳环上的醛、酮称为芳香族醛、酮，否则是脂肪族醛、酮。

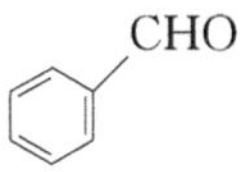

芳香醛

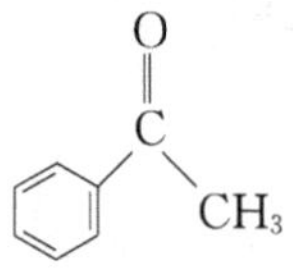

芳香酮

$CH_3CH_2CH_2CHO$

脂肪醛

$CH_3\overset{\overset{O}{\|}}{C}CH_2CH_2CH_3$

脂肪酮

根据烃基是否饱和，脂肪醛、酮又可分为饱和醛、酮和不饱和醛、酮。上面所列举是饱和脂肪醛、酮的例子。

$CH_3CH{=}CHCHO$

不饱和醛

$CH_2{=}CH\overset{\overset{O}{\|}}{C}CH_2CH_3$

不饱和酮

根据分子中羰基的数目，醛、酮可以分为一元醛、酮和多元醛、酮。以上所列举都是一元醛、酮的例子。

$H\overset{\overset{O}{\|}}{C}CH_2CH_2\overset{\overset{O}{\|}}{C}H$

多元醛

$CH_3\overset{\overset{O}{\|}}{C}CH_2\overset{\overset{O}{\|}}{C}CH_3$

多元酮

根据羰基所结合的两个烃基是否相同，将酮分为简单酮和混合酮。

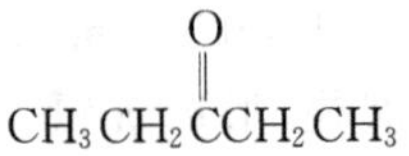 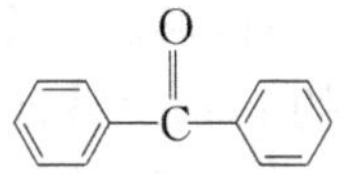 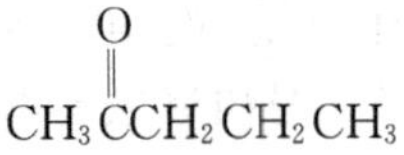 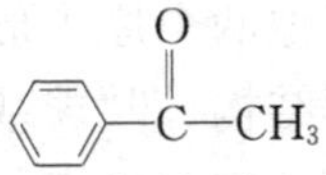

简单酮　　混合酮

羰基连接甲基的酮称为甲基酮，用通式 CH_3COR 表示。如果羰基碳原子是碳环的一员，则形成环酮，如 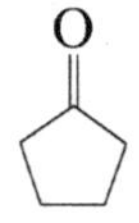 和 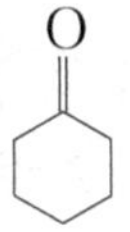 。

9.1.3 醛、酮的命名

1. 普通命名法

简单的醛、酮用普通命名法命名。脂肪醛根据分子中所含碳原子数及碳链特征命名为“某醛”。脂肪酮根据羰基所连的两个烃基的名称命名为“某(基)某(基)甲酮”，“甲”字有时可以省略。

$(CH_3)_2CHCHO$ 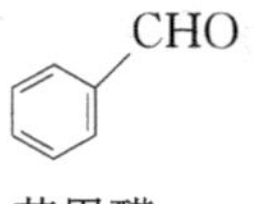 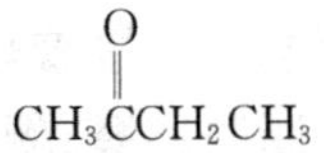 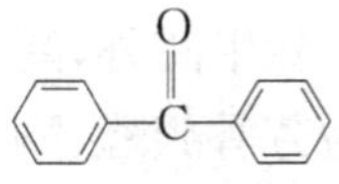

异丁醛　苯甲醛　甲乙酮　二苯甲酮

2. 系统命名法

1）醛

选择含醛基碳的最长碳链作主链，根据碳原子数称母体为“某醛”。用阿拉伯数字编号，醛基碳为第一位，不需标出。有环状结构时，环的部分作取代基。所有取代基的位次、数目及名称写在母体名称之前。例如：

CH_3CH_2CHO 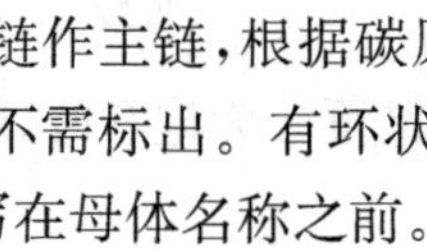 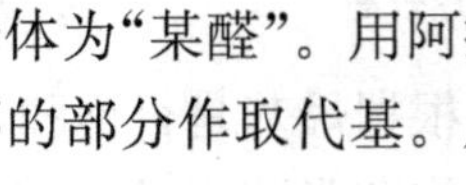

丙醛　4-甲基-2-乙基戊醛　3-苯基丙醛

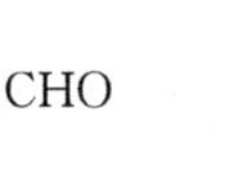 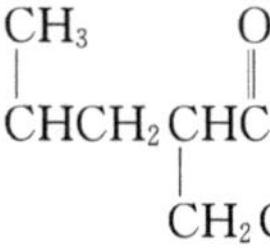 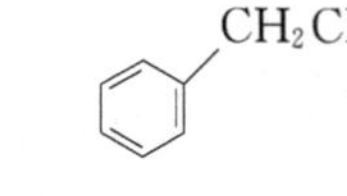

环己基甲醛　苯甲醛　2-萘甲醛

不饱和醛的命名要选择同时含醛基碳和碳碳双键(或叁键)碳在内的最长碳链作主链，称为“某烯(炔)醛”，而且标明碳碳双键(或叁键)的位次。例如，$CH_3CH=CHCHO$命名为 2-丁烯醛。

2）酮

选择含羰基碳的最长碳链作主链，根据碳原子数称母体为“某酮”。从离羰基较近的一端开始编号，标明羰基的位次。例如：

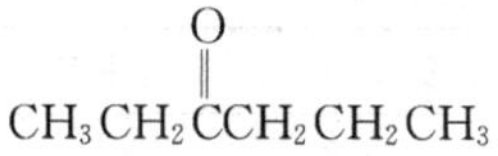

3-己酮

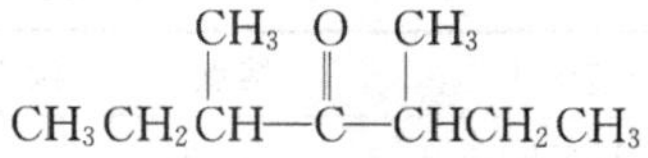

3,5-二甲基-4-庚酮

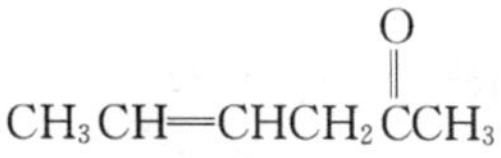

4-己烯-2-酮

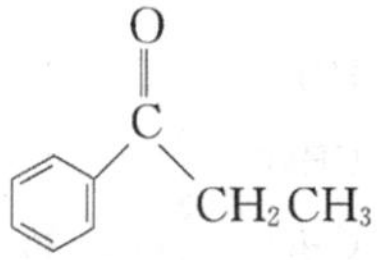

1-苯基-1-丙酮

环酮的命名只需在含相同碳原子数的开链酮的名称前加个“环”字即可。如有取代基，给环内碳原子编号，羰基碳为第一位，并使取代基得到较低的位次。例如：

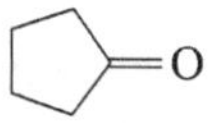

环戊酮

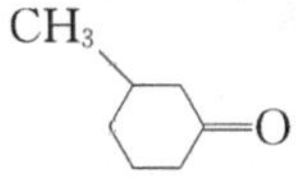

3-甲基环己酮

3）多元醛、酮

选取含羰基最多的最长碳链作主链，并标明羰基的位次和数目。例如：

丁二醛

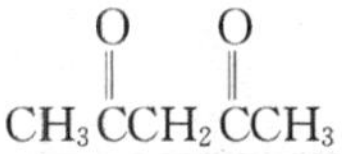

2,4-戊二酮

同一个分子中既有醛基又有羰基时，羰基氧作取代基，命名为“氧代醛”。例如，$CH_3CH_2\overset{\overset{O}{\|}}{C}CH_2CHO$ 命名为 3-氧代戊醛。

9.2　醛和酮的性质

9.2.1　醛、酮的物理性质

低级醛具有强烈的刺激气味，中级醛具有果香味，含 9 个和 10 个碳的醛常用于香料工业中，低级酮具有令人愉快的气味。

醛、酮都是极性分子，分子间的偶极-偶极吸引作用较强，因此，其沸点比相对分子质量相近的非极性烷烃和醚高，但比相对分子质量相近的醇低，主要是因为醛、酮不能形成分子间氢键。

醛、酮的羰基氧原子与水分子中的氢原子之间可以形成氢键，使其水溶性增强。甲醛易溶于水，乙醛、丙酮可与水混溶。随着分子中烃基比例增大，醛、酮的水溶性迅速降低。含 6 个碳以上的醛、酮几乎不溶于水，而溶于乙醚、苯等有机溶剂。常见醛、酮的物理常数见表 9.1。

表 9.1　常见醛、酮的物理常数

化合物	结构式	熔点/℃	沸点/℃	密度/$(g \cdot cm^{-3})$	溶解度/$[g \cdot (100gH_2O)^{-1}]$
甲醛	HCHO	−92	−21	0.82	55
乙醛	CH_3CHO	−123	21	0.78	∞
丙醛	CH_3CH_2CHO	−81	49	0.81	20
丁醛	$CH_3(CH_2)_2CHO$	−97	75	0.82	7.1
己醛	$CH_3(CH_2)_4CHO$	−56	129	0.83	0.1
丙烯醛	$CH_2=CH-CHO$	−88	53	0.84	30
苯甲醛	C_6H_5CHO	−56	179	1.05	0.3
丙酮	CH_3COCH_3	−95	56	0.7	∞
丁酮	$CH_3COCH_2CH_3$	−86	80	0.81	25.6
2-戊酮	$CH_3COCH_2CH_2CH_3$	−78	102	0.81	5.5
3-戊酮	$CH_3CH_2COCH_2CH_3$	−41	101	0.81	4.8
2-己酮	$CH_3CO(CH_2)_3CH_3$	−57	127	0.83	1.6
环己酮	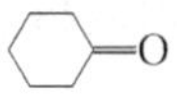	−16	157	0.94	15
苯乙酮	$C_6H_5COCH_3$	21	202	1.02	0.5

9.2.2　醛、酮的化学性质

醛、酮的化学反应可以分为三大类：① 羰基的加成反应，特别是基于羰基的极性特征而发生的亲核加成反应；② 受羰基极性的影响，α-碳上的氢原子变得活泼，发生涉及 α-H 的反应；③ 醛的特殊反应。

1. 亲核加成反应

羰基上的亲核加成反应是醛、酮最典型的反应。以 sp^2 杂化的羰基碳为中心是一个平面结构，带部分正电荷的羰基碳易受到亲核试剂的进攻而发生加成反应。

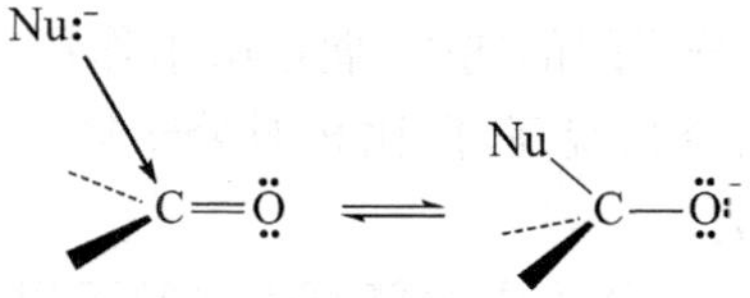

常见的亲核试剂是负离子或带孤对电子的中性分子，如 CN^-、HSO_3^-、R^-、

醇、水和氨的衍生物等。反应历程可以表示如下：

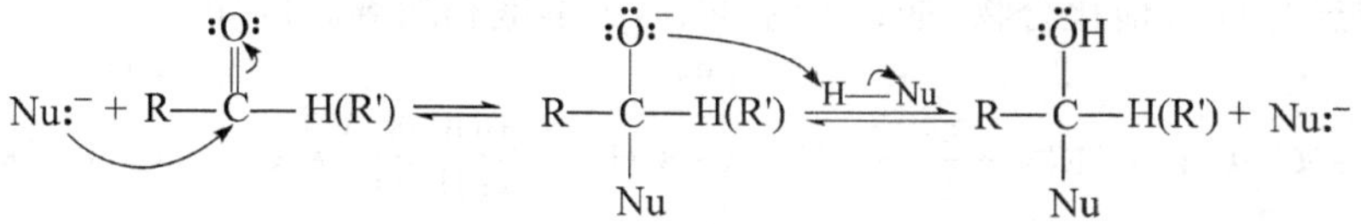

反应分两步完成。第一步，Nu:⁻进攻带部分正电荷的羰基碳原子，试剂提供一对电子与羰基碳形成C—Nu键，碳氧双键的一对 π 键电子同时转移到氧原子上，生成氧负离子。第二步，氧负离子与试剂中带部分正电荷的部分结合，得到最终产物。反应由亲核试剂进攻羰基碳原子引起，结果是试剂 NuH 加到羰基上，故称亲核加成反应。

醛、酮的结构、试剂的亲核性强弱及反应介质的酸碱性都对反应有影响。

1）和含碳亲核试剂的加成

（1）与氢氰酸的加成。醛、酮与氢氰酸（HCN）反应，生成 α-羟基腈（也称 α-氰醇）。例如：

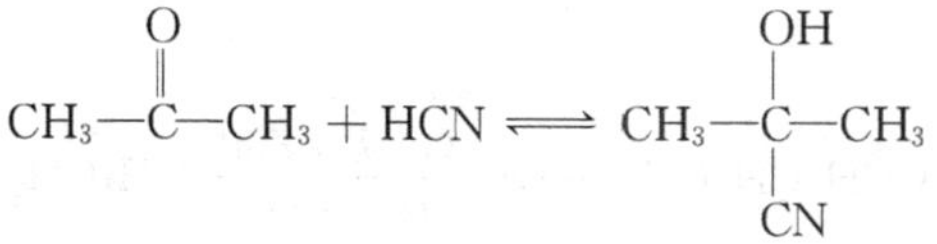

所有的醛、脂肪族甲基酮和 8 个碳以下的环酮都能与 HCN 反应，其他酮则不反应。亲核加成反应的难易，与醛、酮的结构有关。一般来讲，醛比酮活泼，脂肪族醛、酮比芳香族醛、酮活泼，甲醛最活泼。

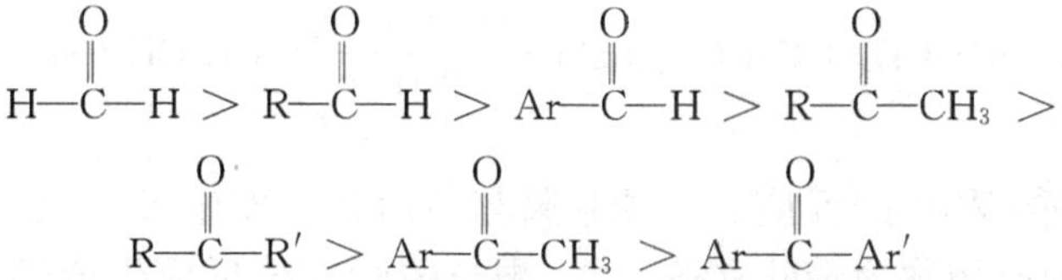

官能团决定反应的类型，连在官能团上的原子或原子团则影响反应的活性。醛、酮的反应活性可以从羰基所连烃基的空间效应和电子效应来理解。从空间效应看，羰基所连烃基的体积越大，空间阻碍就越大，试剂越不容易接近羰基。酮羰基连两个烃基，而醛羰基只连一个烃基，亲核试剂接近醛羰基更容易，因此醛比酮的反应活性高。从电子效应看，烃基是斥电子基团，使羰基碳所带的电正性降低，因而与亲核试剂结合的能力减弱。醛中只有一个烃基的斥电子作用，而酮则有两个烃基的作用，所以醛羰基碳比酮羰基碳所带的电正性程度高，结合亲核试剂的能力强，醛比酮活泼。对于芳香族醛、酮，因芳香环的斥电子共轭效应，羰基碳的电正性远低于脂肪族醛、酮的，且芳香环的体积较大，空间阻碍也较大，因而反应活性比脂肪醛、酮低。

醛、酮与氢氰酸的反应具有重要的合成意义。产物比反应物多一个碳原子，可用于增长碳链。氰可以水解生成羧酸，也可以还原生成胺。因此，通过此反应，能将醛、酮转化成其他化合物，如 α-羟基酸、α,β-不饱和酸等。例如：

$$CH_3-\overset{O}{\overset{\|}{C}}-CH_3 + HCN \xrightarrow{OH^-} CH_3-\underset{CN}{\underset{|}{\overset{OH}{\overset{|}{C}}}}-CH_3 \xrightarrow[\text{浓 } H_2SO_4]{CH_3OH,\ 80\ ℃} CH_2=\overset{CH_3}{\overset{|}{C}}-COOCH_3$$

(2) 与格氏试剂的加成。格氏试剂极易与羰基发生加成反应，产物不经分离，直接水解即可得到醇。格氏试剂中的C—Mg键极性很强，烃基就像碳负离子一样，是很强的亲核试剂，反应很容易进行。

$$R-\overset{O}{\overset{\|}{C}}-H(R') + R''-MgX \xrightarrow{\text{无水乙醚}} \xrightarrow{H_2O} R-\underset{R''}{\underset{|}{\overset{OH}{\overset{|}{C}}}}-H(R') + HOMgX$$

格氏试剂与醛、酮的反应是一种常用的制备醇的方法。格氏试剂与甲醛反应生成比原料格氏试剂多一个碳原子的伯醇，与其他醛反应生成仲醇，与酮反应生成叔醇。例如：

$$H-\overset{O}{\overset{\|}{C}}-H + CH_3CH_2CH_2CH_2MgBr \xrightarrow[(2)\ H_3O^+]{(1)\ \text{无水乙醚}} CH_3CH_2CH_2CH_2CH_2OH$$

$$CH_3-\overset{O}{\overset{\|}{C}}-H + CH_3CH_2MgBr \xrightarrow[(2)\ H_3O^+]{(1)\ \text{无水乙醚}} CH_3CH_2\overset{OH}{\overset{|}{C}}HCH_3$$

$$CH_3CH_2CH_2-\overset{O}{\overset{\|}{C}}-CH_3 + CH_3CH_2MgBr \xrightarrow[(2)\ H_3O^+]{(1)\ \text{无水乙醚}} CH_3CH_2CH_2\underset{CH_2CH_3}{\underset{|}{\overset{OH}{\overset{|}{C}}}}CH_3$$

(3) 维悌希(Wittig)反应。三苯基膦与伯卤代烷发生 S_N2 反应的产物用丁基锂处理，生成的产物称为磷叶立德。醛、酮与磷叶立德反应生成烯烃，这个反应称为维悌希反应，在药物合成中有重要的应用。例如：

$$(C_6H_5)_3P + CH_3Br \longrightarrow (C_6H_5)_3\overset{+}{P}CH_3\overset{-}{Br} \xrightarrow{n\text{-}C_4H_9Li} \overset{-}{C}H_2-\overset{+}{P}(C_6H_5)_3$$

膦叶立德

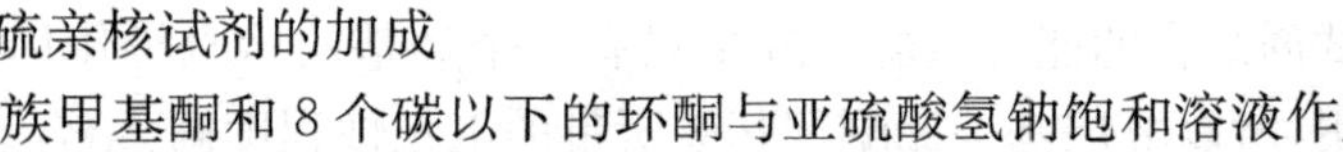

2) 和含硫亲核试剂的加成

醛、脂肪族甲基酮和 8 个碳以下的环酮与亚硫酸氢钠饱和溶液作用，生成结晶状加成产物 α-羟基磺酸钠而析出。例如：

$$CH_3CH_2CH_2\overset{O}{\overset{\|}{C}}CH_3 + NaHSO_3\ (\text{饱和}) \rightleftharpoons CH_3CH_2CH_2\underset{CH_3}{\underset{|}{\overset{OH}{\overset{|}{C}}}}-SO_3Na\downarrow$$

α-羟基磺酸钠可溶于水，但不溶于亚硫酸氢钠饱和溶液，可利用这个反应鉴定醛、脂肪族甲基酮和 8 个碳以下的环酮。α-羟基磺酸钠与稀酸或稀碱一起加热，又分解为原来的醛、酮，利用这一点可分离和提纯醛、酮。

3）和含氧亲核试剂的加成

（1）与水的加成。醛、酮与水发生亲核加成反应生成偕二醇，称为醛、酮的水合。水合反应是可逆的，偕二醇可失水生成醛、酮。例如：

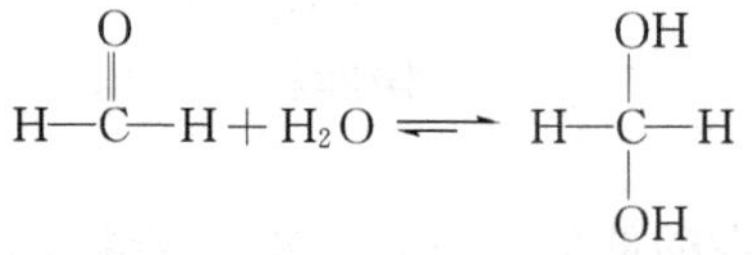

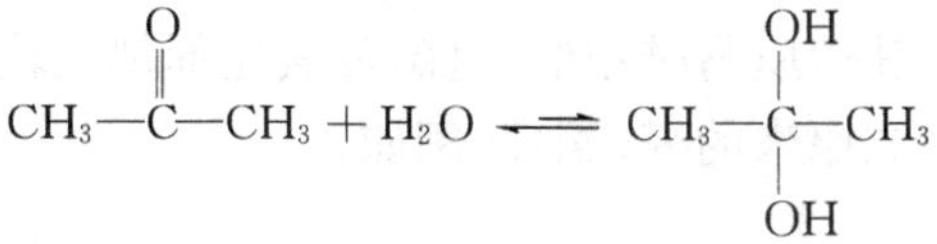

醛比酮容易发生水合反应。例如，丙酮的水溶液中，水合丙酮只占 0.1%，而甲醛的水溶液中，水合甲醛却占到 99.9%。醛、酮的水合物一般不稳定，难以分离。当羰基连有强吸电子基团时，羰基碳的电正性增强，可以生成稳定的水合物。例如，三氯乙醛可形成稳定的水合氯醛。

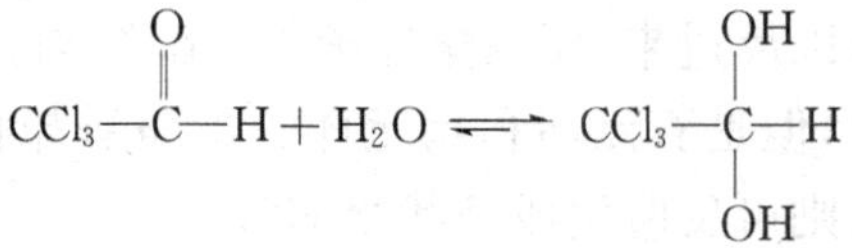

一般醛、酮与纯水的加成速率很慢，需要用酸或碱催化以加速反应。碱催化反应是亲核性较强的氢氧根离子 OH^- 作亲核试剂来反应，其历程如下：

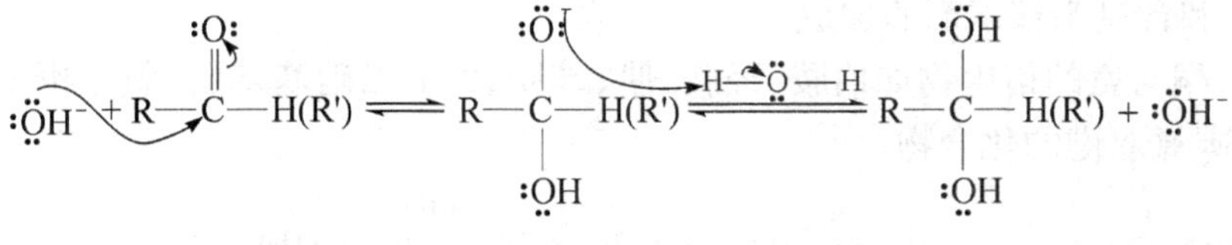

酸催化反应是羰基氧接受质子，增强了羰基碳原子的电正性，是亲核性较差的水分子作亲核试剂进行反应的，其历程如下：

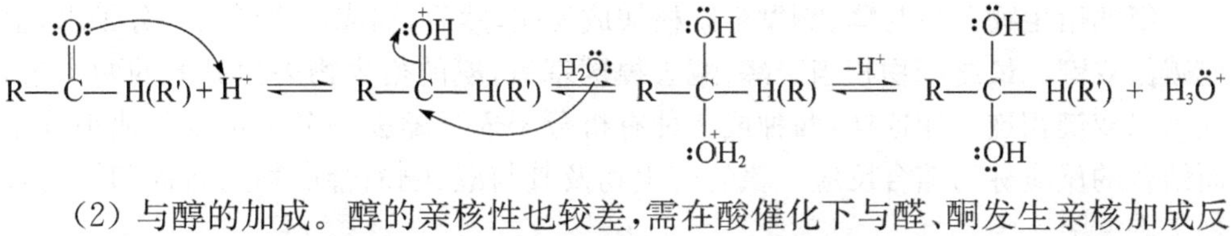

（2）与醇的加成。醇的亲核性也较差，需在酸催化下与醛、酮发生亲核加成反应。醛、酮先质子化，再由醇分子进攻羰基碳发生反应生成半缩醛。半缩醛中的羟基称为半缩醛羟基。由酮生成的半缩醛也称半缩酮。

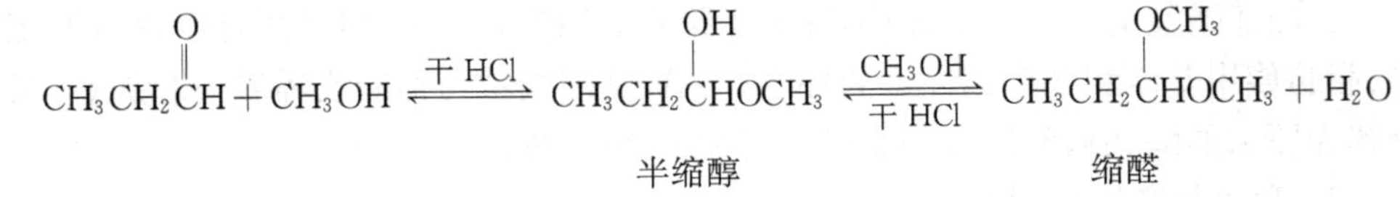

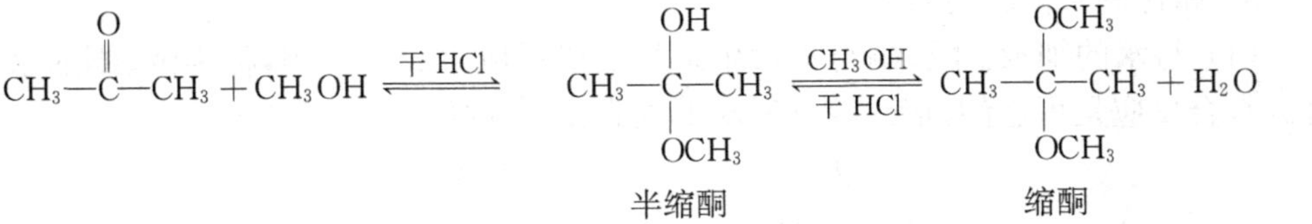

半缩醛(酮)不稳定,在酸催化下与另一分子醇继续反应,生成缩醛(酮)。缩醛(酮)具有偕二醚结构,其性质与醚相似,对碱及氧化剂都比较稳定。但在稀酸条件下,缩醛(酮)又可分解成原来的醛(酮)。例如:

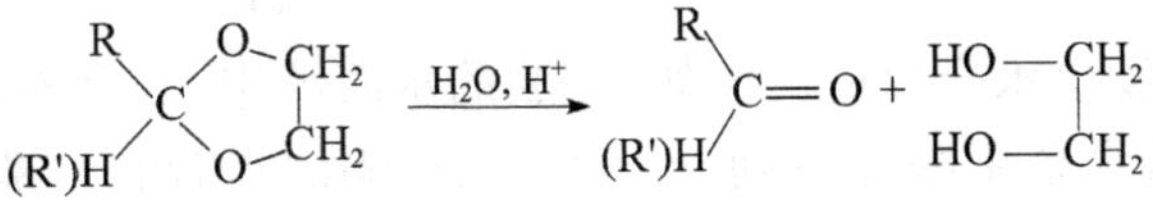

有机合成中常利用此性质保护羰基。先将醛(酮)与醇反应制成缩醛(酮),待分子其他部位影响羰基的反应完成后,再用稀酸将缩醛(酮)分解为醛(酮),以达到保护羰基的目的。也可以反过来,用丙酮保护邻二醇结构。

半缩醛一般不稳定,但是五元环和六元环的半缩醛却相当稳定。如果分子中既有羰基,又有醇羟基,则可反应生成环状半缩醛。

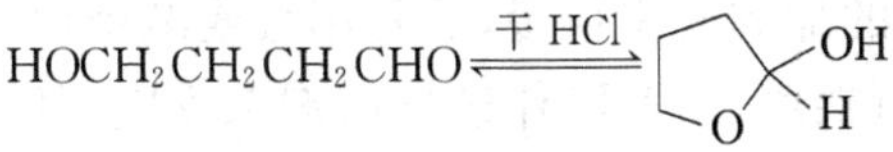

4) 和含氮亲核试剂的加成

醛、酮与氨的衍生物如伯胺、羟胺、肼、苯肼、2,4-二硝基苯肼、氨基脲等反应,生成含碳氮双键的化合物。

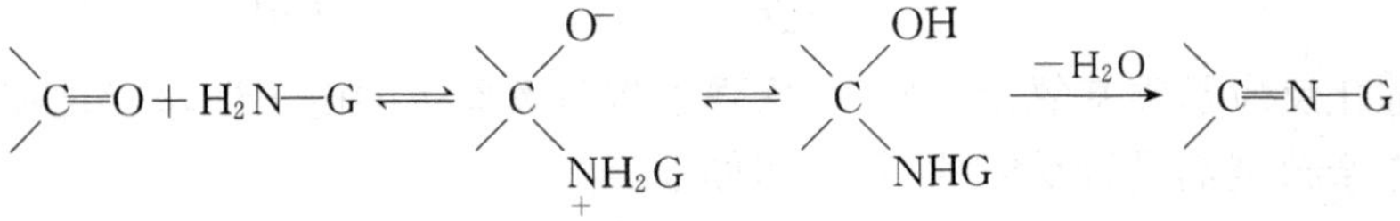

氨的衍生物首先与醛、酮发生亲核加成反应,然后,加成产物消去一分子水,生成碳氮双键。最终产物相当于醛、酮去掉羰基氧,氨的衍生物去掉氮上的两个氢,碳氮以双键相连。像这样,两种或多种有机分子通过缩去一分子水或其他小分子而结合的反应称为缩合反应。氨的衍生物及其与醛、酮缩合产物的名称和结构式列于表 9.2。

表 9.2　氨的衍生物及其与醛、酮反应的产物

氨的衍生物		产物	
名称	结构式	名称	结构式
伯胺	$H_2N—R'$	亚胺，席夫(Schiff)碱	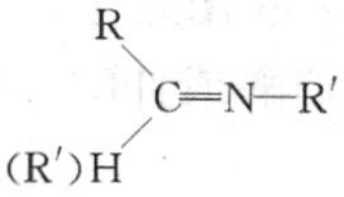
羟胺	$H_2N—OH$	肟	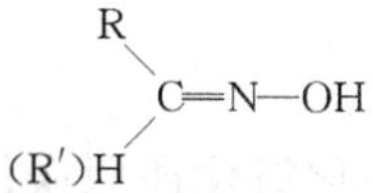
肼	$H_2N—NH_2$	腙	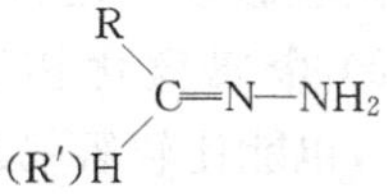
苯肼	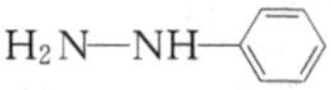	苯腙	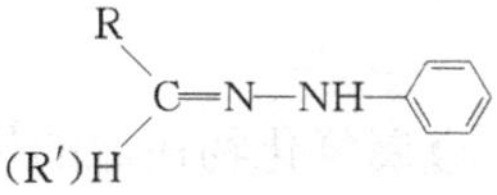
2,4-二硝基苯肼	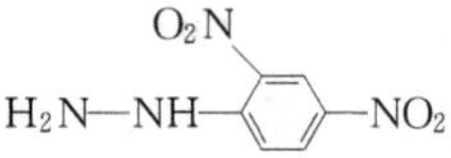	2,4-二硝基苯腙	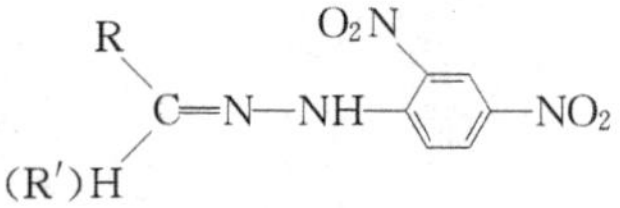
氨基脲	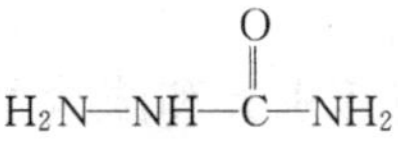	缩氨脲	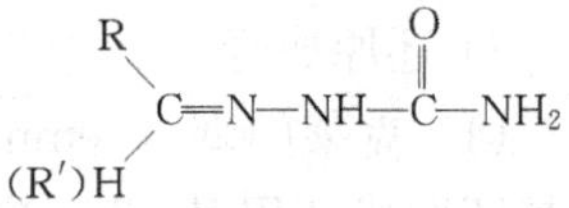

由于反应产物肟、苯腙、2,4-二硝基苯腙等都有一定的晶形和熔点，因此可用于鉴别醛和酮。这些氨的衍生物专称为“羰基试剂”，尤其是 2,4-二硝基苯肼，它几乎能与所有的醛、酮迅速反应，并析出黄色、橙色或橙红色的 2,4-二硝基苯腙晶体，易于观察，常用于醛、酮的鉴别。

醛、酮与伯胺的加成缩合产物为 N-取代亚胺，称席夫碱，是重要的生物化学反应中间体。例如，枯草芽孢杆菌从丙酮酸合成丙氨酸的关键一步即是氨与丙酮酸酮羰基的亲核加成，生成亚胺。

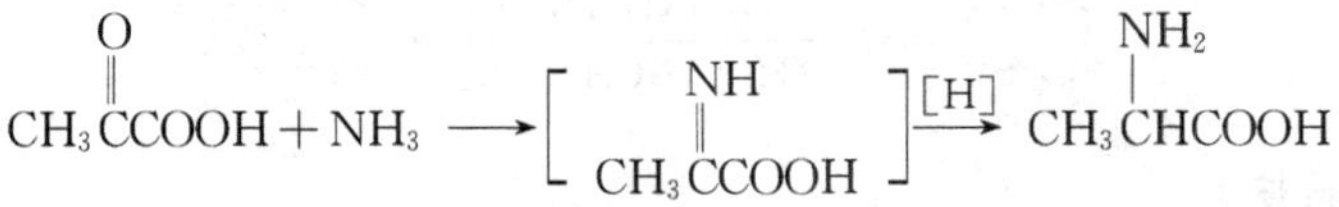

2. 还原反应

1）还原成醇

（1）催化氢化。在金属催化剂 Ni、Pt、Pd 等作用下，醛、酮加氢还原，分别生成相应的伯醇或仲醇。例如：

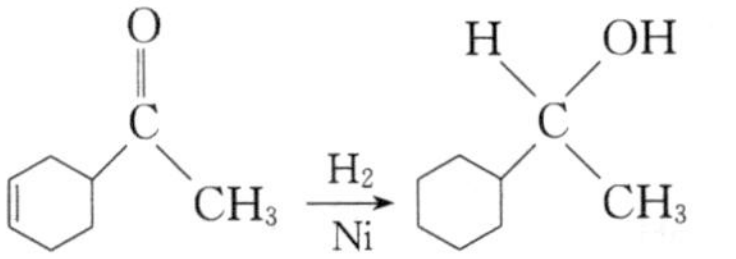

催化氢化还原操作相对简单，反应定量完成。其缺点是所用催化剂一般比较昂贵，而且碳碳双键、碳碳叁键等官能团在此条件下也被还原。

（2）金属氢化物还原。用金属氢化物硼氢化钠（$NaBH_4$）或氢化铝锂（$LiAlH_4$），也能比较容易地将醛、酮还原。例如：

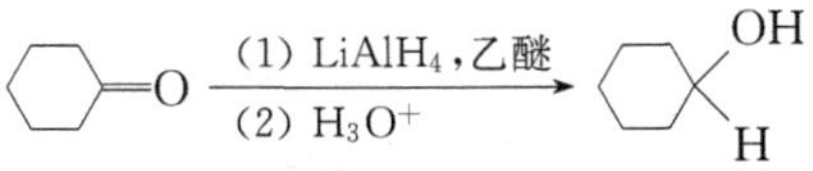

金属氢化物还原的优点是反应效率高，且有选择性，分子中的碳碳双键、碳碳叁键等不被还原。例如：

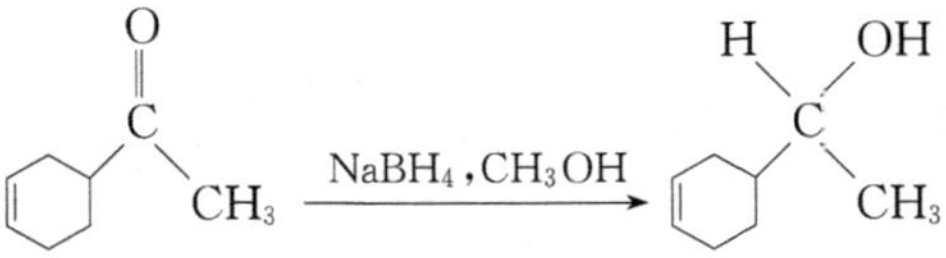

2）还原成烃

（1）克莱门森（Clemmensen）还原。醛、酮与锌汞齐和浓盐酸一起回流，可将羰基还原成亚甲基，此反应称为克莱门森还原。例如：

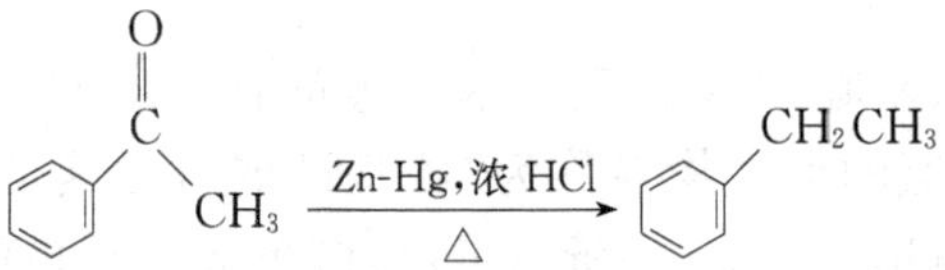

该还原方法只适用于对酸稳定的化合物，芳酮用此法还原产率较高。

（2）沃尔夫-凯西纳（Wolff-Kishner）-黄鸣龙还原。对酸不稳定而对碱稳定的醛、酮，可采用沃尔夫-凯西纳-黄鸣龙还原法还原。反应以缩乙二醇为溶剂，将醛、酮与肼、浓碱一起在常压下加热，羰基被还原成亚甲基。例如：

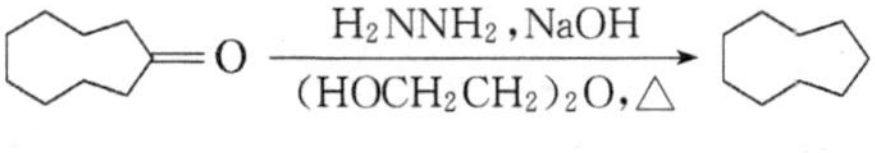

3. α-氢的反应

醛、酮分子中与羰基相连的碳原子为 α-碳，α-碳上的氢称为 α-氢。受羰基的影响，α-H 比较活泼，能够被取代，有一定的酸性。

1）卤代反应

含有 α-氢的醛、酮与卤素（Cl_2，Br_2，I_2）作用，α-H 被卤素取代，生成 α-卤代醛、酮。例如：

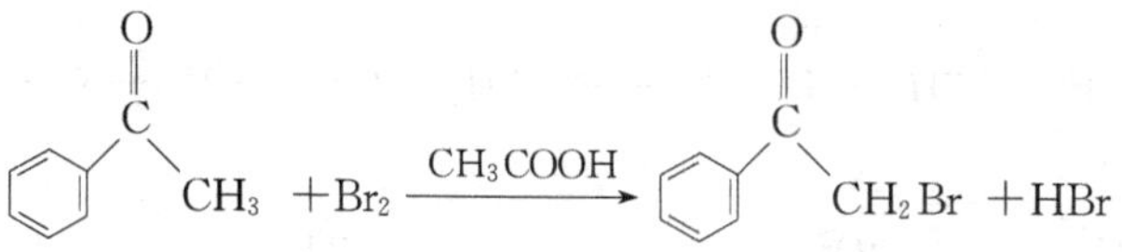

酸催化的卤代反应常用乙酸作溶剂，它同时充当催化剂。α-卤代醛、酮如果还有 α-H，则能够进一步卤代，生成 α,α-二卤代醛、酮和 α,α,α-三卤代醛、酮等。酸催化的卤代反应一步比一步难，因此可控制在一卤代、二卤代或三卤代等不同阶段。

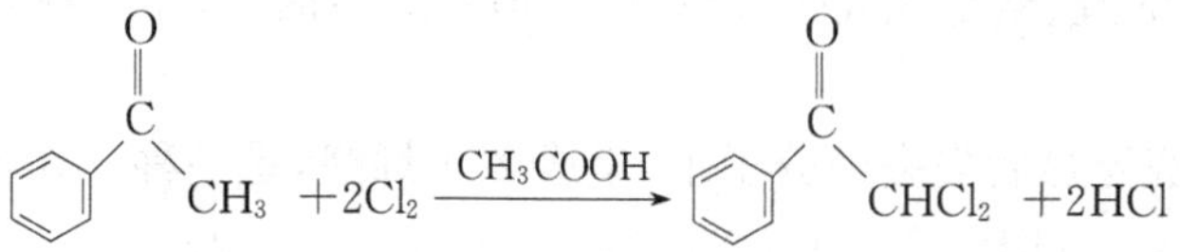

碱作用下的 α-H 卤代一步比一步容易，反应很难停留在一卤代阶段。在过量卤素及氢氧化钠或氢氧化钾作用下，乙醛和甲基酮经三次卤代，生成 α,α,α-三卤代醛、酮。然后，在 OH^- 作用下，羰基碳和 α-碳之间的碳碳键断裂，最后生成羧酸根负离子和三卤甲烷。

$$(H)R-\overset{\overset{\displaystyle O}{\|}}{C}-CH_3 \xrightarrow{X_2,OH^-} (H)R-\overset{\overset{\displaystyle O}{\|}}{C}-O^- + CHX_3\downarrow$$

三卤甲烷俗称卤仿，该反应称为卤仿反应。卤仿反应在有机合成中用于缩短碳链。碘仿是难溶于水的淡黄色晶体，有特殊的臭味，容易识别。因此，可用碘仿反应鉴别乙醛和甲基酮。

碘的氢氧化钠溶液具有氧化性，含有 $CH_3CH(OH)$—结构单位的醇被氧化后也能发生碘仿反应。

$$(H)R-\overset{\overset{\displaystyle OH}{|}}{CH}-CH_3 \xrightarrow{I_2,NaOH} (H)R-\overset{\overset{\displaystyle O}{\|}}{C}-CH_3 \xrightarrow{I_2,NaOH} (H)R-\overset{\overset{\displaystyle O}{\|}}{C}-O^- + CHI_3\downarrow$$

2）羟醛缩合

乙醛经稀 NaOH 或 C_2H_5ONa 溶液处理，生成 β-羟基丁醛。

$$CH_3-\overset{\overset{\displaystyle O}{\|}}{C}-H + CH_3-\overset{\overset{\displaystyle O}{\|}}{C}-H \underset{5\ ℃}{\overset{稀\ OH^-}{\rightleftharpoons}} CH_3-\overset{\overset{\displaystyle OH}{|}}{CH}-CH_2-\overset{\overset{\displaystyle O}{\|}}{C}-H$$

产物既含羟基又含醛基，故称羟醛，这类反应因此称为羟醛反应（aldol reaction）。反应历程如下：

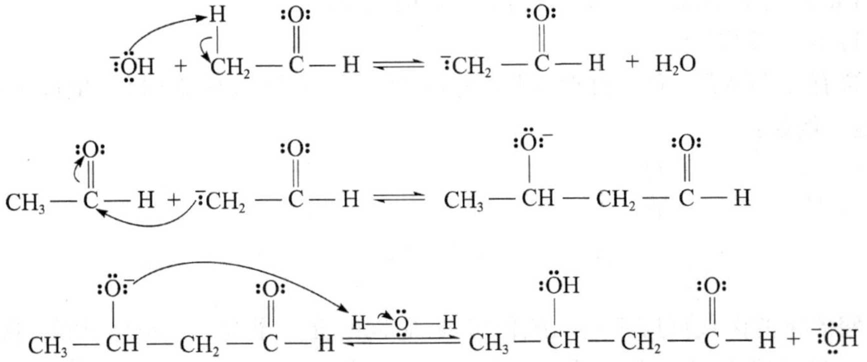

第一步，碱进攻一分子醛的 α-H，生成 α-碳负离子。第二步，生成的 α-碳负离子进攻另一分子醛的羰基碳，发生亲核加成反应，生成 β-羟基醛。

含有 α-H 的醛、酮都能发生羟醛反应，但是酮不活泼，需要特殊的装置以促进反应。

β-羟基丁醛受热后失去一分子水，生成 2-丁烯醛，是一种 α,β-不饱和醛。

$$CH_3-\underset{\displaystyle OH}{\overset{}{CH}}-CH_2-\overset{\displaystyle O}{\overset{\|}{C}}-H \xrightarrow{\triangle} CH_3-CH=CH-\overset{\displaystyle O}{\overset{\|}{C}}-H+H_2O$$

从醛开始到生成 α,β-不饱和醛的整个反应称为羟醛缩合(aldol condensation)。例如：

$$2CH_3CH_2CH_2CHO \xrightarrow[\triangle]{\text{稀 }OH^-} CH_3CH_2CH_2CH=\underset{\displaystyle CH_2CH_3}{\underset{|}{C}}CHO$$

羟醛缩合反应也可以在不同的醛、酮之间进行。如果两种醛、酮都含 α-H，则得到四种不同的产物，难以分离，实用意义不大。如果其中一种醛或酮没有 α-H，如甲醛、苯甲醛，则控制条件可得到单一的交叉缩合产物，这种反应称为交叉的羟醛缩合。例如，在稀碱存在下将乙醛慢慢加入过量的苯甲醛中，可得到收率很高的 β-羟基苯丙醛，进一步失水得 β-苯基丙烯醛。

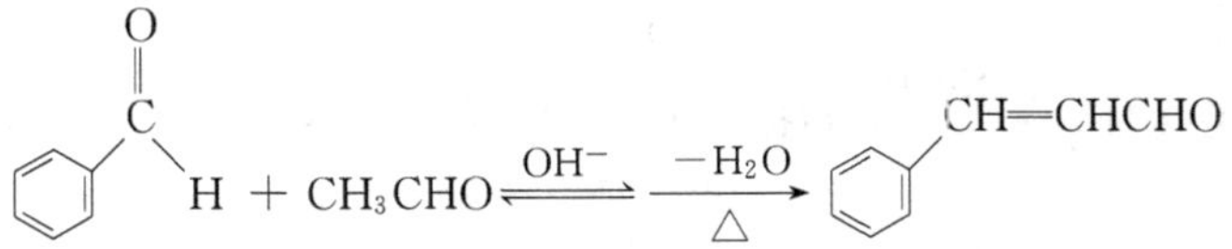

羟醛缩合反应在有机合成上常用于增长碳链。二羰基化合物可发生分子内的羟醛缩合反应，这是合成五到七元环状化合物的常用方法之一。例如：

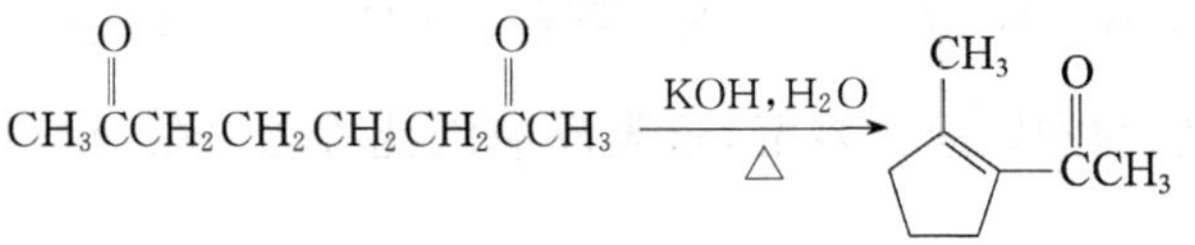

4. 醛的特殊反应

1）与弱氧化剂的反应

醛很容易被氧化成羧酸。不仅可被强氧化剂，如高锰酸钾、重铬酸钾等氧化，而且可被弱氧化剂，如 H_2O_2、过氧酸、土伦(Tollen)试剂、费林(Fehling)试剂及本尼迪特(Benedict)试剂等氧化。

土伦试剂是由氧化银溶解在氨水中制成的$[Ag(NH_3)_2]^+$溶液。土伦试剂与醛共热时，醛被氧化成羧酸，$[Ag(NH_3)_2]^+$被还原成金属银附着在试管壁上，形成银镜，故该反应又称为银镜反应。

$$R-\overset{\overset{\large O}{\|}}{C}-H + 2Ag(NH_3)_2^+ + 3OH^- \xrightarrow{\triangle} R-\overset{\overset{\large O}{\|}}{C}-O^- + 2Ag\downarrow + 4NH_3 + 2H_2O$$

费林试剂是由硫酸铜和酒石酸钾钠的氢氧化钠溶液反应生成的深蓝色配合物溶液。其中 Cu^{2+} 是氧化剂，与醛共热，醛被氧化，试剂被还原为砖红色的氧化亚铜沉淀析出。

$$R-\overset{\overset{\large O}{\|}}{C}-H + 2Cu^{2+} + 5OH^- \xrightarrow{\triangle} R-\overset{\overset{\large O}{\|}}{C}-O^- + Cu_2O\downarrow + 3H_2O$$

本尼迪特试剂是由硫酸铜、碳酸钠和柠檬酸钠配制而成的深蓝色配合物溶液。仍以 Cu^{2+} 作氧化剂，反应原理与费林试剂相同。临床上用本尼迪特试剂检测尿液中的葡萄糖。

这三种弱氧化剂只能氧化醛，但不能氧化酮，因此可用于醛和酮的鉴别。费林试剂和本尼迪特试剂不能氧化芳香醛，因此可用于鉴别脂肪醛和芳香醛。

2）与席夫试剂的反应

往品红水溶液中通入 SO_2 直至其红色完全褪去，所得的无色溶液称为席夫试剂，又称品红亚硫酸试剂。醛与席夫试剂反应后生成紫红色物质。加入硫酸后，由甲醛生成的紫红色物质颜色不褪，而其他醛生成的颜色褪去。该反应很灵敏，可用于区别醛和酮，以及区别甲醛和其他醛。

3）坎尼扎罗反应

在浓碱作用下，不含 α-H 的醛分子间发生歧化反应，一半被氧化为羧酸，另一半被还原为伯醇，这种反应称为坎尼扎罗(Cannizarro)反应。例如：

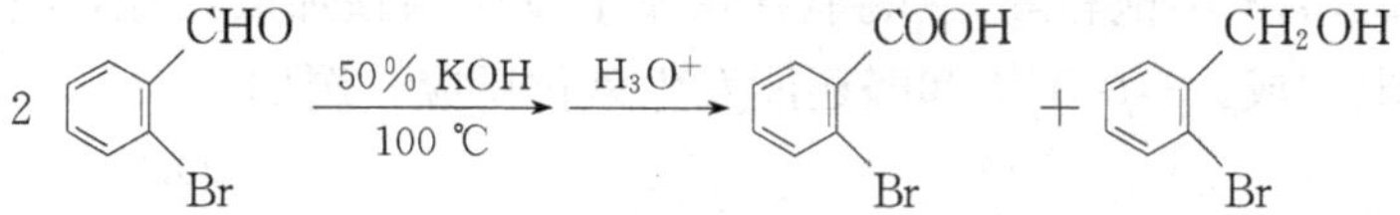

坎尼扎罗反应不是理想的合成反应，因为两种产物各占 50%。若用甲醛和另一种不含 α-H 的醛反应，则可提高产率。因为甲醛有强还原性，总是被氧化，而另一种醛则被还原成醇。例如：

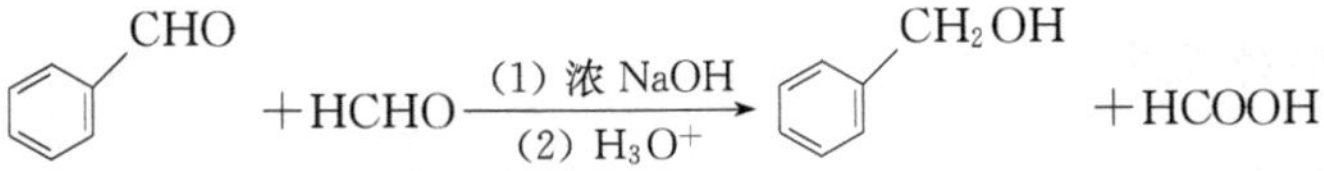

在生物体内也有类似坎尼扎罗反应的歧化反应发生。

9.3 不饱和醛、酮的结构与性质

9.3.1 不饱和醛、酮的结构

不饱和醛、酮含有羰基和碳碳双键两种官能团。像二烯烃一样，两个官能团有如下三种典型的位置关系：

$-\overset{|}{C}=C-(CH_2)_n-\overset{|}{C}=O$　　$-\overset{|}{C}=\overset{|}{C}-\overset{|}{C}=O$　　$-\overset{|}{C}=C=O$

孤立型不饱和醛、酮　　α,β-不饱和醛、酮　　烯酮

α,β-不饱和醛、酮的羰基和碳碳双键形成 π-π 共轭体系，其轨道图和共振式如下：

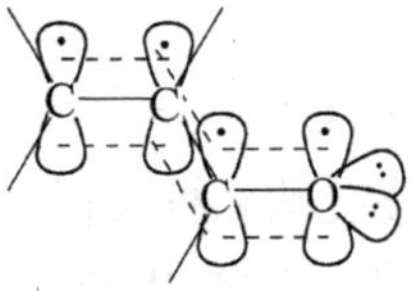

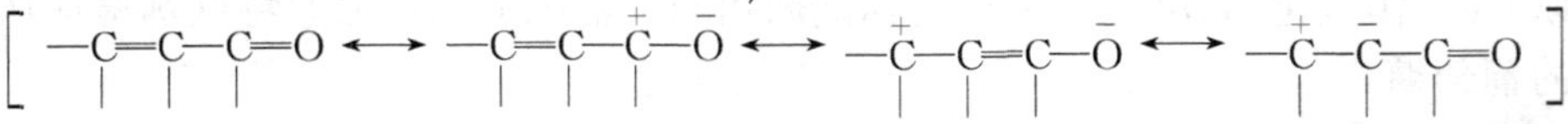

受极性羰基的影响，碳碳双键具有极性，β-碳带部分正电荷，成为亲核试剂进攻的部位。

烯酮类似于聚集二烯烃，两个 π 键互相垂直，其轨道图如下：

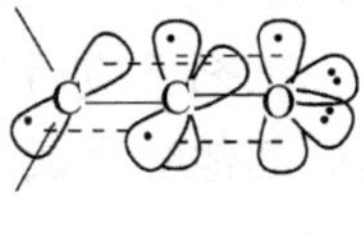

9.3.2 不饱和醛、酮的性质

1. 一般性质

一般来说，α,β-不饱和醛、酮既能在羰基上发生亲核加成反应，又能在碳碳双键上发生亲电加成。α,β-不饱和醛还能发生氧化反应。例如：

$$CH_3CH=CH\overset{\overset{O}{\|}}{C}CH_3 + H_2NOH \longrightarrow CH_3CH=CH\overset{\overset{NOH}{\|}}{C}CH_3$$

$$C_6H_5CH=CHCOCH_3 + Br_2 \xrightarrow{CCl_4} C_6H_5\underset{}{\overset{\overset{Br}{|}}{C}H}-\overset{\overset{Br}{|}}{C}HCOCH_3$$

$$CH_2{=}CHCHO \xrightarrow{[Ag(NH_3)_2]^+} CH_2{=}CHCOO^- + Ag$$

2. 亲核共轭加成

因为存在共轭体系，α,β-不饱和醛、酮又有独特的性质，所以除了能发生羰基上的 1,2-加成，还能发生 1,4-加成，即共轭加成。例如：

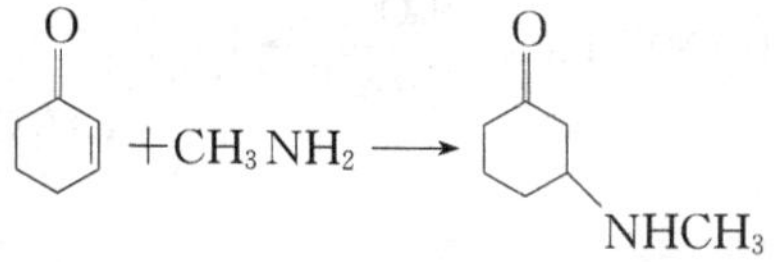

从形式上看，该反应是发生在碳碳双键上的加成，但其实质却是 1,4-加成。如果没有与之共轭的羰基，碳碳双键并不发生这样的反应。例如：

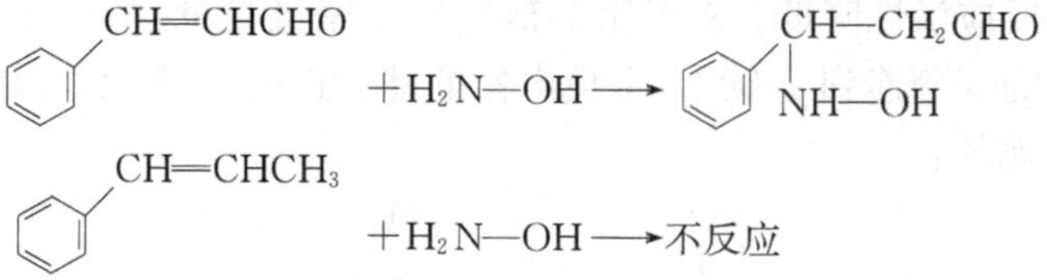

1,4-加成的反应历程可用通式表示如下：

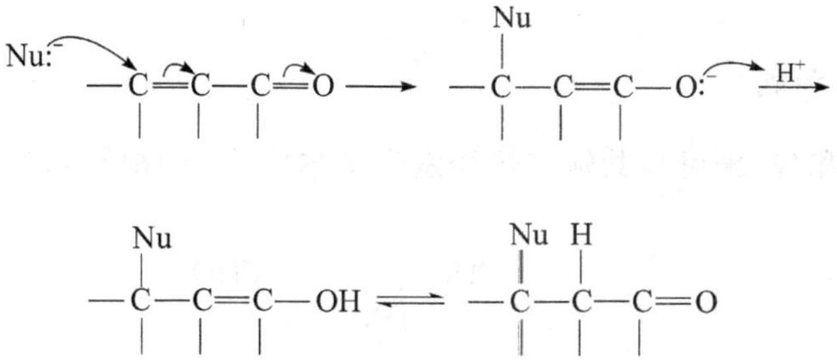

反应之所以能发生，是因为氧原子较大的电负性。这一点跟 1,2-加成是一样的。同样地，酸或碱催化都能使反应速率加快。

α,β-不饱和醛、酮与亲核试剂究竟是发生 1,2-加成还是 1,4-加成，受到反应条件（如温度、催化剂等）、α,β-不饱和醛、酮的结构（如空间位阻碍）及亲核试剂的性质等各种因素的影响。下面只举反应条件影响加成方式的两个例子。

$$CH_2{=}CH\overset{O}{\overset{\|}{C}}CH_3 \xrightarrow[5\sim10\ ℃]{NaCN,HCN} CH_2{=}CH\underset{CN}{\overset{OH}{C}}CH_3$$

$$CH_2{=}CH\overset{O}{\overset{\|}{C}}CH_3 \xrightarrow[80\ ℃]{NaCN,HCN} \overset{CN}{CH_2}{-}CH_2\overset{O}{\overset{\|}{C}}CH_3$$

低温时，反应为动力学控制，发生 1,2-加成；高温时，反应为热力学控制，发生

1,4-加成。

碳负离子作亲核试剂，与 α,β-不饱和羰基化合物的 1,4-加成反应称为麦克尔(Michael)加成。反应结果是碳负离子连到 β-碳上，是有机合成中的常用反应之一。例如：

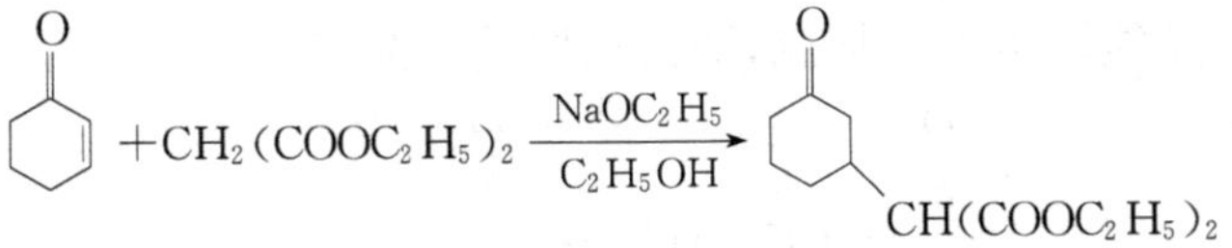

3. 亲电共轭加成

α,β-不饱和醛、酮分子中，由于氧的吸电子作用，碳碳双键部分电子密度降低，与亲电试剂的反应活性降低。β-碳比 α-碳的电子密度更低，反应结果总是亲电试剂中带正电性的部分连到 α-碳上，带负电性的部分连到 β-碳上。反应的实质仍然是 1,4-加成。例如：

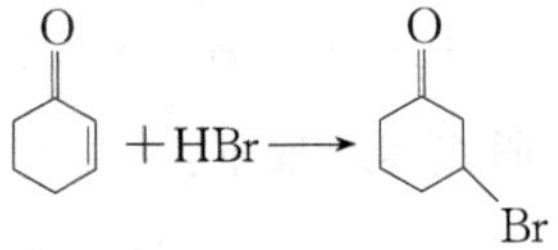

4. 与双烯加成

α,β-不饱和醛、酮可与共轭二烯烃发生第尔斯-阿尔德反应，生成六元环状化合物。例如：

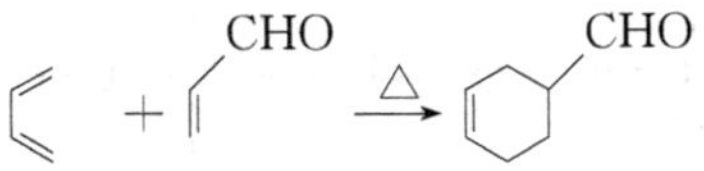

5. 还原反应

用不同的还原剂，可将 α,β-不饱和醛、酮还原为不同的产物。例如：

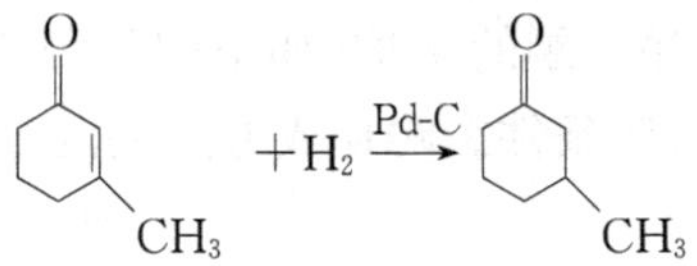

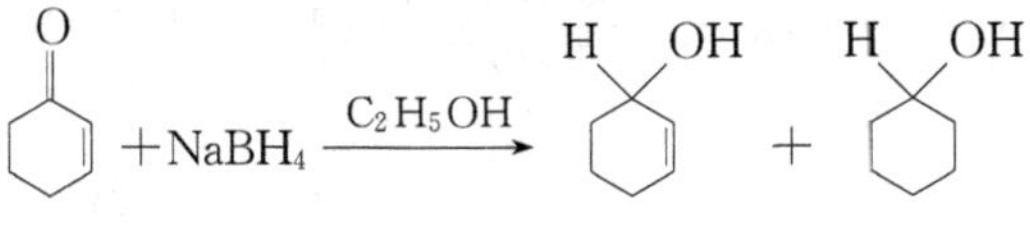

6. 乙烯酮的加成反应

乙烯酮是将醇、胺等酰化的常用试剂，这些反应没有副产物，不需要分离。

例如：

$$CH_2{=}C{=}O \xrightarrow{C_2H_5OH} CH_3-\overset{\overset{\large O}{\|}}{C}-OC_2H_5$$

$$CH_2{=}C{=}O \xrightarrow{CH_3NH_2} CH_3-\overset{\overset{\large O}{\|}}{C}-NHCH_3$$

9.4　醛、酮的制备

1. 醛的制备

(1) 末端烯烃的臭氧化-还原。

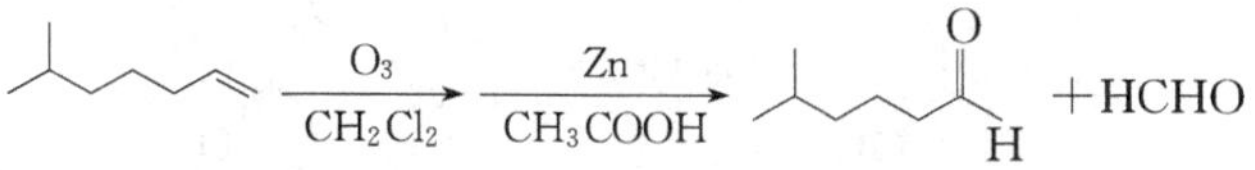

(2) 末端炔烃的硼氢化-氧化。

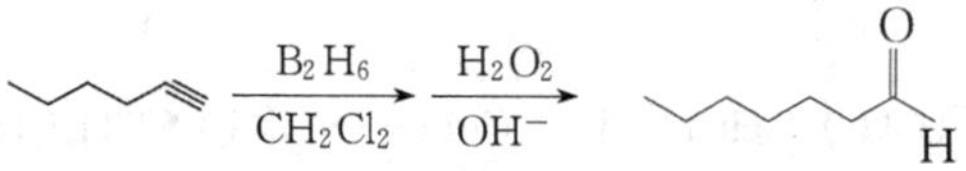

(3) 邻二醇氧化。用乙酸铅或高碘酸氧化，邻二醇的碳碳键断裂。

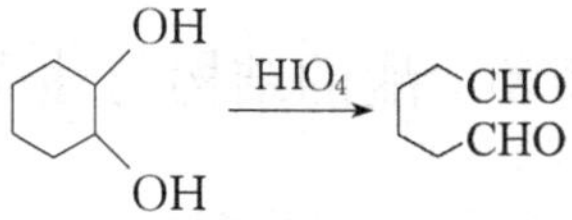

(4) 羧酸衍生物的还原。如用毒化过的钯催化剂将酰氯还原为醛，其他一些还原剂如氢化铝锂或其衍生物也可将许多羧酸衍生物还原为醛。

$$RCOCl \xrightarrow{Pd\text{-}BaSO_4/H_2} RCHO + HCl$$

$$RCOCl \xrightarrow[\text{低温}]{LiAlH(t\text{-}BuO)_3} RCHO$$

(5) 伽特曼-柯区(Gattermann-Koch)反应。芳香烃与一氧化碳、氯化氢在 $AlCl_3$ 等路易斯酸的作用下生成芳香醛。

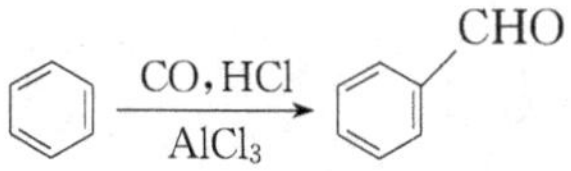

2. 酮的制备

(1) 烯烃的氧化。

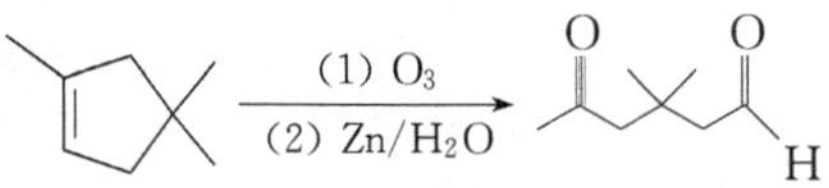

(2) 炔烃的水合。末端炔烃生成甲基酮。

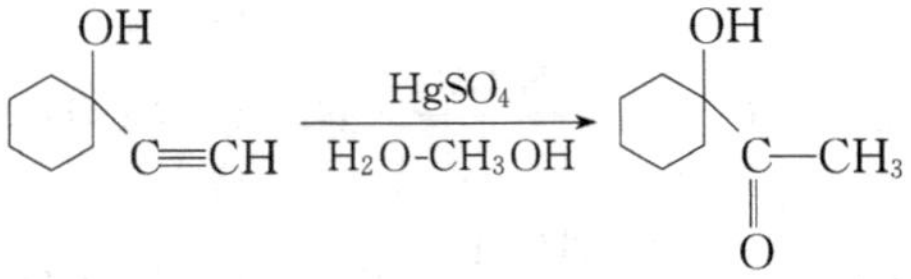

(3) 傅-克酰基化。用于制备芳香酮。

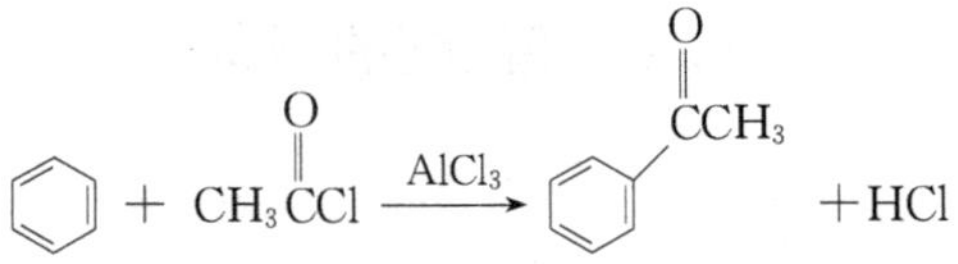

(4) 仲醇氧化。

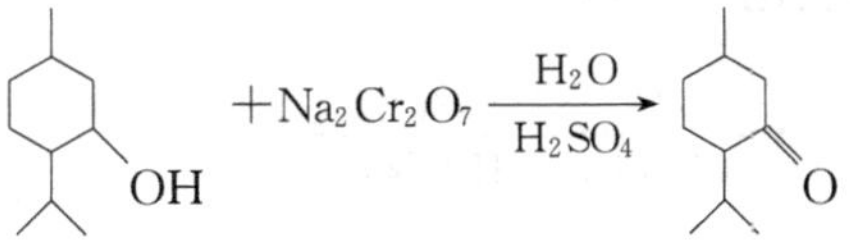

(5) 有机铜化合物与酰氯反应。

$$CH_3O\overset{\overset{O}{\|}}{C}CH_2CH_2\overset{\overset{O}{\|}}{C}Cl + [(CH_3)_2CHCH_2CH_2]_2CuLi \longrightarrow CH_3O\overset{\overset{O}{\|}}{C}CH_2CH_2\overset{\overset{O}{\|}}{C}CH_2CH_2CH(CH_3)_2$$

(6) 乙酰乙酸乙酯合成。该方法用于合成甲基酮类化合物,详见 10.2.4。

9.5　醌的结构与性质

9.5.1　醌的结构

醌广泛存在于自然界,一般都有颜色,许多染料(如茜素)和指示剂(如酚酞)都含有醌的基本结构。生物体内也存在一些发挥着重要生理作用的醌类化合物,如维生素 K、辅酶 Q 等。

结构上,醌是分子中有两个碳碳双键和两个羰基形成共轭体系的不饱和环二酮,苯醌是共轭的环己二烯二酮。醌的基本结构单位是醌型结构,有对位和邻位两种形式。

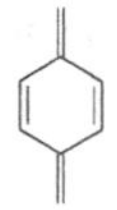

对醌式

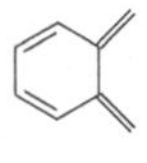

邻醌式

醌通常都是作为相应芳香烃的衍生物命名,如苯醌、萘醌、蒽醌等;两个羰基的位置用阿拉伯数字标明,也可用汉字或希腊字母标明。例如:

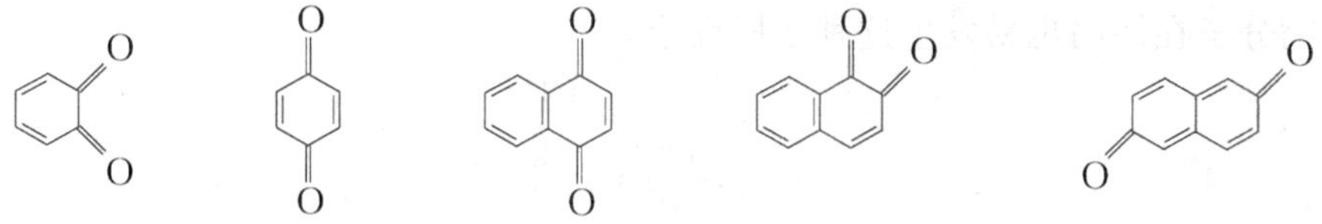

1,2-苯醌（邻苯醌）　1,4-苯醌（对苯醌）　1,4-萘醌（α-萘醌）　1,2-萘醌（β-萘醌）　2,6-萘醌（远萘醌）

9.5.2 对苯醌的性质

对苯醌具有烯烃和酮的双重性质，这是由于两个碳碳双键与两个羰基共轭，又具有开链 α,β-不饱和酮的特殊性质。

1. 亲电加成

醌分子中含有碳碳双键，与烯烃相似，能与亲电试剂发生亲电加成反应。例如：

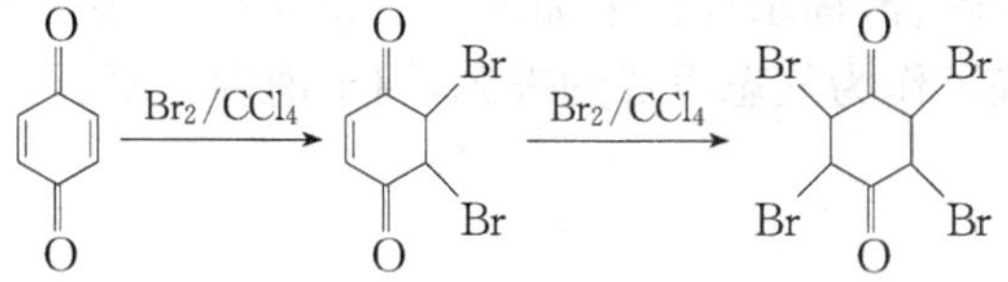

2. 亲核加成

醌含有羰基，与醛、酮相似，能与亲核试剂发生亲核加成反应。例如：

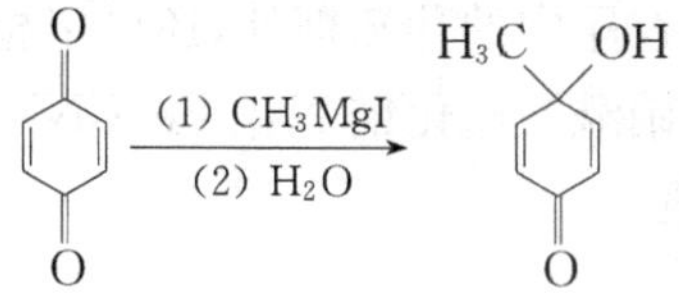

3. 共轭加成

醌与开链 α,β-不饱和酮的性质相似，与亲核试剂也能发生 1,4-加成反应。例如：

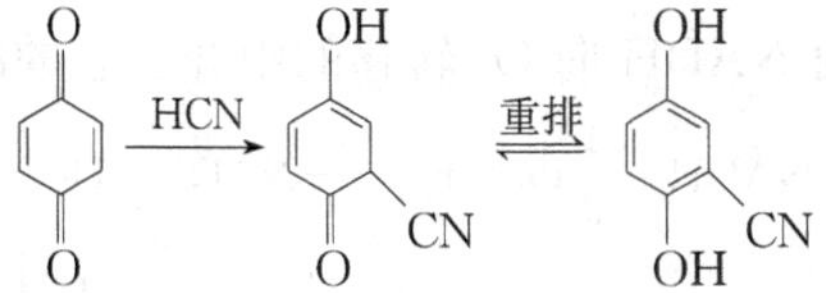

4. 还原反应

对苯醌在亚硫酸水溶液中易还原为对苯二酚，也称氢醌。许多含对苯醌结构的生物分子在体内也易发生这种还原反应。

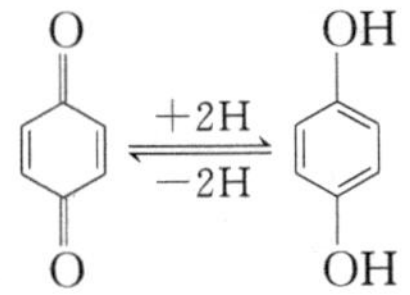

9.6　重要的醛、酮、醌

1. 甲醛

甲醛是一种具有强烈刺激性气味的无色气体，易溶于水。40%的甲醛水溶液称为福尔马林，因其有凝固蛋白质、硬化组织等作用，是一种常用的杀菌剂、防腐剂，用于外科器械和污染物的消毒及解剖标本的防腐。

甲醛在水溶液中以水合甲醛的形式存在。水合甲醛失水缩合即生成链状的多聚甲醛（为防止甲醛聚合，福尔马林中加入了少量甲醇），多聚甲醛受热解聚，产生甲醛。因此，聚甲醛可作为气态甲醛的来源，用于消毒灭菌。

2. 丙酮

丙酮是挥发性的液体，具有令人愉快的香味，沸点 56 ℃，能够与水混溶，也能溶解多种有机物，故广泛用作溶剂。

糖尿病病人由于体内新陈代谢紊乱，产生过量的丙酮并从尿中排出，因而糖尿病患者在检验尿时，除可检查尿中的葡萄糖外，还可以检查丙酮。检查丙酮的方法除碘仿反应外，还可滴加亚硝酰铁氰化钠 $Na_2[Fe(CN)_5NO]$溶液和氨水溶液于尿中，如有丙酮存在，呈鲜红色。

3. 辅酶 Q

辅酶 Q 又称为泛醌，是一类脂溶性的苯醌类化合物，因广泛存在于需氧生物体内而得名，是生物体内氧化还原过程中的氧化剂。泛醌在细胞线粒体内将 NADH 氧化，自身被还原。还原型泛醌又将 O_2 还原为 H_2O，自身被氧化，成为泛醌。因此，泛醌是电子由 NADH 向 O_2 转移的中介。总的净反应如下：

$$NADH+\frac{1}{2}O_2+H^+\longrightarrow NAD^++H_2O$$

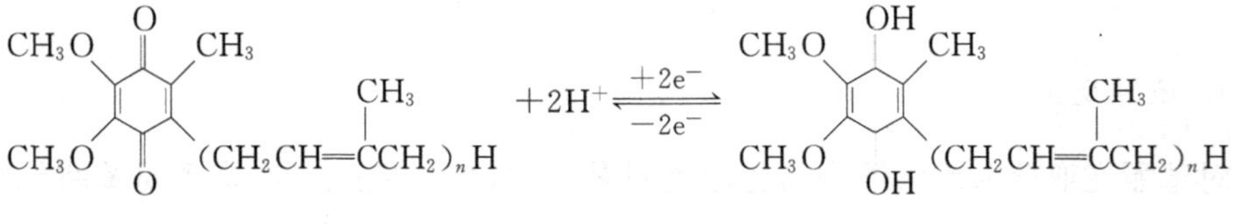

一系列辅酶 Q 在结构上的差别在于侧链所含异戊二烯单位数目 n 不同。人体内辅酶 Q 含有 10 个异戊二烯单位，故称辅酶 Q_{10}(CoQ_{10})。

本章小结

1. 醛、酮的结构。醛和酮都含有羰基，差别在于醛羰基结合一个氢原子和一个烃基，而酮羰基结合两个烃基。

2. 醛、酮的化学性质。醛、酮最典型的性质是发生在羰基上的亲核加成反应，可用通式表示如下：

$$\mathrm{R{-}\overset{\overset{\displaystyle O}{\|}}{C}{-}H(R)' + HNu \rightleftharpoons R{-}\underset{\underset{\displaystyle Nu}{|}}{\overset{\overset{\displaystyle OH}{|}}{C}}{-}H(R')}$$

亲核试剂有氢氰酸、格氏试剂、磷叶立德、亚硫酸氢钠饱和溶液、水、醇、氨的衍生物等。常用 2,4-二硝基苯肼鉴定羰基结构。

含有 α-H 的醛、酮，经酸或碱催化，α-H 被卤素取代。乙醛和甲基酮能发生碘仿反应，含有 $CH_3CH(OH)$—结构单位的醇也能发生碘仿反应。

含有 α-H 的醛、酮，在稀碱作用下发生羟醛反应，生成 β-羟基醛、酮；β-羟基醛、酮受热脱水生成 α,β-不饱和醛、酮，整个反应称为羟醛缩合。羟醛缩合反应是生物体内的重要反应之一。

α,β-不饱和醛、酮的特征反应是与亲核试剂发生共轭加成。

醛能被土伦试剂、费林试剂、本尼迪特试剂等弱氧化剂氧化，能与席夫试剂作用生成紫红色物质，而酮却不能。费林试剂、本尼迪特试剂不能氧化芳醛。

3. 醌。醌是共轭的不饱和环二酮，具有 α,β-不饱和醛、酮的典型性质。自然界中存在的一些醌类物质有重要的生理功能。

习　　题

1. 命名下列各化合物。

(1) $\mathrm{(CH_3)_2CH\overset{\overset{\displaystyle CH_3}{|}}{C}HCHO}$

(2) 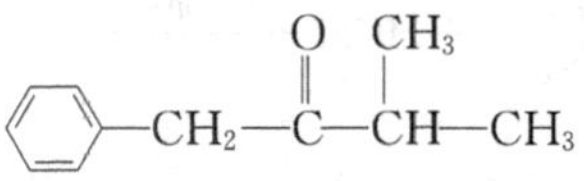

(3) $\mathrm{CH_2{=}CH{-}\overset{\overset{\displaystyle O}{\|}}{C}{-}CH{=}CH_2}$

(4) 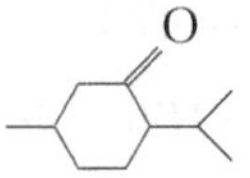

(5) 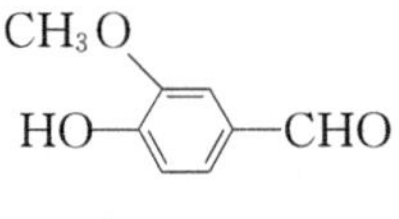

(6) 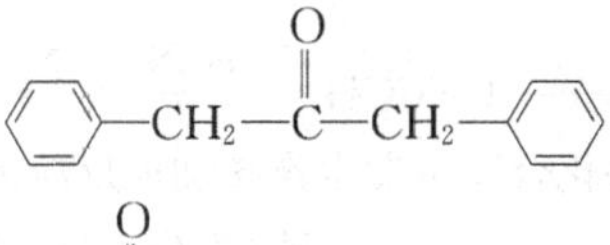

(7) $\mathrm{CH_3{-}\overset{\overset{\displaystyle O}{\|}}{C}{-}CH{=}CH{-}\overset{\overset{\displaystyle O}{\|}}{C}{-}CH_3}$

(8) 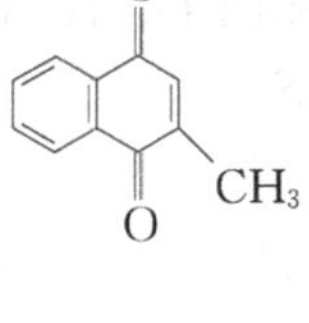

(9) 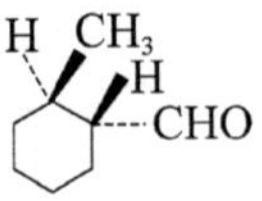　　(10) 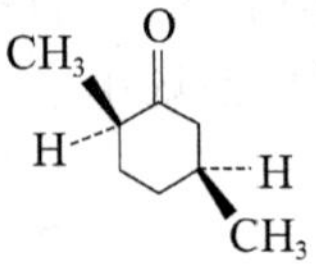

2. 写出下列各化合物的结构式。

(1) 对羟基苯乙酮　(2) 邻甲氧基苯甲醛　(3) 苄基苯基甲酮

(4) 4-甲基-3-戊烯-2-酮　(5) 3-甲基环己酮　(6) 4-氯-2-戊酮

(7) 3-甲基-3-丁烯醛　(8) 苯甲醛　(9) 2,2-二甲基环己烷甲醛

(10) 柠檬醛[(*E*)-3,7-二甲基-2,6-辛二烯醛]

3. 写出分子式为 $C_5H_{10}O$ 的所有醛、酮的结构式和名称。

4. 写出苯乙醛和苯乙酮分别与下列试剂反应所得产物的结构和类别。

(1) 硼氢化钠/H_2O　(2) ①甲基溴化镁,②H_3O^+　(3) 甲醇/H^+

(4) 苯肼　(5) 氰化钠＋硫酸　(6) 土伦试剂

5. 完成下列反应,并写出主要产物。

(1) 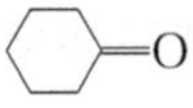 ＋ HCN ⟶

(2) 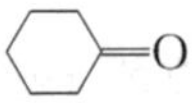 ＋ $HOCH_2CH_2OH \xrightarrow{\text{干燥 HCl}}$

(3) 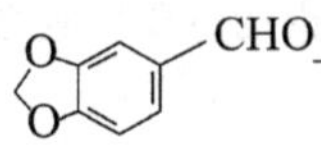 $\xrightarrow[\text{(2) } H^+]{\text{(1) } KMnO_4, H_2O}$

(4) 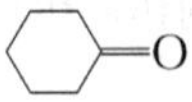 $\xrightarrow[\triangle]{\text{稀 } OH^-}\xrightarrow{NaBH_4}$

(5) 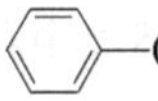—$COCH_3$ ＋ NaOH ＋ I_2 ⟶

(6) 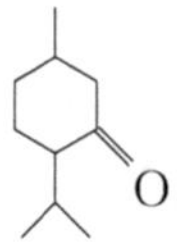 $+H_2 \xrightarrow{Pt}$

(7) 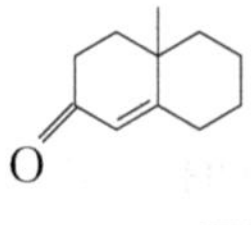 ＋HCN $\xrightarrow{\text{1,4-加成}}$

(8) CH_3O—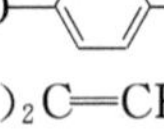—CHO ＋ HCHO $\xrightarrow{\text{浓 NaOH}}$

(9) $(CH_3)_2C{=}CH{-}CHO + HBr \longrightarrow$

(10) $CH_3CH{=}CH\overset{\overset{\displaystyle O}{\|}}{C}CH_3 \xrightarrow{NaCN, HCN}$

6. 将下列羰基化合物按发生亲核加成反应的难易顺序排列。

$$CH_3CHO, CH_3COCH_3, CF_3CHO, CCl_3CHO$$

7. 镇咳药苯哌丙醇的结构如下:

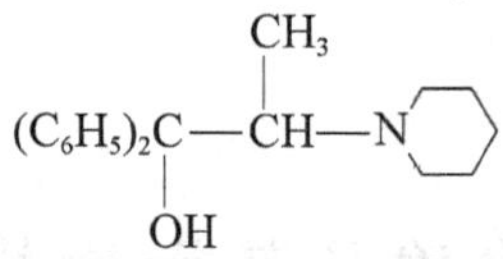

制备该药的最后一步涉及使用格氏试剂，试写出完成此步反应所需的可能反应物的结构式。

8. 通过分子内羟醛缩合反应可生成下列各化合物，请写出它们的前体化合物。

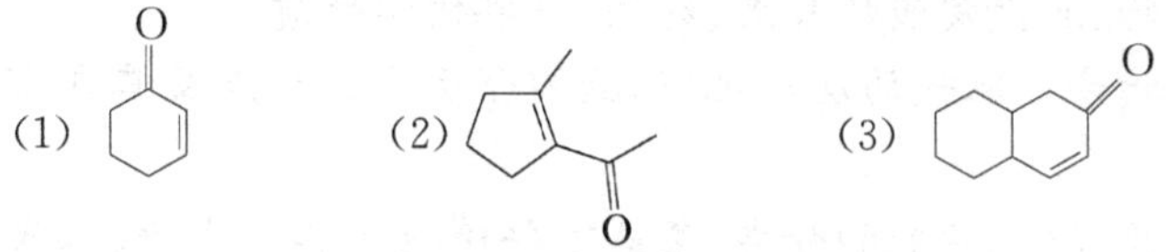

9. 试用简便的化学方法鉴别下列各组化合物。
(1) 甲醛，丁醛，2-丁酮　　(2) 2-戊酮，3-戊酮，环己酮
(3) 苯甲醛，苯乙酮，1-苯基-2-丙酮

10. 化合物 A 的分子式为 $C_{10}H_{12}O$，可与溴的氢氧化钠溶液作用，经酸化得产物 B($C_9H_{10}O_2$)；A 经克莱门森还原得化合物 C($C_{10}H_{14}$)。在稀碱溶液中，A 与苯甲醛反应生成 D($C_{17}H_{16}O$)。A、B、C 和 D 经强烈氧化都可以得到同一产物邻苯二甲酸。试写出 A、B、C 和 D 的可能结构式。

11. 化合物 A 的分子式为 $C_9H_{10}O_2$，能溶于 NaOH 溶液，并可与 $FeCl_3$ 及 2,4-二硝基苯肼作用，但不与土伦试剂作用。A 用 $LiAlH_4$ 还原生成化合物 B($C_9H_{12}O_2$)。A 和 B 均可与碘的氢氧化钠溶液作用，有黄色沉淀生成。A 与 Zn(Hg)/HCl 作用，得到化合物 C($C_9H_{12}O$)。C 与 NaOH 成盐后，与 CH_3I 反应得到化合物 D($C_{10}H_{14}O$)，后者用 $KMnO_4$ 处理，得到对甲氧基苯甲酸。试写出 A、B、C 和 D 的结构式。

12. 写出完成下列变化所需的试剂 A～D。

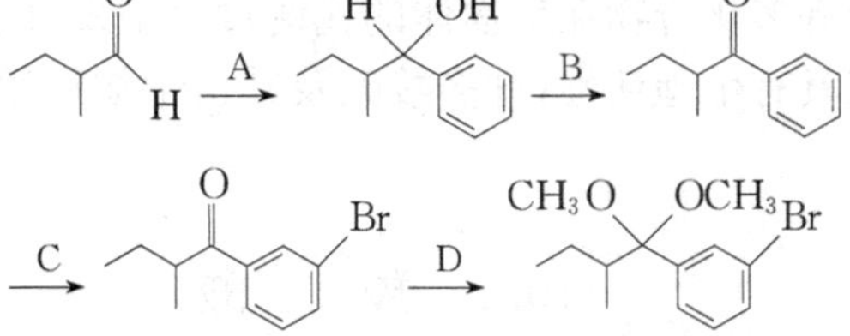

13. 某化合物 A 的分子式为 $C_6H_{14}O$，A 与金属钠反应放出氢气，与 $KMnO_4$ 的酸性溶液反应可得化合物 B，其分子式为 $C_6H_{12}O$。B 在碱性条件下与 I_2 反应生成碘仿和化合物 C，C 分子式为 $C_5H_{10}O_2$。A 与浓硫酸共热生成化合物 D。将 D 与 $KMnO_4$ 的酸性溶液反应可得丙酮。试写出 A～D 的结构式，并写出有关反应式。

（山西医科大学　毛红胜）

第10章　羧酸及其衍生物、取代羧酸

学习要求

1. 掌握羧酸及其衍生物、取代羧酸的命名、结构、重要化学性质。

2. 熟悉羧酸及其衍生物亲核取代的反应机理，酯缩合反应的特点及其在有机和药物合成中的应用。

3. 了解羧酸及其衍生物、取代羧酸的分类，某些重要羧酸及其衍生物、取代羧酸的性质和用途。

分子中含有羧基(carboxylic group)的有机化合物称为羧酸(carboxylic acids)。除甲酸外，羧酸又可看作烃分子中的氢原子被羧基(—COOH)取代的衍生物，其通式为RCOOH或ArCOOH。羧酸中羧基上的羟基被其他原子或原子团取代而形成的化合物称为羧酸衍生物(carboxylic acids derivatives)，主要包括酰卤(acyl halide)、酸酐(anhydride)、酯(ester)和酰胺(acylamide)等。其中酰胺含氮元素，将在第11章含氮有机化合物中详细讨论。羧酸分子中烃基上的氢原子被其他原子或原子团取代的化合物称为取代羧酸(substituted carboxylic acids)，按取代基的种类可分为卤代酸(halogenated acids)、羟基酸(hydroxy acids)、羰基酸(carbonyl acids)、氨基酸(amino acids)等。

羧酸、羧酸衍生物、取代羧酸广泛存在于自然界，与人类的生活和生命活动密切相关。它们中的许多化合物在生物体的代谢过程中发挥着重要作用，有些羧酸和取代羧酸本身就具有生理活性，许多羧酸及其衍生物还用作合成药物的原料或中间体。

10.1　羧　　酸

10.1.1　羧酸的结构、分类与命名

1. 羧酸的结构

羧酸的官能团为羧基。根据X射线衍射测定，甲酸(HCOOH)分子中C═O双键的键长(123 pm)比一般羰基的C═O双键(键长120 pm)略长一些；C—O单键键长(136 pm)比一般醇分子中的C—O单键(键长143 pm)略短一些。这表明，羧基尽管从形式上看是由羰基和羟基组成的，但两者相互影响，使羧基具有特殊的性质。

杂化轨道理论认为，羧基中的碳原子是 sp^2 杂化的，3 个 sp^2 杂化轨道分别与羟基的氧原子、羰基的氧原子及烃基的碳原子（甲酸中为氢原子）形成 3 个共平面的 σ 键，键间夹角大约为 120°，剩余 1 个未杂化的 p 轨道与羰基氧原子上的 p 轨道平行而相互重叠形成 π 键，羟基氧原子上的一对未共用电子对所在的 p 轨道与之形成 p-π 共轭体系，如图 10.1 所示。

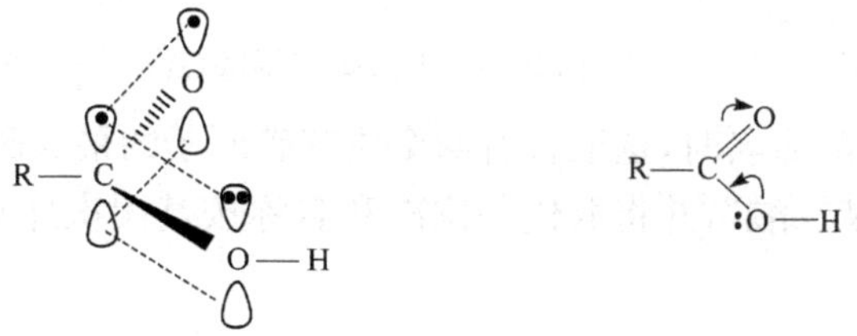

图 10.1　羧基中 p-π 共轭示意图

p-π 共轭使碳氧间的键长平均化，也使羧基中羟基的氧氢键极性增强，有利于氢质子的解离，从而使羧酸呈现酸性；p-π 共轭也使羧基中羰基碳原子上电子云密度增加，不利于发生醛、酮那样典型的亲核加成反应。

2. 羧酸的分类与命名

按烃基的类型，羧酸可分为脂肪族羧酸、脂环族羧酸和芳香族羧酸；按脂肪烃基是否饱和，羧酸可分为饱和羧酸和不饱和羧酸；按羧酸分子中所含的羧基数目，又可分为一元羧酸、二元羧酸、三元羧酸等，二元及二元以上的羧酸统称为多元羧酸。

羧酸可以根据其来源而用其俗名，如蚁酸（甲酸，最初得自蚂蚁）、醋酸（乙酸，是食醋的主要成分）。其他如亚麻酸、草酸、琥珀酸、安息香酸等都是根据其来源而称其俗名。

羧酸的系统命名法与醛相似。饱和脂肪族一元羧酸命名时，选择分子中含羧基碳原子的最长碳链作主链，按主链碳原子数目称为“某酸”。从羧基碳原子开始用阿拉伯数字将主链碳原子编号，以标明取代基位次。习惯上也可从羧基相邻碳原子开始，依次用希腊字母（α、β、γ、δ、…、ω）表示取代基位置，并将取代基位次及名称按基团次序规则写在主链名称之前。例如：

$CH_3CH_2CH(CH_3)COOH$

2-甲基丁酸（α-甲基丁酸）

$CH_3CH_2CH(CH_3)—CH(CH_3)COOH$

2,3-二甲基戊酸（α,β-二甲基戊酸）

不饱和脂肪酸命名时，应选择包含双键和羧基碳原子的最长碳链为主链，按主链碳原子数目称为“某烯酸”，并在“某烯酸”之前标明双键的位次。含有 2 个或 3 个双键的烯酸称“某二烯酸”或“某三烯酸”，并在前面分别标明各双键的位次。主链碳原子数多于 10 个时，需在表示碳原子数的中文数字后加“碳”字。不饱和羧酸的双键也可用“Δ”来表示，各双键的位次写在“Δ”的右上角，用逗号隔开。例如：

$CH_3CH{=}CHCOOH$

2-丁烯酸（巴豆酸）

$CH_3CH_2CH{=}CHCH_2CH{=}CHCH_2CH{=}CH(CH_2)_7COOH$

9,12,15-十八碳三烯酸（$\Delta^{9,12,15}$-十八碳三烯酸）

脂肪族二元羧酸命名时，选取含有两个羧基碳原子的最长碳链为主链，按主链碳原子数目称为“某二酸”，并将取代基位次和名称按基团次序规则写在“某二酸”之前。例如：

$HOOC{-}COOH$（COOH—COOH）

乙二酸（草酸）

$HOOCCH_2{-}CH_2COOH$

丁二酸（琥珀酸）

$CH_3{-}CH(COOH){-}CH_2COOH$

2-甲基丁二酸

$HOOCCH{=}CHCOOH$

丁烯二酸

脂环族羧酸和芳香族羧酸命名时，把脂环和芳环看作取代基，以脂肪族羧酸作为母体进行命名。如羧基直接与苯环相连，则以苯甲酸为母体，环上其他基团作为取代基。例如：

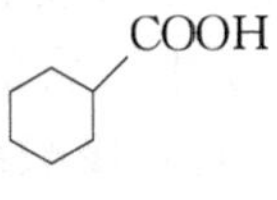

环己基甲酸

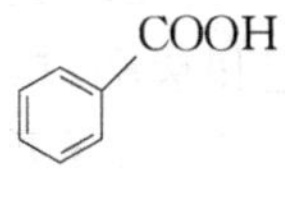

苯甲酸（安息香酸）

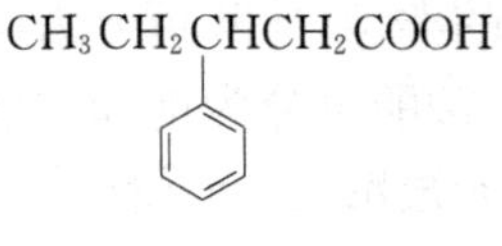

3-苯基戊酸

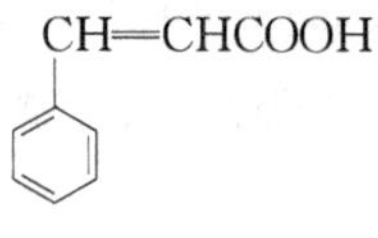

3-苯基丙烯酸（肉桂酸）

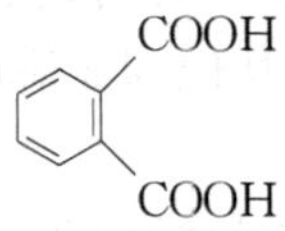

邻苯二甲酸

10.1.2　羧酸的性质

1. 羧酸的物理性质

常温下，10 个碳原子以下的饱和一元羧酸是液体，具有刺激性气味或恶臭。例如，甲酸、乙酸等具有强烈的刺鼻气味，直链的丁酸至壬酸具有腐败臭味。10 个碳原子以上的羧酸为无味的油状液体或蜡状固体。饱和脂肪二元酸及芳酸为结晶状固体。

饱和一元脂肪酸，除甲酸、乙酸的相对密度大于 1 以外，其他羧酸的相对密度都小于 1。二元羧酸和芳酸的相对密度都大于 1。

羧基是亲水基团，与醇羟基相比，羧基与水分子间氢键的缔合作用更强，故羧酸的水溶性比相应的醇强。甲酸至丁酸与水互溶；其他饱和一元羧酸随碳链的增长，疏水烃基比例增大，其水溶性迅速降低。11 个碳原子以上的羧酸基本不溶于水。脂肪族一元羧酸一般都能溶于乙醇、乙醚、氯仿等有机溶剂。多元羧酸的水溶性大于同数碳原子的一元羧酸，并随碳链增长而降低。芳香族羧酸水溶性极弱。甲酸与水的缔合如图 10.2 所示。

饱和一元羧酸的沸点随相对分子质量的增大而升高，且比相对分子质量相近的醇高，这主要是因为羧酸分子间能通过氢键缔合成更稳定的二聚体。蒸气密度测定表明，甲酸、乙酸等低级羧酸在气态时也以二聚体形式存在。二聚体结构如图 10.3 所示。

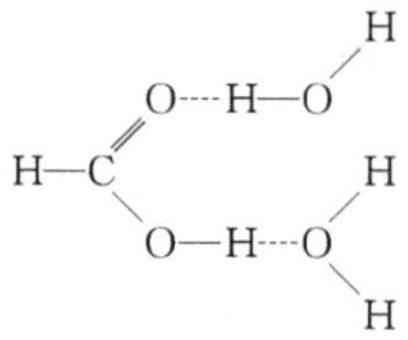

图 10.2　甲酸与水的缔合示意图

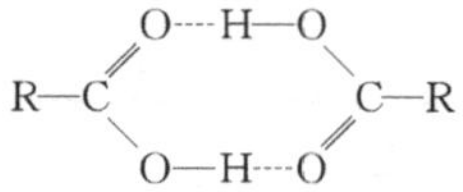

图 10.3　羧酸二聚体结构示意图

饱和一元羧酸和二元羧酸的熔点随分子中碳原子数目的增加呈锯齿状变化，含偶数碳原子的羧酸比相邻的两个含奇数碳原子的羧酸熔点高。脂肪族二元羧酸熔点比相对分子质量相近的一元羧酸高得多。

羧酸的红外光谱：在氯仿或四氯化碳稀溶液中，游离羧酸的羰基 C ═O 双键的伸缩振动吸收在 1760 cm^{-1}附近，吸收强度大于酮羰基。液态或固态的羧酸常形成二聚体，C ═O 双键特性被削弱，振动频率降低，一般在 1725～1700 cm^{-1}。如果 C ═O 键与双键共轭，则吸收频率降低，C ═O 的振动吸收在 1700～1680 cm^{-1}。

游离羧酸的 O—H 键在 3550 cm^{-1}附近有一弱的伸缩振动吸收尖峰，羧酸二聚体的 O—H 键在 3300～2500 cm^{-1}有很宽且强的伸缩振动吸收峰。

羧基中 C—O 键的伸缩振动吸收峰在 1320～1210 cm^{-1}处出现。图 10.4 为丙酸的红外光谱图。

羧酸的核磁共振氢谱：羧基是强吸电子基，其邻位碳原子上氢质子的化学位移移向低场，δ 值为 2～2.5 ppm。羧羟基中的质子由于受氧原子的吸电子诱导作用及羟基与羰基间的共轭影响，其屏蔽作用大大降低，化学位移出现在更低场，δ 值为 9.5～13 ppm。图 10.5 为苯乙酸在 CCl_4 中的^1H NMR 谱图。

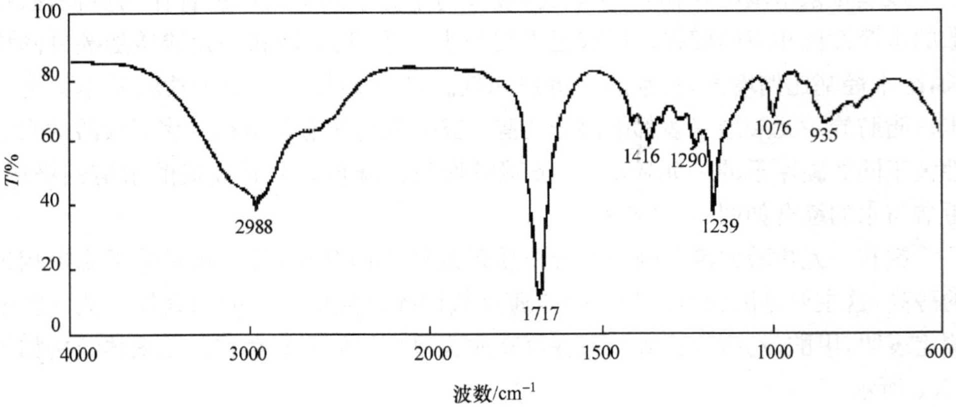

图 10.4　丙酸的红外光谱图

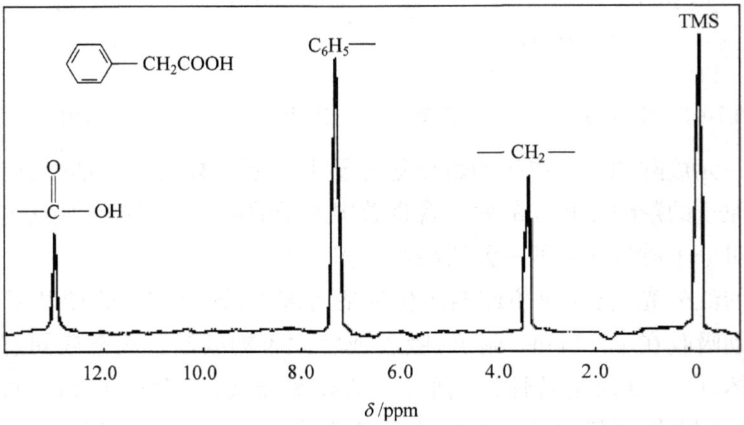

图 10.5　苯乙酸在 CCl_4 中的[1] H NMR 图

羧酸的质谱：直链一元羧酸的分子离子峰较弱，但仍可识别，一般（C 数≥4）发生麦氏重排，再经 α-裂解得一强峰 m/z 60（基峰）。

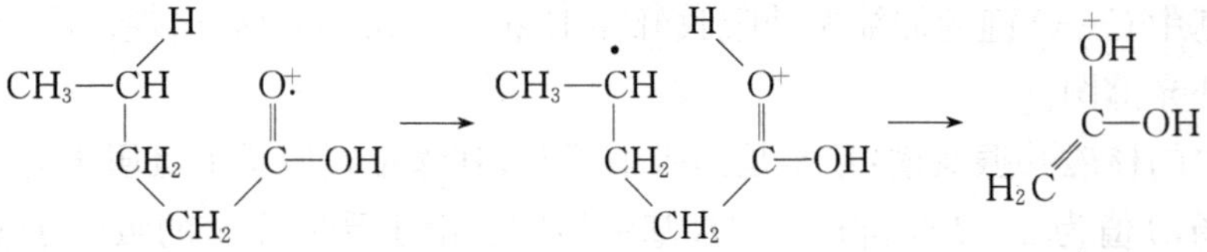

芳香族羧酸分子离子峰较强，经 α-裂解失去 OH，得特征碎片酰基离子 m/z 105（基峰），进一步失去 CO 得芳基碎片离子 m/z 71。

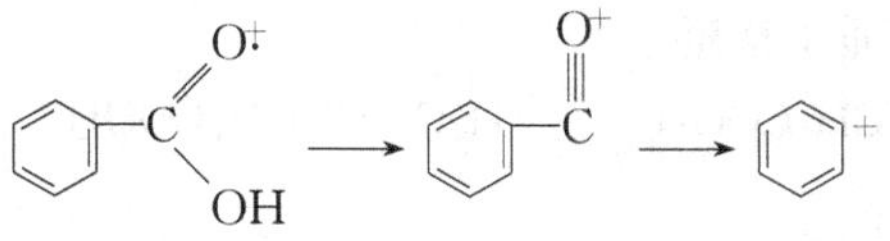

m/z 105　　m/z 71

2. 羧酸的化学性质

1）酸性

羧酸在水溶液中能解离出质子而显示酸性，可使蓝色石蕊试纸变红。

$$RCOOH + H_2O \rightleftharpoons RCOO^- + H_3O^+$$

羧酸的 pK_a 一般为 4～5，为弱酸，但比碳酸的酸性（$pK_a = 6.3$）要强。羧酸、碳酸、酚和醇的酸性强弱为

	$RCOOH$	$>H_2CO_3$	$>C_6H_5OH$	$>C_2H_5OH$
pK_a	～5	6.4	10	17

羧酸解离成羧酸根（羧基负离子）后，p-π 共轭效应使负电荷平均分散在整个共轭体系中，键长发生平均化，使羧酸根负离子更加稳定，所以羧酸离解出质子的倾向要比醇强得多。X 射线衍射证明，甲酸根负离子中两个碳氧键的键长相等，均为 127 pm，没有单键、双键的差别。

羧酸酸性的强弱取决于离解后所生成的羧酸根负离子的稳定性。若烃基上的取代基有利于负电荷分散，羧酸根负离子稳定，酸性增强；反之则会使酸性减弱。取代基对酸性强弱的影响与取代基的性质、数目以及与羧基的相对位置远近有关。

脂肪族饱和一元羧酸中，烷基有微弱的给电子诱导效应，同时又有超共轭作用，不利于羧酸根负离子的负电荷分散，稳定性降低，酸性减弱。甲酸没有烷基，故酸性最强。例如，甲酸、乙酸和丙酸的 pK_a 分别为 3.77、4.76 和 4.88，酸性依次减弱。

当烷基上的氢原子被卤原子、羟基、硝基等吸电子基取代后，这些基团的吸电子诱导效应使羧酸根负离子的负电荷得到有效分散而稳定性增大，因而酸性增强。吸电子基的吸电子能力越强，数目越多，离羧基越近，羧酸的酸性就越强。

	FCH_2COOH	$ClCH_2COOH$	$BrCH_2COOH$	ICH_2COOH
pK_a	2.66	2.86	2.94	3.12

	$ClCH_2COOH$	$Cl_2CHCOOH$	Cl_3CCOOH
pK_a	2.86	1.26	0.64

	$CH_3CH_2\underset{\vert \atop Cl}{CH}COOH$	$CH_3\underset{\vert \atop Cl}{CH}CH_2COOH$	$\underset{\vert \atop Cl}{CH_2}CH_2CH_2COOH$	$CH_3CH_2CH_2COOH$
pK_a	2.82	4.41	4.70	4.82

不饱和羧酸分子中，不饱和碳原子为 sp^2 或 sp 杂化，杂化碳原子 s 成分越多，吸电子能力越强。所以乙烯基或乙炔基连在饱和碳原子上时，其吸电子效应使羧

酸的酸性增强，且炔酸强于烯酸。

	$HC\equiv CCH_2COOH$	$H_2C=CHCH_2COOH$	$CH_3CH_2CH_2COOH$
pK_a	3.32	4.35	4.82

芳香族羧酸酸性比一般饱和一元羧酸强，但大多数芳香族羧酸酸性比甲酸弱，如苯甲酸的 pK_a 为 4.17、甲酸的 pK_a 为 3.77。这是因为虽然苯环是吸电子基，但由于苯环的大 π 键与羧基形成共轭体系，电子云向羧基转移，使苯甲酸解离出质子的能力比甲酸弱，故苯甲酸酸性比甲酸弱。

芳香族羧酸的芳环上有取代基时，其酸性随取代基的种类、位置的不同而变化，见表 10.1。

表 10.1　一些取代苯甲酸的 pK_a 值

取代基	邻位	间位	对位	取代基	邻位	间位	对位
H	4.17	4.17	4.17	NO_2	2.21	3.46	3.40
CH_3	3.89	4.28	4.35	OH	2.98	4.12	4.54
Cl	2.89	3.82	4.03	OCH_3	4.09	4.09	4.47
Br	2.82	3.85	4.18	NH_2	5.00	4.82	4.92

当羧基的对位或间位连吸电子基团时，酸性增强；连给电子基团时，酸性减弱。这是由于不同性质的基团对羧酸根负离子产生不同的电性效应影响。例如，邻硝基苯甲酸、对硝基苯甲酸的酸性比间硝基苯甲酸强，且都比苯甲酸强。这是因为硝基在邻、对位时，吸电子诱导效应和吸电子共轭作用都使酸根负离子稳定，且邻硝基诱导效应强于对硝基，而硝基在间位时，只有吸电子诱导作用使酸根负离子稳定。

间甲氧基苯甲酸的酸性比苯甲酸强，而对甲氧基苯甲酸的酸性比苯甲酸弱。这是因为甲氧基处于间位时，吸电子诱导效应使酸根负离子稳定，酸性增强，但因隔了三个碳原子，影响减弱，酸性增强不多。甲氧基处于对位时，甲氧基的给电子共轭作用大于吸电子诱导效应，使酸根负离子不如苯甲酸酸根负离子稳定，酸性减弱。羟基取代苯甲酸与此相似。

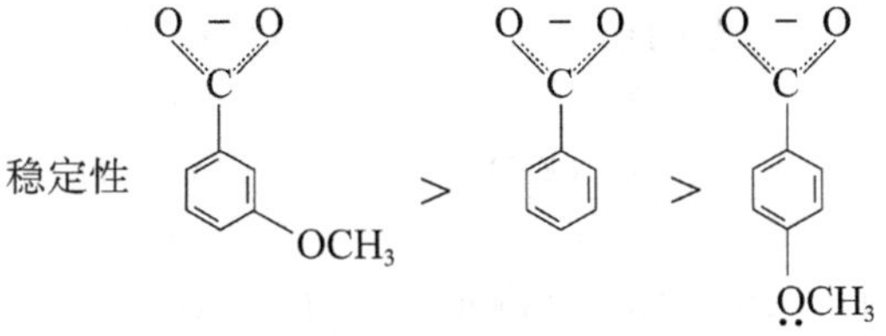

不论何种取代基在邻位，都使取代苯甲酸酸性增强（氨基除外）。这种邻位基团对活性中心的影响称为邻位效应，其作用机理较复杂，可能存在电性效应、立体效应及氢键等多种因素的影响。例如，邻羟基苯甲酸的酸性比间羟基苯甲酸和对羟基苯甲酸强得多，主要是由于邻位的羟基与酸根负离子能形成分子内氢键，使邻

羟基苯甲酸根负离子稳定，酸性增强；而间位或对位异构体则在空间上无法形成分子内氢键。

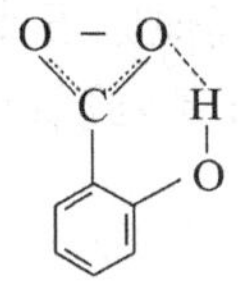

二元羧酸解离分两步进行。

$$HOOC(CH_2)_nCOOH \overset{K_{a_1}}{\rightleftharpoons} HOOC(CH_2)_nCOO^- + H^+$$

$$HOOC(CH_2)_nCOO^- \overset{K_{a_2}}{\rightleftharpoons} {}^-OOC(CH_2)_nCOO^- + H^+$$

第一步解离时，其中一个羧基的吸电子诱导效应使另一个羧基的解离较易发生，所以二元羧酸酸性一般比饱和一元羧酸强，且两个羧基相距越近，酸性越强。例如，乙二酸的 pK_{a_1} 为 1.23，丙二酸为 2.83。在四个碳原子以上的二元羧酸中，碳链的 pK_{a_1} 值相差很小，但酸性都比乙酸强。当一个羧基解离为羧酸根负离子后，对第二个羧基产生了更强的斥电子诱导效应，使第二个羧基的质子很难解离，因此，一些低级二元羧酸的 pK_{a_2} 总是大于 pK_{a_1}。

羧基的第二步解离还受到场效应(field effect，一种直接通过空间传递的静电作用)的影响。带负电荷的羧基负离子在空间产生一个静电场，对另一端羧基的质子解离产生阻碍作用。例如，丙二酸第二步解离时，羧基负离子对另一端的羧基除有诱导效应外，还有场效应。两种效应均使羧基的质子不易离去，所以丙二酸的二级电离度大大减弱，其 pK_{a_2} 远大于 pK_{a_1}。

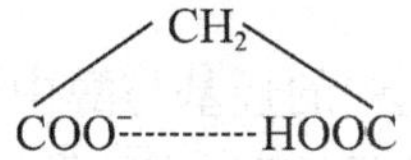

场效应

总之，羧基质子的解离往往受到共轭效应、空间效应、场效应、溶剂性质等多种因素的影响。

羧酸不仅能与 NaOH、Na_2CO_3 作用，还能与 $NaHCO_3$ 作用，此反应可鉴定羧酸。

$$RCOOH + NaHCO_3 \longrightarrow RCOONa + H_2O + CO_2\uparrow$$

羧酸与盐酸、硫酸等无机强酸相比为弱酸，向其盐溶液加入无机强酸可游离出羧酸。利用这个性质可分离和提纯羧酸，或从动植物中提取含羧基的有效成分。

$$C_6H_5COOK + H_2SO_4 \longrightarrow C_6H_5COOH\downarrow + KHSO_4$$

相对分子质量较小的羧酸易溶于水，相对分子质量较大的羧酸则难溶于水，但它们的钠盐或钾盐都易溶于水。根据这个性质，医药上常将含有羧基的难溶性药物制成易溶的盐类。例如，将青霉素 G 和氨苄青霉素制成易溶的钾盐或钠盐，供临床使用。

2）羧基中羟基的取代反应

羧酸分子中羧基上的羟基可被其他原子或原子团取代，生成各种羧酸衍生物。

（1）酰卤的生成。羧酸与 PX_3、PX_5 或氯化亚砜等作用，卤原子取代羧羟基生成酰卤。

$$3R-\overset{\overset{\displaystyle O}{\|}}{C}-OH + PCl_3 \longrightarrow 3R-\overset{\overset{\displaystyle O}{\|}}{C}-Cl + H_3PO_3$$

$$R-\overset{\overset{\displaystyle O}{\|}}{C}-OH + PCl_5 \longrightarrow R-\overset{\overset{\displaystyle O}{\|}}{C}-Cl + POCl_3 + HCl$$

$$R-\overset{\overset{\displaystyle O}{\|}}{C}-OH + SOCl_2 \longrightarrow R-\overset{\overset{\displaystyle O}{\|}}{C}-Cl + SO_2\uparrow + HCl\uparrow$$

实验室制备酰氯时，常用氯化亚砜作卤化剂，副产物 SO_2 和 HCl 都是气体，在反应中随时逸去，所得产品较纯。但酰氯极易水解，通常用蒸馏的方法分离、提纯。

（2）酯的生成。羧酸与醇在无机酸的催化作用下反应生成酯和水，该反应称为酯化反应(esterification)。酯化反应是可逆的，酯与水在同样条件下也可反应生成羧酸和醇，该反应称为酯的水解反应。

$$R-\overset{\overset{\displaystyle O}{\|}}{C}-OH + R'-OH \underset{\triangle}{\overset{H^+}{\rightleftharpoons}} R-\overset{\overset{\displaystyle O}{\|}}{C}-OR' + H_2O$$

酯化反应一般用硫酸、盐酸或苯磺酸作催化剂。为提高酯的产量，使平衡向生成酯的方向移动，可加入过量价廉的反应物(羧酸或醇)，也可把反应产物不断分离出来(如蒸馏除去酯或水)。

酯化反应时，大多数是由羧基中的羟基与醇中羟基上的氢结合生成水。用含有同位素 ^{18}O 的乙醇与羧酸进行酯化反应时，实验发现 ^{18}O 存在于生成的酯分子中：

$$CH_3-\overset{\overset{\displaystyle O}{\|}}{C}-OH + H-{}^{18}OCH_2CH_3 \overset{H^+}{\rightleftharpoons} CH_3-\overset{\overset{\displaystyle O}{\|}}{C}-{}^{18}OCH_2CH_3 + H_2O$$

这说明酸催化下酯化反应按如下反应机理进行：

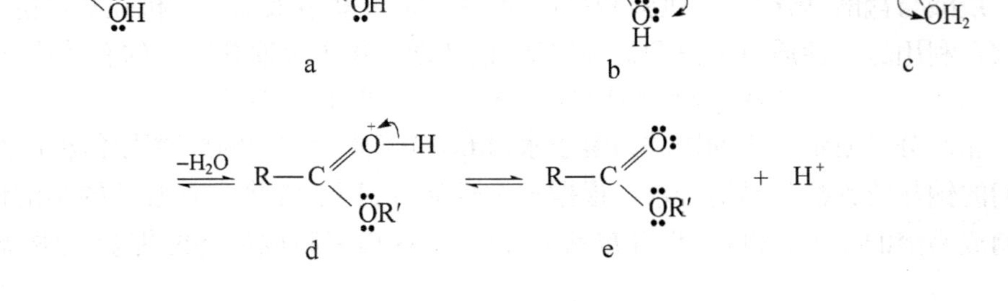

首先，H^+ 与羧酸中羰基氧结合成鉡盐 a，增加了羰基碳的电正性，易与醇发生亲核加成，形成四面体中间体 b；然后，质子转移生成中间体 c，再失水而成鉡盐 d，鉡盐 d 失去 H^+ 后形成酯 e。反应经历了亲核加成-消除的过程。总的结果是羧基上的羟基被醇分子中的烃氧基取代，是羧基上的亲核取代反应。

按此机理，四面体结构的反应中间体比反应物的空间位阻大，所以羧酸和醇的结构对酯化的难易影响很大。通常，羧酸或醇分子中烃基的空间位阻越大，酯化反应的速率越慢。一般来讲，α-碳原子上没有侧链的脂肪酸与伯醇的酯化反应速率最快。当羧酸的 α-碳原子上有侧链时，酯化速率减慢。侧链越多，侧链基团越大，酯化速率也越慢。结构不同的羧酸和醇发生酯化反应时的活性顺序为

醇　$CH_3OH > RCH_2OH > R_2CHOH$

酸　$CH_3COOH > RCH_2COOH > R_2CHCOOH > R_3CCOOH$

例如，在盐酸催化下，下列羧酸与甲醇酯化的相对速度为

CH_3COOH	C_2H_5COOH	$(CH_3)_2CHCOOH$	$(CH_3)_3CCOOH$	$(C_2H_5)_3CCOOH$
1	0.84	0.33	0.027	0.0016

叔醇在酸性介质中易生成叔碳正离子，因此，羧酸在酸催化下与叔醇的酯化反应按如下机理进行：

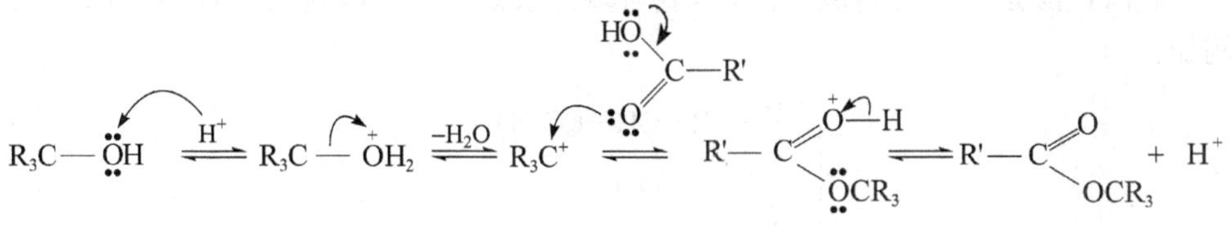

(3) 酸酐的生成。羧酸(除甲酸外)在脱水剂(如乙酰氯、乙酸酐、五氧化二磷等)存在下加热，两分子羧酸失水生成酸酐。

$$R\overset{\overset{O}{\|}}{C}-OH + HO-\overset{\overset{O}{\|}}{C}R \xrightarrow[\triangle]{\text{脱水剂}} R\overset{\overset{O}{\|}}{C}-O-\overset{\overset{O}{\|}}{C}R + H_2O$$

甲酸与脱水剂共热，分解为一氧化碳和水。

$$HCOOH \xrightarrow[60\sim80\ ℃]{H_2SO_4} CO + H_2O$$

某些二元羧酸受热，分子内失水形成具有五元环或六元环的环状酸酐。

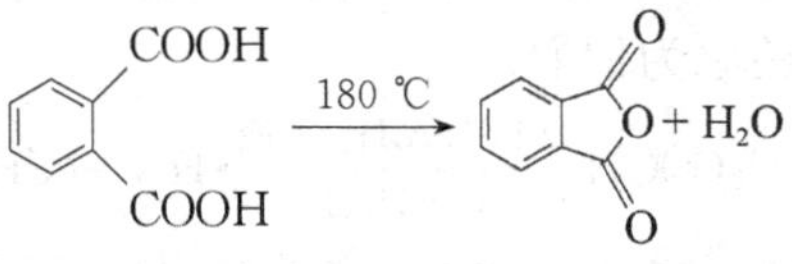

(4) 酰胺的生成。羧酸与氨或胺作用先生成羧酸的铵盐，进一步加热，铵盐分子内脱水生成酰胺。

$$RCOOH \xrightarrow{NH_3} RCOONH_4 \overset{\triangle}{\rightleftharpoons} R\overset{O}{\overset{\|}{C}}NH_2 + H_2O$$

$$RCOOH \xrightarrow{HNR'_2} RCOONR'_2 \overset{\triangle}{\rightleftharpoons} R\overset{O}{\overset{\|}{C}}NR'_2 + H_2O$$

3) α-氢原子的卤代反应

羧酸分子中 α-碳上的氢原子受羧基吸电子诱导效应的影响，有一定的活性。但由于羧基中的羟基能与羰基形成 p-π 共轭体系，羧基碳上的电子云密度略有增加，减弱了 α-氢原子的活性。所以羧酸中 α-氢原子难以直接卤代，反应需在三卤化磷、红磷等催化下进行。例如：

$$RCH_2COOH + Br_2 \xrightarrow[\text{或 } PBr_3]{\text{红磷}} \underset{Br}{\underset{|}{RCH}}COOH + HBr$$

羧酸卤代时，如控制卤素的用量和反应条件，可以生成一元或多元卤代酸。例如：

$$CH_3COOH \xrightarrow[P]{Cl_2} ClCH_2COOH \xrightarrow[P]{Cl_2} Cl_2CHCOOH \xrightarrow[P]{Cl_2} Cl_3CCOOH$$

α-卤代酸是重要的合成中间体，能与多种亲核试剂反应转化成各种 α-取代酸。例如：

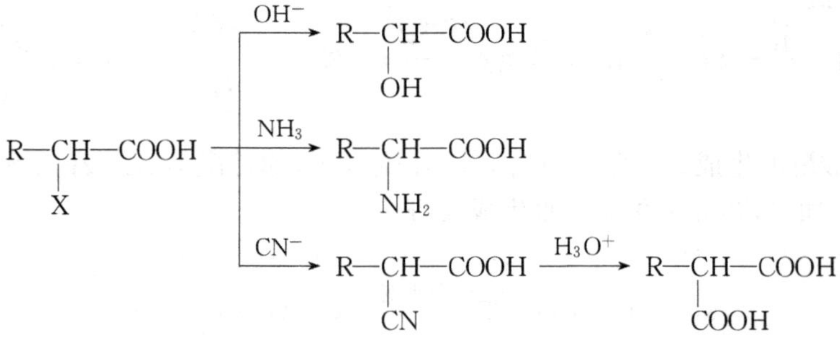

4) 还原反应

由于羧基的 p-π 共轭效应，羰基不具有典型羰基的性质，因而羧酸难以被一般的还原剂还原，也难以用催化氢化法还原。硼氢化钠也不能还原羧酸，但强还原剂氢化铝锂能顺利将羧酸还原成伯醇，且具有高度选择性，只还原羧基不还原碳碳双键。乙硼烷也可使羧酸还原为伯醇。

$$H_2C{=}CHCH_2COOH \xrightarrow[(2)\ H_3O^+]{(1)\ LiAlH_4/\text{乙醚}} H_2C{=}CHCH_2CH_2OH$$

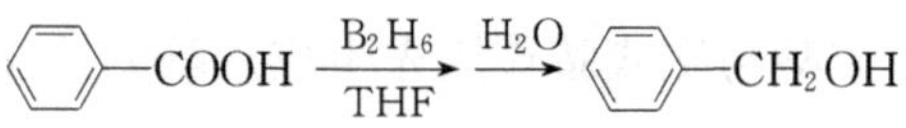

5) 脱羧反应

羧酸分子失去羧基并放出二氧化碳的反应称为脱羧反应(decarboxylation)。

一般说来，饱和一元羧酸对热比较稳定，不易脱羧。但在特殊条件下，如它们的干燥钠盐与碱石灰共热，则可以发生脱羧反应，生成少一个碳原子的烃。例如，在实验室中用无水乙酸钠与碱石灰混合加热即可制备甲烷。

$$CH_3COONa + NaOH(CaO) \xrightarrow{\triangle} CH_4\uparrow + Na_2CO_3$$

通常，脂肪酸的 α-碳原子上含有吸电子基团(如硝基、卤素、氰基、酰基和不饱和键等)时，容易发生脱羧反应。

$$Cl_3CCOOH \xrightarrow{\triangle} CHCl_3 + CO_2\uparrow$$

芳香酸的脱羧反应较脂肪酸容易。邻、对位上连有强吸电子基的芳香酸更易于发生脱羧反应。例如：

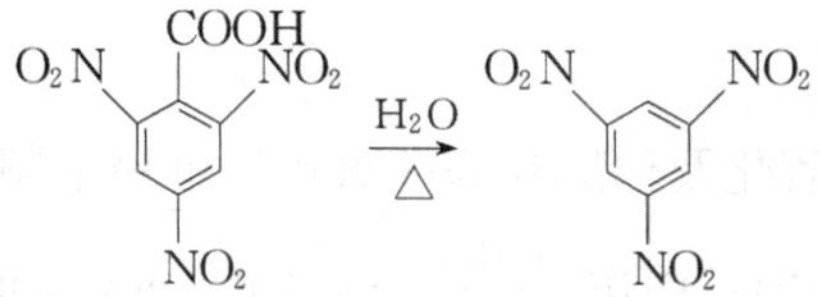

6）二元羧酸的热解反应

二元羧酸受热较易发生脱羧或脱水反应，随着两个羧基间相距的位置不同而发生脱羧、脱水或两者兼有的反应。

乙二酸、丙二酸受热时，易脱羧生成少一个碳原子的一元羧酸。

$$HOOC—COOH \xrightarrow{\triangle} HCOOH + CO_2$$

$$HOOC—CH_2COOH \xrightarrow{\triangle} CH_3COOH + CO_2$$

丁二酸、戊二酸受热时，易脱水生成稳定的五元、六元环状酸酐。

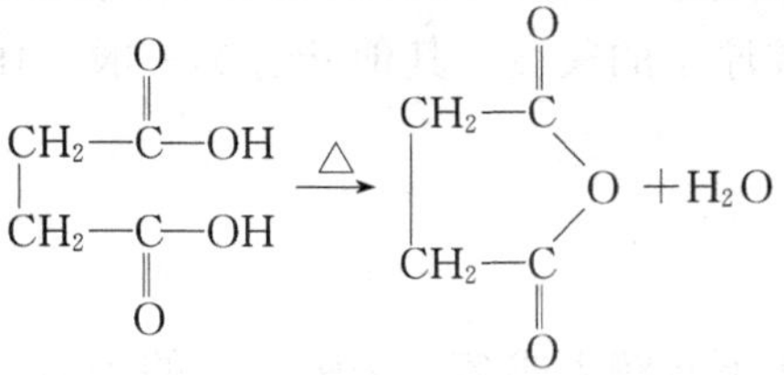

丁二酸　　丁二酸酐

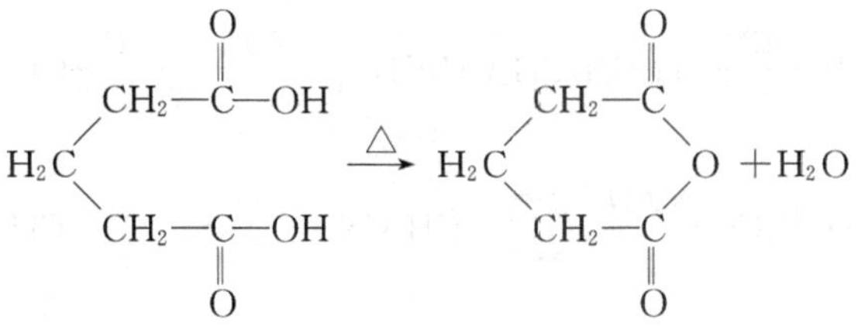

戊二酸　　戊二酸酐

己二酸、庚二酸受热时，分子内同时发生脱羧和脱水反应，生成稳定的五元、六元环酮。

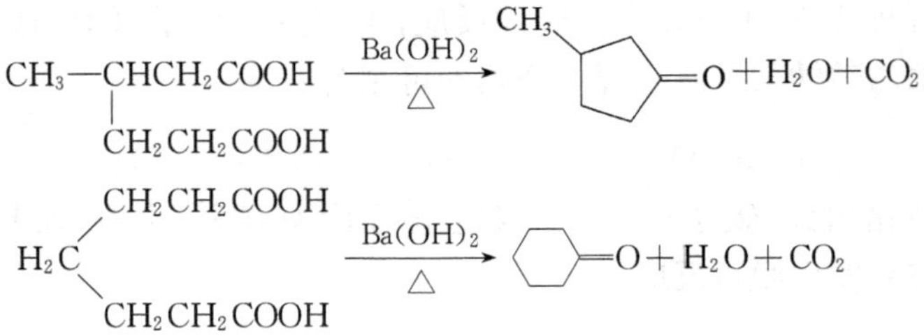

更长碳链的二元羧酸受热时发生分子间脱水生成链状聚酸酐。

10.1.3 羧酸的制备

1. 氧化法

烯烃和芳烃侧链的氧化及伯醇和醛的氧化均可用来制备羧酸。例如：

$$RCH{=}CHR' \xrightarrow[\triangle]{KMnO_4} RCOOH + R'COOH$$

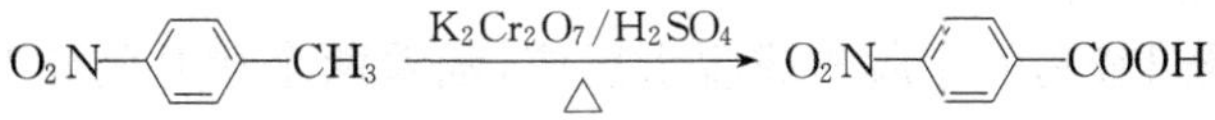

$$RCH_2OH \xrightarrow{[O]} RCHO \xrightarrow{[O]} RCOOH$$

不饱和的醇和醛也可氧化成相应的羧酸，但需选用适当的弱氧化剂（如土伦试剂），以免影响不饱和键。

$$CH_3{-}CH{=}CH{-}CHO \xrightarrow{Ag(NH_3)_2OH} CH_3{-}CH{=}CH{-}COOH$$

某些酮也能氧化成羧酸。例如，环己酮氧化可以制备己二酸；甲基酮通过卤仿反应可以制备少一个碳原子的羧酸。其他开链酮一般不作为制备羧酸的原料，因为氧化产物非常复杂。

2. 水解法

腈在酸或碱的催化下水解生成多一个碳原子的羧酸，这是制备羧酸常用的方法。腈可从卤烃与氰化钠（钾）作用制得。

$$CH_3CH_2CH_2CH_2Cl \xrightarrow{NaCN} CH_3CH_2CH_2CH_2CN \xrightarrow[H_2O,\text{乙二醇}]{KOH} \xrightarrow{H^+} CH_3CH_2CH_2CH_2COOH$$

90%

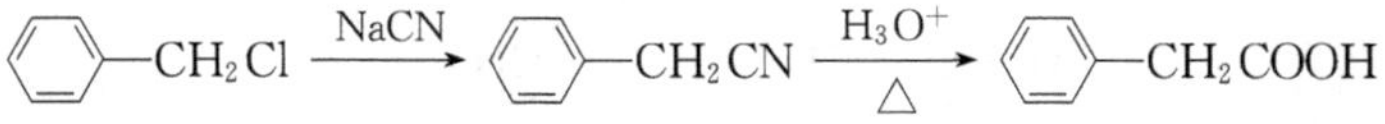

78%

此法不适用于仲卤烃和叔卤烃，因氰化钠（钾）碱性较强，仲卤烃和叔卤烃易发生消除卤化氢而生成烯烃的反应。

3. 格氏试剂法

将格氏试剂倒在过量的干冰(既是反应物也是冷却剂)上,或将二氧化碳气体通入低温冷却的格氏试剂的干醚溶液中,待二氧化碳不再被吸收后,再进行酸性水解,生成多一个碳原子的羧酸。

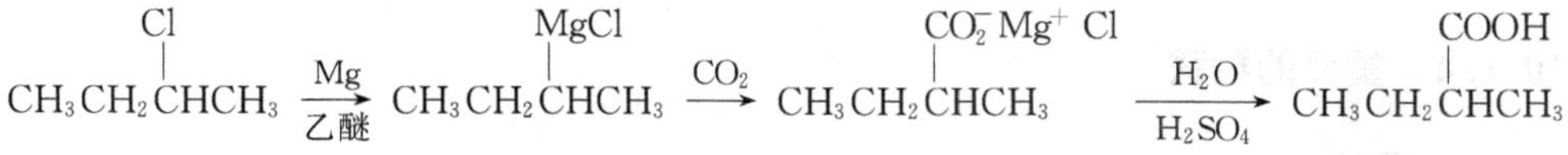

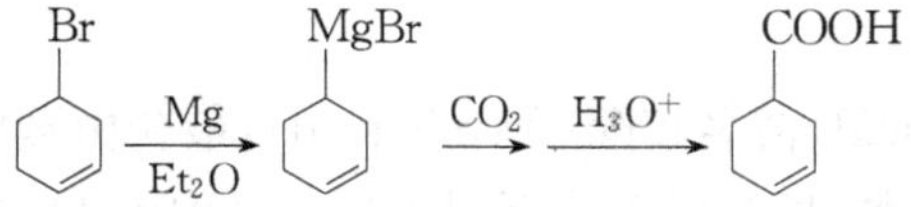

4. 丙二酸酯法

丙二酸酯法常用于制备结构比较复杂的羧酸。(详细内容参见 10.2.4)

5. 通过羰基化合物的缩合反应制备羧酸

(1) 柏琴(Perkin)反应。芳香醛和酸酐在相应羧酸的碱金属盐存在下进行缩合反应,生成β-芳基-α,β-不饱和羧酸,该反应称为柏琴反应。

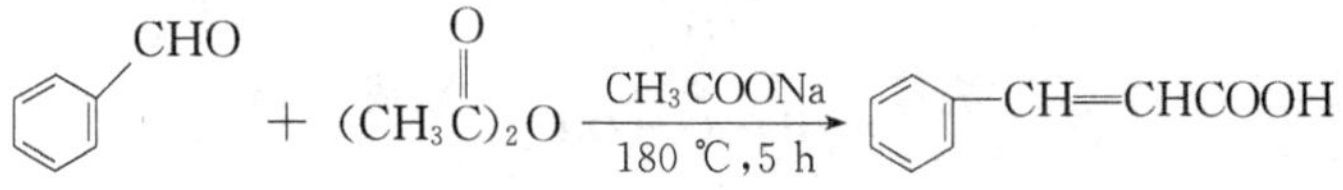

55%

取代芳醛中芳环上取代基的性质对反应的难易有一定影响。若芳环上有吸电子基,有利于缩合反应的进行;反之则反应不易发生。例如,对硝基苯甲醛与乙酐缩合制备对硝基肉桂酸,产率可达 82%,而对二甲氨基苯甲醛则不发生柏琴反应。

柏琴反应温度较高,反应时间长,有时产率不高,但由于原料便宜,生产上常用来制备某些不饱和羧酸。例如:

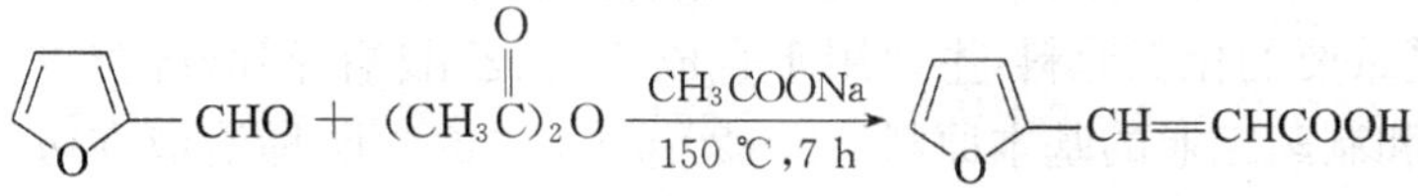

呋喃甲醛　　　　　　　　　　3-呋喃丙烯醛(74%)

(2) 脑文格(Knoevengel)反应。芳香醛在有机碱(如胺、吡啶等)催化下与具有活泼亚甲基的化合物(如丙二酸、丙二酸二乙酯等)发生缩合反应,此类反应称为脑文格反应。例如,在含少量哌啶的吡啶催化下,苯甲醛与丙二酸二乙酯反应生成α,β-不饱和二元酸酯,再经水解、脱羧得α,β-不饱和羧酸。

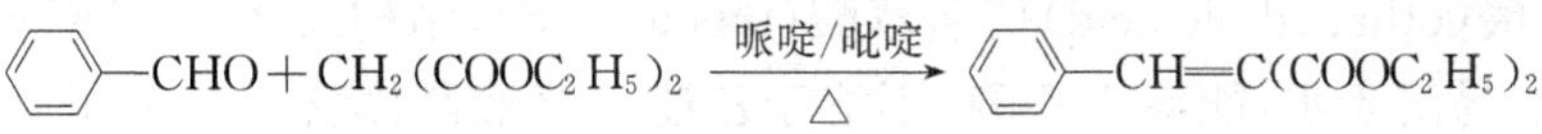

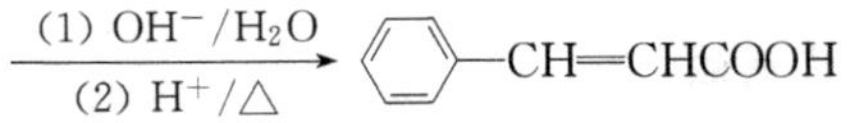

若醛与丙二酸反应可以直接缩合生成 α,β-不饱和羧酸。

$$CH_3(CH_2)_5CHO + CH_2(COOH)_2 \xrightarrow[\triangle]{\text{吡啶}} CH_3(CH_2)_5CH{=}CHCOOH$$

80%

10.1.4　重要的羧酸

1. 甲酸

甲酸(methanoic acid)俗名蚁酸(formic acid),最初由蒸馏蚂蚁得到,结构式为 H—COOH,存在于蜂类、某些蚁类及毛虫的分泌物中,也存在于某些植物(如荨麻、松针)中。甲酸为无色液体,沸点为 100.5 ℃,有强刺激性,能腐蚀皮肤,故蜂类、蚂蚁等或荨麻刺伤皮肤后会引起肿痛。12.5 g·L^{-1}的甲酸水溶液称为蚁精,可用于治疗风湿症。甲酸可作消毒剂或防腐剂。

甲酸结构特殊,分子中既具有羧基结构又具有醛基结构。因此,甲酸既具有羧酸的性质,又具有醛的某些性质,可被土伦试剂、本尼迪特试剂及其他氧化剂氧化,生成二氧化碳和水。

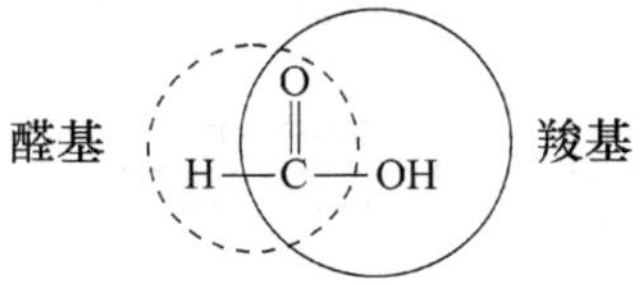

2. 乙酸

乙酸(ethanoic acid)俗名醋酸(acetic acid),结构式为 CH_3COOH,是食醋的主要成分,食醋中乙酸的质量浓度为 60～80 g·L^{-1}。纯净乙酸为无色液体,具有刺激气味,沸点为 118 ℃,低于 16.6 ℃时为冰状固体,故无水乙酸又称为冰醋酸(glacial acetic acid)。乙酸可与水互溶,也能溶于其他有机溶剂。

乙酸是重要的化工原料,主要用于合成乙酐、乙酸酯、醋酸纤维等,也是香料、染料、塑料和制药工业的基本原料。5～20 g·L^{-1}的乙酸稀溶液在医药上用作消毒防腐剂。在硫酸催化下,乙酸与过氧化氢反应可制得过氧乙酸。过氧乙酸是一种广谱杀菌剂,对皮肤具有强烈腐蚀作用,2～5 g·L^{-1}的稀溶液可杀灭各种细菌、病毒和芽胞等。

3. 乙二酸和丁二酸

乙二酸(ethanedioic acid)俗名草酸(oxalic acid),结构式为 HOOC—COOH。草酸有毒,易溶于水,能溶于乙醇,不溶于乙醚。草酸晶体含有 2 分子结晶水,无色。许多植物的细胞壁中存在草酸盐的簇状晶体。

草酸具有还原性，可被高锰酸钾氧化为二氧化碳和水，该反应可定量进行，故在分析化学上常用于标定高锰酸钾溶液的浓度。草酸能把高价的铁盐还原成易溶于水的低价铁盐，所以可用来洗除铁锈或蓝墨水沾染的污迹。草酸与钙离子反应生成难溶的草酸钙，因此也可用于钙离子的定性和定量测定。

丁二酸（butanedioic acid）俗名琥珀酸（succinic acid），结构式为 $HOOCCH_2CH_2COOH$，为无色晶体，熔点为 185 ℃。丁二酸存在于许多植物体内，在动物的脑、肌肉和尿液中也存在，是人体糖代谢的中间产物，具有抗痉挛、祛痰和利尿作用。

4. 苯甲酸和邻苯二甲酸

苯甲酸（benzene carboxylic acid）俗名安息香酸（benzoic acid），结构式为 C_6H_5COOH，为无味白色结晶，熔点为 121.7 ℃，难溶于冷水，易溶于热水，能溶于乙醇、氯仿、乙醚、挥发油和脂肪中。苯甲酸受热易升华，能随水蒸气挥发，可用于苯甲酸的精制。苯甲酸可用于制药、染料和香料等工业。苯甲酸及其钠盐有抑菌和防腐作用。医药上，苯甲酸常用于治疗真菌感染（如头皮癣及脚癣等）。苯甲酸的水溶性钠盐常用作食品、饮料和药物的防腐剂，一般用量为 0.1%。

邻苯二甲酸（*o*-phthalic acid）为白色晶体，不溶于冷水，可溶于热水，加热至 200～230 ℃时熔化并失水生成邻苯二甲酸酐。邻苯二甲酸是制造染料、树脂、药物和增塑剂的原料，如邻苯二甲酸的二甲酯和二丁酯可用作驱蚊药物，其二丁酯和二辛酯常用作塑料制品的增塑剂。

5. 高级脂肪酸

软脂酸、硬脂酸、油酸、亚油酸、亚麻酸和花生四烯酸均为高级脂肪酸，是组成动植物油脂的重要成分。

软脂酸化学名称是十六酸，结构简式为 $CH_3(CH_2)_{14}COOH$。硬脂酸化学名称是十八酸，结构简式为 $CH_3(CH_2)_{16}COOH$。两者都是饱和高级脂肪酸，为无臭、无味的白色固体，熔点分别为 64 ℃和 69 ℃，不溶于水，易溶于有机溶剂，医药上用作乳膏、搽剂、栓剂等的基质。

油酸的化学名称是 9-十八碳烯酸，是含有一个碳碳双键的不饱和高级脂肪酸，结构简式为 $CH_3(CH_2)_7CH=CH(CH_2)_7COOH$。油酸常温下为油状液体。橄榄油、菜籽油、棉籽油及牛脂、豚脂等都含有油酸的甘油酯。在人体中，组成脂肪的脂肪酸主要是软脂酸和油酸。

亚油酸的化学名称是 9,12-十八碳二烯酸，也属于不饱和高级脂肪酸，结构简式为 $CH_3(CH_2)_4CH=CHCH_2CH=CH(CH_2)_7COOH$。亚油酸为无色至淡黄色液体，接触空气可变色。大豆、核桃、棉籽、葵花籽等制成的植物油中都含有亚油酸的甘油酯。亚油酸能降低血液胆固醇，有预防动脉粥样硬化的作用。

亚麻酸的化学名称是 9,12,15-十八碳三烯酸，为不饱和高级脂肪酸，结构简式为 $CH_3CH_2CH{=}CHCH_2CH{=}CHCH_2CH{=}CH(CH_2)_7COOH$。双键全部为顺式结构的亚麻酸（α-亚麻酸）是构成细胞膜和生物酶的基础物质，对人类的健康有极其重要的作用。α-亚麻酸也具有降血脂作用，可预防心脑血管疾病。普通食物中 α-亚麻酸的含量极少，只有亚麻籽、紫苏籽、火麻仁、核桃、蚕蛹、深海鱼等极少数的食物中含有丰富的 α-亚麻酸及其衍生物。

花生四烯酸的化学名称是 5,8,11,14-二十碳四烯酸，为不饱和高级脂肪酸，结构简式为 $CH_3(CH_2)_4CH{=}CHCH_2CH{=}CHCH_2CH{=}CHCH_2CH{=}CH(CH_2)_3COOH$。花生四烯酸是细胞膜的组成成分，是人体大脑和视神经发育的重要物质，对预防心血管疾病、糖尿病和肿瘤等具有重要功效。花生四烯酸在人体内能转化为前列腺素（一般认为花生四烯酸经环化和氧化形成前列腺素），是生物合成前列腺素的前体。花生四烯酸存在于苔藓、海藻和其他植物中，牛、猪的肾上腺体和肝脏中也均有存在。

多数高级脂肪酸在人体内都能合成，只有亚油酸、亚麻酸和花生四烯酸等含多双键的不饱和脂肪酸在人体内不能合成，或是合成的量远不能满足需要，必须从食物中摄取，因此被称为营养必需脂肪酸。

10.2　羧酸衍生物

羧酸分子中羧基上的羟基被其他原子或原子团取代所生成的化合物称为羧酸衍生物。许多药物分子中都含有羧酸衍生物的结构。羧酸衍生物的反应活性较强，可转变成多种化合物，这些性质在药物的合成中广泛应用。

10.2.1　羧酸衍生物的结构、分类与命名

1. 羧酸衍生物的结构

羧酸衍生物分子中都含有酰基(acyl)，其结构可用通式表示如下：

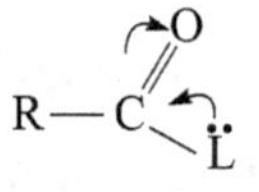

$L{=}X,\ O\overset{\overset{O}{\|}}{C}R',\ OR',\ NH_2(R')$

酰基中羰基碳原子为 sp^2 杂化，分别与其他三个原子形成三个共平面的 σ 键，羰基碳未参加杂化的 p 轨道与氧原子的 p 轨道重叠形成 π 键，与羰基相连的原子（X、O、N）上的未共用电子对与羰基的 π 键形成 p-π 共轭。

2. 羧酸衍生物的分类与命名

根据取代羧酸中羧羟基的原子或原子团的种类不同，羧酸衍生物主要分为

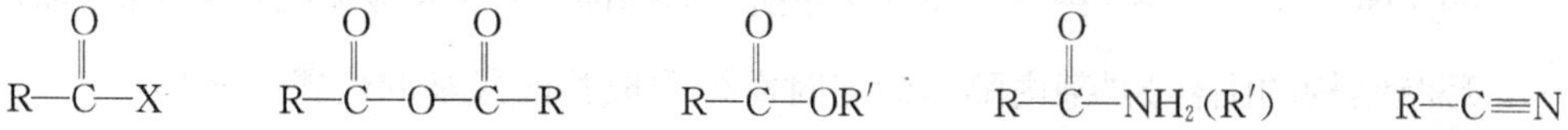

酰卤　　酸酐　　酯　　酰胺　　腈

腈(nitrile)并不是由羧羟基被取代得到的有机物，但它的水解产物是羧酸，故通常也包括在羧酸衍生物中。酰胺将在第 12 章含氮有机化合物中作详细介绍。

羧酸衍生物因结构中都含有酰基，又称为酰基化合物(acyl compound)。酰基可看成羧酸分子去掉羧基中的羟基后剩余的部分，根据相应的羧酸命名为“某酰基”。例如：

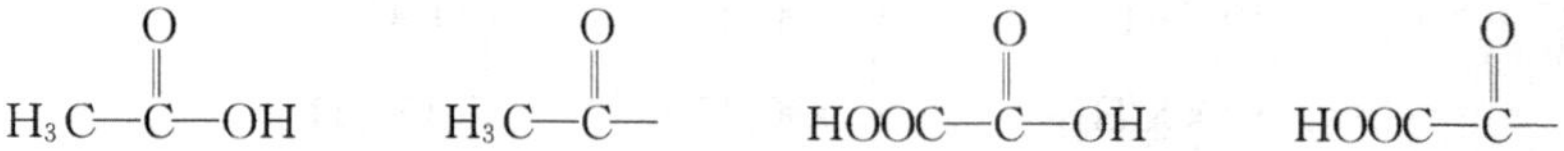

乙酸　　乙酰基　　草酸　　草酰基

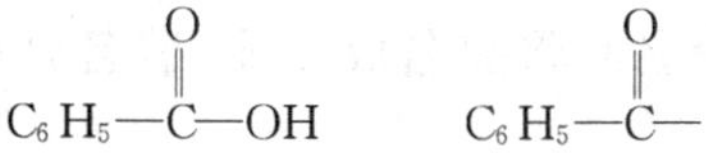

苯甲酸　　苯甲酰基

酰卤的命名，可根据相应酰基及卤素的名称称“某酰卤”。例如：

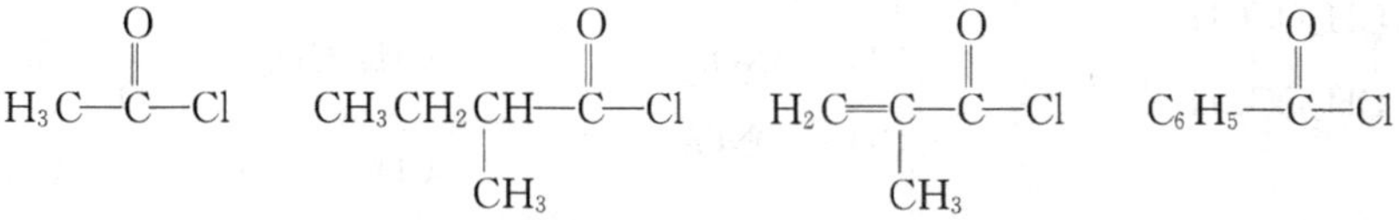

乙酰氯　　2-甲基丁酰氯　　2-甲基丙烯酰氯　　苯甲酰氯

酸酐的命名，根据生成酸酐的羧酸名称确定。两种相同羧酸形成的酸酐属于简单酸酐，称“某(酸)酐”；两种不同羧酸形成的酸酐属于混合酸酐，称“某(酸)某(酸)酐”，简单的放在前，复杂的放在后。例如：

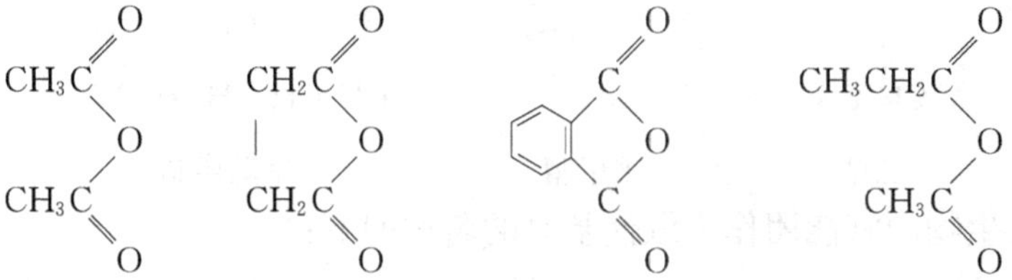

乙(酸)酐　　丁二(酸)酐　　邻苯二甲(酸)酐　　乙丙(酸)酐

酯的命名，根据生成它的羧酸和醇的名称称“某酸某酯”，酸名在前、醇名在后，并将“醇”字改为“酯”字。例如：

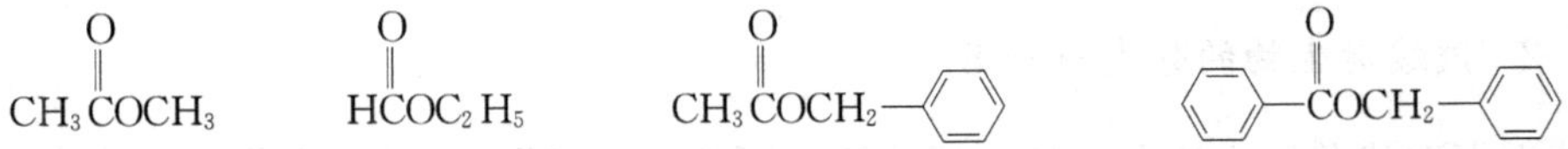

乙酸甲酯　　甲酸乙酯　　乙酸苯甲酯(乙酸苄酯)　　苯甲酸苯甲酯(苯甲酸苄酯)

环状结构的酯称为“某内酯”，命名时需标明成酯前羟基的位置。例如：

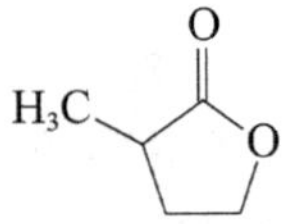

α-甲基-γ-丁内酯

二元羧酸与醇生成的酯有两种，只有一个羧基被酯化的称酸性酯；两个羧基都被酯化的称中性酯，醇可以相同也可以不相同。例如：

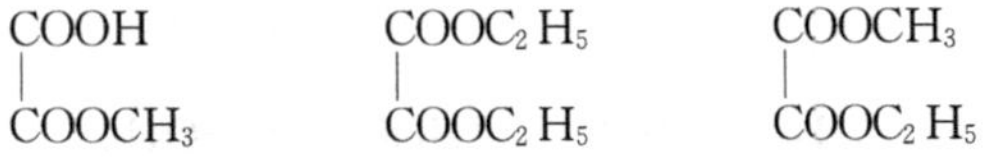

乙二酸氢甲酯　　乙二酸二乙酯　　乙二酸甲乙酯

由多元醇形成的酯，命名时将醇名放在前、酸名放在后，称为“某醇某酸酯”。例如：

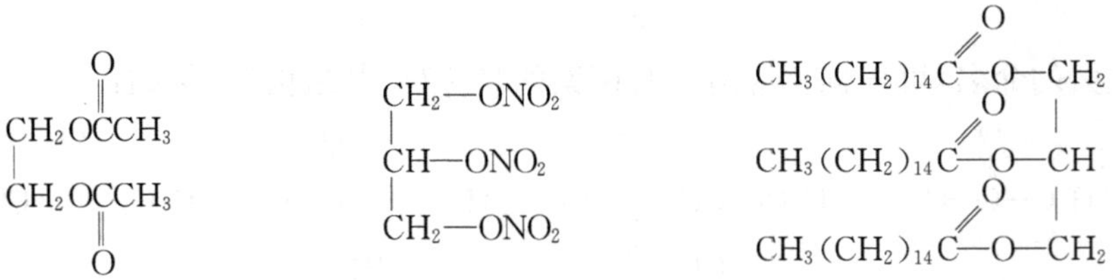

乙二醇二乙酸酯　　丙三醇三硝酸酯(甘油三硝酸酯或硝酸甘油)　　甘油三软脂酸酯(三软脂酸甘油酯)

腈的命名，根据主链碳原子数(包括氰基碳)称为“某腈”，并从氰基一端开始编号。例如：

乙腈　　苯甲腈　　3-甲基戊腈

羧酸衍生物的官能团作为取代基时的名称如下：

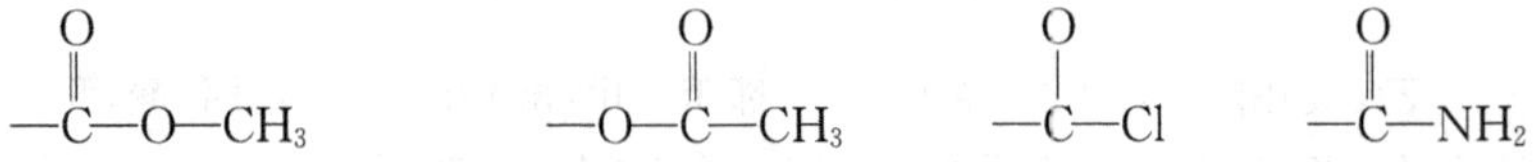

甲氧甲酰基(或甲氧羰基)　　乙酰氧基　　氯甲酰基　　氨甲酰基

10.2.2　羧酸衍生物的物理性质

低级的酰卤和酸酐都是无色液体，有刺激性气味；高级酰卤和酸酐为固体。低级酯为无色液体，易挥发，有芳香气味，不少酯有花和水果的香味。例如，乙酸戊酯具有梨的香味，乙酸异戊酯具有香蕉味，正戊酸异戊酯具有苹果味，丁酸甲酯具有菠萝味，因此许多酯可以作为食品或化妆品中的香料。相对分子质量较大的酯是固体。

酰卤、酸酐和酯的沸点比相对分子质量相近的羧酸的沸点要低得多，因它们分子中没有羟基，分子间不存在氢键。

酰卤和酸酐不溶于水，低级的酰氯和酸酐极易水解。酯在水中溶解度很小，但能溶于有机溶剂。低级的酯能溶解许多有机化合物，如乙酸乙酯常用作从水溶液中提取有机物的溶剂。

红外光谱：在羧酸衍生物（腈除外）的红外光谱中，在 1850～1630 cm^{-1} 有羰基伸缩振动的强吸收峰（表 10.2）。各类衍生物的结构不尽相同，其吸收频率也有微小的差异。图 10.6 为乙酸乙酯的红外吸收光谱。

表 10.2　羧酸衍生物中羰基伸缩振动红外光谱

化合物	羰基的伸缩振动/cm^{-1}
RCOCl	1820～1795
ArCOCl	1770～1740（液或固）
$(RCO)_2O$	1885～1725（裂分为双峰）
RCOOR′	1750～1735
ArCOOR	1740～1715

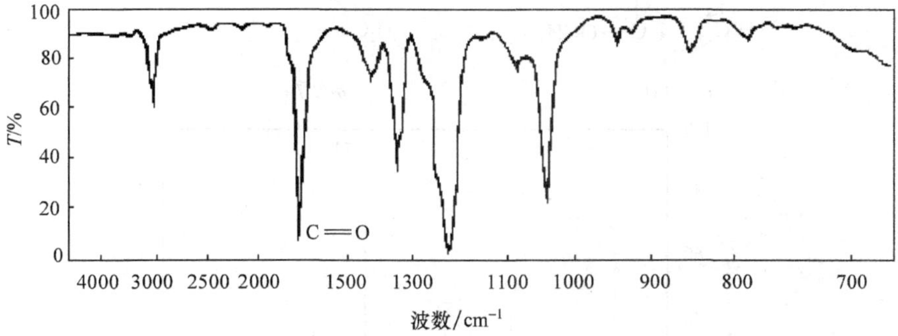

图 10.6　乙酸乙酯的红外吸收光谱

核磁共振氢谱：羧酸衍生物中 α-碳上氢质子受羰基或氰基影响，化学位移移向低场，δ 值一般为 2～3 ppm。酯分子中烷氧基 α-碳上氢质子的 δ 值在 3.7～4 ppm。图 10.7 为乙酸乙酯的 ^{1}H NMR 谱。

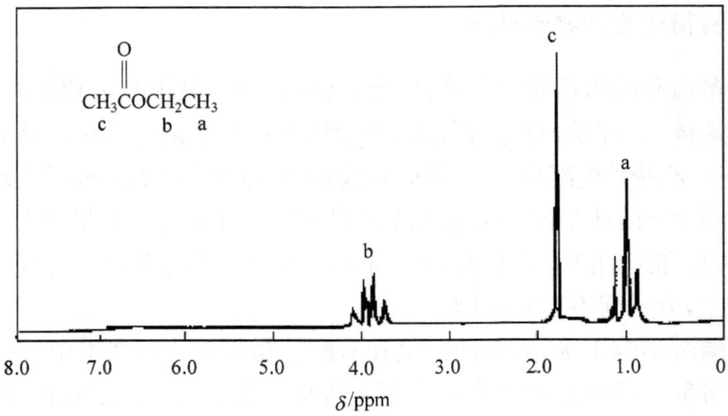

图 10.7 乙酸乙酯的 ^{1}H NMR 谱

质谱:酯比羧酸更容易发生 α-裂解。γ-H 存在时,发生麦氏重排。图 10.8 为戊酸甲酯的质谱图。

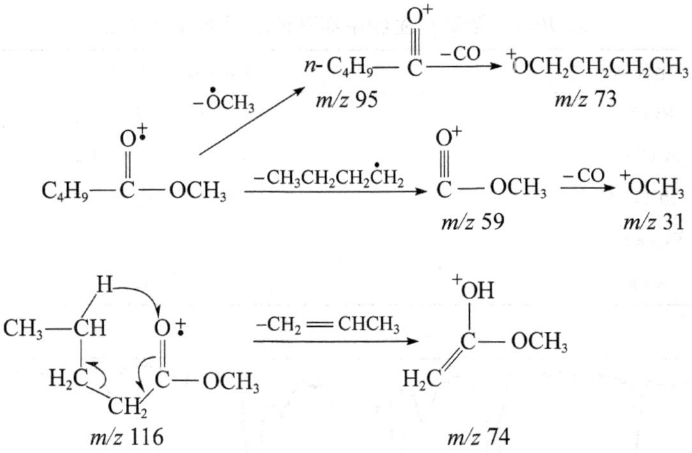

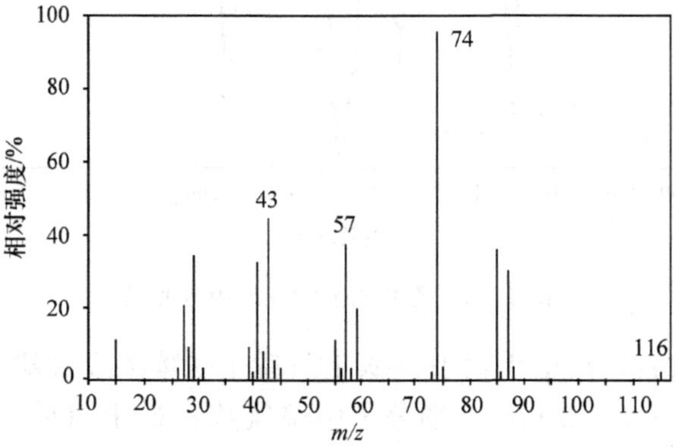

图 10.8 戊酸甲酯的质谱图

10.2.3　羧酸衍生物的化学性质

羧酸衍生物的结构中都含有酰基，具有相似的化学性质，典型的反应是酰基中的羰基碳原子上发生亲核取代反应，如与水、醇、氨(胺)等发生水解、醇解、氨解反应。羧酸衍生物中的羰基还能发生还原反应，与有机金属化合物的加成等反应。有的衍生物还有特殊性质。

1. 亲核取代反应

羧酸衍生物中带部分正电荷的羰基碳易受亲核试剂的进攻，发生亲核加成-消除反应。反应机理如下：

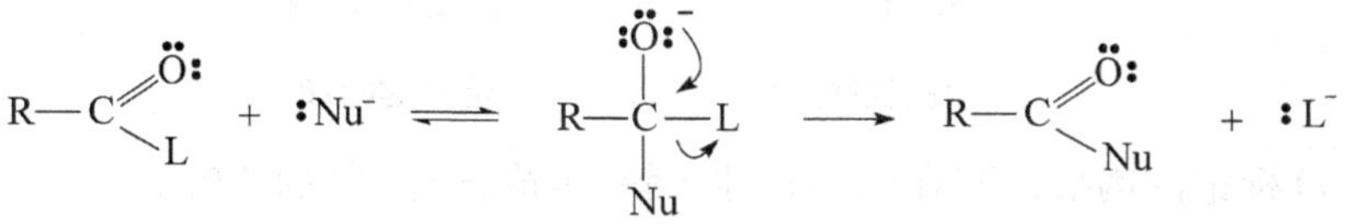

三角形结构　　　　　　四面体结构　　　　　　三角形结构

反应分两步进行。第一步羰基碳上发生亲核加成，形成一个四面体的氧负离子中间体。第二步中间体消除一个离去基团，形成另一种羧酸衍生物或羧酸。因此羧酸衍生物的亲核取代反应也称酰基的亲核加成-消除反应。

总的反应速率与两步反应都有关。第一步亲核加成的速率受羧酸衍生物结构中的电子效应和空间效应的影响。如果羰基碳上所连的烃基或—L 基团吸电子效应强，且体积较小，则可使中间体稳定，有利于亲核加成，反应速率就快；反之则不利于亲核加成，反应速率就慢。—L 基团吸电子效应强弱顺序为—X＞—OCOR′＞—OR′＞—NH_2。第二步消除反应的速率与离去基团 L^- 的碱性强弱有关，碱性越弱，离去倾向越大，反应速率越快。L^- 的碱性强弱顺序为 NH_2^-＞RO^-＞$RCOO^-$＞X^-，羧酸衍生物中各离去基团的离去能力为 X^-＞$RCOO^-$＞RO^-＞NH_2^-。因此，羧酸衍生物亲核取代反应的活性顺序为

$$R-\overset{\overset{O}{\|}}{C}-X > R-\overset{\overset{O}{\|}}{C}-O-\overset{\overset{O}{\|}}{C}-R' > R-\overset{\overset{O}{\|}}{C}-OR' > R-\overset{\overset{O}{\|}}{C}-NH_2 \approx RCN$$

1）水解反应

羧酸衍生物均可与水作用，发生水解反应，生成相应的羧酸。

$$R-\overset{\overset{O}{\|}}{C}-L + H_2O \longrightarrow R-\overset{\overset{O}{\|}}{C}-OH + HL$$

反应难易次序为酰卤＞酸酐＞酯＞酰胺。例如，乙酰氯遇水发生剧烈的放热反应，水解产生的氯化氢遇潮湿的空气呈白雾。乙酐遇水加热时才迅速反应，乙酸乙酯的水解更困难，需要酸或碱催化并加热回流。

酯在酸性条件下水解，是酯化反应的逆反应，水解不能进行完全。

$$R-\overset{O}{\overset{\|}{C}}-OR' + HOH \xrightleftharpoons{H^+} R-\overset{O}{\overset{\|}{C}}-OH + R'OH$$

酯在碱性条件下水解生成的羧酸与碱反应生成盐，反应不可逆，在足量碱的存在下，水解可进行到底。

$$R-\overset{O}{\overset{\|}{C}}-OR' + NaOH \longrightarrow R-\overset{O}{\overset{\|}{C}}-ONa + R'OH$$

水解时，酯分子中碳氧键的断裂有两种可能：一是酰氧键断裂，二是烷氧键断裂。

酰氧键断裂　　　　烷氧键断裂

将^{18}O标记的丙酸乙酯在水中碱性水解，生成含有^{18}O的乙醇。

$$CH_3CH_2-\overset{O}{\overset{\|}{C}}-{}^{18}OC_2H_5 + NaOH \longrightarrow CH_3CH_2-\overset{O}{\overset{\|}{C}}-ONa + C_2H_5{}^{18}OH$$

这个实验事实表明：在碱催化下，酯的水解是以酰氧键断裂方式进行的。反应历程如下：

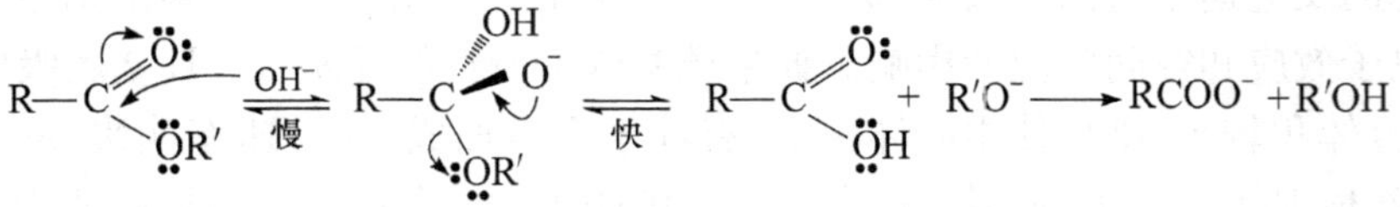

HO^-首先进攻酯分子中的羰基碳原子，发生亲核加成反应，生成四面体中间体，再脱去烷氧负离子形成羧酸。

羧酸的伯、仲醇酯在酸催化下水解时，也是以酰氧键断裂方式进行。反应历程如下：

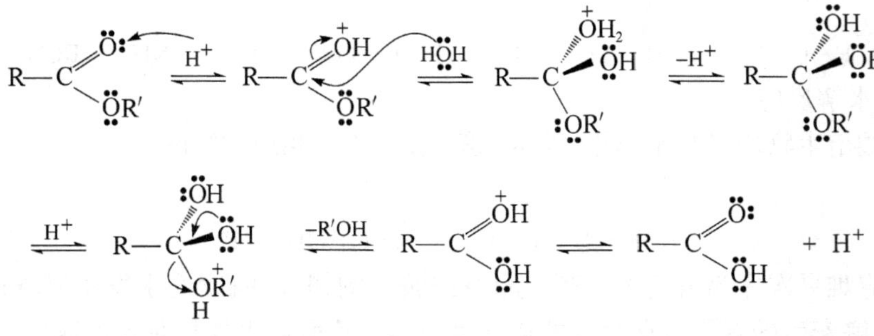

首先，羧酸分子中羰基氧原子在酸性条件下质子化，有利于亲核试剂水对羰基碳原子的进攻，发生亲核加成反应，生成活性四面体中间体，然后质子转移到烷氧

基氧上，最后消除弱碱性的醇分子形成羧酸。

叔醇酯在酸催化下水解时，由于空间位阻较大，反应以烷氧键断裂方式进行。

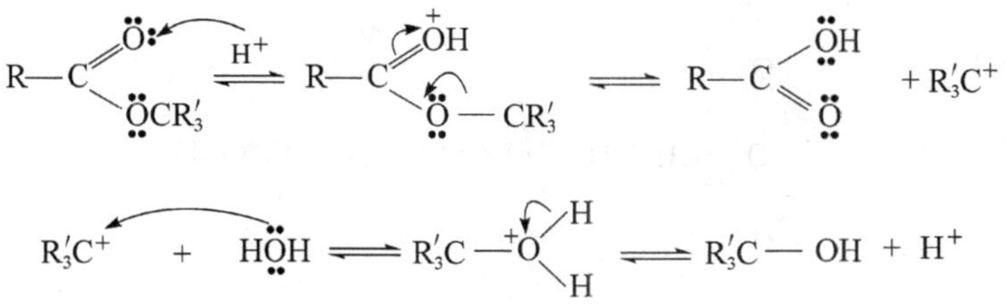

腈在酸或碱催化下首先水解生成酰胺，再继续水解生成羧酸。

$$RCN \xrightarrow{H^+ 或 OH^-} R-\overset{\overset{O}{\|}}{C}-NH_2 \xrightarrow{H^+ 或 OH^-} RCOOH$$

羧酸衍生物易水解，所以对含有此类结构的前体药物要注意正确使用和保存。例如，某些易水解的药物通常制成含水量控制在一定范围内的注射用制剂，临用时再加水配成注射液；酯类和酰胺类药物在一定 pH 范围内较稳定，配成水溶液时，必须控制溶液的 pH；羧酸衍生物类药物的注射用制剂在消毒灭菌时，应注意控制温度和时间等。

2）醇解反应

羧酸衍生物均可与醇作用，醇解生成相应的酯。

$$R-\overset{\overset{O}{\|}}{C}-L + HOR' \longrightarrow R-\overset{\overset{O}{\|}}{C}-OR' + HL$$

醇解难易次序为

酰卤＞酸酐＞酯＞酰胺

酰卤与醇反应可很快生成酯，难以直接从羧酸与醇反应得到的酯常用此法制备。例如：

$$CH_3\overset{\overset{O}{\|}}{C}-Cl + (CH_3)_3COH \xrightarrow[Et_2O]{C_6H_5N(CH_3)_2} CH_3\overset{\overset{O}{\|}}{C}-OC(CH_3)_3 + C_6H_5N(CH_3)_2 \cdot HCl$$

68%

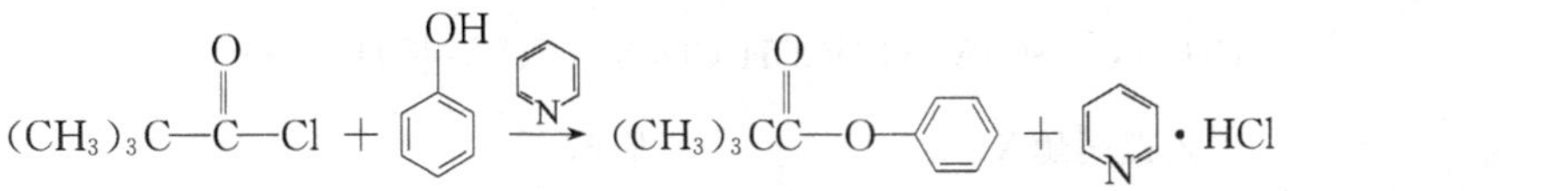

80%

反应中的碱一方面可中和反应中产生的酸，另一方面起催化作用。

酸酐与醇反应生成酯，反应较温和，需少量酸或碱催化，也是制备酯的常用方法。例如：

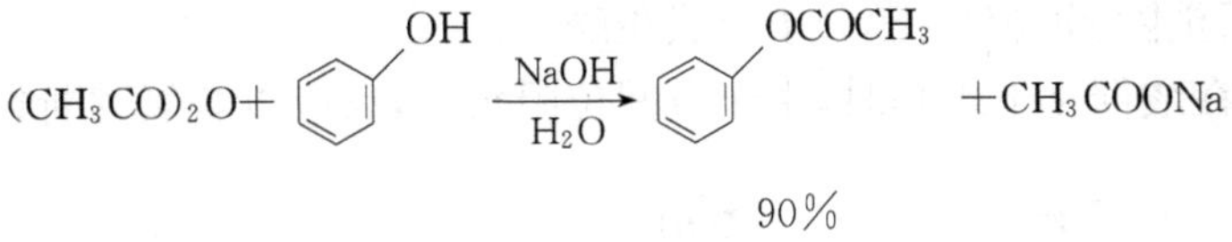

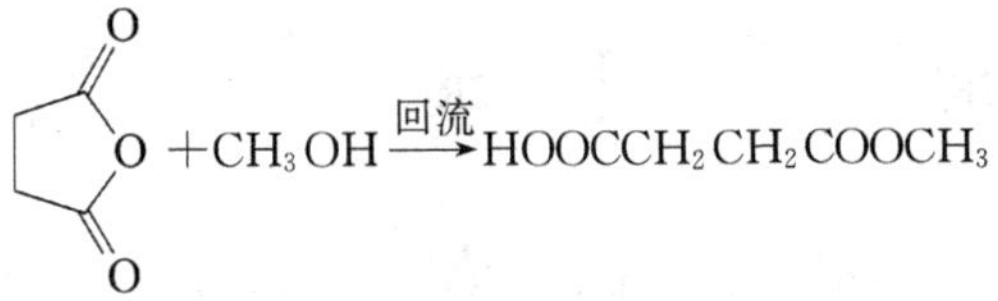

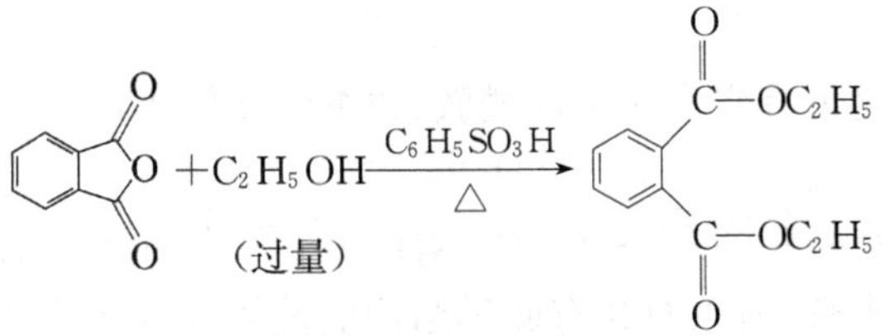

酯在酸或碱存在下与醇反应，酯中的烷氧基与醇中的烷氧基交换生成另一种酯和另一种醇，所以酯的醇解又称为酯交换(ester exchange)反应。酯交换也是可逆反应，反应过程中不断除去生成的醇可促使反应向生成新酯的方向进行。

$$CH_2{=}CHCOOCH_3 + n\text{-}C_4H_9OH \xrightleftharpoons{p\text{-}CH_3C_6H_4SO_3H} n\text{-}C_4HgOOCCH{=}CH_2 + CH_3OH$$

酯交换反应常用来制备难以合成的酯，在医药上常用此反应将药用价值较小的酯转变成药用价值较大的酯。例如：

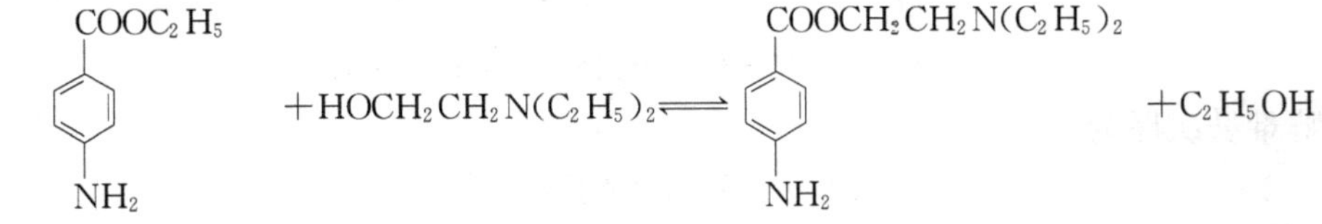

对氨基苯甲酸乙酯　　二乙胺基乙醇　　普鲁卡因(局部麻醉剂)

生物体内也有类似的酯交换反应。例如，在神经细胞中，胆碱和乙酰辅酶 A 在胆碱乙酰移位酶(胆碱乙酰化酶)的催化作用下可合成乙酰胆碱。乙酰胆碱是一种神经递质，具有重要的生理功能。

$$CH_3{-}\overset{\overset{\displaystyle O}{\|}}{C}{-}SCoA + [HOCH_2CH_2N^+(CH_3)_3]OH^- \longrightarrow$$

乙酰辅酶A　　胆碱

$$CH_3{-}\overset{\overset{\displaystyle O}{\|}}{C}{-}OCH_2CH_2N^+(CH_3)_3OH^- + HSCoA$$

乙酰胆碱　　辅酶A

3) 氨解反应

羧酸衍生物均可与氨(或胺)作用，氨解生成相应的酰胺。由于氨(或胺)本身就是碱，其亲核性比水、醇强，因此羧酸衍生物的氨解反应比水解、醇解更容易进行。

$$R-\overset{\displaystyle O}{\overset{\|}{C}}-L+H-NH_2(H-NHR',H-NR'_2)\longrightarrow R-\overset{\displaystyle O}{\overset{\|}{C}}-NH_2(NHR',NR'_2)+HL$$

酰卤的氨解反应剧烈，需在冷却或稀释条件下将反应物缓慢混合。例如：

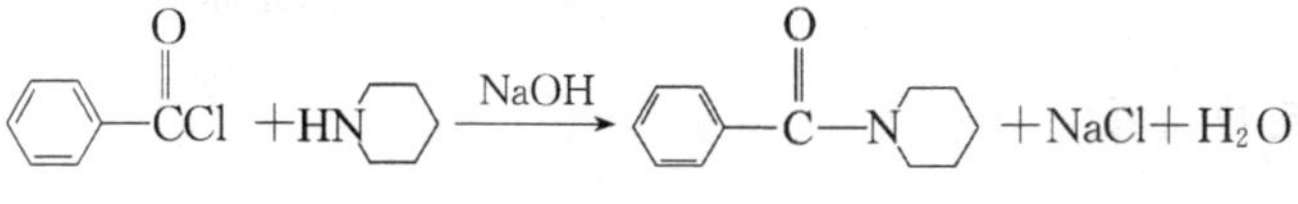

81%

酸酐的氨解反应迅速，但比酰卤缓和。例如：

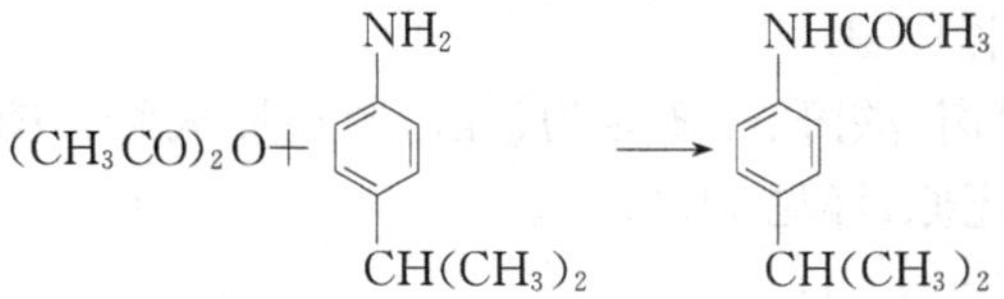

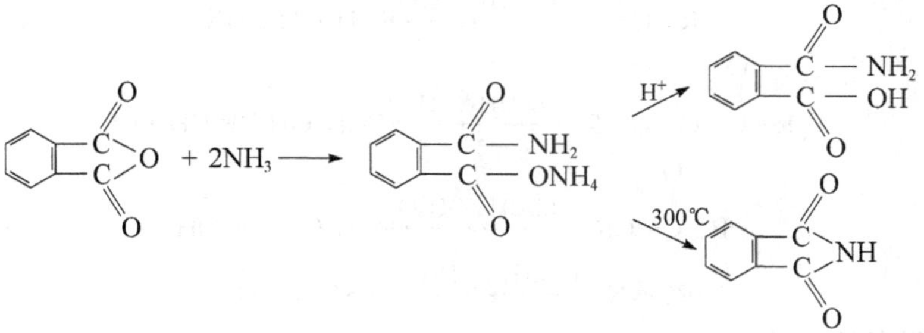

酯的氨解在室温下可进行，不需要加催化剂。例如：

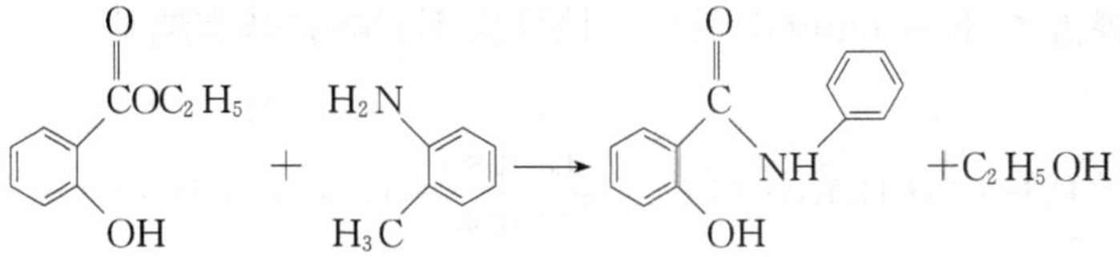

羧酸衍生物的醇解和氨解也可以看作醇、氨（胺）分子中的一个氢原子被酰基取代，即在醇和氨（或胺）分子中引入酰基，因此这些反应也称醇、氨（胺）的酰基化(acylation)反应。酰卤、酸酐和酯在酰化反应中提供酰基，称为酰化剂(acylating agent)。酰氯和酸酐反应活性较大，是有机合成中常用的酰化剂。醇和胺的酰化反应在有机和药物合成中有重要意义。例如，酰化反应在有机合成中常用于保护羟基或氨基，反应结束后再水解恢复为原来的羟基或氨基。通过酰化反应将酰基引入药物分子，能增加药物的脂溶性，提高稳定性，改善体内吸收，提高疗效，降低毒性，消除苦味。例如，氯霉素具有强烈的苦味，但酰化后得到的氯霉素棕榈酸酯（无味氯霉素）则没有苦味。又如，有退热镇痛作用的对羟基苯胺由于毒性较大，临

床应用受到限制，而用乙酐酰化得到的对羟基乙酰苯胺(扑热息痛)毒性降低，是临床上常用的一种解热镇痛药。

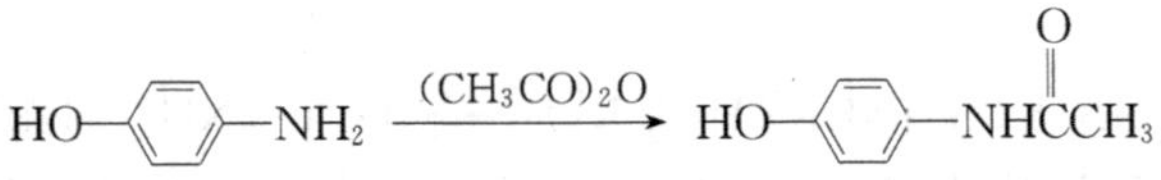

扑热息痛

2. 还原反应

羧酸衍生物的还原反应比羧酸容易得多，但由于与羰基相连的基团不同，发生还原反应的难易程度也不一样，由易到难的顺序为酰氯＞酸酐＞酯＞酰胺。

1) 氢化锂铝还原

氢化锂铝可将酰卤、酸酐、酯还原为伯醇，腈还原成胺。酯的还原常用此法进行，酰胺也常用此法还原(详见 11.2.3)。

$$R-\overset{O}{\overset{\|}{C}}-X \xrightarrow{LiAlH_4} \xrightarrow{H_2O} RCH_2OH + HX$$

$$R-\overset{O}{\overset{\|}{C}}-O-\overset{O}{\overset{\|}{C}}-R' \xrightarrow{LiAlH_4} \xrightarrow{H_2O} RCH_2OH + R'CH_2OH$$

$$R-\overset{O}{\overset{\|}{C}}-OR' \xrightarrow{LiAlH_4} \xrightarrow{H_2O} RCH_2OH + R'OH$$

$$RC\equiv N \xrightarrow{LiAlH_4} \xrightarrow{H_2O/H^+} RCH_2NH_2$$

2) 罗森孟德反应

用降低了活性的钯催化剂($Pd/BaSO_4$)可将酰卤选择性地氢化还原成醛的反应，称为罗森孟德(Rosenmund)反应。该反应不影响硝基和酯基。

$$C_2H_5O\overset{O}{\overset{\|}{C}}(CH_2)_2\overset{O}{\overset{\|}{C}}-Cl + H_2 \xrightarrow[\text{二甲苯}]{Pd/BaSO_4} C_2H_5O\overset{O}{\overset{\|}{C}}(CH_2)_2\overset{O}{\overset{\|}{C}}-H$$

三叔丁氧基氢化锂铝也能选择性地将酰氯转化为醛。例如：

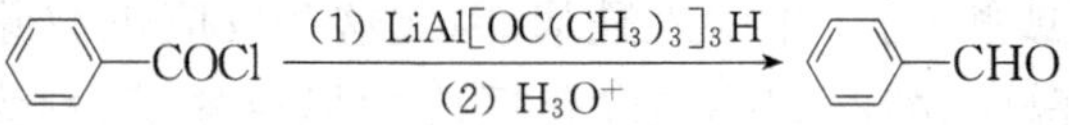

3) 鲍维特-勃朗克反应

实验室中常用金属钠-无水醇类(乙醇、丁醇等)作还原剂在低温条件下将酯还原成醇，该反应称为鲍维特-勃朗克(Bouveault-Blanc)反应，反应不影响分子中的不饱和键。本法在氢化锂铝还原酯的方法发现以前曾广泛使用。例如：

$$CH_3CH{=}CHCH_2\overset{O}{\overset{\|}{C}}OC_2H_5 \xrightarrow{Na+EtOH} CH_3CH{=}CHCH_2CH_2OH$$

4）腈催化氢化

腈可催化氢化还原生成伯胺。

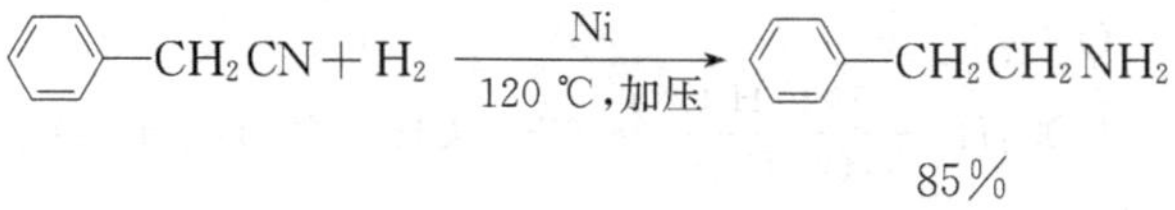

3. 与有机金属化合物反应

1）与格氏试剂反应

羧酸衍生物都能与格氏试剂作用生成叔醇。首先进行加成-消除反应生成酮，再进一步与格氏试剂反应得叔醇。

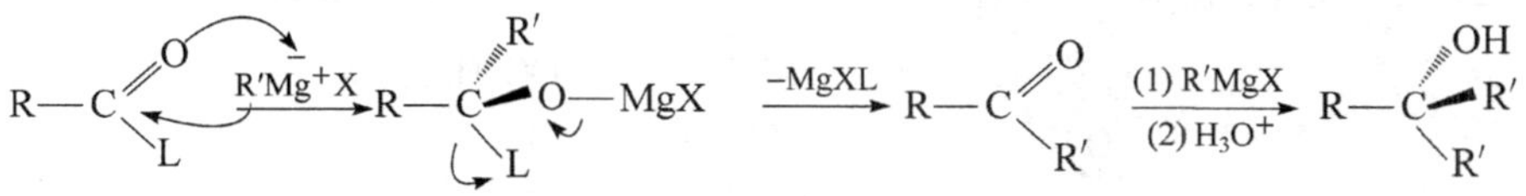

酯与格氏试剂的反应最为普遍，可制备羟基 α-碳原子上连有两个相同烷基的叔醇。

$$R{-}COOC_2H_5 \xrightarrow[(2)\ H_3O^+]{(1)\ 2CH_3MgI} R{-}\underset{\underset{CH_3}{|}}{\overset{\overset{OH}{|}}{C}}{-}CH_3$$

若是甲酸酯与格氏试剂反应，则生成对称的仲醇。例如：

$$H\overset{\overset{O}{\|}}{C}OC_2H_5 \xrightarrow[(2)\ H_3O^+]{(1)\ 2(CH_3)_2CHMgBr} (CH_3)_2CH{-}\overset{\overset{OH}{|}}{C}H{-}CH(CH_3)_2$$

若用内酯与格氏试剂反应，则生成二元醇。例如：

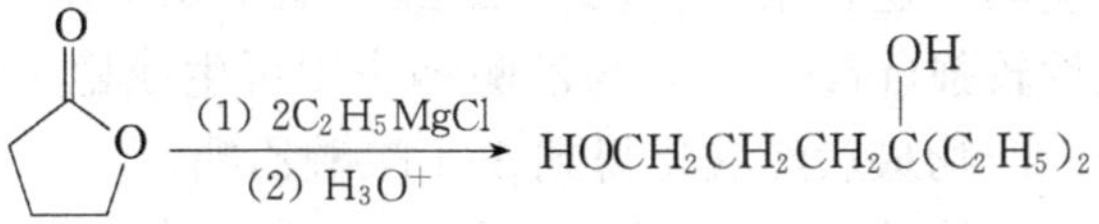

2）与二烃基铜锂反应

酰氯与二烃基铜锂可迅速反应生成酮，主要用于合成酮酸酯。酯、酰胺和腈与二烃基铜锂不起反应。例如：

$$n\text{-}C_4H_9O\overset{\overset{O}{\|}}{C}(CH_2)_4\overset{\overset{O}{\|}}{C}{-}Cl + (CH_3)_2CuLi \longrightarrow n\text{-}C_4H_9O\overset{\overset{O}{\|}}{C}(CH_2)_4\overset{\overset{O}{\|}}{C}{-}CH_3$$

4. 酯缩合反应

酯中的 α-氢显弱酸性，在醇钠作用下可与另一分子酯发生缩合反应，脱去一分子醇，生成 β-酮酸酯，称为克莱森缩合反应(Claisen condensation)，也称酯缩合反应。例如，两分子乙酸乙酯在乙醇钠作用下缩合脱去一分子乙醇，生成乙酰乙酸乙酯（又名 β-丁酮酸乙酯）。

$$2CH_3\overset{\overset{O}{\|}}{C}OC_2H_5 \xrightarrow[(2)\ H_3O^+]{(1)\ C_2H_5ONa} CH_3\overset{\overset{O}{\|}}{C}CH_2\overset{\overset{O}{\|}}{C}OC_2H_5 + C_2H_5OH$$

这是乙酸乙酯碳负离子对另一酯分子羰基的亲核加成-消除反应的结果。反应历程如下：

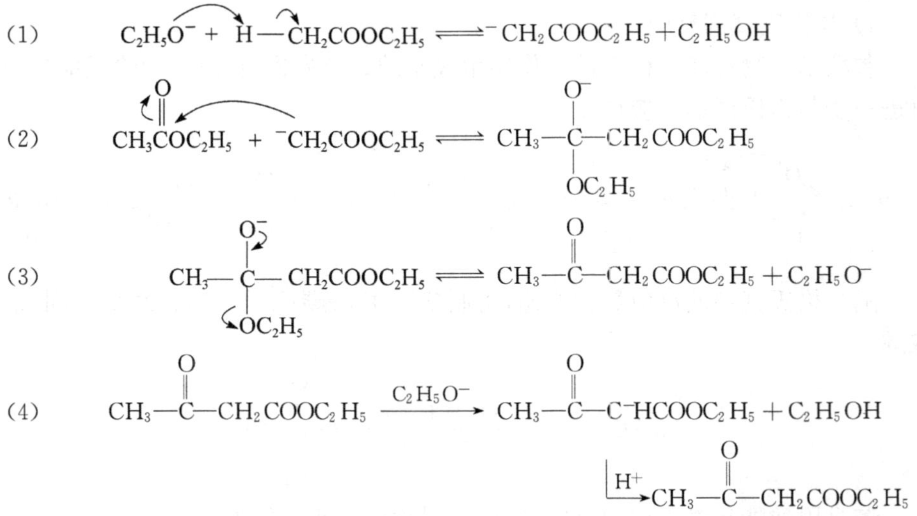

反应分四步进行。第一步，乙酸乙酯的一个 α-氢原子被乙醇钠的负离子夺取，生成碳负离子。第二步，生成的少量碳负离子与另一分子乙酸乙酯的羰基发生亲核加成。第三步，上步反应所形成的中间体消除一个乙氧基负离子而生成 β-丁酮酸乙酯。三步反应均可逆。第四步，β-丁酮酸乙酯中亚甲基上的氢原子在酮基和酯基的影响下酸性较强（$pK_a=11$），与乙醇钠作用可生成稳定的钠盐，从而使缩合反应进行至完全。产物最后经酸化得到 β-丁酮酸乙酯。

两种不同的酯进行酯缩合时，可能有四种产物，在合成上无实际意义。若两者之一为无 α-氢原子的酯（如苯甲酸酯、甲酸酯、草酸酯和碳酸酯等）时，酯缩合反应可得到较纯的产物，这种缩合反应称为交叉酯缩合（crossed ester condensation）。例如：

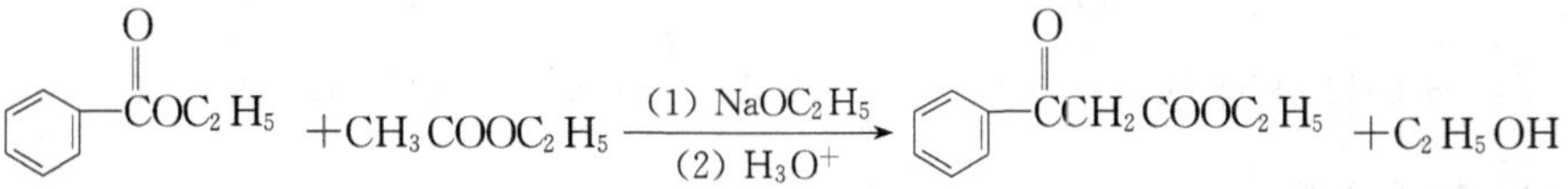

二元羧酸酯在醇钠作用下可发生分子内或分子间的酯缩合反应。己二酸酯和庚二酸酯都能发生分子内酯缩合反应，生成相应的五元或六元环的 β-酮酸酯。这种分子内的酯缩合反应称为狄克曼（Dieckmann）缩合。例如：

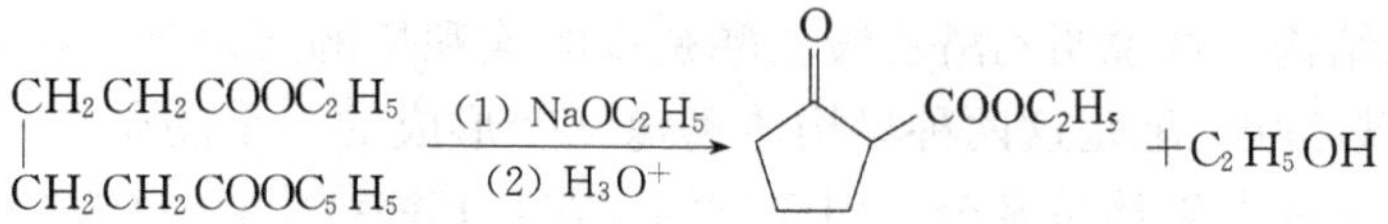

酮与酯之间也能进行类似于克莱森缩合的反应。由于酮的 α-氢酸性强于酯的 α-氢，所以在碱催化下，由酮提供 α-氢形成碳负离子，再与酯发生亲核加成-消除反应，主要产物是一个亚甲基同时连有两个羰基的 β-二酮。例如：

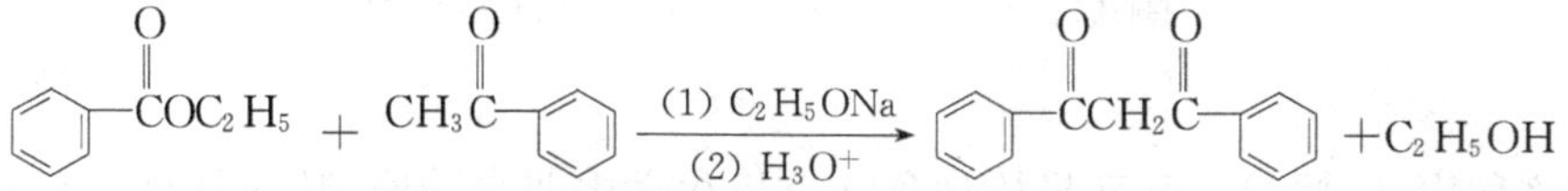

酮酸酯分子内也可能发生酯缩合反应。例如：

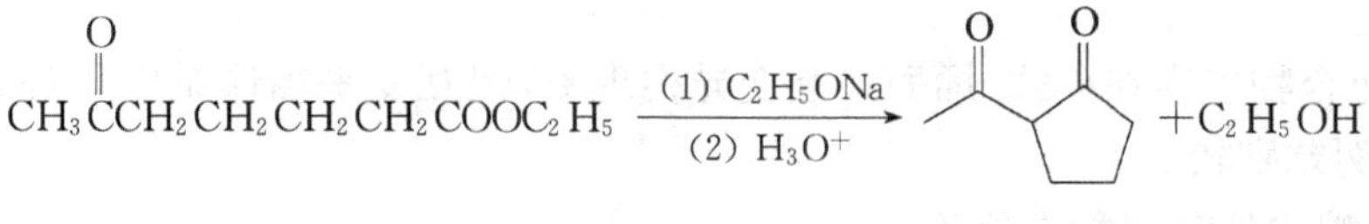

酯缩合反应在有机和药物合成方面具有很重要的价值，常利用丙酮或其他甲基酮和酯进行缩合来制备含 β-二酮结构的化合物。

10.2.4　乙酰乙酸乙酯和丙二酸二乙酯的合成应用

分子中含有两个羰基，且与同一个亚甲基相连的化合物称为 β-二羰基化合物。例如：

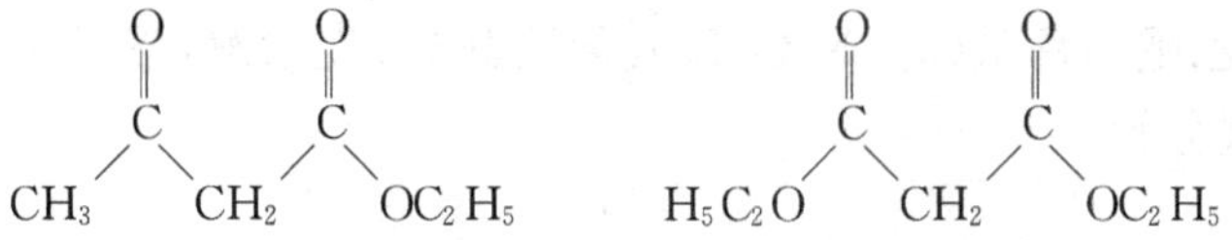

乙酰乙酸乙酯　　　　丙二酸二乙酯

在两个羰基的共同影响下，亚甲基上的 α-氢原子活性增强，所以 β-二羰基化合物的酸性比一般羰基化合物强得多。因此，β-二羰基化合物的亚甲基称为活泼亚甲基，含有类似结构的化合物称为活泼亚甲基化合物。β-二羰基化合物的独特结构在有机合成上有广泛的应用，乙酰乙酸乙酯和丙二酸二乙酯即是有机合成的重要中间体。

1. 乙酰乙酸乙酯

1）酮式-烯醇式互变异构

乙酰乙酸乙酯具有独特的化学性质。例如，乙酰乙酸乙酯一方面能使溴的四氯化碳溶液褪色，使三氯化铁显色，与金属钠反应放出氢气，显示其具有烯醇式结构；一方面又能与氢氰酸、亚硫酸氢钠加成，与羟胺、苯肼试剂分别生成肟、苯腙，显示具有酮式结构。这说明乙酰乙酸乙酯是以酮式和烯醇式两种结构形式存在的。室温下，乙酰乙酸乙酯是这两种异构体迅速互变形成的一个动态平衡体系。烯醇式异构体的 π-π 共轭体系及分子内氢键的存在是其能稳定存在的主要原因。

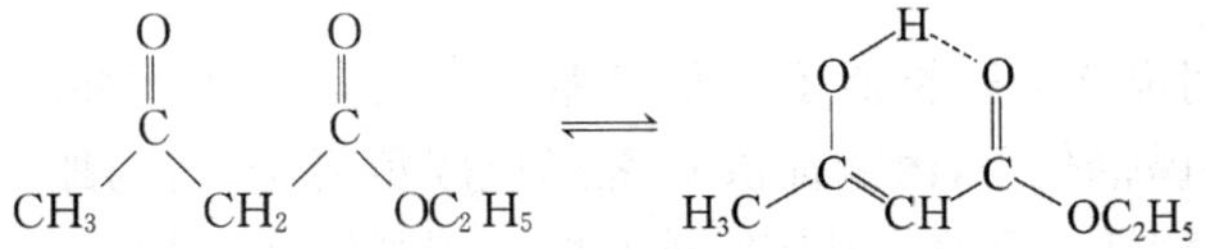

酮式92.5%　　　　烯醇式7.5%

这种酮式-烯醇式互变异构现象在有机化学中非常普遍，其他具有 $-\overset{O}{\overset{\|}{C}}-\overset{H}{\underset{H}{\overset{|}{\underset{|}{C}}}}-$ 结构的化合物也存在酮式-烯醇式互变异构现象，但互变平衡体系中烯醇式结构的含量比例差别较大。

2）酮式分解和酸式分解

乙酰乙酸乙酯在反应中有两种分解方式：

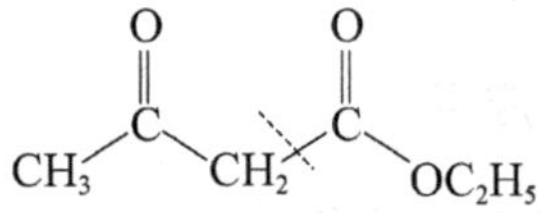

酮式分解

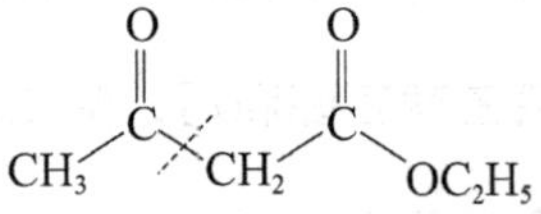

酸式分解

乙酰乙酸乙酯与稀碱（5%NaOH）或稀酸共热，先水解，然后分解脱羧而生成丙酮，称为酮式分解。

$$CH_3-\overset{O}{\overset{\|}{C}}-CH_2-COOC_2H_5 \xrightarrow{5\%NaOH} CH_3-\overset{O}{\overset{\|}{C}}-CH_2-COONa \xrightarrow[\triangle]{H^+} CH_3-\overset{O}{\overset{\|}{C}}-CH_3 + CO_2$$

乙酰乙酸乙酯与浓碱（40%NaOH）共热，酯基发生水解，酮羰基碳原子受亲核试剂 OH^- 进攻，发生亲核加成，然后引起酮羰基与 α-亚甲基之间的碳碳键断裂，最后生成两分子乙酸，称为酸式分解。

$$CH_3-\overset{O}{\overset{\|}{C}}-CH_2-COOC_2H_5 \xrightarrow[(2)\ H^+]{(1)\ 40\%NaOH/\triangle} 2CH_3-\overset{O}{\overset{\|}{C}}-OH + C_2H_5OH$$

酸式分解和酮式分解是竞争反应，乙酰乙酸乙酯以酸式分解制备酸的同时，也有部分酮式分解的副产物生成，故乙酰乙酸乙酯在合成上更多用于合成酮类。

3）乙酰乙酸乙酯的合成应用

乙酰乙酸乙酯含有活泼的亚甲基，在醇钠的作用下可转变为碳负离子，碳负离子与卤代烷、活泼的不饱和卤代烃或酰卤发生亲核取代反应，生成烷基或酰基取代的乙酰乙酸乙酯，也称为乙酰乙酸乙酯 α-亚甲基上的烃基化或酰基化反应。

（1）α-亚甲基上的烃基化。

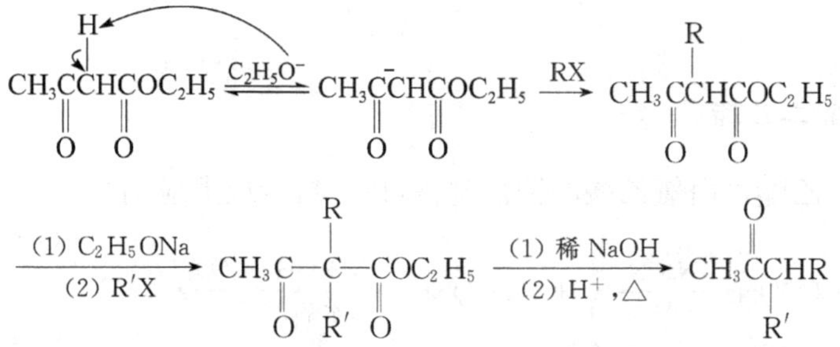

乙酰乙酸乙酯 α-烃基取代反应宜采用伯卤代烷，因叔卤代烷在强碱中易发生消除反应，仲卤代烷也因伴有消除反应而产率不高，卤代芳烃则因碳卤键不易断裂而难以反应。α-烃基取代的乙酰乙酸乙酯在稀碱中经酮式分解可制得甲基酮。选用不同结构的伯卤代烷可以制得各种不同结构的甲基酮。例如：

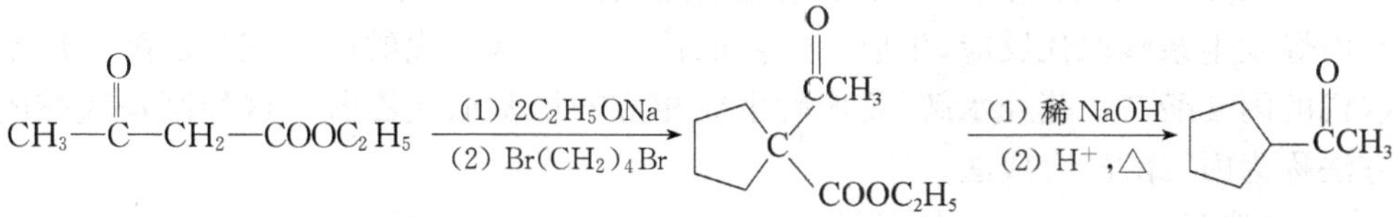

（2）α-亚甲基上的酰基化。

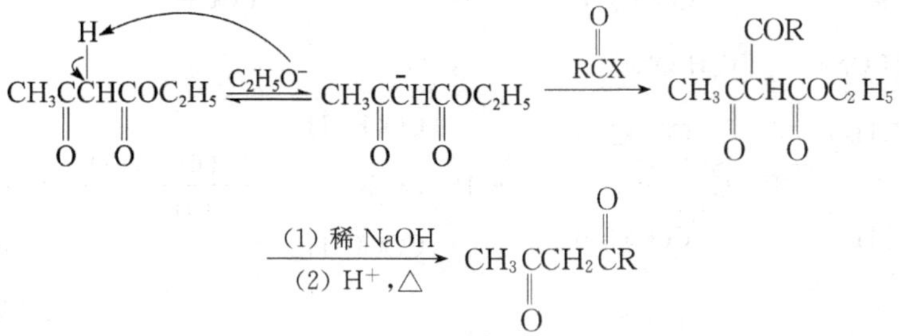

由于酰卤易于水解和醇解，乙酰乙酸乙酯的酰基化反应必须在非质子性溶剂（如 DMF、DMSO、苯等）中进行，常用氢化钠代替乙醇钠。α-酰基取代的乙酰乙酸乙酯在稀碱中经酮式分解可得到二元酮。

由酯缩合反应生成的其他 β-酮酸酯的结构类似于乙酰乙酸乙酯，也含有 α-活泼亚甲基，经烷基化后再酮式分解，可生成各种结构的酮、环酮等。

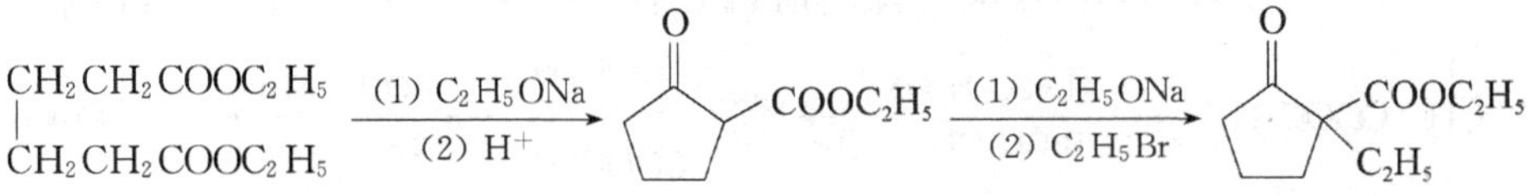

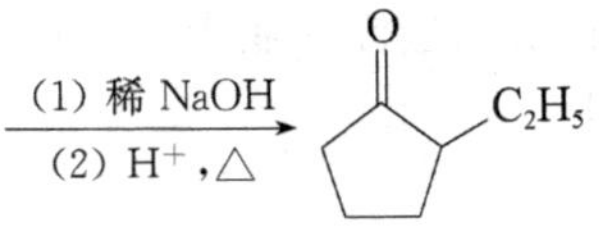

2. 丙二酸二乙酯

丙二酸二乙酯可由氯乙酸的钠盐制备，在有机合成上应用很广。

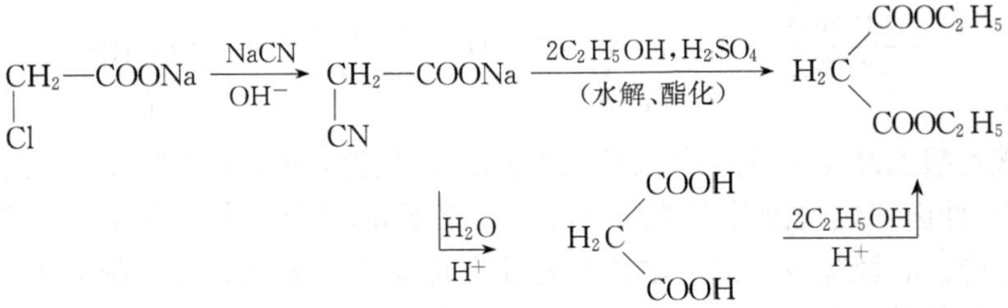

丙二酸二乙酯分子中 α-亚甲基上的氢很活泼，在碱作用下形成碳负离子，可与卤烃发生亲核取代反应，生成一烃基取代或二烃基取代的丙二酸二乙酯。烃基取代的丙二酸二乙酯经水解、脱羧后生成相应的烃基取代乙酸。这种制备羧酸的方法称为丙二酸酯合成法。

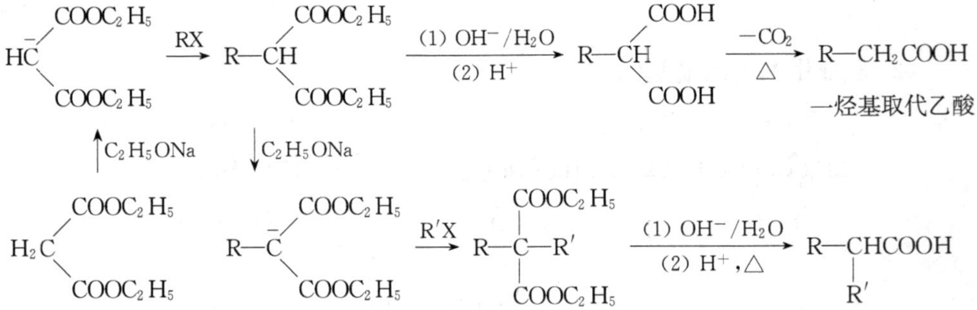

一烃基取代乙酸

二烃基取代乙酸

随着卤代烃、丙二酸酯、醇钠的投料比的不同，丙二酸酯合成法可以制备各种类型的羧酸。例如：

$$CH_2(COOC_2H_5)_2 \xrightarrow[(2)\ CH_3CH_2Br]{(1)\ C_2H_5ONa} CH_3CH_2CH(COOC_2H_5)_2 \xrightarrow[(2)\ H^+,\triangle]{(1)\ OH^-/H_2O} CH_3CH_2CH_2COOH$$

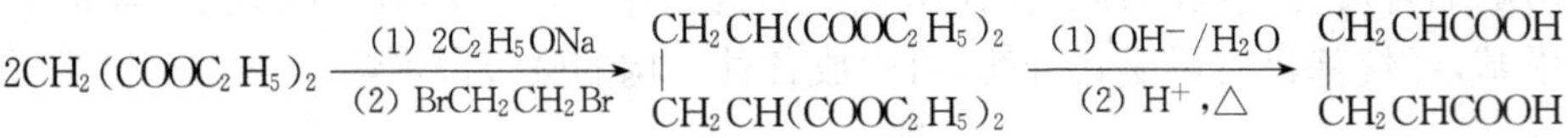

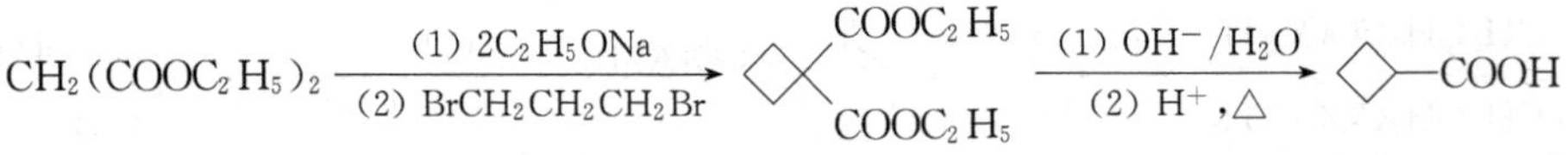

用丙二酸酯合成法制备脂环烷羧酸时，适用于制备三元、四元、五元和六元脂环烷羧酸。

3. 乙酰乙酸乙酯、丙二酸二乙酯与 α,β-不饱和醛、酮反应

在碱催化下，乙酰乙酸乙酯、丙二酸二乙酯可以和 α,β-不饱和醛、酮发生麦克尔加成，结果是乙酰乙酸乙酯或丙二酸二乙酯的亚甲基碳加到 α,β-不饱和醛、酮的 β-碳上，氢加到 α-碳上。所得共轭加成产物经水解、受热脱羧可得到 1,5-二羰基化合物。例如：

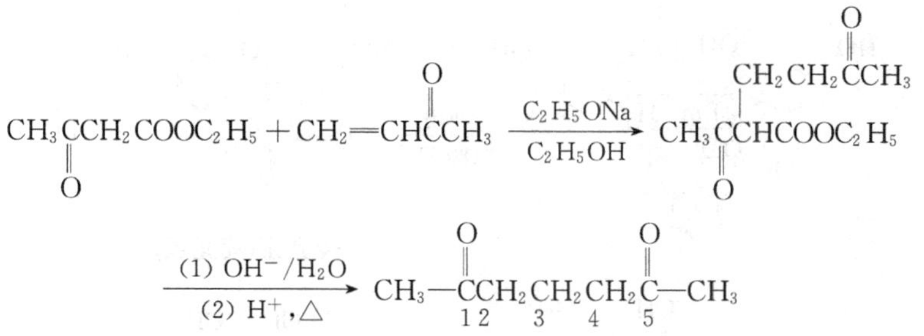

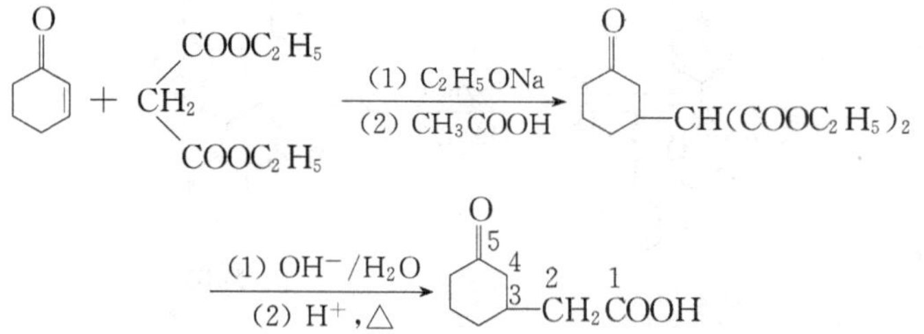

10.2.5　重要的羧酸衍生物

1. 乙酰氯

乙酰氯(acetyl chloride)是最常用的乙酰化剂，为无色有刺激气味液体，沸点为 52 ℃，遇水剧烈水解并放出大量的热。乙酰氯遇空气中水分剧烈水解，产生的氯化氢吸收空气中水分而呈白雾。

2. 碳酰氯

碳酰氯(carbonyl chloride)也称光气(phosgene)，是碳酸的二酰氯，是一种极毒带甜味的无色气体，熔点 −118 ℃，沸点 8.2 ℃。光气为窒息性毒气，吸入光气引起肺水肿、肺炎等，具有致死危险，二战时曾被用作军用毒气。用光气生产的氯代甲酸酯类是农药、医药、聚合引发剂等有机合成的中间体。

3. 乙酐

乙酐(ethanoic anhydride)俗名醋酐(acetic anhydride)，也是常用的乙酰化剂，为无色有刺激气味的液体，沸点为 140 ℃。乙酐微溶于水，在冷水中逐渐水解为乙

酸。工业上乙酐主要用于合成醋酸纤维，也用于染料、香料和药物的合成。

4. 邻苯二甲酸酐

邻苯二甲酸酐(phthalic anhydride)俗名苯酐，无色针状晶体，熔点为 128 ℃，是重要的酰化剂，是生产合成树脂、化学纤维、染料和药物的重要原料。苯酐可与两分子的酚类缩合生成酞类(phthaleins)有色化合物。例如：

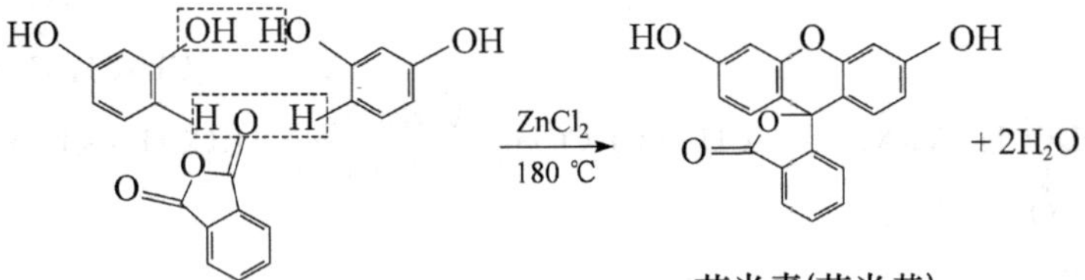

荧光素(荧光黄)

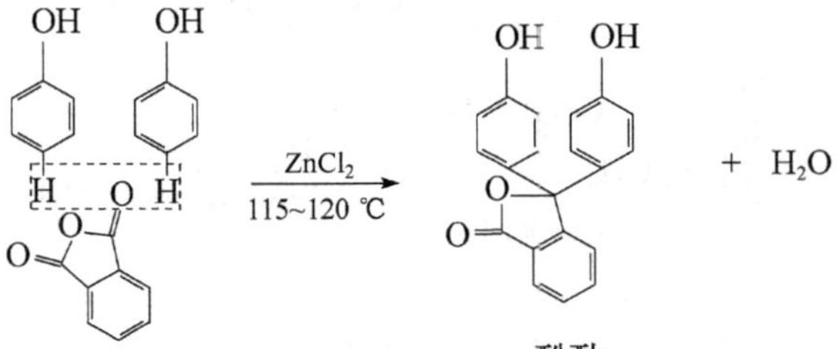

酚酞

荧光素(fluorescein)又称荧光黄，为黄色固体。在碱性溶液中以钠盐(醌式结构)形式存在，呈橙红色并有绿色荧光。加酸荧光消失，溶液呈黄色。

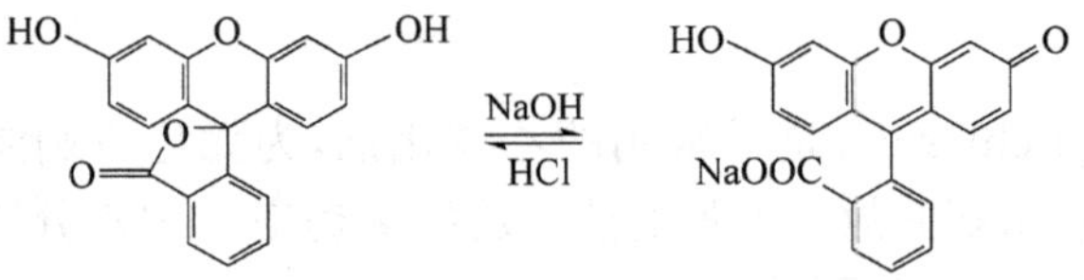

荧光素(苯式结构，黄色)　　荧光素钠(醌式结构，橙红色)

荧光素钠是无臭有吸湿性的橙红色粉末，易溶于水，可溶于乙醇，临床上用于检查眼角膜损伤，测定血液循环时间，诊断脑部肿瘤和咽喉癌等。荧光素溴化后与乙酸汞作用，溶于氢氧化钠溶液中，浓缩干燥可得汞溴红(红汞)。汞溴红是一种外用消毒剂，其20～40 $g \cdot L^{-1}$水溶液俗称红药水。

酚酞(phenol phtholein)为白色或微黄色的结晶或粉末，无臭无味，熔点为 261 ℃，难溶于水，可溶于乙醇，在医药上用于治疗习惯性顽固便秘。酚酞在中性或酸性溶液中无色，在碱性溶液中呈红色，加入过量强碱，红色又消失。由于酚酞在酸、碱溶液中灵敏的变色特性，常作为酸碱指示剂，变色范围在 pH＝8.2～10。酚酞在酸、碱性溶液中变化过程如下：

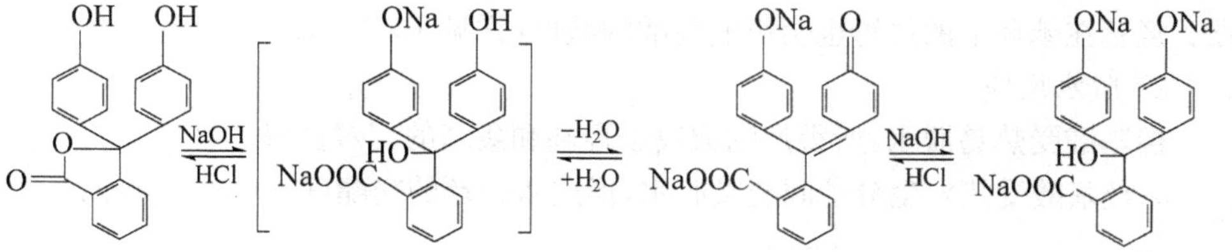

苯式内酯(无色)　苯式二钠盐(无色)　醌式二钠盐(红色)　苯式三钠盐(无色)

5. 甲基丙烯酸甲酯

甲基丙烯基甲酯(methyl methacrylate)是无色易挥发的透明液体，沸点为100 ℃。在引发剂(如过氧化苯甲酰)存在下，能聚合生成无色透明的聚合物。

$$nCH_2{=}\underset{\displaystyle CH_3}{\underset{|}{C}}{-}COOCH_3 \xrightarrow[90\sim100\ ℃]{\text{引发剂}} \left[CH_2{-}\overset{\displaystyle COOCH_3}{\overset{|}{\underset{\displaystyle CH_3}{\underset{|}{C}}}} \right]_n$$

聚甲基丙烯酸甲酯

聚甲基丙烯酸甲酯俗称有机玻璃，透明无色，质硬不易碎裂，具有很好的光学性质，可用于光学仪器(如棱镜、透镜)的制造。在医疗上，聚甲基丙烯酸甲酯可用于制造隐形眼镜、人工颅骨、人工肢体关节、口腔外科材料等。

10.3 取代羧酸

羧酸分子烃基上的氢原子被不同的原子或原子团取代，形成不同的取代羧酸，主要包括卤代酸、羟基酸、羰基酸和氨基酸等。

取代羧酸分子中含有羧基和其他官能团，属于多官能团化合物，既有羧酸的性质，又有各官能团的性质。此外，由于不同的官能团之间有相互影响，还会因此产生一些特殊性质，如羧酸分子中不同取代基会影响羧酸的酸性强弱等。本节主要讨论羟基酸和羰基酸。

10.3.1 羟基酸

1. 羟基酸的化学性质

羟基酸具有酸和醇(酚)两种性质，但由于羟基酸分子中羧基和羟基相互影响，还表现出其特有的性质。

1) 酸性

羟基的吸电子诱导效应使醇酸的酸性比相应的羧酸强。但羟基对酸性的影响不如卤素大，且羟基离羧基越远，诱导效应越弱，因此，α-羟基酸的酸性比β-羟基酸强。羟基在苯环上的位置也会影响酚酸的酸性(详见 10.1.2)。

2) 脱水反应

羟基酸受热易脱水,所得产物取决于羟基和羧基的相对位置。

α-羟基酸受热发生分子间交叉脱水,形成六元环的交酯(lactide)。例如:

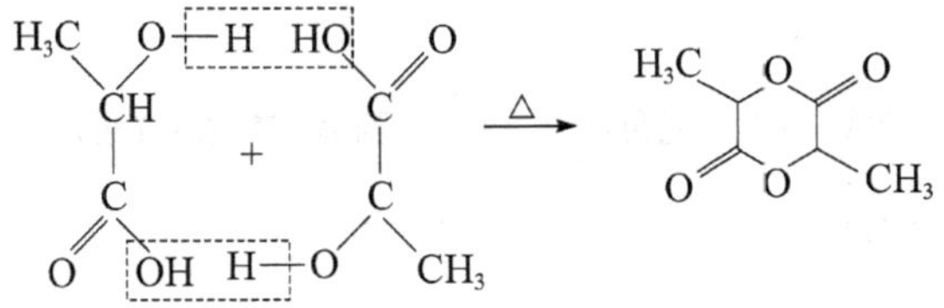

β-羟基酸受热发生分子内脱水,形成 α,β-不饱和羧酸。例如:

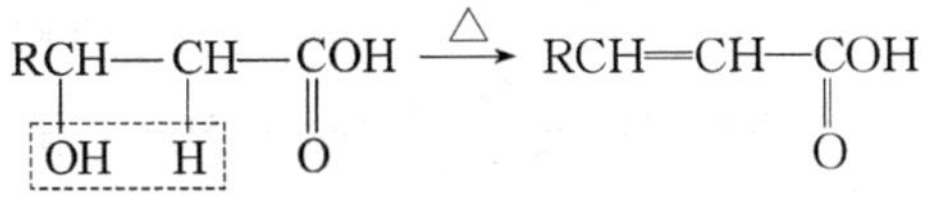

γ-或 δ-羟基酸发生分子内脱水形成 γ-或 δ-内酯。例如:

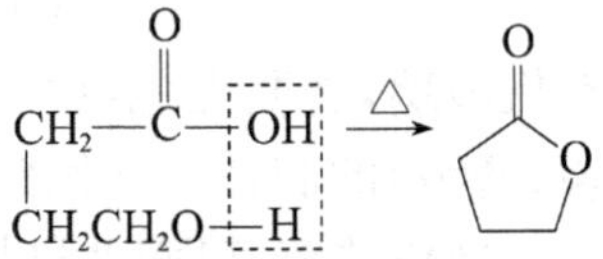

游离的 γ-羟基酸在室温下即可脱水成 γ-内酯,γ-内酯是稳定的中性化合物,遇热碱溶液能水解成稳定的 γ-羟基酸盐。δ-内酯比 γ-内酯难生成,室温下即易被水分解成开环的 δ-羟基酸。

羟基和羧基相隔四个及四个以上碳原子时,羟基酸受热发生分子间脱水,生成链状聚酯(polyester)。

$$m\mathrm{HO(CH_2)}_n\mathrm{COOH} \xrightarrow{\triangle} \mathrm{H}\!\left[\mathrm{O(CH_2)}_n\mathrm{CO}\right]_m\mathrm{OH} + (m-1)\mathrm{H_2O}$$

3) 脱羧反应

酚酸的羟基处于羧基的邻位或对位时,加热易引起脱羧反应。例如:

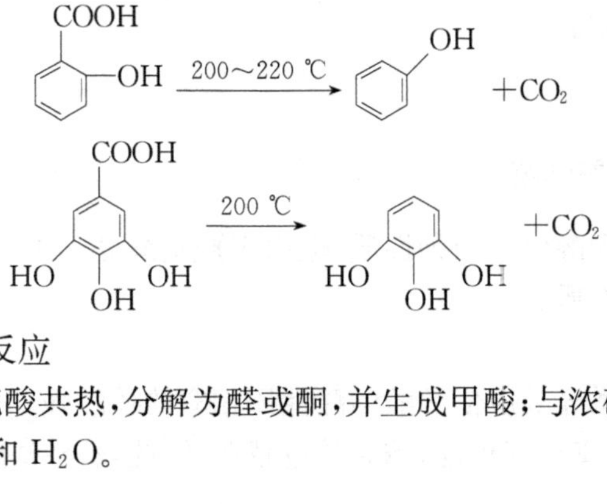

4) 分解与氧化反应

α-羟基酸与稀硫酸共热,分解为醛或酮,并生成甲酸;与浓硫酸共热,则分解为醛或酮,并生成 CO 和 H_2O。

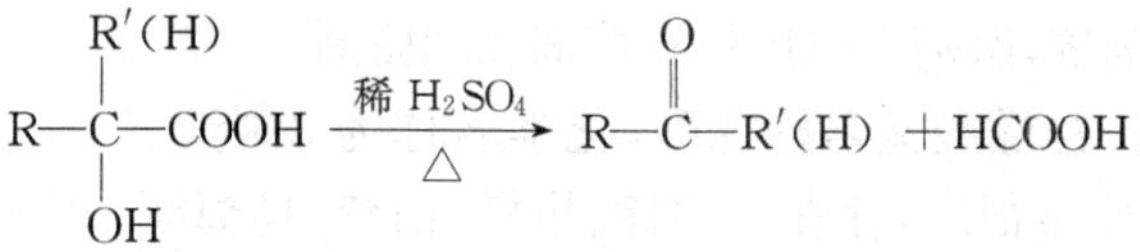

α-羟基酸可以被稀硝酸或弱氧化剂土伦试剂氧化成 α-酮酸。

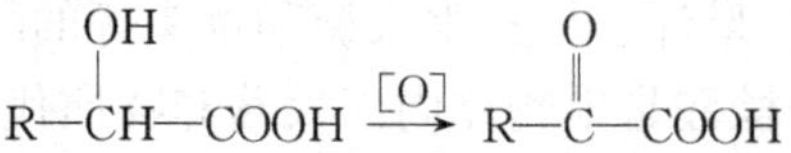

α-羟基酸与稀的高锰酸钾溶液共热，被氧化分解成少一个碳原子的醛或酮。

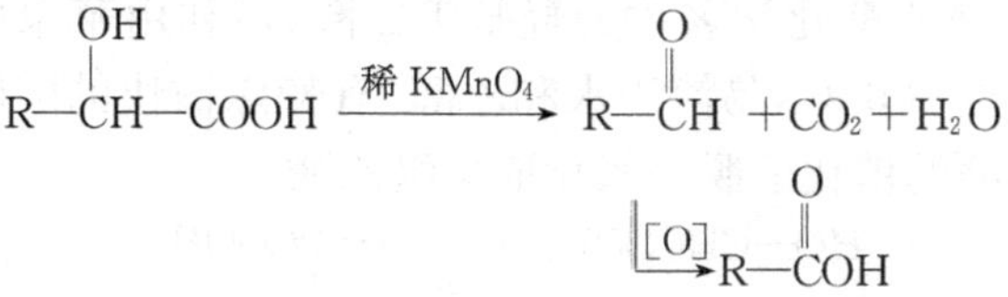

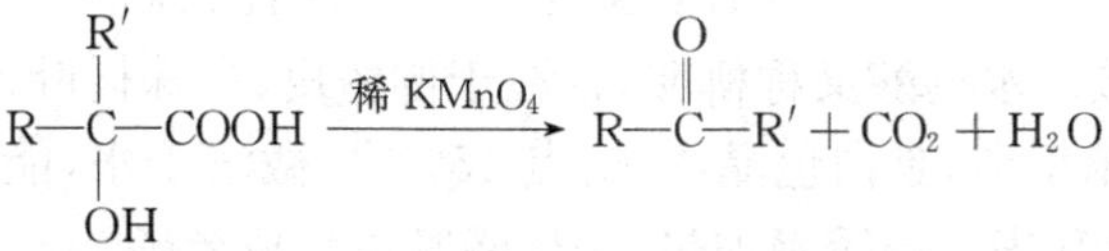

β-羟基酸与碱性高锰酸钾溶液共热，则被氧化为 β-酮酸，然后脱羧生成甲基酮。

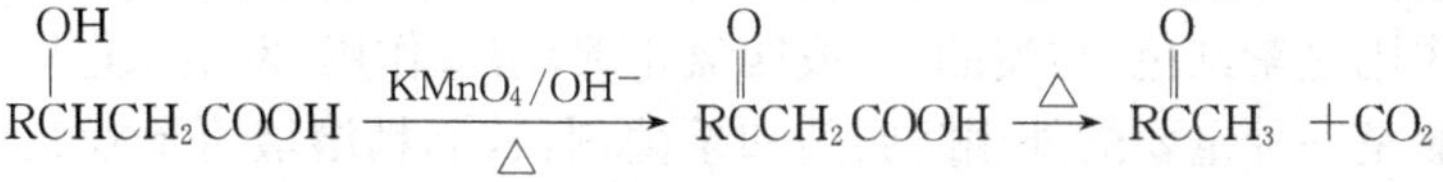

2. 重要的羟基酸

(1) 乳酸。乳酸化学名称为 α-羟基丙酸，是无色黏稠液体，熔点 18 ℃，吸湿性强，与水、乙醇、乙醚互溶，但不溶于氯仿和油脂。

乳酸存在于酸牛奶中，也是动物体内肌肉中糖原的代谢产物。人在剧烈运动一段时间后，会感到肌肉酸胀。这是因为糖分解成乳酸，同时放出能量供生命活动所需，产生的乳酸积存于肌肉，就有酸胀感。经休息后，一部分乳酸又转化为糖元，另一部分则被氧化成丙酮酸。

乳酸有消毒防腐的作用，其蒸气可用于空气的消毒。乳酸钙 $(CH_3CHOHCOO)_2Ca \cdot 5H_2O$ 为不溶于水的白色无臭粉末，是治疗佝偻病、肺结核等缺钙病的辅助药物，也是一种酸中毒的解毒剂。许多食品与饮料中都含有乳酸。

(2) 酒石酸。酒石酸化学名称为 2,3-二羟基丁二酸，主要以钾盐的形式存在于多种植物和果实中。酒石酸氢钾难溶于水和乙醇，在葡萄汁酿酒过程中沉淀析出，因此将其称为酒石，酒石酸的名称由此而来。

天然的酒石酸为透明结晶，熔点为 170 ℃。酒石酸是一种抗氧化剂，生化试验中可作除氧剂。酒石酸的盐类用途甚广。酒石酸氢钾 HOOC—CHOH—CHOH—COOK 用于配制发酵粉；酒石酸钾钠 KOOC—CHOH—CHOH—COONa

用来配制费林试剂等，医药上也用作缓泻剂和利尿剂。

(3) 柠檬酸。柠檬酸又名枸橼酸，化学名称为 3-羧基-3-羟基戊二酸。天然柠檬酸在自然界中分布很广，存在于柠檬、柑橘、山楂、乌梅等果实中。无水柠檬酸为无色透明结晶。含 1 分子结晶水的柠檬酸熔点 100 ℃，易溶于水、乙醇和乙醚，有诱人酸味，用作清凉饮料、果汁、果酱、水果糖和罐头等的酸性调味剂。柠檬酸铁铵溶于水，用作补血剂。柠檬酸是生物体内三大营养物质代谢的中间产物，其钠盐有抗凝血和利尿作用，并可作碱中毒的解毒剂。

(4) 苹果酸。苹果酸化学名称为羟基丁二酸，最初由苹果中取得。天然苹果酸为无色结晶，熔点 100 ℃，易溶于水和乙醇，有特殊愉快的酸味。苹果酸是糖代谢的中间产物，在酶的催化下脱氢氧化成草酰乙酸。

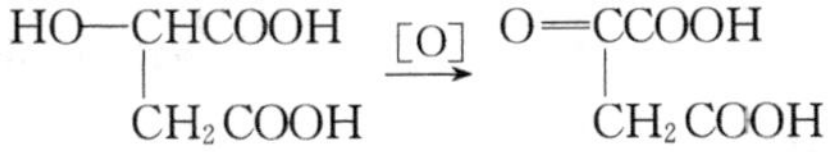

(5) 水杨酸。水杨酸又称柳酸，存在于柳树皮、白珠树叶及甜桦树中。其化学名称为邻羟基苯甲酸，是白色晶体，熔点 159 ℃，微溶于水，能溶于乙醇和乙醚中，加热至 76 ℃可升华。经缓慢加热，水杨酸脱羧生成苯酚。

水杨酸具有羧酸和酚的一般性质。它显酸性，能成盐、成酯，易被氧化，与三氯化铁溶液作用显紫红色，与溴的水(或四氯化碳)溶液作用，发生亲电取代反应。

水杨酸是一种重要的外用防腐剂和杀菌剂，其酒精溶液可治疗某些因真菌感染而引起的皮肤病，因对胃肠有刺激，制成钠盐或酰化成酯类才能作为内服药。水杨酸钠具有退热、镇痛作用，尤其对急性风湿症有较好的疗效，所以常用于治疗活动性风湿关节炎，也用于治疗类风湿性关节炎及急、慢性痛风等。

乙酰水杨酸俗名阿司匹林(aspirin)，又称醋柳酸，可由水杨酸与乙酐在磷酸存在下共热制得。

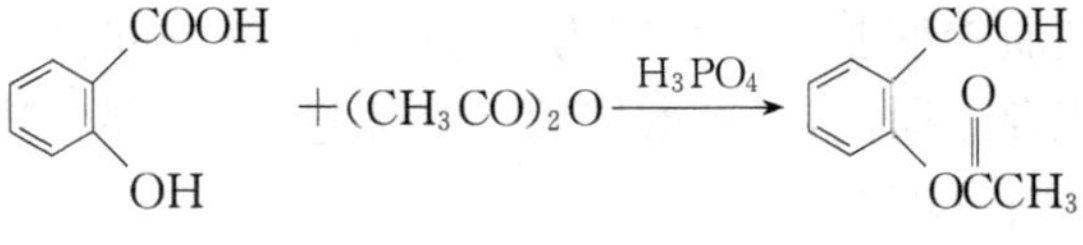

乙酰水杨酸

阿司匹林为白色结晶，熔点 134 ℃，无臭、微带酸味，微溶于水，溶于乙醇、乙醚和氯仿中，在干燥空气中稳定，遇潮则缓慢水解成水杨酸和乙酸，故应密闭储藏。阿司匹林具有消炎、解热、镇痛、抗血栓形成及抗风湿的作用，刺激性较水杨酸小，是内服退热、镇痛药。

(6) 没食子酸。没食子酸又称五倍子酸，化学名称为 3,4,5-三羟基苯甲酸，大量存在于五倍子中，漆树、茶树等植物叶中也有存在。我国盛产五倍子，它是没食子酸的丰富来源。稀酸水解或加热水解五倍子可得没食子酸。

没食子酸为白色固体，熔点 253 ℃，在空气中被氧化成棕色，具有强还原性，可用作照相显影剂。没食子酸几乎不溶于苯、氯仿及石油醚，易溶于水，其水溶液与三氯化铁溶液作用析出蓝黑色沉淀，是蓝黑墨水的原料。没食子酸加热至 200 ℃以上脱羧，生成焦性没食子酸(1,2,3-苯三酚)，又称没食子酚，为无色有光泽针状结晶，熔点 133 ℃，是重要的化工、医药中间体，在食品保鲜、彩色印刷制版、稀有金属分析、气体分析、照相显影等行业有广泛应用。

10.3.2　羰基酸

羰基酸中，羰基在链端的是醛酸，在碳链中间的是酮酸。羰基酸中酮酸比较重要，其中 α-酮酸和 β-酮酸是生物体内糖、脂肪和蛋白质代谢的中间产物，具有重要的生理意义。

酮酸分子中含有羧基和酮基，它既有成盐、成酯等羧酸的性质，也有酮基的性质，如与羰基试剂亲核加成。此外，它还有羧基和酮基相互影响引起的一些特殊性质。

1. 酮酸的化学性质

1) 酸性

由于羰基的吸电子诱导效应，酮酸的酸性比相应的羧酸强，如丙酮酸的酸性($pK_a=2.5$)强于丙酸($pK_a=4.87$)。

2) 脱羧反应

α-酮酸、β-酮酸与稀硫酸共热，均生成少一个碳原子的醛(或酮)和二氧化碳。

$$R-\overset{\overset{\displaystyle O}{\|}}{C}-COOH \xrightarrow[\triangle]{\text{稀 } H_2SO_4} R-\overset{\overset{\displaystyle O}{\|}}{C}-H+CO_2$$

$$R-\overset{\overset{\displaystyle O}{\|}}{C}-CH_2-COOH \xrightarrow{\text{微热}} R-\overset{\overset{\displaystyle O}{\|}}{C}-CH_3+CO_2$$

生物体内的丙酮酸在缺氧情况下发生脱羧反应，生成乙醛，然后还原为乙醇。水果开始腐烂时常产生酒味就是这个原因。

3) 分解与氧化反应

α-酮酸与浓硫酸共热，分解生成少一个碳原子的羧酸及一氧化碳。β-酮酸与浓碱共热时，α,β-碳原子之间的 σ 键发生断裂，生成两分子羧酸盐。

$$R-\overset{\overset{\displaystyle O}{\|}}{C}-COOH \xrightarrow{\text{浓 } H_2SO_4} R-\overset{\overset{\displaystyle O}{\|}}{C}-OH+CO$$

$$R-\overset{\overset{\displaystyle O}{\|}}{C}-CH_2-COOH \xrightarrow{\text{浓 NaOH}} R-\overset{\overset{\displaystyle O}{\|}}{C}-ONa+CH_3COONa+H_2O$$

α-酮酸还能被弱的氧化剂氧化，如 α-酮酸与土伦试剂发生银镜反应。

2. 重要的酮酸

(1) 丙酮酸。丙酮酸(pyruvic acid)是人体内三大营养物质代谢的中间产物，进一步代谢可转变为氨基酸，具有重要的生理作用。

(2) β-丁酮酸。β-丁酮酸(β-butanonic acid)又名乙酰乙酸，为体内脂肪代谢的中间产物。β-丁酮酸、β-羟基丁酸和丙酮三者在医学上统称为酮体(ketone bodies)，是人体中脂肪酸不能代谢为二氧化碳和水时的中间产物，正常情况下能进一步分解，因此正常人血液中只含微量酮体。糖尿病患者因代谢障碍，血液和尿中酮体含量增加，血液酸性增强，有发生酸中毒的可能，严重时可导致患者昏迷甚至死亡。检查血液和尿中酮体含量有助于疾病的诊断。临床上检验酮体主要是对丙酮含量进行测定。方法是在尿中滴加亚硝酰铁氰化钠[$Na_2Fe(CN)_5NO$]和氨水，若有丙酮存在则显紫红色；若滴加亚硝酰铁氰化钠和氢氧化钠则显鲜红色。

酮体在体内的转化可表示如下：

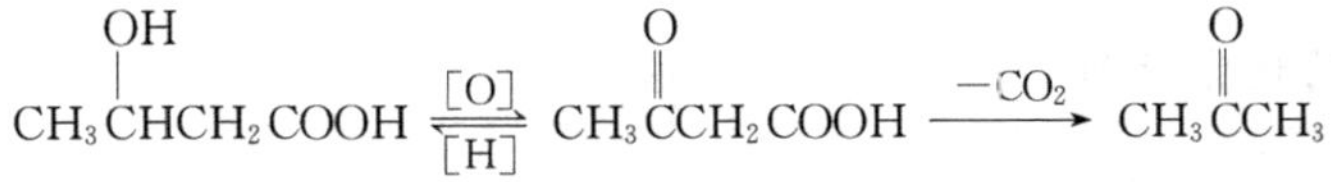

(3) 草酰乙酸。草酰乙酸(oxaloacetic acid)学名为α-丁酮二酸。在人体内，草酰乙酸能与丙酮酸分别在草酰乙酸脱羧酶和丙酮酸羧化酶的催化下，发生可逆转化作用，这对于代谢物的分解与更新、保证代谢的正常进行有一定的生理意义。

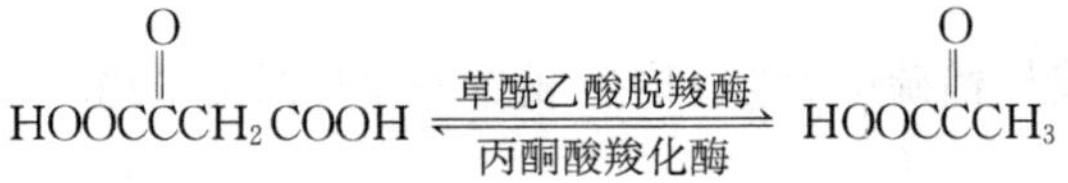

草酰乙酸　　　　丙酮酸

(4) α-戊酮二酸。α-戊酮二酸(α-pentanone diacid)在谷氨酸脱氢酶的催化下，在人体组织细胞内与氨反应生成谷氨酸。

生物体内α-氨基酸在谷丙转氨酶作用下，可把分子中的氨基转移给α-酮酸，生成新的α-氨基酸和α-酮酸，该反应称为氨基转移反应。例如：

本章小结

1. 羧酸的官能团为羧基—COOH。羧酸可用系统命名法命名或根据其来源使用俗名。
2. 羧酸是极性分子，羧基是亲水基，羧酸的水溶性比相应的醇高，低级羧酸($C_1 \sim C_4$)可与水互溶。饱和一元羧酸的沸点比相对分子质量相近的醇高。

3. 羧酸的酸性强弱受共轭效应、空间效应、场效应、溶剂性质等多种因素的影响。一般羧酸烃基连有斥电子基，酸性减弱；连有吸电子基，酸性增强。大多数饱和一元羧酸酸性比碳酸稍强。苯甲酸酸性比甲酸小，但比其他饱和一元羧酸大，二元羧酸酸性一般比饱和一元羧酸强。

4. 羧酸分子羧基中的羟基可被其他原子或原子团取代生成羧酸衍生物酰卤、酯、酸酐、酰胺等。羧酸分子中 α-碳上的氢原子在三卤化磷、红磷等催化下被卤代生成 α-卤代酸。羧酸可被氢化铝锂还原为伯醇。α-碳原子上含有吸电子基团的脂肪酸、芳香酸容易发生脱羧反应。二元羧酸受热时，随两个羧基间相距的位置不同而发生脱羧、脱水或两者兼有的反应。

5. 羧酸可通过氧化法、水解法、格氏反应法、丙二酸酯法或羰基化合物的缩合反应制备。

6. 羧酸衍生物均可发生亲核取代反应，与水作用发生水解生成羧酸；与醇作用发生醇解生成酯；与氨或胺作用生成酰胺。这些反应也称为酰基化反应。酰基化反应的难易程度不同，反应速率大小顺序为酰卤＞酸酐＞酯。羧酸衍生物可在不同催化剂作用下发生还原反应。羧酸衍生物都能与格氏试剂作用生成叔醇。含 α-氢的酯在醇钠作用下可与另一分子酯发生克莱森酯缩合反应。

7. 乙酰乙酸乙酯通过 α-亚甲基上的烃基化或酰基化反应可制备各种不同结构的甲基酮。丙二酸二乙酯通过 α-亚甲基上的烃基化可制备各种类型的羧酸。乙酰乙酸乙酯或丙二酸二乙酯可与 α,β-不饱和羰基化合物发生麦克尔加成反应。

8. 根据羟基与羧基远近不同，α-羟基酸受热时易脱水生成交酯、α,β-不饱和羧酸、γ-或 δ-内酯。α-酮酸、β-酮酸与稀硫酸共热可脱羧生成少一个碳原子的醛(或酮)和二氧化碳。α-羟基酸、α-或 β-羰基酸受热易分解。α-羟基酸、α-羰基酸可以被弱氧化剂土伦试剂氧化。

9. 互变异构现象在有机化学中非常普遍，一般来讲，只要分子中存在 $-\overset{\overset{\displaystyle O}{\|}}{C}-\overset{\overset{\displaystyle H}{|}}{\underset{|}{C}}-$ 结构均能发生酮式-烯醇式互变异构。

【阅读材料】

前列腺素和白三烯

前列腺素(prostaglandin，简称 PG)存在于动物和人体中，是一类不饱和脂肪酸组成的具有多种生理作用的活性物质。最早发现前列腺素存在于人的精液中，当时以为该物质是由前列腺释放的，因而定名为前列腺素。现已证明精液中的前列腺素主要来自精囊，除此以外，全身许多组织细胞都能产生前列腺素。

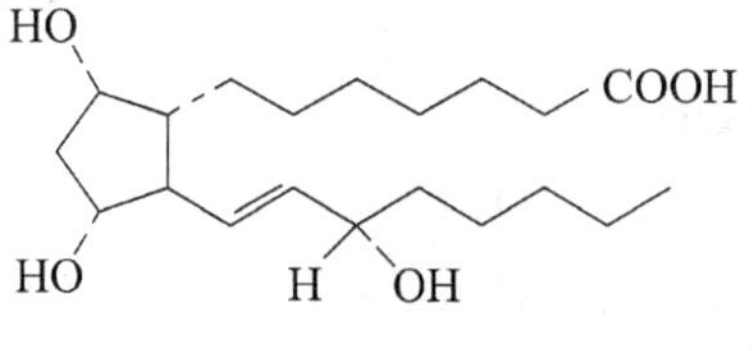

前列腺素$F_{1α}$

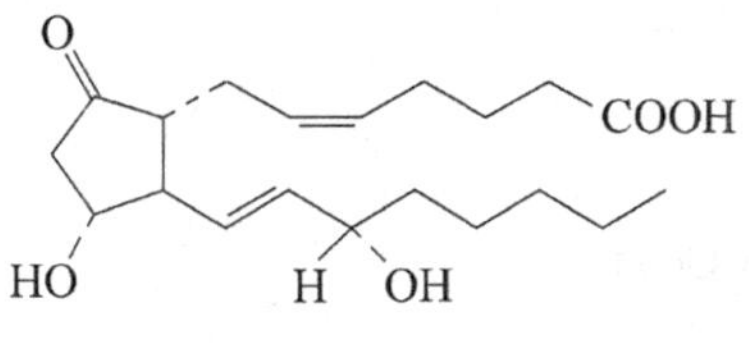

前列腺素E_2

前列腺素属取代羧酸，在体内由花生四烯酸所合成，其结构为一个五元环和两条侧链构成的二十碳不饱和脂肪酸。按其结构，前列腺素分为 A、B、C、D、E、F、G、H、I 等类型。前列腺素化学结构上微小的差异，会引起生理效应的很大区别。同一种前列腺素在不同组织中作用也不同，同一种组织对不同的前列腺素反应也不同。前列腺素对全身各个系统均有作用。例如，前列腺素 E_2 可用来降低血压，治疗哮喘、胃溃疡等疾病，还可用于催产、中期引产和抗早孕等。前列腺素 E_1 对血小板聚集有明显抑制作用，而结构稍有差异的前列腺素 H_2 和 G_2 则作用恰恰相反，能促进血小板聚集。目前已分离出 20 多种不同结构、不同性能的前列腺素，它们对生殖、心血管、呼吸、消化、神经、免疫等系统及对水的吸收平衡、电解质、皮肤、炎症都有重要的生物活性。

白三烯(leukotriene，简称 LT)也属取代羧酸一类，从花生四烯酸在白细胞中的代谢产物分离得到的具有共轭三烯结构的二十碳不饱和酸，可按取代基性质分为 A、B、C、D、E、F 六类。

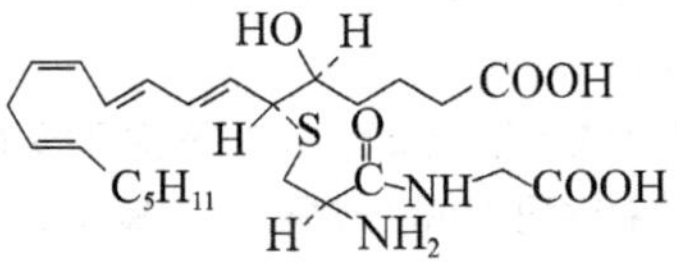

白三烯D_4

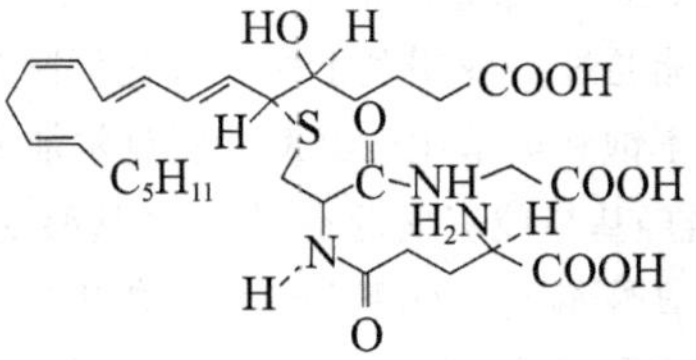

白三烯C_4

白三烯在体内含量虽微，但其生理活性多种多样，对平滑肌的收缩作用是白三烯所共有的。尤以白三烯 D_4 的作用最强，对气管的收缩作用特别显著，为哮喘等症的致病物质。此外，白三烯能促进血管的通透性功能。白三烯及其类似物——阻断剂的研究，对于免疫以及发炎、过敏的治疗都有重要意义。

习　题

1. 命名下列化合物(标明立体构型)。

(1) 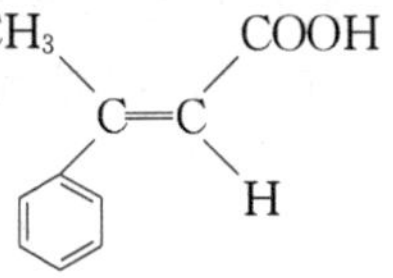

(2) 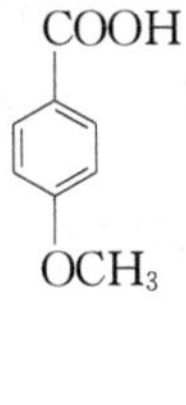

(3) 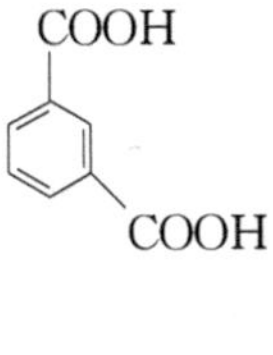

(4) 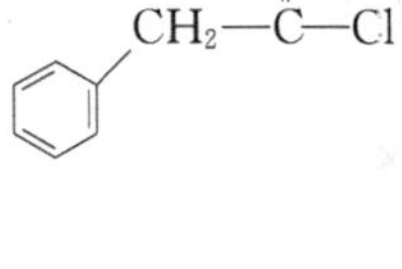

(5) $CH_3\overset{O}{\overset{\|}{C}}-O-\overset{O}{\overset{\|}{C}}CH_2CH_3$

(6) 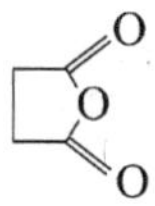

(7) 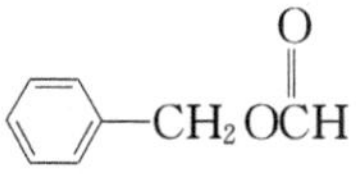

(8) $\begin{matrix}CH_2COOCH_3\\ |\\ CH_2COOC_2H_5\end{matrix}$

(9) 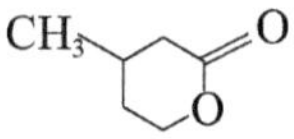

(10) $CH_3\overset{O}{\overset{\|}{C}}COOH$

(11) 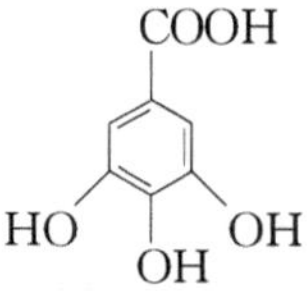

(12) 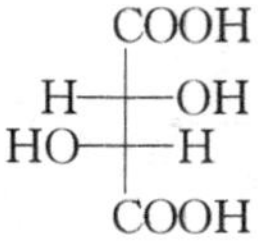

2. 写出下列化合物结构式。

(1) 亚油酸　(2) 软脂酸　(3) 琥珀酸

(4) 安息香酸　(5) 乙酐　(6) α-甲基丙烯酸甲酯

(7) (R)-乳酸　(8) 酒石酸　(9) 柠檬酸

(10) 阿司匹林(乙酰水杨酸)　(11) 酮体(β-丁酮酸、β-羟丁酸、丙酮)

3. 完成下列反应式。

(1) 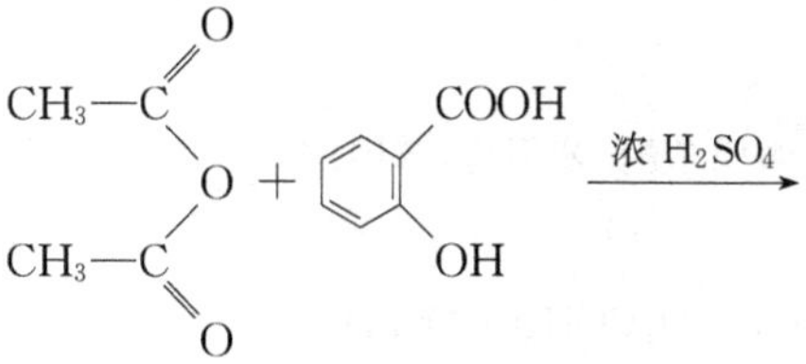

(2) 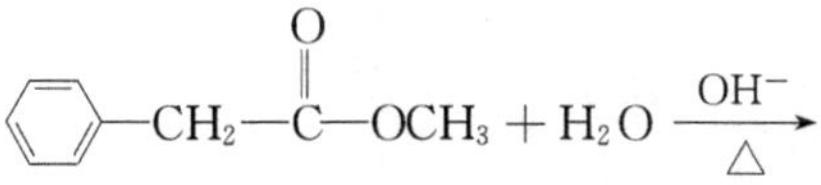

(3) 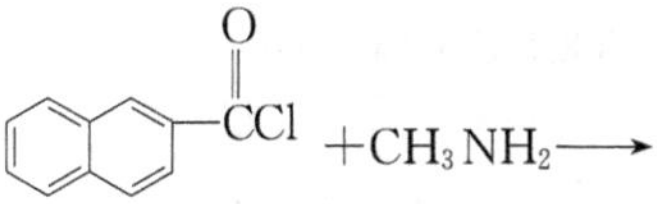

(4) $2CH_3CH_2\overset{O}{\overset{\|}{C}}OC_2H_5 \xrightarrow{NaOC_2H_5}$

(5) $C_6H_5\overset{O}{\overset{\|}{C}}OC_2H_5 + CH_3\overset{O}{\overset{\|}{C}}C_6H_5 \xrightarrow[(2)\ H^+]{(1)\ NaOC_2H_5}$

(6) $\begin{matrix}CHCOOH\\ \|\\ CHCOOH\end{matrix} \xrightarrow{300\ ℃}$

(7) $CH_3COOH + (CH_3)_3C-{}^{18}OH \xrightarrow[\triangle]{H_2SO_4}$

(8) 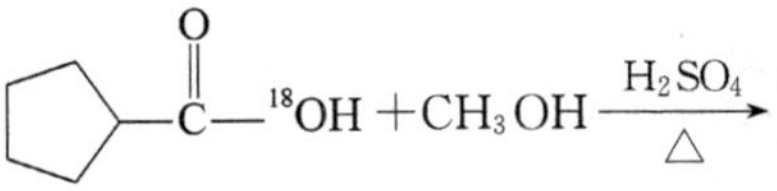

(9) 

(10) $(CH_3)_2CHCH(OH)COOH \xrightarrow{\triangle}$

(11) $CH_3CH(OH)CH_2COOH \xrightarrow{\triangle}$

(12) $HOOC-C(=O)-CH_2COOH \xrightarrow{\triangle}$

(13) 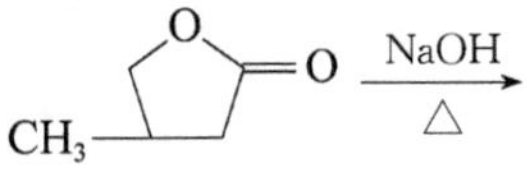

(14) $CH_3C(=O)CH_2COOC_2H_5 \xrightarrow[(2)\,H^+,\triangle]{(1)\ 稀\ NaOH}$

(15) $CH_3C(=O)CH_2COOC_2H_5 \xrightarrow[(2)\,H^+,\triangle]{(1)\ 浓\ NaOH}$

4. 用化学方法鉴别下列各组化合物。

(1) 甲酸,乙酸,丙醛,苯甲醛　　(2) 苄醇,对甲苯酚,苯甲醛,苯甲酸

(3) $CH_3CH_2C(=O)CH_3$, $HOOCC(=O)CH_2COOC_2H_5$, $CH_3C(=O)CH_2COOC_2H_5$

(4) 乙酰水杨酸,水杨酸甲酯,水杨酸

5. 按要求排序。

(1)排出下列化合物与乙醇反应的速率次序:

$(CH_3CO)_2O$, $CH_3COOC_2H_5$, CH_3COCl, CH_3CONH_2

(2)排出下列化合物氨解反应的速率次序:

(3)排出下列化合物酸性大小次序:

(i) 乙酸,甲酸,苯酚,苯甲酸,乙二酸,乙醇,碳酸

(ii) 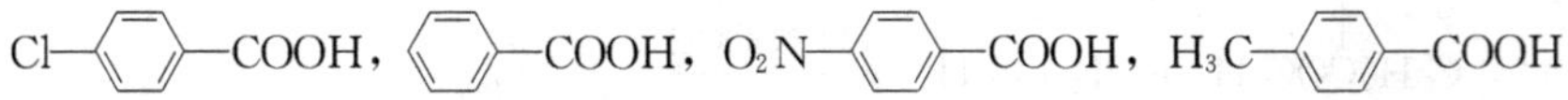

6. 指出下列化合物哪些具有酮式-烯醇式互变异构体,并写出其互变异构体。

(1) $CH_3CH_2C(OH)=CHC(=O)CH_3$　　(2) $HC(=O)-CH(OH)-R$

(3) $CH_3COCH(COOCH_3)_2$　　　　(4) $HOOCCOCH_2COOH$

(5) 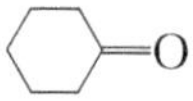

(6) 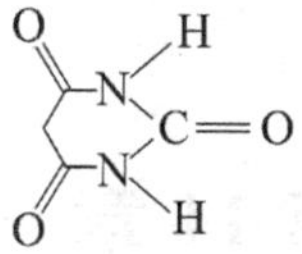

7. 写出下列各步反应的主要产物。

(1) $HC\equiv CH \xrightarrow[Hg^{2+}]{H_2O, H^+} \xrightarrow{[O]} \xrightarrow[P]{Cl_2} \xrightarrow[C_2H_5OH]{NaCN} \xrightarrow[H^+]{H_2O} \xrightarrow[H^+]{2C_2H_5OH}$

(2) 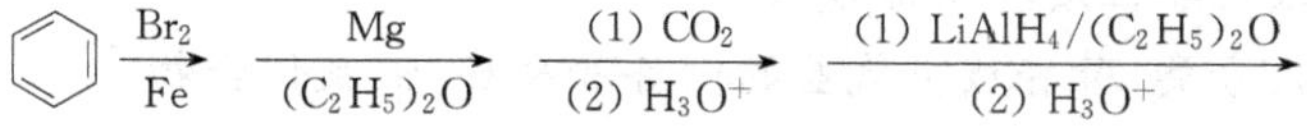

(3) 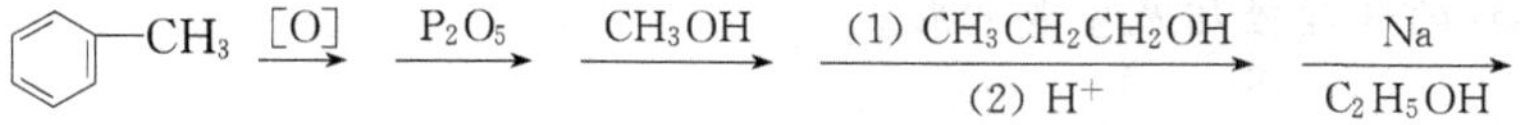

(4) 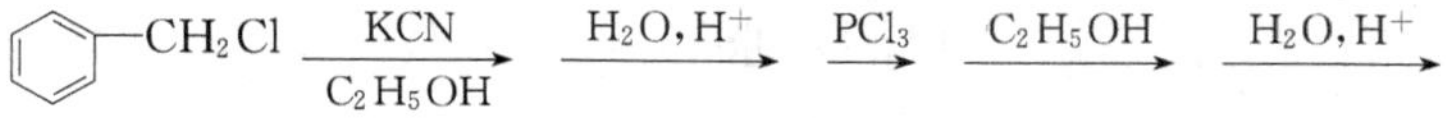

(5) 

8. 按要求合成化合物。

(1)以乙醇及无机试剂为主要原料,用丙二酸酯法分别合成正己酸和环丙烷甲酸。

(2) 以乙醇及无机试剂为主要原料,经乙酰乙酸乙酯分别合成 3-乙基-2-戊酮和 2,7-辛二酮。

9. 化合物 A、B、C、D 的分子式均为 $C_4H_6O_4$,A、B、C 都能与 $NaHCO_3$ 溶液作用放出 CO_2,而 D 不能。A 加热时失水生成酐($C_4H_4O_3$)。B 加热时放出 CO_2 生成丙酸。C 在酸性溶液中水解得化合物 E 和 F。E 具有酸性,受热时也能放出 CO_2,F 为中性,与次碘酸钠溶液发生碘仿反应。D 在酸性溶液中水解得化合物 E 和 G。G 为中性,与金属钠作用能放出氢气。试写出 A～D 的结构式及各步反应式。

10. 化合物 A 的分子式为 $C_8H_8O_2$,能与 $NaHCO_3$ 反应。A 在光照下与 Br_2 反应得到分子式为 $C_8H_7BrO_2$ 的一对对映体 B 和 C;B 和 C 与 NaCN 反应,得到分子式为 $C_9H_7NO_2$ 的新的一对对映体 D 和 E;D 和 E 在酸性水溶液中加热得到无光学活性的 F(2-苯基丙二酸)。试写出 A～F 的结构式。

11. 酸性化合物 A($C_6H_{10}O_4$)经加热得到化合物 B($C_6H_8O_3$)。B 的 IR 在 1820 cm^{-1}、1755 cm^{-1}有特征吸收,B 的^{1}H NMR 为:δ1.0 ppm(双峰,3H),δ2.1 ppm(多重峰,1H),δ2.8 ppm(双峰,4H)。写出 A、B 的结构式。

(江苏大学　李敏智)

第 11 章　含氮有机化合物

学习要求

1. 掌握胺的命名、化学性质和制备方法。
2. 熟悉胺的结构、分类，芳香族重氮盐的制备和反应，偶氮化合物。
3. 了解胺的物理性质及重要的胺。

11.1　胺

含氮有机化合物存在于一切生物体中。它是分子中氮原子和碳原子直接相连的化合物。这些物质对于生命十分重要，其中一类是含有氨基的有机化合物——胺。胺是比较重要的含氮有机化合物。例如，苯胺是合成药物、染料等的重要原料；胆碱是调节脂肪代谢的物质，它的乙酰衍生物——乙酰胆碱是神经传导的递质；乙二胺是制造 EDTA 的原料等。

11.1.1　胺的结构、分类与命名

1. 胺的结构和分类

胺可以看作氨的烃基衍生物，氨中的氢被一个、两个或三个烃基取代，分别生成伯胺、仲胺或叔胺。

RNH_2	R_2NH	R_3N
伯胺(一级胺)	仲胺(二级胺)	叔胺(三级胺)

$—NH_2$ 称为氨基，—NH—称为亚氨基，═N—称为次氨基。

按照分子中所含氨基的数目，胺可分为一元胺、二元胺或多元胺。

胺可以根据氨分子中的氢原子被不同种类的烃基取代而分为脂肪胺和芳香胺。氨基与脂肪烃基相连的称为脂肪胺，与芳基直接相连的称为芳香胺。

$R—NH_2$	$Ar—NH_2$
脂肪胺	芳香胺

氢氧化铵和氯化铵的四烃基衍生物称为季铵类化合物，分别称为季铵碱和季铵盐。

$R_4N^+OH^-$	$R_4N^+Cl^-$
季铵碱	季铵盐

注意区别"氨"、"胺"及"铵"字的用法，在表示取代基时，如氨基、亚氨基，则用"氨"字；表示 NH_3 的烃基衍生物时，用"胺"；而季铵类化合物则用"铵"。

胺与氨的结构相似，分子呈三角锥形。氨与胺分子中的氮原子为 sp^3 杂化，四个 sp^3 杂化轨道中，有一个为电子对所占据，其他三个 sp^3 轨道则与氢或碳原子生成 σ 键。

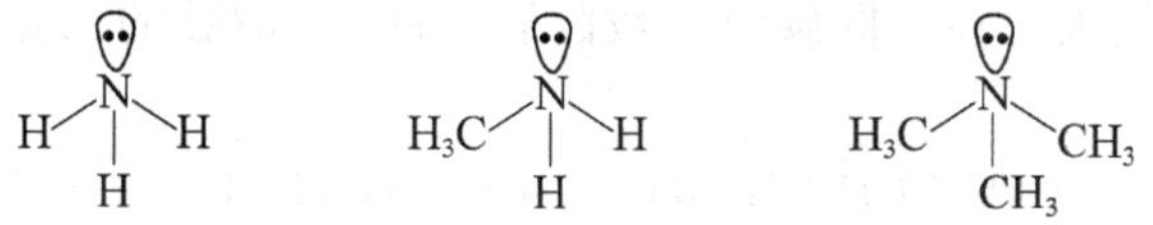

2. 胺的命名

(1) 简单的胺习惯按其所含的烃基命名，称"某胺"。例如：

CH_3NH_2　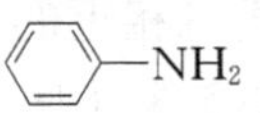　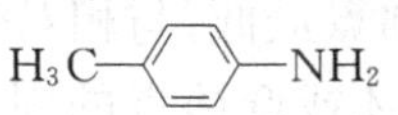　$NH_2CH_2CH_2NH_2$

甲胺　苯胺　对甲苯胺　乙二胺

氮原子上连有两个或三个相同的烃基时，需表示出烃基的数目。

CH_3NHCH_3　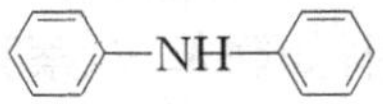

二甲胺　二苯胺

(2) 对于芳香仲胺或叔胺，则在与 N 相连的脂肪烃基前冠以"*N*"字，以明确取代基的位置。

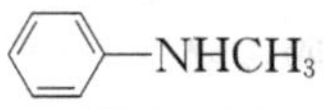　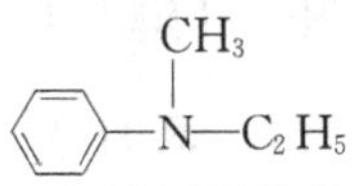

N-甲基苯胺　*N*-甲基-*N*-乙基苯胺

(3) 对于结构比较复杂的胺，可以作为烃类的氨基衍生物命名。

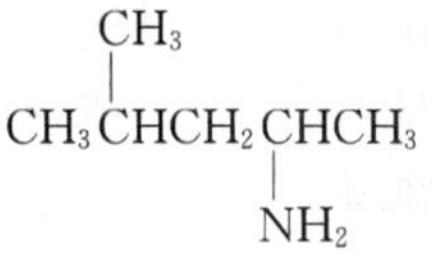　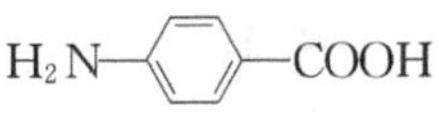

2-甲基-4-氨基戊烷　对氨基苯甲酸

(4) 季铵类化合物的命名则与氢氧化铵或铵盐的命名相似。

$(CH_3)_4N^+OH^-$　$C_6H_5CH_2N^+(C_2H_5)_3Cl^-$

氢氧化四甲铵　氯化三乙基苄基铵

11.1.2　胺的性质

1. 胺的物理性质

甲胺、二甲胺、三甲胺、乙胺等低碳数的胺是气体或易挥发的液体，高碳数的胺为固体。胺有不愉快的气味或难闻的臭味，特别是低级脂肪胺，带有鱼腥味（如三甲胺）。

胺分子中氮原子上的未共用电子对能与水形成氢键，所以低级脂肪胺在水中溶解度很大，但随烃基的增大，六个碳原子以上的胺则难溶或不溶于水。

胺的沸点比相对分子质量相近的烷烃高，但比相应的醇和羧酸的沸点低，因为氮的电负性不如氧大。在相同碳原子数的脂肪胺中，伯胺的沸点最高，仲胺次之，叔胺最低。例如：

	$CH_3CH_2CH_2NH_2$	$CH_3NHCH_2CH_3$	$(CH_3)_3N$
沸点/℃	47.8	36～37	2.9

这是因为伯胺或仲胺的分子之间能形成氢键，而叔胺由于氮原子上没有氢而不能形成分子间的氢键，故沸点最低，与相对分子质量相近的烷烃沸点差不多。

芳香胺多为高沸点的液体或低熔点的固体，有特殊气味。由于芳香胺易于氧化，通常略带黄色或棕色。芳香胺的气味不如脂肪胺大，但芳香胺极毒，且容易通过皮肤被人体吸收。因此，吸入它们的蒸气或皮肤与之接触都可能引起严重中毒，某些芳香胺有致癌作用，如联苯胺、萘胺等。

2. 胺的光谱性质

1）红外光谱

胺的红外光谱有 N—H 键及 C—N 键的特征吸收峰，见表 11.1。

表 11.1 胺的红外特征吸收峰

化合物类别	特征键	振动类型	波数/cm^{-1}
伯胺	N—H	伸缩振动	3490～3400（两个峰）
	N—H	弯曲振动	1650～1590
仲胺（稀溶液）	N—H	伸缩振动	3500～3300（一个峰）
脂肪胺	C—N	伸缩振动	1220～1020
芳伯胺	C—N	伸缩振动	1360～1250
芳仲胺	C—N	伸缩振动	1360～1280
芳叔胺	C—N	伸缩振动	1360～1310

2）核磁共振氢谱

由于氮的电负性比碳大，因此 α-碳原子上的质子化学位移在较低场，δ 值为 2.2～2.9 ppm。例如：

	$CH_3—NR_2$	$R'CH_2—NR_2$	$R'_2CH—NR_2$
δ/ppm	2.2	2.4	2.8

β-碳原子上的质子受氮原子的影响较小，所以出现在高场，δ 值为 1.1～1.7 ppm。氮原子上质子的化学位移由于氢键程度不同变化较大，δ 值为 0.6～5.0 ppm。

3. 胺的化学性质

胺分子中的官能团是氨基（$—NH_2$），胺的化学性质在很大程度上与氮原子上的未共用电子对有关。

1）碱性

胺与氨相似，氮上的未共用电子对能接受质子，所以胺显碱性。胺的碱性用 K_b 或其负对数 pK_b 表示，K_b 越大或 pK_b 越小，则碱性越强；反之，碱性越弱。常见胺的 pK_b 见表 11.2。

$$R—NH_2 + H—OH \xrightleftharpoons{K_b} RNH_3^+ + OH^-$$

$$K_b = \frac{[R\overset{+}{N}H_3][OH^-]}{[RNH_2]}$$

表 11.2　常见胺的 pK_b 值

胺	pK_b(25 ℃)	胺	pK_b(25 ℃)
NH_3	4.75	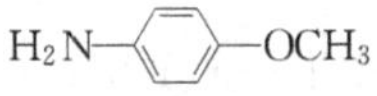	8.66
CH_3NH_2	3.38		
$(CH_3)_2NH$	3.27	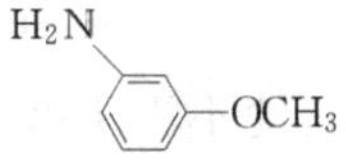	9.77
$(CH_3)_3N$	4.21		
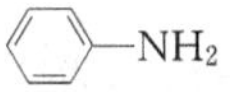	9.40	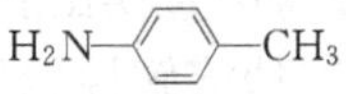	8.92
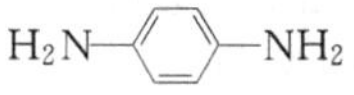	13.00		

胺可以看作氨分子中的氢原子被烃基取代的产物。对脂肪胺而言，如甲胺、二甲胺和三甲胺，由于甲基是供电子基团，其供电子效应使氮原子上的电子云密度增加，因此，其碱性比氨强。根据电子效应，二甲胺的碱性比甲胺强，三甲胺的碱性比二甲胺更强，即碱性强弱顺序为

$$(CH_3)_3N > (CH_3)_2NH > CH_3NH_2 > NH_3$$

以上顺序只适用于气体状态。在水溶液中，胺的碱性不仅与烃基的电子效应有关，因受溶剂的影响，还需考虑形成铵离子的溶剂化效应。胺的氮原子上氢原子越多，铵离子与水形成氢键的机会就越多，溶剂化程度越大，铵离子越稳定，相应胺的碱性越强。此外，空间效应也对胺的碱性有影响，胺中烃基占据的空间越大，质

子接近氮原子形成铵离子时遇到的空间位阻越大，从而使其碱性减弱。综合考虑电子效应、溶剂化效应、空间效应，其碱性强弱顺序为

$$(CH_3)_2NH > CH_3NH_2 > (CH_3)_3N > NH_3$$

pK_b	3.27	3.38	4.21	4.76

对于其他脂肪胺，有类似的碱性强弱顺序。

对芳香胺而言，如苯胺，由于分子中氮原子上的未共用电子对与苯环形成 p-π 共轭体系，使氮原子上电子云密度降低，从而减弱了氮接受质子的能力，因此，苯胺的碱性弱于氨。芳香胺中，若氮原子上连有两个或三个芳环，共轭效应和空间效应都使芳胺的碱性减弱。例如：

$$NH_3 > PhNH_2 > Ph_2NH > Ph_3N$$

取代芳胺的碱性强弱取决于取代基的性质，若取代基是供电子基，则碱性增强，如对甲基苯胺碱性比苯胺强。若取代基是吸电子基，则碱性减弱，如对硝基苯胺的碱性比苯胺弱。

胺能和酸成盐，铵盐都是结晶型固体，易溶于水和乙醇。因为胺都是弱碱，所以铵盐遇强碱能释放出游离胺。

$$R—NH_2 + HCl \longrightarrow \underset{\text{铵盐}}{[RNH_3]^+Cl^-} \xrightarrow{NaOH} R—NH_2 + NaCl + H_2O$$

利用此性质可以将胺与其他不溶于酸的有机物分离，因为胺可与酸形成盐而溶于稀酸中，然后用强碱由铵盐中置换出胺。

制药工业上常利用铵盐溶解性较好、性质稳定的性质，将难溶于水的胺类药物制成相应的盐。例如，局部麻醉药盐酸普鲁卡因，其水溶液可用于肌肉注射。

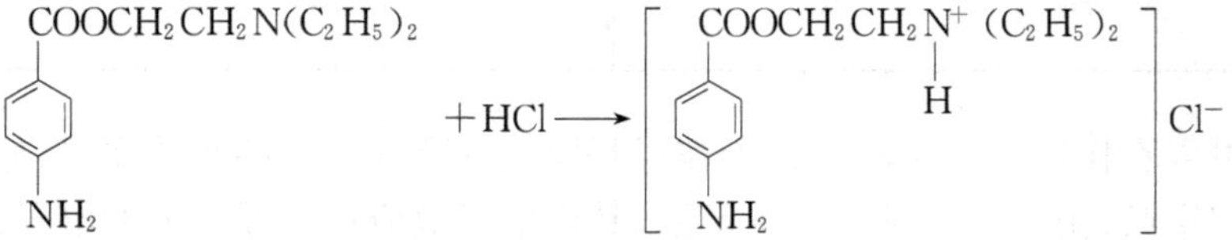

2）烃基化反应

胺作为亲核试剂，容易与卤代烃发生 S_N2 反应，氨基上的氢原子被烃基取代。以伯胺为例，伯胺烃基化得到仲胺，仲胺继续烃基化得到叔胺，叔胺再进一步与卤代烃作用则得到季铵盐。因此，伯胺的烃基化实际得到的是伯、仲、叔胺和季铵盐的混合物。反应通式为

$$RNH_2 + R—X \longrightarrow R_2\overset{+}{N}H_2X^- \rightleftharpoons R_2NH + HX$$

$$R_2NH + R—X \longrightarrow R_3\overset{+}{N}HX^- \rightleftharpoons R_3N + HX$$

$$R_3N + R—X \longrightarrow R_4\overset{+}{N}X^-$$

3）酰基化反应

与烃基化反应类似，如用酰基化试剂（如酰卤、酸酐），则可以进行氮上的酰基化反应：

$$RNH_2 + R'COCl \longrightarrow RNHCOR' + HCl$$
$$R_2NH + (R'CO)_2O \longrightarrow R_2NCOR' + R'COOH$$

生成的产物是 N-烃基酰胺或 N,N-二烃基酰胺。因为叔胺的氮原子上没有氢，所以叔胺不能被酰基化。

芳胺的酰基化在有机合成中有重要应用。酰基化后不但可以降低苯环的活性，避免氧化剂的氧化，而且不改变原氨基的定位性能，更重要的是在稀碱作用下即可水解为原来的氨基。因此，该反应常用于氨基的保护。例如：

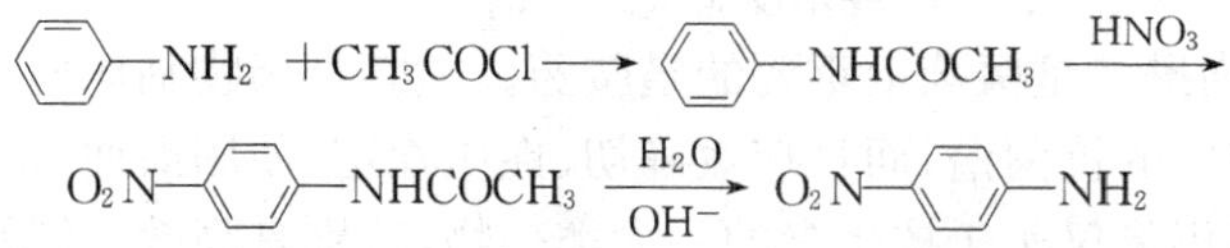

某些酰胺类化合物可用作药物，如解热镇痛药扑热息痛的主要成分就是对羟基乙酰苯胺，其结构式如下：

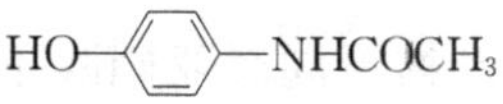

4）磺酰化反应

胺与磺酰化试剂（如苯磺酰氯、对甲苯磺酰氯）反应，生成相应的磺酰胺。

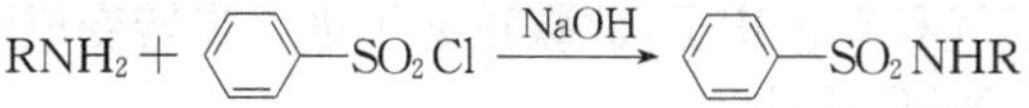

苯磺酰氯　　苯磺酰胺

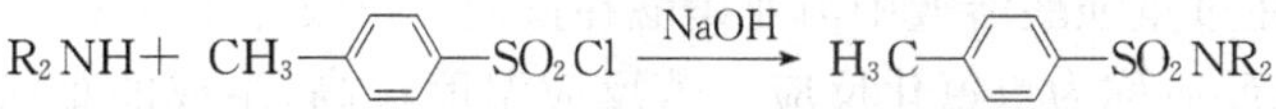

反应在氢氧化钠（或氢氧化钾）溶液中进行，伯胺磺酰化产物的氮原子上有一个氢原子，由于磺酰基极强的吸电子诱导效应，使这个氢显酸性，它与反应体系中的氢氧化钠生成盐而使磺酰胺溶于碱溶液中：

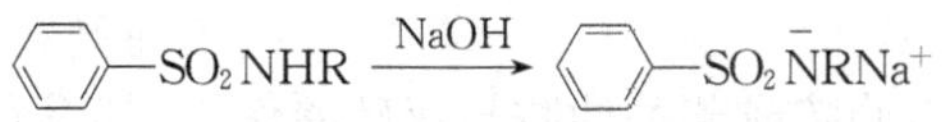

苯磺酰胺钠盐

仲胺生成的磺酰胺的氮原子上没有氢，所以不与氢氧化钠成盐，也就不溶于碱液中而呈固体析出。叔胺的氮原子上没有可被磺酰基置换的氢，故与苯磺酰氯不反应，也不溶于碱液，常用于胺的鉴定与分离提纯，此反应称为兴斯堡（Hinsberg）反应。

分离伯、仲、叔胺时，通常将混合物与磺酰化剂在碱溶液中反应，析出固体的为仲胺的磺酰胺，而叔胺可以蒸馏分离，余液酸化后，可得到伯胺的磺酰胺。

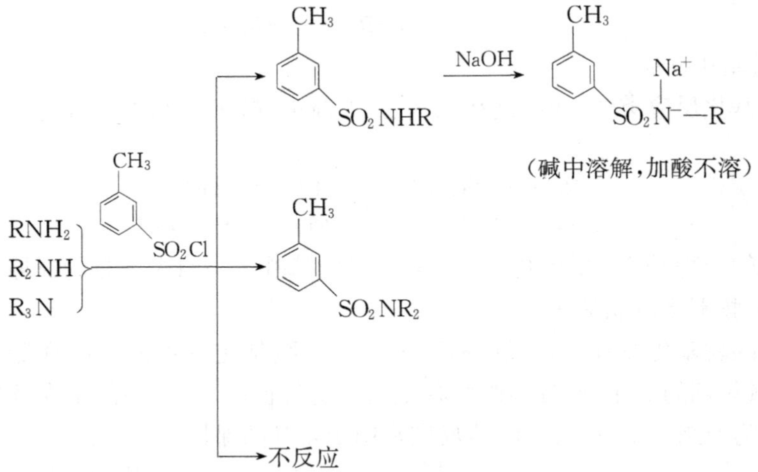

对氨基苯磺酰胺是医药上重要的磺胺药。磺胺类药物临床应用已有几十年的历史，它具有较广的抗菌谱，而且疗效确切、性质稳定、使用简便、价格便宜、便于长期保存，故目前仍是仅次于抗生素的一大类药物，特别是高效、长效、广谱的新型磺胺和抗菌增效剂合成以后，磺胺类药物的临床应用有了更广阔的前途。

5）与亚硝酸的反应

不同的胺与亚硝酸作用的产物不同。亚硝酸不稳定，只能在反应过程中由亚硝酸钠与盐酸或硫酸作用产生。

（1）伯胺。脂肪伯胺与亚硝酸反应，生成极不稳定的脂肪族重氮盐，脂肪族重氮盐立即分解生成氮气和碳正离子，此碳正离子进一步转变成醇、烯烃等混合物。

$$RNH_2 \xrightarrow{NaNO_2,HCl} R\overset{+}{N}{\equiv}NCl^- \longrightarrow N_2 + \text{醇与烯烃的混合物}$$

芳香伯胺在过量强酸溶液中与亚硝酸在低温（一般低于 5 ℃）下反应得到芳香族重氮盐，该反应称为重氮化反应。若反应温度过高，生成的重氮盐会分解，放出氮气。

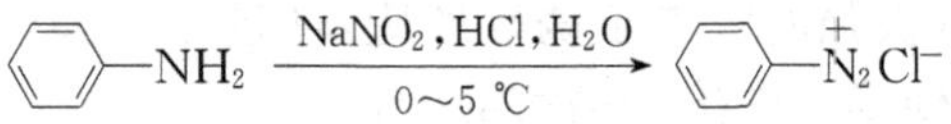

氯化重氮苯

（2）仲胺。脂肪族仲胺或芳香仲胺与亚硝酸作用，都得到 *N*-亚硝基胺。

$$R_2NH + HNO_2 \longrightarrow O{=}N{-}NR_2 + H_2O$$

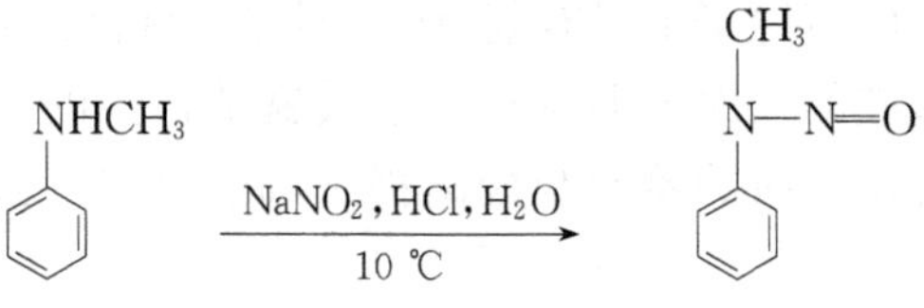

N-甲基苯胺　　*N*-甲基-*N*-亚硝基苯胺

N-亚硝基胺都是黄色的油状液体或固体，有强烈的致癌作用。自然界中存在

的 N-亚硝基胺类化合物并不多，人体内的 N-亚硝基胺类化合物通常是体内的胺类化合物与亚硝酸或亚硝酸盐反应而生成的，还有一些 N-亚硝基胺类化合物是通过食物获取的。例如，某些罐头食品及肉类制品加工过程中常加入亚硝酸盐作防腐剂和着色剂，因为亚硝酸盐可以抑制细菌繁殖，还可以与肌肉蛋白结合使肉类色质鲜艳，但这样 N-亚硝基胺会直接随食物进入体内，而且食品中的亚硝酸盐在胃酸的作用下可形成亚硝酸，与体内代谢产生的仲胺形成 N-亚硝基胺类化合物，所以过多的食用这样的食品会危及人体健康。实验证明，维生素 C 能抑制体内的 N-亚硝基胺的合成，因此，多吃新鲜蔬菜、水果可以减少体内的 N-亚硝基胺的合成。

(3) 叔胺。脂肪族叔胺与亚硝酸盐作用生成不稳定的亚硝酸盐类，此盐用碱处理又重新得到游离的叔胺：

$$R_3N + HNO_2 \longrightarrow [R_3NH]^+ HNO_2^- \xrightarrow{OH^-} R_3N$$

芳香族叔胺与亚硝酸反应，可以在芳环上导入亚硝基。许多芳香叔胺的亚硝基化合物都有明显的颜色。例如：

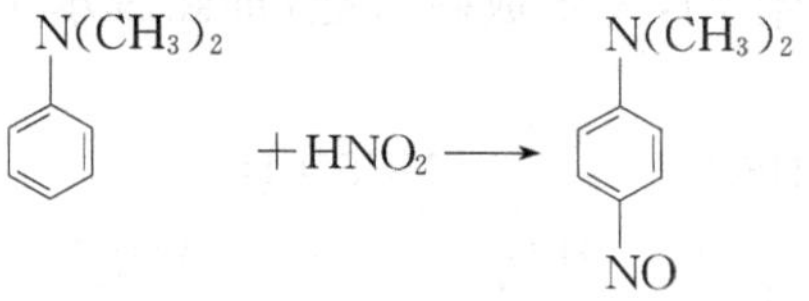

对亚硝基-N,N-二甲苯胺(绿色结晶)

由于三种胺与亚硝酸的反应现象不同，因此可以通过与亚硝酸的反应区别三种胺。

6) 芳胺环上的取代反应

氨基是使苯环致活的基团，所以芳胺的芳环上容易进行一系列的亲电取代反应。

(1) 卤代。芳胺与氯或溴很容易发生亲电取代反应。例如，在苯胺的水溶液中滴加溴水，立即生成 2,4,6-三溴苯胺白色沉淀，而得不到一溴代的产物。

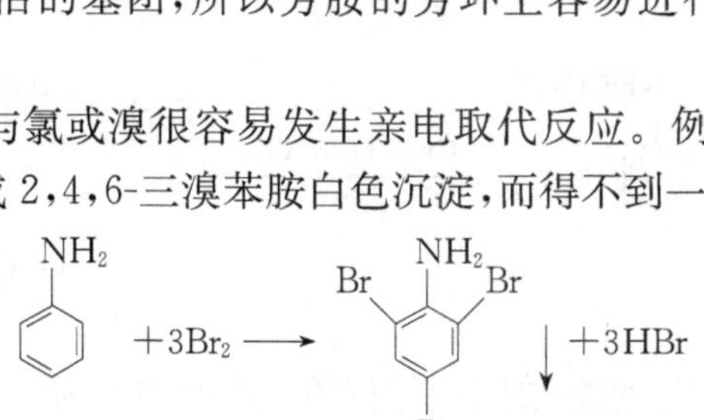

反应定量进行，可用于芳胺的定性和定量分析。要想获得一卤代产物，需先将氨基酰化以降低其活化能力，再进行溴代，最后水解除去酰基。例如：

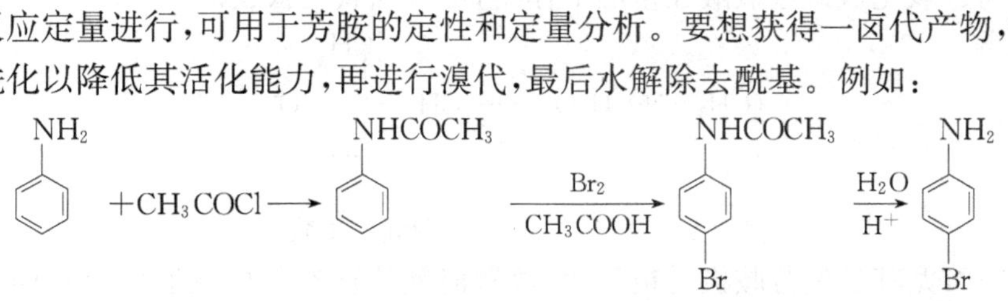

(2) 硝化。芳香族伯胺容易氧化，不能直接用硝酸硝化，一般先将氨基酰化保护后再硝化。

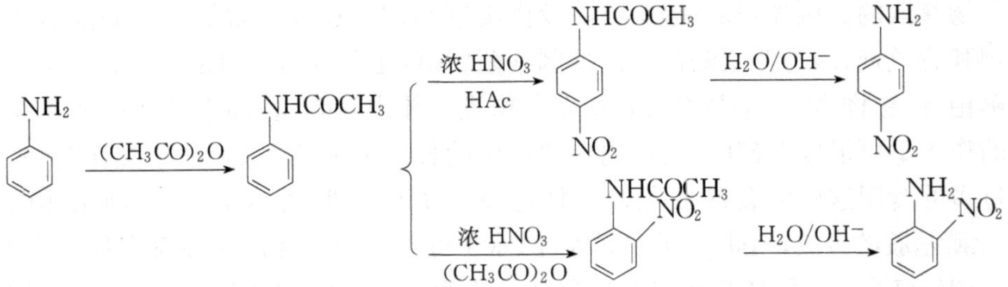

也可将芳胺与酸作用生成铵盐，然后硝化：

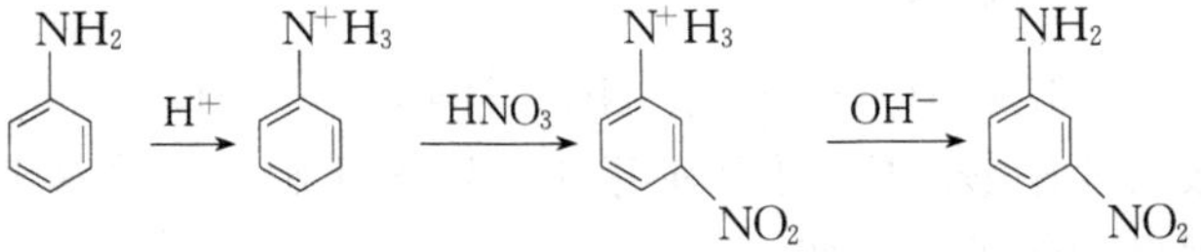

(3) 磺化。芳胺与浓硫酸作用，先生成硫酸盐，加热脱水生成磺基苯胺，再重排生成对氨基苯磺酸。

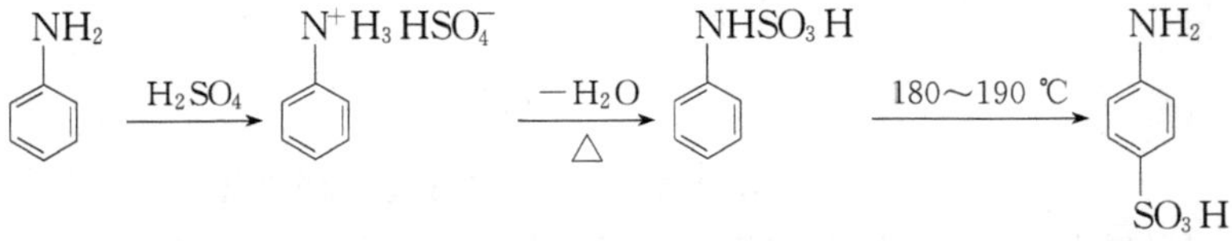

对氨基苯磺酸分子中既有碱性的氨基，又有酸性的磺酸基，所以本身以内盐形式存在。

(4) 傅-克反应。芳香胺中的氨基用酰基保护后，可以顺利地进行酰基化或烷基化反应。

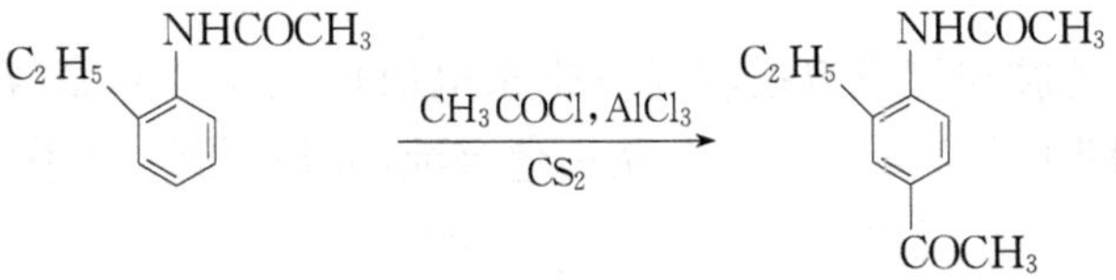

7）胺的氧化

胺比较容易被氧化，脂肪伯胺及仲胺的氧化产物多为混合物，无制备价值。脂肪叔胺与过氧化氢或过氧酸在室温下作用，可得到氧化叔胺：

$$(CH_3)_3N + H_2O_2 \longrightarrow CH_3-\overset{\displaystyle CH_3}{\underset{\displaystyle CH_3}{\overset{|}{\underset{|}{N^+}}}}-O^-$$

氧化三甲胺

芳香胺尤其是伯芳胺极易被氧化，放置时就能被空气中的氧所氧化而带有由黄至红甚至黑色，氧化产物很复杂，其中含有醌类、偶氮化合物等产物，但主要产物取决于氧化剂的性质和反应条件。例如，用二氧化锰和硫酸氧化苯胺，主要产物是对苯醌。

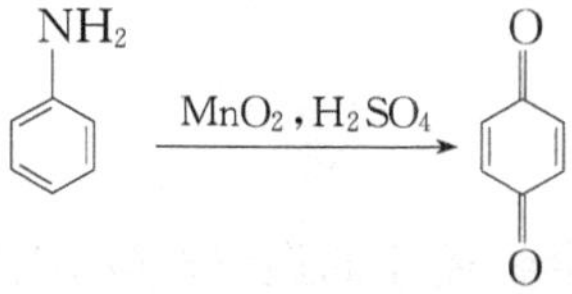

若用重铬酸钾（钠）和硫酸氧化，可得结构复杂的黑色染料——苯胺黑。

11.1.3　胺的制备

1．氨或胺的烃基化

氨或胺是亲核试剂，能与卤代烃发生亲核取代反应，生成伯、仲、叔胺和季铵盐的混合物。

$$NH_3 \xrightarrow{RX} RNH_2 \xrightarrow{RX} R_2NH \xrightarrow{RX} R_3N \xrightarrow{RX} [R_4N^+]X^-$$

氨　　伯胺　　仲胺　　叔胺　　季铵盐

用过量的氨或伯胺作原料可以使主要产物为伯胺或仲胺，但产物仍为混合物，分离提纯有一定的困难。

芳香族伯胺的亲核性弱，与卤代烃反应在较高温度下进行，生成的仲胺要在更剧烈的条件下才能继续烃基化，因此容易停留在生成仲胺的阶段：

$$C_6H_5NH_2 + C_6H_5CH_2Cl \xrightarrow[90\sim95\ ℃]{NaHCO_3, H_2O} C_6H_5NHCH_2C_6H_5$$

85%～87%

2．盖布瑞尔合成法

盖布瑞尔（Gabriel）合成法是制备纯净伯胺的一种常用方法。由于邻苯二甲酰亚胺具有弱酸性，在碱性溶液中可转化为邻苯二甲酰亚胺的负离子，该负离子与卤代烷发生亲核取代反应生成 *N*-烷基邻苯二甲酰亚胺，进一步分解生成伯胺。

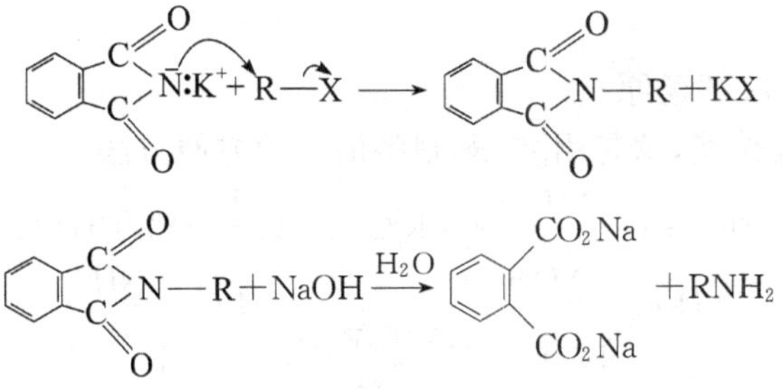

当水解有困难时，可以用肼代替碱进行肼解。

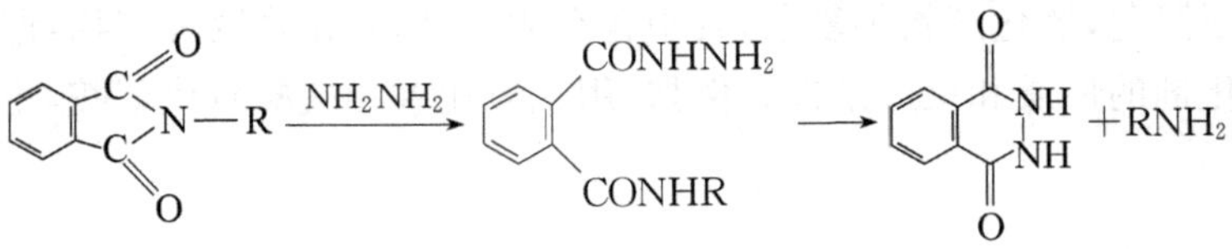

3. 还原法

胺可看成是有机含氮化合物还原的最终产物，因此硝基化合物、腈、肟、酰胺等均可被还原为胺。

1）硝基化合物的还原

硝基化合物的还原是制备芳香伯胺最常用的方法。常用锡、铁和锌等金属和盐酸还原或催化氢化。

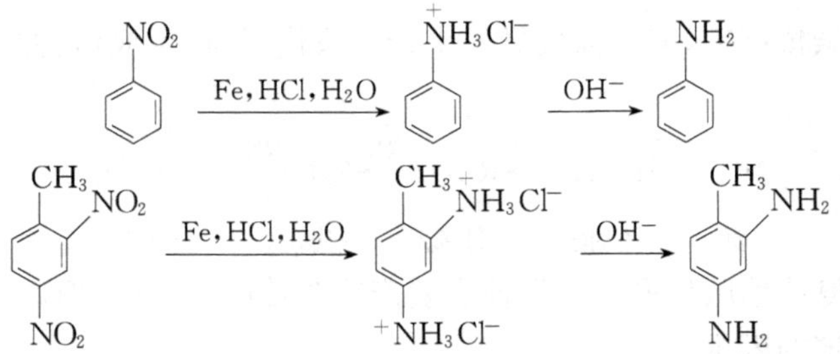

用 NaSH、NH_4HS、$(NH_4)_2S$ 等硫化物还原剂可以对多硝基芳烃进行部分还原，即只还原其中一个硝基。

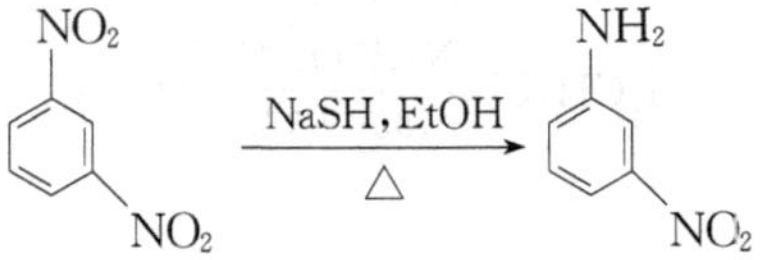

催化氢化是使硝基化合物转变为伯胺的一种既清洁又方便的方法，镍、铂都可用作催化剂。

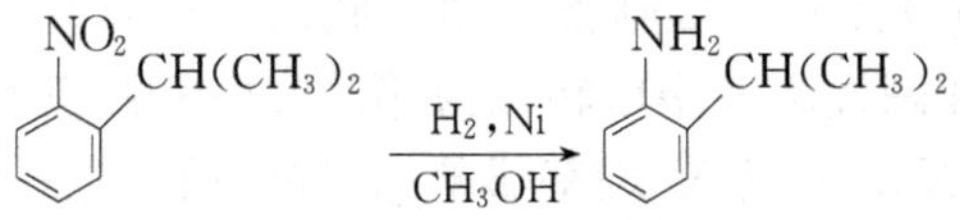

92%

2）肟、腈和酰胺的还原

肟容易还原成伯胺，这是由醛、酮制备伯胺的方便方法。

$$RR'C{=}O \xrightarrow{NH_2OH} RR'C{=}NOH \xrightarrow{[H]} RR'CHNH_2$$

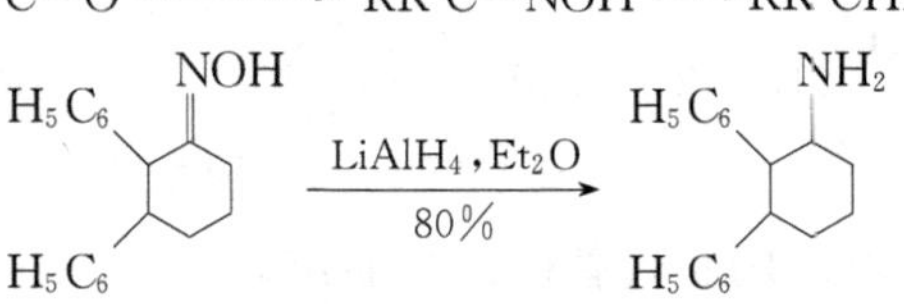

腈可以用氢化铝锂还原成伯胺。

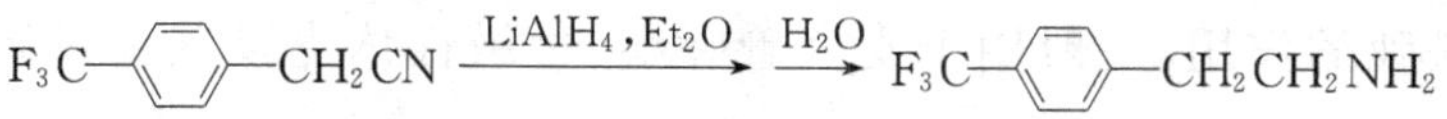

酰胺可被氢化铝锂还原为伯胺和仲胺。详见 11.3.2。

3）醛、酮的还原氨化

醛、酮与氨反应生成亚胺，亚胺经催化加氢后转变为伯胺。

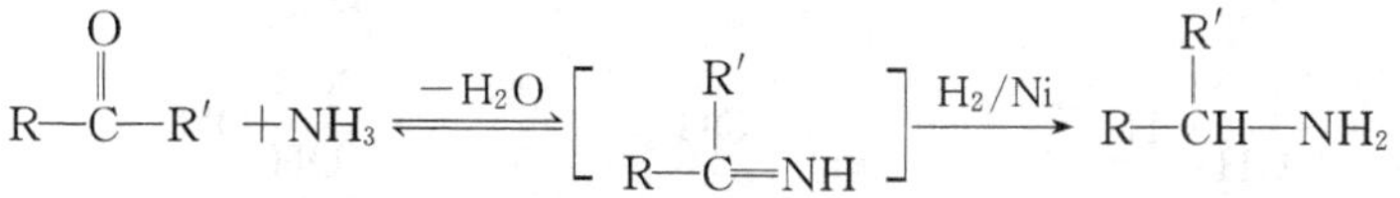

若以伯胺、仲胺代替氨，则可生成仲胺和叔胺。

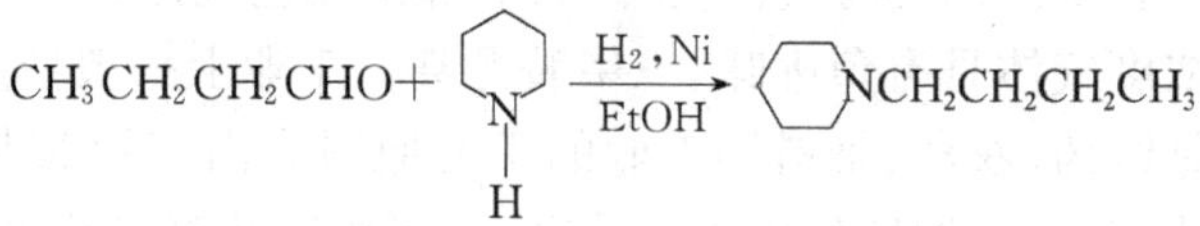

4. 霍夫曼降解反应

酰胺与氯或溴在碱溶液中反应，可生成少一个碳的伯胺。详见 11.3.2。

11.1.4　重要的胺

胺在自然界分布很广，其中很多是由氨基酸脱羧生成的。例如，多巴胺就是由二羟基苯丙氨酸在多巴脱羧酶的作用下生成的。

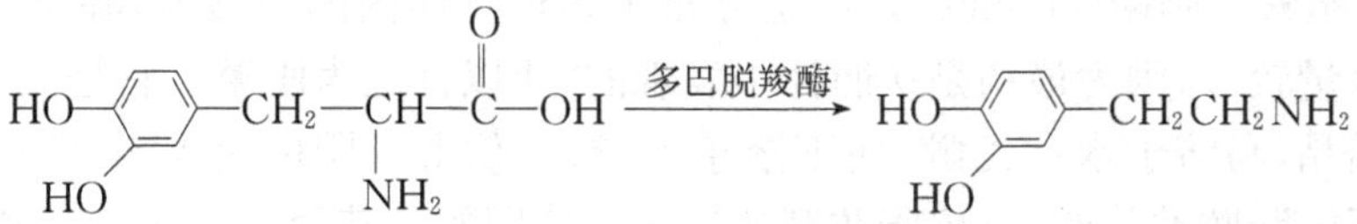

二羟基苯丙氨酸　　　　多巴胺

许多胺可用作药物。例如，金刚烷中一个叔碳原子上的氢被氨基取代的衍生物——金刚胺，可用于预防和治疗亚洲甲型流感病毒感染，同时也是治疗帕金森氏症的药物。但也有一些胺对于生命是十分有害的，如腐胺、尸胺都是极毒的，它们是由食物中的某些氨基酸在空气中细菌的作用下脱羧而成的。

（1）多巴胺、肾上腺素。多巴胺又称 3,4-二羟基苯乙胺，是人体最重要的中枢神经传导物质，是下丘脑和脑垂体腺中的一种关键神经传递质。某些中、老年人患有头和四肢抖动不停的“帕金森氏症”，其原因之一就是中枢神经系统缺少多巴胺。

肾上腺素、去甲肾上腺素等胺类化合物都是维持正常生命活动的重要物质。肾上腺素是肾上腺髓质的主要激素，为无色或淡棕色结晶，熔点 211～212 ℃，无臭，味苦，微溶于水及乙醇，不溶于乙醚、氯仿等，但易溶于酸或碱中，在中性或碱性溶液中不稳定，遇光即分解变色。肾上腺素对交感神经有兴奋作用，有加速心脏跳动、收缩血管、升高血压、放大瞳孔等功能，也有使肝糖分解、血糖升高，以及使支气管平滑肌松弛的作用，一般用于支气管哮喘、过敏性休克及其他过敏性反应的急救。

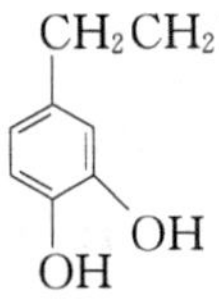
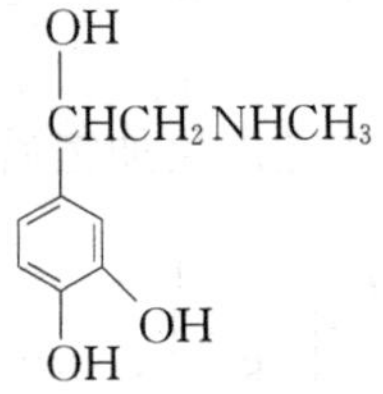
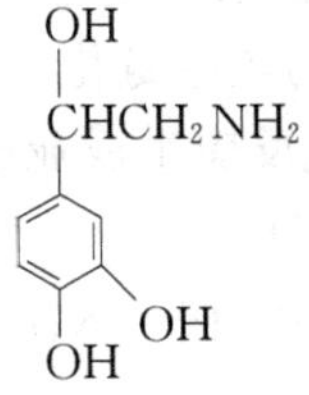

多巴胺　　　　肾上腺素　　　　去甲肾上腺素

(2) 甲胺、二甲胺、三甲胺。它们在常温下都是无色气体，均易溶于水、乙醚等溶剂，易燃。低浓度气体具有鱼腥味，三甲胺尤甚。工业上一般使用它们的水溶液或固体盐酸盐，是医药、农药、染料等工业的重要原料。由三甲胺与1,2-二氯乙烷生成的矮壮素(CCC)是一种植物生长调节剂，它可以防止高秆作物的疯长与倒伏，使枝叶粗壮、肥厚。

$$[(CH_3)_3N^+CH_2CH_2Cl]Cl^-$$

矮壮素

(3) 苯胺。苯胺存在于煤焦油中，是油状液体，沸点184 ℃，微溶于水，易溶于有机溶剂，有毒。新蒸馏的苯胺无色，放置后因氧化而变为黄、红或棕色。苯胺是重要的有机合成原料，用于制备染料、药物等。苯胺可由硝基苯还原制得。

(4) 胆碱。胆碱(choline)是广泛分布于动植物体内的季铵碱，在动物的卵和脑髓中含量较多，因为最初是从胆汁中发现的，所以称之为胆碱。它是无色吸湿性较强的结晶，易溶于水和乙醇，而不溶于乙醚、氯仿等。胆碱是B族维生素之一，能调节肝中脂肪的代谢，有抗脂肪肝的作用。药用的是其盐——氯化胆碱。

$$HOCH_2CH_2\overset{+}{N}(CH_3)_3OH^-$$

胆碱

(5) 新洁尔灭(溴化二甲基十二烷基苄基铵)。在常温下，新洁尔灭为微黄色的黏稠液，吸湿性强，易溶于水和醇，水溶液呈碱性。新洁尔灭是具有长链烷基的季铵盐，属阳离子型表面活性剂，也是消毒剂。临床上用于皮肤、器皿及手术前的消毒。

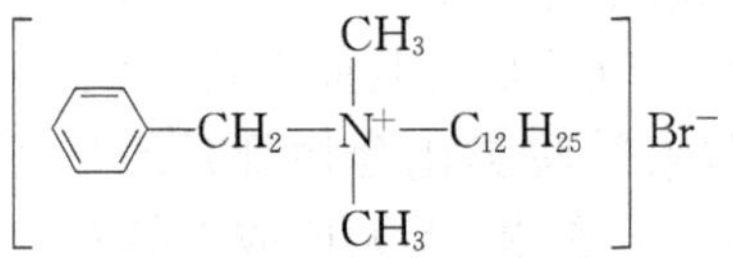

溴化二甲基十二烷基苄基铵

(6) 乙二胺。乙二胺($H_2NCH_2CH_2NH_2$)具有伯胺的一切性质，碱性比一元胺强。乙二胺为无色液体，沸点为 116.5 ℃，溶于水和乙醇，不溶于乙醚和苯，有类似于氨的气味。乙二胺和氯乙酸在碱性溶液中可缩合生成乙二胺四乙酸(EDTA)，在分析化学中最常用的是 EDTA 二钠盐，它可以和微量的重金属或碱土金属的离子络合，使溶液中不再有金属离子。例如，在测水的硬度时，用 EDTA 二钠盐作为络合滴定剂。EDTA 的二钠盐结构为

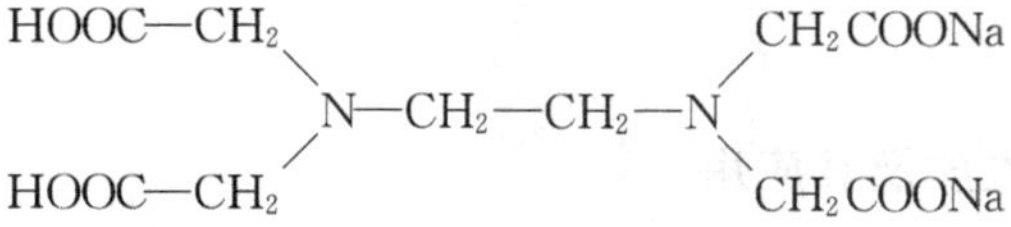

11.2　重氮与偶氮化合物

重氮和偶氮化合物分子中都含有—N_2—官能团，官能团两端都与烃基相连的称为偶氮化合物，只有一端与烃基相连的称为重氮化合物。例如：

氯化重氮苯　　硫酸重氮苯　　偶氮苯　　偶氮甲烷

偶氮化合物中，两个氮原子之间是双键，其中之一是 σ 键，另一个为 π 键。而重氮化合物中两个氮原子之间是叁键，其中一个是 σ 键，两个是 π 键。重氮化合物中不与碳原子相连的氮原子上还有一对孤对电子。

本节主要介绍芳香族重氮化合物及其在合成上的应用。

11.2.1　重氮化反应

芳香族伯胺在强酸存在下与亚硝酸反应生成重氮盐，称为重氮化。重氮化反应是制备重氮盐最重要的方法。一般将芳胺溶解或悬浮在过量的稀盐酸(HCl 的物质的量为芳胺的 2.5 倍左右)中，在 0～5 ℃下加入与芳胺物质的量相等的亚硝酸钠的水溶液，通常情况下反应迅速进行。

$$C_6H_5NH_2 + NaNO_2 + 2HCl \longrightarrow C_6H_5N_2^+Cl^- + 2H_2O + NaCl$$

碱性很弱的胺可以溶解在浓硫酸中，在冷却下滴入亚硝酸钠溶液，发生如下反应：

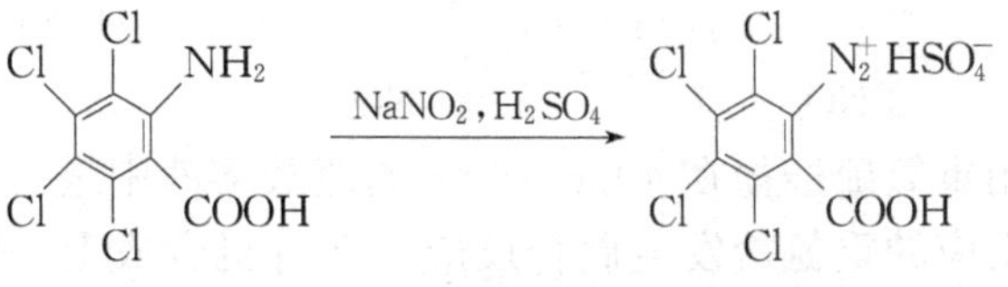

重氮化反应必须在低温下进行，温度高重氮盐易分解。反应必须保持强酸性条件，弱酸条件下易发生副反应。亚硝酸有氧化性，不利于重氮盐的稳定，故亚硝酸不能过量。

纯粹的重氮盐为无色晶体，能溶于水，不溶于有机溶剂，在稀溶液中完全电离。重氮盐晶体在空气中颜色变深，受热或震动能发生爆炸，重氮盐水溶液没有爆炸的危险。因此，一般在水溶液中制备重氮盐，且不进行分离纯化，而是直接用于下一步合成。0 ℃时，一般的重氮盐水溶液只能保存几小时，因此在制备后应尽快使用。重氮盐能与氯化锌、氟化硼等生成稳定的络盐，它们可以在固态下保存或使用。

11.2.2　重氮盐的性质及其应用

重氮盐的化学性质非常活泼，能发生许多化学反应。一般可归纳为三类：去氮反应、留氮反应和还原反应。

1. 去氮反应

重氮基(N_2^+)被其他原子或原子团取代并释放出氮气。

(1) 被卤原子取代。在氯化亚铜的浓盐酸溶液或溴化亚铜的浓氢溴酸溶液作用下，重氮基可被氯原子或溴原子取代，分别得到氯化物和溴化物，此反应称为桑德迈耳(Sandmeyer)反应。若将催化剂氯化亚铜改为铜粉，则称为加特曼反应(Gattermann)反应。

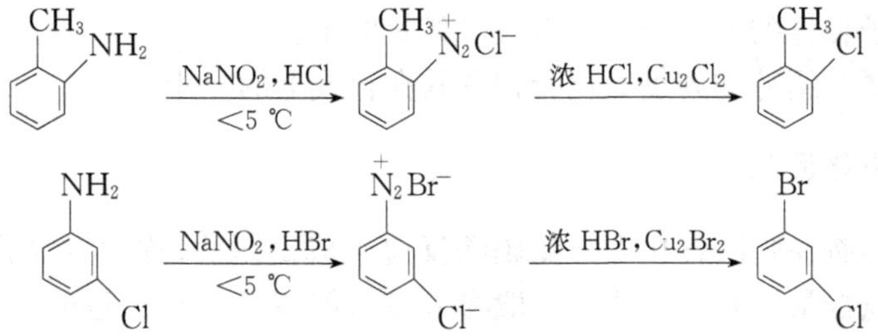

用重氮盐合成芳香族卤烃最大的优点是反应容易，可用来合成一些不能用芳环亲电取代反应直接合成的芳香族化合物，且产物纯，后处理简单。

(2) 被羟基取代。重氮盐和酸液共热时即有氮气放出，并生成酚类化合物。

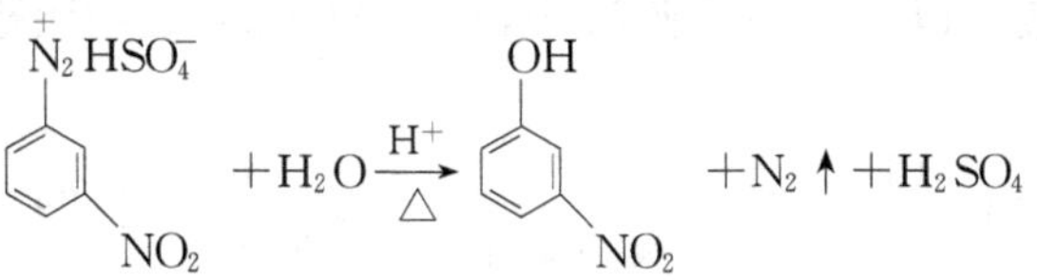

此反应一般用重氮硫酸盐在40%～50%的硫酸溶液中进行，这样可以避免反应生成的酚与未反应的重氮盐发生偶合反应。在有机合成上，不能用间溴苯磺酸钠碱熔制取间溴苯酚，因为溴原子也会在碱溶液中水解，但用重氮基被羟基取代的反应，可顺利制得间溴苯酚。

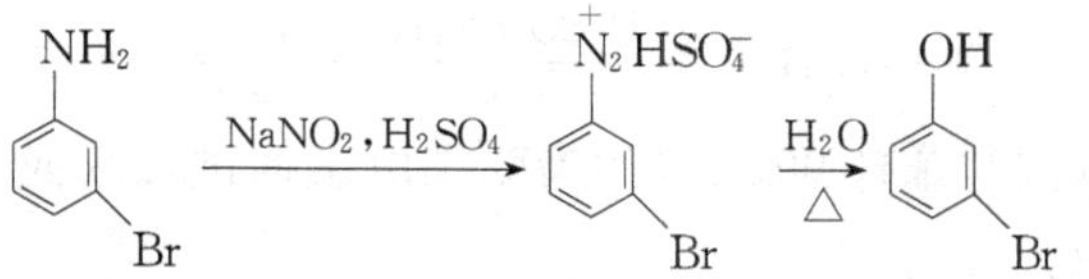

(3) 被氰基取代。重氮盐与氰化亚铜的氰化钾溶液作用，重氮基被氰基取代。

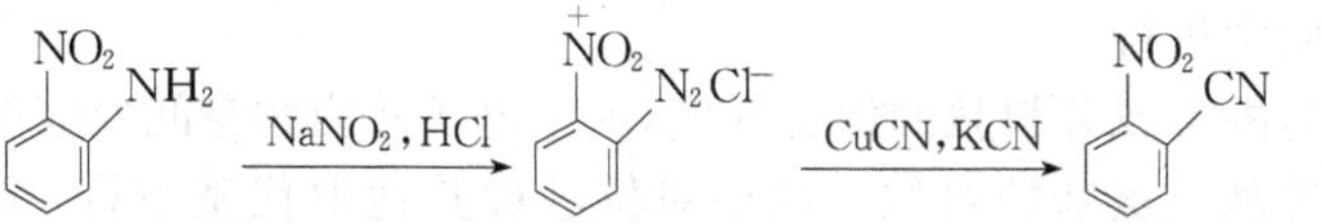

氰基经水解或还原可变成羧基或氨甲基。这样，通过重氮盐可以在芳环上引入羧基或氨甲基。

(4) 被氢原子取代。重氮盐与次磷酸(H_3PO_2)或乙醇等反应，则重氮盐被氢原子取代。

$$ArN_2Cl + H_3PO_2 + H_2O \longrightarrow Ar{-}H + N_2\uparrow + H_3PO_3 + HCl$$

此反应提供了一种从芳环上除去氨基或硝基的方法。例如，合成间溴甲苯不能直接从甲苯溴代制取，也不能从溴苯烷基化制取。若以对甲苯胺为原料通过下列各步反应则可制取间溴甲苯。

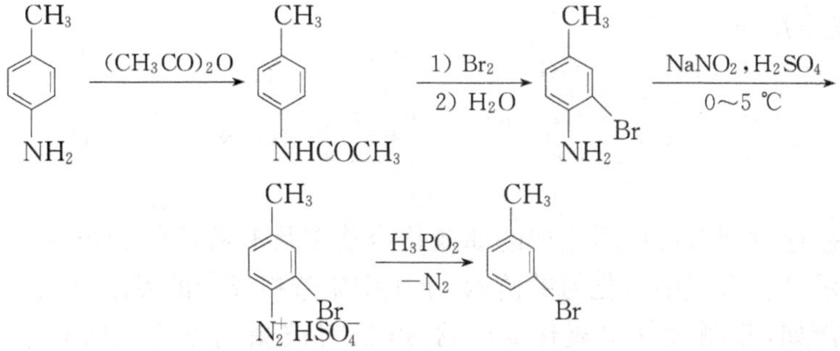

又如，合成 1,3,5-三溴苯用苯直接进行溴代的方法是无法制得的，但若经苯胺溴代而后通过重氮化和重氮盐去氮反应便可制得。

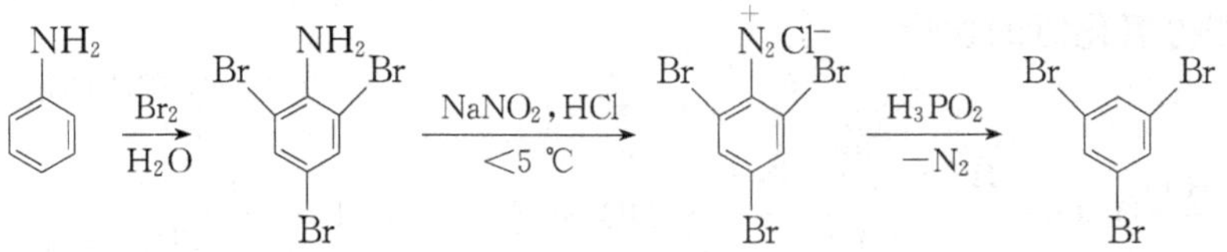

2. 留氮反应

重氮盐在适当的条件下与酚或芳叔胺作用，由偶氮基(—N═N—)将两个分子连接起来生成偶氮化合物的反应称偶合(联)反应。重氮基的两个氮原子反应后仍保留在产物的分子中。

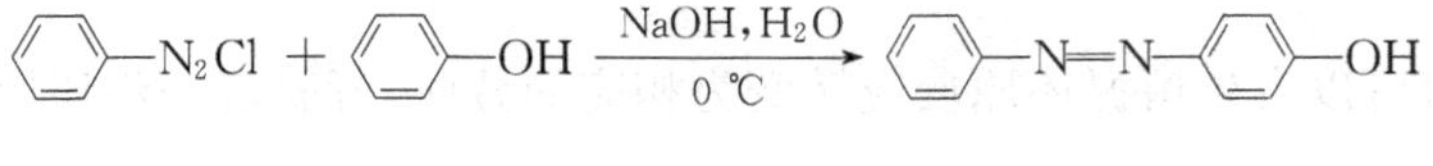

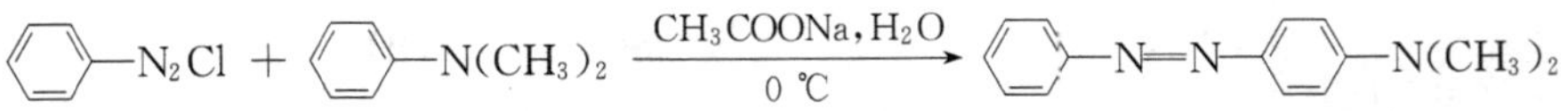

反应中重氮基因与苯环共轭，其作为弱亲电试剂进攻酚或芳叔胺中的高活性苯环发生偶合反应。

重氮盐与酚的偶合通常在中性或弱碱性介质中进行，与芳叔胺的偶合则需要在弱酸性介质中进行。

重氮盐与酚类或芳叔胺的偶合反应，由于电子效应和空间效应的影响，反应一般发生在酚羟基或氨基的对位。如果对位已被其他取代基占据，则发生在邻位。若其对位和两个邻位都被取代基占据，则不发生偶合反应。例如：

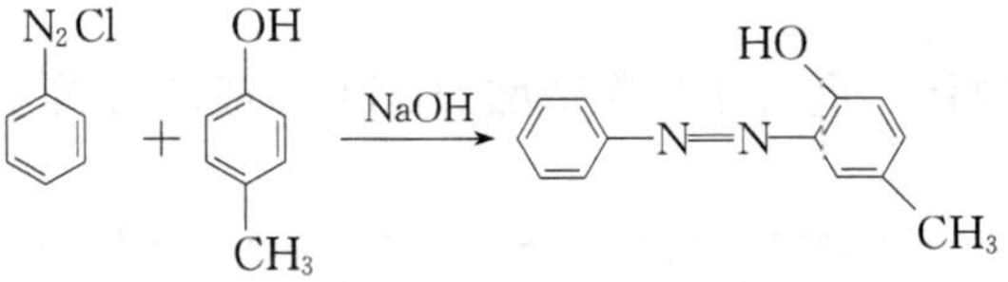

对于萘酚、萘胺类化合物，由于羟基和氨基使所在苯环活化，偶合反应发生在同环。对于 α-萘酚（胺），偶合位置一般在 4-位，若 4-位被其他取代基占据，则偶合位置一般在 2-位。而 β-萘酚（胺）的偶合位置在 1-位，如果 1-位被其他取代基占据，则不发生反应。

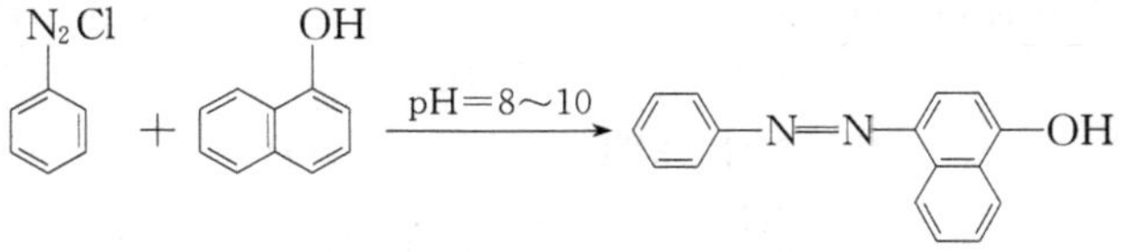

重氮盐通过偶合反应所生成的偶氮化合物多具有鲜艳的颜色，因此广泛用作染料和指示剂。大气中氧化氮的监测、土壤中硝酸根离子的测定也用到重氮化-偶合反应。例如，监测大气中氧化氮的含量时，将被测气体通入由对氨基苯磺酸、α-萘乙二胺盐酸盐和乙酸水溶液组成的吸收液。如果被测大气中有二氧化氮等氧化氮存在，则与吸收液发生重氮化-偶合反应，产生玫瑰红的偶氮化合物，再用比色法便可测得氧化氮的含量。

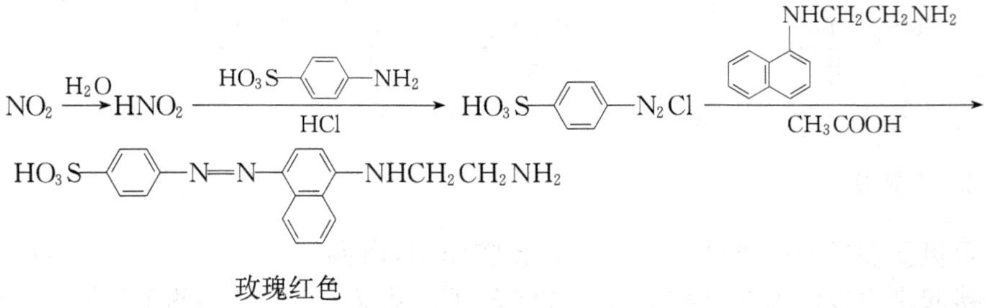

玫瑰红色

3. 还原反应

重氮盐可以发生留氮还原反应转变为相应的芳肼，芳肼进一步还原得到芳胺。

采用的还原剂有氯化亚锡、锌、亚硫酸钠等,也可以进行电解还原。

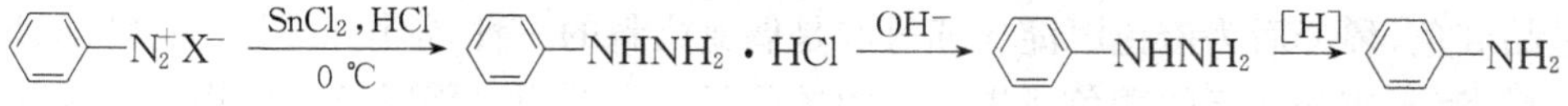

苯肼　　苯胺

苯肼是重要的有机试剂,极毒,使用时要注意安全。

11.2.3　偶氮化合物

偶氮基是一种重要的生色基团,因此芳香偶氮化合物一般都具有鲜艳的颜色。偶氮基又比较稳定,可用作染料,称为偶氮染料。偶氮染料几乎包含所有的颜色,广泛用于纺织品、塑料、皮革、食品制品等染色及印花工艺。近年来,偶氮染料因为环保问题被禁用,受禁的偶氮染料有一百种以上。用受禁偶氮染料染色的服装或其他消费品与人体皮肤长期接触后,会发生复杂的还原反应,形成致癌的芳香胺类化合物,这些化合物会被人体吸收,经过一系列活化作用,使人体细胞的 DNA 发生结构与功能的变化,成为人体病变的诱因。

(1) 甲基橙。对氨基苯磺酸的重氮盐与 N,N-二甲苯胺进行偶合反应,即得甲基橙。

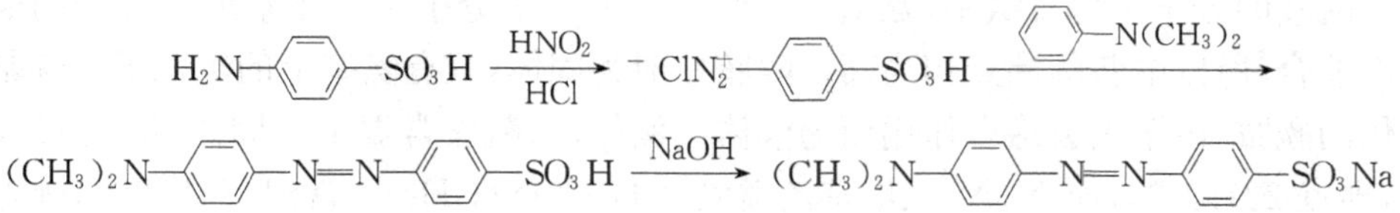

甲基橙(黄色)

甲基橙在 pH=4.4 以上时显黄色,在 pH=3.1 以下时显红色,因此甲基橙主要用作酸碱滴定时的指示剂,其颜色变化是由于在不同 pH 条件下结构改变所致。

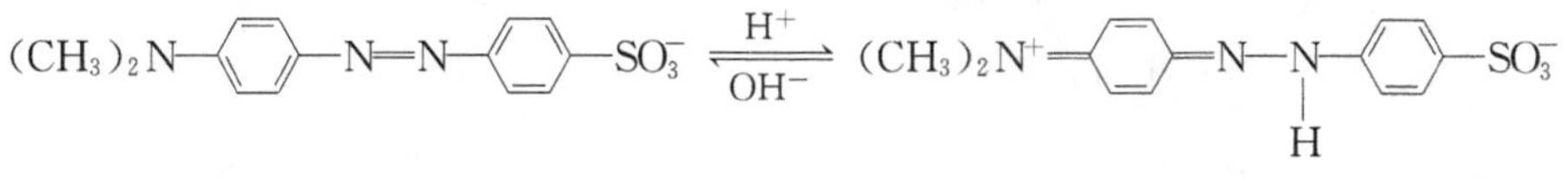

黄色　　红色

(2) 刚果红。刚果红分子中共轭体系较大,所以颜色较深。刚果红是一种可以直接使棉纤维着色的红色染料,但容易因洗或晒褪色,且遇强酸后变为蓝色,所以不是一种很好的染料。但刚果红作为指示剂,其变色范围的 pH 为 3~5。

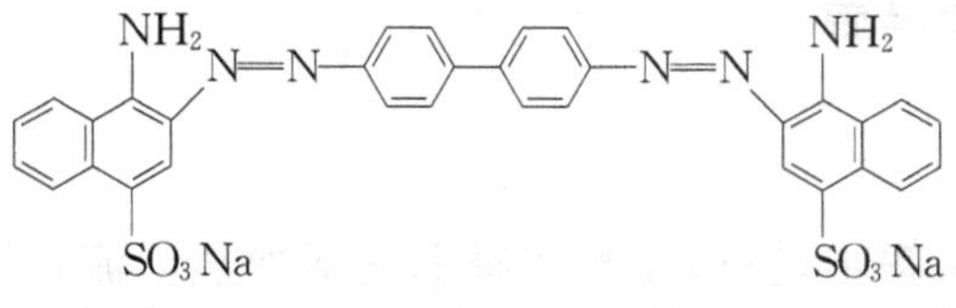

(3) 苏丹红。苏丹红化学名 1-苯基偶氮-2-萘酚,又名油溶黄、苏丹黄,不溶于

水，微溶于乙醇，易溶于油脂、矿物油、丙酮和苯，其乙醇溶液呈紫红色，在浓硫酸中呈品红色，稀释后为橙色沉淀。苏丹红是偶氮染料的一种，常用于家具漆、鞋油、地板蜡、汽车蜡和油脂的着色。进入体内的苏丹红主要通过胃肠道微生物还原酶、肝及肝外组织微粒体和细胞质的还原酶代谢，在体内代谢成相应的胺类物质。在多项体外致突变试验和动物致癌实验中发现，苏丹红有致突变性和致癌性。

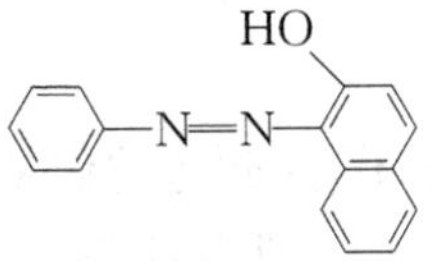

11.3 酰　　胺

酰胺是羧酸的一种衍生物，结构上可以看作羧酸分子中的羟基被氨基或烃氨基取代后的产物。

11.3.1 酰胺的物理性质

酰胺的分子中含有氨基，氨基上氢原子与另一个分子中的羰基形成分子间氢键而缔合，所以酰胺的沸点相当高。酰胺一般为固体，只有氨基上的氢原子被烷基取代的酰胺，由于失去缔合作用而为液体。例如，乙酰胺常温下是固体，熔点 82.3 ℃，沸点 221.2 ℃，而 *N*,*N*-二甲基乙酰胺[$CH_3CON(CH_3)_2$]常温下是液体，沸点为 165 ℃。

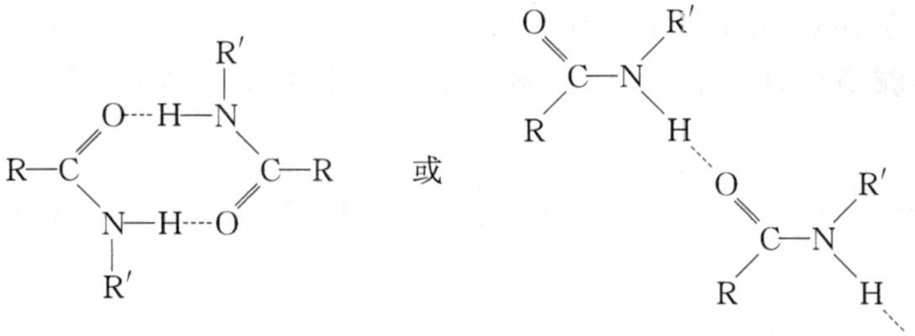

低级的酰胺溶于水，因为酰胺能与质子性溶剂发生分子间缔合。例如，*N*,*N*-二甲基甲酰胺既可以与水混溶，又可以与许多有机溶剂混溶，是很好的非质子性极性溶剂。

11.3.2 酰胺的化学性质

1. 酰胺的水解

酰胺水解比酯水解难进行，在酸或碱催化下加热回流，酰胺才能发生水解反应，生成羧酸和铵盐或羧酸盐和氨(或胺)。酰胺的水解反应是不可逆反应。

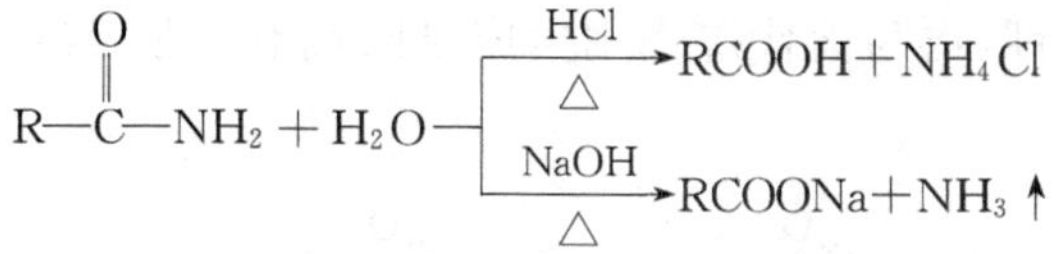

在有机合成中，常用酰胺的生成和酰胺的水解两个反应保护氨基。例如：

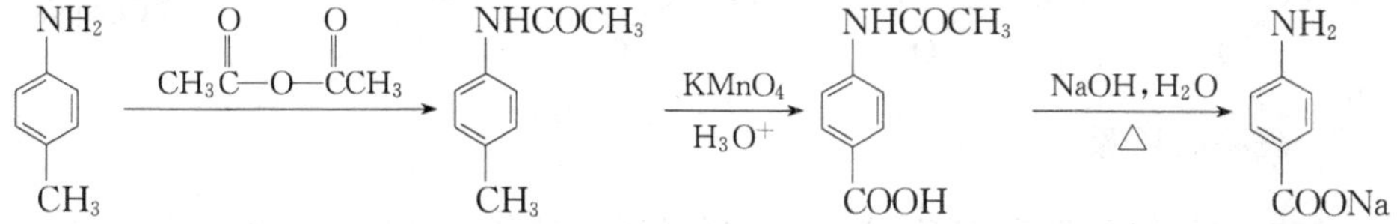

2. 酰胺的脱水反应

酰胺与脱水剂（如 P_2O_5）共热，发生分子内脱水生成腈，该反应用于制取腈类化合物。

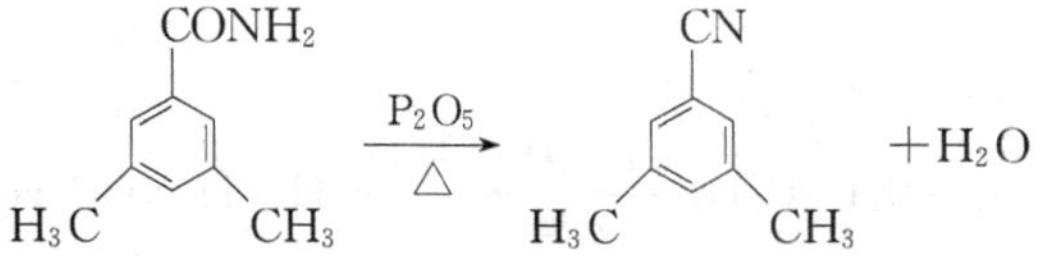

3. 霍夫曼降解反应

在浓氢氧化钠溶液中，酰胺与 Br_2 或 Cl_2 作用，脱去羰基生成少一个碳原子的伯胺，该反应称为霍夫曼（Hofmann）降解反应。例如：

$$CH_3CH_2CH_2CH_2CONH_2 + Br_2 + 4NaOH \longrightarrow CH_3CH_2CH_2CH_2NH_2 + 2NaBr + Na_2CO_3 + 2H_2O$$

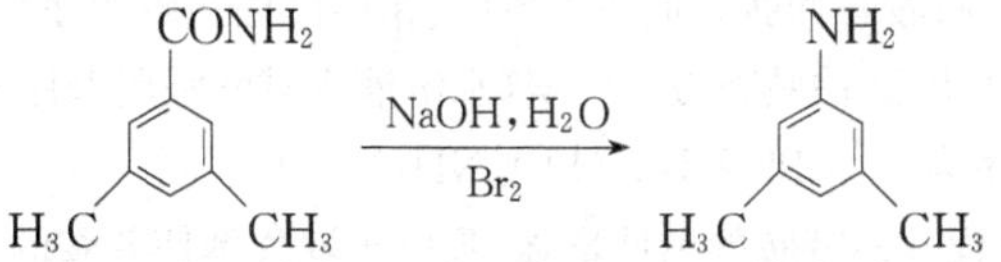

霍夫曼降解反应在合成中常用于制备少一个碳原子的伯胺。

4. 酰胺的酸碱性

氨是碱性的，但当氨分子中的氢原子被酰基取代后（$RCONH_2$）碱性消失，酰胺是中性物质，这是由于酰胺中氮原子上的孤对电子与羰基 p-π 共轭而使氮原子上电子云密度降低。

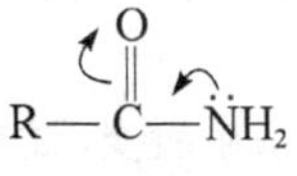

如果氨分子中两个氢都被酰基取代，生成的二酰亚胺甚至显弱酸性，可以与强碱作用生成稳定的盐。盖布瑞尔合成法就是利用邻苯二甲酰亚胺的弱酸性使之生

成邻苯二甲酰亚胺钾，再与卤代烷作用生成氮取代酰亚胺，经碱性水解得到高纯度伯胺。

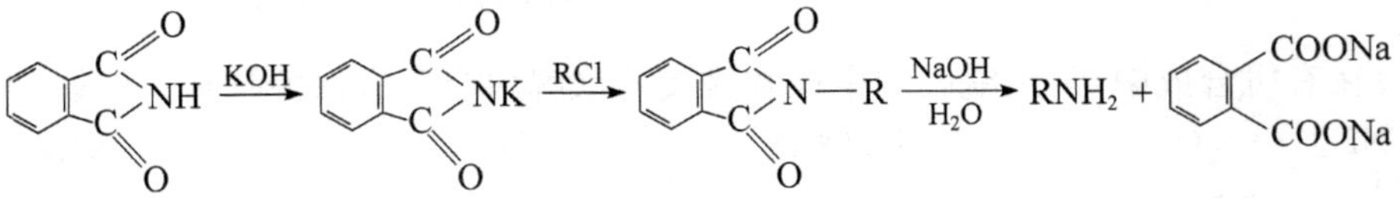

5. 酰胺的还原

酰胺不易还原，但在高温、高压下催化氢化，酰胺可被还原为胺。氢化铝锂也可将酰胺还原为胺。

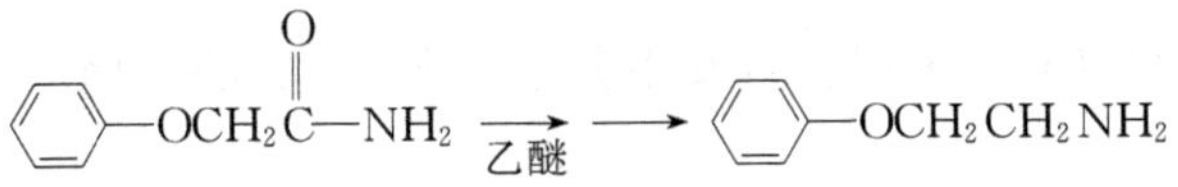

80%

$$CH_3\overset{\overset{\displaystyle O}{\|}}{C}-NH-C_6H_5 \xrightarrow[\text{乙醚}]{LiAlH_4} \xrightarrow{H_2O} CH_3CH_2NHC_6H_5$$

60%

本 章 小 结

1. 胺的碱性

芳胺＜NH_3＜脂肪胺

脂肪胺：　　叔胺＞仲胺＞伯胺＞氨（气相中碱性强弱顺序）

仲胺＞伯胺＞叔胺＞氨（水溶液中碱性强弱顺序）

芳胺：碱性强弱顺序为　$PhNH_2 > (Ph)_2NH_2 > (Ph)_3N$

芳环上的供电子取代基使芳胺的碱性增强，吸电子取代基使芳胺的碱性减弱。

2. 胺的烃基化。伯胺烃基化生成仲胺、叔胺和季铵盐的混合物。

3. 胺的酰基化。胺与酰卤或酸酐反应生成的产物是 N-烃基酰胺或 N,N-二烃基酰胺；若用磺酰化试剂（如对甲苯磺酰氯），则生成相应的磺酰胺。

4. 伯胺、仲胺和叔胺与 HNO_2 反应生成的产物各不相同，可鉴别三类胺。

5. 芳胺环上的取代反应。

(1) 卤代。芳胺与氯或溴很容易发生亲电取代反应，得到多卤代芳胺。

(2) 硝化。芳香族伯胺容易氧化，不能直接用硝酸硝化。氨基用酰基保护后再硝化得邻位或对位硝基产物。

(3) 磺化。芳胺与浓硫酸作用，先生成硫酸盐，加热脱水生成磺基苯胺，再重排生成对氨基苯磺酸。

(4) 傅-克反应。芳香胺中的氨基用酰基保护后，可以顺利地进行酰化或烃化反应。

6. 重氮盐的反应。芳香伯胺在过量强酸溶液中与亚硝酸在低温下（一般在 5 ℃以下）反应得到重氮盐，重氮基(N_2^+)被其他原子或原子团所取代得到相应的产物。

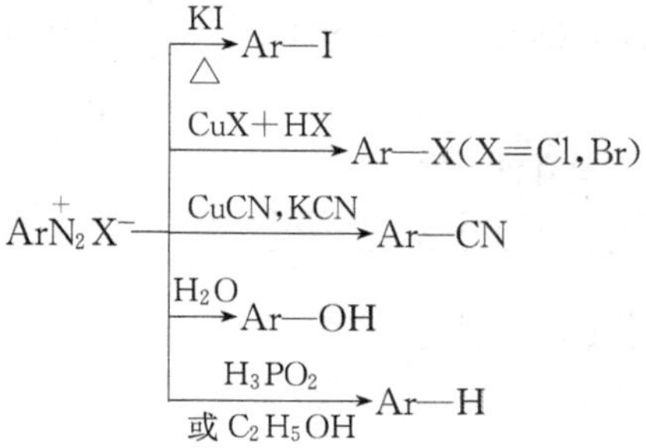

重氮盐与酚或芳叔胺偶合生成偶氮化合物。

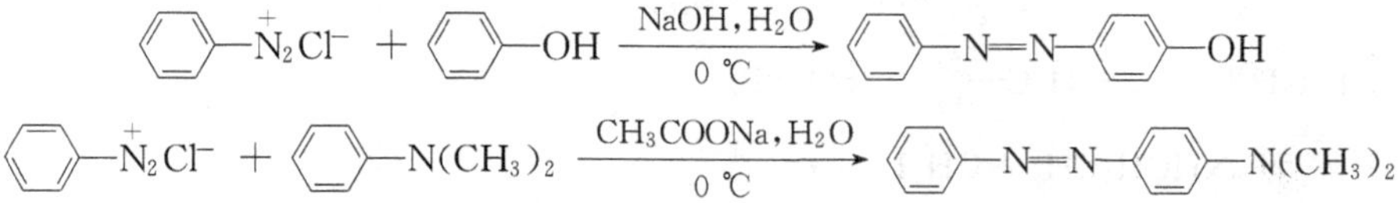

7. 酰胺的主要化学反应。

(1) 霍夫曼降解反应。在浓氢氧化钠溶液中酰胺与 Br_2 或 Cl_2 作用，酰胺脱去羰基生成少一个碳原子的伯胺。

(2) 酰胺水解。在酸或碱催化下加热回流，酰胺发生水解反应得到相应的胺。

(3) 酰胺的还原。氢化铝锂可将酰胺还原为胺。

习　题

1. 写出下列化合物的名称或结构式。

(1) $CH_3CH_2\underset{\displaystyle NH_2}{\underset{|}{C}}HCH_2CH_3$　(2) $(CH_3)_2CHNH_2$　(3) $(CH_3)_2NCH_2CH_3$　(4) 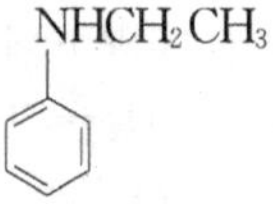

(5) 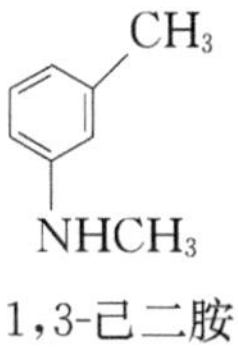　(6) 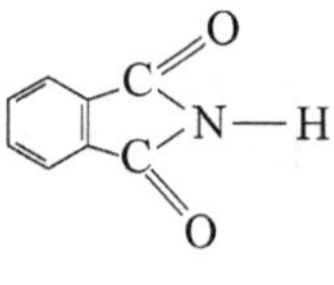　(7) DMF　(8) 对氨基苯甲酸甲酯

(9) 1,3-己二胺　(10) 甲基橙

2. 比较下列各组化合物的碱性。

(1) $(CH_3)_3N$，$(CH_3)_2NH$，NH_3，CH_3NH_2

(2) NH_3，$CH_3CH_2NH_2$，$PhNH_2$，Ph_2NH

(3) 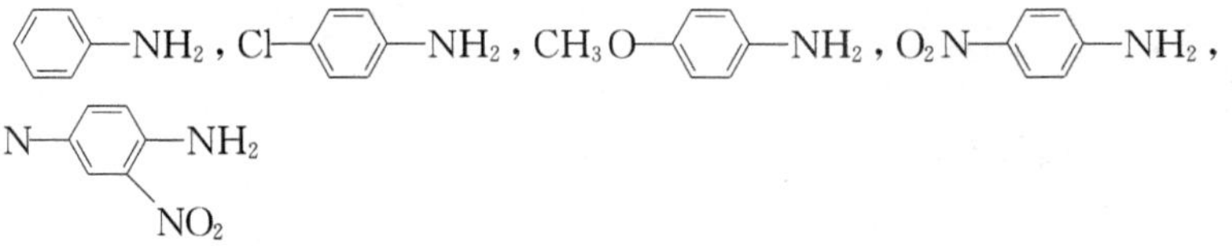

(4) $PhNH_2$，$PhNHCOCH_3$， 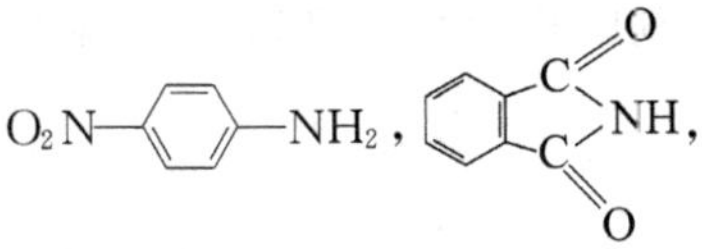，$(CH_3)_4N^+OH^-$

3. 完成下列反应，写出各步主要有机产物。

(1) 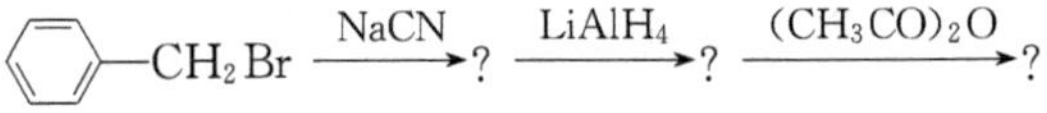

(2) 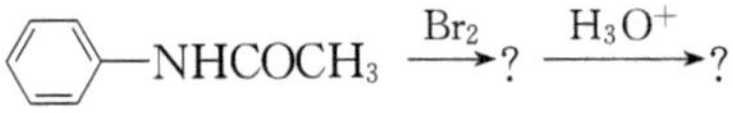

(3) 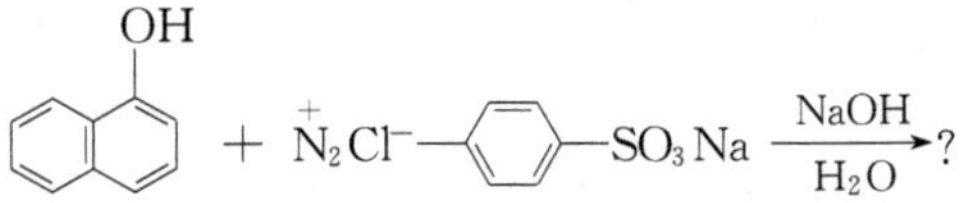

(4) 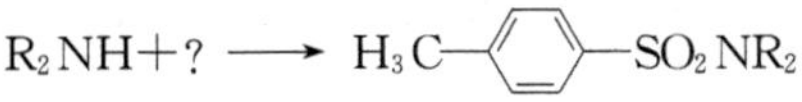

(5) 

(6) 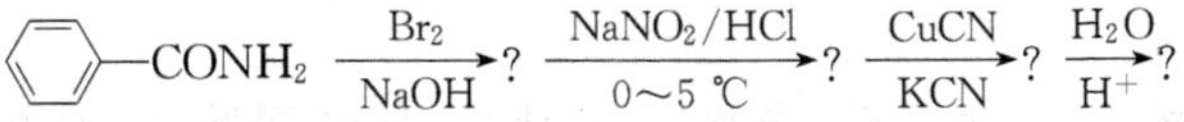

4. 分子式为 $C_7H_7NO_2$ 的化合物 A，与 Fe/HCl 反应生成分子式为 C_7H_9N 的化合物 B，B 和 $NaNO_2$/HCl 在 0～5 ℃反应生成分子式为 $C_7H_7ClN_2$ 的化合物 C，C 在稀盐酸中与 CuCN 反应生成化合物 C_8H_7N(D)，D 在稀酸中水解得到一种酸 $C_8H_8O_2$(E)，E 用高锰酸钾氧化得到另一种酸 F，F 受热时生成分子式为 $C_8H_4O_3$ 的酸酐。试推测 A～F 的构造式。

5. 化合物 A 和甲醇在硫酸的作用下得到化合物 B，B 通氨气可以得到化合物 C，C 的分子式为 C_3H_7NO，IR 谱：3413 cm^{-1}，1667 cm^{-1}，^1H NMR：δ 6.5 ppm(s, 2H)，2.25 ppm(q, 2H)，1.10 ppm(t, 3H)。试推测化合物 A～C 的结构。

6. 如何实现下列转变？

(1) $CH_2{=}CHCH_2Br \longrightarrow CH_2CH_2CH_2CH_2NH_2$

(2) 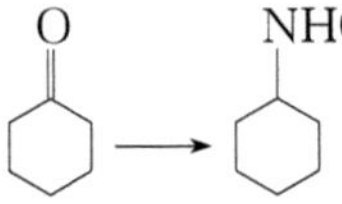

(3) 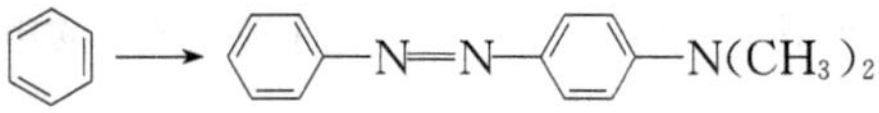

(4) 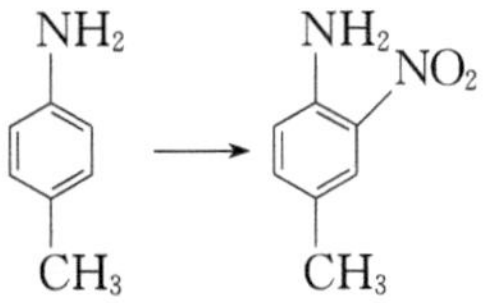

(5) 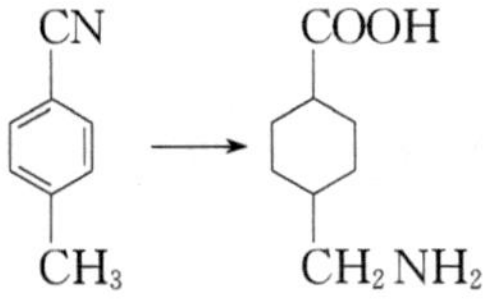

7. 以苯或甲苯为原料合成下列化合物(其他试剂任选)。

(1) 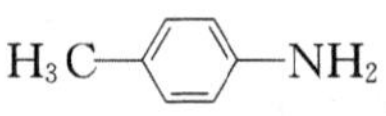

(2) 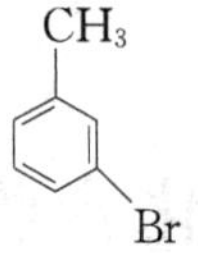

(3) 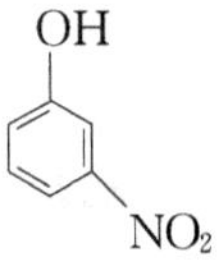

(4) 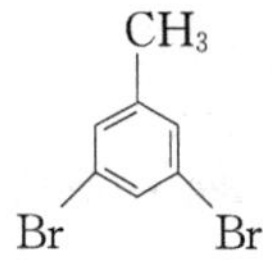

(绍兴文理学院　沈永森)

第 12 章　杂环化合物与生物碱

学习要求

1. 掌握杂环化合物的分类和命名，含一个杂原子的五元杂环和六元杂环的结构与化学性质。

2. 熟悉吡唑、咪唑、噻唑及嘧啶的结构和化学性质。

3. 了解常见生物碱的结构和主要用途。

碳原子和非碳原子共同参与成环形成的环状化合物称杂环化合物。这些非碳原子统称为杂原子，最常见的杂原子有氮、氧和硫。前几章已经学过的内酯、内酰胺、环醚、环状酸酐等化合物，由于它们的性质与相应的同类开链化合物相似，因此不把它们列入杂环化合物中讨论。本章主要讨论具有芳香性的杂环化合物，即芳杂环化合物。

杂环化合物种类繁多，在自然界分布相当广泛，其数量大约占已知有机化合物的一半，其中很多都具有重要的生理作用。例如，动物血红蛋白中的血红素、植物中的叶绿素、核酸的碱基、某些抗生素和维生素等都含有杂环的结构。许多高效低毒的杀虫剂、除草剂等也是杂环化合物。在现有的药物中，有相当多的药物都是杂环化合物。因此，杂环化合物在有机化合物，特别是有机药物中，占有非常重要的地位。

生物碱是存在于生物（主要是植物）体内的一类具有碱性和明显生理活性的复杂含氮有机化合物，其中大部分都是杂环化合物，它们在生物体内发挥重要的生理作用。

12.1　杂环化合物

12.1.1　杂环化合物的分类和命名

1. 杂环化合物的分类

杂环化合物按杂原子数目的多少，可分为含一个、两个或两个以上杂原子的杂环；按环的形式，可分为单杂环和稠杂环，单杂环又可按环的大小分为五元杂环和六元杂环。常见杂环化合物的分类见表 12.1。

表 12.1　常见杂环化合物的分类和名称

类别	母体碳环	杂环母核
五元杂环	 环戊二烯	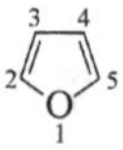 呋喃 furan　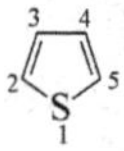 噻吩 thiophene　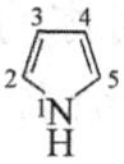 吡咯 pyrrole
		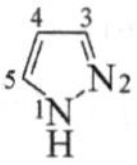 吡唑 pyrazole　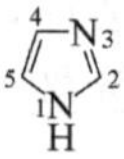 咪唑 imidazole　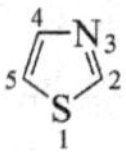 噻唑 thiazole　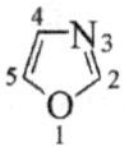 噁唑 oxazole　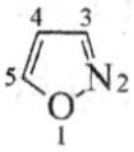 异噁唑 isoxazole
六元杂环	 苯	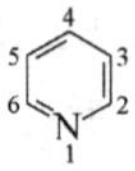 吡啶 pyridine　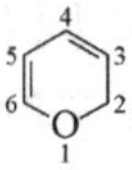 2*H*-吡喃 2*H*-pyran　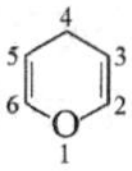 4*H*-吡喃 4*H*-pyran
		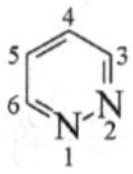 哒嗪 pyridazine　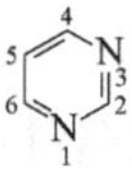 嘧啶 pyrimidine　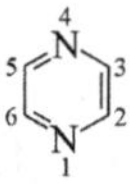 吡嗪 pyrazine
稠杂环	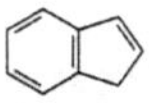 茚	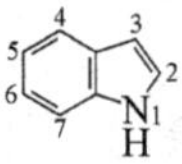 吲哚 indole　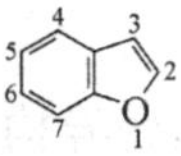 苯并呋喃 benzofuran　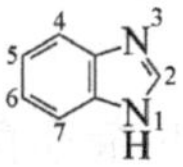 苯并咪唑 benzimidazole　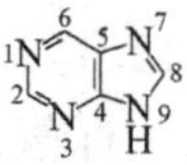 嘌呤 purine
	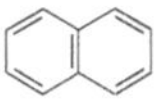 萘	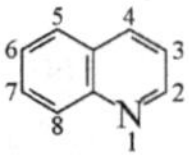 喹啉 quinoline　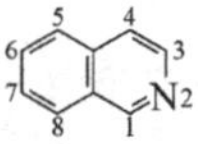 异喹啉 isoquinoline　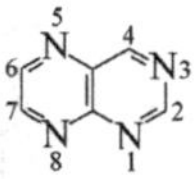 蝶啶 pteridine
	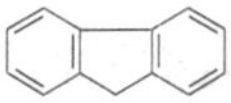 芴	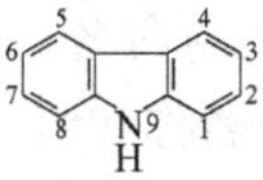 咔唑 carbazole
	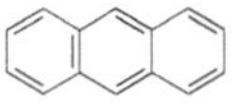 蒽	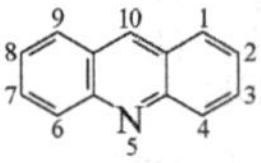 吖啶 acridine　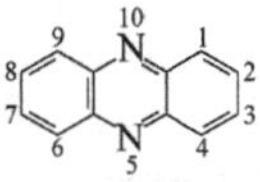 吩嗪 phenazine

2. 杂环化合物的命名

1）有特定名称的杂环母环的命名

杂环化合物命名比较复杂，通常采用音译法，选用与译音相同的同音汉字加“口”字旁组成音译名。有特定名称的杂环母环的音译名见表 12.1。

2）杂环母环的编号规则

（1）单杂环。含一个杂原子的杂环，从杂原子开始用阿拉伯数字进行编号（表 12.1），也可以用 α、β、γ 对杂原子旁的碳原子进行编号。例如：

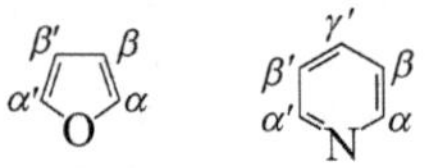

含两个相同或含两个不同杂原子的杂环，从其中一个杂原子开始编号，按照 O、S、NH、N 的顺序决定优先的杂原子，并使另一个杂原子有尽可能小的编号。例如：

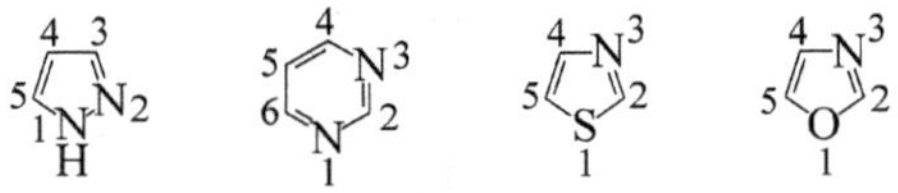

（2）稠杂环。有特定名称的稠杂环有其固定的编号顺序，通常是从一端开始依次编号一周，共用的碳原子一般不编号。编号时注意使杂原子的位次尽可能小，并遵循杂原子的优先顺序。有的稠杂环化合物母体的编号比较特殊，如嘌呤、异喹啉（表 12.1）。

（3）标氢。某些杂环存在互变异构现象，为了区别，必须在名称前用位号加斜体大写的“*H*”标明环上一个或多个氢所在的位置，这种氢称为“指示氢”或“标氢”。例如：

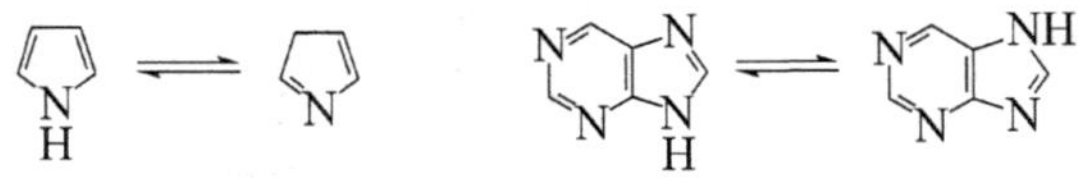

1*H*-吡咯　3*H*-吡咯　9*H*-嘌呤　7*H*-嘌呤

3）取代杂环化合物的命名

先确定杂环母环的名称和编号，然后将取代基的位次和名称依次写在杂环母环名称之前。例如：

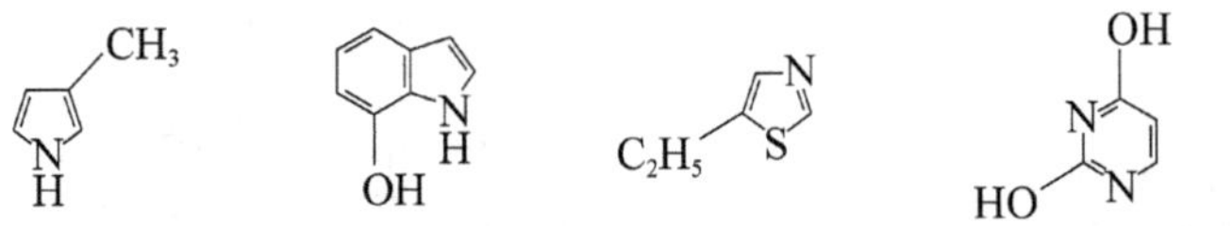

3-甲基吡咯　7-羟基吲哚　5-乙基噻唑　2，4-二羟基嘧啶

有时也将杂环作取代基，以侧链的官能团作母体命名。例如：

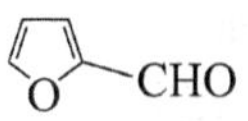

2-呋喃甲醛(俗名糠醛)

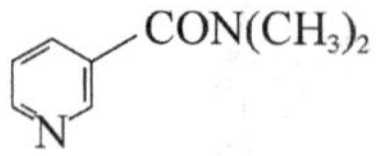

N,*N*-二甲基-3-吡啶甲酰胺

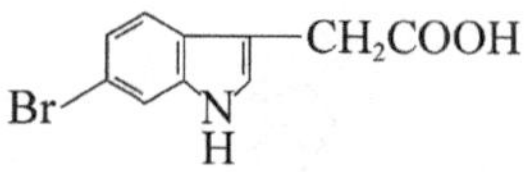

6-溴-3-吲哚乙酸

4) 无特定名称的稠杂环母环的命名

只有一小部分稠杂环有特定名称,绝大多数稠杂环没有特定名称。无特定名称的稠杂环的命名分下列几步进行。

(1) 选定基本环和附加环。通常选定一个环作为基本环,另一个环作为附加环。基本环的确立,按下列顺序依次考虑:

(i) 由碳环和杂环组成的稠杂环,选择杂环为基本环。

(ii) 由大小不同的两个杂环组成的稠杂环,选择大环为基本环。

(iii) 由大小相同的两个杂环组成的稠杂环,按所含杂原子 N、O、S 顺序选择基本环。

(iv) 若两环大小相同,但杂原子数目不同时,选择杂原子数目多的为基本环。若杂原子数目相同,则选择杂原子种类多的为基本环。若杂原子种类和数目都相同,则选择稠合前杂原子编号较低的那个杂环为基本环。

(v) 含有共用杂原子的稠杂环,共用的杂原子同属于两个环。

(2) 标示稠合边的位置。稠合边用其在附加环和基本环中的位号表示。按原单杂环的编号规则,基本环用英文 a、b、c 表示各边,附加环用阿拉伯数字 1、2、3 标注各原子。标示时附加环的阿拉伯数字在前,基本环的英文字母在后,中间加短横线,外加方括号。数字的先后要与基本环边的走向一致,尽量使稠合边的编号最小。

(3) 周边编号。当稠合环上有取代基时,需对整个稠杂环的周边进行编号,以标记取代基的位置。编号一般按 O、S、NH、N 的优先顺序开始,共用碳原子一般不编号,共用杂原子要编号。

(4) 命名。综上所述,稠杂环的命名往往包含两种编号,一种表示取代基的编号(周边编号),另一种是标明稠合位置(共用边)的编号。

无特定名称的稠杂环命名的通式:附加环名称+并+[稠合边位置]+基本环名称。例如:

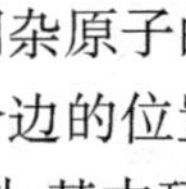

苯并[d]噻唑(苯环的稠合边无需标注)

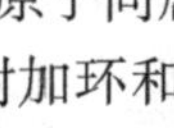

噻吩并[2,3-b]呋喃

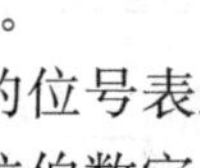

吡咯并[2,3-b]吡啶

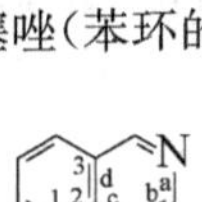

吡啶并[2,3-d]嘧啶

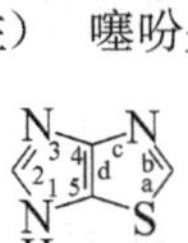

咪唑并[4,5-d]噻唑

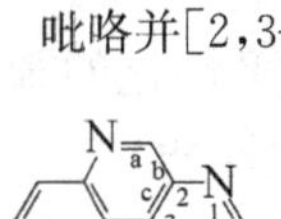

吡啶并[2,3-c]喹啉

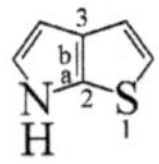
嚷吩[2,3-b]并吡咯

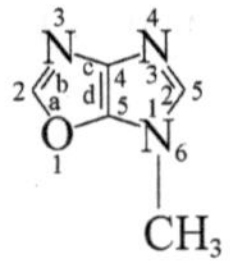
6-甲基咪唑并[4,5-d]噁唑

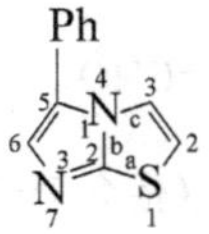
5-苯基咪唑并[2,1-b]噻唑

12.1.2 五元杂环化合物

五元杂环化合物包括含有一个杂原子的五元单杂环，如吡咯、呋喃和噻吩；含有两个杂原子的五元单杂环，如吡唑、咪唑和噻唑等；五元稠杂环，如吲哚等。

1. 吡咯、呋喃和噻吩

1）结构和芳香性

在吡咯、呋喃和噻吩三个杂环化合物中，所有的碳原子和杂原子都是 sp^2 杂化的，原子间彼此都以 sp^2 杂化轨道重叠形成 σ 键，成环的 5 个原子处在同一个平面上。每个碳原子和杂原子都有一个垂直于该平面的未杂化 p 轨道，每个碳原子提供一个 p 电子，杂原子提供一对孤对电子，形成一个含 6 个 π 电子的封闭共轭体系，因而吡咯、呋喃和噻吩都具有芳香性，如图 12.1 所示。

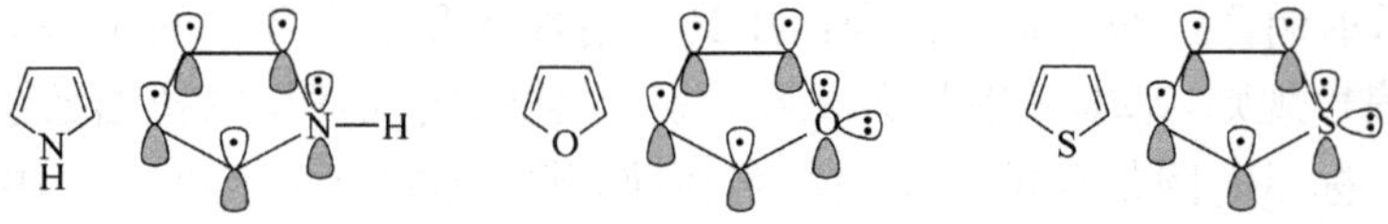

图 12.1 吡咯、呋喃和噻吩的分子结构示意图

杂原子的 3 个 sp^2 杂化轨道中有 2 个分别与碳原子形成 σ 键。第 3 个 sp^2 杂化轨道中，吡咯有一个电子与氢原子形成 N—H σ 键，呋喃和噻吩则各有一对孤对电子。

在五元杂环中，由于 5 个 p 轨道上分布着 6 个 π 电子，环碳原子的电子云密度比苯环中碳原子的电子云密度高，因此称它们为“多 π”芳杂环。由此可以推测，它们比苯更容易发生亲电取代反应。

由于杂原子与碳原子电负性不同，O＞N＞S＞C，在这三个五元杂环中，电子云密度、键长都没有完全平均化。呋喃环上电子云平均化程度最小，芳香性也较弱。噻吩环上电子云平均化程度较大，芳香性较强。但三者的芳香性都小于电子云密度高度平均化的苯环。

2）物理性质

吡咯、呋喃和噻吩都是无色液体，都溶于有机溶剂而难溶于水，水溶解度顺序为吡咯＞呋喃＞噻吩。这主要是因为吡咯氮上的氢可与水形成氢键，呋喃环上的氧也能与水形成氢键，但相对较弱，而噻吩环上的硫不能与水形成氢键。

三个五元杂环的沸点高低顺序为吡咯（131 ℃）＞噻吩（84 ℃）＞呋喃（31 ℃）。这是因为吡咯分子间可形成氢键，噻吩和呋喃不能，而噻吩的相对分子质量比呋喃大。

3）化学性质

（1）酸碱性。吡咯氮上的孤对电子参与环的共轭体系，使氮上的电子云密度降低，因而难以与质子结合，碱性极弱（$pK_a=0.4$），弱于苯胺（$pK_a=4.6$），不能与酸形成稳定的盐。相反，由于这种共轭作用，吡咯的 N—H 键极性增加，显示出弱酸性（$pK_a=17.5$），其酸性比一般醇强，比苯酚弱，能与固体氢氧化钾共热成盐。

呋喃中的氧原子因参与形成大 π 键而失去了醚的弱碱性，不易形成𬌗盐。噻吩中的硫原子不能与氢质子结合，也不显碱性。

（2）亲电取代反应。吡咯、呋喃和噻吩为“多 π”芳杂环，环上电子云密度比苯高，容易发生亲电取代反应。亲电取代反应活性顺序为吡咯＞呋喃＞噻吩≫苯，并且取代反应优先在 α-位进行。但当 α-位被占据时，也可在 β-位进行，只是活性稍弱。

取代反应主要发生在 α-位上，这可以从反应过程中形成的中间体的稳定性解释。

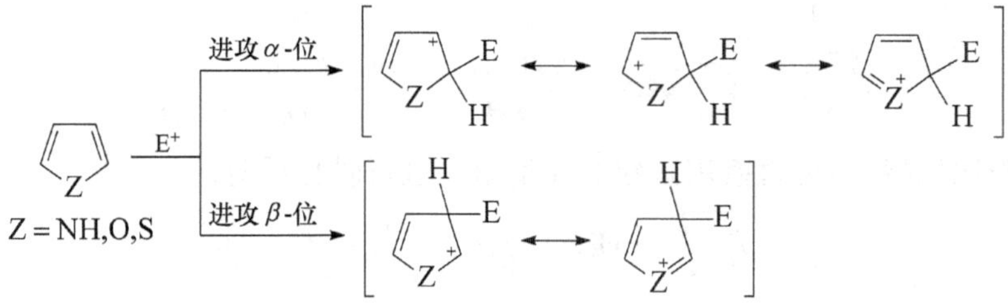

α-取代中间体有三个共振极限式，正电荷分散在三个原子上，离域程度高，能量较低，较稳定；β-取代中间体只有两个共振极限式，正电荷只分散在两个原子上，离域程度低，能量较高，不稳定。即 α-取代形成的过渡态能量比 β-取代的过渡态能量低，因此取代反应主要发生在 α-位上。

（i）卤代反应。吡咯、呋喃在室温下与氯或溴反应很激烈，得到多卤代物。若想得到一卤代产物，需用溶剂稀释并在低温下进行反应。噻吩因活性稍弱，室温下可生成一卤代物。

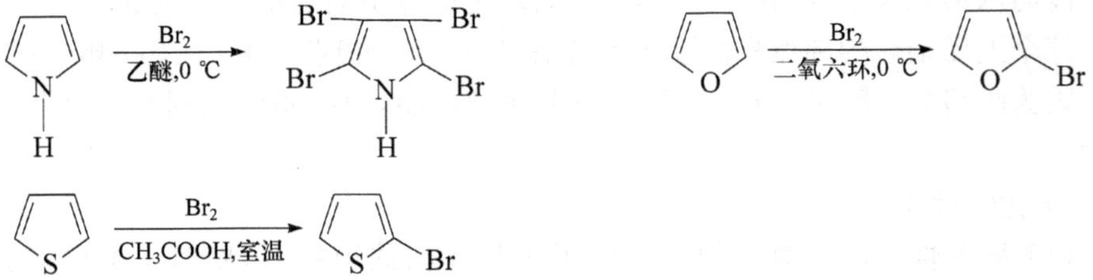

(ii) 硝化反应。吡咯、呋喃和噻吩很容易被氧化，吡咯和呋喃在强酸性条件下还会因为发生质子化而破坏环的芳香性，进而聚合成树脂状物质。噻吩用混酸作硝化剂时，共轭体系也会被破坏。因此，通常用比较温和的非质子硝化试剂——硝酸乙酰酯进行硝化，并在低温下进行反应。

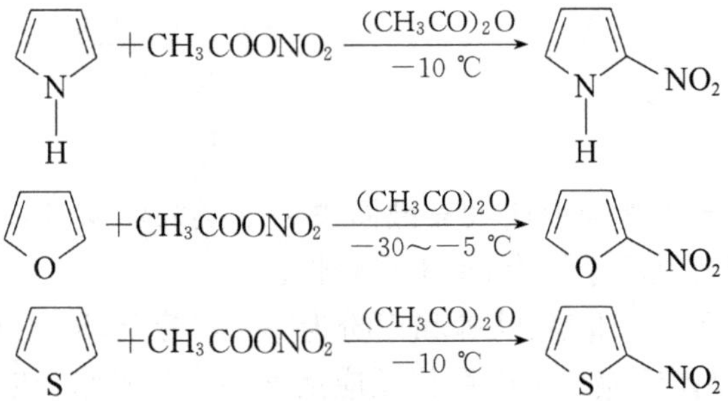

(iii) 磺化反应。吡咯和呋喃不能直接用硫酸进行磺化，需要用比较温和的磺化试剂——吡啶和三氧化硫的加合物。

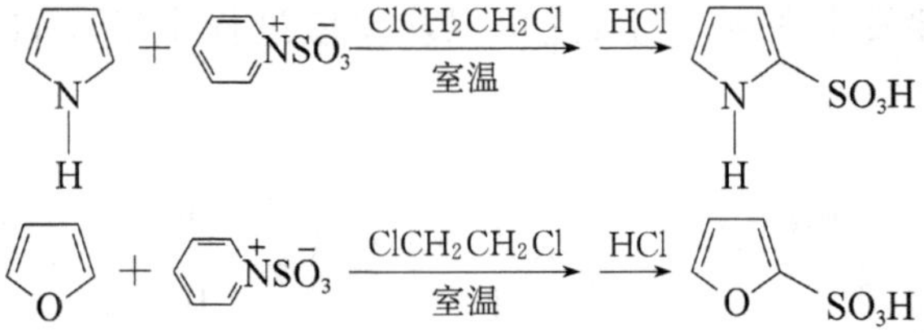

噻吩比较稳定，可直接用浓硫酸在室温下进行磺化反应。

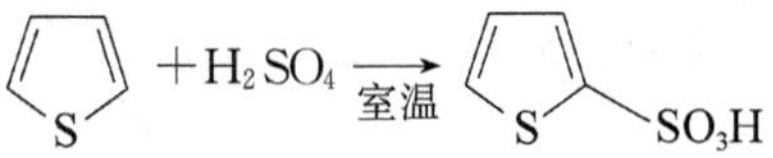

生成的2-噻吩磺酸可溶于水。苯在室温下不发生磺化反应，因而可以利用这个反应除去苯中混有的少量噻吩。

(iv) 傅-克酰基化反应。活性较大的吡咯可直接用酸酐酰化，呋喃和噻吩需使用较温和的催化剂。

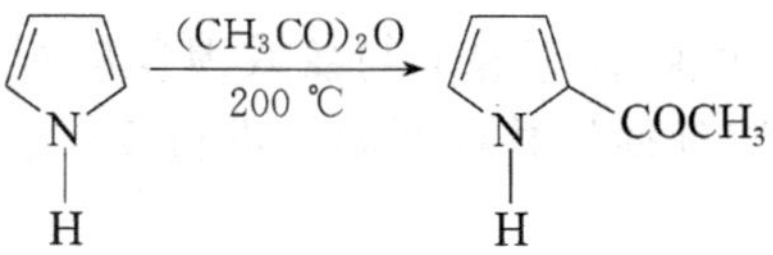

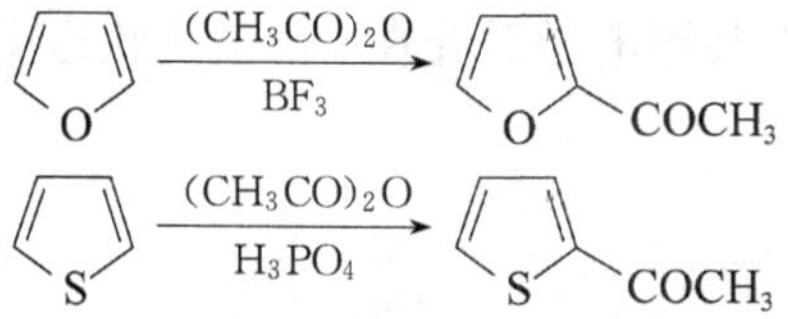

吡咯、呋喃和噻吩发生傅-克烷基化反应往往生成多种多取代产物，无实际意义。

(3) 还原反应。吡咯、呋喃和噻吩均可进行催化加氢，生成相应的饱和化合物并失去芳香性。

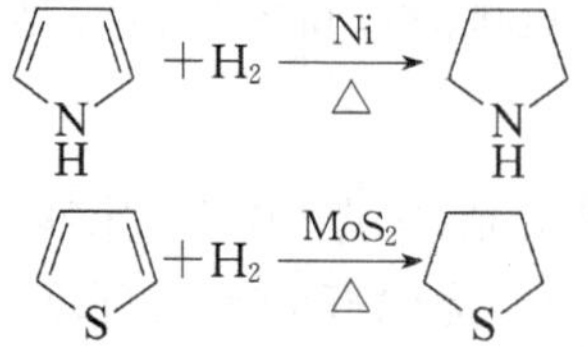

噻吩容易使一般催化剂中毒，故其催化氢化反应使用特殊催化剂。

(4) 特殊反应。呋喃具有明显的共轭二烯的结构，可与顺丁烯二酸酐发生第尔斯-阿尔德反应。

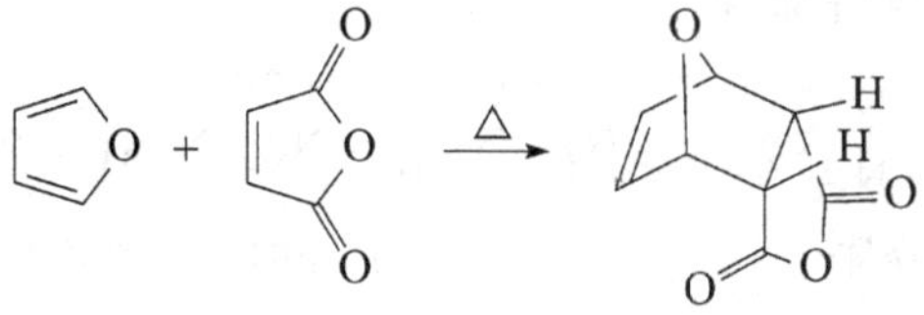

吡咯活性类似于苯胺、苯酚，可进行瑞穆尔-梯曼反应，可与重氮盐偶联。呋喃和噻吩不能发生这类反应。

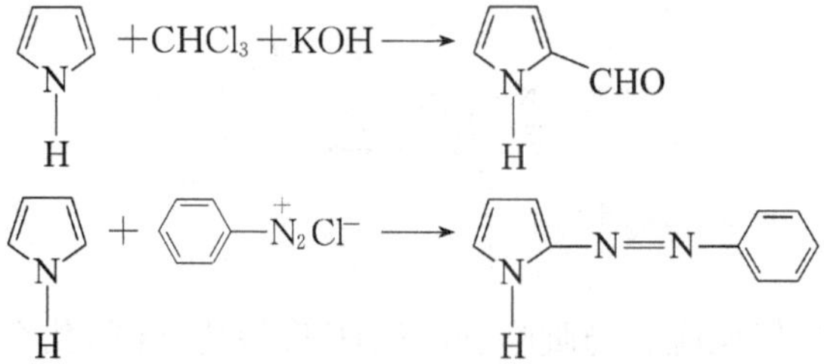

2. 吡唑、咪唑和噻唑

含有两个杂原子(其中至少有一个是氮原子)的五元杂环称为唑，比较重要的有吡唑、咪唑和噻唑。

1) 结构和芳香性

与含一个杂原子的五元单杂环类似，吡唑、咪唑和噻唑为平面型分子，环上的碳原子和杂原子均以 sp^2 杂化轨道相互成键。其中 1-位杂原子提供未共用电子对参与环的共轭，形成五原子六电子的环状大 π 键结构，有一定程度的芳香性。环上另一个杂原子还有一对未共用电子对处在 sp^2 杂化轨道中，未参与共轭，如图 12.2 所示。

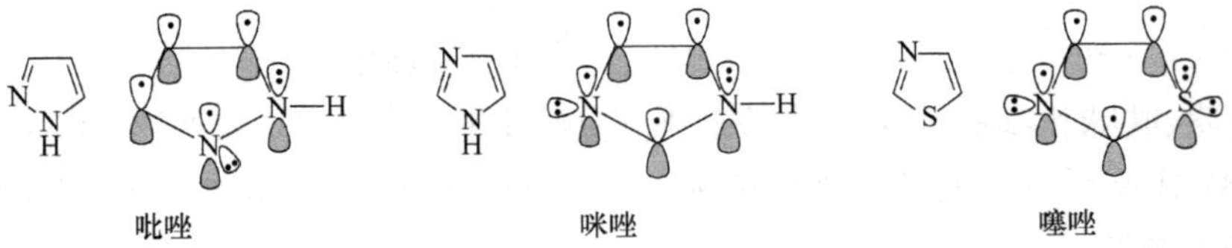

图 12.2　吡唑、咪唑和噻唑的分子结构示意图

2）物理性质

常温下，吡唑为无色针状结晶，熔点 70 ℃；咪唑为无色固体，熔点 90 ℃；噻唑为无色液体。由于唑类的分子结构比五元单杂环增加了一个氮原子，这个氮原子上还保留着未共用电子对，增加了与氢质子结合以及与水分子形成氢键的能力，因而它们的碱性和水溶性比五元单杂环明显增大。

吡唑和咪唑的沸点较高，吡唑的沸点 188 ℃，咪唑的沸点 257 ℃，这是因为它们均可以通过分子间氢键缔合。

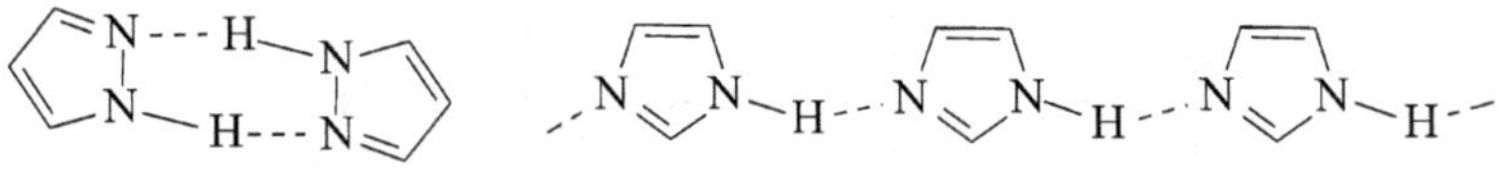

吡唑的二聚体　　　　咪唑的线性多聚体

3）化学性质

（1）碱性。由于唑类化合物都有一个带未共用电子对的氮原子，可以接受质子，因此它们的碱性都大于吡咯，其中咪唑的碱性最强。

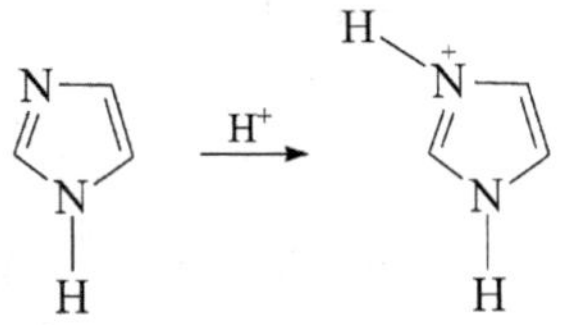

（2）亲电取代反应。与吡咯、呋喃、噻吩相比，唑类化合物增加了一个吸电子性的氮原子，降低了环上电子云密度，增强了化合物的稳定性，使其亲电取代反应活性明显降低，甚至比苯更困难。反应时，1，2-唑主要发生在 4-位，1，3-唑主要发生在 5-位。

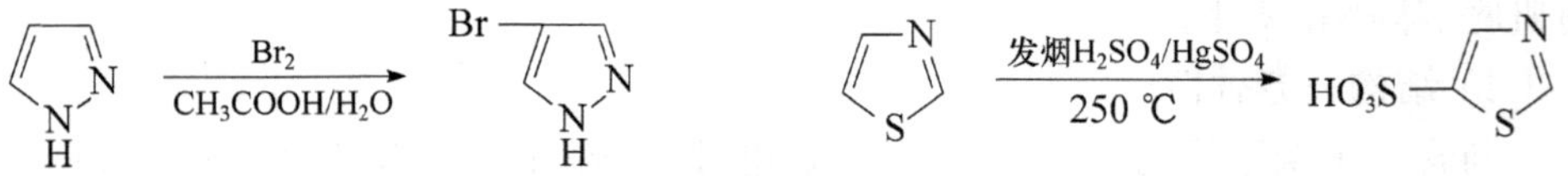

（3）互变异构现象。咪唑和吡唑环上氮原子的氢可以发生转移，形成的互变异构体处于快速平衡状态，难以分离。以甲基衍生物为例：

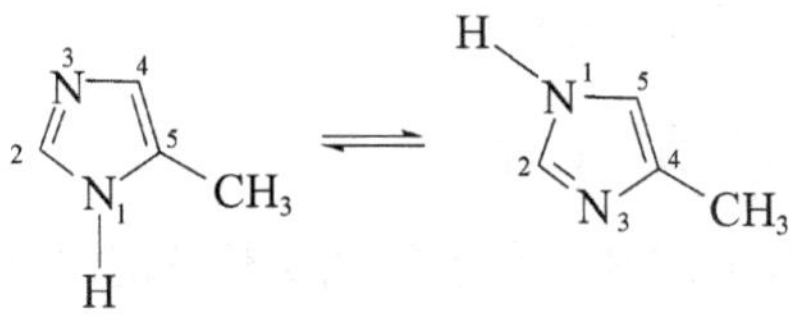

5-甲基咪唑　　4-甲基咪唑

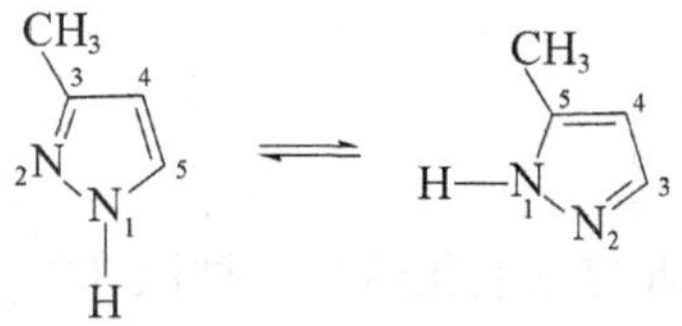

3-甲基吡唑　　5-甲基吡唑

12.1.3　六元杂环化合物

六元杂环化合物包括含有一个杂原子的吡啶，含有两个杂原子的嘧啶、哒嗪和吡嗪，以及稠杂环如喹啉、异喹啉等。其中，以吡啶和嘧啶较为重要，它们的衍生物广泛存在于自然界，许多合成药物中也含有吡啶和嘧啶的结构。

1. 吡啶

1）结构和芳香性

吡啶可以看作苯分子中的一个 CH 被氮原子替换得到的化合物，其结构与苯相似，环上碳原子和氮原子均以 sp^2 杂化轨道成键，构成一个平面六元环，键角约 120°。每个原子上都有一个未杂化的 p 轨道垂直于环平面，彼此侧面重叠形成闭合的六电子大 π 键，故吡啶具有芳香性。氮原子上还有一个 sp^2 杂化轨道被一对未共用电子对占据，有给出电子的倾向，因此吡啶具有碱性，如图 12.3 所示。

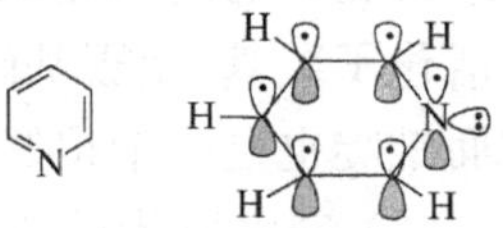

图 12.3　吡啶分子结构示意图

吡啶环上氮原子电负性较大，其吸电子效应导致 π 电子云向氮原子方向偏移，环碳原子上电子云密度下降，为“缺 π”芳杂环体系，可以推测其亲电取代反应比苯更难进行。

2）物理性质

吡啶存在于煤焦油和骨焦油中，是一种有恶臭的无色液体，沸点 115.5 ℃，相对密度 0.982。

吡啶能与水以任意比例混溶，还能溶解大多数极性和非极性有机物，甚至可以溶解某些无机盐，是良好的有机溶剂。

3）化学性质

（1）碱性。吡啶氮原子上处于 sp^2 杂化轨道的未共用电子对不参与形成大 π 键，因能结合氢质子而显碱性（$pK_a=5.19$），比脂肪胺（$pK_a=10\sim11$）和无机氨（$pK_a=9.25$）弱，但比苯胺（$pK_a=4.6$）稍强。

吡啶可与无机酸成盐，也可与路易斯酸成盐。例如：

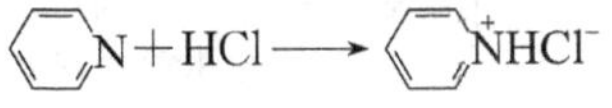

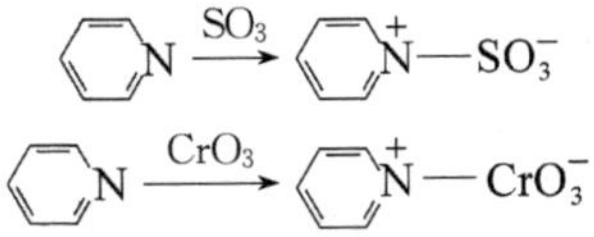

吡啶三氧化硫是一种温和的非质子性磺化试剂，可用于对酸不稳定的化合物（如吡咯）的磺化。吡啶三氧化铬又称沙瑞特(Sarrett)试剂，是一种温和的非质子性氧化试剂，常用于将伯醇氧化为醛。

吡啶具有碱性，又能溶于水和有机溶剂，故常用作有机反应的催化剂和除酸剂，效果比无机碱更好。

(2) 与卤代烷、酰卤反应。吡啶类似叔胺，可作为亲核试剂与卤代烷、酰卤发生亲核取代反应。例如：

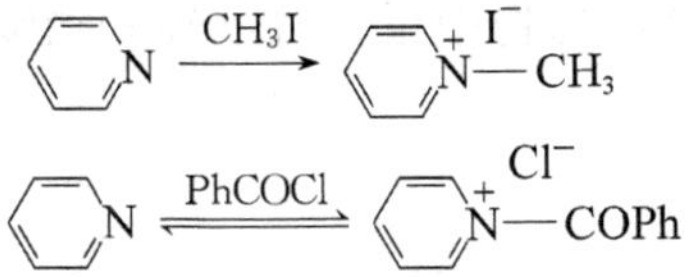

吡啶与卤代烷反应生成季铵盐。与酰卤反应产生的 N-酰基吡啶盐是比酰卤和酸酐更好的酰基化试剂。这是由于一方面成盐后氮原子带正电，其强吸电子能力活化了羰基，使羰基碳原子电子云密度大大降低，有利于亲核试剂的进攻；另一方面吡啶也是一个很好的离去基团。

(3) 亲电取代反应。吡啶为缺 π 芳杂环，环上电子云密度低，亲电取代反应活性远低于苯环，与硝基苯类似，不能发生傅-克烷基化和酰基化反应，卤化、硝化、磺化也需要强烈的反应条件才能进行，且产率较低。吡啶发生亲电取代反应时，取代基主要进入 3-位，即 β-位。例如：

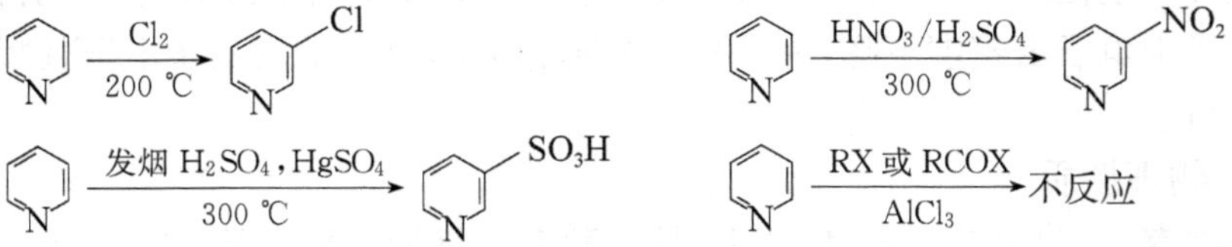

取代基主要进入 β-位，这可以从中间体正离子的相对稳定性来解释。

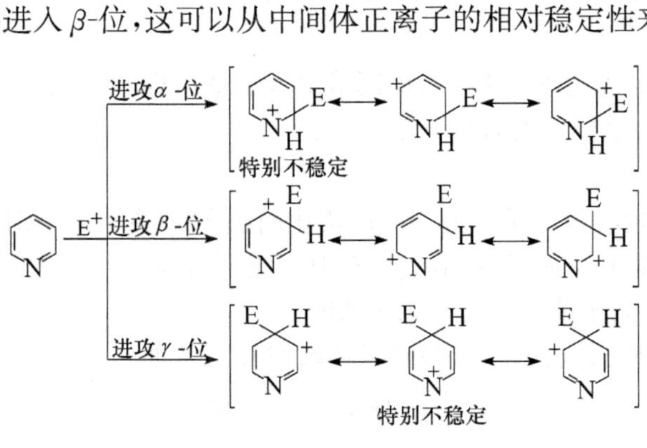

亲电试剂进攻 α-位或 γ-位所产生的中间体正离子都有一个特别不稳定的共振结构式，而进攻 β-位的中间体正离子无此共振结构式，比较稳定，因此反应主要发生在 β-位上。

(4) 亲核取代反应。氮的吸电子作用使吡啶环上电子云密度降低，不易进行亲电取代反应，却有利于进行亲核取代反应。吡啶可与强亲核试剂作用，α-位上的氢被取代，以氢负离子的形式离去。

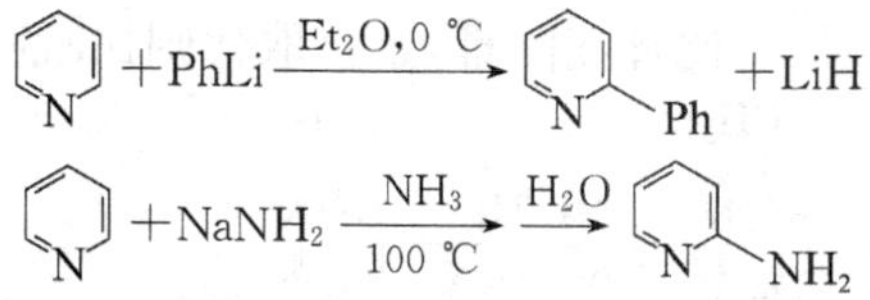

与硝基苯类似，当吡啶的 α-位或 γ-位有卤原子时，可发生卤原子的亲核取代反应。

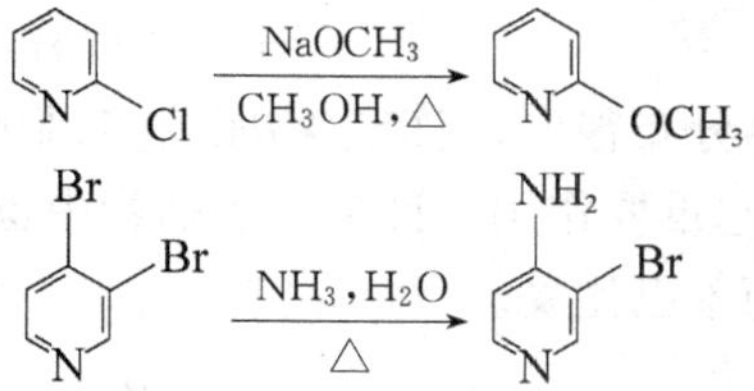

(5) 氧化和还原反应。吡啶环上电子云密度低，通常难以被氧化。当环上有烷基或芳基侧链时，总是侧链被氧化为羧基而吡啶环保持不变。

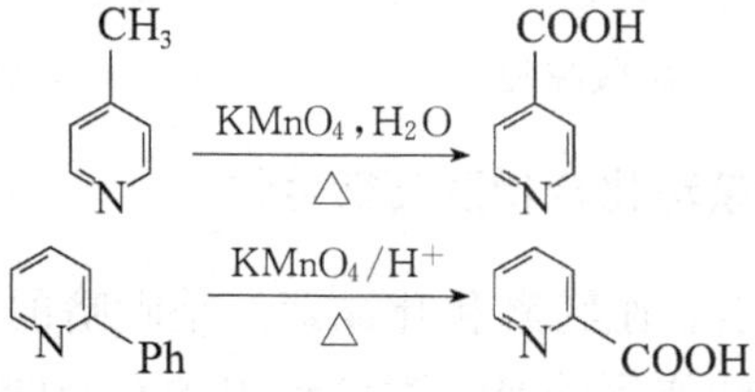

在过酸条件下，吡啶可发生类似于叔胺的氧化反应，生成 N-氧化吡啶。

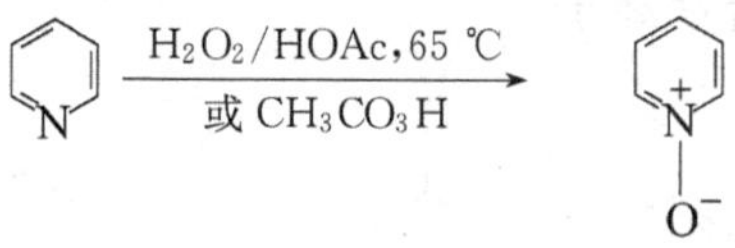

N-氧化吡啶

吡啶比苯易被还原，用金属钠和乙醇或催化氢化，都可使吡啶还原成六氢吡啶。

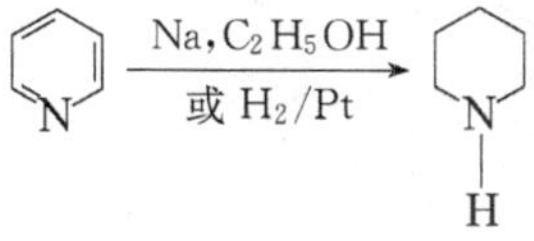

六氢吡啶又称哌啶，性质与脂肪族仲胺相似，碱性($pK_a = 11.2$)比吡啶强很多，能与水互溶，常用作溶剂及有机合成碱催化剂。

2. 嘧啶

嘧啶是含有两个氮原子的六元芳杂环，其分子结构如图 12.4 所示。嘧啶在较低温度时为无色结晶，熔点 22 ℃，易溶于水，具有弱碱性。

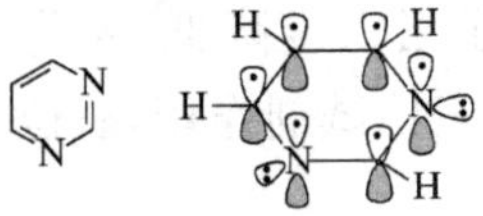

图 12.4 嘧啶分子结构示意图

嘧啶受两个氮原子的吸电子影响，亲电取代反应比吡啶困难，亲核取代则比吡啶更容易。

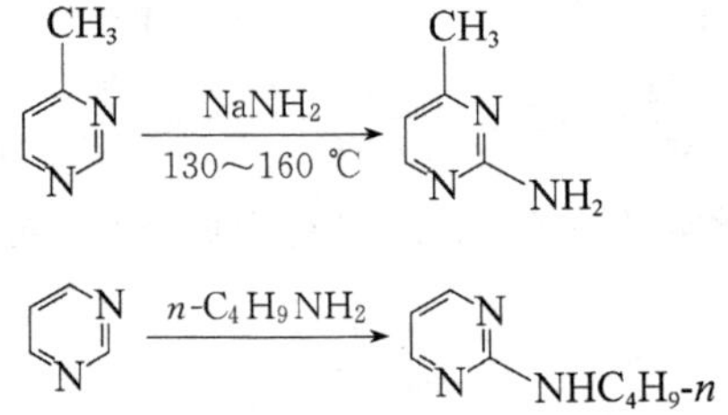

嘧啶衍生物在自然界分布很广，其衍生物尿嘧啶、胞嘧啶和胸腺嘧啶是组成核酸的三个碱基，在遗传中起重要作用。许多合成药物中也含有嘧啶环结构，如抗菌药磺胺嘧啶和镇静催眠药苯巴比妥。

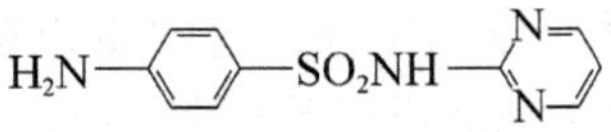

磺胺嘧啶

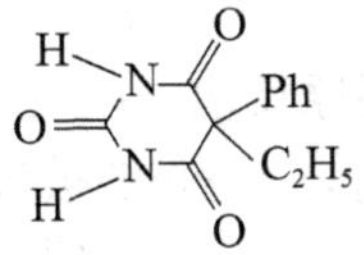

苯巴比妥

12.1.4 自然界重要的杂环化合物及其衍生物

(1) 血红素和叶绿素。血红素和叶绿素都是吡咯的重要衍生物，它们的基本骨架是卟吩环。血液中输送氧的血红素分子中含有与卟吩环螯合的二价铁离子，叶绿素 a 分子中卟吩环螯合镁离子。

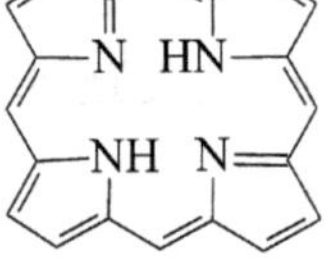

叶吩

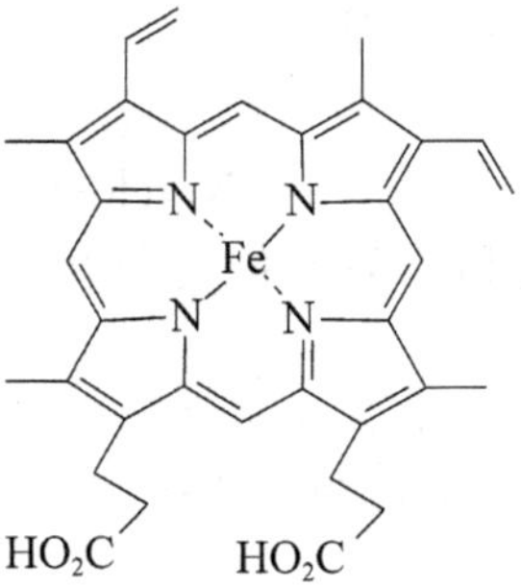

血红素

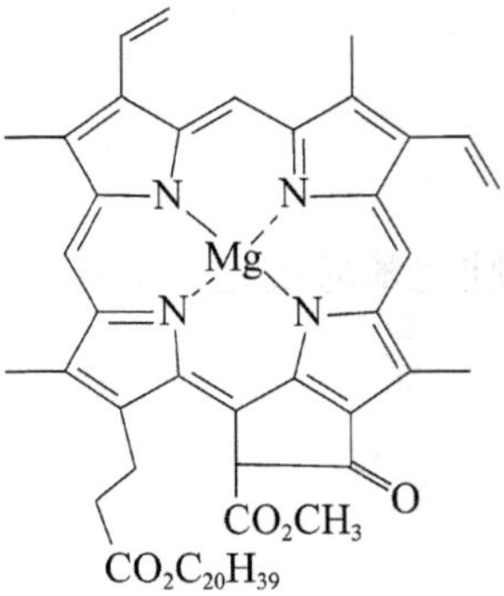

叶绿素 a

(2) 叶酸。叶酸因在植物绿叶中含量丰富而得名，它由 6-甲基-2-氨基-4-羟基蝶啶、对氨基苯甲酸和谷氨酸三部分构成。

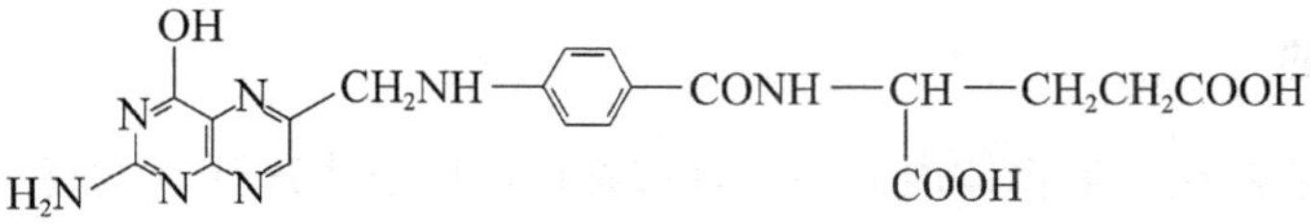

叶酸存在于许多食物中，以绿色蔬菜中最为丰富，动物的肝、肾中含量也很多。叶酸是核酸合成的必需因子，在细胞分裂和繁殖中起重要作用。

(3) 维生素 B_6。维生素 B_6 是吡啶的衍生物，包括吡哆醇、吡哆醛和吡哆胺，三者可相互转化。由于最初分离出来的是吡哆醇，因此一般以它作为维生素 B_6 的代表。维生素 B_6 在麦麸、米糠和谷胚中含量较多，是维持蛋白质正常代谢必需的维生素，临床上主要用于防治周围神经炎、减轻抗癌药和放射治疗引起的不良反应如恶心、呕吐以及白细胞减少症等。

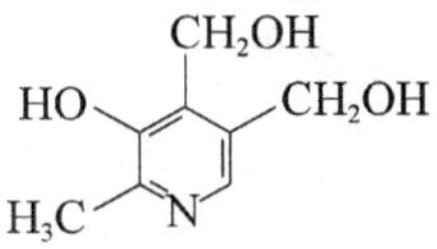

吡哆醇

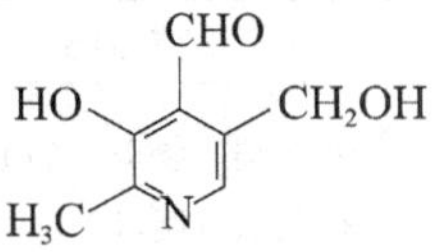

吡哆醛

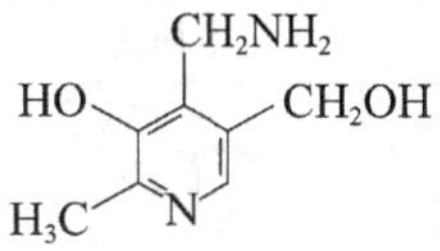

吡哆胺

(4) 吲哚衍生物。吲哚环存在于许多生物碱的天然产物中，其中大部分有重要的生理活性。例如，3-吲哚乙酸是一种植物生长调节剂，色氨酸是人体必需的一种氨基酸，色胺和 5-羟基色胺存在于哺乳动物脑组织中，与中枢神经系统的功能有关。

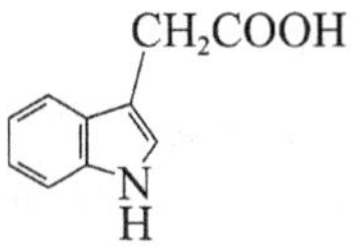

3-吲哚乙酸

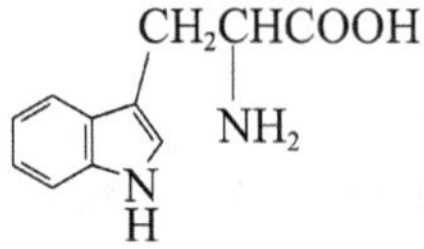

色氨酸

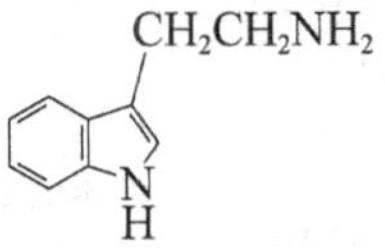

色胺

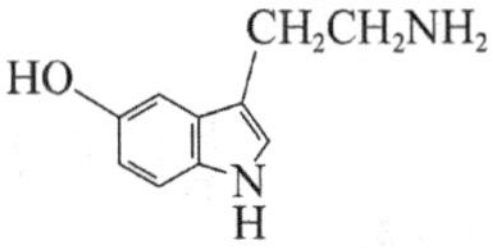

5-羟基色胺

(5) 嘌呤衍生物。嘌呤本身不存在于自然界，但它的衍生物广泛存在于自然界。例如，腺嘌呤、鸟嘌呤是核酸两个重要的嘌呤碱基母核，对代谢有重要作用的辅酶 A 及生物代谢产物尿酸中都含有嘌呤的结构。

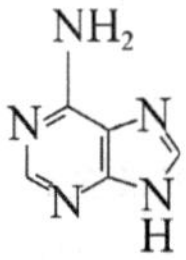

腺嘌呤

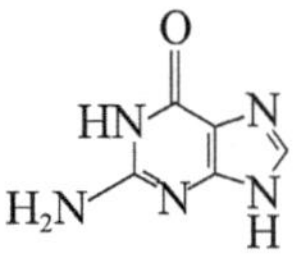

鸟嘌呤

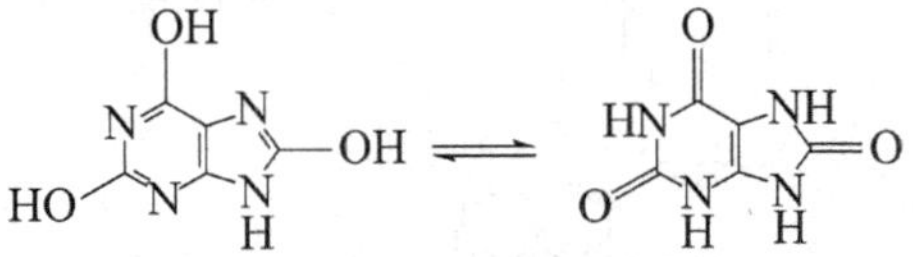

尿酸的烯醇式-酮式互变异构

12.2 生 物 碱

12.2.1 概述

生物碱是存在于生物体内的一类具有碱性和明显生理活性的复杂含氮有机化合物。由于生物碱主要存在于植物中，故又称植物碱。

生物碱的分子结构多数属于仲胺、叔胺，少数为伯胺，常含有氮杂环，且大多数具有碱性。目前主要根据生物碱的来源对其命名，如麻黄碱来源于麻黄、烟碱来源于烟草等。有时也采用国际通用名称的译音，如烟碱又名尼古丁(nicotine)。

生物碱广泛应用于医药中，是植物有效成分中研究最多的一类。目前应用于临床的生物碱多达100种以上。常见的生物碱见表12.2。

表12.2 几种常见的生物碱及其主要用途

名称	结构式	结构类型	来源	主要用途
烟碱	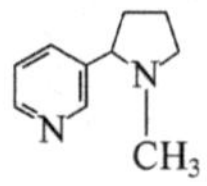	吡啶类生物碱(含吡啶环和四氢吡咯环)	烟草	剧毒，人吸烟可导致慢性中毒
麻黄碱	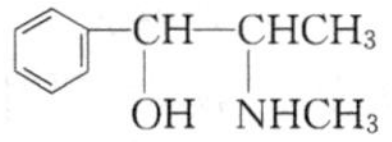	有机胺类生物碱(脂肪族仲胺)	麻黄	扩张支气管、止咳、平喘、发汗
莨菪碱	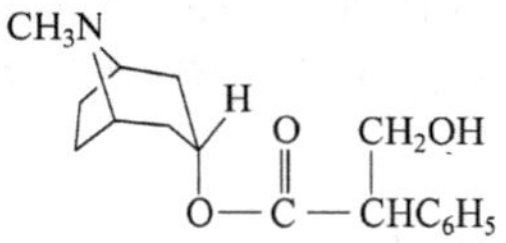	莨菪烷类生物碱(含有四氢吡咯和六氢吡啶骈合而成的杂环母核，叔胺)	颠茄 曼陀罗	解痉、镇痛、解毒，眼科用于散瞳
小檗碱	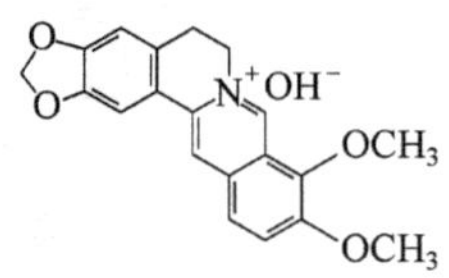	异喹啉类生物碱(含有异喹啉母核)	黄连 细叶小檗	抗菌、消炎，治疗肠胃炎、眼结膜炎、化脓性中耳炎、细菌性痢疾等
奎宁	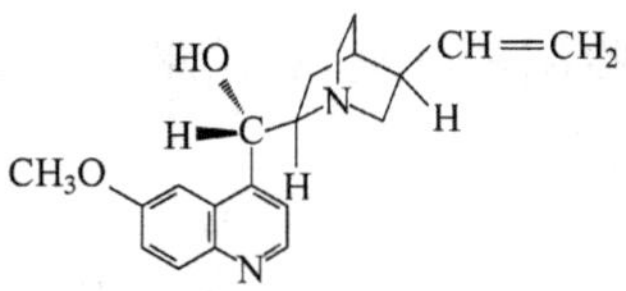	喹啉类生物碱(含有喹啉母核及脂肪氮杂环)	金鸡纳树	抗疟疾药，并有退热作用
罂粟碱	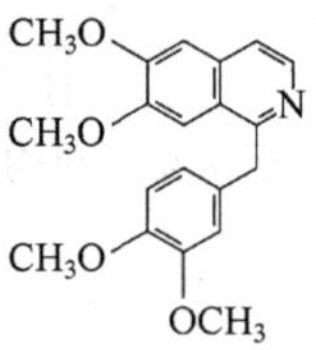	异喹啉类生物碱(含有异喹啉母核)	罂粟	扩张血管和解痉作用，主要用于脑血栓形成、肺栓塞、肢端动脉痉挛症及动脉栓塞性疼痛等

续表

名称	结构式	结构类型	来源	主要用途
咖啡因 茶碱	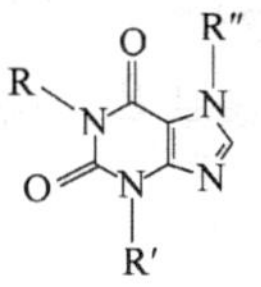 咖啡因　$R=R'=R''=CH_3$ 茶碱　$R=R'=CH_3$　$R''=H$	嘌呤和黄嘌呤生物碱(含有嘌呤或黄嘌呤母核)	茶叶	咖啡因有兴奋神经作用,茶碱有收敛、利尿作用
秋水仙碱	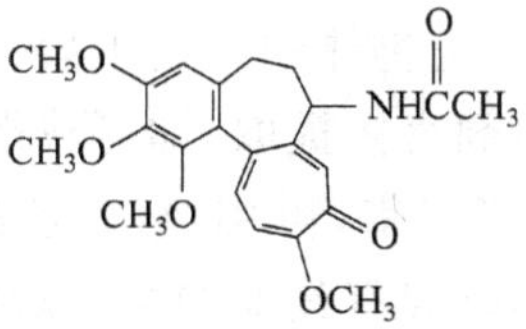	有机胺类生物碱(含有酰胺结构)	秋水仙	抗肿瘤抗癌药、抗痛风药

12.2.2　生物碱的一般性质

生物碱种类繁多,彼此之间结构不同,性质有所差异,但大多数具有一些相似的性质。

1) 物理性质

大多数生物碱为无色或白色的结晶形固体或非结晶形粉末,只有少数含有较长共轭体系结构的生物碱呈现不同的颜色(如小檗碱为黄色),少数在常温下为液体(如烟碱、槟榔碱)。大多数生物碱有苦味,有旋光性。游离的生物碱一般不溶或难溶于水,能溶于乙醇、乙醚、丙酮、氯仿及苯等有机溶剂。

生物碱大多具有一定的熔点或沸点,个别的有双熔点,也有的只有分解点。液体状态的生物碱及个别小分子固体生物碱具有挥发性,也有少数小分子固体生物碱具有升华性。

2) 碱性

绝大多数生物碱具有胺类或含氮杂环的结构,因而显碱性,分子结构类型不同,碱性强弱也不同,但一般都能与普通无机酸或有机酸结合成盐。生物碱盐能溶于水,难溶于有机溶剂。临床上利用该性质将生物碱类药物制成易溶于水的盐类应用。

3) 沉淀反应

生物碱遇一些试剂能生成难溶性的盐或配合物而沉淀,可利用沉淀的颜色、形状等检验和鉴别生物碱,这些试剂称为生物碱沉淀剂。常用的生物碱沉淀剂多为重金属盐类、相对分子质量较大的复盐及一些酸性物质,如碘化铋钾、碘化汞钾、碘-碘化钾、苦味酸、磷钨酸、硅钨酸等。

4）颜色反应

不同结构的生物碱可以与一些试剂发生颜色反应而显示不同的颜色，这些试剂称为生物碱显色剂。利用颜色反应可检验和鉴别生物碱。常用的生物碱显色剂有钒酸铵的浓硫酸溶液、钼酸钠的浓硫酸溶液、对二甲氨基苯甲醛的硫酸溶液、甲醛-硫酸试剂、浓硫酸、浓硝酸、浓盐酸等。

12.2.3 生物碱的提取方法

生物碱在植物体内常与酸（柠檬酸、苹果酸、单宁酸、草酸、乳酸、磷酸等）结合成盐，极少数以糖苷、有机酸酯和酰胺的形式存在于植物体中。由于盐一般能溶解在水和乙醇溶液中，因此把切碎的植物用这两种溶剂直接提取，即可获得生物碱的盐。先用氨或石灰水等弱碱将生物碱从其盐中游离出来，再用氯仿、乙醚、石油醚等有机溶剂萃取，便可得到游离的生物碱。若生物碱混有其他的杂质难以分离，可用苦味酸等与生物碱作用成盐，通过重结晶精制，再将盐溶解，中和与生物碱成盐的酸，即可得到较纯的生物碱。若要获得纯净的生物碱，在经过上述方法提取分离后，还需要运用各种层析法作进一步的分离纯化。

本章小结

1. 杂环化合物的分类和命名。

杂环化合物按环的形式可分为单杂环和稠杂环，单杂环又可按环的大小分为五元杂环和六元杂环。

有特定名称的杂环母环的命名通常采用音译法，选用与译音相同的同音汉字加“口”字旁组成音译名。

命名取代杂环化合物时，先确定杂环母环的名称和编号，然后将取代基的位次和名称依次写在杂环母环名称之前。含一个杂原子的杂环，从杂原子开始用阿拉伯数字进行编号。含两个相同或含两个不同杂原子的杂环，从其中一个杂原子开始编号，按照O、S、NH、N的顺序决定优先的杂原子，并使另一个杂原子有尽可能小的编号。

有特定名称的稠杂环有其固定的编号顺序，通常是从一端开始依次编号一周，共用的碳原子一般不编号。编号时注意使杂原子的位次尽可能小，并遵循杂原子的优先顺序（嘌呤、异喹啉的编号特殊）。无特定名称的稠杂环命名的通式：附加环名称＋并＋[稠合边位置]＋基本环名称。

2. 吡咯、呋喃、噻吩的结构和主要化学性质。

五元杂环中所有的碳原子和杂原子都是 sp^2 杂化的，原子间彼此都以 sp^2 杂化轨道重叠形成 σ 键。每个碳原子提供一个 p 电子，杂原子提供一对孤对电子，形成一个含 6 个 π 电子的封闭的共轭体系，因而五元杂环都具有芳香性。

由于 5 个 p 轨道上分布着 6 个 π 电子，环碳原子的电子云密度比苯环中碳原子的电子云密度高，因此称五元杂环为“多 π”芳杂环，它们比苯更容易发生亲电取代反应，亲电取代反应活性顺序为吡咯＞呋喃＞噻吩≫苯，且反应主要发生在 α-位上。

吡咯氮上的孤对电子参与环的共轭体系，使氮上的电子云密度降低，N—H 键极性增加，显示弱酸性，能与固体氢氧化钾共热成盐。

呋喃具有明显的共轭二烯的结构，可和顺丁烯二酸酐发生第尔斯-阿尔德反应。

3. 吡啶的结构和主要化学性质。

吡啶环上碳原子和氮原子均以 sp^2 杂化轨道成键，每个原子上都有一个未杂化的 p 轨道，彼此侧面重叠形成闭合的 6 电子大 π 键，故吡啶具有芳香性。氮原子上还有一个 sp^2 杂化轨道被一对未共用电子对占据，有给出电子的倾向，因此具有碱性。

吡啶环上氮原子电负性较大，其吸电子效应导致 π 电子云向氮原子方向偏移，环上碳原子电子云密度下降，为一“缺 π”芳杂环体系，亲电取代反应比苯更难进行，且反应主要发生在 β-位上。

吡啶可作为亲核试剂与卤代烷、酰卤发生亲核取代反应。

4. 生物碱。

生物碱是存在于生物体内的一类具有碱性和明显生理活性的复杂含氮有机化合物，结构上多数属于仲胺、叔胺，少数为伯胺，常含有氮杂环，且大多数具有碱性。生物碱是植物有效成分中研究最多的一类，广泛应用于医药中。目前主要根据生物碱的来源对其命名。

习　　题

1. 命名或写出结构式。

(1) 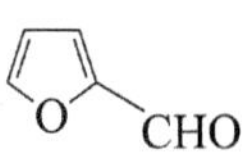

(2) 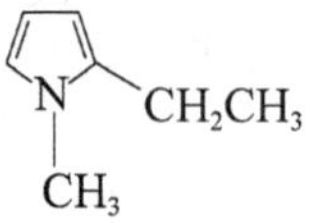

(3) 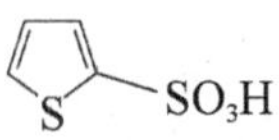

(4) 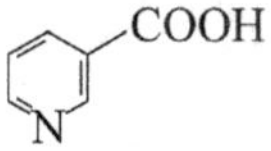

(5) 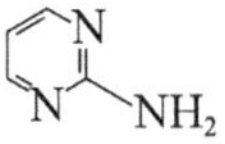

(6) 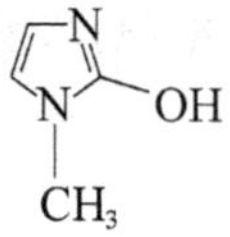

(7) 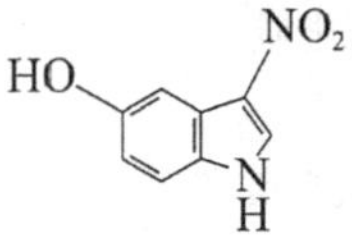

(8) 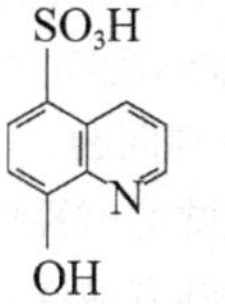

(9) 

(10) 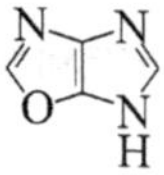

(11) 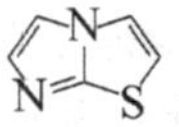

(12) 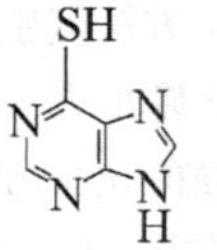

(13) 2,5-二氢噻吩　(14) 4-氨基-1-苯基咪唑　(15) 7-甲基-6-氨基嘌呤

(16) 5-硝基噻唑　(17) 8-溴异喹啉　(18) 溴化 N,N-二甲基四氢吡咯

(19) 吡啶三氧化硫　(20) 六氢吡啶

2. 完成反应式。

(1) 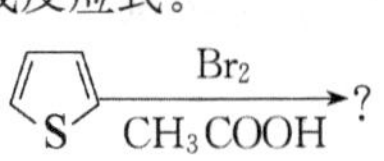

(2) 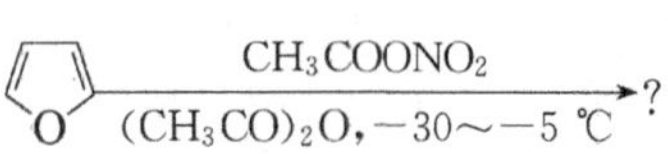

(3) 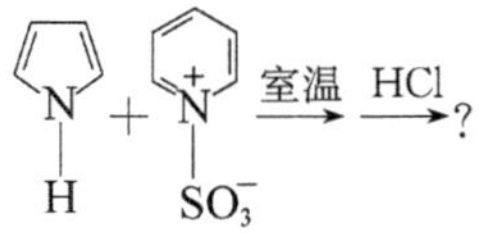

(4) 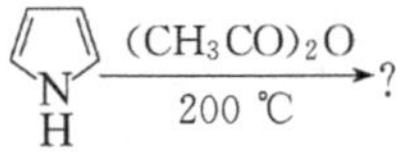

(5) 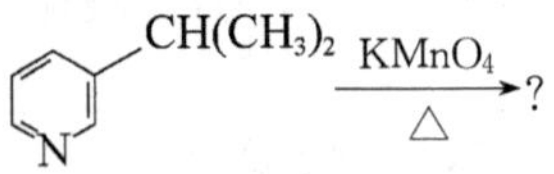　　(6) 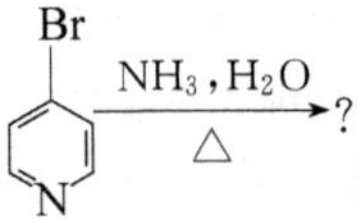

(7) 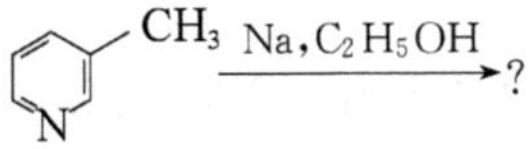　　(8) 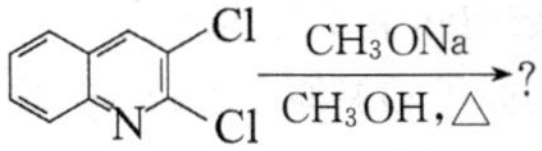

(9) 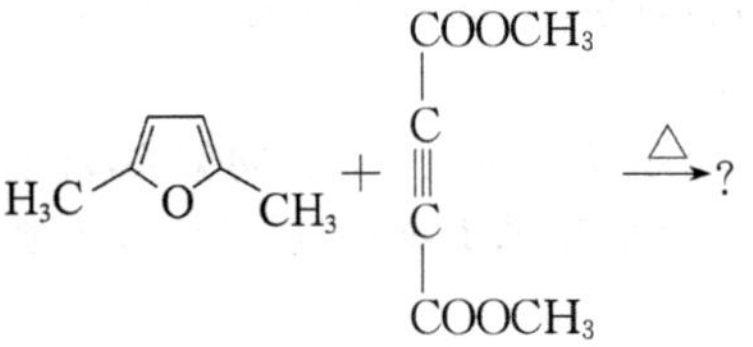　　(10) 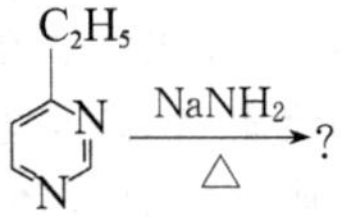

(11) 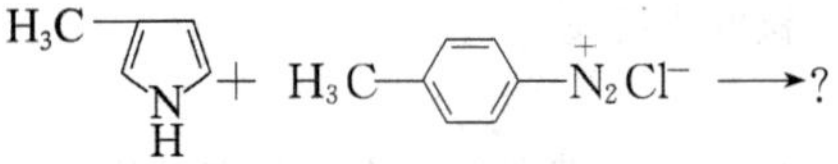

3. 指出下列化合物哪些具有芳香性。

(1) 　(2) 　(3) 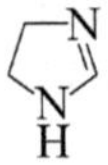　(4) 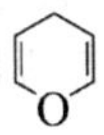

(5) 　(6) 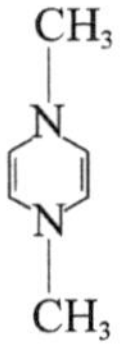　(7) 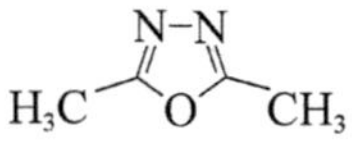　(8) 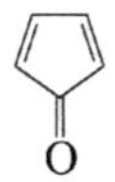

4. 比较下列各组化合物的碱性大小。

(1) 吡咯,吡啶,4-甲基吡啶　　(2) 吡咯,四氢吡咯,氨,苯胺

5. 解释下列问题。

(1) 吡啶的碱性比六氢吡啶弱。

(2) 吡啶有碱性,而吡咯几乎没有碱性,反而显示出弱酸性。

6. 用化学方法鉴别下列各组化合物。

(1) 吡啶和苯　　(2) 噻吩和苯　　(3) 吡啶和 3-甲基吡啶

7. 用简便的化学方法除去下列化合物中的少量杂质。

(1) 苯中少量的噻吩　(2) 甲苯中少量的吡啶　(3) 吡啶中少量的六氢吡啶

8. 某杂环化合物 A 的分子式为 C_6H_6OS,能与羟氨生成肟,但不与银氨溶液反应。用 I_2 的碱溶液处理后得 2-噻吩甲酸。试写出化合物 A 的结构式。

(广东药学院　赵　红)

第 13 章　甾族、脂类和萜类化合物

学习要求

1. 掌握甾族、脂类和萜类化合物的组成、结构及基本理化性质。
2. 熟悉甾族、脂类和萜类的代表化合物的结构和特性。
3. 了解甾族、脂类和萜类代表化合物在临床和药学中的应用。

甾族、脂类和萜类化合物在化学结构和生理功能上并无相同之处，但人们根据它们都具有脂溶性的特点将之归为一类，称为类脂。类脂在生物体内有重要的生理功能，有的属于具有调节代谢、控制生长发育的激素，有的构成细胞膜，有的提供能量，还有一些是制造药物和香料等日常用品的原料。

13.1　甾族化合物

13.1.1　基本骨架及其编号

甾族化合物(steroids)又称甾体化合物或类固醇化合物，是一大类广泛存在于动植物体内且具有重要生理活性的天然产物，它主要包括甾醇、胆甾酸和甾体激素等。甾族化合物的基本骨架由环戊烷并多氢菲和三个侧链构成。"甾"字很形象地表示了甾族化合物的基本结构特征，其中的"田"表示四个互相稠合的环，"巛"则表示环上的三个侧链。

甾族化合物的基本骨架

一般情况下，R、R_1 都是甲基(专称角甲基)，R_2 为不同碳原子数的碳链或含氧基团。

甾族化合物的基本骨架具有特殊规定的编号，其编号次序如下：

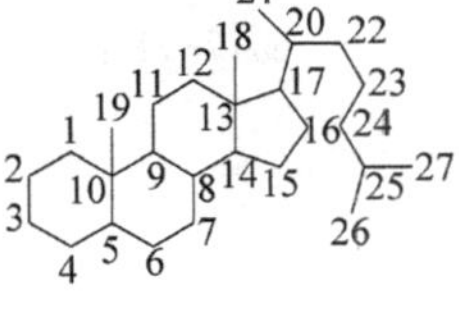

13.1.2 命名

很多自然界的甾族化合物都有其各自的习惯名称。其系统命名首先需要确定母核的名称，然后在其前后表明取代基的位置、数目、名称及构型。甾族母核上所连的基团在空间有不同的取向，位于纸平面前方（环平面上方）的原子或基团称为 β 构型，用实线或粗线表示；位于纸平面后方（环平面下方）的原子或基团称为 α 构型，用虚线表示；波纹线则表示所连基团的构型待定（或包括 α、β 两种构型）。

根据 C_{10}、C_{13}、C_{17} 处所连侧链的不同，甾族母核有六种，其名称见表 13.1。

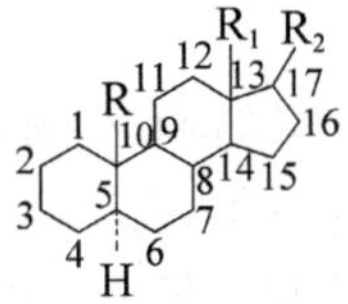

表 13.1 甾族常见的六种母核结构及其名称

R	R_1	R_2	甾族母核名称
—H	—H	—H	甾烷(gonane)
—H	$—CH_3$	—H	雌甾烷(estrane)
$—CH_3$	$—CH_3$	—H	雄甾烷(androstane)
$—CH_3$	$—CH_3$	$—CH_2CH_3$	孕甾烷(prgnane)
$—CH_3$	$—CH_3$	$—CH(CH_3)CH_2CH_2CH_3$	胆烷(cholane)
$—CH_3$	$—CH_3$	$—CH(CH_3)CH_2CH_2CH_2CH(CH_3)_2$	胆甾烷(cholestane)

甾族化合物均可作为有关甾族母核的衍生物命名。选定母核名称后，再根据以下规则对甾族化合物进行命名：母核中含有碳碳双键时，将“烷”改为相应的“烯”，并标出双键的位置。母核上连有取代基或官能团时，将取代基的名称、位置及构型放在母核名称前，若官能团作为母体，则将其放在母核名称之后。例如：

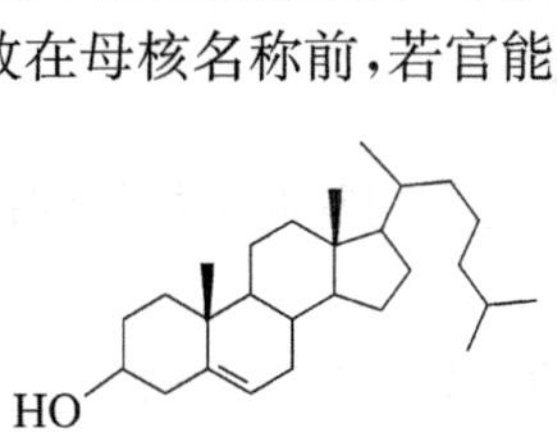

胆甾-5-烯-3β-醇（胆固醇）

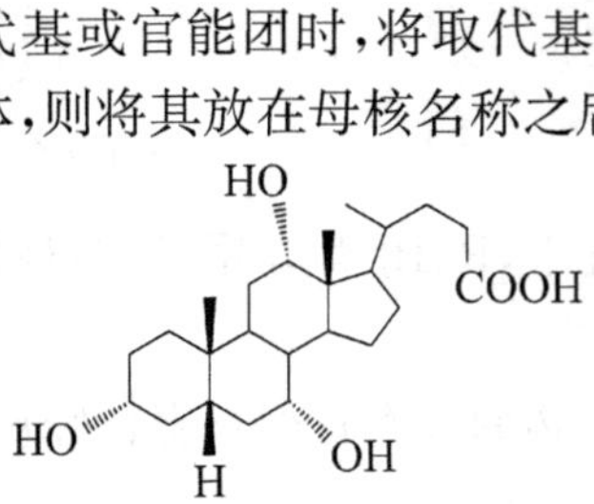

3α,7α,12α-三羟基-5β-胆烷-24-酸（胆酸）

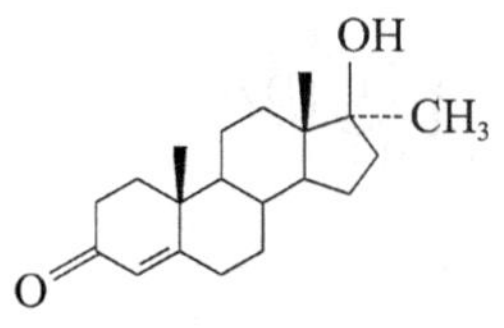

17α-甲基-17β-羟基雄甾-4-烯-3-酮（甲基睾丸素）

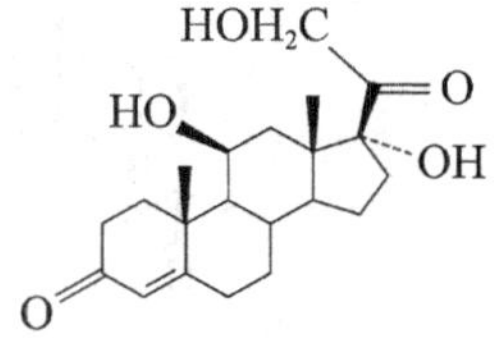

11β,17α,21-三羟基孕甾-4-烯-3,20-二酮（氢化可的松）

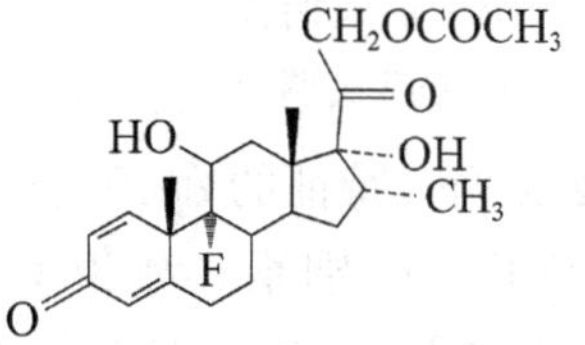

16α-甲基-11β,17α,21-三羟基-9α-氟孕甾-1,4-二烯-3,20-二酮-21-乙酸酯（醋酸地塞米松）

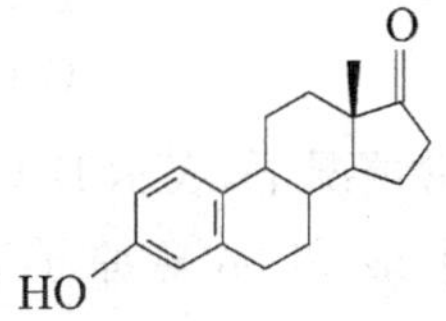

3-羟基-1,3,5(10)-雌甾三烯-17-酮（雌酚酮）

当 A 环为芳香环时，位次标成 1，3，5 (10)。

对于差向异构体，可在习惯名称前加“表”字。例如：

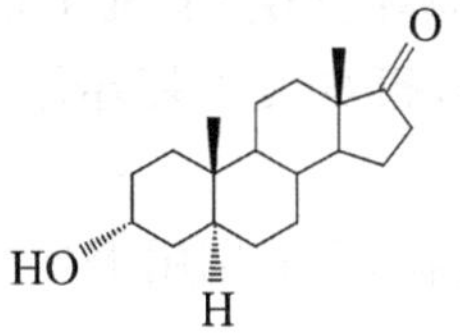

雄甾酮

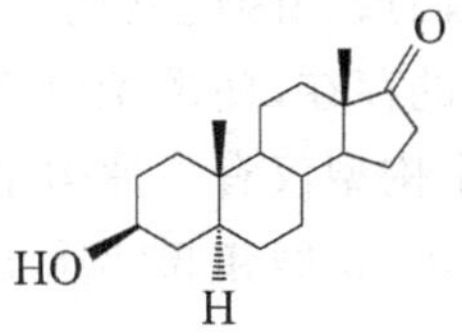

表雄甾酮

13.1.3　甾族化合物的构型和构象

1. 甾族化合物骨架的构型

甾族化合物骨架中环与环的稠合方式与十氢化萘相似。天然的甾族化合物中，B/C 环总是反式稠合，C/D 环也几乎是反式稠合，只有 A/B 环既有顺式稠合又有反式稠合。当 A 环与 B 环顺式稠合时，C_5 上的氢原子和 C_{10} 上的角甲基在环平面的同侧，都位于纸平面的前方（用实线表示），这种构型称为“β 构型”，具有这种构型特点的称为正系，简称“5β 型”。当 A 环与 B 环反式稠合时，C_5 上的氢原子与 C_{10} 上的角甲基在环平面的异侧，C_5 上的氢原子位于纸平面的后方（用虚线表示），这种构型称为“α 构型”，具有这种构型特点的称为别系，简称“5α 型”。

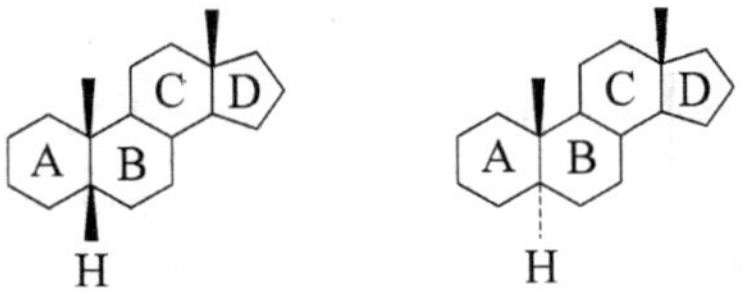

正系（5β型）	别系（5α型）
A/B顺式稠合	A/B反式稠合
B/C反式稠合	B/C反式稠合
C/D反式稠合	C/D反式稠合

在通常情况下，表示 B/C 和 C/D 环反式稠合特征的 8β、9α、14α 氢原子均被省略，而仅用 5α 和 5β 氢原子表示其分属于正系或别系。如果 $C_4 \sim C_5$、$C_5 \sim C_6$、$C_5 \sim C_{10}$间有双键，A、B 环稠合的构型无差别，则无正系和别系之分。

2. 甾族化合物骨架的构象

甾族化合物骨架是由三个环已烷的环相互按十氢化萘的方式稠合成全氢菲，再与环戊烷环并合而成。因此其构象也类似环己烷、十氢化萘及环戊烷的构象。但因为反式稠合环的存在，使碳架刚性较强，很难发生翻环作用，a 键和 e 键不能相互转换，所以每个构型仅有一种构象。

若用构象式表示 5α 型和 5β 型甾族化合物，可分别用下列构象式表示：

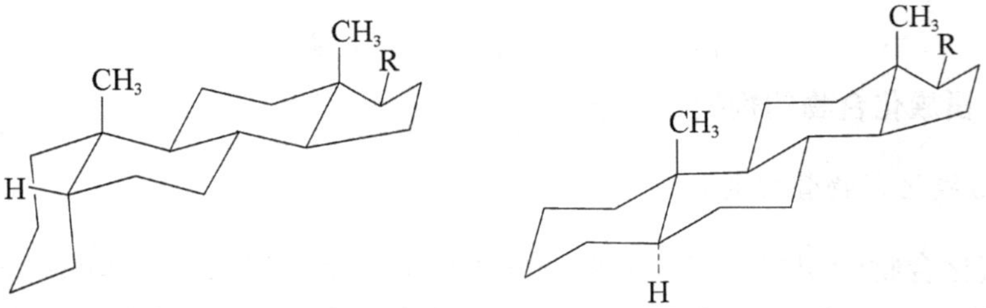

正系（5β型）　　别系（5α 型）

3. 甾族化合物的构象分析实例

甾族化合物中一些基团受构象的影响，在性质上表现出较大的差异，现仅举几例：

1）与双键有关的反应

由于甾族化合物母核上的角甲基、C_{17}处的侧链均为 β 构型，因此对双键进行催化氢化和用过氧酸氧化时，反应均发生在 α 面，引入的原子或基团均为 α 构型。例如：

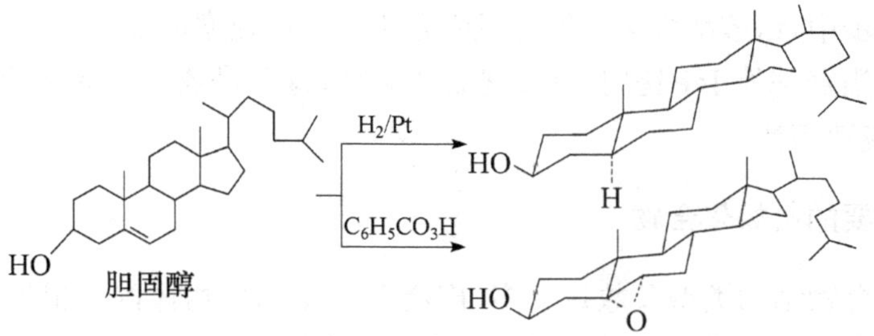

2）与羟基有关的反应

（1）酯化和酯水解反应。e 键上的羟基比 a 键上的羟基容易发生酯化反应。

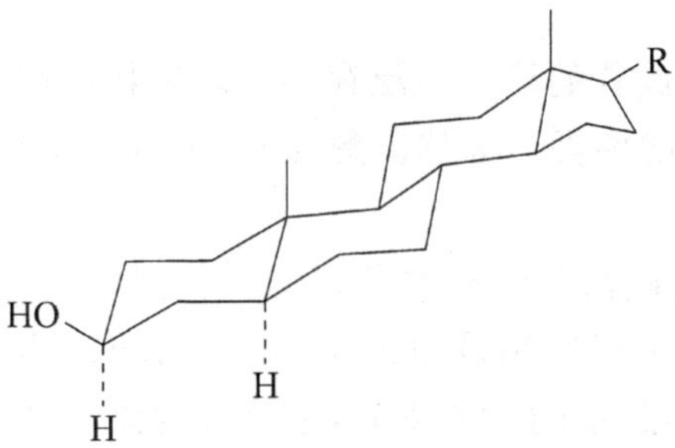
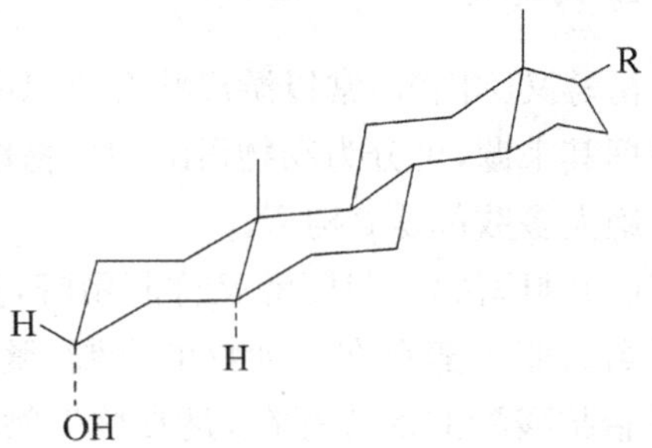

	3β-羟基（e 键）	3α-羟基（a 键）
酯化速率	快	慢
酯水解速率	快	慢

例如，3β，5α，6β-三羟基胆甾烷与氯代甲酸乙酯酰化时，只有 C_3 处的羟基生成酯，因为只有此处的羟基位于 e 键上。

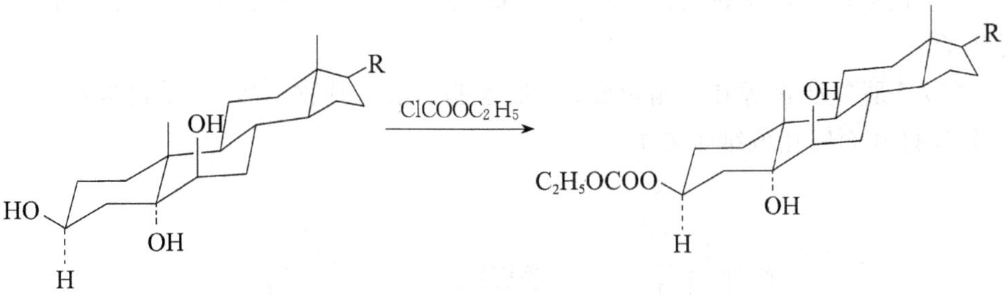

（2）氧化反应。e 键上的羟基比 a 键上的羟基难发生氧化反应，这一差别可以从氧化反应历程解释。以铬酸氧化为例，历程如下：

$$R_2CH—OH + H_2CrO_4 \longrightarrow R_2CH—O—CrO_3H + H_2O$$

铬酸氢酯

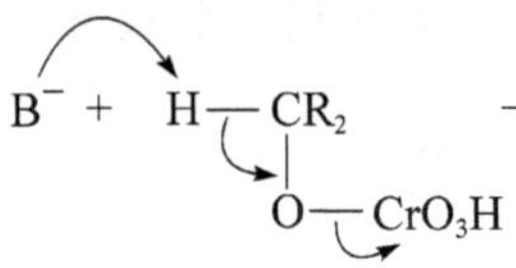

$$\longrightarrow R_2C{=}O + BH + CrO_3H^-$$

在第二步中，铬酸酯失去 α-氢生成酮是决定反应速率的步骤，即氧化反应发生在 α-氢上。当羟基处于 e 键时，其 α-氢处于 a 键，碱 B 进攻 α-氢受到的空间阻碍较大，所以反应速率慢。

13.1.4 重要的甾族化合物

甾族化合物结构类型及数目繁多，广泛存在于动植物体内。根据甾族化合物的存在和化学结构可分为甾醇、胆汁酸、甾族激素等。

1. 甾醇类

甾醇又称固醇，常以游离状态或以酯或苷的形式广泛存在于动植物体内。甾醇根据其来源，可分为动物甾醇和植物甾醇两类。天然甾醇在 C_3 上有一个羟基，并且绝大多数都是 β 构型。

(1) 胆固醇。胆固醇又称胆甾醇，是最初在胆石中发现的一种固体醇，因此而得名。胆固醇存在于动物的脊髓、脑、神经组织及血液中，在人和动物体内主要以脂肪酸酯的形式存在，是真核生物细胞膜的重要成分，生物膜的流动性与其密切相关。胆固醇也是生物合成胆甾酸和甾族激素等的前体，在体内有重要作用。若胆固醇摄入过量和代谢发生障碍，则胆固醇会从血清中沉积在动脉血管壁上，这是导致冠心病和动脉粥样硬化的病因之一。此外，胆固醇在胆汁中沉淀形成胆石，堵塞正常胆汁流动，从而引起黄胆。正因如此，胆固醇的生物合成以及调节胆固醇的运输与沉淀是一个广泛研究的课题。伍德沃德(Woodward)于 1951 年完成了胆固醇的全合成；另外，关于胆固醇的生物合成过程也基本研究清楚了。

(2) 7-脱氢胆甾醇和麦角甾醇。7-脱氢胆甾醇是动物甾醇，当受到紫外线照射时，B 环打开而转化成维生素 D_3。

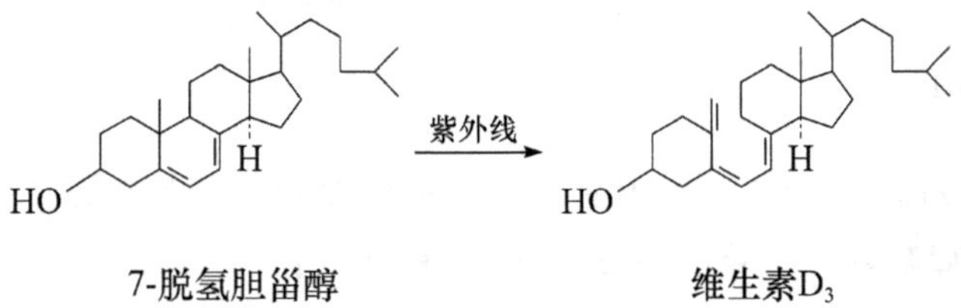

麦角甾醇是一种重要的植物甾醇，存在于酵母、麦角等中。麦角甾醇与 7-脱氢胆甾醇不同之处在于，C_{17} 处的侧链上多一个甲基和一个双键。当受到紫外线照射时，麦角甾醇也能转化成维生素 D_2。

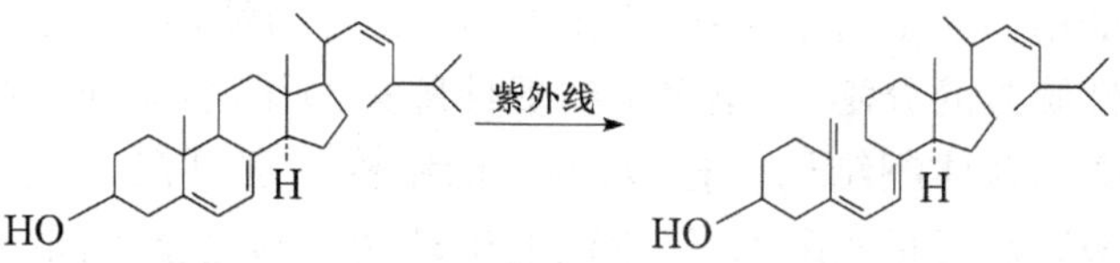

麦角甾醇　　维生素D_2

维生素 D_3 和 D_2 均为无色结晶，都是脂溶性维生素，其热稳定性较高，空气中氧难以将其氧化。当严重缺乏维生素 D 时，儿童易患佝偻病，成人则得软骨症。

2. 胆酸类

在动物的胆汁中含有几种结构与甾醇类似的酸，称为胆汁酸。它们的结构特征是 C_{17} 上支链较短，末端有一个羧酸，母核上含有两个或三个羟基，而且都是 α 型，A/B 环是以顺式稠合。胆酸分子中既有大的疏水基（两个甲基和烃核）又有亲水基（三个羟基和一个羧基），故胆酸（胆汁酸也一样）在肠道中的功能是作为乳化剂促进脂肪的吸收。

3. 甾族激素

人体含有的甾族激素有由肾上腺皮质分泌的肾上腺皮质激素（如氢化可的松、去氢皮质酮），由性腺分泌的雌性激素（如 β-雌二醇、黄体酮）、雄性激素（如睾丸酮）等。它们各有其生理活性，临床上用于治疗某些疾病。

1）性激素

性激素有雄性激素和雌性激素之分，对动物的发育、生长及维持性特征等都有促进作用。雄性激素如睾丸酮（testoterone），由于它在体内不稳定，作用不能持久。现在临床上多用其较稳定的衍生物，如甲基睾丸酮和丙酸睾丸酮。雌性激素如雌酮（estrone）、黄体酮（progesterone）和雌二醇等。

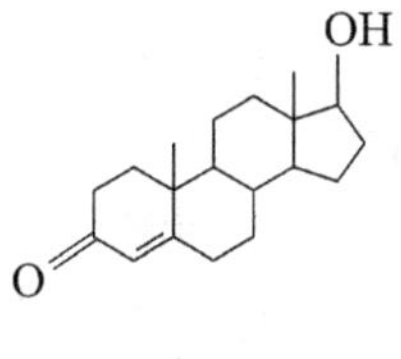

睾丸酮

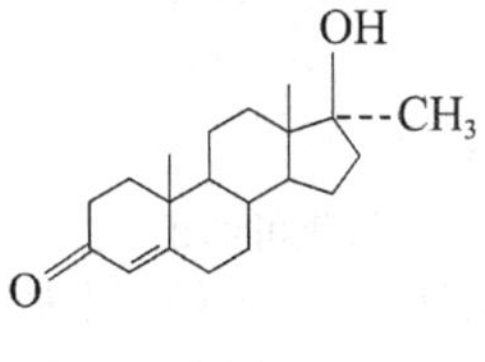

甲基睾丸酮

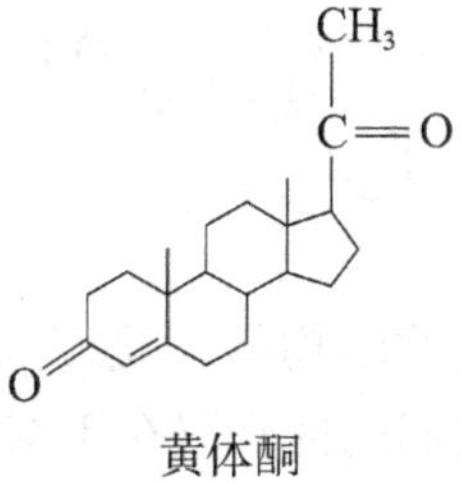

黄体酮

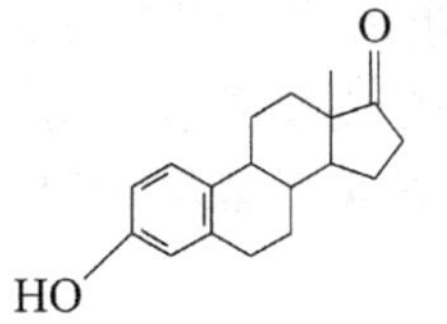

雌酮

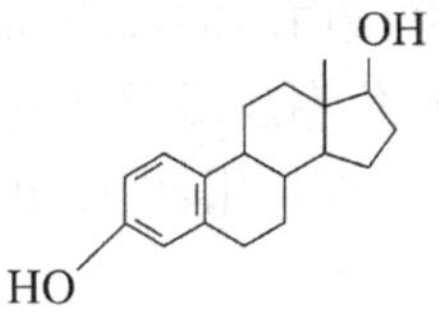

雌二醇

黄体酮使受精卵在子宫中发育，临床上用于治疗习惯性流产。同时，它也具有抑制脑垂体促性腺素的分泌，卵巢得不到促性腺素的作用，阻止了排卵，因而可用于避孕。睾丸酮与黄体酮结构很相似，两者的结构差别只在于 C_{17} 上所连的基团不同，前者是羟基，后者是乙酰基，但它们的生理功能却完全不同。有机合成化学家们合成了许多口服避孕药，这一成就对人类的历史产生了深远的影响。自 1981 年新的孕激素地索高诺酮诞生后，孕二烯酮、肟炔诺酮、醋酸环丙孕酮等相继发现，从而产生了以妈富隆为代表的第三代口服避孕药。

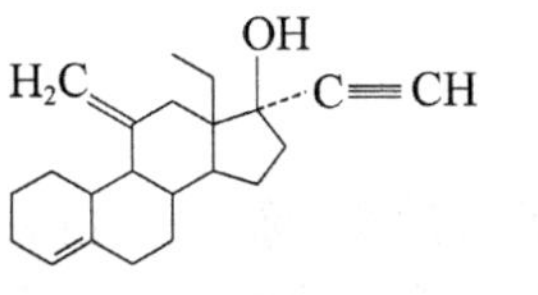

去氧孕烯(地索高诺酮)

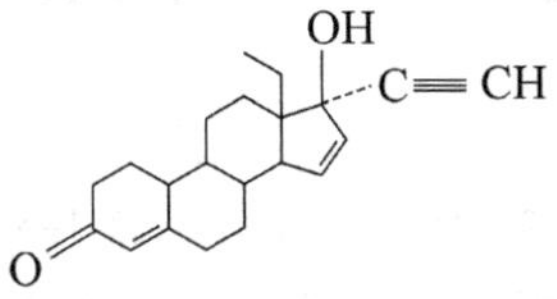

孕二烯酮

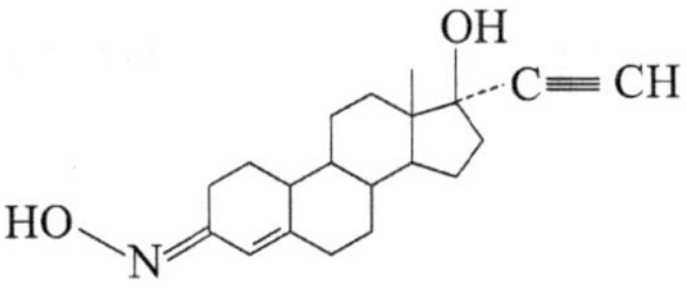

肟炔诺酮

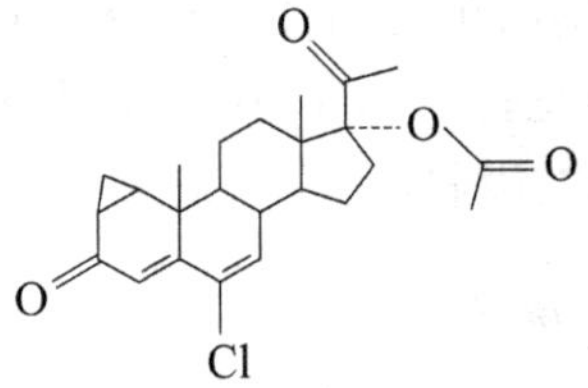

醋酸环丙孕酮

2) 肾上腺皮质激素

肾上腺皮质激素是哺乳动物肾上腺皮质的分泌物。到目前为止，已用人工的方法从肾上腺皮质中提取出 30 多种甾族化合物，但具有显著生理活性的只有下列 7 种：可的松、氢化可的松、皮质酮、11-脱氢皮质酮、17α-羟基-11-脱皮质酮、11-去氧皮质酮和甲醛皮质酮。例如：

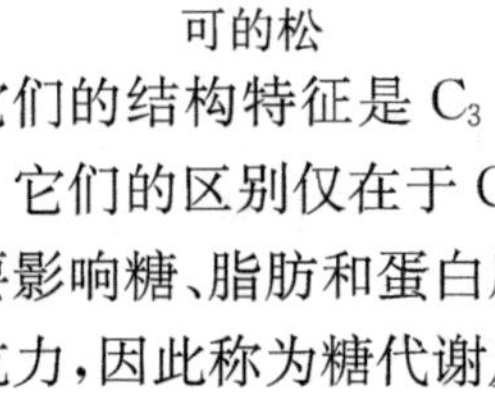

可的松

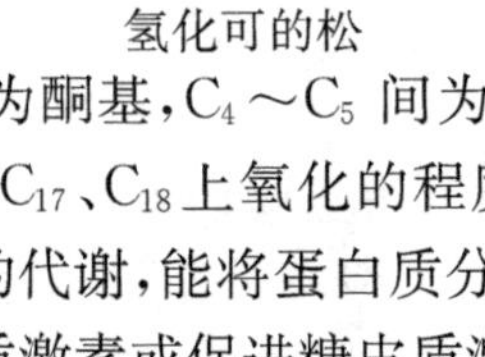

氢化可的松

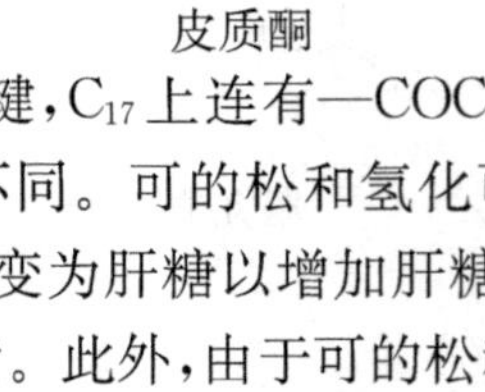

皮质酮

它们的结构特征是 C_3 都为酮基，C_4～C_5 间为双键，C_{17} 上连有—$COCH_2OH$ 基团。它们的区别仅在于 C_{11}、C_{17}、C_{18} 上氧化的程度不同。可的松和氢化可的松等主要影响糖、脂肪和蛋白质的代谢，能将蛋白质分解变为肝糖以增加肝糖元，增强抵抗力，因此称为糖代谢皮质激素或促进糖皮质激素。此外，由于可的松和氢化可的松还有抗风湿和抗炎作用，因此也称为抗炎激素，临床上多用于控制严重中毒感染和风湿病等。

近年来，人工合成了一大批疗效强而副作用较小的肾上腺皮质激素新药物，如醋酸强的松龙，它们的抗炎作用比其母体(可的松和氢化可的松)均强 4 倍左右。肤轻松是比氢化可的松更强的治疗皮炎的药物，而含氯的倍氯米松则是比氢化可的松更强的治疗气喘的药物。

13.2　脂类化合物

13.2.1　油脂

油脂是动植物体的重要组成物质，也是人类生命活动必需的物质。油脂是油(oil)和脂肪(fat)的总称；室温下呈液态的称为油，呈固态或半固态的称为脂肪。

1. 油脂的结构和组成

在化学结构和组成上，油脂是各种高级脂肪酸甘油酯的混合物，其通式如下：

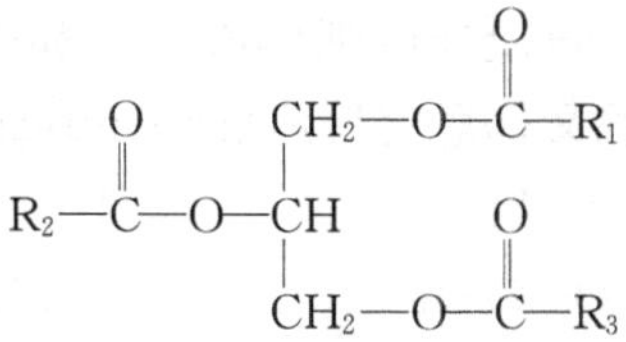

(R_1、R_2、R_3可相同，也可不同)

若油脂分子中三个脂肪酸相同则称为单三酰甘油(triacylglycerol)，否则称为混三酰甘油。组成油脂的脂肪酸(fatty acid)一般都是含偶数碳原子的直链羧酸(碳原子数一般为 12～20 个)，其中有饱和脂肪酸，也有不饱和脂肪酸。组成油脂的常见脂肪酸见表 13.2。

表 13.2　油脂中常见的高级脂肪酸

俗名	化学名称	结构式	熔点/℃
软脂酸	十六烷酸	$CH_3(CH_2)_{14}COOH$	62.9
硬脂酸	十八烷酸	$CH_3(CH_2)_{16}COOH$	69.9
花生酸	二十烷酸	$CH_3(CH_2)_{18}COOH$	75.2
月桂酸	十二烷酸	$CH_3(CH_2)_{10}COOH$	43.6
油酸	Δ^{9}-十八碳烯酸	$CH_3(CH_2)_7CH{=}CH(CH_2)_7COOH$	16.3
亚油酸*	$\Delta^{9,12}$-十八碳二烯酸	$CH_3(CH_2)_4(CH{=}CHCH_2)_2(CH_2)_6COOH$	−5
亚麻油酸*	$\Delta^{9,12,15}$-十八碳三烯酸	$CH_3(CH_2CH{=}CH)_3(CH_2)_7COOH$	−11.3
桐油酸	$\Delta^{9,11,13}$-十八碳三烯酸	$CH_3(CH_2)_3(CH{=}CH)_3(CH_2)_7COOH$	49
蓖麻油酸	Δ^{9}-12-羟基十八碳烯酸	$CH_3(CH_2)_5CH(OH)CH_2CH{=}CH(CH_2)_7COOH$	50
花生四烯酸*	$\Delta^{5,8,11,14}$-二十碳四烯酸	$CH_3(CH_2)_4(CH{=}CHCH_2)_4CH_2CH_2COOH$	−49.3

* 表示必需脂肪酸，需从食物中获取。花生四烯酸人体虽能自身合成，但量太少，故可算作必需脂肪酸。

天然油脂是各种混三酰甘油的混合物，并且含有少量游离的高级脂肪酸、高级醇、维生素、色素等物质。通常将生物体所利用的酯称为脂。油脂比水轻，不溶于水，易溶于乙醚、丙酮、苯、氯仿、汽油等有机溶剂，因此衣服上的油渍可用汽油等擦洗。通常由饱和脂肪酸组成的油脂在室温下呈固体，如猪油、牛油等，而由不饱和脂肪酸组成的油脂中双键的构型几乎总是顺式，这种立体构型降低了脂肪酸之间的紧密程度而使熔点降低，因此在室温下含不饱和脂肪酸多的油脂呈液体，如花生油、豆油等。

2. 油脂的化学反应

油脂属于酯类物质，能水解，其脂肪酸部分如果含有不饱和的碳碳双键，还可以发生加成、氧化、聚合等反应。

(1) 水解。油脂在酸、碱或酶的作用下可以发生水解，生成甘油和脂肪酸。若在碱性条件(如 NaOH 或 KOH)水解，则生成甘油和脂肪酸盐。高级脂肪酸盐俗称肥皂，因此油脂的碱性水解又称皂化反应(saponification)。反应式如下：

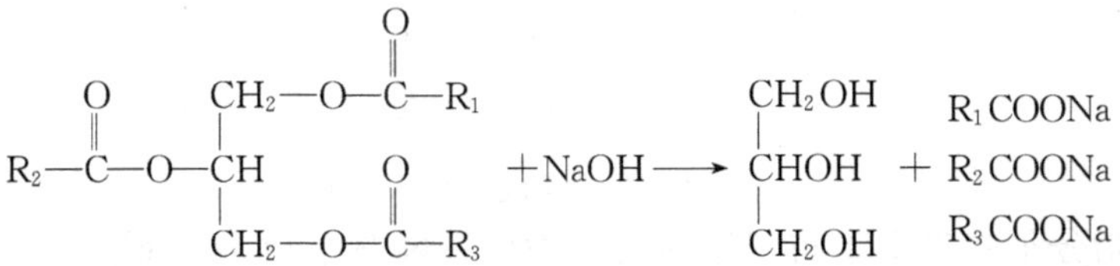

由于组成油脂的各种脂肪酸的相对分子质量不同，不同的油脂皂化时所需的碱的量也不同。使 1 g 油脂完全皂化所需的氢氧化钾的质量(mg)称为皂化值。由皂化值可计算油脂的平均相对分子质量，皂化值越大，油脂的平均相对分子质量越小。不同的油脂所含脂肪酸不同而具有不同的皂化值。

(2) 加成。油脂中的不饱和高级脂肪甘油酯含有碳碳双键，因此可以和氢、卤素等发生加成反应。油脂与碘的加成反应常用来测定油脂的不饱和度。每 100 g 油脂所吸收的碘的质量(g)称为碘值(iodine value)。碘值大表示油脂的不饱和程度高。

(3) 干性。某些油脂(如亚麻油、桐油)暴露在空气中能生成一层干燥而有韧性的固态薄膜，油脂的这种结膜性称为干性(或干化)作用。

(4) 酸败。油脂在空气中久置后，会在空气中氧、水分和微生物作用下发生变质，产生难闻的气味，这种现象称为酸败(rancidity)。酸败的原因是油脂中不饱和脂肪酸的双键被氧化成过氧化物，后者再经分解等作用，生成具有臭味的小分子醛、酮和羧酸等物质，此时的油脂不能再食用。油脂的酸败程度可用“酸值”表示。酸值是指中和 1 g 油脂中的游离脂肪酸所需氢氧化钾的质量(mg)。

13.2.2　磷脂

磷脂(phospholipid)是指含磷酸酯结构的脂类，广泛存在于动植物体内，如动物的脑、蛋黄、肝及大豆等植物的种子中，在细胞吸收外界物质和分泌代谢产物的过程中起重要作用。磷脂根据与磷酸成酯的组分不同分为甘油磷脂(phosphoglyceride)和鞘磷脂(sphingomyelin)两类。

1. 甘油磷脂

油脂中一个酰基被磷酰基替代而生成的二酰甘油磷酸称为磷酯酸(phosphatidic acid)，磷酯酸中的两个羧酸通常是不相同的。磷酯酸是甘油磷脂的母体结构。磷酯酸结构中甘油的 C_2 位是手性碳原子，其命名时习惯采用的编号原则是，在磷酯酸的费歇尔投影式中，从上到下碳原子的编号为 1、2、3，磷酰基连在 C_3 位置，C_2 上的羟基在碳链的左侧(天然的磷酯酸属于 *R* 构型)。上述原则称为立体专一编号(stereospecific numbering)，用缩写“Sn”表示，写在磷酯酸名称的最前面。例如：

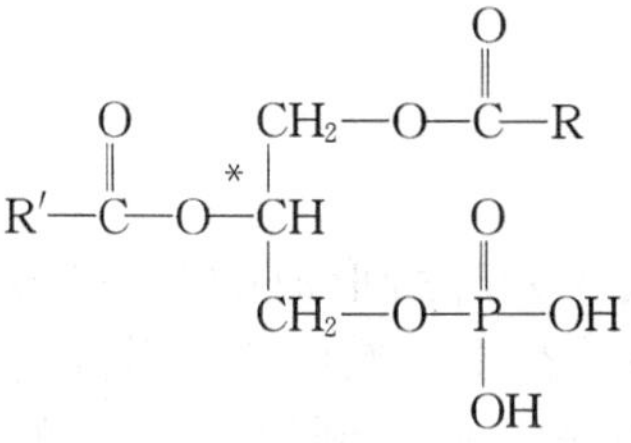
磷酯酸

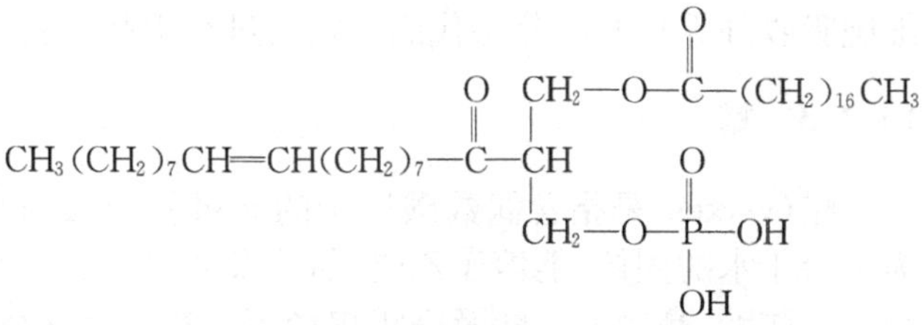
Sn-甘油-1-硬脂酸-2-油酸-3-磷酯酸

磷酯酸的磷酸部分与其他醇成酯即为甘油磷脂，常见的醇有胆碱、乙醇胺、丝氨酸等。卵磷脂(又称磷脂酰胆碱，lecithin)和脑磷脂(又称磷脂酰乙醇胺，cephalin)的结构如下：

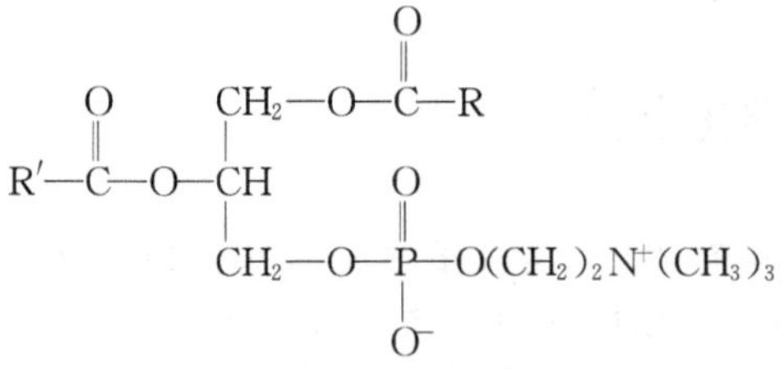
卵磷脂

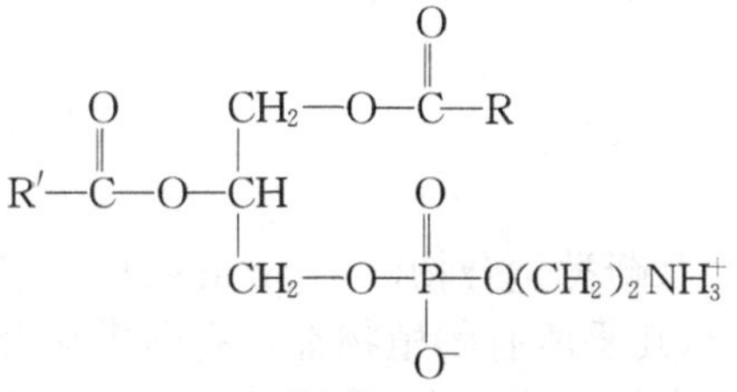
脑磷脂

从上述结构中可以看出：甘油磷脂分子是以偶极离子的形式存在，是两性物质。偶极离子部分是亲水部分，羧酸的长链烃基是疏水部分。

2. 鞘磷脂

鞘磷脂(sphingomyelin，神经磷脂)是由神经酰胺的伯醇羟基与磷酰胆碱(或磷酰乙醇胺)酯化而成的化合物,大量存在与脑和神经组织中。神经酰胺是鞘胺醇的氨基与脂肪酸成酰胺后的产物。鞘胺醇是一类脂肪族长碳链(含有一反式双键)的氨基二醇,它们的结构分别表示如下:

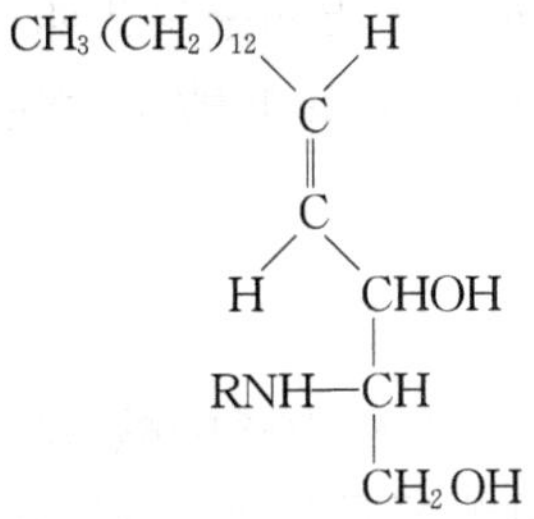

鞘胺醇(R=H);神经酰胺(R=R′CO—)

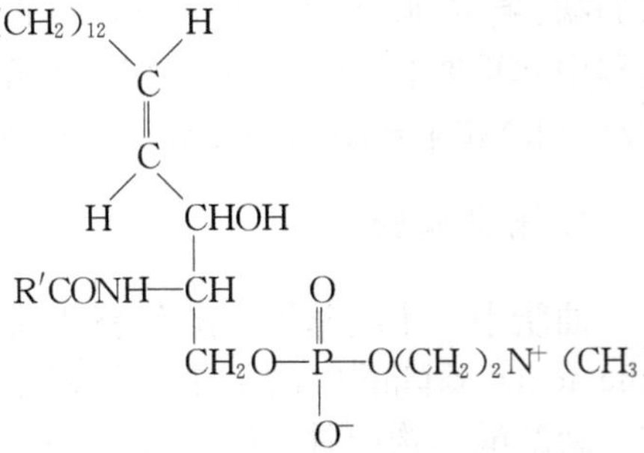

鞘磷脂

鞘磷脂分子也是以偶极离子的形式存在,分子中含有亲水基团和疏水基团。磷脂具有类似于表面活性剂的两亲结构,在水中其亲水基指向水相,而长链烃基部分则聚在一起形成双分子层的中心疏水区,构成了生物膜的主要成分,而生物膜在细胞吸收外界物质和分泌代谢产物的过程中起重要作用。

13.2.3 蜡

蜡(waxes)是指含偶数碳原子的高级脂肪酸与高级一元醇所形成的酯,多数为不溶于水的固体,能溶于乙醚、氯仿及四氯化碳等有机溶剂中。蜡也含有游离的高级脂肪酸、高级一元醇及高级烷烃等。蜡广泛存在于生物界中。例如,存在于蜂巢中的蜂蜡是由软脂酸和三十碳醇形成的酯,白蜡虫的分泌产物虫蜡是由二十六碳酸和二十六碳醇形成的酯。蜡按来源可分为动物蜡、植物蜡和矿物蜡三种。蜡的化学性质比较稳定,在空气中不容易变质,且不容易发生皂化反应。蜡可用于制造蜡纸、润滑油、防水剂、光泽剂及药用基质等。

13.3 萜类化合物

萜类化合物(terpenoids)广泛存在于自然界中,是许多植物香精油的主要成分,几乎所有的植物都含有萜类化合物,在动物和真菌中也含有萜类化合物。它们大多是不溶于水、易挥发并具有香味的油状物质,有一定的生理及药理活性,如具有祛痰、止咳、祛风、发汗和镇痛等作用。萜类化合物被广泛用于香料和医药等。

13.3.1 萜类化合物的结构与分类

1. 结构及异戊二烯规律

萜类化合物由异戊二烯(isoprene)作为基本骨架单元,可以看成是由两个或两个以上异戊二烯单位以头尾相连或互相聚合而成，这种结构特征称为“异戊二烯规律”。因此，萜类化合物是异戊二烯的低聚合物以及它们的氢化物和含氧衍生物的总称。

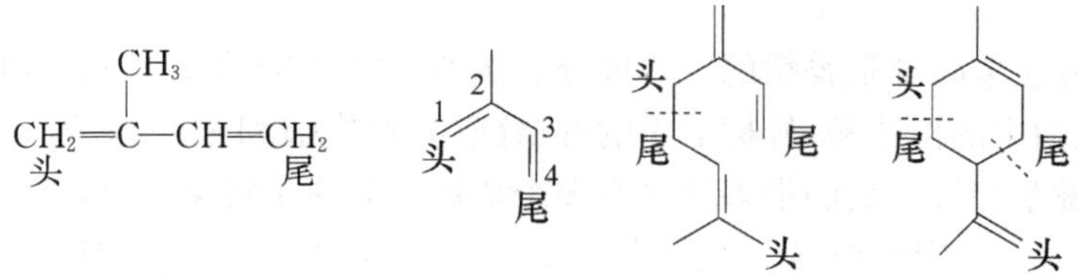

异戊二烯　　　　月桂烯　　柠檬烯

月桂烯是两分子异戊二烯头尾相连，而柠檬烯是两分子异戊二烯之间的1，2-和1，4-加成形成的六元碳环化合物。绝大多数萜类分子中的碳原子数目是异戊二烯五个碳原子的倍数（仅发现个别例外），因此，异戊二烯规律在萜类成分的结构式测定中具有很大应用价值。

2. 分类

萜类化合物根据分子中所含异戊二烯骨架的多少，可分为单萜、倍半萜、二萜等，见表 13.3。

表 13.3　萜类化合物的分类

异戊二烯单元数	碳原子数	类别
2	10	单萜类
3	15	倍半萜
4	20	二萜类
6	30	三萜类
8	40	四萜类
>8	>40	多萜类

13.3.2　单萜类化合物

单萜类化合物由两个异戊二烯单元构成。根据两个异戊二烯单元的连接方式不同，单萜又可分为链状单萜、单环单萜和双环单萜。

1. 链状单萜化合物

链状单萜类化合物由两个异戊二烯分子头尾相连而成，其基本骨架结构如下：

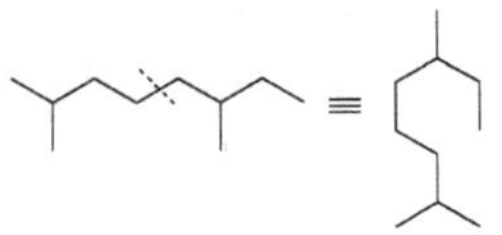

很多链状单萜都是香精的主要成分。例如，月桂油中的月桂烯、玫瑰油中的香叶醇、橙花油中的橙花醇、柠檬油中的柠檬醛（α-柠檬醛和 β-柠檬醛）、玫瑰油及香茅油中的香茅醇等。它们很多是含有多个双键或氧原子的化合物，其结构如下：

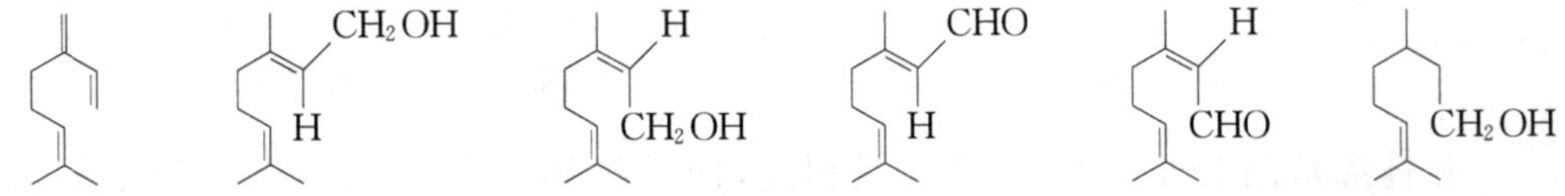

月桂烯　　香叶醇　　橙花醇　　α-柠檬醛　　β-柠檬醛　　香茅醇

这些链状单萜都可以用来制备香料，其中柠檬醛还是合成维生素 A 的重要原料。

2. 单环单萜类化合物

单环单萜的基本骨架是两个异戊二烯之间形成一个六元环状结构，其饱和烷烃称为萜烷，其主要衍生物是 3-萜醇（薄荷醇）和苧烯。

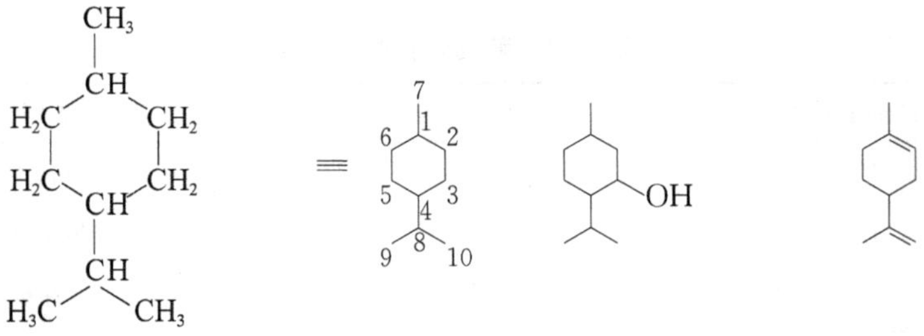

萜烷（1-甲基-4-异丙基环己烷）　　3-萜醇　　苧烯（1,8-萜二烯）

3-萜醇俗名薄荷醇，其分子中有 3 个不同手性碳原子，所以有 8 个光学异构体，即 4 对对映体：（±）薄荷醇、（±）新薄荷醇、（±）异薄荷醇和（±）新异薄荷醇。其中，薄荷醇中的 C_1、C_3、C_4 3 个手性碳上的取代基都位于环己烷椅式构象的 e 键上，为优势构象。因此薄荷醇比其他非对映体稳定，是薄荷油的主要成分。

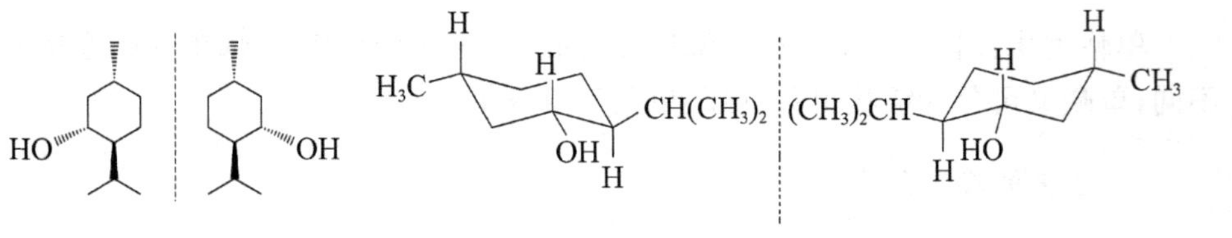

（－）薄荷醇　（＋）薄荷醇　　（－）薄荷醇　　（＋）薄荷醇

（－）薄荷醇又称薄荷脑，为低熔点固体，具有穿透性的芳香、清凉气味，有杀菌、防腐作用和局部止痛、止痒的效力，广泛应用于医疗、化妆品及食品工业中。清凉油、人丹、牙膏、糖果等均含有此成分。

苧烯又称柠檬烯或 1,8-萜二烯。因分子中含有一个手性碳原子，所以有一对对映体，其左旋体存在于松针油中，右旋体存在于柠檬油中，外消旋体则存在于松节油中。它们都是具有柠檬香味的液体，可用作香料。

3. 双环单萜类化合物

1）基本骨架和命名

在萜烷结构中，C_8 若分别与 C_1、C_2、C_3 相连则形成桥环化合物，分别称为莰烷、蒎烷和蒈烷。若 C_4 与 C_6 连成桥键则形成苧烷。以下是四种双环单萜的基本骨架、编号及优势构象式。

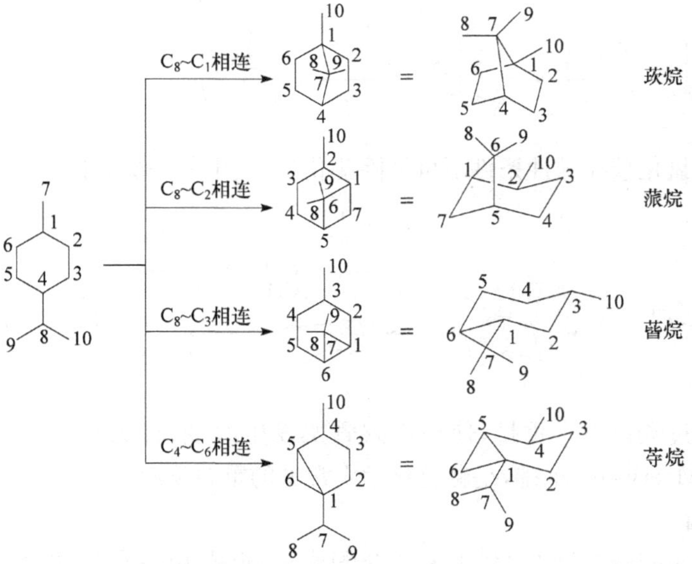

以上四种双环单萜中，只有莰烷的优势构象为船式，其他均以椅式为优势构象式。它们在自然界并不存在，但它们的不饱和烃或含氧衍生物广泛存在于植物体内，尤其以莰烷和蒎烷的衍生物与药学关系更为密切，如蒎烯和樟脑等。

2）α-蒎烯和 β-蒎烯

蒎烯(pinene)是含一个双键的蒎烷衍生物。根据双键位置不同，有 α-蒎烯和 β-蒎烯两种异构体。

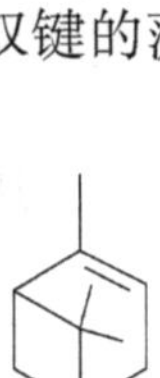

α-蒎烯

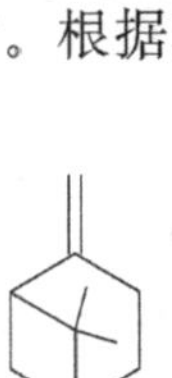

β-蒎烯

α-蒎烯和β-蒎烯均存在于松节油中，但以α-蒎烯为主，占松节油含量的70%～80%，β-蒎烯含量较少，α-蒎烯沸点155～156 ℃。松节油具有局部止痛作用，可用作外用止痛药。α-蒎烯和β-蒎烯在酸性条件下可发生碳骨架的重排反应，由蒎的桥环结构经碳正离子重排成莰的桥环结构。例如，α-蒎烯在盐酸中发生重排反应：

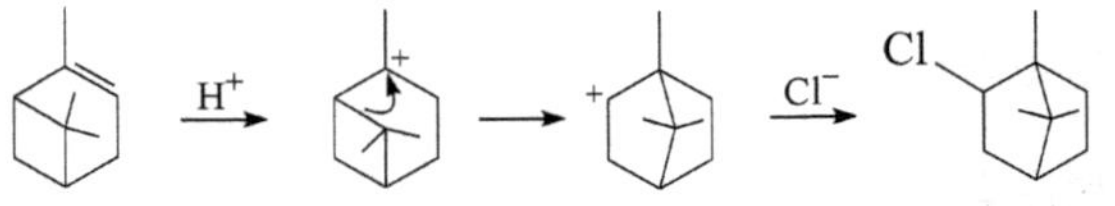

可以看出，减少环张力是上述重排发生的主要原因。α-蒎烯的这种重排过程，也可以用下述构象式表示：

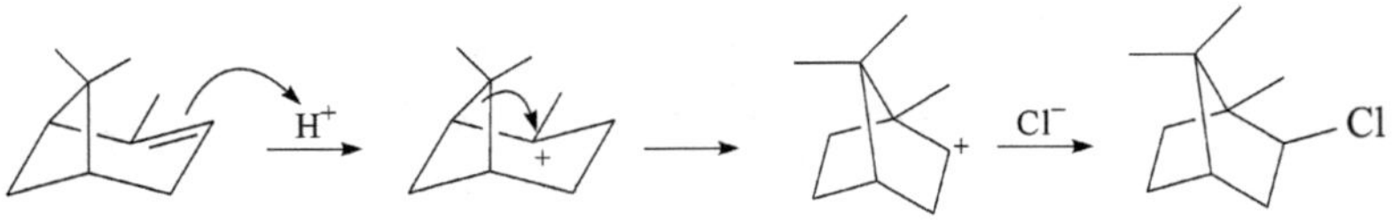

生成的氯化莰在碱性条件下可消除氯化氢，发生另一次重排，形成莰烯。

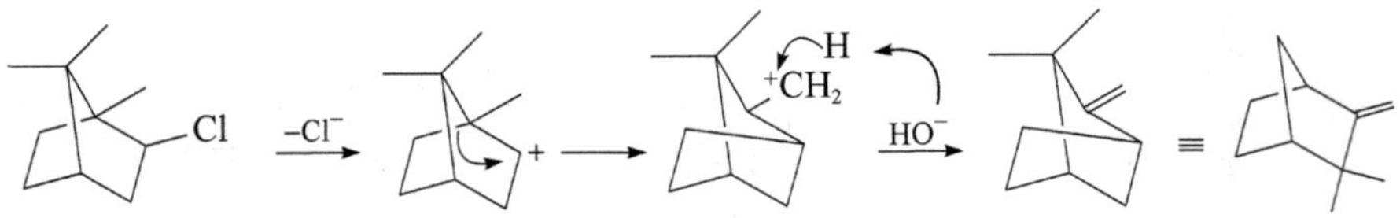

上述经过碳正离子重排，使环系碳骨架发生改变，称为瓦格涅尔-麦尔外英(Wangner-Meerwein)重排，是萜类化学中常见的重要反应。

3）樟脑

樟脑(camphor)的化学名称为2-莰酮或α-莰酮，由樟科植物樟树中得到，并由此而得名。樟脑为无色闪光结晶，熔点为179 ℃，易升华，有香味，难溶于水，易溶于有机溶剂。樟脑分子中有两个手性碳原子，理论上应有四个光学异构体，但实际只存在两个：(＋)樟脑和(－)樟脑。这是因为桥环需要的船式构象限制了桥头两个手性碳所连基团的构型，使其 C_1 所连的甲基与 C_4 相连的氢只能位于顺式构型。

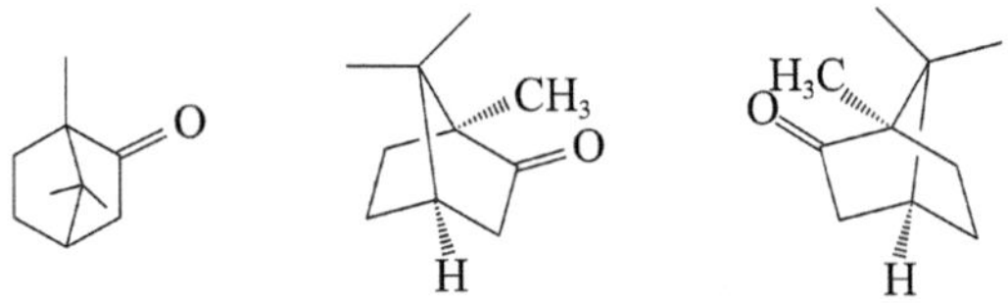

樟脑　　(－)樟脑　　(＋)樟脑

从樟树中得到的樟脑是右旋体，人工合成的樟脑为外消旋体。工业上用α-蒎烯与乙酸加成，经瓦格涅尔-麦尔外英重排生成乙酸酯，再经水解、氧化制得樟脑。

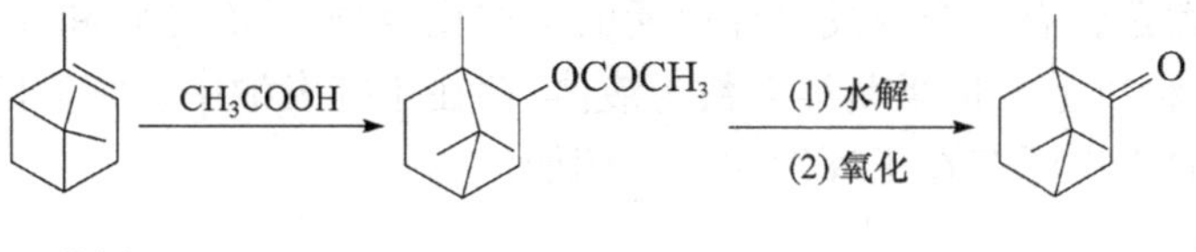

α-蒎烯　　(±)-樟脑

樟脑的气味有驱虫作用，可用作衣物的防虫剂。樟脑是呼吸及循环系统的兴奋剂，对呼吸或循环系统功能衰竭的病人，可作为急救药品。但由于其水溶性低，在使用上受到限制。若在 C_{10} 位置上引入亲水性的磺酸钠基团，所得的樟脑磺酸钠易溶于水，可制成注射剂用于呼吸与循环系统的急性障碍及对抗中枢神经抑制药的中毒等病症。

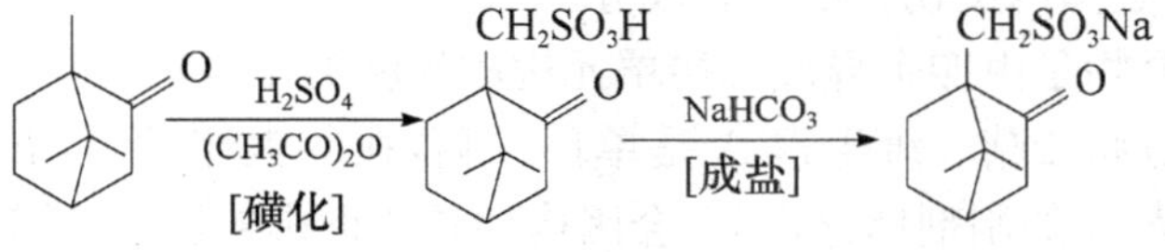

樟脑-10-磺酸　　樟脑-10-磺酸钠

4）龙脑和异龙脑

龙脑(borneol)又称樟醇(camphol)，俗名冰片，可看作樟脑的还原产物，也是合成樟脑的中间产物。龙脑存在于某些植物的挥发油中，具有类似胡椒又似薄荷的香气，能升华，但挥发性比樟脑小，不溶于水，易溶于乙醚、乙醇、氯仿等有机溶剂。

龙脑　　异龙脑

自然界存在的龙脑有左旋体和右旋体两种，合成品为外消旋体。异龙脑(isoborneol)是龙脑的差向异构体。龙脑具有发汗、兴奋、镇痉、止痛等作用，是一种重要的中药，是人丹、冰硼散、六神丸等药物的主要成分之一。龙脑也是上等香料的组成成分。

13.3.3 其他萜类化合物

1) 倍半萜和二萜

倍半萜类是含有三个异戊二烯单元的萜类化合物，具有链状和环状结构，其基本骨架有 48 种以上。倍半萜类多数为液体，存在于挥发油中。它们的含氧衍生物(醇、酮、内酯)也广泛存在于挥发油中。例如：

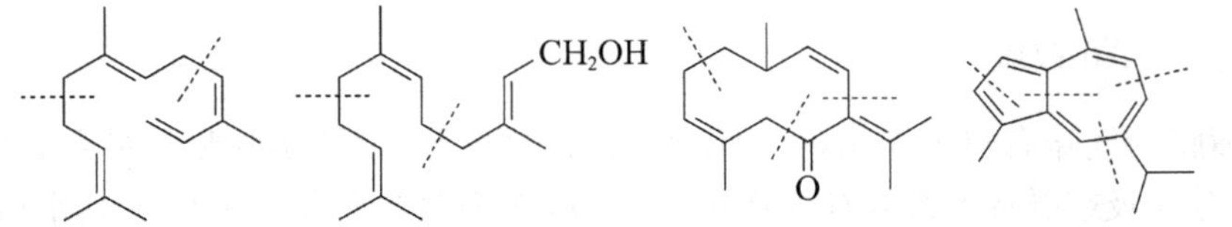

α-麝子油烯　　法尼醇　　杜鹃酮　　愈创奥

法尼醇又称金合欢醇，存在于香茅草、茉莉、橙花、玫瑰等多种芳香植物的挥发油中。杜鹃酮又称大牻牛儿酮，存在于满山红、香樟或桉叶等挥发油中，能促进烫伤创面的愈合，是国内烫伤膏的主要成分。

二萜类化合物是由四个异戊二烯单元构成的萜类化合物。叶绿素的水解产物植物醇是一个链状二萜。维生素 A 是单环二萜，在共轭体系中，五个双键均为反式构型。维生素 A 的制剂储存过久，会因构型转化而影响活性，若转化为 13(Z)维生素 A，则活性降低；若转化为 11(Z)维生素 A，则失去活性。

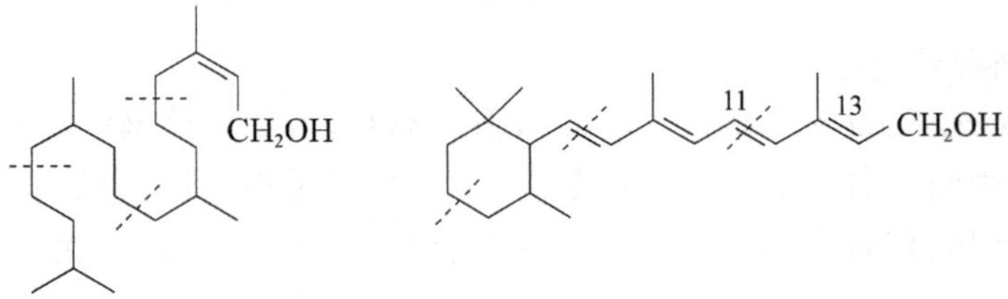

植物醇　　维生素 A

2) 三萜和四萜

三萜类化合物是由六个异戊二烯单元组成的物质，广泛存在于动植物体内，以游离状态或成酯或苷的形式存在。三萜类化合物多数是含氧衍生物，为树脂的主要成分之一。例如，甘草中的甘草苷称为甘草酸，因其味甜又称甘草甜素，甘草酸在酸性条件下水解得到的苷元称为甘草次酸，可溶于乙醇和氯仿中，是一个五环三萜化合物。

角鲨烯是存在于鲨鱼的鱼肝油、橄榄油、菜籽油中的一个链状三萜，由一对三个异戊二烯单元头尾连接后的片段互相对称连接而成，具有降低血脂和软化血管等作用，被誉为血管清道夫。

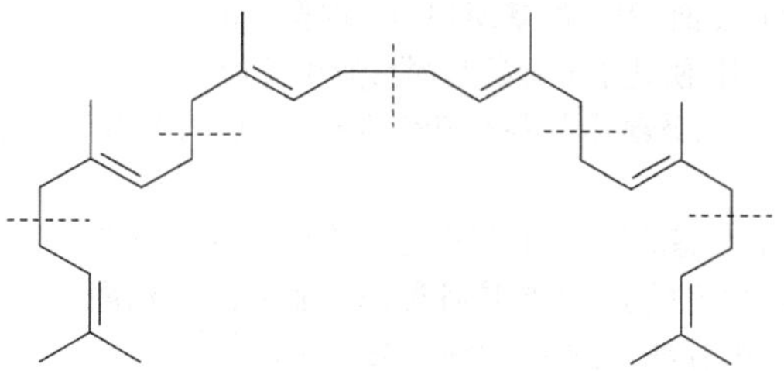

角鲨烯

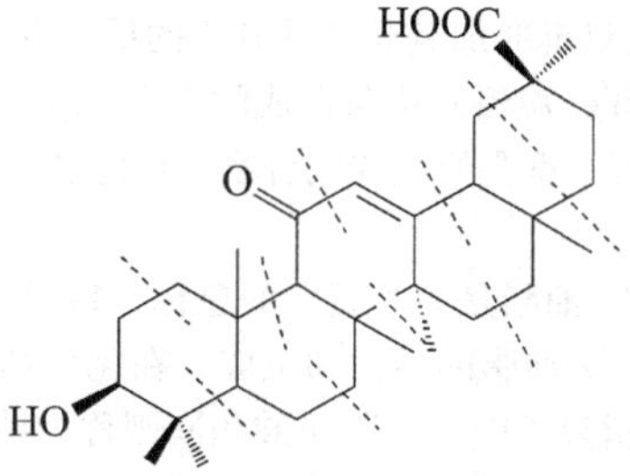

甘草次酸

四萜类化合物及其衍生物在植物中分布很广，大多数结构复杂。在植物色素中，四萜色素是含四十个碳的共轭烯烃或其含氧衍生物，分子中含有八个异戊二烯单元，如胡萝卜素、番茄红素。

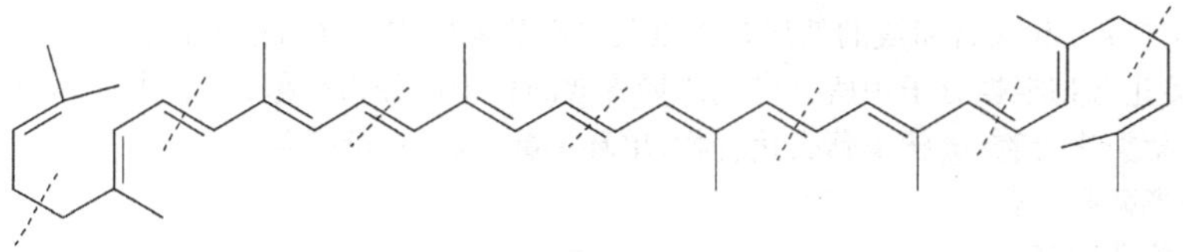

番茄红素

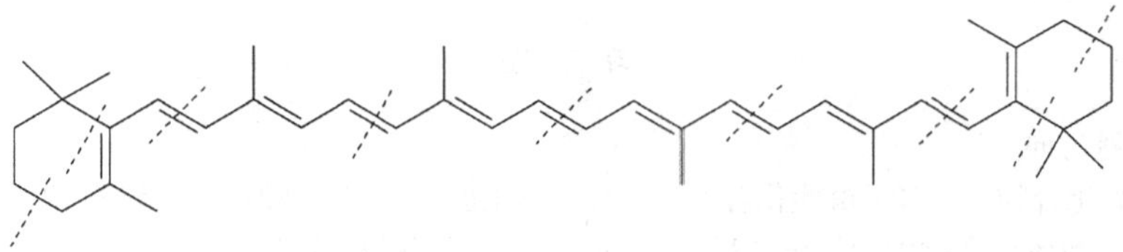

β-胡萝卜素

存在于番茄、西瓜、柿子等水果中的番茄红素是红色素，可作食品色素。广泛存在于胡萝卜等植物体内的 β-胡萝卜素是黄色素，也可作食品色素。因其在动物和人体内经酶催化可氧化裂解成两分子 A，所以称为维生素 A 元（原）。

本章小结

1. 甾族化合物由环戊烷并多氢菲母核、两个角甲基及一个含不同碳原子数的碳链或含氧基团的侧链组成。

（1）甾族化合物的命名。系统命名时，先确定母核的名称，然后在其前后表明取代基的位置、数目、名称及构型。差向异构体在名称前加“表”字。

（2）甾族化合物的构型。甾族母核上的原子或基团有两种构型，位于母核环平面上方为 β 构型，在结构式中用实线或粗线表示；位于母核环平面下方为 α 构型，在结构式中用虚线表示。波纹线表示所连基团的构型待定或包括 α、β 两种构型。

（3）正系和别系。正系是 A/B 环以顺式稠合，别系是 A/B 环以反式稠合，两者的 B/C 和 C/D 环均为反式稠合，故 C_5 上的氢原子为 β 构型的为正系，C_5 上的氢原子为 α 构型的为别系。

（4）甾族化合物的化学反应。甾族化合物在进行反应时，由于角甲基和 C_{17} 侧链均为 β 构型，故双键的加氢和与过氧酸的反应发生在 α 面，引入的基团均为 α 构型。由于处于 e 键的基团没有环己烷椅式构象造成的 1,3-二竖键作用，使处于 e 键的基团易发生反应。

(5) 重要的甾族化合物。甾醇、胆汁酸、甾族激素等各有其生理活性，临床上用于治疗某些疾病。

2. 油脂是油和脂肪的总称。室温下呈液态的称为油，呈固态或半固态的称为脂肪。

(1) 油脂的结构和组成。在化学结构和组成上，油脂是各种高级脂肪酸甘油酯的混合物。若油脂分子中三个脂肪酸相同则称为单三酰甘油，否则称为混三酰甘油。

(2) 油脂的化学反应：水解、加成、酸败。

3. 磷脂是指含磷酸酯结构的脂类。磷脂根据与磷酸成酯的组分不同分为甘油磷脂和鞘磷脂两类。

4. 蜡是指含偶数碳原子的高级脂肪酸与高级一元醇所形成的酯蜡。

5. 萜类化合物是由异戊二烯作为基本骨架单元，可以看作由两个或两个以上异戊二烯单位以头尾相连或互相聚合而成的低聚合物以及它们的氢化物和含氧衍生物。

6. 萜类化合物根据分子中所含异戊二烯骨架的多少可分为单萜、倍半萜、二萜等。

(1) 单萜类化合物：链状单萜类化合物、单环单萜、双环单萜类化合物。

(2) 倍半萜和二萜。

(3) 三萜和四萜。

7. 萜类化合物中常见的重要反应：瓦格涅尔-麦尔外英重排。

习　题

1. 解释下列名词。

(1) 萜类化合物　(2) 甾族化合物　(3) 皂化值　(4) 碘值　(5) 酸值

2. 请标出下列各化合物中的异戊二烯单位，并指出各属于哪种萜类。

(1) 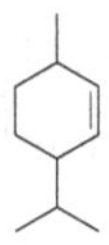

(2) 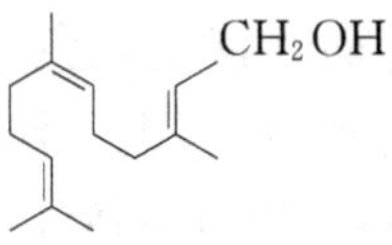

(3) 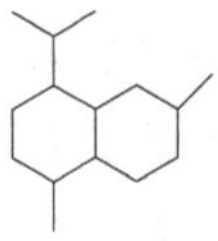

(4) 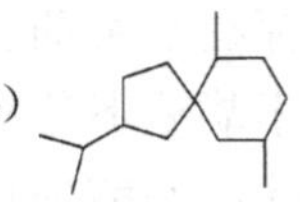

(5) 

(6) 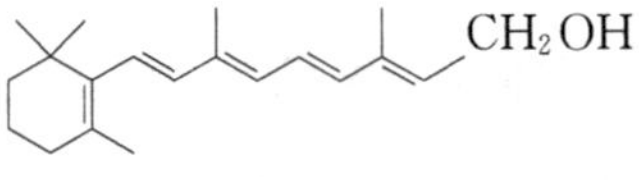

3. 写出下列化合物的结构式。

(1) 三软脂酰甘油　(2) Sn-磷脂酰胆碱　(3) 脑磷脂

4. 写出下列化合物的结构式。

(1) α-蒎烯　(2) β-蒎烯　(3) 蒈烷　(4) 樟脑　(5) 龙脑　(6) α-柠檬醛

5. 用系统命名法命名下列化合物。

(1) 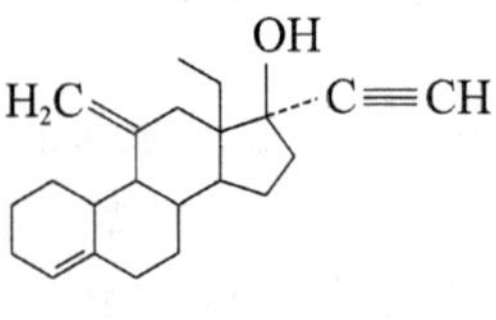

(2) 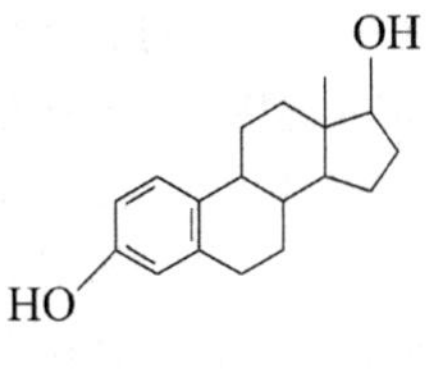

(3) 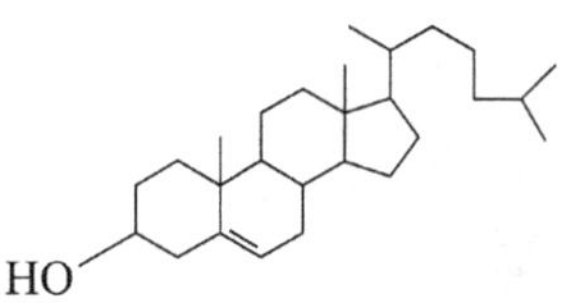　(4) 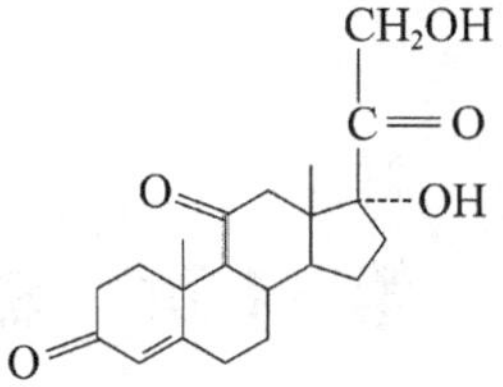

6. 用简单的化学方法区分下列各组化合物。
   (1) 薄荷醇，樟脑，柠檬醛　(2) 胆甾醇，胆酸，雌二醇
7. 为什么樟脑分子中有两个手性碳原子，但只有一对对映体？
8. 化合物 A 的分子式为 $C_{10}H_{16}O$，分子结构符合异戊二烯规则。A 能使溴的四氯化碳溶液褪色，也能与土伦试剂反应生成银镜。A 的臭氧化产物为丙酮、乙二醛和化合物 B($C_5H_6O_2$)。B 既能发生碘仿反应，又能与土伦试剂作用。试写出 A 与 B 的结构。
9. 动物胆汁中存在的胆酸具有下图所示结构，它可与甘氨酸或牛磺酸($H_2NCH_2CH_2SO_3H$)通过酰胺键结合，形成胆汁酸，它们以 Na 或 K 盐形式存在。胆汁酸盐对饮食中的脂类有增溶和乳化作用，增加脂酶对脂的水解，有利于机体的消化吸收。则：(1)胆酸属于甾族化合物的何种构型（5α 还是 5β）？(2)结构中的三个—OH 属于何种构型(α 或 β)？(3)以甘氨酸为例，写出胆酸与其成的胆汁酸钠盐。(4) 说明胆汁酸钠盐能促进脂类水解、消化吸收的原因。

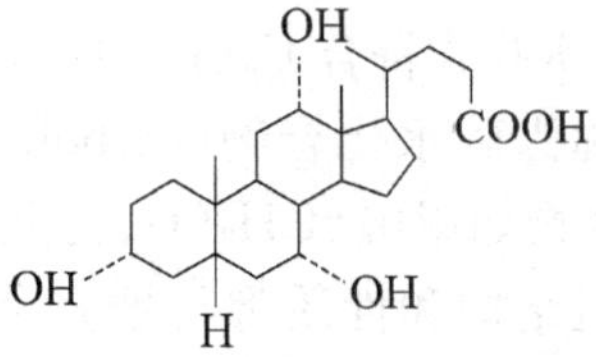

胆酸

10. 写出下列反应的主要产物。

(1) 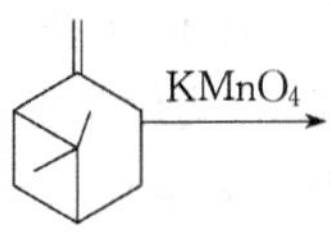　(2) 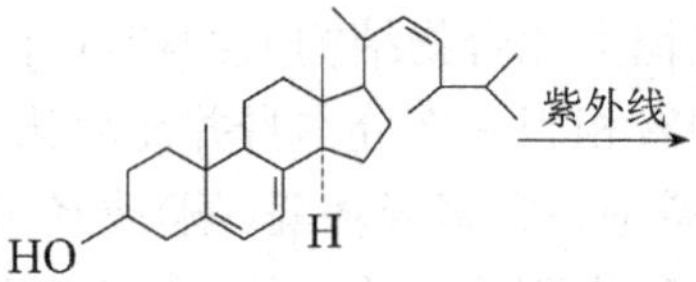

(3) 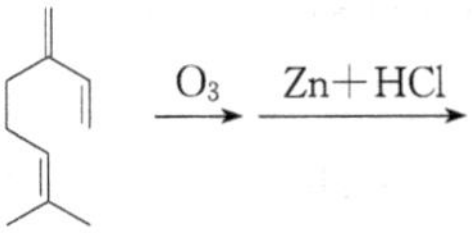　(4) 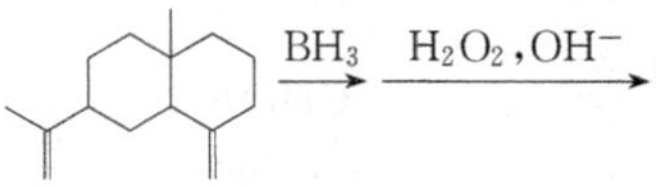

(5) 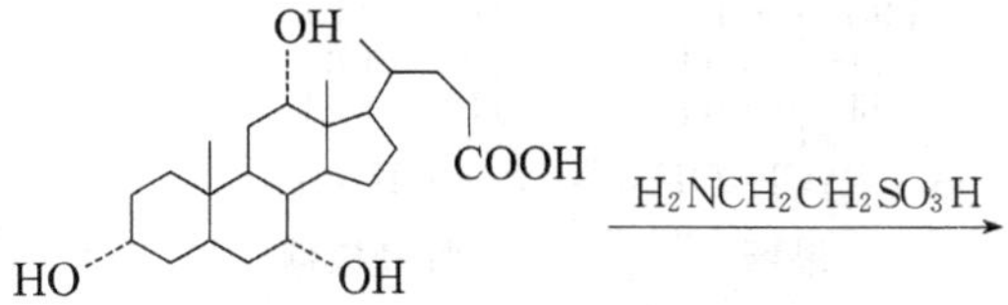

（皖南医学院　谷晓霞）

第 14 章　糖　　类

学习要求

1. 掌握葡萄糖、果糖的结构(费歇尔投影式、哈沃斯式、构象式)，单糖的化学性质以及差向异构、变旋光现象、还原性等基本概念。

2. 熟悉半乳糖、核糖、甘露糖等单糖的结构，常见双糖如麦芽糖、乳糖、蔗糖的结构以及相应的糖苷键。

3. 了解多糖如淀粉、糖原、纤维素的结构和构成这些多糖的基本单元。

糖(saccharide)是自然界中分布最广且最重要的有机化合物之一。糖与核酸、蛋白质是生命体的三大物质基础，并且糖是一切生命体维持生命活动所需能量的主要来源。早在 18 世纪，人们就发现葡萄糖($C_6H_{12}O_6$)、果糖($C_6H_{12}O_6$)等分子是由 C、H、O 三种元素组成，其实验式符合 $C_n(H_2O)_m$，这种组成就好像是碳和水结合形成的化合物，因此糖又称为碳水化合物(carbohydrate)。但随着人们对糖的认识不断深入，发现一些化合物如甲醛(CH_2O)、乙酸($C_2H_4O_2$)、乳酸($C_3H_6O_3$)，虽满足 $C_n(H_2O)_m$ 的通式，但结构和性质都与糖完全不同；而另一些化合物如脱氧核糖($C_5H_{10}O_4$)，虽不符合 $C_n(H_2O)_m$ 的通式，但其结构、性质与糖相同。有些糖还含有氮元素，如血型物质中的氨基糖等。显然，碳水化合物这个名称并不能确切地反映糖类化合物结构上的特点，而称为“糖”容易与味觉的甜味相联系，本章讨论的糖中有相当一部分本身并无甜味。到底应如何定义“糖”呢？从化学结构的特点来看，糖是一类多羟基醛(酮)或经水解后能转化为多羟基醛(酮)的化合物。多羟基醛统称为醛糖(aldoses)，多羟基酮统称为酮糖(ketoses)。

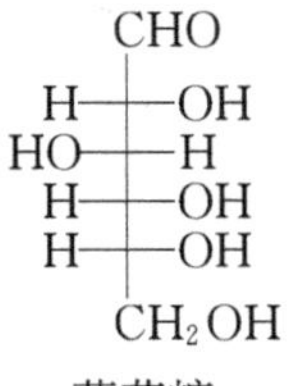

葡萄糖

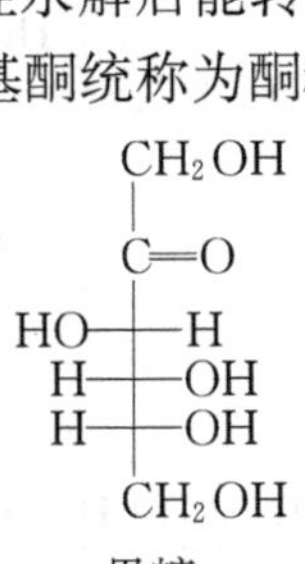

果糖

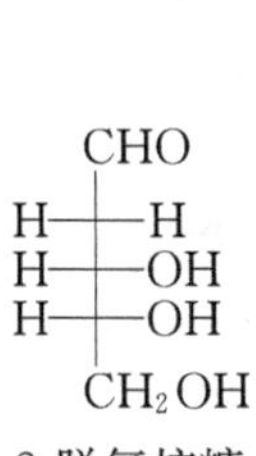

2-脱氧核糖

根据糖的水解情况和水解后生成醛糖、酮糖的单位数目，可将糖分为三类：

(1) 单糖(monosaccharide)，不能通过水解得到更小单位的醛糖或酮糖，如葡萄糖(glucose)、果糖(fructose)等。

(2) 低聚糖(oligosaccharide)，又称寡糖，通过水解可得到 2～9 个单糖分子，其中以双糖(disaccharide)最重要,如麦芽糖、乳糖、蔗糖等。

(3) 多糖(polysaccharide),又称高聚糖,由 10 个以上单糖分子脱水而成。常见的淀粉、纤维素均为多糖。天然的多糖一般由 100～3000 个单糖分子构成。

单糖和低聚糖一般是可溶于水的有甜味的结晶形物质,多糖绝大多数为不溶于水的无甜味的非结晶形物质。

14.1　单　糖

单糖根据结构可分为醛糖和酮糖两大类,根据分子中所含碳原子的数目又可分为三碳(丙)糖、四碳(丁)糖、五碳(戊)糖、六碳(己)糖等。通常将这两种分类方法结合起来,如葡萄糖也称己醛糖,果糖也称己酮糖,核糖称戊醛糖。自然界中最简单的单糖是含三个碳原子的甘油醛和甘油酮,自然界中分布最广的单糖是戊糖和己糖。

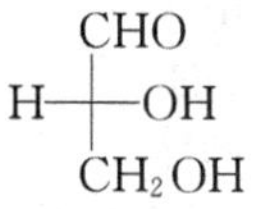

甘油醛

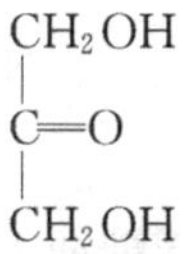

甘油酮

单糖的开链结构式用费歇尔投影式表示。将碳链竖直,羰基放在最上,碳原子的编号自上端开始,使羰基具有最小编号。为书写方便,可将氢略去,以一小短线表示羟基。例如,葡萄糖的结构式表示为

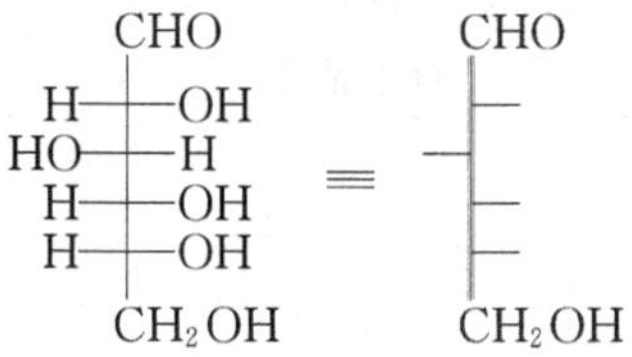

可用 R/S 构型标记法来标记单糖中各手性碳原子的构型,但对于含多个手性碳原子的糖来说比较麻烦,故目前人们仍习惯用 D/L 构型标记法。D/L 标记法以甘油醛为参照标准。甘油醛有两个光学异构体,即一对对映体:

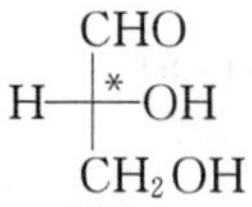

D-(+)-甘油醛

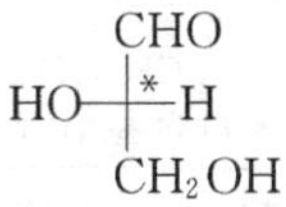

L-(−)-甘油醛

凡由 D-(+)-甘油醛经过碳链增长反应转变的醛糖为 D-型糖,而由 L-(−)-甘油醛经过碳链增长反应转变的醛糖为 L-型糖。例如,从 D-(+)-甘油醛出发,与 HCN 加成,经以下步骤即可得到两个 D-丁醛糖:

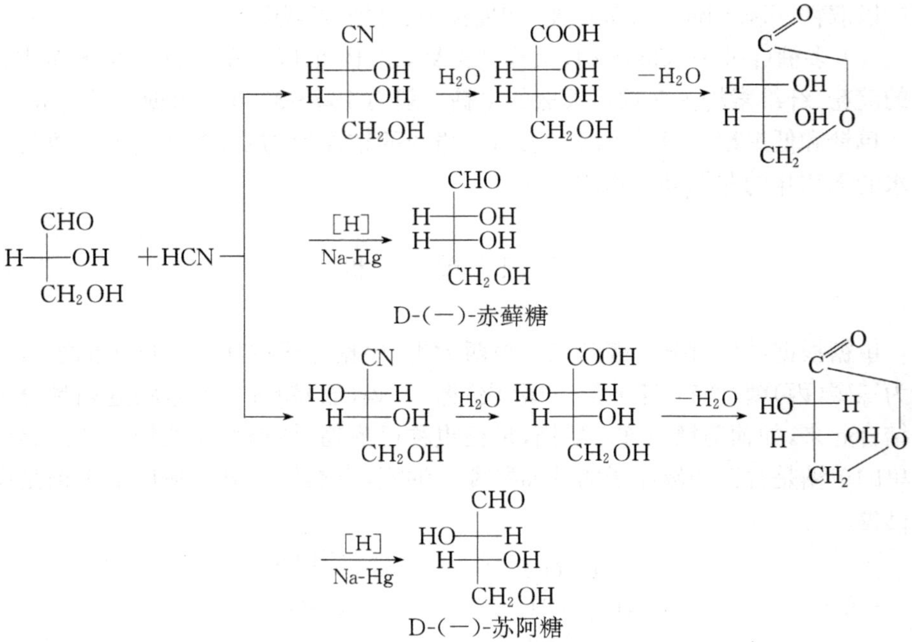

同样，由 D-(−)-赤藓糖或 D-(−)-苏阿糖用上述增长碳链的方法可分别导出两个 D-戊醛糖以至八个 D-己醛糖。图 14.1 列出了从 C_3～C_6 的一系列 D-醛糖的费歇尔投影式。

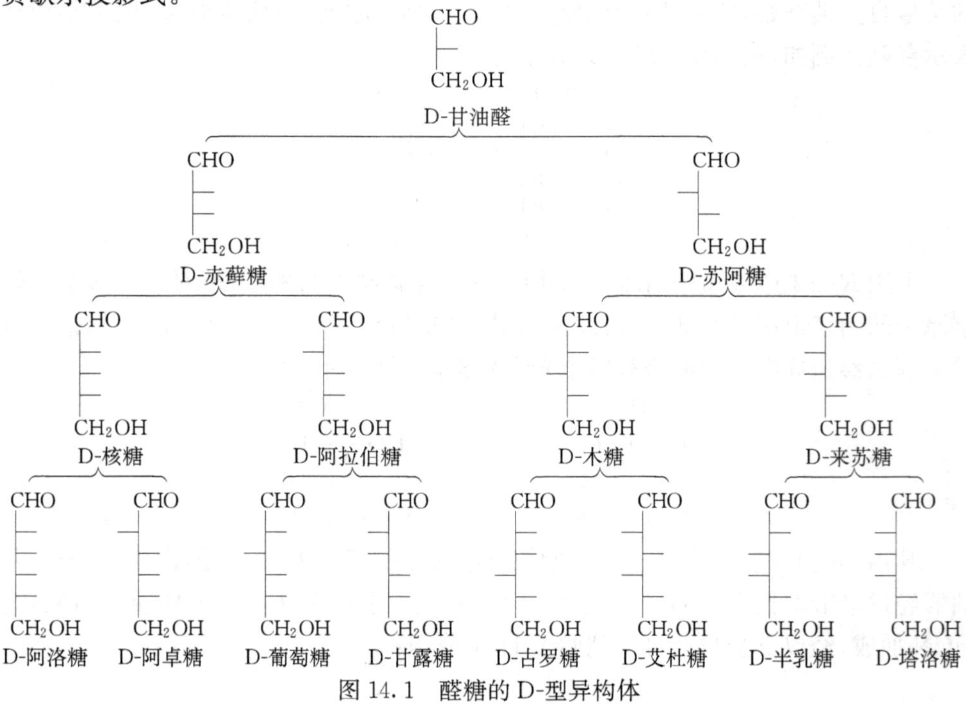

图 14.1　醛糖的 D-型异构体

由图 14.1 可以看出，这些单糖分子中离醛基最远的一个手性碳原子上的羟基与 D-(＋)-甘油醛分子中的构型相同，故均为 D-型糖[与 L-(－)-甘油醛构型相同时为 L-型糖]。具有 n 个手性碳原子的化合物应具有 2^n 个光学异构体(分子内无对称因素时)，因此，丙醛糖有一对对映体；丁醛糖有两对对映体；戊醛糖有四对对映体；己醛糖则有八对对映体。

酮糖比相应的醛糖少一个手性碳原子，因此酮糖的光学异构体少，如丁酮糖只有一对对映体。

自然界存在的糖大多数是 D-型。图 14.1 中除苏阿糖、来苏糖、阿洛糖和古罗糖外，其他均为天然糖。其中又以葡萄糖研究最多、最具有代表性，掌握了葡萄糖的结构特点及化学性质后，更容易理解其他单糖及低聚糖、多糖的结构和性质。

14.1.1　葡萄糖的开链结构及构型

葡萄糖的分子式 $C_6H_{12}O_6$ 很早就通过元素分析和相对分子质量的测定证实。但这些元素的原子究竟怎样连接，它们在空间的排布又是怎样的呢？也就是说，葡萄糖的构造和构型是怎样的呢？葡萄糖的开链结构是通过一系列化学反应推导得到的：①首先用过量的乙酐处理葡萄糖得到五乙酰葡萄糖，说明葡萄糖具有五个羟基；因为偕二醇一般不稳定，而葡萄糖可以稳定存在，所以五个羟基应分别与五个碳原子相连。②葡萄糖与羟胺缩合成肟，能与 HCN 加成，说明有羰基存在；同时能被弱氧化剂氧化，说明分子内含有醛基而不是酮基；与 HCN 加成产物水解得六羟基酸，再经还原得正庚酸，证明葡萄糖是醛糖。③用还原剂还原可得到己六醇，进一步用强还原剂还原则得到正己烷，说明葡萄糖的六个碳原子为直链排列没有分支。

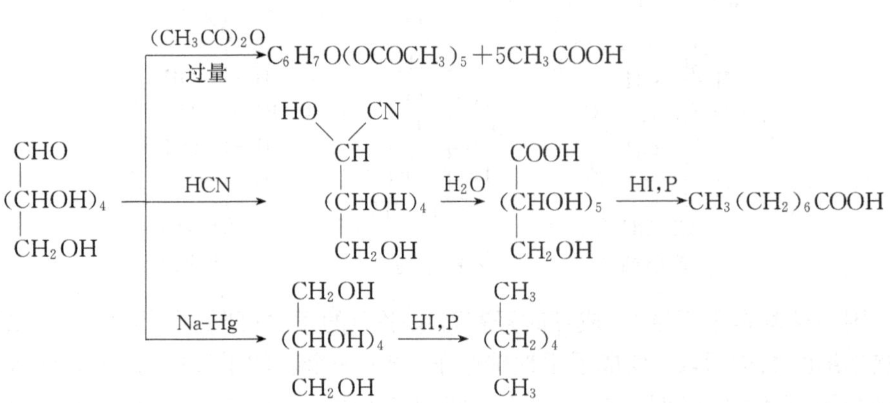

由上述反应事实可推测葡萄糖是含有六个碳原子的直链五羟基醛，有四个手性碳原子，应有 $2^4=16$ 个光学异构体，8 对对映体。D-(＋)-葡萄糖只是其中的一

个。1891 年，费歇尔确定了 D-(＋)-葡萄糖构型，D-(＋)-葡萄糖绝对构型为 2*R*，3*S*，4*R*，5*R*-2，3，4，5，6-五羟基己醛。

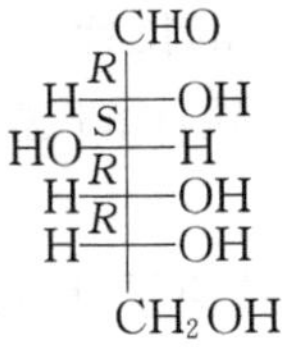

14.1.2　葡萄糖的环状结构及哈沃斯式

葡萄糖的开链结构及构型虽已确定，但在研究葡萄糖性质时，人们发现许多的实验现象是葡萄糖开链结构所不能解释的。①葡萄糖虽有醛基，但在干燥 HCl 存在下与甲醇反应和普通醛不同，并非产生与两分子甲醇形成的缩醛；虽然与土伦试剂、费林试剂反应，但不与亚硫酸氢钠形成加成产物。②葡萄糖既然是手性分子就应有一定的比旋光度，但用不同溶剂结晶葡萄糖时可以得到两种不同的晶体：从冷乙醇中可得到熔点为 146 ℃、比旋光度为＋112°的晶体；从热吡啶中得到熔点为 150 ℃、比旋光度为＋18.7°的晶体。③将这两种晶体的水溶液放置一段时间，它们的比旋光度会随时间发生变化，前者会不断降低比旋光度，后者则不断提高比旋光度，最后都停留在＋52.7°。人们将这种自行改变比旋光度的现象称为变旋光现象(mutarotation)。④红外光谱证明羰基的伸缩振动谱带并不存在，核磁共振谱也不显示醛基质子(H—CO—)的特征峰。

为了充分解释上述问题，经过化学家们的共同努力，1895 年提出了葡萄糖环状结构。葡萄糖分子中的 δ-羟基与醛基相互作用形成了分子内的半缩醛，以环状结构存在。近代物理方法(如 X 射线法)也证明葡萄糖具有六元环的结构。

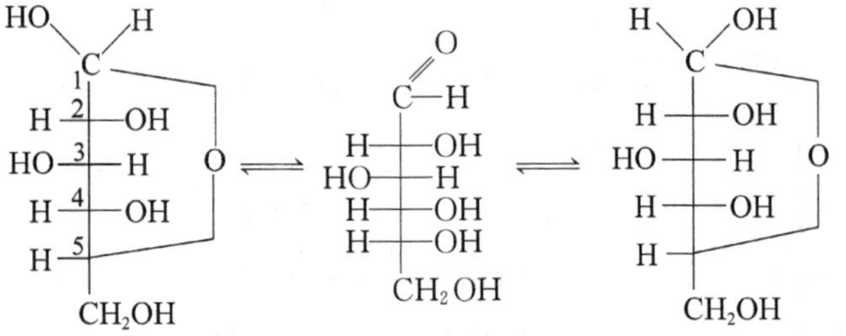

β-葡萄糖　　　　开链结构　　　　α-葡萄糖

因为羰基是平面结构，成环时羟基可由平面的正、反两侧向其进攻，所以形成环状半缩醛结构后，C_1 变成了手性碳原子，产生一个新的手性中心，出现两种不同的异构体，它们的差别仅在 C_1，称为不同的异头物(anomers)，又互称端基异构体。将 C_1 半缩醛羟基在费歇尔投影式右边的，称为 α-异头物；C_1 半缩醛羟基在费歇尔投影式左边的，称为 β-异头物。这两种异头物正是环状半缩醛结构。葡萄糖有两种不同的结晶，由乙醇中得到的晶体为 α-异头物，由吡啶中得到的晶体为 β-异头物。水溶液中，上述三种形式可相互转变平衡共存，经测定其中 β-葡萄糖约占 64%，α-葡萄糖约占 36%，开链结构含微量。正是因为葡萄糖环状结构为环状半缩醛结构，所以只与一分子甲醇作用即生成缩醛，且在红外光谱和核磁共振谱中表现出上述异常。同时因为开链结构含量极少，所以不与亚硫酸氢钠形成加成产物。

为了更好地表示葡萄糖结构，1930 年，哈沃斯（Haworth）将葡萄糖环状半缩醛结构用一平面环的六元环氧透视式表示，称为哈沃斯式。环平面垂直于纸平面，习惯上将环中氧原子处于纸平面的右后上方，C_2、C_3 处于此平面的前方，此时环上碳原子按顺时针方向编号。碳环可用单线条表示或面对读者的边缘用粗线条表示。为了方便书写，环上的氢原子也可省略。

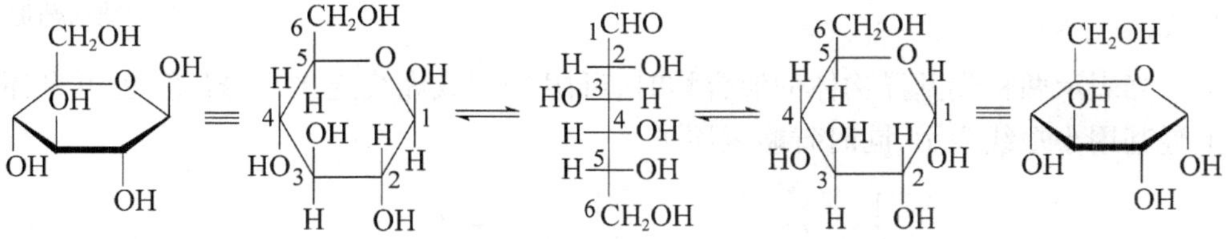

β-D-吡喃葡萄糖　　　　α-D-吡喃葡萄糖

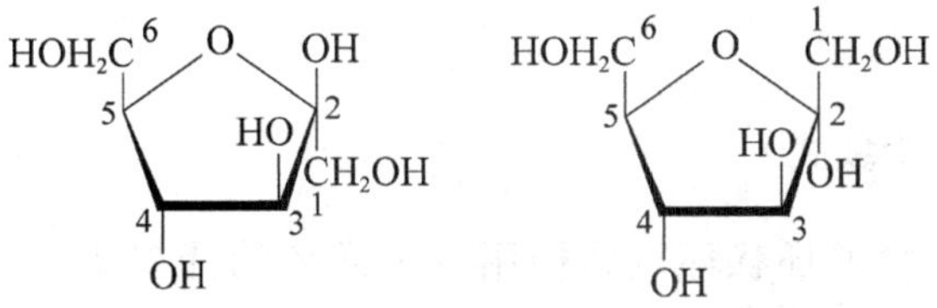

β-D-呋喃果糖　　　　α-D-呋喃果糖

成环后 C_1 变成手性碳原子，因而得到两个异构体。将 C_1 羟基与 C_5 羟甲基处于环平面同侧的称为 β-构型，而 C_1 羟基与 C_5 羟甲基处于环平面异侧的称为 α-构型。由于葡萄糖平面含氧环与六元杂环吡喃结构相似，因此称为吡喃糖（glycopyranose）；有些糖形成的五元含氧环与五元杂环呋喃结构相似，则称为呋喃糖（glycofuranose），如呋喃果糖。

如何将费歇尔投影式转化为哈沃斯式？首先将碳链横置，碳链按顺时针方向弯折，将 C_4、C_5 间的单键绕键轴旋转 120°，使 C_1 醛基与 C_5 羟基彼此靠近成环，最后得到两个端基异构体。

上述碳链是按顺时针方向弯折，因此书写哈沃斯式时应注意两点：①羟基在费歇尔投影式中处在右边的写在哈沃斯式环平面下面；反之写在环平面上面。②D-构型的糖 C_6 羟甲基在环平面上面。

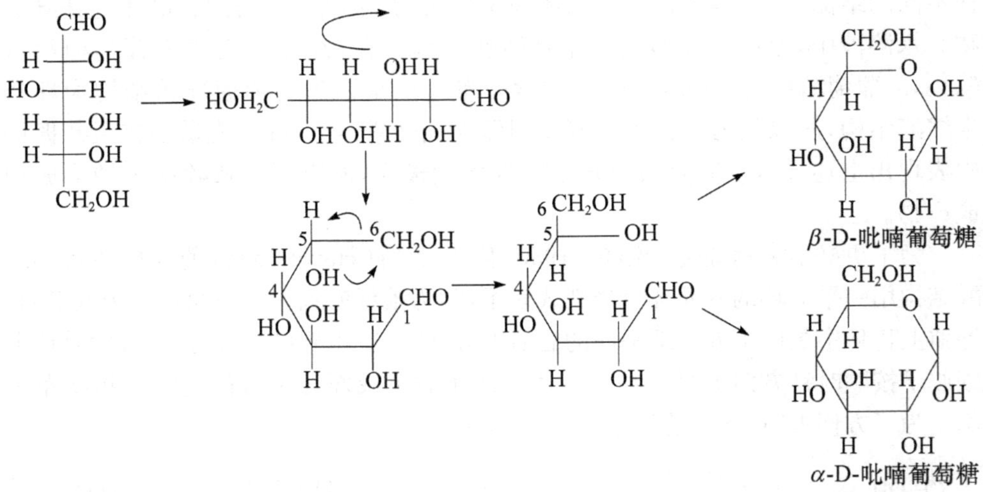

当表示两种端基异构体的混合物时，可用"〰"或虚线连接 C_1 羟基，也可将环上羟基用小短线表示，同时省略氢原子。

14.1.3　葡萄糖的构象式

哈沃斯将葡萄糖的环状环氧结构用一平面环的透视式表示，却仍然不能确切地表示葡萄糖的空间排布，也说明不了在 D-葡萄糖的水溶液中 β-D-吡喃葡萄糖的含量比 α-D-吡喃葡萄糖高（约 64∶36）的原因。既然葡萄糖六元环氧结构具有环已烷的基本骨架，那么它在空间上也有一定的构象。由于氧原子参与构成环，氧的电负性较大使环上电子云分布不均匀；同时环上有多个羟基取代，大基团之间的斥力使环的稳定性降低，因此葡萄糖的六元环氧结构只有椅式构象。

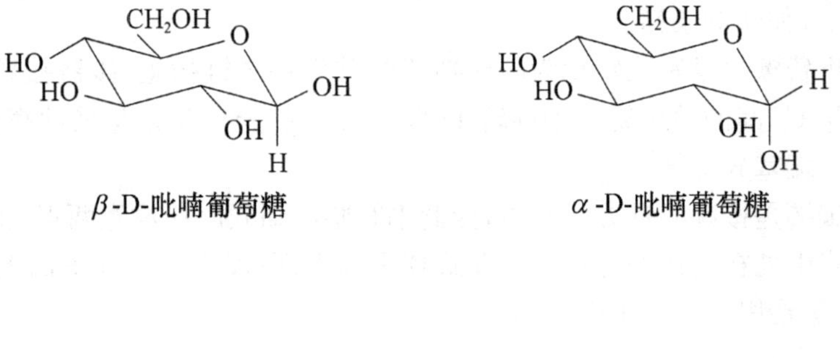

β-D-吡喃葡萄糖　　　　α-D-吡喃葡萄糖

对于β-异头物来说，所有大基团（—OH 和—CH_2OH）都处于 e 键上，而在α-异头物中 C_1 羟基则处于 a 键上。因此，β-异头物比α-异头物稳定，在互变平衡的水溶液中β-异头物的含量比α-异头物高。上述构象式也称为$^4C_1$式，即 C_4 在环平面上方，C_1 在环平面下方。

当然，除了上述椅式构象外，应该还有另一种椅式构象存在，如β-D-吡喃葡萄糖应有如下构象式：

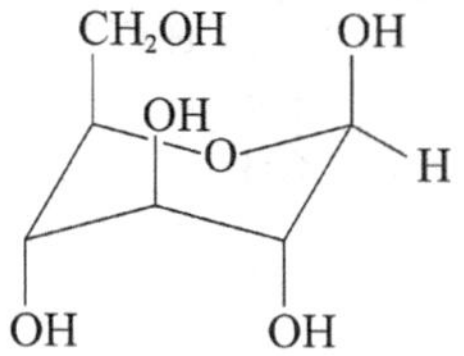

此式也称为$^1C_4$式，即 C_1 在环平面上方，C_4 在环平面下方。$^1C_4$式中各取代基均处于 a 键上，不是 D-吡喃葡萄糖的优势构象。因此，在自然界中，葡萄糖存在最丰富的原因之一与其所有大基团都处于 e 键（$^4C_1$式）有关。其他糖的两种椅式差别并不如此明显。

14.1.4 果糖的结构

果糖为己酮糖，与葡萄糖互为同分异构体。己酮糖仅有三个手性碳原子，因此有 $2^3=8$ 个光学异构体。与葡萄糖不同的是，自然界中果糖既有以六元环存在也有以五元环存在，因此果糖在溶液中可有五种互变异构体。

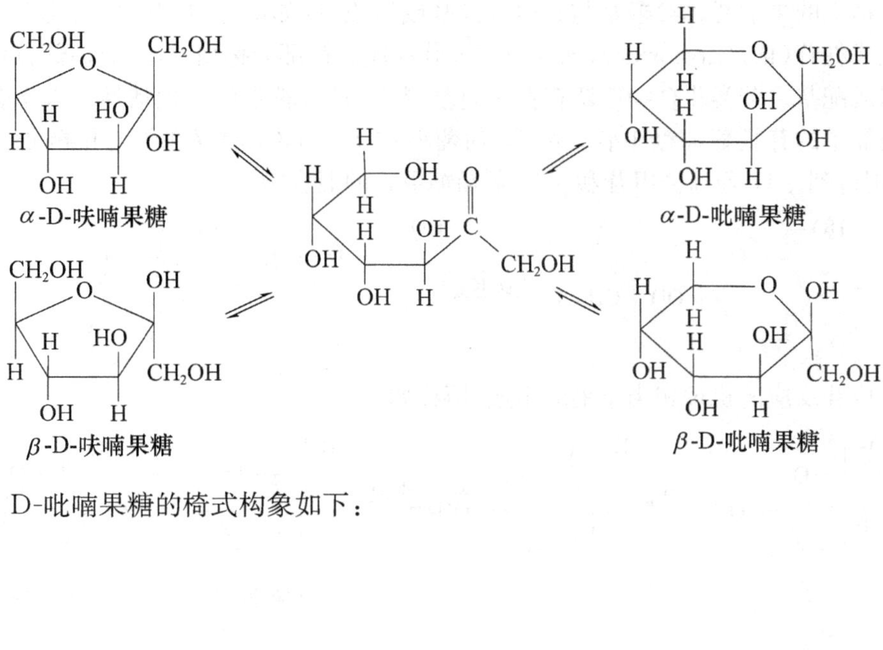

D-吡喃果糖的椅式构象如下：

β-D-吡喃果糖 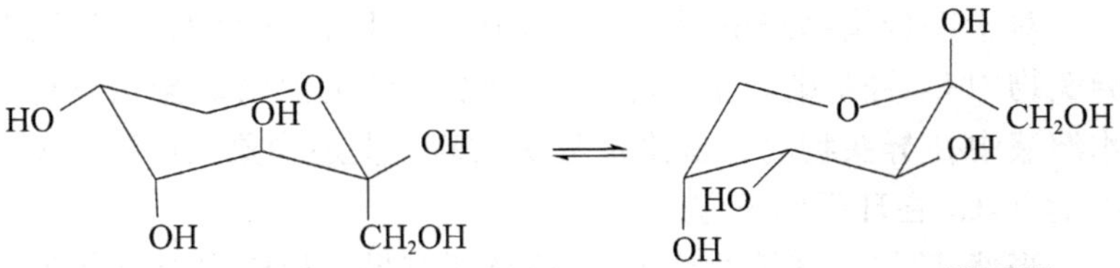

α-D-吡喃果糖 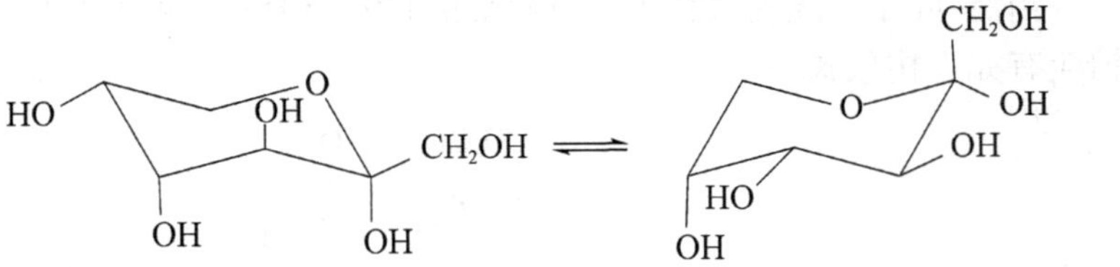

14.1.5 单糖的性质

1. 物理性质

单糖为白色结晶固体，一般具有甜味。由于单糖分子中有多个羟基，因此在水中有较大的溶解度，易形成过饱和糖浆，但难溶于有机溶剂。由于分子间氢键的存在，使糖的沸点很高，如甘油醛在常压下未达到沸点之前便发生分解。

2. 化学性质

单糖是一类多羟基醛(酮)，因此具有醛、酮和醇的一般性质，但官能团之间相互影响又表现出一些特殊性质。

1) 成苷反应

糖上的半缩醛(酮)羟基与其他含羟基或活泼氢(如氨基、巯基等)的化合物脱水生成糖苷(甙)(glycoside)，该反应称成苷反应。糖部分称糖苷基，非糖部分称配糖基或配基。苷类化合物广泛存在于自然界中，具有较强的生理活性。人工合成的最简单的苷是葡萄糖甲苷。将 D-葡萄糖在干燥 HCl 的存在下与甲醇加热回流，则得到 α-D-葡萄糖甲苷和 β-D-葡萄糖甲苷的混合物。

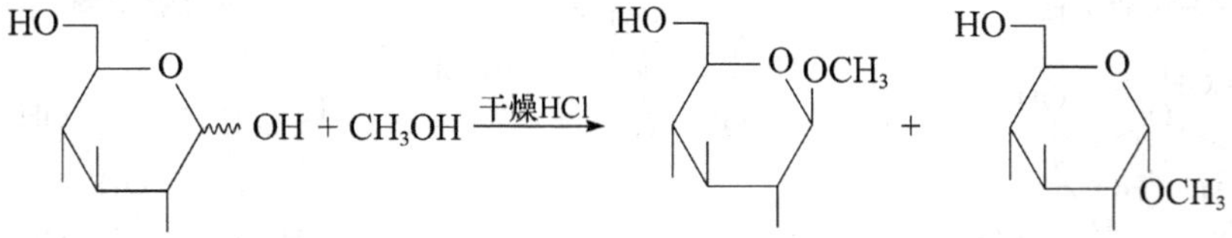

成苷反应的机理相当于缩醛生成，历程如下：

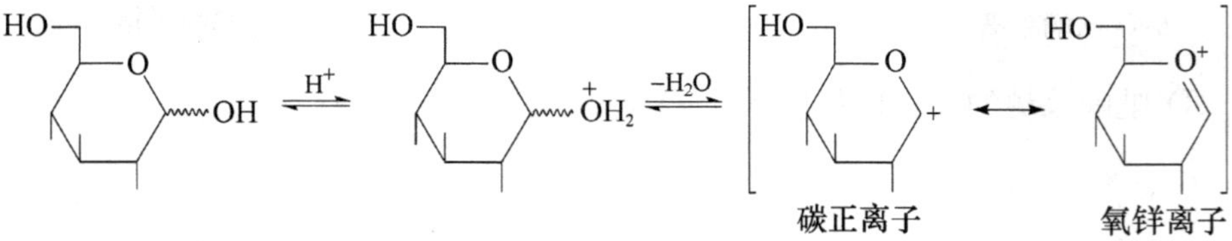

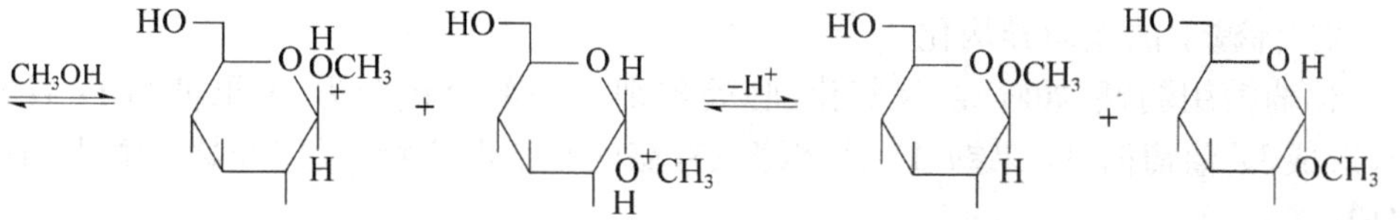

β-D-葡萄糖甲苷　　α-D-葡萄糖甲苷

糖苷中连接糖与非糖的键称为苷键，而上述糖苷中连接糖与非糖的原子是氧原子，故称为氧苷键。自然界中除氧苷键外，还存在氮苷键、硫苷键、碳苷键。自然界极为重要的单糖——核糖与多种碱基以氮苷键连接。

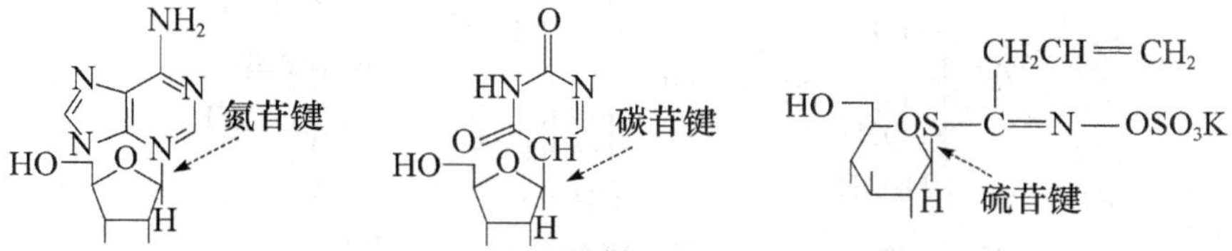

腺嘌呤核苷　　伪尿嘧啶核苷　　黑芥子苷

糖苷相当于缩醛的结构，在碱性条件下较稳定；酸性下或酶的存在下苷键可以水解生成原来的糖和非糖部分。成苷后不存在半缩醛(酮)羟基，因此糖苷既无还原性也无变旋光现象。当然，水解后若有半缩醛羟基游离出来，则又具有还原性和变旋光现象。

应该注意的是，苷键与醚键不同。用硫酸二甲酯将糖完全甲基化，然后用稀盐酸水解时，只有缩醛的甲基被水解，其他的甲基为醚键，很稳定，可以被保留下来，再经氧化可以判断环的大小。例如，D-葡萄糖完全甲基化后得到 1,2,3,4,6-五-*O*-甲基-D-葡萄糖，水解后得到 2,3,4,6-四-*O*-甲基-D-葡萄糖，这是个环状的半缩醛，在溶液中与少量开链结构存在平衡，其含有一个醛基和四个—OCH_3，在原来参与形成缩醛环的一个碳上含有一个游离的未甲基化的—OH。表明葡萄糖的醛基是和 C_5 上的羟基形成六元环的半缩醛结构。

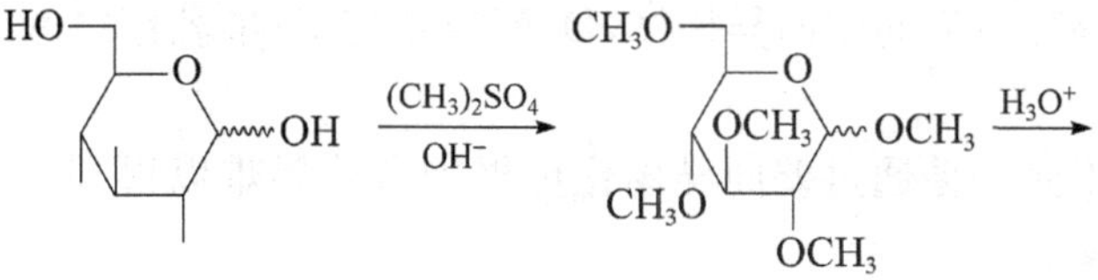

1,2,3,4,6-五-*O*-甲基-D-葡萄糖

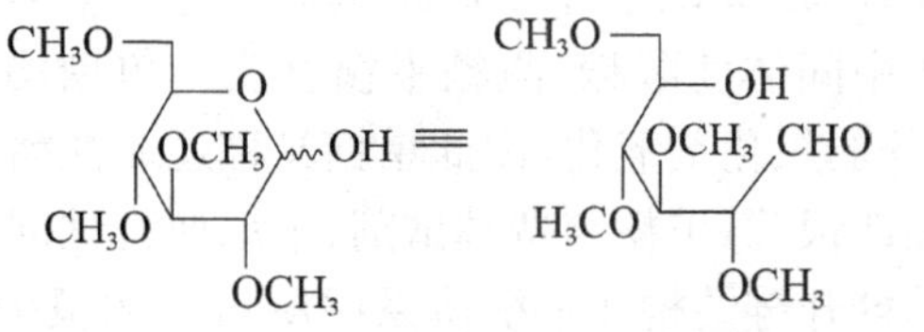

2,3,4,6-四-*O*-甲基-D-葡萄糖

2）稀碱下的差向异构化

葡萄糖用弱碱(如吡啶、氢氧化钡)处理则有一部分转变为D-果糖与D-甘露糖，形成D-葡萄糖、D-果糖、D-甘露糖三种糖的平衡混合物，反应经烯二醇中间体完成。

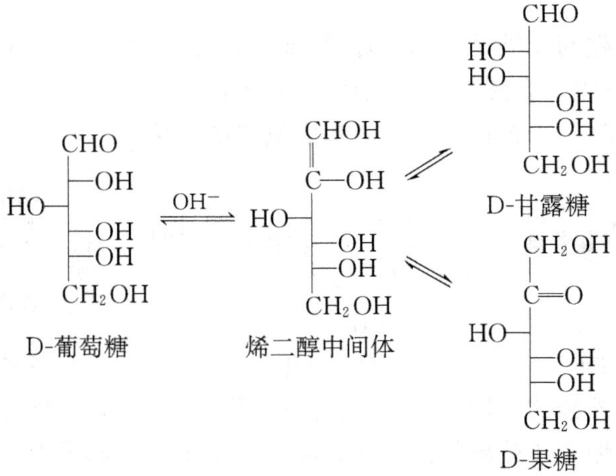

受羰基吸电子影响，与羰基相邻的 α-H 在弱碱下可以质子形式离解，并转移至羰基氧上形成烯二醇中间体。由于烯二醇羟基有明显的酸性，因此在碱性条件下羟基上的氢可在 C_1、C_2 之间发生可逆性重排。由于双键碳是平面结构，烯醇羟基上的氢进攻双键碳时可从平面的正、反两个方向。当 C_1 烯醇羟基上的氢重排到 C_2 时，分别可得到D-葡萄糖与D-甘露糖；C_2 烯醇羟基上的氢重排到 C_1 时，则得到D-果糖。

D-葡萄糖与D-甘露糖之间除 C_2 的构型不同外，其他手性碳的构型完全相同。像这种有多个手性碳原子而其中只有一个手性碳构型不同的非对映异构体之间互称为差向异构体(epimer)，因此上述互变又称差向异构化(epimerization)。D-葡萄糖与D-甘露糖是 C_2 的差向异构体，D-葡萄糖与D-半乳糖之间是 C_4 的差向异构体。

自然界易得到的糖通过差向异构化可得到自然界难以得到的糖，在糖的合成上具有重要意义。

3）氧化反应

(1) 与土伦试剂、费林试剂、本尼迪特试剂反应。单糖为 α-羟基醛(酮)，在碱性下可通过烯二醇中间体使醛糖、酮糖平衡互变。单糖均可被土伦试剂、费林试剂、本尼迪特试剂等弱氧化剂氧化，因此单糖又称还原性糖。单糖与土伦试剂反应产生单质银的沉淀即银镜，单糖与费林试剂、本尼迪特试剂反应生成氧化亚铜的砖红色沉淀。尽管单糖开链结构在平衡体系中所占比例很少，但由于反应有沉淀产生，使平衡向开链结构方向移动，从而使反应进行完全。

$$单糖+Ag(NH_3)_2^+ \longrightarrow Ag\downarrow +复杂的氧化产物$$

$$单糖+Cu^{2+} \longrightarrow Cu_2O\downarrow +复杂的氧化产物$$

单糖用土伦试剂、费林试剂、本尼迪特试剂氧化后得到的产物很复杂，由于反应在碱性条件下进行，会产生异构化作用和碳链断裂等副反应，故上述反应在制备上并无价值，也不能区别醛糖和酮糖，但可用其鉴别还原性糖与非还原性糖。

(2) 与溴水的反应。溴水也是弱氧化剂，反应在 pH 5～6 的弱酸性下进行，不会引起异构化，所以酮糖不会被氧化，根据溴水颜色是否褪去可以鉴别醛糖和酮糖。反应选择性地氧化醛基成羧基，形成相应的糖酸，具有制备价值。

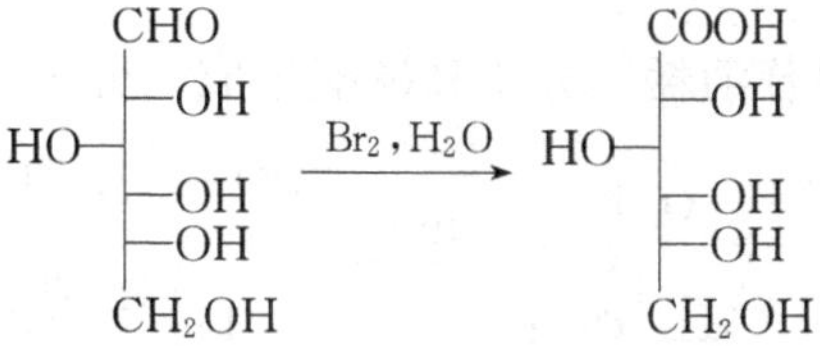

D-葡萄糖　　　　D-葡萄糖酸

(3) 与稀硝酸的反应。硝酸是强氧化剂，硝酸氧化单糖时，醛基和末端的羟甲基都被氧化，生成糖二酸。例如，D-葡萄糖在温热的稀硝酸作用下氧化形成 D-葡萄糖二酸，经适当方法还原后可得到 D-葡萄糖醛酸。

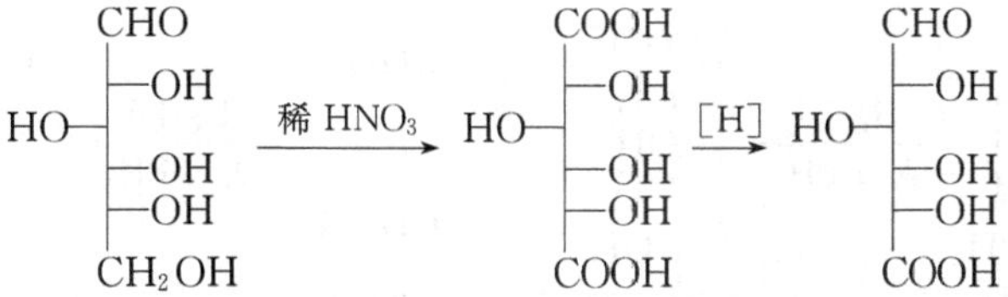

D-葡萄糖　　　　D-葡萄糖二酸　　D-葡萄糖醛酸

生物体内由酶催化上述反应，醛基不受影响，只氧化末端羟甲基成羧基，生成葡萄糖醛酸，是体内重要的生化反应。葡萄糖醛酸衍生物在动物体内可由尿液排除起到解毒作用。

果糖被硝酸氧化时碳链发生断裂，生成三羟基戊二酸、二羟基丁二酸及其他小分子氧化产物。

(4) 与高碘酸的反应。像多元醇及 α-羟基醛、酮一样，糖被高碘酸氧化时碳链发生断裂。例如，D-葡萄糖可与 5 分子的高碘酸反应生成 5 分子甲酸和 1 分子甲醛。

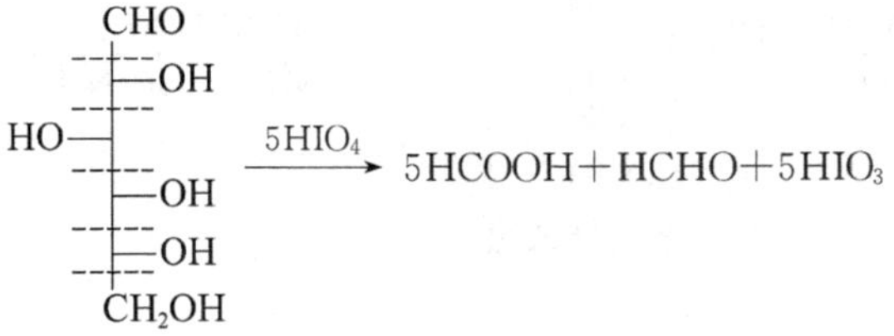

每个碳碳键断裂消耗 1 mol HIO_4，反应定量进行，可根据消耗 HIO_4 的量及氧化产物推测单糖的结构。因此，糖与高碘酸的氧化是研究糖结构的有效手段。例如，α-D-葡萄糖甲苷与两分子的高碘酸作用，产生一分子甲酸和一分子二醛，从中可知成环的方式和彼此三个相邻的羟基的存在。

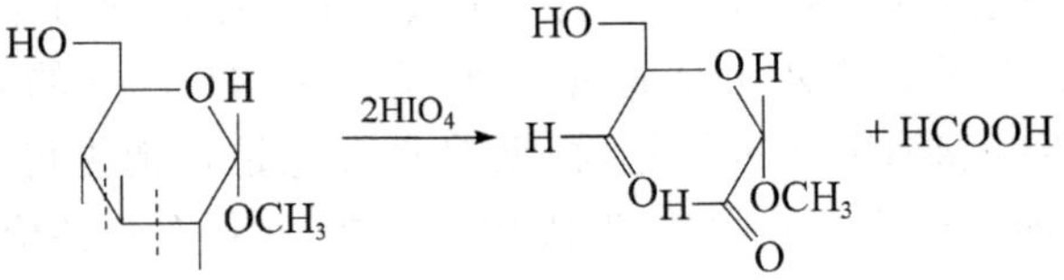

而 α-D-阿拉伯糖甲苷消耗一分子高碘酸生成一分子二醛，说明其为五元环：

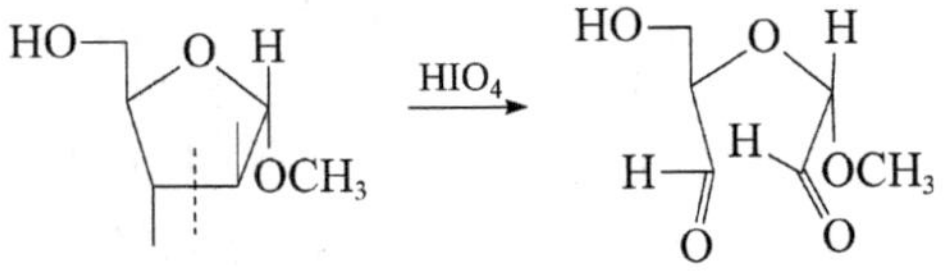

4）还原反应

醛糖和酮糖的羰基都可以通过催化加氢或用 $NaBH_4$ 还原为相应的糖醇。例如：

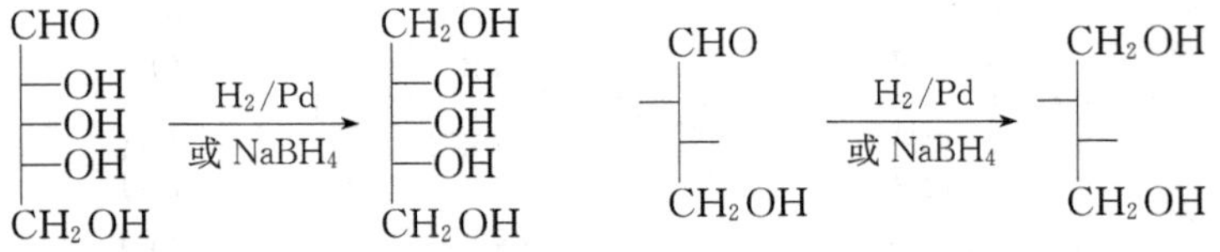

D-核糖　D-核糖醇　D-苏阿糖　D-苏阿糖醇

5）成脎反应

糖有过饱和的倾向，很难形成良好的结晶，但利用糖分子中的羰基与羰基试剂如苯肼形成糖的二苯腙衍生物则很易析出，这些糖的二苯腙衍生物为黄色的晶体，称为脎(osazone)。可用成脎反应鉴别糖。成脎反应的机理一般认为是，首先由醛基和一分子苯肼反应脱水形成苯腙衍生物；然后与一分子苯肼作用，将 C_2 上的仲羟基氧化为羰基，苯肼分解为氨和苯氨；最后与一分子苯肼脱水生成脎。因此，一分子糖生成相应的糖脎需要三分子苯肼才能完成。

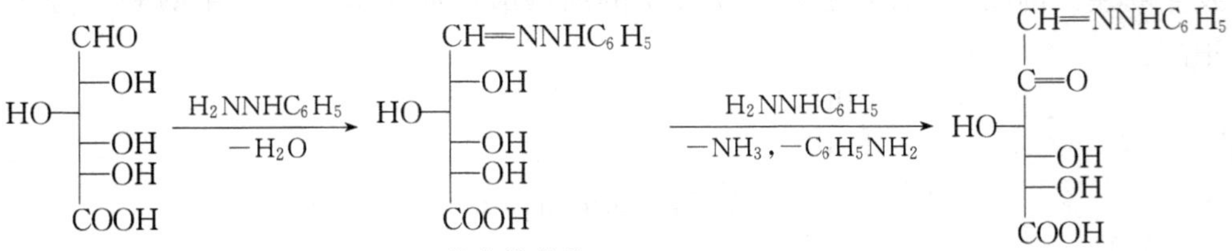

葡萄糖苯腙

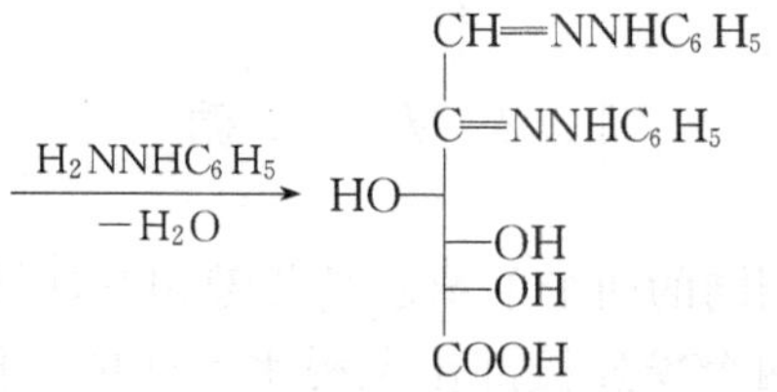

葡萄糖脎

糖成脎的反应只涉及 C_1、C_2 两个原子，其他碳原子上的羟基不会继续氧化。因此，除 C_1、C_2 外其他碳原子构型相同的同数碳原子的糖可以生成相同的糖脎，如 D-(＋)-葡萄糖、D-(＋)-甘露糖、D-(－)-果糖都生成同一糖脎。

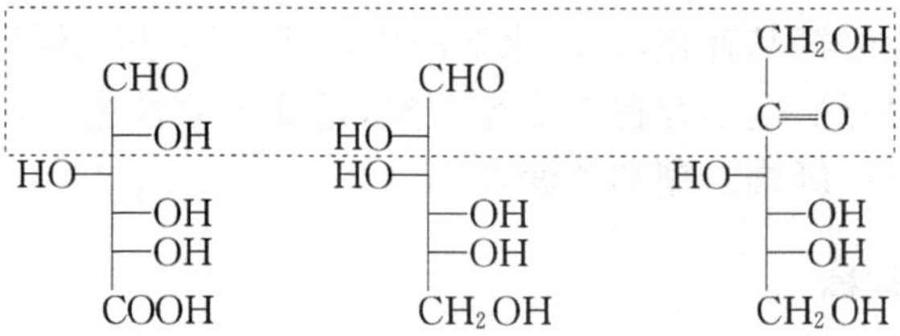

D-葡萄糖　　D-甘露糖　　D-果糖

6）环状缩醛(酮)的生成

处于糖分子中的顺式邻二醇结构可与醛酮形成环状的缩醛或缩酮，反式不能成环状的缩醛或缩酮，借此可用于糖分子中邻二醇结构的保护。

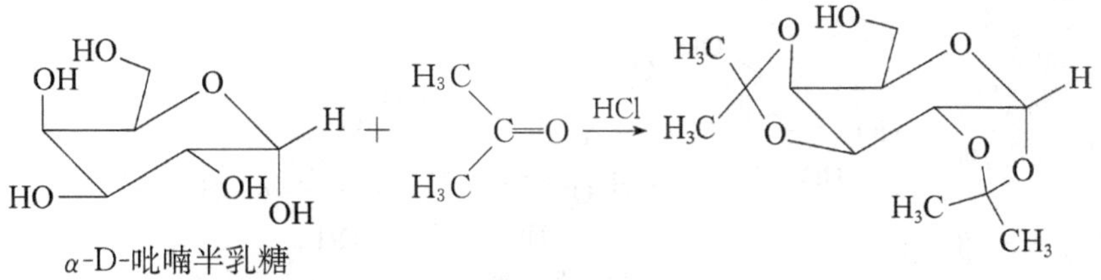

α-D-吡喃半乳糖

7）酸性条件下的脱水

戊糖或己糖在强酸性条件下加热时，一分子糖可连续失去三分子水形成呋喃甲醛(糠醛)或 5-羟甲基呋喃甲醛。

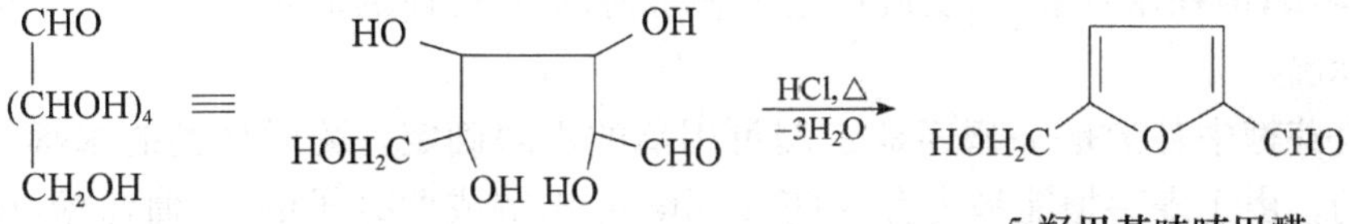

5-羟甲基呋喃甲醛

糠醛和糠醛衍生物可与各种酚类缩合起颜色反应，可用这些颜色反应鉴别糖。常见的颜色反应如莫利胥(Molich)反应(单糖在浓硫酸的存在下与 α-萘酚缩合，出现紫色环)、西里瓦诺夫(Селиванов)反应(酮糖在酸性条件下与间苯二酚缩合，生成鲜红色沉淀)。

14.2 双　糖

双糖是由相同或不相同的两个单糖通过苷键相互连接，在酸或酶的作用下水解成两分子单糖。根据两个糖连接部位及脱水方式的不同，可将双糖分成两类。一类由一分子单糖的半缩醛羟基(苷羟基)与另一分子糖的醇羟基脱水形成。因为一个糖还保留半缩醛羟基，所以水溶液中环状结构与开链结构可处于动态平衡，因此此类糖具有还原性，可以还原土伦试剂、费林试剂等，能够成脎，且有变旋光现象，是还原性糖。另一类由两分子单糖的半缩醛羟基彼此脱水形成，所形成的双糖分子中不再有半缩醛羟基存在，因此水溶液中环状结构与开链结构不能相互转变，没有还原性，不能成脎，也不存在变旋光现象，是非还原性糖。常见的具代表性的双糖有麦芽糖、乳糖、纤维二糖和蔗糖等。

14.2.1 (＋)-麦芽糖

(＋)-麦芽糖(maltose)由淀粉在淀粉糖化酶(存在于麦芽中)或稀酸中部分水解得到。它是一分子葡萄糖 C_1 的 α-半缩醛羟基与另一分子葡萄糖 C_4 的醇羟基脱水以苷键相连，称 α-1,4-苷键。由于(＋)-麦芽糖还保留一个半缩醛羟基，为还原性双糖，全称应为 4-*O*-(α-D-吡喃葡萄糖基)-D-吡喃葡萄糖。

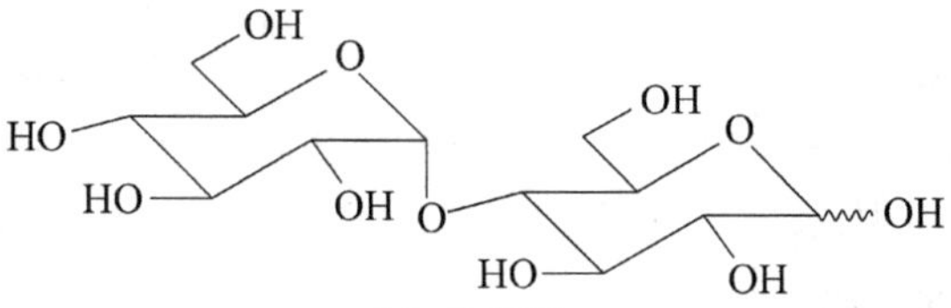

(+)-麦芽糖

25 ℃时，麦芽糖的 α-和 β-端基异构体的比旋光度分别为＋168°、＋112°，在水溶液中达平衡时的比旋光度为＋136°。结晶状态下的(＋)-麦芽糖中，半缩醛羟基为 β-构型；但在水溶液中，变旋产生 α-和 β-端基异构体的混合物，因此 C_1 构型也可不标出。

麦芽糖中苷键是 α-型还是 β-型可用酶的水解确定。酶对糖类的水解是有选择性的。由于麦芽糖能被麦芽糖酶(maltase)水解成两分子的 D-葡萄糖，而麦芽糖酶专一水解 α-糖苷键，对 β-糖苷键无影响，因此可以确定麦芽糖中只有一个 α-糖苷键存在，为 α-葡萄糖苷。

如何确定一个葡萄糖配体上成苷的羟基的位置呢？先将麦芽糖在溴水作用下氧化为 D-麦芽糖酸，D-麦芽糖酸与 $(CH_3)_2SO_4$ 彻底甲基化生成八-*O*-甲基-D-麦芽糖酸，水解后生成 2,3,4,6-四-*O*-甲基-D-葡萄糖和 2,3,5,6-四-*O*-甲基-D-葡萄糖酸。后者来自于可被氧化的葡萄糖单元，在 C_4 上存在未被甲基化的羟基，说明正是这一羟基与另一葡萄糖分子的半缩醛羟基脱水生成麦芽糖分子。

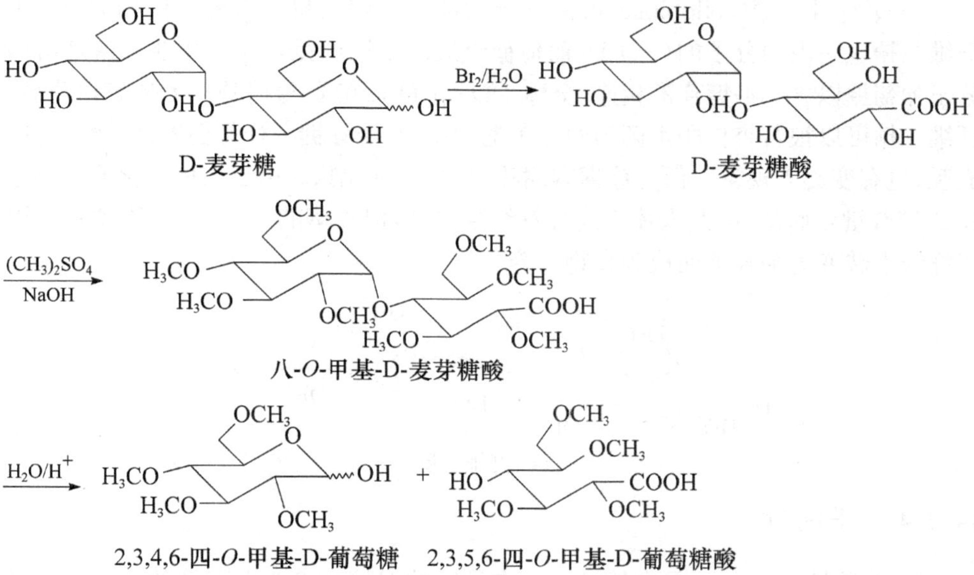

14.2.2　(+)-乳糖

乳糖存在于哺乳动物的乳汁中，人乳中乳糖含量比牛乳高，因此更适于婴儿食用。乳糖也是还原性双糖，可以被苦杏仁酶(emulsin)水解，苦杏仁酶是专一水解 β-糖苷键的水解酶，说明乳糖是由两分子糖通过 β-糖苷键连接而成。水解乳糖得到一分子 D-葡萄糖和一分子 D-半乳糖，用溴水氧化、甲基化后再水解得到 D-半乳糖和 D-葡萄糖酸，可知乳糖含有一个 β-1,4-糖苷键，即 D-半乳糖提供 β-半缩醛羟基与葡萄糖上普通 C_4 醇羟基脱水成苷。因此，乳糖是半乳糖苷，全名为 4-O-(β-D-吡喃半乳糖基)-D-吡喃葡萄糖。

乳糖的 α-和 β-端基异构体的比旋光度分别为＋92.6°、＋34°，在水溶液中达平衡时的比旋光度为＋52.3°。

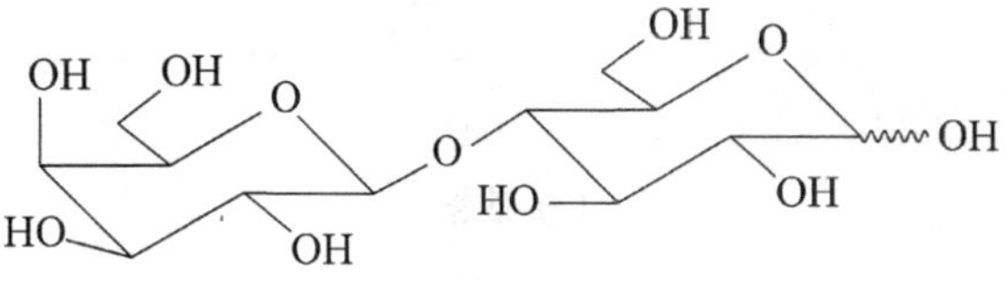

(+)-乳糖

14.2.3　(＋)-纤维二糖

(＋)-纤维二糖(cellobiose)可由纤维素部分水解获得。与麦芽糖相似，(＋)-纤维二糖也是由两分子的(＋)-D-葡萄糖组成。不同的是，(＋)-纤维二糖是由两分子葡萄糖以β-1,4-糖苷键相连，全称4-*O*-(β-D-吡喃葡萄糖基)-D-吡喃葡萄糖。纤维二糖可以被苦杏仁酶水解为两分子葡萄糖，与麦芽糖一样是还原性双糖，可以成脎，也有变旋光现象。但麦芽糖有甜味，纤维二糖无味。由于人体消化液中不存在β-糖苷键水解酶，因此人体不能分解纤维二糖，但食草的牛、马等高级动物可以将纤维素转变为葡萄糖而成为食物营养。

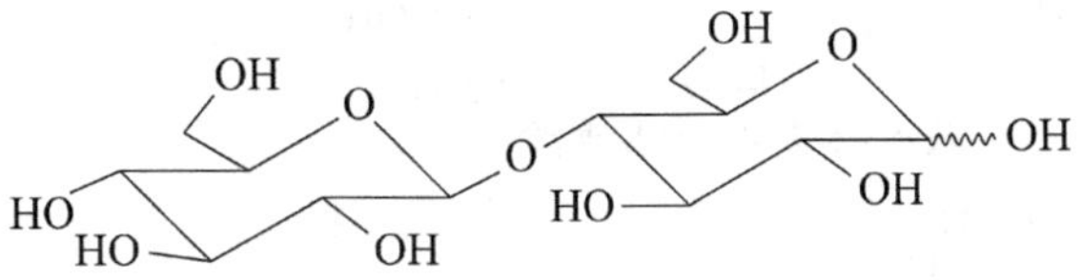

(+)-纤维二糖

14.2.4　(＋)-蔗糖

(＋)-蔗糖(sucrose)是自然界中分布最广的双糖。工业上蔗糖的来源主要是甘蔗与甜菜。(＋)-蔗糖无变旋光现象，不能成脎，不能还原土伦试剂和费林试剂，为非还原性糖。(＋)-蔗糖除可以在稀酸条件下水解为一分子D-吡喃葡萄糖和一分子D-呋喃果糖外，也可被麦芽糖酶水解，说明它具有α-葡萄糖苷键。同时它也可被专一水解β-D-果糖苷键的转化酶水解，说明它又具有β-D-果糖苷键。因此，既可以认为(＋)-蔗糖是α-D-葡萄糖苷，也可以认为是β-D-果糖苷，全名既可称α-D-吡喃葡萄糖基-β-D-呋喃果糖苷，又可称β-D-呋喃果糖基-α-D-吡喃葡萄糖苷。

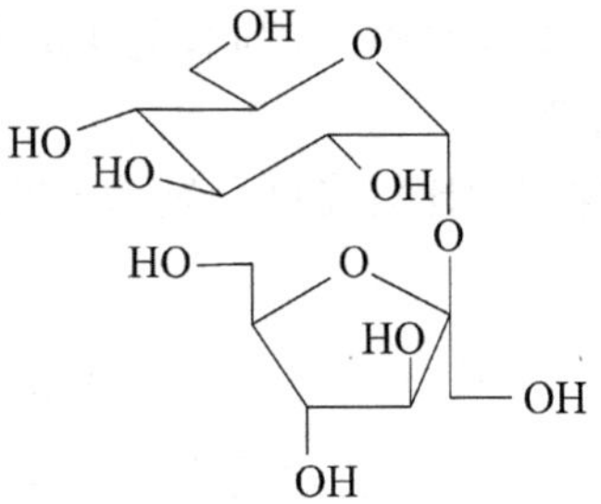

(+)-蔗糖

与其他糖不同，蔗糖很容易结晶。蔗糖本身是右旋的，比旋光度＋66.5°，但水解后得到的等量的D-葡萄糖和D-果糖的混合物是左旋的，比旋光度－19.7°。这种水解伴随旋光方向改变的现象称为转化作用，水解得到的混合物称转化糖(invertsugar)。蜂蜜中含有大量的转化糖。

14.3　多　　糖

多糖(polysaccharide)是由单糖通过苷键彼此连接而成的高聚体。自然界中大多数多糖含80～100个单糖单元。根据其水解单元不同又可分为均多糖与杂多糖。前者水解后只得到一种单糖,后者水解后得到一种以上的单糖。多糖的物理性质与单糖、双糖不同,它们大多是不溶于水的非晶形固体,也无甜味。多糖的相对分子质量很大,虽然分子的末端必有一个还原性苷羟基,但对整个分子来说太微不足道,因此多糖均无还原性,也无变旋光现象。多糖是生命活动不可或缺的物质基础,几乎所有的生物体内均含有多糖,如淀粉、糖元、纤维素等。

14.3.1　淀粉

淀粉(starch)广泛存在于植物的种子、茎、果实中,是人类食物中糖的主要来源。淀粉是由葡萄糖分子通过 α-1,4-苷键和 α-1,6-苷键形成的高聚体。天然淀粉是一种混合物,由两种不同类型的分子组成:一种在热水中有一定的溶解度,称为直链淀粉;另一种在热水中膨胀糊化,称为支链淀粉。

直链淀粉主要由葡萄糖分子通过 α-1,4-苷键构成,但并不意味其以直链排列,而是盘旋为螺圈状。每个螺圈约有6个葡萄糖单元,中间的空腔恰好可容纳碘分子(实际上碘是以 I_3^- 存在)的进入,从而形成包合物或称配合物,见图14.2。此配合物显示蓝色,可借此鉴别淀粉的存在或作为分析化学中碘量法的终点指示。

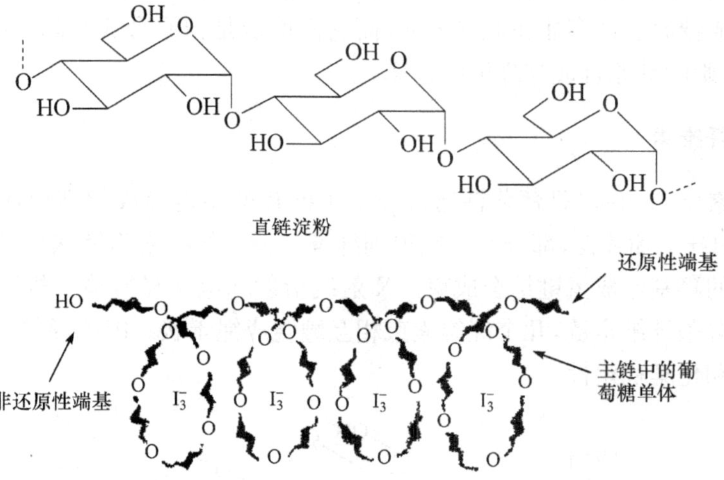

图14.2　直链淀粉分子与碘作用示意图

支链淀粉除了 α-1,4-苷键外还有 α-1,6-苷键,隔20～25个由 α-1,4-苷键连接的葡萄糖单元就有一个由 α-1,6-苷键形成的支链,见图14.3。支链淀粉的平均相对分子质量为 100 万～600 万。不同来源的淀粉中所含直链淀粉与支链淀粉的比例不同，支链淀粉的比例越高口感越糯。支链淀粉遇碘显示暗红色，说明它分支多不能有效地形成螺旋结构与碘成配合物。

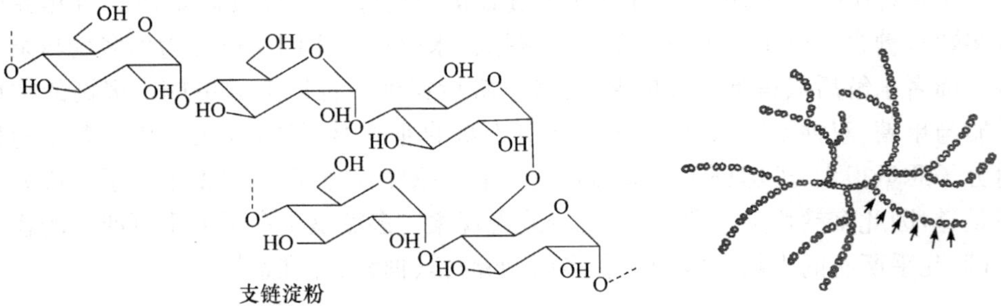

图 14.3　支链淀粉结构示意图

14.3.2　糖原

糖原(glycogen)常称为动物体内的淀粉，像淀粉是植物体储备的多糖一样，糖原是动物体储备的多糖，是葡萄糖在体内的储备形式。体内的糖原又可分成肝糖原和肌糖原，储存于肝脏的称为肝糖原，储存于肌肉的称为肌糖原。当血糖水平低于正常值时，糖原可分解成葡萄糖以保持血糖的正常水平，满足正常的生命活动。

糖原的结构与支链淀粉相似，只是更加高度支化，隔 8～10 个由 α-1，4-苷键连接的葡萄糖单元就有一个由 α-1，6-苷键形成的支链，形成树枝状的复杂分子。高度支化造成糖原有许多非还原性末端，而它们恰恰是糖原合成与降解时酶的作用部位，直接影响糖原合成与降解的速率。

14.3.3　纤维素

纤维素(cellulose)是葡萄糖通过 β-1，4-糖苷键相连形成的高聚体，完全水解后得到 D-(＋)-葡萄糖，部分水解则得到纤维二糖。纤维素为链状分子，链之间可通过众多的羟基形成氢键结合成束。X 射线衍射和电子显微镜分析证实，每一小束有 100 多条纤维素链，几个纤维素束相互缠绕成绳索状。因此，纤维素有很高的机械强度和化学稳定性。

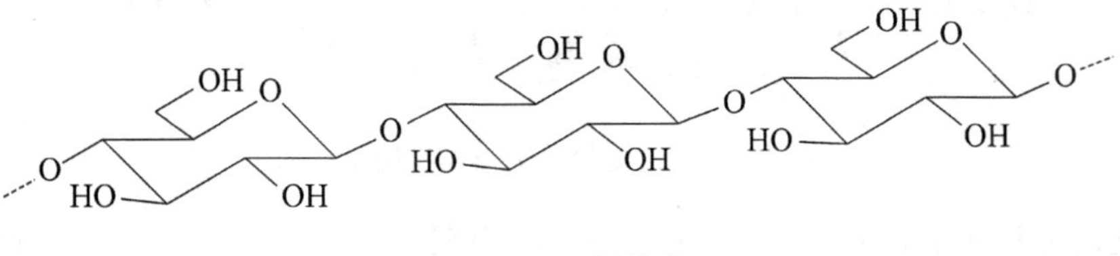

纤维素

纤维素是自然界分布最广的多糖，是植物细胞的主要成分。木材中 50%是纤维素，而棉花中纤维素高达 90%。

纤维素是很重要的工业原料，如造纸、纺织业都离不开纤维素。实验室中的滤纸是纯的木材纤维素；硝酸纤维素酯具有爆炸性，是制造无烟火药的原料；醋酸纤维素酯则是制造人造丝及电影胶片的原料；而羧甲基纤维素（CMC）也是天然的离子交换剂，可用于蛋白质、核酸等大分子化合物的分离。

本章小结

1. 糖是一类多羟基醛、多羟基酮以及它们的缩合产物。根据糖能否水解和水解后生成醛糖、酮糖的单位数目可将糖分为三类：单糖、低聚糖和多糖。自然界中天然存在的大多数为 D-构型糖。

2. 晶体 D-葡萄糖以环状的半缩醛结构存在，可有 α-、β-两种异头物。水溶液中 α-、β-两种异头物与开链结构平衡共存，产生变旋光现象。α-、β-两种异头物可以用哈沃斯式及构象式表示。构象式合理地解释了 β-异头物更加稳定。

3. 单糖的化学性质：

（1）成苷反应。单糖的半缩醛羟基与非糖物质的羟基、氨基等脱水形成糖苷。糖苷没有变旋光现象，也没有还原性。在酶或稀酸下水解后得到相应的糖和配基。

（2）稀碱下的差向异构。反应经烯二醇中间体完成，醛糖与酮糖通过差向异构相互转变。

（3）氧化反应。能被土伦试剂、费林试剂氧化的为还原性糖，溴水氧化醛糖可作为醛糖、酮糖的鉴别，硝酸氧化醛糖成糖二酸，高碘酸定量氧化糖可用来推导糖的结构。

（4）还原。醛糖和酮糖的羰基都可以通过催化加氢或用 $NaBH_4$ 还原为相应的糖醇。

（5）成脎。糖与苯肼形成糖脎。成脎反应只涉及 C_1、C_2 两个原子。

（6）环状缩醛（酮）的生成。糖分子中顺式邻二醇结构可与醛酮形成环状的缩醛或缩酮，借此可用于糖分子中邻二醇结构的保护。

（7）脱水。戊糖或己糖在强酸性条件下加热，一分子糖可连续失去三分子水形成呋喃甲醛或 5-羟甲基呋喃甲醛。呋喃甲醛或 5-羟甲基呋喃甲醛遇酚类化合物的显色可作为糖的鉴别。

4. 常见双糖如麦芽糖（两分子葡萄糖通过 α-1,4-苷键相连）、纤维二糖（两分子葡萄糖通过 β-1,4-苷键相连）、乳糖（一分子葡萄糖与一分子半乳糖通过 β-1,4-苷键相连）为还原性双糖。蔗糖由一分子 D-吡喃葡萄糖的 α-半缩醛羟基与一分子 D-呋喃果糖的 β-半缩醛羟基脱水形成，为非还原性双糖。

5. 多糖是由单糖通过苷键彼此连接而成的高聚体，均无还原性。淀粉是由葡萄糖分子通过 α-1,4-苷键和 α-1,6-苷键形成的高聚体；糖原的结构与支链淀粉相似，只是更加高度支化；纤维素是葡萄糖通过 β-1,4-糖苷键相连形成的高聚体。多糖通常有重要的生理功能。

习　　题

1. 写出 D-核糖与下列试剂的反应式。

（1）CH_3OH（干燥 HCl）　　（2）苯肼　　（3）溴水

（4）稀 HNO_3　　（5）HIO_4　　（6）$NaBH_4$

2. 解释下列各名词。
   (1) 差向异构体　(2) 端基异构体　(3) 还原糖、非还原性糖　(4) 变旋光现象
   (5) 苷键
3. 回答下列问题。
   (1) D-半乳糖在碱性条件下发生差向异构化，生成的混合物能用成脎反应予以分离吗？
   (2) 糖苷没有变旋现象，但在酸性溶液中长时间放置或加热后有变旋现象，为什么？
   (3) 如何鉴别葡萄糖与半乳糖？
4. 写出下列各D-型六碳糖的吡喃哈沃斯式及开链式的互变平衡体系。
   (1) 甘露糖　(2) 半乳糖
5. 用简单的化学方法鉴别下列各组化合物。
   (1) 葡萄糖和蔗糖　(2) 葡萄糖与果糖　(3) 麦芽糖、淀粉和纤维素
   (4) D-葡萄糖与D-葡萄糖苷
6. 某D-己醛糖A，氧化后生成有旋光活性的二酸B，与A能生成同种糖脎的另一D-己醛糖C氧化后得到没有光学活性的二酸D。试写出A、B、C、D的结构，并写出上述反应的过程。
7. 某葡萄糖衍生物与三分子的高碘酸作用生成2分子甲酸和2分子乙醛酸，试推测这一葡萄糖衍生物的结构。
8. 海藻糖为非还原性糖，酸性水解生成2分子的D-葡萄糖，甲基化反应后再水解生成2分子2,3,4,6-四-*O*-甲基葡萄糖，它只能被α-糖苷酶水解，试给出它的结构并写出全名。异海藻糖和新海藻糖与海藻糖有相同的化学构造，但新海藻糖只能被β-糖苷酶水解，而异海藻糖能被α-或β-糖苷酶水解，试给出它们的结构。
9. 棉子糖部分水解后得到的双糖称为蜜二糖。蜜二糖为还原性双糖，是(+)-乳糖的异构体，能被麦芽糖酶水解，但不能被苦杏仁酶水解。蜜二糖经溴水氧化后彻底甲基化再酸催化水解得2,3,4,5-四-*O*-甲基-D-葡萄糖酸和2,3,4,6-四-*O*-甲基-D-半乳糖。写出此二糖的结构式、名称及其反应式。
10. 化合物A($C_9H_{18}O_6$)无还原性，水解后生成化合物B($C_6H_{12}O_6$)和C(C_3H_8O)。B有还原性，可被溴水氧化，与葡萄糖生成相同的糖脎。C可发生碘仿反应。写出A、B、C的结构式。
11. 下列四个单糖中，哪些互为对映体？哪些互为非对映体？哪些互为差向异构体？

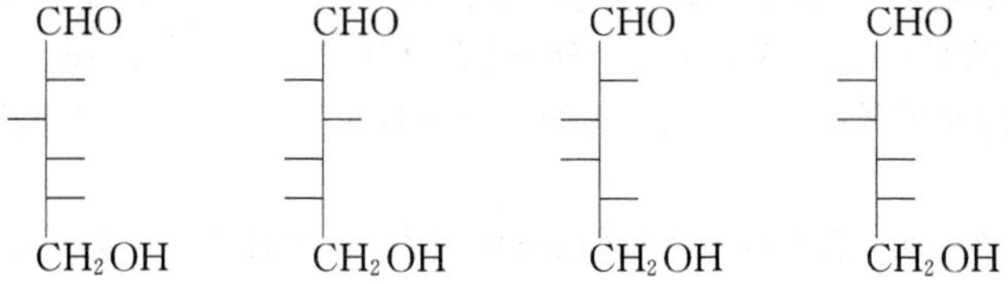

A　B　C　D

(皖南医学院　黄勤安)

第 15 章　氨基酸、蛋白质和核酸

学习要求

1. 掌握氨基酸的分类、命名、偶极离子和等电点的概念，氨基酸的化学性质，蛋白质的两性、沉淀与变性，核苷、单核苷酸的结构特点。

2. 熟悉多肽的结构和命名，蛋白质的一级、二级结构，核酸（RNA、DNA）的化学组成、表示式，以及碱基互补规律和 DNA 的二级结构。

3. 了解蛋白质的三级、四级结构，ATP 的结构特点，核酸的性质。

蛋白质和核酸都是天然大分子化合物，是生命物质的基础。核酸分子携带遗传信息，在生物的个体发育、生长、繁殖和遗传变异等生命过程中起极为重要的作用。脱氧核糖核酸（DNA）是生物遗传的物质基础，核糖核酸（RNA）参与体内的蛋白质合成。没有核酸，就没有蛋白质。生命活动的基本特征就是蛋白质的不断自我更新。蛋白质是一切活细胞的组织物质，是构成人体和动植物的基本物质，肌肉、毛发、皮肤、指甲、血清、血红蛋白、神经、激素、酶等大都由不同蛋白质组成。蛋白质在有机体中具有各种生理功能，它们输送氧气、防御疾病、供给肌体营养、控制代谢过程、传递遗传信息、负责机械运动等。蛋白质也是酶、抗体和许多激素中的主要物质。α-氨基酸是组成蛋白质的基本单位，本章首先讨论 α-氨基酸的结构和性质。

15.1　氨　基　酸

氨基酸（amino acid）是羧酸分子中烃基上的氢原子被氨基取代后的衍生物。目前发现的天然氨基酸约 300 种，构成蛋白质的氨基酸约 30 种，其中常见的有 20 余种，人们把这些氨基酸称为蛋白氨基酸。组成蛋白质的天然氨基酸是 α-氨基酸。其他不参与蛋白质组成的氨基酸称为非蛋白氨基酸。

15.1.1　α-氨基酸的构型、分类和命名

构成蛋白质的 20 种常见氨基酸（详见表 15.1）除脯氨酸为 α-亚氨基酸外，其余都是 α-氨基酸，其结构通式为

$$\mathrm{R{-}\underset{\displaystyle NH_2}{\underset{|}{C}H}{-}COOH}$$

除甘氨酸外,其余氨基酸的构型都是 L-型(也可用 R/S 标记法表示)。

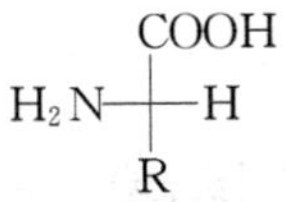

表 15.1 常见的氨基酸

分类	名称	缩写	结构式	等电点
中性氨基酸	甘氨酸 glycine	甘 Gly(G)	H—CH(NH_2)—COOH	5.97
	丙氨酸 alanine	丙 Ala(A)	CH_3—CH(NH_2)—COOH	6.00
	丝氨酸 serine	丝 Ser(S)	HO—CH_2—CH(NH_2)—COOH	5.68
	半胱氨酸 cysteine	半 Cys(C)	HS—CH_2—CH(NH_2)—COOH	5.05
	* 苏氨酸 threonine	苏 Thr(T)	CH_3CH(OH)—CH(NH_2)—COOH	5.70
	* 蛋氨酸 methionine	蛋 Met(M)	$CH_3SCH_2CH_2$—CH(NH_2)—COOH	5.74
	* 缬氨酸 valine	缬 Val(V)	$(CH_3)_2$CH—CH(NH_2)—COOH	5.96
	* 亮氨酸 leucine	亮 Leu(L)	$(CH_3)_2CHCH_2$—CH(NH_2)—COOH	6.02
	* 异亮氨酸 isoleucine	异 Ile(I)	$CH_3CH_2CH(CH_3)$—CH(NH_2)—COOH	5.98
	* 苯丙氨酸 phenylalanine	苯 Phe(F)	$C_6H_5CH_2$—CH(NH_2)—COOH	5.48
	天冬酰胺 asparagine	天酰 Asn(N)	H_2N—CO—CH_2—CH(NH_2)—COOH	5.41
	谷氨酰胺 glutamine	谷酰 Gln(Q)	H_2N—CO—CH_2CH_2—CH(NH_2)—COOH	5.65
	脯氨酸 proline	脯 Pro(P)	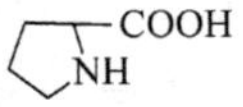	6.30
	* 色氨酸 tryptophan	色 Trp(W)	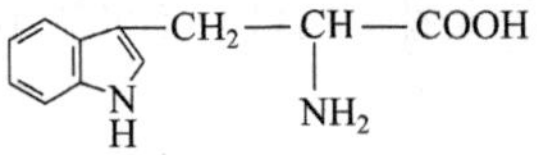	5.89
	酪氨酸 tyrosine	酪 Tyr(Y)	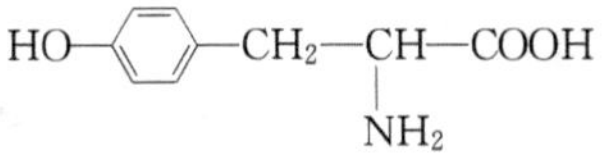	5.66
酸性氨基酸	天冬氨酸 aspartic acid	天 Asp(D)	$HOOCCH_2$—CH(NH_2)—COOH	2.77
	谷氨酸 glutamic acid	谷 Glu(E)	$HOOCCH_2CH_2$—CH(NH_2)—COOH	3.22
碱性氨基酸	* 赖氨酸 lysine	赖 Lys(K)	$H_2N(CH_2)_4$—CH(NH_2)—COOH	9.74
	精氨酸 arginine	精 Arg(R)	H_2N—C(=NH)—NH$(CH_2)_3$—CH(NH_2)—COOH	10.76
	组氨酸 histidine	组 His(H)	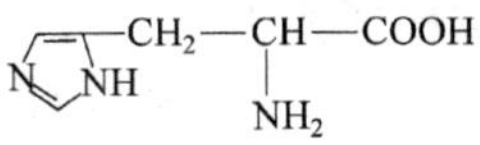	7.59

* 营养必需氨基酸。

根据 α-氨基酸分子中氨基（$—NH_2$）和羧基（—COOH）的数目不同，α-氨基酸可以分为中性氨基酸（羧基和氨基数目相等）、酸性氨基酸（羧基数目多于氨基数目）、碱性氨基酸（碱性基团如氨基的数目多于羧基数目）；根据 α-氨基酸通式中 R 基团的碳架结构不同，α-氨基酸还可以分为脂肪族氨基酸、芳香族氨基酸和杂环族氨基酸；根据 R 基团的极性不同，α-氨基酸又可以分为非极性氨基酸和极性氨基酸。

氨基酸命名通常根据其来源或性质采用俗名，常用英文名称缩写符号（通常为前三个字母）或用中文代号表示。例如，甘氨酸可用 Gly（或 G）或“甘”字表示其名称。氨基酸的系统命名法与其他取代羧酸相同，即以羧酸为母体命名，如苏氨酸命名为 α-氨基-β-羟基丁酸、天门冬氨酸（天冬氨酸）为 α-氨基丁二酸。

组成蛋白质的氨基酸中，有些是动物自身不能合成的，必须从食物中获取，缺乏时会引起疾病，它们被称为营养必需氨基酸，包括苏、缬、苯、蛋、异、赖、亮、色八种氨基酸（表 15.1）。

15.1.2　α-氨基酸的性质

1. 物理性质

α-氨基酸一般为无色晶体，熔点比相应的羧酸或胺类高，一般为 200～300 ℃（许多氨基酸在接近熔点时分解）。除甘氨酸外，其他的 α-氨基酸都有旋光性。大多数氨基酸易溶于水，而不溶于有机溶剂。α-氨基酸在固态或溶液中，红外光谱在 3100～2600 cm^{-1} 有强而宽的 N—H 键伸缩振动吸收峰，在 1600 cm^{-1} 附近有羧基负离子吸收峰。

2. 化学性质

氨基酸分子中既含有氨基又含有羧基，因此具有羧酸和胺类化合物的性质；同时，由于氨基与羧基之间相互影响及分子中 R 基团的某些特殊结构，又显示出一些特殊的性质。

1）氨基酸的两性电离和等电点

氨基酸分子中同时含有氨基和羧基，不仅能与强酸或强碱反应生成盐，而且还可在分子内形成内盐。

$$R-\underset{\displaystyle NH_2}{\underset{|}{CH}}-COOH \rightleftharpoons R-\underset{\displaystyle {}^{+}NH_3}{\underset{|}{CH}}-COO^-$$

内盐（偶极离子）

氨基酸内盐是既带正电荷又带负电荷的离子，称为两性离子或偶极离子。固体氨基酸以偶极离子形式存在，静电引力大，具有很高的熔点，可溶于水而难溶于有机溶剂。调节某氨基酸溶液的 pH，使氨基酸以偶极离子形式存在，同一氨基酸所带正电荷的数目与负电荷的数目正好相等，即净电荷为零，在电场中既不向阴极移动，也不向阳极移动，此时溶液的 pH 称为该氨基酸的等电点（isoelectric point），以 pI 表示。

氨基酸不同，其 pI 也不同（详见表 15.1）。一般来说，中性氨基酸的等电点 pI＜7（pI 为 5.0～6.3）；酸性氨基酸的 pI≪7（pI 为 2.8～3.2）；碱性氨基酸的 pI＞7（pI 为 7.6～10.8）。在等电点时，氨基酸主要以偶极离子的形式存在，净电荷为零，此时氨基酸在水中的溶解度最小。因此，利用调节溶液 pH 的方法，可以从氨基酸的混合物中分离某些氨基酸。

在酸性溶液（pH＜pI）中，氨基酸偶极离子的羧基负离子可接受质子而带正电荷；在碱性溶液（pH＞pI）中，铵根正离子可给出质子而带负电荷。偶极离子加酸或加碱时引起的变化，可以表示如下：

$$\underset{\substack{\text{阴离子}\\ pH>pI}}{\underset{NH_2}{R-\underset{|}{C}H-COO^-}} \underset{OH^-}{\overset{H^+}{\rightleftharpoons}} \underset{\substack{\text{偶极离子}\\ pH=pI}}{\underset{^+NH_3}{R-\underset{|}{C}H-COO^-}} \underset{OH^-}{\overset{H^+}{\rightleftharpoons}} \underset{\substack{\text{阳离子}\\ pH<pI}}{\underset{^+NH_3}{R-\underset{|}{C}H-COOH}}$$

在电场中（如进行纸电泳时），氨基酸样品在不同 pH 介质中带电及移动情况如下：①pH＜pI 时，带正电荷，向阴极移动；②pH＞pI 时，带负电荷，向阳极移动；③pH＝pI时，不带电荷，不移动。

2）氨基和羧基的反应

（1）与亚硝酸反应。氨基酸的伯氨基可以与亚硝酸反应放出氮气，生成 α-羟基酸。该反应定量进行，从释放出的氮气体积可计算分子中氨基的含量，可以用于氨基酸定量和蛋白质水解程度的测定。此法称为范斯来克（Van Slyke）氨基测定法。

$$\underset{NH_2}{R-\underset{|}{C}H-COOH} + HNO_2 \longrightarrow \underset{OH}{R-\underset{|}{C}H-COOH} + N_2\uparrow + H_2O$$

（2）与 2,4-二硝基氟苯反应。氨基酸能与 2,4-二硝基氟苯（DNFB）反应生成 *N*-(2,4-二硝基苯基)氨基酸，简称 N-DNP-氨基酸。该化合物显黄色，可以用于氨基酸的比色测定。英国科学家圣格尔（Sanger）首先用这个反应标记多肽或蛋白质的 N-端氨基酸，再将肽链水解，经层析检测，就可识别多肽或蛋白质的 N-端氨基酸。

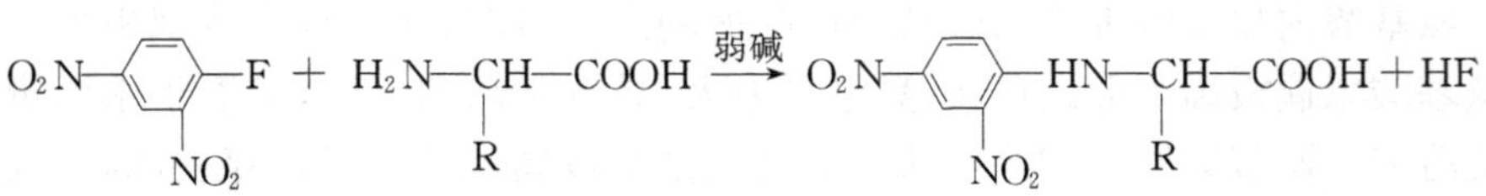

(3) 氧化脱氨反应。氨基酸分子的氨基可以被过氧化氢或高锰酸钾等氧化剂氧化，生成 α-亚氨基酸，然后进一步水解，脱去氨基生成 α-酮酸。

$$R-CH(NH_2)-COOH \xrightarrow{[O]} R-C(=NH)-COOH \xrightarrow{H_2O} R-C(OH)(NH_2)-COOH \xrightarrow{-NH_3} R-C(=O)-COOH$$

在生物体内酶催化下，蛋白质分解代谢时，氨基酸也可发生氧化脱氨反应。

(4) 脱羧反应。将氨基酸缓缓加热或在高沸点溶剂中回流，可以发生脱羧反应生成胺。生物体内或细菌的脱羧酶也能催化氨基酸的脱羧反应，这是蛋白质腐败发臭的主要原因。例如，赖氨酸脱羧生成 1，5-戊二胺（尸胺），精氨酸或鸟氨酸脱羧生成 1，4-丁二胺（腐胺），组氨酸受肠道细菌作用脱羧生成组胺。人体内组胺过多时，可引起过敏。

$$H_2N-(CH_2)_4-CH(NH_2)-COOH \xrightarrow{\triangle} H_2N-(CH_2)_5-NH_2$$

1，5-戊二胺（尸胺）

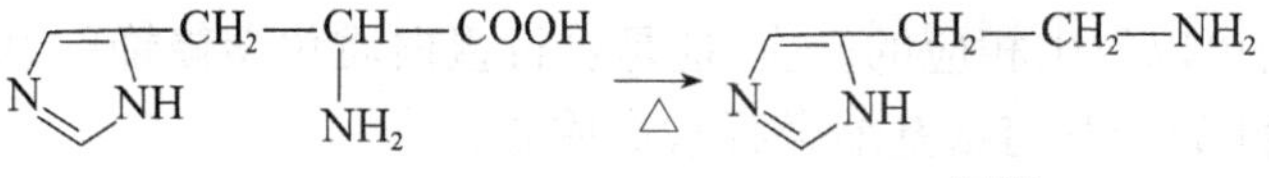

组胺

3）氨基和羧基的共同反应

(1) 与金属离子形成配合物。某些氨基酸与某些金属离子能形成结晶形化合物，有时可以用来沉淀和鉴别某些氨基酸。例如，两分子氨基酸与铜离子能形成深紫色配合物结晶。

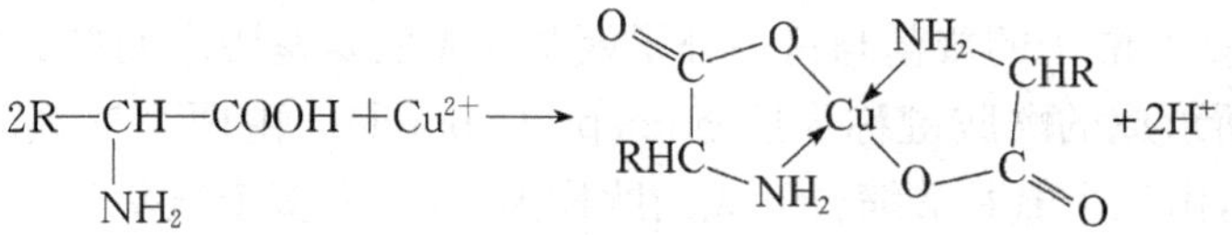

体内的生物元素也可以形成这种五元环状结构。

(2) 脱羧失氨作用。氨基酸在酶的作用下同时脱去羧基和氨基得到醇。

$$(CH_3)_2CHCH_2-CH(NH_2)-COOH + H_2O \xrightarrow{酶} (CH_3)_2CHCH_2-CH_2-OH + CO_2\uparrow + NH_3\uparrow$$

工业上发酵制取乙醇时，杂醇就是这样产生的。

(3) 与水合茚三酮的反应。α-氨基酸与水合茚三酮的弱酸性溶液共热，先发生氧化脱氨、脱羧，生成氨和还原型茚三酮，产物再与水合茚三酮进一步反应，生成蓝紫色物质。该反应非常灵敏，可用于 α-氨基酸的定性及定量测定。

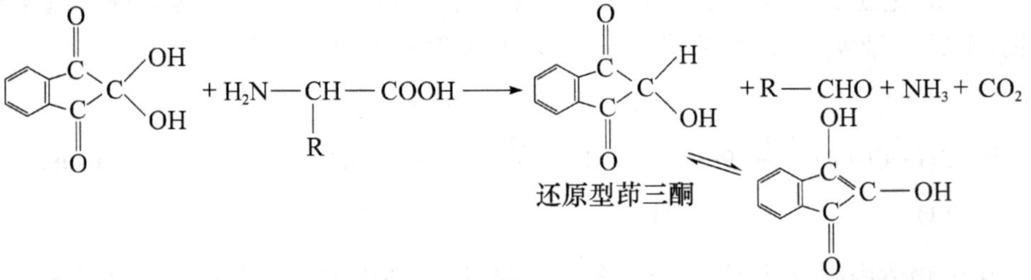

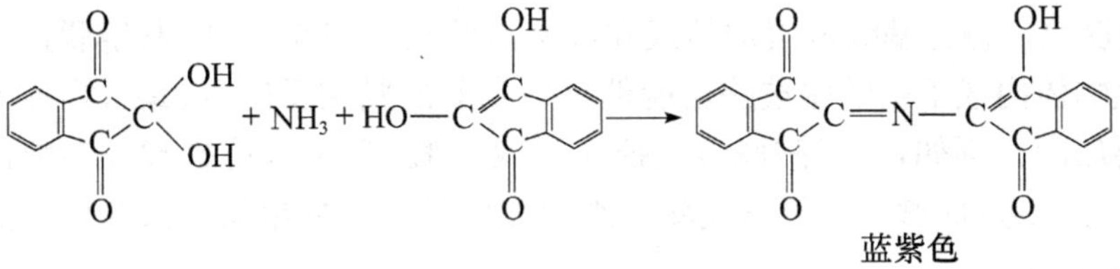

凡是有游离氨基的氨基酸都可以和水合茚三酮试剂发生显色反应，多肽和蛋白质也有此类反应。脯氨酸和羟脯氨酸与水合茚三酮反应时，生成黄色化合物。

此外，一些氨基酸侧链具有的功能基团，如羟基、酚基、吲哚基、胍基、巯基及非α-氨基等，均可以发生相应的反应，这是进行蛋白质化学修饰的基础。α-氨基酸还可通过分子间的羧基与氨基缩合脱水形成肽。

15.2 肽

15.2.1 肽的组成和命名

1. 肽和肽键

一分子氨基酸中的羧基与另一分子氨基酸中的氨基脱水而形成的酰胺称为肽(peptide)，所形成的酰胺键称为肽键(peptide bond)。由两个氨基酸缩合形成的肽称为二肽，由三个氨基酸缩合形成的肽称为三肽，由多个氨基酸缩合形成的肽称为多肽(polypeptide)。

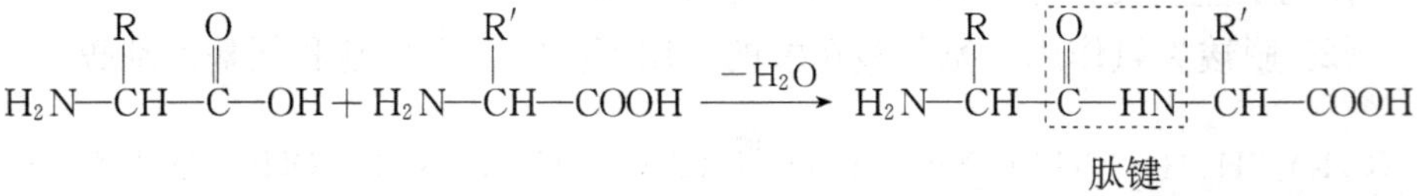

二肽分子的一端有氨基，另一端有羧基，因此还可继续与氨基酸缩合成为三肽、四肽以至多肽。两种不同的氨基酸 A 与 B 可按不同的排列方式结合，形成两种结构不同而性质相似的二肽 A—B 与 B—A。例如，甘氨酸和丙氨酸可形成如下两种二肽：

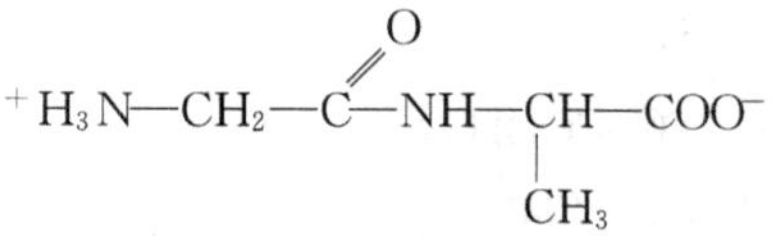

甘氨酰丙氨酸(甘丙肽)

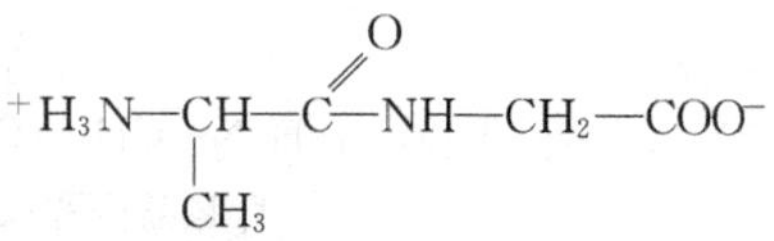

丙氨酰甘氨酸(丙甘肽)

三肽有 6(3!)种可能的异构体,其排列顺序为 ABC,ACB,BAC,BCA,CAB,CBA。n 肽有 $n!$ 种异构体。

肽链中每个氨基酸都失去了原有结构的完整性,因此肽链中的氨基酸通常称为氨基酸残基。在链的两端,一端有游离的氨基(—NH_2),称为 N-端;另一端有游离的羧基(—COOH),称为 C-端。

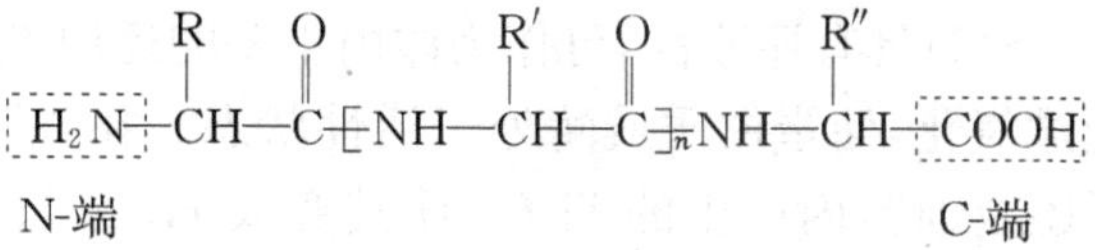

肽通常分为①二肽(dipeptide),含 2 个氨基酸残基单位;②寡肽(oligopeptide),含 2~10 个氨基酸残基单位;③多肽(polypeptide),含多于 10 个氨基酸残基单位;④蛋白质(protein),含 100 或 100 个以上氨基酸残基单位。

2. 肽键的平面结构

肽中的肽键实质上是酰胺键,由于酰胺键中氮原子上的孤对电子与酰基形成 p-π 共轭体系,使 C—N 键具有一定程度的双键性质。X 射线衍射证明,肽链中酰胺部分在一个平面上(这个平面称为肽平面或酰胺平面),与羰基碳及氨基氮原子相连的两个基团(其第一个原子为 α-碳原子)处于反式位置,两个 α-碳原子与肽键上的四个原子共平面,构成平面结构的肽单元(—C_α—CO—NH—C_α—);酰胺碳氮键键长(0.132 nm)比一般的 C—N 单键键长(0.147 nm)短,这些都表明酰胺碳氮键具有部分双键的性质,见图 15.1。

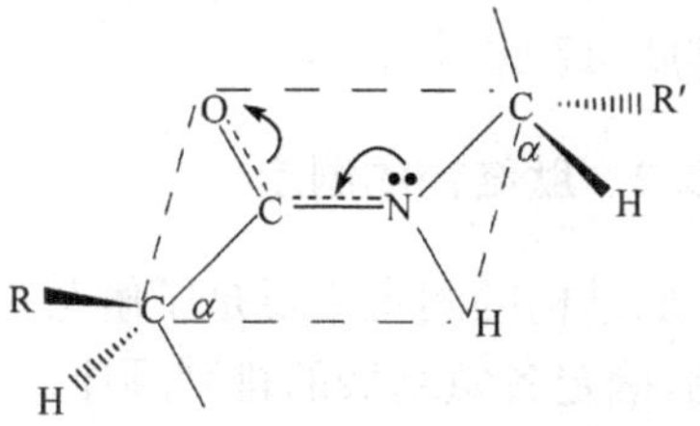

图 15.1 肽键、肽单元平面及碳氮部分双键

3. 肽的命名

肽的命名是以 C-端氨基酸为母体,肽链中其他氨基酸名称中的“酸”字改为“酰”字,称为“某氨酰”,并从 N-端开始依次写在母体名称之前。肽链通常用简称表示,即按从 N-端到 C-端的顺序,将组成肽链的各种氨基酸的英文或中文简称写到一起,简称间用“-”连接,并在 C-端氨基酸简称后加“肽”字。例如:

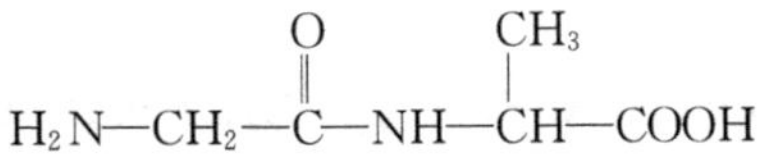

甘氨酰丙氨酸(甘-丙肽,Gly-Ala)

很多肽都采用俗名,如催产素、胰岛素等。生物体内存在多种重要的生物活性肽。

(1) 谷胱甘肽(glutathione,GSH),由谷、半胱和甘氨酸组成的三肽。第一个肽键与一般肽键不同,由谷氨酸 γ-羧基与半胱脱氨酸的氨基组成。分子中半胱氨酸的巯基是该化合物的主要功能基团。谷胱甘肽具有许多生理功能:解毒作用、参与氧化还原反应、保护巯基酶的活性、抗氧化剂作用、维持红细胞膜的稳定。

GSH 的巯基(—SH)具有还原性,可作为体内重要的还原剂,保护体内蛋白质或酶分子中巯基免遭氧化,使蛋白质或酶处于活性状态。在谷胱甘肽过氧化物酶的催化下,GSH 可还原细胞内产生的 H_2O_2 使其变成 H_2O;与此同时 GSH 被氧化,两肽链间形成二硫键(—S—S—),构成氧化型谷胱甘肽(GSSG),后者在谷胱甘肽还原酶催化下,再生成 GSH。

$$2G—S—H \underset{+2H}{\overset{-2H}{\rightleftharpoons}} G—S—S—G$$

(2) 肽类激素。体内有许多激素属寡肽或多肽,如催产素(9 肽)、加压素(9 肽)、促肾上腺皮质激素(39 肽)、促甲状腺素释放激素(3 肽)。

(3) 神经肽。有一类在神经传导过程中起信号传导作用的肽类称为神经肽。较早发现的有脑啡肽(5 肽)、β-内啡肽(31 肽)和强啡肽(17 肽)等,近年来还发现孤啡肽(17 肽)等。

15.2.2 肽结构的测定

肽结构的测定主要是了解某一肽是由哪些氨基酸组成的,各种氨基酸的相对比例,确定各氨基酸的排列顺序。

1. 相对分子质量的测定

通常用渗透压法、光散射法、超离心法和 X 射线衍射法等测定肽的相对分子质量。

2. 氨基酸的定量分析

$$\text{肽} \xrightarrow[H_2O]{HCl} \text{氨基酸} \xrightarrow{\text{层析分离法}} \text{各种氨基酸} \longrightarrow \text{各种氨基酸的含量}$$

现代方法是将水解后的氨基酸混和液用氨基酸分析仪进行分离和测定。

3. 端基分析

1）测定 N-端

(1) 2,4-二硝基氟苯法——桑格尔(Sanger)法。2,4-二硝基氟苯与肽的 N-端氨基反应后，再水解，分离出黄色的 *N*-(2,4-二硝基苯基)氨基酸，用色谱法分析，即可知道 N-端为何种氨基酸。此法的特点是 2,4-二硝基氟苯反应后的肽会全部水解，只给出一个信息。

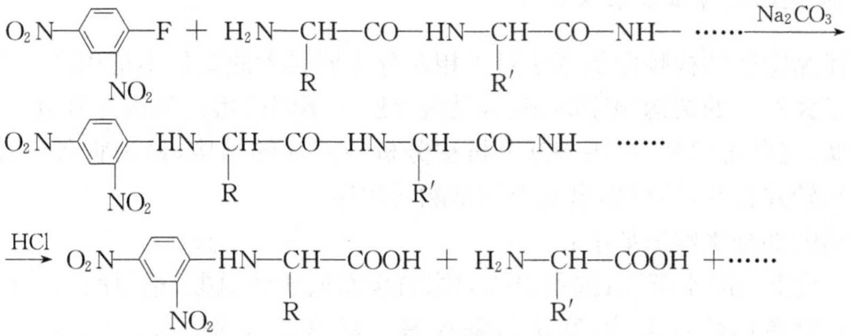

(2) 异硫氰酸苯酯法——艾德曼(Edman)降解法。

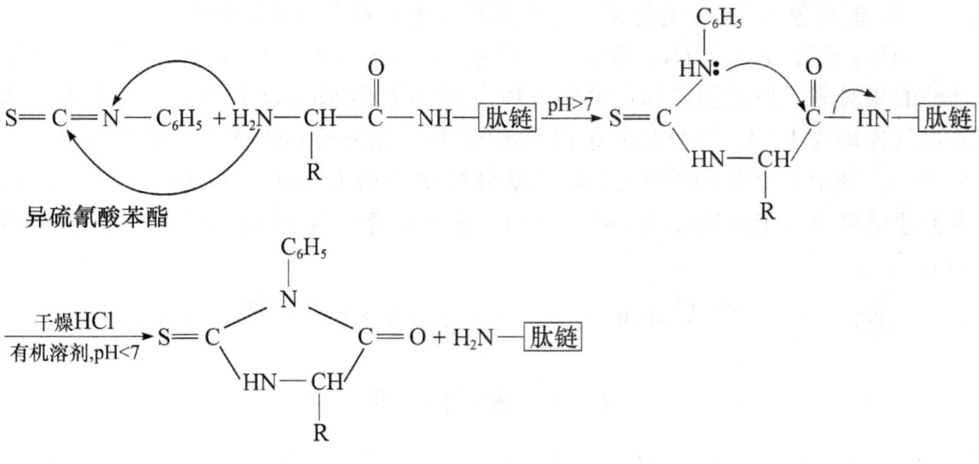

测定咪唑衍生物中的 R，即可知是哪种氨基酸。异硫氰酸苯酯法的特点是，除肽 N-端的氨基酸外，其余肽链会保留下来，若加以回收，再重复上述反应，可以连续不断地测定 N-端，从而确定肽的结构。此法已经自动化，可由自动控制的氨基酸顺序测定仪操作。

2）测定 C-端

(1) 肼解法。肽键与肼反应断裂成酰肼，只有 C-端的氨基酸有游离的羧基，不会与肼反应成酰肼。因此，与肼反应后仍具有游离羧基的氨基酸就是肽 C-端的氨基酸。

（2）羧肽酶水解法。C-端的氨基酸单元可以通过羧肽酶催化水解，羧肽酶可以选择性切断游离羧基相邻的肽键，在溶液中切断下来的氨基酸是C-端位置的，已切断了C-端氨基酸的肽链再与羧肽酶作用，如此不断进行，可以使整个肽水解为氨基酸。根据氨基酸出现的时间，可以推断C-端氨基酸的排列顺序。

实际上此法最多只能鉴定三四个氨基酸，因此对于长肽链用处不大，可用于小肽（二肽、三肽等）的鉴定。

4. 肽链的选择性断裂及鉴定

上述测定肽结构顺序的方法对于相对分子质量大的肽是不适用的。对于相对分子质量大的肽的结构顺序的测定，是将该肽用不同的蛋白酶进行部分水解，使之生成二肽、三肽等碎片，再用端基分析法分析各碎片的结构，最后将各碎片在排列顺序上比较并合并，即可推出肽中氨基酸的顺序。

常用的部分水解法如下：

（1）胰蛋白酶水解法：胰蛋白酶只水解羰基属于赖氨酸、精氨酸的肽键。

（2）糜蛋白酶水解法：糜蛋白酶水解羰基属于苯丙氨酸、酪氨酸、色氨酸的肽键。

（3）溴化氰水解法：溴化氰只能水解断裂羰基属于蛋氨酸的肽键。

例如，某肽N-端为D，C-端为G。该肽用6 $mol \cdot L^{-1}$ HCl完全水解后，经氨基酸的相对分子质量测定和定量分析知，共含5种氨基酸D、R、Y、A和G，其物质的量的比均为1∶1。该肽用胰蛋白酶水解，经端基分析知产物为二肽D-R和三肽Y-①-G。该肽用糜蛋白酶水解，经端基分析知产物为二肽A-G和三肽D-②-Y。由上述结果可以推断该肽为D-R-Y-A-G（水解所得的两个三肽中①和②分别为A和R）：

$$\text{D-R-Y-A-G} \xrightarrow{\text{胰蛋白酶}} \text{D-R} + \text{Y-A-G} \qquad \text{D-R-Y-A-G} \xrightarrow{\text{糜蛋白酶}} \text{D-R-Y} + \text{A-G}$$

15.3 蛋 白 质

蛋白质（protein）是由多种α-氨基酸组成的一类天然高分子化合物，相对分子质量一般为一万左右到几百万，有的相对分子质量甚至可达几千万。但蛋白质的元素组成比较简单，主要含有碳、氢、氮、氧、硫，有些蛋白质还有磷、铁、镁、碘、铜、锌等。

根据氨基酸的吸收光谱，酪氨酸、苯丙氨酸和色氨酸含有苯环共轭双键，在220～300 nm有紫外吸收，酪氨酸、色氨酸的最大吸收峰在280 nm波长附近。由于大多数蛋白质含有酪氨酸和色氨酸残基，因此测定蛋白质溶液在280 nm的光吸收值是分析溶液中蛋白质含量的快速、简便的方法。

各种蛋白质的含氮量很接近，平均为 16%，即每克氮相当于 6.25 g 蛋白质。生物体中的氮元素绝大部分都是以蛋白质形式存在，因此常用定氮法先测出样品的含氮量($W_{氮}$)，然后换算成蛋白质的近似含量，称为粗蛋白含量($W_{粗蛋白}$)。

$$W_{粗蛋白}=W_{氮}\times 6.25$$

15.3.1　蛋白质的分类

蛋白质种类繁多，结构复杂，目前只能根据蛋白质的形状、溶解性及化学组成粗略分类。蛋白质根据其形状可分为纤维蛋白质(如丝蛋白、角蛋白等)和球蛋白(如蛋清蛋白、酪蛋白等)，根据化学组成又可分简单蛋白质和结合蛋白质。

简单蛋白质：仅由氨基酸组成的蛋白质。

结合蛋白质：由简单蛋白质与非蛋白质成分(称为辅基)结合而成的复杂蛋白质。结合蛋白质按辅基不同分为糖蛋白、脂蛋白、磷蛋白、色蛋白、核蛋白。

色蛋白是含金属色素为辅基的结合蛋白质。例如，血红蛋白，其辅基为亚铁血红素；无脊椎动物血液中的血蓝蛋白，其辅基中含有铜；植物进行光合作用的叶绿蛋白，其辅基中含有镁。

核蛋白是辅基为核酸的结合蛋白质，普遍存在于动植物的细胞核和细胞质中，在生命活动中起着极为重要的作用。核蛋白的生理功能主要由核酸承担。

15.3.2　蛋白质的结构层次

蛋白质分子是由 α-氨基酸经首尾相连形成的多肽链，肽链在三维空间具有特定的复杂而精细的结构。这种结构不仅决定蛋白质的理化性质，而且是生物学功能的基础。由于蛋白质分子远比一般小分子复杂，通常从不同层次来表达蛋白质分子的结构，一般将蛋白质的结构分为一级结构、二级结构、三级结构和四级结构。蛋白质的一级结构(又称初级结构或基本结构)指蛋白质肽链的氨基酸残基排列顺序，不涉及其空间排列，属于构造范畴。二级、三级、四级结构统称为蛋白质的空间结构或高级结构，属于构象范畴。二级结构指多肽链骨架的局部空间结构，不考虑侧链的构象及整个肽链的空间排列；三级结构则指整个肽链的折叠盘曲情况，包括侧链的排列，即蛋白质多肽链的空间结构或三维结构。蛋白质是由一条或几条多肽链组成的。由两条或几条具有三级结构的多肽链构成的蛋白质，其各个多肽链靠非共价键结合在一起，各多肽链聚集成蛋白质大分子的方式称为蛋白质的四级结构。

1. 蛋白质的一级结构

天然蛋白质是由 α-氨基酸组成的。蛋白质多肽链中氨基酸的排列次序称为蛋白质的一级结构。

蛋白质分子的基本结构是多肽链。有些蛋白质就是一条多肽链，有些是由两条或几条多肽链构成。蛋白质的一级结构是靠共价键维持多肽链的连接，未考虑空间构象。在一条多肽链中，氨基酸残基间主要是以肽键（主键）相互结合的；在两条肽链之间或一条肽链的不同部位间相互结合时，存在其他类型的作用力（副键），包括疏水键、氢键、二硫键、盐键及酯键等。肽键是蛋白质一级结构中的主要化学键，除此之外二硫键也属于一级结构范畴。研究一级结构包括分析组成多肽链的氨基酸种类、含量及其排列顺序。

任何特定的蛋白质都有其特定的氨基酸排列顺序。例如，人胰岛素由 A、B 两条多肽链组成。A 链含 21 个氨基酸残基，有一条链内二硫键，N-端为甘氨酸，C-端为天冬氨酸；B 链含 30 个氨基酸残基，N-端为苯丙氨酸，C-端为苏氨酸。A、B 两多肽链由两条链间二硫键相连，共有 51 个氨基酸残基（图 15.2）。血糖升高时引起胰岛素分泌。胰岛素能够调节糖代谢，促进组织细胞对葡萄糖的摄取和利用，加速葡萄糖合成肝糖原、肌糖原，抑制糖原异生，促使葡萄糖转变为脂肪，结果使血糖下降。胰岛素还能够促进脂肪、蛋白质的合成。

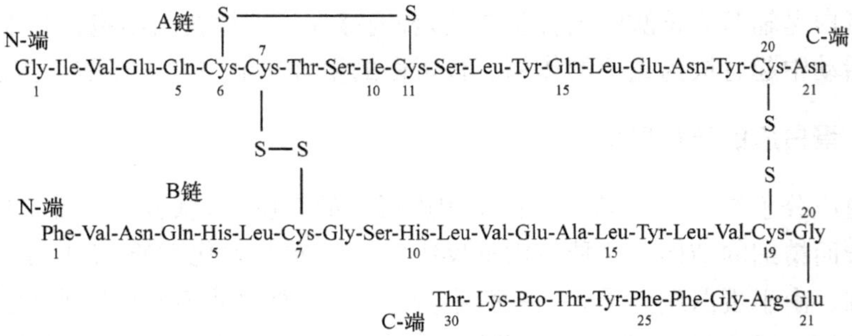

图 15.2　人胰岛素一级结构

对某一蛋白质，若结构顺序发生改变，则可引起疾病或死亡。例如，血红蛋白是由两条 α-肽链和两条 β-肽链共四条肽链组成的。在 β-肽链中，如果第 6 位的谷氨酸变成了缬氨酸，则会造成红血球附聚，导致红细胞变形成为镰刀状而极易破碎，产生贫血。一般得了这种病（镰刀形贫血症）不到十年就会死亡。

2. 蛋白质的二级结构

肽键中碳氮键的自由旋转受到阻碍，使肽链有一定的刚性，但与肽键中氮和碳原子相连接的两个 α-C 所在基团可以旋转（相邻肽平面可以旋转），使肽链又有一定的柔顺性，从而使主链出现各种构象。因此蛋白质分子具有不同的构象，可以从三个层次表达：二级结构、三级结构、四级结构。与小分子不同，蛋白质、酶、核酸等生物大分子受到的各种作用力比较大(如有许多分子内或分子间氢键),具有独特而相对稳定的构象,可以表现出特殊的功能和活性。

蛋白质的多肽链主链上连接着各种不同侧链,因而各肽键平面相对旋转会出现不同角度(图 15.3),导致主链骨架在空间形成不同的构象。这种蛋白质多肽链主链原子的空间排列称为蛋白质的二级结构。多肽链中互相靠近的氨基酸残基间形成的氢键,是保持二级结构构象稳定的最主要的作用力。蛋白质的二级结构表达的是多肽链中相互靠近的氨基酸残基的构象关系,只涉及主链骨架原子的相对空间位置,不涉及氨基酸残基侧链的构象及整个肽链的空间排列,是蛋白质分子中某一段肽链主链原子的局部空间排列。

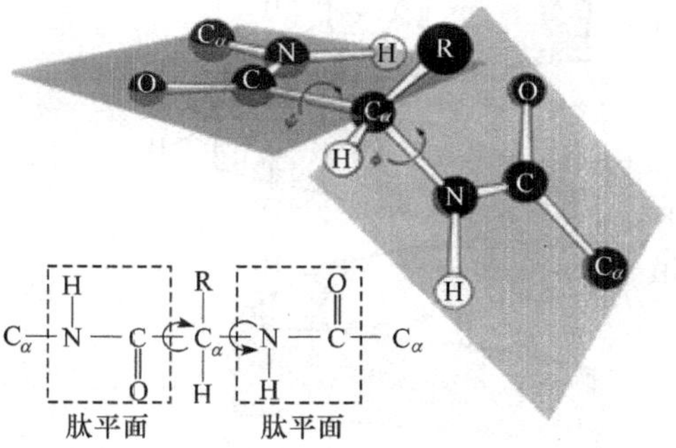

图 15.3　相邻肽平面绕 C—C_α 及 C_α—N 旋转

鲍林(Pauling)等人根据 X 射线衍射法对纤维状蛋白质的研究,在肽键平面结构及平面间相对旋转的基础上,于 1952 年提出了蛋白质肽链构象的两种模型:α-螺旋和 β-片层。

(1) α-螺旋结构模型。肽链以右手螺旋(极少数以左手螺旋)方式伸展(图 15.4),平均每 3.6 个氨基酸残基构成一个螺旋圈,递升 0.54 nm。每隔 5 个螺旋圈即 18 个残基又出现大的重复。每个氨基酸残基上的氨基氢与第五个氨基酸残基中的酰基氧形成氢键;肽链上所有的上环 $\overset{\text{O}}{\overset{\|}{\text{—C—}}}$ 与下环—NH—都有相应的氢键。这样,要使一段螺旋中的相邻肽平面发生旋转,至少需要打开三个相邻的氢键才有可能,故 α-螺旋结构较为稳定。α-螺旋结构对蛋白质结构的稳定性有很大影响,在有些蛋白质中其含量高达 80%以上。α-螺旋的直径很小(1.0～1.1 nm),溶剂分子不能进去。

(2) β-片层结构模型。β-片层结构(β-折叠结构)中肽链是折叠排列的,每两个氨基酸残基的距离约 0.35 nm(在 α-螺旋结构中为 0.15 nm),连接各残基的肽键所构成的平面有规则地折叠成折扇状(图 15.5)。肽链中 $\overset{\text{O}}{\overset{\|}{\text{—C—}}}$ 与—NH—间的氢键是在两条平行的或反平行的肽链间形成的,每个氨基酸的侧链基团分别交替地位于折叠面的上下。

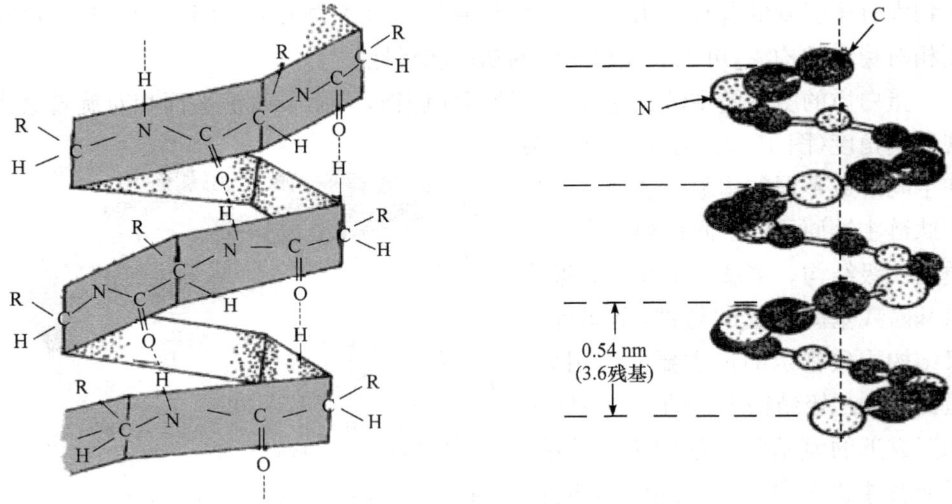

(a)　　(b)

图 15.4　α-螺旋结构

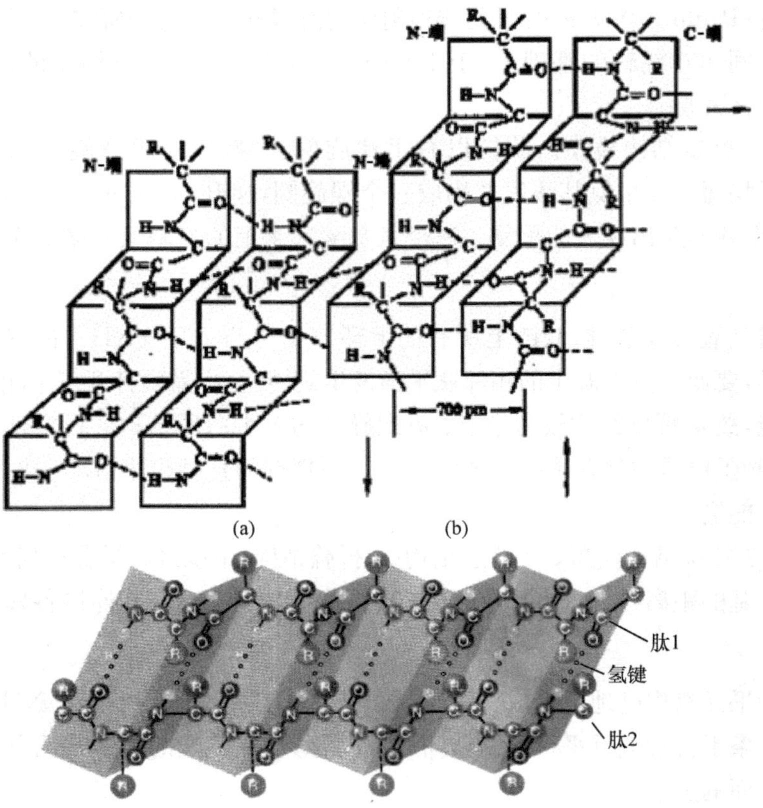

(a)　　(b)

(c)

图 15.5　β-折叠结构

有时由于空间障碍，肽链不能盘曲成螺旋，也不能折叠成片层，而呈无确定规律的线状卷曲，这部分肽链构象称为无规卷曲。此外，在蛋白质分子的肽链上还经常因脯氨酸的存在而出现 180°的回折，此回折部分称为 β-转角，又称 β-弯曲。多肽链主链上的 α-螺旋、β-片层、β-转角和无规卷曲四种构象单元统称为蛋白质的二级结构。

3. 蛋白质的三级结构

上述蛋白质的 α-螺旋、β-片层、β-转角和无规卷曲等二级结构，往往由于侧链及各主链构象单元的相互作用，而按一定方式进一步盘曲折叠成更复杂的三维空间结构，这就是蛋白质的三级结构。

蛋白质的三级结构表达的是多肽链的折叠状况。三级结构是由氢键、离子键(盐键)、疏水键(疏水作用)及二硫键等来维系的(图 15.6)，其中最主要的是疏水键。氨基酸残基的憎水基(如烃基等)，在水溶液中会趋向蛋白质分子内部而远离分子表面的水环境，相互聚集在一起并把水分子从接触面中排挤出去，称为疏水作用。形成三级结构后，亲水基团位于分子表面，憎水基团位于分子内部(往往是与辅酶/辅基或底物结合)，故球状蛋白可以溶于水。

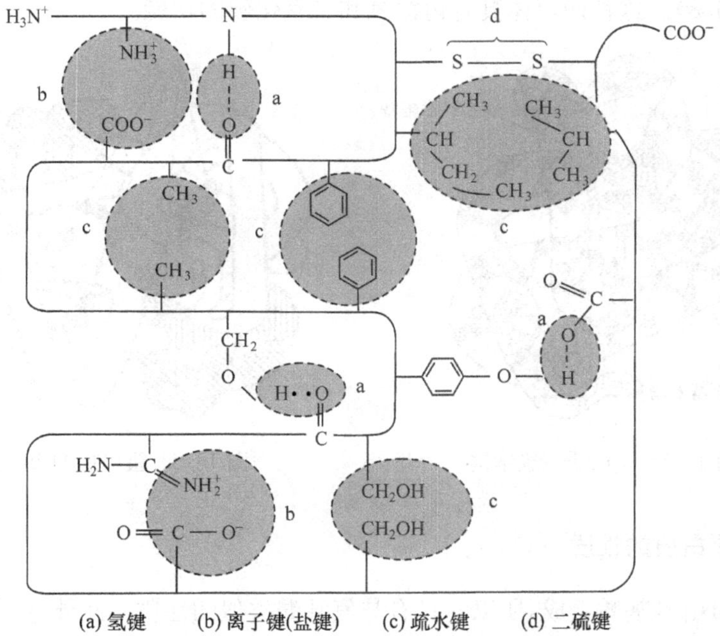

图 15.6　维持蛋白质分子构象的各种副键

蛋白质的三级结构反映了蛋白质分子或亚基(构成蛋白质的多肽链)内所有原子的空间排布。侧链与主链上的构象单元按一定方式进一步卷曲,折叠成为更复杂的三维空间结构。

大多数蛋白质都有纤维状或球状的三级结构。图 15.7 为肌红蛋白的三级结构示意图。一些具有三级结构的蛋白质多肽链即可表现出生物学活性。蛋白质的变性可解释为其二级及三级结构被破坏的结果。

4. 蛋白质的四级结构

复杂的蛋白质分子是由两条或两条以上具有三级结构的肽链组成的。这时每条肽链称为一个原体或亚基。几个亚基通过氢键、疏水键或静电引力等缔合成为一个蛋白质分子,多肽链(亚基)之间没有共价键连接。各个亚基聚集成大分子的方式称为蛋白质的四级结构。此类蛋白质只有拥有完整的四级结构才有生物学活性。维持四级结构的作用力主要为副键。例如,血红蛋白(HbA)是一个含有四条多肽链(两条 α 链和两条 β 链)组成的蛋白质,每条肽链各自用副键维系,折叠盘曲成呈四面体形式的三级结构。具有三级结构的四个多肽链(亚基)各自结合一个作为辅基的亚铁血红素。四个亚基间通过八个盐键互相结合,构成血红蛋白的四级结构(图 15.8)。这种四聚体具有运输氧和二氧化碳的功能。

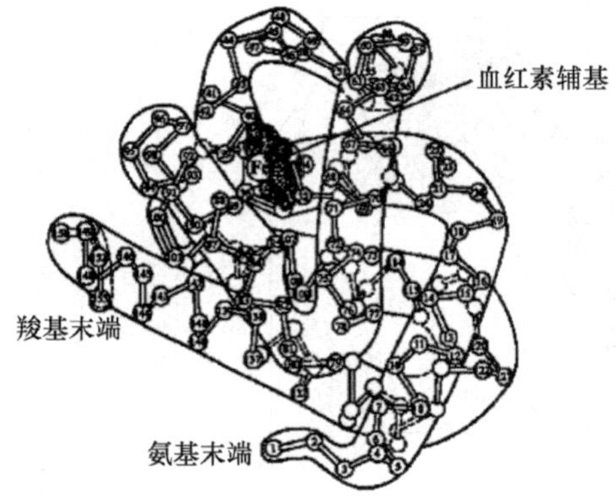

图 15.7 蛋白质三级结构

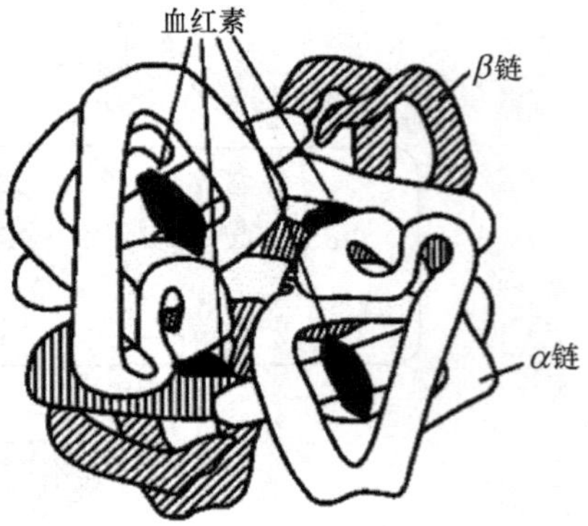

图 15.8 蛋白质四级结构

15.3.3 蛋白质的性质

蛋白质由氨基酸组成,所以它具有与氨基酸类似的性质。此外,蛋白质还有一些特殊的性质。

1. 两性电离和等电点

蛋白质与氨基酸相似，也具有两性性质和等电点。蛋白质溶液在某一 pH 时，其分子所带的正、负电荷相等，即成为净电荷为零的偶极离子，此时溶液的 pH 称为该蛋白质的等电点(pI)。蛋白质溶液在不同的 pH 溶液中，以不同的形式存在，其平衡体系如下：

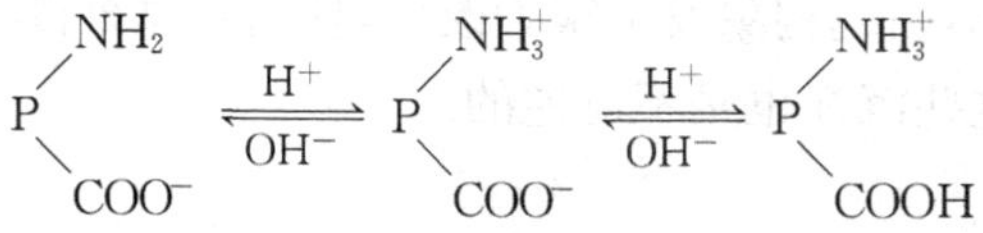

阴离子　　偶极离子　　阳离子

$pH>pI$　　$pH=pI$　　$pH<pI$

式中，H_2N—P—COOH 表示蛋白质分子；羧基代表分子中所有的酸性基团；氨基代表所有的碱性基团；P 代表其他部分。

2. 蛋白质的胶体性质

蛋白质是大分子化合物，其分子大小一般在 1～100 nm，在胶体分散相质点范围，所以蛋白质分散在水中其水溶液具有胶体溶液的一般特性。例如，具有丁铎尔(Tyndall)现象，布朗(Brown)运动，不能透过半透膜以及较强的吸附作用等。

3. 蛋白质的沉淀

蛋白质溶液具有相对稳定性，但除去蛋白质外层的水膜或者电荷等，蛋白质分子就会因凝集而沉淀。蛋白质的沉淀分为可逆沉淀和不可逆沉淀。

(1) 可逆沉淀。蛋白质在沉淀时，分子的内部结构仅发生微小改变或基本保持不变，仍然保持原有的生理活性。只要消除沉淀的因素，已沉淀的蛋白质又会重新溶解。这种沉淀称可逆沉淀。盐析一般不会破坏蛋白质的结构，当加水或透析时，沉淀又能重新溶解，因此盐析作用是可逆沉淀。

(2) 不可逆沉淀。蛋白质在沉淀时，空间构象发生了很大的变化或被破坏，失去了原有的生物活性，即使消除了沉淀因素也不能重新溶解，这称为不可逆沉淀。不可逆沉淀的方法如下：

(i) 水溶性有机溶剂沉淀法。向蛋白质中加入适量的水溶性有机溶剂，如乙醇、丙酮等，由于它们对水的亲合力大于蛋白质，使蛋白质粒子脱去水化膜而沉淀。这种作用在短时间和低温时，沉淀是可逆的，但若时间较长和温度较高时，则为不可逆沉淀。

(ii) 化学试剂沉淀法。重金属盐如 Hg^{2+}、Pb^{2+}、Cu^{2+}、Ag^{+} 等重金属阳离子能与蛋白质阴离子结合产生不可逆沉淀。误食重金属盐类时，可以喝大量的牛奶、蛋清或豆浆解毒。

(iii) 生物碱试剂沉淀法。苦味酸、三氯乙酸、鞣酸、磷钨酸、磷钼酸等生物碱沉淀剂，能与蛋白质阳离子结合，使蛋白质产生不可逆沉淀。

此外，强酸或强碱以及加热、紫外线或 X 射线照射等物理因素，都可导致蛋白质的某些副键被破坏，引起构象发生很大改变，使疏水基外露，引起蛋白质沉淀，从而失去生物活性。这些沉淀也是不可逆的。

4. 蛋白质的变性

由于物理或化学因素的影响，蛋白质分子的内部结构发生变化，导致理化性质改变，生理活性丧失，称为蛋白质的变性。变性后的蛋白质称为变性蛋白质。

引起蛋白质变性的因素很多。物理因素有加热、高压、剧烈振荡、超声波、紫外线或 X 射线照射等。化学因素有强酸、强碱、重金属离子、生物碱试剂和有机溶剂等。蛋白质的变性一方面是维持具有复杂而精细空间结构的蛋白质的副键被破坏，原有的空间结构改变(结构变得松散紊乱，形状发生改变)，疏水基外露(使蛋白质水化作用减弱)；另一方面，蛋白质分子中的某些活泼基团如—NH_2、—COOH、—OH 等与化学试剂发生了反应。

例如，以下几种常见因素皆可导致蛋白质的变性。重金属离子 Pb^{2+}、Ag^{+}、Hg^{2+}、Cd^{2+} 等可与蛋白质中游离的—COO^{-} 形成不溶性盐；强酸可使蛋白质中的氢键断裂，也可与游离的氨基成盐；乙醇的羟基上 H 可以与蛋白质分子形成氢键，破坏蛋白质中原有的氢键；尿素是很好的氢键受体，易与蛋白质分子形成氢键，破坏蛋白质中原有的氢键；加热时，分子热运动的增加使氢键断裂；紫外线促使氢键断裂；剧烈振荡也可使氢键断裂。

蛋白质的变性分为可逆变性和不可逆变性，若仅改变了蛋白质的三级结构，可能只引起可逆变性；若破坏了二级结构，则会引起不可逆变性。但是，蛋白质的变性不会引起它的一级结构改变。蛋白质变性一般产生不可逆沉淀，但蛋白质的沉淀不一定变性(如蛋白质的盐析)；反之，变性也不一定沉淀，如有时蛋白质受强酸或强碱的作用变性后，常由于带同性电荷而不会产生沉淀现象。然而不可逆沉淀一定会使蛋白质变性。

变性蛋白质与天然蛋白质有明显的差异，主要表现如下几个方面：

(1) 生理活性的丧失。蛋白质变性后失去了原有的生物活性，这是最显著的变化。例如，酶变性后失去了催化功能；激素变性后失去了相应的生理调节功能；血红蛋白变性后失去了输送氧的功能等。

采用加热、紫外线照射，利用酒精、杀菌剂等杀菌消毒，其结果就是使细菌体内的蛋白质变性。菌种、生物制剂的失效，种子失去发芽能力等均与蛋白质的变性有关。

(2) 化学性质的改变。蛋白质变性后结构松散，生物化学性质改变，易被酶水解；侧链上的某些基团外露，易发生化学反应。

(3) 物理性质的改变。蛋白质变性后，多肽链松散伸展，导致黏度增大；侧链疏水基外露，导致溶解度降低而沉淀等。

5. 蛋白质的水解

蛋白质水解经过一系列中间产物后，最终生成 α-氨基酸，其水解过程如下：

$$\text{蛋白质} \longrightarrow \text{蛋白脲} \longrightarrow \text{蛋白胨} \longrightarrow \text{多肽} \longrightarrow \text{二肽} \longrightarrow \alpha\text{-氨基酸}$$

蛋白质的水解反应，对研究蛋白质及其在生物体中的代谢都具有十分重要的意义。

6. 颜色反应

蛋白质可以与某些试剂发生显色反应，这些反应常用于蛋白质的鉴别。

(1) 缩二脲反应。蛋白质与新配制的碱性硫酸铜溶液反应，呈紫色或紫红色，称为缩二脲反应。

(2) 与茚三酮反应。蛋白质与稀的茚三酮溶液共热，即呈现蓝色。

(3) 米勒反应。蛋白质中酪氨酸的酚羟基遇到硝酸汞的硝酸溶液后变为红色。

(4) 蛋白黄反应。蛋白质中常存在含苯环的氨基酸(如苯丙氨酸、酪氨酸、色氨酸)，遇浓硝酸呈黄色。这是因为苯环发生了硝化反应，生成黄色的硝基化合物。皮肤、指甲接触浓硝酸变黄就是这个缘故。

(5) 乙酸铅反应。含硫的蛋白质(如含半胱氨酸)与碱共热后与乙酸铅反应，可生成黑色的硫化铅沉淀。

15.4 核　　酸

核酸(nucleic acid)是储存、复制及表达生物遗传信息的含磷的酸性生物大分子化合物。它最早发现于细胞核，故称核酸。任何有机体包括病毒、细菌、植物和动物，都毫无例外地含有核酸。

15.4.1 核酸的化学组成

核酸仅由 C、H、O、N、P 五种元素组成，其中 P 的含量变化不大，平均含量为 9.5%，每克磷相当于 10.5 g 的核酸。因此，通过测定核酸的含磷量(W_P)，即可计算核酸的大约含量($W_{粗核酸}$)。

$$W_{粗核酸}(\%)=W_P\times 10.5$$

核酸是由许多核苷酸(nucleotide)连接而成的。核苷酸由核苷(nucleoside)与磷酸组成，而核苷由戊糖(核糖和脱氧核糖)和碱基(以 B 表示)组成。核酸根据戊糖种类分为核糖核酸(RNA)和脱氧核糖核酸(DNA)。RNA 含核糖，主要存在于细胞质中，控制生物体内蛋白质的合成；DNA 含脱氧核糖，主要存在于细胞核中，决定生物体的繁殖、遗传及变异。

1. 核苷

核苷是戊糖的 β-苷羟基与碱基氮原子上的氢脱水而形成的氮糖苷。根据戊糖的不同，核苷分两类：核苷(RNA 水解而得)和 2-脱氧核苷(DNA 水解而得)。核苷中的碱基主要有五种，都是嘧啶或嘌呤的衍生物：胞嘧啶(C)、尿嘧啶(U)、胸腺嘧啶(T)、腺嘌呤(A)和鸟嘌呤(G)。核苷中含尿嘧啶，不含胸腺嘧啶，而 2-脱氧核苷中含胸腺嘧啶，不含尿嘧啶(表 15.2)。为区别戊糖和碱基中原子的位置，戊糖中碳原子编号用带撇的数字表示。D-核糖或 D-2-脱氧核糖 1′-位 C 上的 β-羟基与嘧啶碱的 1-位 N 上或嘌呤碱 9-位 N 上的氢原子脱水，氮苷键连接糖和非糖部分。

表 15.2 核苷与脱氧核苷的化学组成

类型	通式	化学组成		名称及缩写
		戊糖	碱基	
核苷	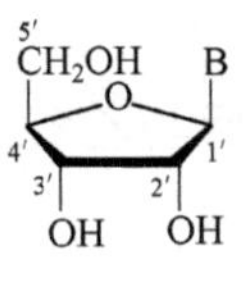	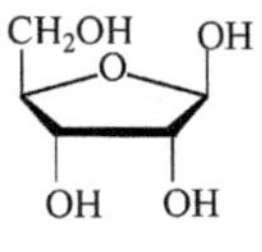	B= U A C G	尿嘧啶核苷［尿苷(U)］ 腺嘌呤核苷［腺苷(A)］ 胞嘧啶核苷［胞苷(C)］ 鸟嘌呤核苷［鸟苷(G)］
脱氧核苷	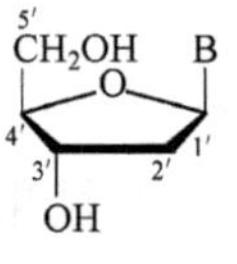	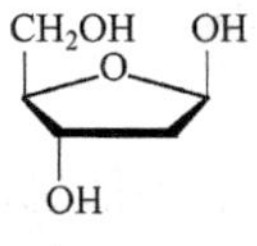	B= T A C G	2-脱氧胸腺苷(dT) 2-脱氧腺苷(dA) 2-脱氧胞苷(dC) 2-脱氧尿苷(dG)

嘧啶碱和嘌呤碱的结构如下：

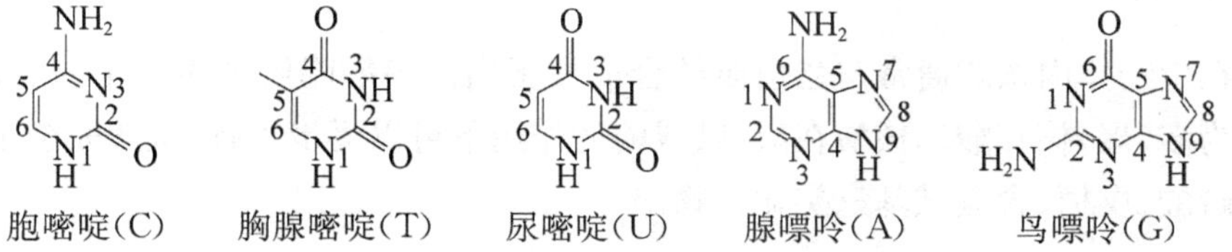

2. 核苷酸

(单)核苷酸是核苷中戊糖上的 5′-位或 3′-位 C 上的羟基与磷酸缩合而成的酯。命名单核苷酸时，既可以把它作为酸命名，称 5′-某核苷酸或 3′-某核苷酸；也可以把它作为核苷的磷酸酯命名，称某苷-5′-磷酸或某苷-3′-磷酸。

核糖核苷酸和 2-脱氧核糖核苷酸的结构式如下：

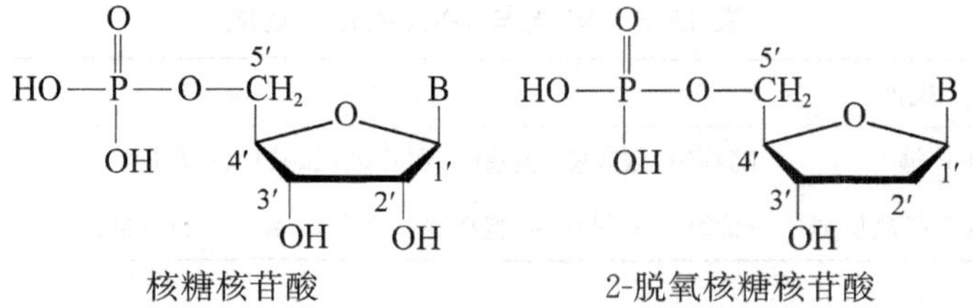

单核苷酸除组成核酸外，还能以游离态或衍生物形式存在于生物体内。腺苷(一磷)酸(AMP)进一步磷酸化则生成腺苷二磷酸(ADP)，再进一步磷酸化则生成腺苷三磷酸(ATP，又称三磷酸腺苷)。MP、DP、TP 分别代表一磷酸、二磷酸、三磷酸。ATP 分子中连接两磷酸部分之间的酐键，蕴藏着很高的能量(如水解时释放大量的能量)，常称为高能磷酸键，用"～"表示。AMP、ADP 和 ATP 三者组成了生物代谢过程中起能量释放、储存和转移作用的体系，并以 ATP 为中心。ATP 是能量储存库，常通过磷酸化反应，将潜在的能量转移给其他物质并将它们活化。

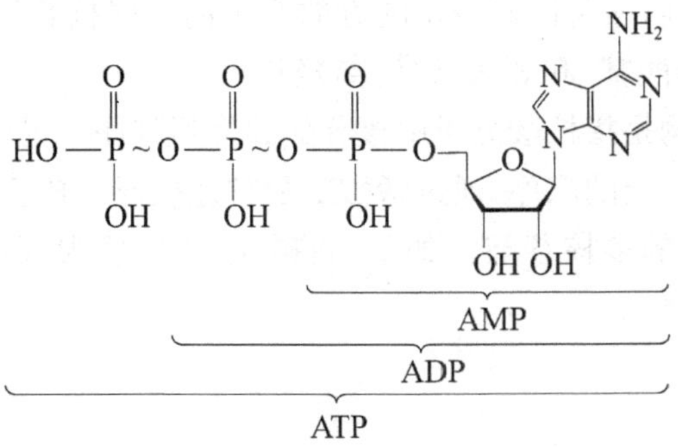

3. 核酸

在生物体内核酸通常与蛋白质结合成核蛋白。核酸降解产生多个核苷酸，故又称为多(聚)核苷酸。核酸在酸、碱或酶的作用下可以逐步水解，核酸完全水解后得到磷酸、戊糖、含氮碱基三类化合物。

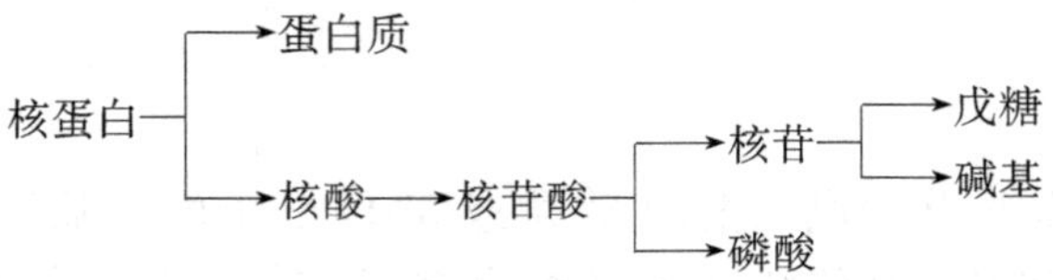

RNA 和 DNA 在化学组成上戊糖不同，嘌呤碱相同，都含胞嘧啶，但 RNA 含尿嘧啶，不含胸腺嘧啶，而 DNA 含胸腺嘧啶，不含尿嘧啶，见表 15.3。

表 15.3　RNA 与 DNA 的化学组成

类别	戊糖	碱基	酸
RNA	β-D-核糖	嘧啶碱：尿嘧啶、胞嘧啶；嘌呤碱：腺嘌呤、鸟嘌呤	H_3PO_4
DNA	β-D-2-脱氧核糖	嘧啶碱：胸腺嘧啶、胞嘧啶；嘌呤碱：腺嘌呤、鸟嘌呤	H_3PO_4

15.4.2　核酸的结构

1. 核酸的一级结构

核酸是由许多(单)核苷酸所组成的多核苷酸大分子。RNA 的相对分子质量一般在 $10^4 \sim 10^6$，而 DNA 在 $10^6 \sim 10^9$。例如，大肠杆菌染色体 DNA 的相对分子质量为 2.6×10^9，由 4×10^6 碱基对组成，长度为 1.4×10^6 nm。无论是 RNA 还是 DNA，都是由一个单核苷酸中戊糖的 5′-位 C 上的磷酸与另一个单核苷酸中戊糖的 3′-位 C 上羟基之间，通过 3′,5′-磷酸二酯键连接而成的长链化合物。多核苷酸连接有严格的方向性，通常以 5′→3′的方向为正向。多核苷酸链的两个末端分别称为 5′末端(游离磷酸基)和 3′末端(游离羟基)。

核酸的一级结构是指核酸分子中核苷酸的排列顺序。组成核酸的各种单核苷酸按照一定比例和一定的顺序，通过磷酸二酯键连接成的核苷酸长链，即为核酸的一级结构。RNA 中的多核苷酸链如下(将碱基 U 替换为 T，核糖替换为脱氧核糖，则为 DNA)：

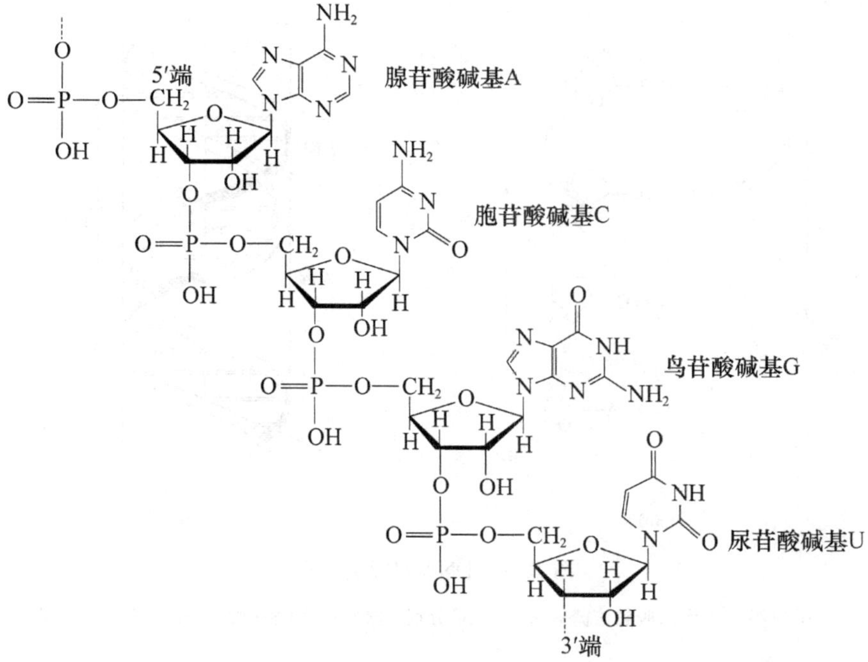

RNA 主要由 AMP、GMP、CMP 和 UMP 四种单核苷酸结合而成。DNA 主要由 dAMP、dGMP、dCMP 和 dTMP 四种单核苷酸结合而成。

RNA 或 DNA 中的多核苷酸链通常用简化了的示意式表示，其中 A、C、G、U、T 表示碱基，P 表示磷酸基，竖线表示戊糖链，2′、3′、5′表示戊糖链中 C 原子编号。

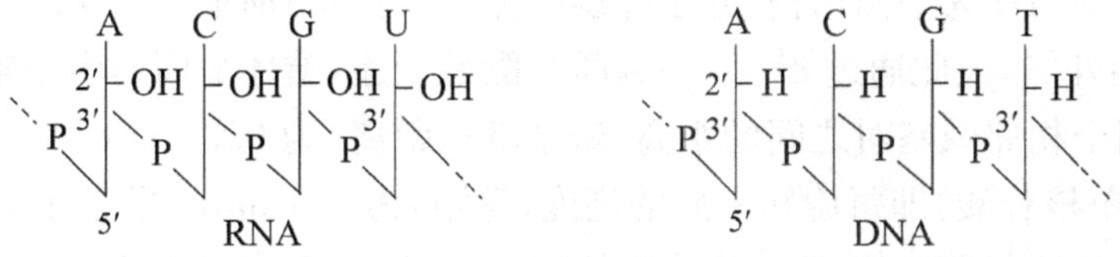

还可以进一步简化，RNA 简化为 $\cdots_{\mathrm{P}}$A-C-G-U$\cdots$，DNA 简化为 $\cdots_{\mathrm{P}}$A-C-G-T$\cdots$。

测定的方法和测定肽中氨基酸单位排列次序相似。一般将核酸部分水解，取得大小合适的核苷酸链片段，并测定每一片段的末端碱基，通过逐步降解和分析，测得每一片段核苷酸链的碱基序列，从而确定每一片段核苷酸链的排列次序，最后从各片段核苷酸链的结构推出整个多核苷酸链中各核苷酸的次序。

2. 核酸的二级结构

DNA 的二级结构为(右手)双股螺旋结构。沃森(Waston)和克里克(Crick)于 1953 年通过对 DNA 分子的 X 射线衍射的研究和碱基性质的分析，提出了 DNA

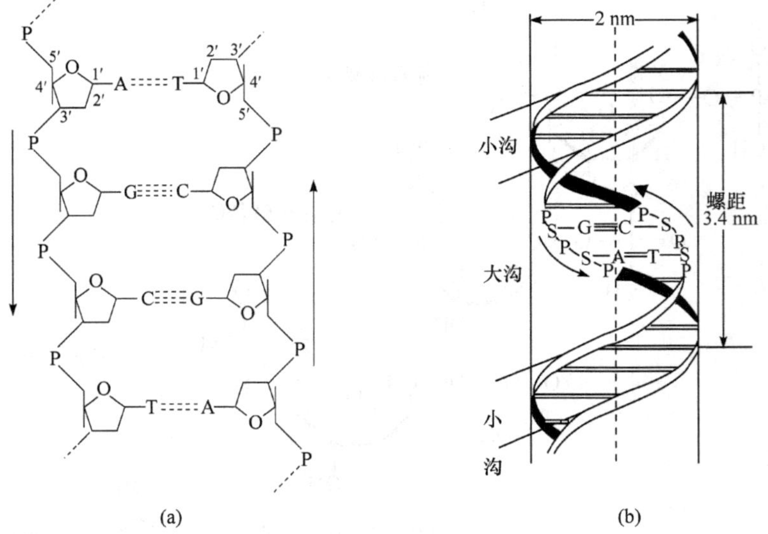

图 15.9　DNA 双螺旋结构

P:磷酸基  及 S:脱氧核糖基 A、T、G、C 分别为腺嘌呤、胸腺嘧啶、鸟嘌呤、胞嘧啶碱基

的二级结构为双螺旋结构(图 15.9),被认为是 20 世纪自然科学的重大突破之一。

DNA 双螺旋结构的要点如下:

(1) DNA 分子由两条走向相反的多核苷酸链组成,绕同一中心轴相互平行盘旋成双螺旋体结构。两条链均为右手螺旋,即 DNA 主链走向为右手双螺旋体。

(2) 碱基的环为平面结构,处于螺旋内侧,并与中心轴垂直。磷酸与 2-脱氧核糖处于螺旋外侧,彼此通过 3′-或 5′-磷酸二酯键相连,糖环平面与中心轴平行。

(3) 两个相邻碱基对之间的距离(碱基堆积距离)为 0.34 nm。螺旋每旋一圈包含 10 个单核苷酸,即每旋转一周的高度(螺距)为 3.4 nm。螺旋直径为 2 nm。

(4) 两条核苷酸链之间的碱基以特定的方式配对,并形成氢键连接在一起。配对的碱基处于同一平面上,与上、下的碱基平面堆积在一起,成对碱基之间的纵向作用力称为碱基堆积力,它也是使两条核苷酸链结合并维持双螺旋空间结构的重要作用力。

DNA 两条链之间碱基配对的规则是,一条链上的嘌呤碱基与另一条链上的嘧啶碱基配对,即嘌呤碱和嘧啶碱各占一半。一方面,螺旋圈的直径恰好能容纳一个嘌呤碱和一个嘧啶碱配对。如两个嘌呤碱互相配对,则体积太大无法容纳;如两个嘧啶碱互相配对,则由于两链之间距离太远,不能形成氢键。另一方面,若以 A-T、G-C 配对可形成五个氢键,而以 A-C、G-T 配对只能形成四个氢键。氢键的数目越多,越有利于双螺旋结构的稳定,因此在 DNA 双螺旋结构中,只有 A 与 T 之间或 G 与 C 之间才能配对。在 DNA 双螺旋结构中，这种 A-T 或 G-C 配对，并以氢键连接的规律，称为碱基配对规则或碱基互补规则。

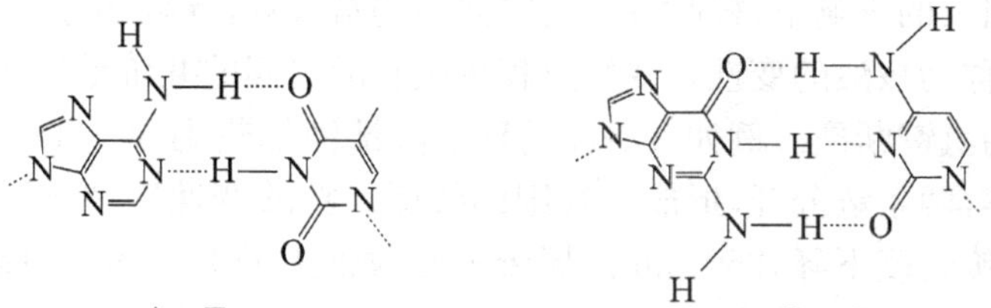

A═T（两个氢键）　　G≡C（三个氢键）

由于碱基配对的互补性，一条螺旋的单核苷酸的次序（碱基次序）决定另一条链的单核苷酸的碱基次序。这决定了 DNA 复制的特殊规律，在遗传学中具有重要意义。

沿螺旋轴方向观察，碱基对并未完全充满双螺旋的空间。碱基对具有方向性，使其占据的空间不对称，在双螺旋的外部，链间的两条螺旋形成凹槽，一条较浅，称为小沟，另一条较深，称为大沟。这些沟对 DNA 和蛋白质的相互识别特别重要，因只有在沟内才能觉察碱基的顺序，而在双螺旋结构的表面，是脱氧核糖基和磷酸基的重复结构，不能提供信息。

RNA 的二级结构的规律性不如 DNA。有些 RNA 的多核苷酸链，其二级结构是和 DNA 相似的双螺旋。但多数 RNA 的分子是由一条弯曲的多核苷酸链所构成的，其中有间隔着的双股螺旋与单股非螺旋体结构部分。它是靠嘌呤碱与嘧啶碱之间的氢键保持相对稳定的结构，碱基互补规则是 A-U、G-C。

15.4.3　核酸的性质

1. 物理性质

DNA 为白色纤维状物质，RNA 为白色粉状物质。它们都微溶于水，水溶液显酸性，具有一定的黏度和胶体溶液的性质。它们可溶于稀碱和中性盐溶液，易溶于 2-甲氧基乙醇，难溶于乙醇、乙醚等溶剂。核酸分子中的嘧啶和嘌呤碱基存在共轭结构，在 260 nm 左右有较强的紫外吸收，可以用紫外分光光度法进行定量测定。

2. 核酸的水解

核酸在酸、碱或酶的作用下都能水解。酸性条件下，由于糖苷键对酸不稳定，核酸水解生成碱基、戊糖、磷酸及单核苷酸的混合物。碱性条件下，可得单核苷酸或核苷。酶催化的水解比较温和，可以有选择性地断裂某些键。

3. 核酸的变性

在外来因素的影响下，核酸分子的空间结构被破坏，导致部分或全部生物活性丧失的现象，称为核酸的变性。变性过程中核苷酸之间的共价键(一级结构)不变，但碱基之间的氢键断裂。例如，DNA 的稀盐酸溶液加热到 80～100 ℃时，它的双螺旋结构解体，两条链分开，形成无规则的线团。核酸变性后理化性质随之改变：黏度降低，比旋光度下降，260 nm 区域紫外吸收值上升等。能够引起核酸变性的因素很多，如加热、加入酸或碱、加入乙醇或丙酮等有机溶剂以及加入尿素、酰胺等化学试剂都能引起核酸变性。

4. 颜色反应

核酸的颜色反应主要是由核酸中的磷酸及戊糖所致。核酸在强酸中加热水解有磷酸生成，能与钼酸铵(在有还原剂如抗坏血酸等存在时)作用，生成蓝色的钼蓝，在 660 nm 处有最大吸收。这是分光光度法通过测定磷的含量，粗略推算核酸含量的依据。RNA 与盐酸共热，水解生成的戊糖转变成糠醛，在三氯化铁催化下，与苔黑酚(5-甲基-1,3-苯二酚)反应生成绿色物质，产物在 670 nm 处有最大吸收。DNA 在酸性溶液中水解得到脱氧核糖并转变为 ω-羟基-γ-酮戊酸，与二苯胺共热生成蓝色化合物，在 595 nm 处有最大吸收。因此，可用分光光度法定量测定 RNA 和 DNA。

5. 生物学功能

核酸在生物的遗传变异、生长、发育及蛋白质的合成中起重要作用。

DNA：遗传基因，转录副本，将遗传信息传到子代，是蛋白质合成的模板。DNA 具有按照自己的结构精确复制的功能。复制时，双螺旋从一端解开，细胞中已经制造好了的核苷酸原件根据碱基的配对规律与每一条链上互补的核苷酸单位形成氢键，这些按照规定次序排列起来的核苷酸在酶的作用下逐个联结起来。最后，一个新合成的单链与一个原有的单链结合在一起形成新的双螺旋。

RNA：决定蛋白质的生物合成。根据在蛋白质合成中所起的作用，RNA 分为三类：①信使核糖核酸(mRNA)——传递 DNA 的遗传信息，合成模板；②核糖体核糖核酸(rRNA)——合成蛋白质的场所；③转移核糖核酸(tRNA)——搬运工具。在蛋白质的合成中，tRNA 按照 mRNA 传递的指令，将某一氨基酸搬运到指定的位置进行合成。tRNA 的专一性很高，一种 tRNA 只能搬运一种氨基酸。

由于核酸参与生物体内蛋白质的合成，它和一切生命活动及各种代谢密切相关，故研究和开发核酸类药物对于防治疾病很有发展前途。例如，腺嘌呤核苷(腺苷)能降血脂，用于冠心病的治疗。三磷酸腺苷(ATP)是高能化合物，它分解时放出能量供给人体活动所需，临床上用于改善各种器官的功能状态，提高细胞的活动能力，常作为心、肝病患者的辅助药物，心脏功能不全(心肌梗塞、心肌炎、冠脉硬化等)及各种神经萎缩、肌肉萎缩患者时常采用。环磷腺苷(cAMP)是 AMP 戊糖基 3′处的羟基与 5′处磷酸基再通过磷酸酯键形成的环状化合物。它参与多方面的代谢过程，对治疗冠心病、白血病、牛皮癣有一定的疗效。还有许多核酸类似物的药物用于临床，它们对正常的代谢过程显示干扰或抑制作用，如抗肿瘤的盐酸阿糖胞苷、5-氟尿苷，抗病毒的 5-碘-2-脱氧尿苷、无环鸟苷。

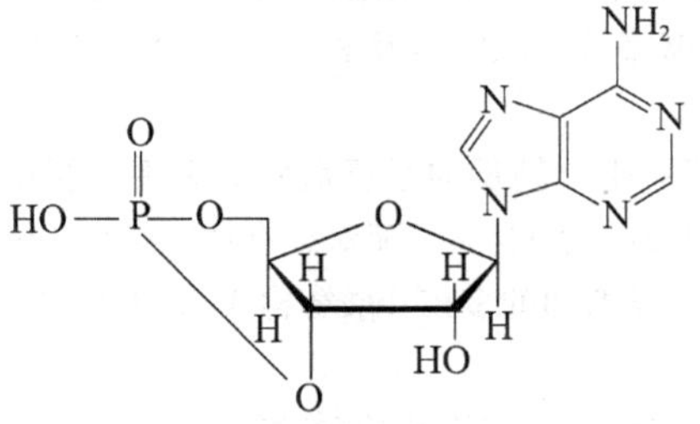

环磷腺苷

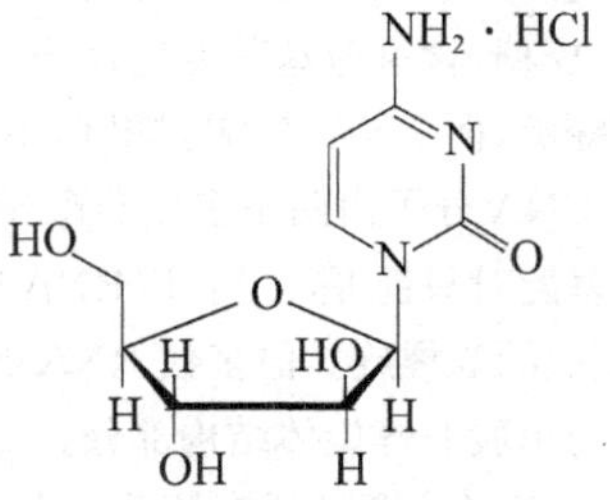

盐酸阿糖胞苷

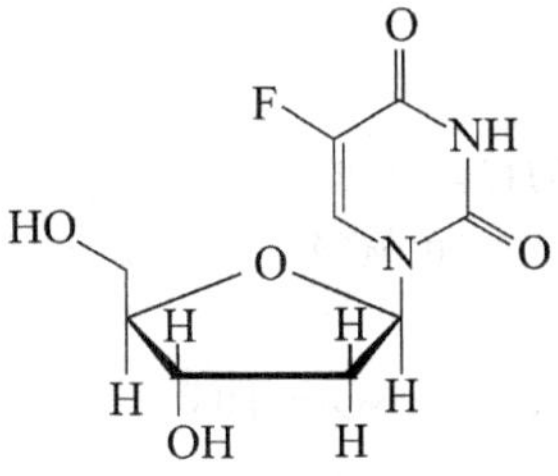

5-氟尿苷

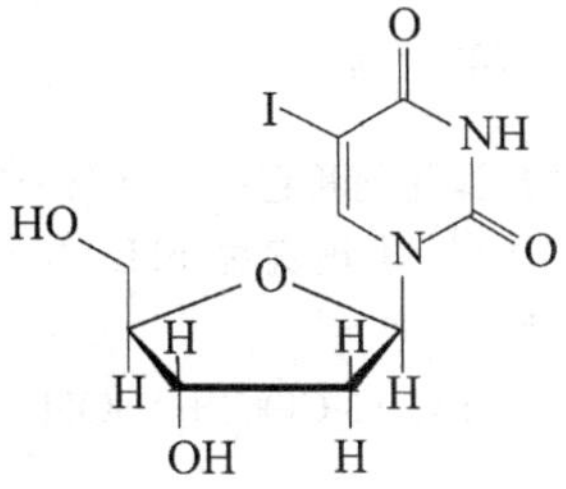

5-碘-2-脱氧尿苷

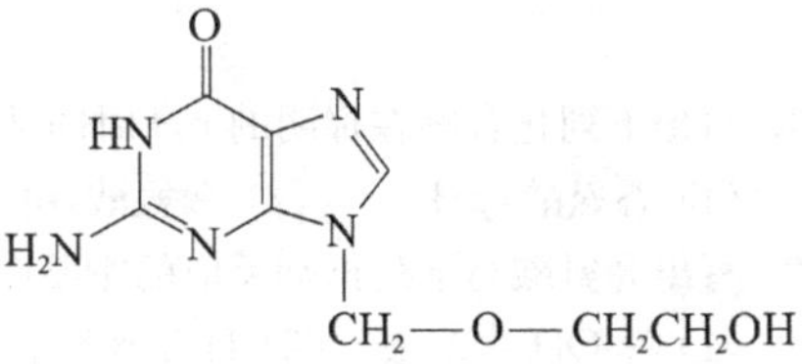

无环鸟苷

本章小结

1. α-氨基酸是组成蛋白质的基本单位，常见的有 20 余种。除甘氨酸外，都含有手性碳原子，有旋光性，L-构型。

2. 在特定 pH 的溶液中，某氨基酸所带正电荷的数目与负电荷的数目正好相等，即净电荷为零，此时溶液的 pH 称为该氨基酸的等电点(pI)。在等电点时，氨基酸主要以偶极离子存在。中性氨基酸 $pI<7$，酸性氨基酸 $pI\ll 7$，碱性氨基酸 $pI>7$。

氨基酸在电场中，若 $pH<pI$，带正电荷，向阴极移动；若 $pH>pI$，带负电荷，向阳极移动；若 $pH=pI$，不带电荷，不移动。

3. 氨基酸能发生如下反应：与亚硝酸反应，与 2,4-二硝基氟苯反应，氧化脱氨反应，脱羧反应，与水合茚三酮反应，与金属离子形成配合物，脱羧失氨作用。

4. 氨基酸分子之间以肽键形式首尾相连形成的化合物称为肽，肽键为平面结构。肽的命名常用简称。肽结构的测定主要方法是端基分析(测定 N-端和 C-端)及肽链的选择性断裂鉴定。

5. 蛋白质多肽链中氨基酸排列的次序称为蛋白质的一级结构，结合键是肽键和二硫键；蛋白质多肽链主链原子的空间排列，称为蛋白质的二级结构，主要有 α-螺旋结构和 β-片层结构，主要维持作用力为多肽链中互相靠近的氨基酸残基间的氢键；蛋白质在二级结构基础上进一步盘曲折叠形成三级结构，主要依靠副键维系，其中疏水键最重要；各个亚基聚集成大分子的方式称为蛋白质的四级结构，主要维持作用力为副键。

6. 蛋白质的主要性质有两性和等电点，胶体性质，蛋白质的沉淀、变性和水解。

7. 核酸是一类含磷的酸性物质，分为核糖核酸(RNA)和脱氧核糖核酸(DNA)。RNA 主要存在于细胞质中，控制生物体内蛋白质的合成；DNA 主要存在于细胞核中，决定生物体的繁殖、遗传及变异。核酸由核苷酸组成，而核苷酸又是由碱基、戊糖及磷酸组成。核酸完全水解后得到磷酸、戊糖、含氮碱基三类化合物。核酸中的碱基分为嘌呤碱及嘧啶碱。RNA 含尿嘧啶，不含胸腺嘧啶，而 DNA 含胸腺嘧啶，不含尿嘧啶。

8. DNA 分子由两条多核苷酸链组成，绕同一中心轴反向平行盘旋成右手双螺旋二级结构。碱基配对只能是 A 与 T(RNA 中是 A 与 U)配对，G 与 C 配对。有些 RNA 可以形成和 DNA 相似的双螺旋。但多数 RNA 的分子是由一条弯曲的多核苷酸链构成，其中有间隔着的双股螺旋与单股非螺旋体结构部分。

9. 核酸的主要性质有核酸的水解，核酸的变性，颜色反应，生物学功能。

习　题

1. 写出下列化合物在标明的 pH 时的结构式，并判断它们在电场中的移动方向。

(1) 谷氨酸，pH=3　(2) 缬氨酸，pH=8　(3) 赖氨酸，pH=10　(4) 色氨酸，pH=12

2. 写出亮氨酸与下列试剂反应的主要产物。

(1) NaOH 水溶液　(2) HCl 水溶液　(3) $C_6H_5COCl+NaOH$　(4) $NaNO_2+HCl$

3. 用简便的化学方法鉴别下列化合物。

A. $H_3C—\underset{NHCH_3}{\underset{|}{CH}}—COOH$　　B. $\underset{NH_2}{\underset{|}{H_2C}}—CH_2—COOH$　　C. $HOOCCH_2—\underset{NH_2}{\underset{|}{CH}}—COOH$

4. 为什么 α-氨基酸的酰基化反应比胺慢得多，酯化反应比羧酸慢得多？怎样才能使反应加速？

5. 试用三种不同的化学方法鉴别脯氨酸和酪氨酸。

6. 写出下列化合物的结构式。

(1) 天冬酰天冬酰酪氨酸　(2) 谷-半-甘肽

7. 举例说明下列名词的含义。

(1) α-螺旋　(2) β-片层　(3) 蛋白质三级结构　(4) 蛋白质的变性

8. 写出四肽丙氨酰谷氨酰甘氨酰亮氨酸(Ala-Glu-Gly-Leu)完全水解和部分水解的产物。

9. 一个五肽分子部分水解得 3 个三肽，即谷-精-甘、甘-谷-精、精-甘-苯丙，经 N-端分析发现，N-端为甘氨酸。请写出该五肽中氨基酸连接的顺序。

10. 下列各题为单项选择题，试选择最佳答案。

(1) 下列说法错误的是(　　)。

A. L-α-氨基酸是组成多肽和蛋白质的基本单位

B. α-氨基酸、多肽和蛋白质都可以与水合茚三酮溶液反应

C. 蛋白质变性后，其副键未改变，加水后可恢复其生理功能

D. 蛋白质变性后，一级结构未破坏，但空间结构被破坏，因此生理活性也随之丧失

(2) 下列说法正确的是(　　)。

A. 在 DNA 的完全水解产物中不可能有 D-核糖和尿嘧啶

B. DNA 的二级结构有 α-螺旋结构和 β-片层结构

C. RNA 彻底水解的产物有磷酸、核糖、胞嘧啶、胸腺嘧啶、腺嘌呤和鸟嘌呤

D. RNA 中碱基配对只能是 A 与 U、G 与 C，而在 DNA 中是 A 与 C、G 与 T 配对

(3) DNA 碱基配对主要靠(　　)。

A. 氢键　B. 范德华力　C. 共价键　D. 疏水作用

(4) DNA 与 RNA 两类核酸分类的主要依据是(　　)。

A. 核苷酸间连接方式不同　B. 所含碱基不同

C. 空间结构不同　D. 所含戊糖不同

(5) DNA 与 RNA 完全水解后产物的特点是(　　)。

A. 核糖相同，部分碱基不同　B. 核糖不同，部分碱基不同

C. 核糖相同，部分碱基相同　D. 核糖不同，碱基相同

(6) 游离核苷酸中，磷酸最常位于(　　)。

A. 戊糖的 $C_{5'}$ 上　B. 己糖的 $C_{5'}$ 上

C. 戊糖的 $C_{2'}$ 和 $C_{5'}$ 上　D. 己糖的 $C_{2'}$ 和 $C_{5'}$ 上

(7) 核酸中，核苷酸之间的连接方式是(　　)。

A. 离子键　B. 氢键　C. $3',5'$-磷酸二酯键　D. $2',5'$-磷酸二酯键

(8)只存在于 RNA 而不存在于 DNA 的碱基是(　　)。

A. 胸腺嘧啶　B. 鸟嘌呤　C. 腺嘌呤　D. 尿嘧啶

(9) 有关 DNA 二级结构，下列叙述错误的是(　　)。

A. DNA 的双螺旋结构是其二级结构　B. 二级结构中碱基之间一定有氢键相连

C. 双螺旋结构中两条链方向相同　D. 双螺旋结构中碱基之间相互配对

(10) 下列关于核酸结构的叙述，错误的一项是(　　)。

A. 在双螺旋中，碱基对形成一种近似平面的结构

B. G 和 C 之间是 2 个氢键相连而成

C. 双螺旋中碱基的连接是非共价的结合

D. 双螺旋中大多数为右手螺旋

(蚌埠医学院　韦正友)

参 考 文 献

谷文祥.2007.有机化学.2版.北京:科学出版社
吕以仙.2008.有机化学.7版.北京:人民卫生出版社
马祥志.2004.有机化学.2版.北京:中国医药科技出版社
倪沛洲.2003.有机化学.6版.北京:人民卫生出版社
宁永成.2000.有机化合物结构鉴定与有机波谱学.2版.北京:科学出版社
荣国斌,苏克曼.2000.大学有机化学基础.上海:华东理工大学出版社
宋宏锐.2007.有机化学.北京:人民卫生出版社
王惠宁,杨丽敏.2000.有机化学.上海:上海科学普及出版社
王礼琛.2004.有机化学.南京:东南大学出版社
魏百琪,彭运开.2003.有机化学.北京:人民卫生出版社
伍越环.2002.有机化学.2版.合肥:中国科学技术大学出版社
邢其毅等.2005.基础有机化学.3版.北京:高等教育出版社
徐寿昌.1993.有机化学.2版.北京:高等教育出版社
杨丽敏.2006.有机化学.北京:人民卫生出版社
姚新生.2004.有机化合物波谱分析.北京:中国医药科技出版社
袁履冰.1999.有机化学.北京:高等教育出版社
张华.2005.现代有机波谱分析.北京:化学工业出版社
赵建庄.2007.有机化学.2版.北京:高等教育出版社
赵正保.2007.有机化学.2版.北京:人民卫生出版社
郑虎.2003.药物化学.5版.北京:人民卫生出版社